맹자고의

맹자고의

초판 1쇄 인쇄 _ 2016년 4월 5일
초판 1쇄 발행 _ 2016년 4월 10일

지은이 _ 이토 진사이 | 옮긴이 _ 최경열

펴낸곳 _ (주)그린비출판사 | 등록번호 _ 제25100-2015-000097호
주소 _ 서울시 은평구 증산로 1길 6, 2층 | 전화 _ 702-2717 | 팩스 _ 703-0272

ISBN 978-89-7682-426-4   93150
이 도서의 국립중앙도서관 출판예정도서목록(CIP)은 서지정보유통지원시스템 홈페이지(http://
seoji.nl.go.kr)와 국가자료공동목록시스템(http://www.nl.go.kr/kolisnet)에서 이용하실 수 있습니
다.(CIP제어번호: CIP2016007962)

그린비출판사 **나를 바꾸는 책, 세상을 바꾸는 책**
홈페이지 _ www.greenbee.co.kr | 전자우편 _ editor@greenbee.co.kr

맹자고의

孟子古義

이토 진사이 지음 · 최경열 옮김

영B
그린비

| 차례 |

| 일러두기 |

1 이 책은 이토 진사이(伊藤仁齋)의 『맹자고의』(孟子古義, 1720년 간행)를 완역한 것이다. 번역의 이해를 돕기 위해 원문을 본문 뒤에 수록했다.

2 본문 중에 옮긴이가 첨가한 말은 괄호와 각주를 사용해 구분했다.

3 서명, 전집명 등에는 겹낫표(『 』)를 사용했고 편명, 기사 등에는 낫표(「 」)를 사용했다.

4 외국 인명이나 지명, 작품명은 2002년 〈국립국어원〉에서 펴낸 '외래어 표기법'을 따라 표기했다.

『맹자고의』간행 서문

주周나라 왕실이 쇠약해진 뒤 왕도王道의 교화가 타락해 인의仁義의 실상이 다시는 천하에 실행되지 않았다. 시대가 지나 전국戰國시대로 접어들면서 전쟁이 벌어져 서로 공격하고 싸우느라 그 참상은 최고조에 이르렀다. 온 세상의 제후며 대부, 사士 등 정치에 종사하는 사람들이 오직 공로와 이익을 다투며 권모술수를 부리는 가운데 왕도의 뜻은 사라지고 더 이상 익히지 않았다.

맹자孟子는 이 시기에 태어나 거룩한 옛날 왕들의 도道와 정전제, 학교제도, 국경의 관문 설치, 교량 놓기, 나무 심기와 가축 기르기 등 백성들을 안정시키고 돌볼 수 있는 여러 제도를 거론해 당시 임금들에게 권하고 유세하면서, "왕께서도 인의가 있을 뿐이라고 말씀하셔야 합니다. 하필 이익을 말씀하십니까"(「양혜왕梁惠王 상」제1장)라고 하였다. 풍속이 심하게 무너지고 교화가 매우 위축된 시대였으니 맹자를 두고 세상물정에 어둡다고 하는 사람들이야 언급할 가치조차 없지만, 맹자를 훌륭하다고 한 사람들까지도 맹자의 건의를 매우 낮춰보면서 맹자의 의견을 직접 실행할 수 없다고 하였다. 사람들은 저마다 자신에게 귀한 것을 가지고 있어 모두 실행할 수 있다는 사실을 몰랐던 것이다. 이에 맹자는 그 근본을 가르쳐 보여 주면서, "사람에게는 모두 차마 남을 해치지 못하는 마음이 있는데, 이를 모질게 해치려는 것에까지 확장하는 것이 인仁이다"라고 하였다. 또 "선왕들에게는 차마 남을 해치지 못하는 마음이 있었기에 차마 남을 해치지 못하는 정치를 하였다"(「공손추公孫丑 상」 제6장)라고 하였다. 천하 국가를 편안하게 해서 사람들이 은혜를 입는 것이 바로 인仁의 큰 모습이며, 성스럽고 신령스런 효력과 교화의 극치도 이 테두리를 벗어나지 않는다. 그러한 경지의 근본을 말하자면, 이 마음의 선량한 부분에서부터 채워 가는 것이다. 그러므로 『맹자』 7편 가운데 토지제도·학제를 말하는 부분이 바로 맹자의 핵심 주장이며 성선설性善說과 사단四端(「공손추 상」 제6장) 등의 학설은 핵심 주장을 실행하는 근원이 자신에게 있음을 밝힌 것으로 원래 그만두려 해도 그만둘 수 없다는 말이다. 그러므로 사단을 논하면서 그 효과에 대해 이렇게 말한다: "이를 채워 나가면 온 세상을 보존할 수 있다."(「공손추 상」 제6장) 양지양능良知良能을 논하면서 그 효과에 대해 이렇게 말한다: "다른 게 아니라 천하에 모두 적용된다." 등滕나라의 문공文公을 만나 본성은 선하다[性善]고 하면서, "오히려 훌륭한 나라를 만들 수 있습니다"(「등문공 상」 제1장)라고 말하였다. 그 의도가 확실히 명확하지 않은가.

하지만 이 책이 세상에 드러난 것은 매우 늦었다. 한漢나라의 여러 유학자들은 『맹자』를 추연鄒衍·순황荀況 등과 같은 종류로 보아 그 무리와 함께 분류했다. 처음으로 양웅揚雄에게 인정을 받았고, 이어서 당나라 한유韓愈에게 인정을 받았지만, 한나라 때에는 왕충王充의 논박을, 송나라에서는 사마광司馬光·이구李覯의 비판을 피할 수 없었다. 정호程顥·정이程頤 형제와 주희朱熹가 나타나서야 높이 평가받으며 위치가 올라『논어』論語와 짝을 이루게 되었다. 그들의 견해는 확실히 탁월한 것이었다.

그러나 그들은『맹자』의 인仁을 "마음의 덕이며 사랑의 이치"라 풀이하였고, 성性은 '리'理라고 하였다. 도와주려 했다가 곧바로 병을 주고 말았다. "이미 아무도 (이해한 사람이) 없었으니 (시간이 흘러도 이해하는 사람이) 아무도 없을 것"(「진심盡心 하」 제38장)이니, 무엇을 바라겠는가. 이때부터 그 이후로 세상의 학자들은,『맹자』란 책은 마음을 논하고 본성을 논하며 양지양능을 설명한 여러 장에 그 심오한 뜻이 있으며, 제齊나라와 양梁나라의 왕에게 말한 곳은 제도와 문물을 알려 준 것에 지나지 않을 뿐이라고 말하게 되었다. 어떻게 이렇게 중요성의 차이를 심하게 잘못 알 수 있는 것인가.

아버님(이토 진사이)께서『논어』를 풀이하신 뒤 이 책에 대해서도 '고의'古義라고 똑같은 이름을 붙이셨다. 고원高遠하고 헛된[虛] 후세의 뜻풀이를 물리치고 곧바로 '옛 뜻'[古義]으로 거슬러 가길 바라셨던 것이다. 『맹자』를 두고『논어』의 '뜻에 맞는 주석을 붙인 책'[義疏]이라 한다.『논어』를 알고 싶다면 이 책『맹자』를 경유하지 않으면 안 된다. 어째서인가? 공자가 모범으로 여겨 기술한 대상은 요순堯舜 임금이었다. 맹자가 배우기 바랐던 대상은 공자였다. 그러므로『맹자』의 뜻은『논어』를 요약해 말하기도 하고 자세히 설명하기도 하지만 모두 왕도王道를 진술하고 인의仁義를 높이는 것이어서 요순과 공자의 도를 밝히지 않은 것이 없기 때문이다.『맹자』를『논어』와 짝지어 '이서'二書라 하는 것도 이런 이유에서다. 그렇기에 나는, 공자가 없었다면 요순의 도가 높아지지 않았을 것이며, 맹자가 아니었다면 공자의 도가 밝혀지지 않았을 것이라고 말하겠다.
이에 『맹자고의』孟子古義의 서문을 쓴다.

교호享保 5년(1720) 경자庚子

8월 초하루 아침

이토 나가타네伊藤長胤 삼가 쓰다

맹자고의 권1

孟子古義 卷之一

양혜왕(梁惠王)편

이 편은 왕도王道의 핵심을 총괄해 논의했다. 근본과 말단을 두루 갖추었고 거대한 것과 세밀한 것을 모두 거론했으므로, 성인(공자) 문하의 핵심이며 학문의 본령이라 할 수 있다. 왕도에 대한 학문은 유학자들의 전문 분야이다. 그에 대한 설명이 『맹자』 7편 가운데 산견되고 거듭 나타나지만, 요점을 집어내고 중심을 드러내며 근원을 찾고 단서를 열어 주면서 수많은 변화를 통해 사람들이 쉽게 깨달을 수 있도록 한 곳은 이 편보다 깊이 절실하며 명확하게 완비된 곳이 없다. 그러므로 이 편을 7편의 첫머리로 한 것은 그 의미가 심오하다. 그런 까닭에 나는 이 편을, 단언하건대, 맹자가 직접 저술한 것이라고 본다. 배우는 사람들은 자세히 살펴보아야 한다.

양혜왕 장구 상章句上

모두 7장이다.

1.

맹자가 양나라 혜왕을 만났다.

> 양梁나라 혜왕惠王은 위魏나라 제후로 이름이 영罃이다. 대량大梁에 도읍지를 정하고 주제넘게 왕이라는 칭호를 썼다. 시호를 혜惠라고 했다. 주씨(주희朱熹)가 말했다: "『사기』 혜왕 25년에, 자신을 낮추고 예를 갖춰 재물을 후하게 마련해 현자를 초빙해 맹가孟軻(맹자)가 양나라에 도착했다고 하였다."

왕이 말했다. "어르신께서 천리를 멀다 하지 않고 오셨으니, 역시 내 나라를 이롭게 할 일이 있겠습니까?"

> 수叟는 나이 든 어른을 부르는 말이다. 이롭게 한다[利]는 말은 나라를

부유하게 하고 군사력을 강력하게 갖추는 종류를 말한다.

맹자가 대답하였다. "왕께서는 하필 이익을 말씀하십니까. 다만 인의仁義
가 있을 뿐입니다.

> 자애로운 마음이 나라 안팎과 멀고 가까운 곳에 닿지 않는 데가 없는
> 것을 인仁이라 한다. 당연히 해야 할 일을 하고 하지 말아야 할 일은 하
> 지 않는 것을 의義라고 한다. 천하에 모두 적용될 수 있는 덕성으로, 성
> 인이 확립해 인간이 실행해야 할 도덕의 기준으로 삼은 것이다.

왕께서 '어떻게 내 나라를 이롭게 할까?' 말씀하시면, 대부는 '어떻게 내
가문을 이롭게 할까?' 말할 것이고, 사士와 많은 사람들은, '어떻게 내 몸
을 이롭게 할까?' 말할 것입니다. 위아래가 서로 이익을 취한다면 나라는
위태로워집니다.

> 정征은 취한다는 말이다. 윗사람은 아랫사람에게서 취하고, 아랫사람
> 은 윗사람에게서 취한다. 그러므로 서로 취한다고 한 것이다.

만승萬乘*의 나라에서 그 임금을 살해하는 자는 반드시 천승千乘을 가진
신하의 가문이고, 천승의 나라에서 그 임금을 살해하는 자는 반드시 백

---

* 만승에 보이는 승(乘)이란 말은 원래 고대에 '전투용 수레'[兵車] 한 대를 가리키는 말이다. 고대
국가는 병거(兵車)의 수량으로 나라의 크기를 말했다. '가문'으로 번역한 가(家)의 뜻은 식읍(食
邑)을 가진 신하를 말한다. 고대에 정사를 관장했던 대부(大夫)들은 일정한 봉읍(封邑=食邑)을
소유했는데 봉읍을 가진 대부는 당연히 병거도 소유했다. 공경(公卿)에게 봉해진 지역이 클 경우
병거를 천 대도 동원할 수 있었다.

승百乘을 가진 신하의 가문입니다. 만승에서 천승을 취하고, 천승에서 백승을 취했으니 많지 않은 것은 아니건만 의義를 뒤로 하고 이익을 앞세우면 빼앗지 않고서는 만족하지 못할 것입니다.

나라는 제후를 말한다. 가문은 대부를 가리킨다. 만승의 나라는 당시 대국大國이었던 진秦나라·초楚나라·연燕나라·제齊나라 등속을 말한다. 이른바 "만승의 나라로 만승의 나라를 친다"(「양혜왕 하」 제10장)는 표현에 보이는 말이 이것이다. 천승을 가진 신하 가문은 당시 큰 가문이었던 진晉나라의 육경六卿(범씨范氏·중항씨中行氏·지씨知氏·조씨趙氏·한씨韓氏·위씨魏氏)과 노魯나라의 삼가三家(맹손씨孟孫氏·숙손씨叔孫氏·계손씨季孫氏) 등을 말한다. 이른바 "한韓나라와 위魏나라의 가문"이라는 표현에 보이는 말이 이것이다. 맹자는 당시 제후와 대부 가운데 강대한 자들을 직접 가리켜 말한 것이지, 선왕先王이 만든 제도를 가지고 말한 것이 아니다. 시弒는 아랫사람이 윗사람을 살해한 것을 말한다. 염饜은 만족한다는 말이다. 의義를 뒤로 하고 이익을 우선으로 하면 만족하는 것이 없어서 임금의 자리를 빼앗고 임금을 살해하는 지경에까지 이르지 않으면 멈추지 않는다는 말이다. 이익의 폐해를 심하게 말한 것이다.

인仁하고서 자기 부모를 버리는[遺] 사람은 있지 않고, 의義로우면서 자기 임금을 뒤로 미루는[後] 사람은 있지 않습니다. 왕께서도 인의가 있을 뿐이라고 말씀하셔야 합니다. 하필 이익을 말씀하십니까."

유遺는 버린다는 말이다. 후後는 시급하게 여기지 않는다[不急]는 말이다. 윗사람이 인의를 좋아하면 아랫사람도 교화가 되어 부모를 버리고 임금을 뒤로 미루는 걱정이 자연히 없어진다는 말이다. 또 인의의 효과를 말해서 왕이 인의를 실행하도록 권한 것이다.

이상은 제1장이다.

○ 인의仁義 두 글자는 왕도의 핵심이며, 『맹자』 7편의 뜻이 여기서 연결되어 나오지 않는 것이 없다. 윗사람이 실행하면 아랫사람이 본받는 일은, 물체에 그림자나 소리가 생기는 것보다 빠르다. 윗사람이 이익을 좋아하면 아랫사람도 이익을 좋아해 반드시 윗사람의 자리를 빼앗고 살해하는 재앙이 생기게 된다. 윗사람이 인의를 좋아하면 아랫사람도 인의를 좋아해 충과 효가 넘치는 풍속을 자연히 이루게 된다. 그러므로 이익을 바라면 반드시 이익을 얻는 건 아니지만 해악은 반드시 따라온다. 인의의 경우에는 무엇을 구해도 얻지 못하는 게 없고, 얻을 때에도 보탬이 된다. 하지만 사람들은 국가 존망存亡의 조짐이 확연히 드러나는 것이 이와 같은 줄 모르기 때문에 맹자가 혜왕을 위해 말해 준 것이다. 이 장을 책의 머리로 삼은 것은 의미가 깊다 하겠다.

2.

맹자가 양나라 혜왕을 만났다. 왕이 연못가에 서 있다가 크고 작은 기러기[鴻鴈]와 크고 작은 사슴[麋鹿]을 돌아보며 말하였다. "현자賢者도 이런 것을 즐깁니까?"

> 소沼는 연못을 말한다. 홍鴻은 기러기 가운데 큰 놈이다. 미麋는 사슴 가운데 큰 놈이다.

맹자가 대답했다. "현자가 된 이후에 이런 것을 즐기지, 현자가 아니면 이런 것을 가졌더라도 즐기지 않습니다. 『시경』에, '영대를 측량하고 짓기 시작해, 자리를 잡고 쌓자, 많은 백성들이 도와주어, 하루도 되지 않아 완성되었네. 측량하고 짓는 일 서두르지 말아라라고 하였건만, 많은 백성들이 자식들처럼 왔다네. 왕은 영대의 정원에 있고, 암사슴들이 엎드린 곳, 암사슴들은 살쪄 윤기 흐르고, 흰 새들은 눈처럼 깨끗하구나. 왕은 영대의 정원에 있고, 아, 가득 찬 물고기들이 뛰어오르는구나'[經始靈臺, 經之營之. 庶民攻之, 不日成之. 經始勿亟, 庶民子來. 王在靈囿, 麀鹿攸伏, 麀鹿濯濯, 白鳥鶴鶴. 王在靈沼, 於牣魚躍]라고 하였습니다.

> 시[詩經]는 「대아大雅·영대靈臺」편이다. 경經은 자세히 살펴 따지는 것이다. 영대는 문왕文王이 지은 누대 이름이다. 영營은 계획해 짓는 것을 말한다. 공攻은 돕는 것이다. 불일不日은 종일이 걸리지 않았다는 말이다. 극亟은 빨리 하는 것이다. 문왕이 서두르지 말라고 경계했다는 말이다. 자래子來는 자식들이 와서 아버지의 일을 따라 실행하는 것과 같다는 뜻이다. 영유靈囿와 영소靈沼는 영대 아래 정원이 있고, 정원 안에 연못이 있다는 말이다. 우麀는 암사슴이다. 유攸는 장소를 말한다. 엎드렸다[伏]는 말은 놀라 움직이거나 하지 않는다는 말이다. 탁탁濯濯은 살찌고 윤기 나는 모양이다. 학학鶴鶴은 희고 깨끗한 모양이다. 오於는 아름답다고 감탄하는 말이다. 인牣은 가득 찬 것이다. 시를 인용해서 현자가 된 이후에 이런 것을 즐긴다는 뜻을 밝혔다.

문왕이 백성들의 힘으로 누대를 짓고 연못을 만들었지만, 백성들은 기뻐하고 즐거워하며 그 누대를 영대라 부르고 그 연못을 영소라고 부르며 그곳에 사슴들과 물고기, 자라가 사는 것을 즐거워했습니다. 옛사람들은 백성과 함께 즐거워했기 때문에 즐길 수 있었던 것입니다.

│ 해偕는 '함께'라는 말이다. 문왕이 백성들의 힘으로 누대를 쌓고 연못을 팠지만, 백성들은 오히려 기뻐하고 즐거워하면서 그 누대와 연못을 부르기를 마치 신령들이 한 것처럼 생각했다는 말이다. 맹자가 인용한 시를 풀이한 것이 이와 같았다.

○ "옛사람들은 백성과 함께 즐거워했다." 이 말은 한 장章의 가장 중요한 의미일 뿐만 아니라 왕도王道의 근본이기도 하다. 천하가 있으면 천하의 부모가 있고 한 나라가 있으면 한 나라의 부모가 있는 법이다. 하늘이 부여한 책임은 실로 이 점에 있는 것이다. 임금된 사람으로서 백성들과 함께 즐거워하지 않으면 하늘의 책임을 어기는 것이며 스스로 자기 직분을 폐기하는 것이다. 어떻게 자기 자리를 보전할 수 있겠는가.

「탕서」에, '이놈의 해가 언제 없어지나, 내가 너랑 같이 없어지겠다'[時日害喪, 予及女偕亡]라고 하였습니다. 백성들이 함께 망하기를 바란다면 누대며 연못, 새와 짐승이 있다 한들 어떻게 혼자 즐길 수 있겠습니까."

│ 「탕서」湯誓는『서경』書經「상서」商書 가운데 한 편을 말한다. 시時는 이것이라는 말이다. 해[日]는 하夏나라의 걸桀을 가리킨다. 해害는 언제라는 말이다. 걸 자신이, "내가 천하에 있는 것은 하늘에 해가 있는 것과 같다. 해가 없어져야 내가 없어진다"라고 말한 적이 있다. 백성들이 그의 잔학을 원망했기 때문에 그가 직접 한 말을 두고 지목하면서, "이놈의 해가 언제 사라지나, 사라지기만 한다면 차라리 내가 같이 사라져 주겠다"고 말하였다. 걸이 사라지길 간절히 바랐던 것이다. 맹자는 이 말

을 인용해 현명하지 못한 사람은 이런 것을 가졌더라도 즐거워하지 않는다는 뜻을 밝혔다.

이상은 제2장이다.

○ 이 장은 왕도의 분명한 효과를 상세히 서술하였다. 그러므로 이를 1장 다음에 배치한 것이다. 백성과 함께 즐거워하면 나라가 흥성하고 백성과 함께 즐거워하지 않으면 나라는 망한다. 흥망의 조짐은 실로 여기서 결정되는 것이다. 그렇기에 맹자는, 문왕은 백성들이 즐거워하는 것을 즐거워할 줄 알았기 때문에 백성들도 그의 즐거움을 즐거워했고 문왕은 영원히 즐거움을 누릴 수 있었다고 말한 것이다. 임금이 위에서 홀로 즐거워하고 백성들을 가엾게 여기지 않으면 백성들은 반드시 임금을 원망해서 임금은 홀로 누리는 즐거움을 보전할 수 없게 된다. 그러므로 『서경』을 인용해 문왕이 부흥한 이유는 백성과 함께 즐거워한 점에 있으며, 걸이 망한 이유는 백성과 함께 즐거워하지 않은 점에 있음을 밝혔다. 혜왕에게 경계를 주면서 깨우쳐 준 방식이 아주 친밀하고 간곡하다 하겠다. 아래 장[제7장]에 제齊나라 선왕宣王을 위해 해준 말과 참고해 보아야 한다.

3.

양나라 혜왕이 말했다. "과인은 이 나라에 온 마음을 다 쏟을 뿐입니다. 하내河內지방에 흉년이 들면 그 지역 백성들을 하동河東지역으로 이주시키고, 곡식을 하내지방으로 옮겨 줍니다. 하동지방에 흉년이 들어도 마찬가지로 그렇게 합니다. 이웃나라의 정치를 살펴보면 과인이 마음을 쓰는 것처럼 하는 사람이 없습니다. 이웃나라 사람들이 줄지 않고, 과인의 백성들이 많아지지 않는 것은 어째서입니까?"

| 과인寡人은 제후가 자신을 칭하는 말로, 덕이 적은 사람이라는 뜻이다. 하내·하동은 모두 위魏나라 땅이다. 흉凶은 한 해 농사가 제대로 되지 않은 것을 말한다. 백성을 옮긴다는 말은 자급할 수 없는 가난한 사람들을 옮긴다는 뜻이다. 곡식을 옮긴다는 말은 이동할 수 없는 늙은이와 어린아이들에게 곡식을 준다는 뜻이다.

○ 혜왕이 백성을 이주시키고 곡식을 옮긴 일은 마음을 다 쏟았다고 말할 수 있다. 하지만 그의 백성들이 이웃나라보다 많아지지 않는 까닭은 무엇인가. 그저 마음만 다 쏟았을 뿐 마음을 쏟는 방법을 몰랐기 때문일 것이다. 그러므로 "어진 마음과 어질다는 소문이 있는데도 백성들이 은혜를 입지 못해 후세에 모범이 될 수 없는 것은 선왕의 도道를 실행하지 않았기 때문이다"(「이루離婁 상」 제1장)라고 말한 것이다. 이른바 선왕의 도란 무엇인가. 바로 아래 문장에서 상세하게 설명하는 것이 그것이다.

맹자가 대답했다. "왕께서 전쟁을 좋아하시니 전쟁으로 비유해 보도록 하겠습니다. 둥둥塡然 북을 울리며 병사와 무기가 이미 접전을 벌이는데, 갑옷을 버리고 병기를 끌며 달아나 어떤 이는 100보를 도망간 뒤에 멈추고 어떤 이는 50보를 도망간 뒤에 멈췄습니다. 50보 도망간 사람이 100보 도망간 사람을 비웃는다면 어떻겠습니까?"

"안 되지요. 다만 100보를 도망가지 않았을 뿐, 이 또한 도망간 것입니다."

| 전塡은 북소리를 나타낸다. 병사들은 북소리를 따라 전진하고, 쇳소리

를 따라 후퇴한다. 직直은 '다만'이라는 말이다. 혜왕이 백성을 이주시키고 곡식을 옮긴 일과 이웃나라가 자기 백성을 가엾게 여기지 않은 일은 단지 50보, 100보 차이일 뿐이다. 왕도를 실행해 백성을 돌보는 일에 견주어 보면 역시 도망간 것과 같다는 평가를 피하지 못한다.

"왕께서 이것을 아신다면 백성들이 이웃나라보다 많아지길 바라지 마십시오. 농사짓는 때를 어기지 않으면 곡식을 다 먹을 수 없고, 촘촘한 그물을 웅덩이와 연못에 던지지 않으면 고기와 자라를 다 먹을 수 없으며, 도끼와 자귀를 가지고 때에 맞게 산과 숲에 들어가 베도록 하면 재목을 다 쓸 수 없게 됩니다. 곡식과 물고기·자라를 다 먹을 수 없고 재목을 다 쓸 수 없게 되면, 백성들이 산 사람을 돌보고 죽은 사람을 장사 지낼 때 유감이 없게 될 것입니다.

> 농사짓는 때란 밭 갈고 김매며 곡식을 거두어들이는 때를 말하며, 방해하는 것이 있어 제때를 어기지 않게 하는 것이다. 승勝은 '모두 다'라는 말이다. 촉고數罟는 조밀한 그물을 말한다. 오洿는 우묵하게 내려앉은 땅으로 물이 모이는 곳이다. 때에 맞게 백성을 부리고 물건을 쓸 때 절도가 있으면 백성들의 삶에 필요한 도구들이 부족해질 걱정이 없게 된다. 그러므로 맹자는 이 세 가지(곡식·물고기·재목)를 가지고 혜왕에게 권한 것이다.

산 사람을 돌보고 죽은 사람을 장사 지낼 때 유감이 없는 것이 왕도의 시작입니다.

> 시始는 근본이라는 말이다. 왕도는 여기서부터 시작한다는 말이다.

○ 이 부분은 왕도의 근본을 논했다. 음식과 집은 백성들이 기본 바탕으로 생활하는 것인데, 부족하고 곤란을 겪는 것은 항상 윗사람들이 절제하지 않고 쓰는 데서 생긴다. 절약해 쓰는 것을 마음에 두면 산 사람을 돌보는 방도와 죽은 사람을 장사 지내는 예를 모두 뜻대로 다할 수 있어서 사람들이 한을 품지 않을 것이다. 백성들이 즐거워하는 것을 즐거워하면 백성들도 그의 즐거움을 즐거워하는 법이다. 그러므로 왕도는 이것에서 시작한다.

5묘*의 택지에 뽕나무를 심게 하면 50세 된 사람이 비단옷을 입을 수 있습니다.

> 5묘의 택지는 성인 남자 한 명이 받는 것으로 마을에 있다. 밭 가운데 나무를 심으면 반드시 오곡을 기르는 데 방해가 되기 때문에 마을에 뽕나무를 심어 누에치는 일에 제공한다. 예전 설명(주희의 『집주』)에는, "2묘 반은 밭에 있고 2묘 반은 마을에 있다"고 하였는데 아닌 것 같다. 나이 50세는 쇠약해지기 시작하기에 비단이 아니면 따뜻하지 않다. 그러므로 이렇게 제도를 만들면 50세 된 사람은 모두 비단옷을 입을 수 있다.

닭·작은 돼지**·개·큰 돼지를 기를 때 제때를 놓치지 않게 하면 70세 된

---

* 묘(畝)는 전답의 면적 단위로, 진(秦)나라 이전 전국시대에는 6척(尺; 1척은 23.1cm) 사방을 1보(步; 100보를 1묘)라 했다.
** 작은 돼지[豚]는 식용이 아니라 제사용이다. 때문에 뒤에 다시 큰 돼지[彘]를 언급한 것이다. 또 다른 설명은 돈(豚)을 새끼돼지로, 체(彘)를 암돼지로 보기도 한다.

사람이 고기를 먹을 수 있습니다.

│ 훅畜은 기른다는 말이다. 때[時]는 새끼를 배고 낳는 때를 말한다. 나이
  70세가 되면 고기를 먹지 않으면 배부르지 않다. 그러므로 이렇게 제
  도를 만들면 70세 된 사람은 모두 고기를 먹을 수 있다.

○ 나(이토 진사이)는 생각한다: 50세 된 사람 모두 비단옷을 입을 수 있
  고, 70세 된 사람은 모두 고기를 먹을 수 있다는 것은 역시 가장 만족
  스러운 상태를 말한다. "콩과 곡식을 물과 불처럼 갖도록 하였다"(「진
  심盡心 상」제23장)고 말한 것과 같다. 50세, 70세가 안 된 사람은 비단
  옷을 입을 수 없고 고기를 먹을 수 없다는 말이 아니다.

100묘의 밭에 농사짓는 시기를 빼앗지 않는다면 몇 식구의 집이 굶는 일
이 없을 것입니다.

│ 100묘의 밭 역시 성인 남자 한 명이 받는 것이다.

상庠·서序의 가르침을 삼가서 효도와 공경의 뜻을 거듭 가르친다면 반
백半白의 노인들이 길에서 짐을 이거나 지지 않을 것입니다.

│ 상서庠序는 모두 학교 명칭이다. 신申은 거듭한다는 말이다. 반頒은 얼
  룩덜룩하다는 반斑과 같은 말로 노인의 머리가 반은 희고 반은 검은 것
  을 말한다. 부負는 짐을 등에 두는 것이다. 대戴는 짐을 머리에 두는 것
  이다. 사람들이 모두 효도와 공경의 뜻을 안다면 장성한 사람이 수고
  로운 일을 대신해서 머리 희끗한 노인이 무거운 짐을 직접 들지 않을
  것이라는 말이다.

70세 된 사람이 비단옷을 입고 고기를 먹으며 일반 백성들黎民이 굶주리지 않고 추위에 떨지 않는데, 그런데도 왕이 되지 못하는 사람은 있지 않습니다.

▎여黎는 검다는 말이다. 여민黎民은 머리가 검은 사람들이란 말로, 진秦나라의 말 '검수'黔首와 같다. 어린아이와 장성한 사람을 통틀어 한 말이다.

○ 이 부분은 왕도의 핵심을 논했다. 백성은 일정한 일이 있으면 일정한 마음을 갖는다. 그러므로 왕도는 백성들이 일정한 일을 갖도록 하는 것을 핵심으로 한다.

개·돼지가 사람이 먹는 것을 먹어도 단속할 줄 모르고 길거리에 굶어 죽은 시체가 있는데도 창고를 열어 구제할 줄 모르며, 사람이 죽으면 '내가 그런 게 아니야, 흉년 탓이지'라고 하니 사람을 찔러 죽이고서 '내가 그런 게 아니야, 무기가 한 거지'라고 말하는 것과 무엇이 다르겠습니까.

▎검檢은 통제(단속)한다는 말이다. 부莩는 굶어 죽은 사람을 말한다. 임금이 사람 먹을 것으로 개·돼지를 기르면서 단속할 줄 모르고, 길에 굶어 죽은 시체가 있는데 창고를 열어 구제할 줄 모른다, 사람이 죽는 것을 보고도 "이건 내 죄가 아니야, 흉년이 들어 벌어진 일이야"라고 말한다, 이것은 자기가 칼을 쥐고 사람을 죽이고서 칼한테 죄를 돌리는 것과 무엇이 다르겠는가, 라는 말이다. 백성을 이주시키고 곡식을 옮긴 일은 그 수에 한계가 있고 창고를 여는 일은 미치는 범위가 넓다. 그러므로 맹자는 창고를 열 줄 모른다고 꾸짖은 것이다.

왕께서 흉년 탓으로 돌리지 않으시면 천하의 백성들이 이 나라로 올 것입니다."

　왕이 자신에게 책임을 돌리고 더욱 정치를 잘한다면 천하의 백성이 모두 이 나라에 올 것이니 이웃 나라보다 많아지는 정도로 그치지는 않을 것이라는 말이다.

이상은 제3장이다.

○ 이 장은 왕도를 상세히 논한 장으로, 근본과 말단을 겸비했기 때문에 왕도의 모습이 가장 명백하다. 배우는 사람들이 진정 숙독할 수 있다면 왕도에 대해서는 손바닥을 가리키는 것처럼 쉬울 것이다. 그런데 맹자를 의심한 선배 유학자가, 왕이라 칭한 제후[諸侯王]에게 권한 말이라고 했는데(주희, 『집주』) 잘못 본 것이다. 맹자가 말하는 왕이란 본래 덕을 기준으로 칭한 것이지, 꼭 천자의 지위에 있어야 왕이라 하는 것은 아니었음을 전혀 몰랐던 것이다. 제나라와 양나라의 임금이 어진 정치를 실행해 천하 사람들의 마음을 얻었다면 그들이 제후라고 해도 모두 왕이라 불렀을 것이다. 어째서인가? 문왕이 천하를 삼등분해 그 가운데 둘을 소유하고서도 은나라를 복종하고 섬겼으니 실상은 제후였다. 하지만 맹자는 왕도를 논하면서 언제나 반드시 문왕을 기준으로 삼았다. 또 "하늘에는 두 해가 없고, 백성에겐 두 왕이 없다"(「만장萬章 상」 제5장, 공자의 말을 인용)고 한 적이 있지만, 송경宋牼에게, "진나라와 초나라의 두 왕이 각자 인의仁義를 좋아한다면 모두 왕이 될 수 있을 것입니다"(「고자告子 하」 제4장)라고 말하기도 했다. 그렇다면 이 백성들은 두 왕을 갖는 것이다. 이런 말로 보면 맹자는 꼭 천자의 지위에 오른 것을 왕이라 생각하지 않았고, 어진 정

치를 실행하면 진나라와 초나라의 두 왕도 모두 왕이라고 부를 수 있었다. 맹자가 왕이라 칭한 제후에게 권했다고 한 말은 잘못된 것이다.

4.

양나라 혜왕이 말했다. "과인이 편안하게 가르침을 받고 싶습니다."

　｜ 혜왕이 앞 장에서 한 말을 듣고 기뻐 마음을 편안히 하고 가르침을 받
　 고 싶다 한 것이다.

맹자가 대답하였다. "사람을 죽일 때 몽둥이를 쓰고 칼날을 쓰는 것에 차이가 있습니까?"

"차이가 없습니다."

　｜ 정梃은 몽둥이를 말한다.

"칼날을 쓰고 정사를 쓰는 것에 차이가 있습니까?"

"차이가 없습니다."

　｜ 맹자가 또 묻고 왕이 대답한 것이다.

"푸줏간에는 살찐 고기가 있고 마구간에는 살찐 말이 있으면서, 백성들은 굶은 기색이 있고 들판에 굶어 죽은 시체가 있으면 이는 짐승을 몰아 사람을 잡아먹게 하는 것입니다.

　｜ 짐승은 잘 기르면서 백성이 굶주리도록 하면 이는 짐승을 몰아 사람을
　 잡아먹는 것이다.

짐승끼리 서로 잡아먹는 것도 사람들이 미워하는데, 백성의 부모가 되어 정치를 하면서 짐승을 몰아 사람을 잡아먹게 하는 일을 피하지 못한다면 백성의 부모가 되는 것은 어디에 있는 겁니까.

○ 임금은 가장 존귀하고 백성은 가장 비천하다. 그런데 백성의 부모라는 말을 임금에 대한 미칭美稱으로 쓰는 것은 어째서인가? 자식은 부모에 대해서 소리가 없어도 들을 수 있고, 형체가 없어도 볼 수 있어, 동서남북 어디서도 부모님 말씀에 예 하고 대답하며 곁을 떠나거나 배반하지 않는다. 어진 정치를 실행하면 백성들이 윗사람을 친밀하게 대하는 것도 이와 같을 것이다. 백성의 부모라는 말을 임금에 대한 미칭으로 쓰는 것은 역시 당연하지 않은가.

중니(공자)가, '나무인형을 처음 만든 사람은 후손이 없을 것이다'라고 말했습니다. 사람모양을 만들어 사용했기 때문입니다. 백성들을 굶어 죽도록 하면 어떻겠습니까."

┃ 용俑은 순장할 때 쓰는 나무인형으로, 얼굴과 눈이 있고 기계로 작동해서 뛰며 움직일 수 있다. 그러므로 나무인형이라고 한다. 그 물건이 너무 사람을 닮았기 때문에 공자는 그 어질지 못함을 미워해 반드시 자손이 없을 것이라고 말하였다. 맹자는 이 말을 인용해, 백성이 굶어 죽도록 하는 죄가 아주 크다고 말한 것이다.

이상은 제4장이다.
○ 이 장은 앞 장의 설명과 연결된다. 임금은 백성의 부모다. 한 나라의 임금은 한 나라의 부모이며, 천하의 임금은 천하의 부모이다. 어떻게 자기

한 몸의 욕심을 따르면서, 백성을 근심하고 가엾게 여기는 일을 모를 수 있겠는가. 칼로 사람을 죽이는 일과 정치로 사람을 죽이는 일이, 그 죄가 똑같다는 것을 안다면 맹자의 말은 간절하며 명확해 실로 정치의 귀감임을 알 것이다.

5.

양나라 혜왕이 말했다. "진晉나라가 천하에 가장 강한 나라라는 사실은 어르신께서 아시는 바입니다.

> 위魏나라는 본래 진晉나라 대부 위사魏斯가 한씨韓氏·조씨趙氏와 함께 진나라 땅을 나누어 갖고서 삼진三晉이라고 불렀다. 혜왕도 진나라라고 스스로 칭한 것이다.

과인의 때에 이르러, 동쪽으로는 제齊나라에 패해 맏아들이 죽었고, 서쪽으로는 진秦나라에게 700리 땅을 잃었고, 남쪽으로는 초楚나라에 모욕을 당했습니다. 과인은 이게 부끄러워 죽은 사람들을 위해 한 번 설욕하고 싶은데 어떻게 하면 되겠습니까?"

> 맏아들은 태자 갑甲을 말한다. 주씨(주희)가 말했다. "비比는 '위한다'는 말이다. 죽은 사람들을 위해 그 수치를 설욕하고 싶다는 말이다."

맹자가 대답했다. "땅이 사방 백 리라도 진정한 왕이 될 수 있습니다.

> 맹자는 문왕의 일을 근거로 백 리 정도의 소국 또한 진정한 왕이 될 수 있다고 하였다.

왕께서 백성에게 어진 정치를 베푸셔서 형벌을 줄이시고 세금을 적게 거두신다면 백성들은 깊이 밭 갈고 잘 김매며深耕易耨, 장성한 사람들은 한가한 날을 이용해 효제孝悌와 충신忠信을 수양해, 집에 들어가서는 자기 부형父兄을 잘 섬기고 밖에 나와서는 어른을 잘 섬길 것이니, 이들로 하여금 몽둥이를 만들어 진나라와 초나라의 견고한 갑옷과 날카로운 병기를 치도록 할 수 있을 것입니다.

> 이易는 다스린다는 말이다. 누耨는 김매기이다. 자신의 정성을 다하는 것을 충忠이라 하고, 진실로 실행하는 것을 신信이라고 한다. 임금이 어진 정치를 실행하면 백성들은 농사짓는 땅에 힘을 다 쓸 수 있고 또 한가한 날을 이용해 예의를 수행할 것이다, 이 때문에 임금을 존경하고 윗사람과 친하게 지내며 목숨을 바치는 일에도 즐거워할 것이다, 왜 치욕을 설욕하지 못하겠는가, 라는 말이다.

> ○ 형벌을 줄이고, 세금을 적게 거두는 일 두 가지는 어진 정치의 중요 항목이다. 한가한 날을 이용해 효제孝悌와 충신忠信을 수양하는 일은 어진 정치의 핵심이다. 모두 맹자가 항상 하는 말이다.

저들이 백성들의 농사짓는 때를 빼앗아 밭 갈고 김매어 부모를 봉양하는 일을 하지 못하게 하면, 부모는 추위에 얼고 굶주리며 형제와 처자식은 헤어져 흩어지고 말 것입니다.

> 저들이란 적국을 가리킨다.

저들이 자기 백성들은 함정에 빠뜨리고 물에 빠뜨리거든 왕께서 가서 그들을 바로잡는다면 누가 왕께 대적하겠습니까?

주씨가 말했다. "함陷은 함정에 빠뜨리는 것이다. 익溺은 물에 빠뜨리는 것이다. 포학하다는 뜻이다." 정征이라는 말은 바로잡는다는 뜻으로, 백성을 함정에 빠뜨리고 물에 빠뜨린 죄를 바로잡는다는 말이다.

그러므로 '어진 사람은 적이 없다'고 하는 것입니다. 왕께서는 의심하지 마십시오."

맹자가 옛말을 인용해 백 리의 땅에서도 왕 노릇 할 수 있다는 실제를 밝힌 것이다.

이상은 제5장이다.

○ 탕湯왕이 여러 나라를 정벌할 때, 동쪽을 향해 정벌을 하면 서쪽 오랑캐가 자기들이 먼저가 아니라고 원망을 하고 남쪽을 향해 정벌을 하면 북쪽 오랑캐가 원망을 했다. 무왕武王이 주紂를 칠 때에는 약속을 하지 않았는데도 모인 나라가 800여 국이었다. 이런 것이 맹자 스스로가 기대하는 바였다. 당시의 제후들은 합종연횡*에 힘써 다른 나라를 공격하고 치는 것을 현명한 방책이라 생각하고 왕도가 있는 줄 몰랐다. 그러므로 맹자는 혜왕에게 왕도를 말하면서, "뭉둥이를 만들어 진나라와 초나라의 견고한 갑옷과 날카로운 병기를 치도록 할 수 있을 것입니다"라고 한 것

---

* 합종연횡(合從連衡)은 전국시대의 합종책과 연횡책을 말한다. 합종책은 소진(蘇秦)이 6개국 제후에게 연합해서 진(秦)에 맞서야 한다고 주장한 방책을 말한다. 진나라는 서쪽에 있었고 당시 6국은 남북으로 위치해 있었기 때문에 이러한 명칭이 붙었다. 연횡책은 합종책과 반대로, 장의(張儀)가 여러 나라의 제후들에게 진나라는 막강하므로 공동으로 섬겨야 한다고 주장한 정책을 말한다. 장의에 대한 맹자의 견해가 「등문공 하」 제2장에 보인다.

이며, 또 "저들이 자기 백성들은 함정에 빠뜨리고 물에 빠뜨리거든 왕께서 가서 그들을 바로잡는다면 누가 왕께 대적하겠습니까?"라고 말한 것이다. 모두 실질적인 논의였다. 어떻게 구구하게 제후들과 세력을 다투고 힘으로 싸우는 일을 구하겠는가.

6.

맹자가 양나라 양왕襄王을 만나고,

│ 양왕은 혜왕의 아들로 이름이 혁赫이다.

나와서 사람들에게 말했다. "멀리서 보아도 임금 같지 않고, 가까이 가서도 두려운 점을 보지 못했는데, 갑자기 '천하가 어디에 정해지겠습니까?' 하고 묻기에 내가 '통일되는 것으로 정해질 것입니다'라고 대답했지.

│ 어語는 말해 주었다는 뜻이다. 임금 같지 않다는 말은 임금의 체모가 없다는 뜻이다. 두려운 것을 보지 못했다는 말은 임금의 위엄이 없다는 말이다. 졸연卒然은 갑작스런 모양이다. 왕이 여러 나라들이 분쟁을 벌여 천하가 어느 곳으로 정해져야 하느냐고 묻자, 맹자가 반드시 하나로 합쳐진 다음 정해질 것이라고 대답한 것이다.

'누가 통일할 수 있습니까?' 하기에,

│ 왕이 물은 것이다.

'사람 죽이기를 좋아하지 않는 사람이 통일할 수 있습니다' 대답했더니,

| 기嗜는 즐긴다는 말과 같다.

'누가 그에게 귀의[興]할 수 있겠습니까?'라기에,
'천하가 귀의하지 않을 수 없습니다.

| 여興는 귀의歸依한다는 말과 같다.

왕께서는 저 싹을 아십니까? 7, 8월 사이에 가뭄이 들면 싹은 말랐다가
하늘에 뭉게뭉게 구름이 피어올라 쫘아 비가 내리면 싹들이 우뚝우뚝 일
어납니다. 그 모습이 이와 같다면 누가 막을 수 있겠습니까?

| 주周나라 역법曆法으로 7, 8월은 하夏나라 역법으로는 5, 6월이다. 유
연油然은 구름이 많은 모양이다. 패연沛然은 비가 많이 내리는 모양이
다. 발연浡然은 일어나는 모양이다. 어禦는 멈추게 한다는 말이다.

지금 천하의 임금들은 사람 죽이기를 좋아하지 않는 사람이 없습니다.
사람 죽이기를 좋아하지 않는 사람이 있다면 천하의 백성들이 모두 목
을 빼고 바라볼 것입니다. 이와 같다면 백성들이 그에게 돌아가는 것이
물이 아래로 흐르는 것과 같을 것이니, 그 기세를 누가 막을 수 있겠습니
까?'라고 하였네."

| 인목人牧은 백성을 다스리는 임금을 말한다. 영領은 목이다. 목을 빼고
바라본다는 말은 간절하게 바란다는 말이다.

○ 사람 죽이기를 좋아하지 않는 사람은 생명을 사랑하는 사람이다. 생명
을 사랑하는 덕성이 백성의 마음을 흠뻑 적시면 그 덕의 감화력이 사
방으로 흘러 퍼져 이루 다 헤아릴 수 없는 것이 있게 된다. 그러므로 맹

자는 올라오는 싹으로 백성들의 귀의를 비유했으니 확실히 진실하지
않은가.

이상은 제6장이다.

○ 양왕이 깨달을 수 없었다는 점이 안타깝다. 소식蘇軾이 말했다. "맹자
의 말은 구차하게 큰소리친 것에 그치는 게 아니다. 하지만 그 뜻을 깊이
따지고 그 실상을 상세히 탐구하지 않으면 세상 물정에 어둡다고 하지
않을 사람이 없을 것이다. 내 관점에서 보자면, 맹자 이후로 한漢나라의
고조高祖에서부터 후한後漢의 광무제光武帝, 당唐나라의 태종太宗, 우리 송宋
나라의 태조太祖 황제까지, 천하를 통일한 네 임금은 모두 사람 죽이기
를 좋아하지 않는 것으로 통일을 이룩하였다. 그 나머지는 사람을 더 많
이 죽일수록 천하는 더욱 혼란에 빠졌다. 진秦나라와 위진 남북조시대의
진晉나라, 그리고 수隋나라는 힘으로 통일할 수 있었지만 살생 좋아하기
를 그칠 수 없었다. 그러므로 통일을 했어도 다시 분열되었고, 혹은 끝내
나라를 잃고 말았다. 맹자의 말이 어떻게 우연에 그치겠는가."

7.

제齊나라 선왕宣王이 물었다. "제齊나라 환공桓公과 진晉나라 문공文公의 일
을 들을 수 있겠습니까?"

> 제나라 선왕은 성이 전씨田氏며 이름은 벽강辟彊이다. 제나라 환공과 진
> 나라 문공은 모두 다른 제후를 제패制霸한 사람들이다. 사事는 업적을
> 말한다.

맹자가 대답했다. "중니의 제자들 가운데 환공과 문공의 일을 말하는 사람이 없었습니다. 이 때문에 그에 대해 전해지는 것이 없어 제가 듣지 못했습니다. 그만두지 말고 말하라고 하신다면 왕도를 말씀드리겠습니다."

> 도道는 '말하다'와 같다. 무이즉왕호無以則王乎라는 구절은 왕이 환공과 문공의 일을 말씀하신다면 제가 그만두겠지만 환공과 문공의 일을 말하지 말라고 하신다면 천하에 왕 노릇 하는 방도가 있을 뿐이라는 말이다.

"덕으로 어떻게 왕이 될 수 있다는 것입니까?"

"백성을 보호하고 왕이 되면 누구도 막을 수 없습니다."

> 보保는 보호한다는 말이다. 제나라 환공과 진나라 문공은 모두 전쟁을 벌여 제후를 정벌하고 맹약을 맺어 일을 처리할 수 있었을 뿐, 확실히 수고와 소요를 피할 수 없었다. 천하의 왕이 되는 방도와 같은 일은 자기 백성을 보호하는 일에 지나지 않을 따름이니, 또한 그 일이 아주 쉽다고 말한 것이다.

○ "백성을 보호하고 왕이 된다"는 말이 이 장의 중심이다. 패자覇者는 힘으로 인仁을 빌려 오기 때문에 일은 수고롭고 결과는 보잘것없다. 왕자王者 덕으로 인을 실행하기 때문에 일은 빠르고 결과는 대단하다. 사람들은, 패자의 술법은 얻는 효과가 빠르고 왕자의 방도는 얻는 결과가 느리다고 말한다. 어떻게 이들에게 왕도에 대해 얘기해 줄 수 있겠는가.

"과인 같은 사람도 백성을 보호할 수 있습니까?"

"할 수 있습니다."

"무슨 연유로 제가 할 수 있다는 걸 아십니까?"

"제가 호흘胡齕에게 들은 얘기가 있습니다: '왕께서 대청에 앉아 계실 때, 소를 끌고 대청 아래를 지나가는 사람이 있었는데 왕께서 이를 보시고, '소가 어디 가는가?' 묻자, '흔종釁鐘하려고 합니다' 대답하기에, 왕께서 '그만두어라. 소가 부들부들 떨면서 죄 없이 죽을 곳으로 가는 것 같은 모습을 차마 보지 못하겠다'라 하셨고, '그러면 흔종하는 일을 그만둘까요'라고 하기에, '어떻게 그만둘 수 있겠느냐. 양으로 바꾸도록 해라'라고 하였습니다. 잘 모르겠습니다만 이런 일이 있었습니까?"

> 호흘胡齕은 왕의 근신近臣이다. 조씨(조기趙岐)가 말했다: "흔종釁鐘은 새로 종을 주조할 때 희생물을 죽여 종의 갈라진 부분을 피로 바르고 해서 제사를 지내는 것이다." 곡속觳觫은 두려워하고 무서워하는 모양이다. 맹자는 왕도 백성을 보호할 수 있다는 진술을 하려고 먼저 호흘에게 들은 말을 하면서 그런 일이 있었는지 없었는지 물은 것이다.

"있었습니다."

"이런 마음이라면 충분히 왕이 될 수 있습니다. 백성들은 모두 왕을 두고 아낀다고 하지만 저는 왕께서 차마 하지 못하셨음을 분명히 압니다."

> 애愛는 아낀다는 뜻이다. 물건을 아껴 인색하게 군다는 말이다.

○ 왕도王道라 하는 것은 인仁일 뿐이다. 측은해하는 마음은 인仁의 실마리이다. 제나라 왕 또한 이 마음이 있었는데도 알지 못했다. 그런 까닭에 왕에게 "이런 마음이라면 충분히 왕이 될 수 있습니다"라고 말한 것이다. 맹자가 왕도를 논한 것이 얼마나 간결하고 명확한가.

왕이 말했다. "그렇습니다. 정말 그렇게 말하는 백성이 있습니다. 제나라가 좁고 작기는 하지만 제가 소 한 마리를 아끼겠습니까? 바로 그 부들부들 떨면서 죄 없이 죽을 곳으로 가는 것 같은 모습을 차마 볼 수 없었기 때문에 양으로 바꾸라 한 것입니다."

| 소를 양으로 바꾼 것은 그 행동이 인색한 듯해서 사실 백성 가운데 비난하는 사람이 있는 것이다, 하지만 내 마음은 소가 죽는 것을 차마 볼 수 없었을 따름이다, 라는 말이다.

"왕께서는 백성들이 왕을 두고 아낀다고 하는 말을 이상하게 생각하지 마십시오. 작은 것으로 큰 것과 바꾼 줄 저들이 어떻게 알겠습니까? 왕께서 죄 없이 죽을 곳으로 가는 것을 마음 아파하셨다면 소와 양을 어떻게 구별하셨습니까?"

| 이異는 괴이하게 여기는 것이다. 은隱은 아파하는 것이다. 소와 양이 모두 죄가 없다면 어떻게 양은 기꺼이 희생하면서 소는 차마 볼 수 없었던 것일까. 맹자는 일부러 이런 어려운 문제를 만들어 왕이 자신에게 돌이켜 찾아 본심을 터득하길 바란 것이다.

왕이 웃으며 말했다. "이게 정말 무슨 마음이었던가요? 내가 재물을 아껴 양으로 바꾸라고 한 것은 아닙니다. 백성들이 나보고 인색하다고 하는 것도 당연하군요."

| 왕이 스스로 본심을 찾을 수 없어 오히려 백성들이 비난하는 말에 헷갈리는 게 있었다.

"해가 될 게 없습니다. 이것이 바로 인仁을 실행하는 방법이니, 소는 보았고 양은 보지 못했기 때문입니다. 군자는 동물들에 대해서 그것들이 사는 것은 보아도 죽는 것은 차마 보지 못하며, 죽는 소리를 듣고서는 차마 그 고기를 먹지는 못합니다. 이 때문에 군자는 주방을 멀리합니다."

┃ 무상無傷은 백성들이 무슨 말을 해도 해가 되지 않는다는 말이다. 인술仁術은 인仁을 실행하는 좋은 방법을 말한다. 양을 소와 바꾼 것은 소는 보았고 양은 보지 못했기 때문으로, 군자는 주방을 멀리한다는 뜻에 자연스레 부합한다. 그러므로 '인술'이라고 말한 것이다. 군자가 매일 고기를 먹으면서도 주방을 멀리하는 것은 측은하게 여기는 마음이 상할까 두려워서이다. 소리[聲]란 죽을 때 애처롭게 우는 것을 말한다.

○ 사랑하는 마음은 키우기는 어렵고 다치기는 쉽다. 소 한 마리의 죽음은 작은 일이다. 아끼고 아끼지 않는 것도 아주 심원한 것은 아니다. 하지만 사랑하는 마음을 잘 키우면 온 천하를 보호할 수 있고, 이 마음을 다치게 하면 병사를 다 소모하고 무력을 남용하는 지경에 이르게 된다. 그렇기 때문에 군자는 삼가는 것이다.

왕이 기뻐하며 말했다. "『시경』에, '다른 사람의 마음을 내가 헤아린다'[他人有心, 予忖度之]라고 하였는데 선생을 두고 하는 말이었군요. 내가 바로 실행하고서 돌이켜 찾아보아도 내 마음을 몰랐었는데, 선생께서 말씀해 주시니 제 마음에 무엇인가 움직이는군요[戚戚]. 이 마음이 왕도에 부합하는 까닭은 무엇입니까?"

┃ 시詩는 「소아小雅·교언巧言」편이다. 척척戚戚은 마음이 움직이는 모양이다. 왕이 맹자의 말을 듣고 전날의 마음이 다시 싹텄다. 하지만 이 마음

이 과연 왕도에 부합하는지 아닌지는 몰랐다. 그래서 또 물은 것이다.

"어떤 사람이 왕께 아뢰기를, '저는 힘으로 3천 근은 들 수 있지만 깃털 하나는 들 수 없습니다. 시력은 가을날 털끝은 볼 수 있지만 수레에 실린 섶은 볼 수 없습니다'라고 한다면 왕께서는 인정하시겠습니까?"

│ 복復은 '말하다'이다. 30근을 1균鈞이라 한다. 추호지말秋毫之末이란 짐
│ 승의 털이 가을이 되어 끝이 가늘어진 것이다. 여신輿薪은 수레에 땔감
│ 을 실은 것이다. 허許는 옳다는 말이다.

"아닙니다."

"지금 은혜가 충분히 짐승에게까지 미치면서 효과가 유독 백성에게 미치지 않는 것은 어째서입니까? 그렇다면 깃털 하나 들지 못하는 것은 힘을 쓰지 않았기 때문이며, 수레의 섶을 보지 못하는 것은 시력을 쓰지 않았기 때문이며, 백성들이 보호받지 못하는 것은 은혜를 베풀지 않았기 때문입니다. 그러므로 왕께서 왕이 되지 못하는 것은 하지 않아서이지, 할 수 없어서가 아닙니다."

│ "지금 은혜가" 이하는 맹자의 말이다. 깃털 하나를 드는 것과 수레의
│ 섶을 보는 일 모두 백성을 보호하고 왕이 되기가 아주 쉽다는 것을 비
│ 유한 말이다. 지금 왕의 이러한 마음이 이미 물건에 미칠 수 있었으니
│ 백성을 보호하는 일 역시 왜 실행하기 어렵겠는가, 단지 하지 않으려
│ 할 뿐이지 힘을 쓸 수 없어서가 아니다, 라는 말이다.

"하지 않는 것과 할 수 없는 것은 구체적으로 어떻게 다릅니까?"

| 형形은 구체적인 모습이다.

"태산太山을 끼고 북해北海를 뛰어넘는 일을 사람들한테 '나는 할 수 없습니다'라고 말한다면 이는 정말 할 수 없는 것입니다. 어른을 위해 나뭇가지를 꺾는* 일을 사람들한테 '나는 할 수 없습니다'라고 말한다면 이는 하지 않는 것일지언정 할 수 없는 게 아닙니다. 그러므로 왕께서 진정한 왕이 되지 않는 것은 태산을 끼고 북해를 뛰어넘는 일과 같은 종류가 아니라, 왕께서 진정한 왕이 되지 않는 것은 나뭇가지를 꺾는 일과 같은 종류입니다.

| 태산·북해는 모두 제나라에 가까운 지역이기 때문에 이를 가지고 비유로 삼았다. 주씨가 말했다: "위장자절지爲長者折枝는 어른의 말씀을 따라 초목의 가지를 꺾는 것으로, 어렵지 않다는 말이다. 이런 마음은 본래 존재하는 것이라 밖에서 구할 필요가 없다. 이 마음을 확대해 채워 나가는 일은 자기에게 달려 있을 따름이니 무슨 어려움이 있겠는가." 다음 부분에서 마침내 백성을 보호하고 왕이 되는 실상을 말한다.
○ 제나라 왕은 어려운 일은 할 수 있으면서 쉬운 일은 하려 하지 않기 때문에 맹자는 왕이 거듭 묻는 차에 이처럼 비유한 것이다.

---

* 원문 '절지'(折枝)를 두고 몇 가지 다른 해석이 있다. ①지(枝)를 '관절'로 보아 '안마를 해주다'라고 보는 견해(조기趙岐의 설명). ②주희의 설명은 일반적으로 통용되는 주석으로 '나뭇가지를 꺾는다'는 말이다. ③지를 관절[肢]로 보기는 마찬가지지만 '다리 관절'로 보아, 어른을 위해 예를 차려 '자기 다리를 꺾어 거두어들이는'[斂折] 행위로 보기도 한다(진천상陳天詳의 설). 혹은 관절을 허리 관절로 보고 허리를 굽혀 인사하는 말로 보기도 한다.

내 집안의 노인을 노인으로 섬겨 남의 노인에게까지 이르고, 내 집안의 어린아이를 잘 돌봐 남의 어린아이에게까지 이르면 천하를 손바닥에서 움직일 수 있을 것입니다. 『시경』에, '내 아내에게 모범이 되어, 형제에 이르고, 집안과 나라를 다스린다'[刑于寡妻, 至于兄弟, 以御于家邦]고 하였습니다. 이 마음을 들어 저기에 더할 뿐이라는 말입니다.

> 주씨가 말했다: "노老는 노인으로서 섬긴다는 말이다. 유幼는 어린아이로서 잘 돌본다는 말이다. 손바닥에서 움직인다는 말은 쉽다는 뜻이다. 시詩는 「대아大雅·사제思齊」편이다. 과처寡妻는 덕이 적은 사람의 아내라는 말로 겸사이다. 어御는 다스린다는 말이다. 이 마음을 들어 저기에 더한다는 말은 백성을 보호하기가 이처럼 쉽다는 말이다.

그러므로 은혜를 밀고 나가면 온 세상을 보호할 수 있고, 은혜를 밀고 나가지 않으면 처자식도 보호할 수 없습니다. 옛사람이 다른 사람들보다 크게 뛰어난 까닭은 다른 게 없습니다. 자신이 하는 일을 잘 밀고 나갔기 때문입니다.

> 자신이 하는 일을 잘 밀고 나가는 일은 이른바 "내 집안의 노인을 노인으로 섬겨 남의 노인에게까지 이르고, 내 집안의 어린아이를 잘 돌봐 남의 어린아이에게까지 이르는 일"을 말한다.

○ 내 집안의 노인을 노인으로 섬겨 남의 노인에게까지 이르고, 내 집안의 어린아이를 잘 돌봐 남의 어린아이에게까지 이르는 일은 백성의 할 일을 마련해, 위로 부모를 섬기고 아래로 처자식을 잘 돌보는 일에 정확히 관련된다. 본디 어려운 일이 없다. 맹자는, "도가 가까운 데 있는데도 먼 곳에서 구하며, 일이 쉬운 곳에 있는데도 어려운 것에서 구한

다. 사람들이 자기 부모를 사랑하고 어른을 어른으로 섬기면 천하는 평화로워진다"(「이루 상」 제11장)고 말하였다. 맹자가 왜 우리를 속이겠는가. 알면서도 진정 어려워할 뿐이다.

지금 은혜가 충분히 짐승에게까지 미치면서 효과가 백성에게 미치지 않는 것은 유독 어째서이겠습니까?

> 측은해하는 마음이 사물에는 미치면서 사람들에게 미치지 않는 것은 자신이 하는 일을 잘 밀고 나가지 못하기 때문이라는 말이다. 그러므로 거듭 말해 윗글 모두를 맺은 것이다.

저울에 달아 본 뒤에 무게를 알 수 있으며 자로 재어 본 뒤에 길이를 알 수 있습니다. 사물이 모두 그렇습니다만 마음은 더욱 심하니 왕께서는 이 점을 헤아리십시오.

> 권權은 저울과 추로, 물건을 다는 것이다. 도度는 장丈[10자]과 척尺[1자]으로, 물건을 재는 것이다. 저울과 자를 써서 물건을 달아 보고 재 보면 물건의 무게와 길이를 속일 수 없다. 자기 마음은 스스로 가장 명확하게 알고 있음은 물건을 속일 수 없는 것보다 더 분명하다. 그러므로 맹자는 왕 스스로 헤아려 보라 하고서 다음 문장에서, 스스로 잘 알아 속일 수 없음을 두루 갖춰 말한다.

아니면 왕께서는 무력을 일으키고 전사戰士와 신하를 위태롭게 하며 제후들과 원한을 맺은 다음에야 마음이 통쾌하겠습니까?"

> 억抑은 발어사發語辭이다. 사士는 전사戰士를 말한다. 구構는 맺는다는 말

이다. 이 세 가지 일(무력 일으키기·위태롭게 하기·원한 맺기)은 사람 마음에 바라는 바가 아니다. 왕 역시 어떻게 마음이 통쾌하겠는가. 다만 이해관계에 마음이 가려져 자신도 모를 뿐이다. 그러므로 맹자는 제나라 왕 스스로 마음에서 구하길 바라 반문한 것이다.

"아닙니다. 내가 어떻게 이런 일에 마음이 통쾌하겠습니까. 제가 크게 하고 싶은 일을 구하려는 것입니다."

"왕께서 크게 하고 싶은 일을 들을 수 있겠습니까?"

왕이 웃으며 말하지 않았다.

│ 그 일을 말하기가 어려웠기 때문에 웃으며 대답하지 않은 것이다.

"살지고 단맛이 입에 부족하기 때문입니까? 가볍고 따뜻한 옷이 몸에 부족하기 때문입니까? 아니면 화려한 빛깔이 눈으로 보기에 부족하기 때문입니까? 음악이 귀로 듣기에 부족하기 때문입니까? 가까이 총애하는 사람들이 앞에서 부리기에 부족하기 때문입니까? 왕의 여러 신하들이 모두 충분히 제공해 드리는데 왕께서 어찌 이것들 때문에 그러시겠습니까."

"아닙니다. 저는 이것들 때문이 아닙니다."

"그렇다면 왕께서 크게 하고 싶은 일을 알 수 있겠습니다. 토지를 넓히고 진나라와 초나라에게 조회를 받고 중국에 군림하며 사방의 오랑캐를 어루만지고 싶어 하는 것입니다. 이 같은 행동으로 이 같은 소망을 구하신다면 나무에 올라가 물고기를 구하는 것과 같습니다."

│ 주씨가 말했다. "편폐便嬖는 가까이서 친해 익숙하고 총애하는 사람을 말한다. 이르는 어조사다. 벽辟은 개척하고 넓힌다는 말이다. 조朝는 와

서 조회하도록 한다는 말이다. 진나라와 초나라는 모두 대국大國이다. 리莅는 군림한다는 말이다. 약若은 '이와 같이'라는 말이다. 이와 같은 행동[所爲]은 무력을 일으키고 원한을 맺는 일을 가리킨다. 나무에 올라가 고기를 구한다는 것은 결코 얻을 수 없다는 말이다."

○ 맹자는 여기서 왕이 크게 하고 싶어 하는 일을 말하고 끝내 이룰 수 없음을 밝혔다.

왕이 말했다. "이처럼 심합니까?"

"이보다 심한 게 있습니다. 나무에 올라가 물고기를 구하는 것은 물고기를 얻지 못하더라도 그 뒤에 재앙은 없습니다만 이 같은 행동으로 이 같은 소망을 구한다면 마음과 힘을 다 써서 하더라도 뒤에 반드시 재앙이 있을 것입니다."

"들을 수 있겠습니까?"

"추鄒나라 사람과 초楚나라 사람이 싸운다면 왕께서는 누가 이길 거라고 생각하십니까?"

"초나라 사람이 이깁니다."

│ 추나라는 작고 초나라는 크기 때문에 왕은 초나라 사람이 이긴다고 한 것이다.

"그렇다면 작은 것은 분명 큰 것을 대적할 수 없고, 적은 것은 분명 많은 것을 대적할 수 없으며, 약한 것은 분명 강한 것을 대적할 수 없습니다. 천하의 땅 가운데 사방 천 리 되는 나라가 아홉인데 제나라는 땅을 다 합쳐 그 아홉 가운데 하나를 차지하였으니, 하나를 가지고 여덟을 복종시키는 일이 추나라가 초나라를 대적하는 일과 무엇이 다르겠습니까? 왜 또한 근본으로 돌아가지 않으십니까?

> 제집유기일齊集有其一이란 말은 제나라의 땅을 합쳐 사방 천 리가 되니 이는 천하 땅의 9분의 1을 소유한 것이라는 뜻이다. 개蓋는 다음 문장을 참고해 볼 때 합盍으로 써야 한다. '왜 …하지 않는가'라는 말이다. 제나라 왕은 단지 말단의 일만 좇을 뿐 근본으로 돌아갈 줄 몰랐기 때문에 이 말을 해준 것이다.

지금 왕께서 정치를 하시며 인仁을 베푸셔서 천하의 벼슬하는 사람들이 모두 왕의 조정에 서고 싶게 하고, 밭 가는 사람들이 모두 왕의 들에서 밭 갈고 싶게 하고, 장사하는 사람들이 모두 왕의 시장에서 물건을 저장하고 싶게 하고, 여행하는 사람들이 모두 왕의 길에서 나서고 싶게 한다면 자기 임금을 미워하는 천하 사람들이 모두 왕께 달려와 하소연하려 할 것입니다. 이와 같다면 누가 막을 수 있겠습니까?"

> 물건을 다니면서 파는 것을 상商이라 하고 물건을 쌓아 두고 파는 것을 고賈라고 한다. 정치를 하면서 인을 베풀면 사방 사람들이 각자 바라는 것을 얻어 천하가 그에게 귀의할 것이다. 이와 같다면 왕이 원하는 사람들은 왕이 구하지 않아도 이 나라에 오게 되어, 나라의 크기와 강약을 논할 겨를이 없을 것이다.

> ○ 이 부분은 어진 정치의 효험을 말한 것으로 소위 "근본으로 돌아가라"는 말이다. 성인은 남을 차마 해치지 못하는 마음으로 남을 차마 해치지 못하는 정치를 실행하였다. 어찌 천하를 탐하는 마음이 있겠는가. 다만 제나라 왕은 왕도의 위대함을 몰랐기 때문에 맹자가 그 효험을

알려 준 것이다.

왕이 말했다. "제가 어리석어 여기까진 나가지 못했습니다. 선생께서 제 뜻을 도와주어 밝게 저를 가르쳐 주시길 바랍니다. 제가 명민하진 않으나 한번 시험해 보도록 하겠습니다."

"일정한 생업이 없는데도 일정한 마음을 유지하는 일은 오직 사士만이 할 수 있습니다. 백성은 일정한 생업이 없으면 일정한 마음을 유지할 수 없습니다. 일정한 마음을 유지할 수 없으면 방탕과 사악한 짓을 하지 않을 수 없습니다. 죄에 빠진 뒤에야 따라가 형벌을 내린다면 이는 백성들에게 그물질하는 것입니다. 어떻게 어진 사람이 재위에 있으면서 백성들에게 그물질하는 일을 할 수 있겠습니까?

> 항恒은 항상이라는 말이다. 산產은 생업을 말한다. 항산恒產은 일정한 생활을 할 수 있는 일을 말한다. 벽辟은 벽僻(치우쳤다)과 같은 말이다. 망罔은 그물을 친다는 말로, 보지 못하도록 속여 잡는 것이다. 근본으로 돌아가지 않으면 안 된다고 강하게 말한 것이다.

이런 까닭에 훌륭한 임금은 백성들의 생업을 만들면서, 반드시 위로는 부모를 섬길 수 있고 아래로는 처자식을 잘 돌볼 수 있어 풍년에는 종신토록(일년 내내) 배가 부르고 흉년에는 죽음을 피하게 합니다. 그런 뒤에 백성을 몰아 선善으로 옮겨 가도록 합니다. 그러므로 백성들이 따르기도 쉽습니다.

> 경輕은 쉽다는 말이다. 백성들이 일정한 생업을 가지면 선행을 하도록 할 수 있다는 말이다.

지금은 백성들의 생업을 만들면서, 위로는 부모를 섬길 수 없고 아래로는 처자식을 잘 돌볼 수 없어 풍년에는 종신토록 고생하고 흉년에는 죽음을 피하지 못합니다. 죽음에서 구제해도 넉넉하지 못할까 두려운데 어느 겨를에 예의를 닦겠습니까? 왕께서 하고자 하신다면 왜 근본으로 돌아가지 않으십니까.

| 섬贍은 넉넉하다는 말이다. 합盍은 '왜 … 하지 않는가'라는 말이다.

○ 백성들의 생업을 만드는 것이 소위 근본으로 돌아가는 실제의 일이다. 그러므로 훌륭한 임금은 백성에게, 돌보는 일이 이뤄지고 나면 선善으로 가르친다. 지금 임금들은 백성에게, 이미 돌보지도 못했는데 어떻게 가르치길 바라겠는가. 그러므로 맹자는 이익과 손해를 들어 왕이 근본으로 돌아가야 한다고 권한 것이다.

5묘의 택지에 뽕나무를 심게 하면 50세 된 사람이 비단옷을 입을 수 있고, 닭·작은 돼지·개·큰 돼지를 기를 때 제때를 놓치지 않게 하면 70세 된 사람이 고기를 먹을 수 있습니다. 100묘의 밭에 농사짓는 시기를 빼앗지 않는다면 여덟 식구의 집이 굶는 일이 없을 것이며, 상庠·서序의 가르침을 삼가 해서 효도와 공경의 뜻을 거듭 가르친다면 반백의 노인들이 길에서 짐을 이거나 지지 않을 것입니다. 노인이 비단옷을 입고 고기를 먹으며 일반 백성들이 굶주리지 않고 추위에 떨지 않는데, 그렇게 하고서도 왕이 되지 못하는 사람은 있지 않습니다."

| 여덟 식구의 집은 상농부(아홉 식구의 집) 다음이다. 나머지는 앞 장 (제3장)에 보인다.

○ 이 부분은 백성들의 생업을 만드는 방법을 말한 것으로 근본으로 돌아

간 실제 효과이다. 조씨(조기)가 말했다: "이것이 왕도 정치의 근본이며 일정한 생활을 유지하는 방도이다. 그러므로 맹자가 제나라와 양나라의 왕을 위해 각각 진술한 것이다."

이상은 제7장이다.

○ 이 장은 왕도의 근본과 말단이 아주 상세하게 논의되었다. 전체의 요지를 논한 곳은 "백성을 보호하고 왕이 된다"는 말에 있다. 근본을 논한 곳은 "측은해하는 마음을 확충한다"는 말에 있는데, 소위 "내 집안의 노인을 노인으로 섬겨 남의 노인에게까지 이르고, 내 집안의 어린아이를 잘 돌봐 남의 어린아이에게까지 이르는 것"이라는 말이 여기에 해당한다. 구체적인 방도와 제도를 논한 곳은 "백성들의 생업을 만들고, 상·서의 가르침을 삼가 해서 효도와 공경의 뜻을 거듭 가르친다"는 말에 있다. 모두 백성을 보호하는 일이 아닌 게 없다. 처음부터 끝까지 모두 거론했고 결과와 효과가 함께 존재해서, 왕도는 쉽고 간결해 밖에서 구할 필요가 없으며, 신령스러울 만큼 빨라 감응하지 않는 게 없다는 사실을 알 수 있다. 덕을 깊이 이해하는 사람이 아니라면 어떻게 그 효과가 과연 이와 같은 줄 알겠는가.

양혜왕 장구 하

모두 16장이다.

1.

장포莊暴가 맹자를 만나 말했다. "제가 왕을 뵈니, 왕께서 제게 음악을 좋아한다고 말씀하셨는데 제가 대답하지 못했습니다. 음악을 좋아하는 게 어떤 것입니까?"

맹자께서 말씀하셨다. "왕께서 음악을 매우 좋아하신다면 제나라는 잘 다스려지는 상태에 가까울 것입니다."

| 장포는 제나라의 신하다. 왕이 음악을 극진히 좋아한다면 제나라는 그 정치가 안정된 상태에 가깝다는 말이다.

다른 날 맹자께서 왕을 뵙고 말씀하셨다. "왕께서 장자莊子(장포)에게 음악을 좋아한다고 말씀하셨다는데, 그런 일이 있었습니까?"

왕이 낯빛이 변하며 말하였다. "과인은 선왕先王의 음악을 좋아하는 게 아니라 그저 세속의 음악을 좋아할 따름입니다."

| 낯빛이 변한 것은 올바르지 않은 지금의 음악을 좋아하는 게 부끄러워서였다.

"왕께서 음악을 매우 좋아하신다면 제나라는 잘 다스려지는 상태에 가까울 것입니다. 지금 음악이 옛날 음악입니다."

| 옛날 음악은 선왕의 음악이다.

"그 말씀을 들을 수 있겠습니까?"
"혼자 음악을 즐기는 것과 남과 함께 음악을 즐기는 것 가운데 어떤 것이 더 즐겁습니까?"
"남과 함께 즐기는 것이 낫습니다."
"적은 사람들과 음악을 즐기는 것과 많은 사람들과 음악을 즐기는 것 가운데 어떤 것이 더 즐겁습니까?"
"많은 사람들과 함께 즐기는 것이 낫습니다."

| 사람들이 보통 갖는 감정으로 말한 것이다.
○ 이 부분은 맹자가 '백성과 함께 즐기는' 실상을 말하려고 먼저 두 가지 일을 설정해 물은 것이다.

"제가 왕을 위해 음악에 대해 말해 보겠습니다.

| 음악의 실상은 백성과 함께 즐기는 데 있지 옛날과 지금을 구분하는 데 있지 않다. 그러므로 다음 문장에서 이를 논한다.

지금 왕께서 여기서 음악을 연주하시는데, 백성들이 왕의 종과 북소리, 대금과 피리소리를 듣고 모두 머리 아파하며 콧날을 찡그리면서, 서로 '우리 왕이 음악을 좋아하시는구나. 어떻게 우리들을 이런 궁핍한 처지에 이르게 해, 아버지와 아들은 서로 보지 못하고 형제와 처자식은 흩어지게 하는가'라고 말하고,

> 음악은 북으로 박자를 맞추기 때문에 고락鼓樂이라 하였다. 종고관약鐘鼓管籥은 모두 악기 이름이다. 거擧는 '모두'라는 말이다. 질수疾首는 두통을 말한다. 축蹙은 모으는 것이다. 알頞은 콧마루이다. 사람은 근심하거나 분개하면 콧날을 찌푸린다. 극極은 궁핍하다는 말이다.

지금 왕께서 여기서 사냥을 나가시는데, 백성들이 왕의 수레와 말소리를 듣고 아름다운 깃발을 보고 모두 머리 아파하며 콧날을 찡그리면서, 서로 '우리 왕이 사냥을 좋아하시는구나. 어떻게 우리들을 이런 궁핍한 처지에 이르게 해, 아버지와 아들은 서로 보지 못하고 형제와 처자식은 흩어지게 하는가'라고 말한다면 이는 다른 게 아니라 백성들과 함께 즐거워하지 않기 때문입니다.

> 우모羽旄는 깃발 종류이다. 진력陳櫟이 말했다: "음악을 좋아한다고 말하는 기회를 타서 사냥까지 언급하였는데 왕이 사냥도 역시 좋아했기 때문이다."

○ 이 부분은 임금 혼자 음악을 즐기고 백성 모두와 함께 즐기지 않는 해악을 말한 것인데, 바로 앞에서 말한 "혼자 음악을 즐긴다"는 뜻이다.

지금 왕께서 여기서 음악을 연주하시는데, 백성들이 왕의 종과 북소리,

대금과 피리소리를 듣고 모두 흔쾌히 기쁜 낯빛을 하고서 서로, '우리 왕께서 질병이 없으신가 보다. 얼마나 음악을 잘하시는지'라고 말하고, 지금 왕께서 여기서 사냥을 나가시는데, 백성들이 왕의 수레소리와 말소리를 듣고 아름다운 깃발을 보고 모두 흔쾌히 기쁜 낯빛을 하고서, 서로 '우리 왕께서 질병이 없으신가 보다. 얼마나 사냥을 잘하시는지'라고 말한다면 이는 다른 게 아니라 백성들과 함께 즐거워하기 때문입니다.

○ 이 부분은 소위 "매우 음악을 좋아하는 것"을 말하였다. 백성과 함께 즐거워하면 백성 또한 그 즐거움을 즐거워해 임금은 영원히 그 즐거움을 누릴 수 있다는 말이다. 앞에서 말한 "많은 사람과 음악을 즐긴다"는 뜻이다.

지금 왕께서 백성들과 즐거움을 함께 하시면 진정한 왕이 될 수 있습니다."

이상은 제1장이다.

○ 이 장은 제나라 왕이 음악을 좋아한다는 사실을 기회로 반복해 얘기하고 논의를 밀고 나가, 백성과 즐거움을 함께 하면 진정한 왕이 될 수 있음을 밝혔다. 소위 "옛사람은 백성과 함께 즐거워했다"는 뜻이다. 성인-왕[聖王]이 천하를 잘 다스리는 때에는 임금과 백성이 서로 안정되고 위아래가 일체가 된다. 그런 뒤에 음악이 창작된다. 『주례』周禮「지관地官·대사도大司徒」에서 말하는 '육악'六樂*은 모두 선왕先王이 백성과 즐거움을 함께 한 흔적이다. 후세에 와서 음률(음계)이나 악기의 치수를 가지고 음악을 논하게 되어 음악의 본질이 사실 이런 것에 있지 않다는 사실을 모르

게 되었다. 이는 말단만 아는 것이지 근본은 모르는 것이다. 그러므로 "음악이다, 음악이다, 라고 말하지만 종이나 북을 말하는 것이겠는가"(『논어』「양화」陽貨 제10장)라고 말한 것이다. 무슨 뜻이겠는가. 천하에 진정한 왕이 될 수 있는 방도는 다른 게 아니라 백성과 함께 즐거워하는 것일 뿐이다. 이런 이유로 맹자는 임금과 정치를 논할 때 수많은 갈래로 논의를 펼치지만 모두 "백성과 즐거움을 함께 한다"는 말로 수렴하였다. 그 뜻을 알면 '진정한 왕이 되는 길'[王道]이 얼마나 쉬운지 당연히 알 것이다. 선배 유학자는 맹자의 말을 두고 "당시를 구제하는 급한 일"이라고 하였는데 (주희, 『집주』) 참으로 못난 견해이다.

2.

제나라 선왕宣王이 물었다. "문왕의 동산은 넓이가 70리였다 하던데 그런 게 있었습니까?"

맹자께서 대답하셨다. "옛 책에 그런 게 있습니다."

> 동산은 새와 짐승을 번식시키고 기르는 곳이다. 전傳은 책에 전하는 것을 말한다. 후세의 패설稗說 종류일 것이다.

"이처럼 컸습니까?"

"백성들은 오히려 작다고 생각했습니다."

---

* 육악(六樂)은 황제(黃帝)·요(堯)·순(舜)·우(禹)·탕(湯)·주(周)나라 무왕(武王) 6대의 고악(古樂) 으로, 「운문」(雲門)·「함지」(咸池)·「대소」(大韶)·「대하」(大夏)·「대호」(大濩)·「대무」(大武)를 말 한다.

"과인의 동산은 넓이가 40리인데 백성들은 오히려 크다고 하는 것은 어째서입니까?"

"문왕의 동산은 넓이 70리에 꼴 베는 사람, 나무하는 사람이 그곳에 가고 꿩이며 토끼 잡는 사람도 그곳에 가서 백성과 함께 이용했습니다. 백성들이 작다고 하는 것도 당연하지 않습니까.

| 추芻는 풀을 말한다. 요蕘는 땔나무를 말한다.

제가 처음 국경에 이르러 나라에서 크게 금지하는 것을 물은 다음에 감히 들어왔습니다. 신이 들으니, 교외 관문關門 안에 40리 넓이의 동산이 있는데 동산의 사슴을 죽인 사람을 살인죄와 같이 처벌한다고 했습니다. 이는 넓이 40리가 나라 가운데 함정인 것입니다. 백성들이 크다고 하는 것도 당연하지 않습니까."

| 서울 밖 100리를 교郊라 하고 교 바깥[郊外]에 관문關門이 있다. 함정[阱]
  은 땅을 파서 짐승을 빠뜨리는 것으로, 백성을 죽음에 빠뜨린다는 말
  이다.

이상은 제2장이다.

○ 이 장은 맹자가 선왕宣王의 질문을 이용해 진정한 왕이 되는 길을 밝히려고 한 것이다. 그러므로 문왕의 동산에 대해서는 존재 여부를 논하지 않고, 꼴 베고 나무하며 꿩 잡고 토끼 잡는 일에 금지가 없었던 것만을 설명해 그렇게 하지 못하는 선왕을 심하게 책망하였다.

3.

제나라 선왕이 물었다. "이웃 나라와 사귀는 데 방도가 있습니까?"

맹자께서 대답하였다. "있습니다. 어진 사람만이 큰 나라를 가지고 작은 나라를 섬길 수 있습니다. 이런 까닭에 탕왕이 갈葛나라를 섬겼고 문왕이 곤이昆夷를 섬겼습니다.

> 탕왕의 일은 뒤 편(「등문공 하」제5장)에 보인다. 문왕의 일은 『시경』 「대아」(「문왕지십」文王之什)에 보인다. 어진 사람은 자기를 잊고 남과 똑같은 줄 안다. 그러므로 작은 나라가 혹 공손하지 않아도 그 나라를 섬기며 부끄러워하지 않는다는 말이다.

지혜로운 사람만이 작은 나라를 가지고 큰 나라를 섬길 수 있습니다. 그러므로 태왕은 흥육獯鬻을 섬겼고 구천句踐이 오吳나라를 섬겼습니다.

> 태왕의 일은 뒷장(「양혜왕 하」제15장)에 보인다. 구천은 월越나라의 왕 이름으로 오나라와 전쟁에서 패배해 회계산會稽山으로 퇴각했다가 자신이 직접 신하가 되어 오나라의 왕 부차夫差를 섬겼다. 지혜로운 사람은 때를 알아 남에게 굴복하는 것을 꺼리지 않는다. 그러므로 큰 나라가 침략해 모욕하더라도 그 나라를 섬기며 게을리하지 않는다.

큰 나라를 가지고 작은 나라를 섬기는 사람은 하늘의 뜻[天理]을 즐거워하는 사람이며, 작은 나라를 가지고 큰 나라를 섬기는 사람은 하늘의 뜻을 두려워하는 사람입니다. 하늘의 뜻을 즐거워하는 사람은 천하를 보전할 수 있고, 하늘의 뜻을 두려워하는 사람은 자신의 나라를 보전할 수 있습니다. 『시경』에, '하늘의 위엄을 두려워해 이에 나라를 보전한다'[畏天之

威, 于時保之]고 하였습니다."

> 어진 사람은 닥치는 일을 편안하게 대해 큰 나라를 가지고서 작은 나라를 섬기면서 앙심을 품지 않았다. 이를 하늘의 뜻을 즐거워한다[樂天]고 한다. 하늘의 뜻을 즐거워하는 사람은 천하 사람이 귀의하기 때문에 천하를 보전할 수 있는 것이다. 지혜로운 사람은 자기 분수를 지키며 작은 나라를 가지고 큰 나라를 섬기면서 감히 실수하지 않는다. 이를 하늘의 뜻을 두려워한다고 한다. 하늘의 뜻을 두려워하는 사람은 사람들이 모욕하지 않기 때문에 자신의 나라를 보전할 수 있는 것이다. 옛 주석(주희, 『집주』)에는, "큰 나라를 가지고 작은 나라를 사랑한다"고 풀었는데 잘못이다. 시는 「주송周頌·아장我將」편이다. 시時는 '이것'이라는 말이다. 맹자는 이 시를 인용해 지혜로운 사람이 나라를 보전한 일을 증명했다.

○ 이 부분은 맹자가 옛날의 어진 사람과 지혜로운 사람의 일을 인용해 제나라 선왕 스스로 옛사람들의 이웃 사귀는 방도를 체득하도록 권한 것이다. 섬긴다는 것은 공손하면서 예의가 있음을 말한다. 당시의 제후들은 크고 작은 나라 할 것 없이 서로 업신여기며 폭력을 폭력으로 대하느라 이웃과 잘 지내며 화목을 강구하고 자신을 낮춰 겸양하는 사람이 없었다. 그러므로 맹자는 큰 나라건 작은 나라건 모두 '섬겨야 한다'고 말한 것이다. 병을 치료하는 약이며 침이 되는 말이라 할 수 있다.

왕이 말했다. "훌륭합니다, 그 말씀은. 과인에게는 흠이 있는데 과인이 용맹을 좋아합니다."

> 왕의 말은 맹자의 말이 확실히 훌륭하긴 하지만 용맹을 좋아하기 때문

에 큰 나라를 섬기고 작은 나라를 섬길 수 없다는 것이다.

"왕께서는 작은 용맹을 좋아하지 마십시오. 칼을 어루만지며 노려보면서 '저가 어찌 감히 나를 당해내겠어'라고 하는데, 이는 필부匹夫의 용맹으로 한 사람을 대적하는 것입니다. 왕께서는 큰 용맹을 가지십시오.

| 질시疾視는 눈에 노기를 띠고 보는 것이다.

『시경』에, '왕이 크게 분노하여, 이에 군대를 정돈해, 거莒나라로 침략해 가는 군대를 막아, 주나라의 복을 돈독히 하여, 천하의 기대에 응답하였네'[王赫斯怒, 爰整其旅, 以遏徂莒, 以篤周祜, 以對于天下]라고 하였습니다. 이것이 문왕의 용맹입니다. 문왕은 한 번 분노하여 천하의 백성을 안정시켰습니다.

| 시는 「대아·황의皇矣」편이다. 혁赫은 크게 성내는 모양이다. 원爰은 '이에'라는 말이다. 려旅는 무리를 말한다. 알遏은 '막는다'는 말이다. 조徂는 간다는 말이다. 거莒는 나라 이름이다. 호祜는 복을 말한다. 대對는 응답했다는 말이다. 문왕이 자신의 군대를 정돈해 거나라를 치러 가는 자를 막아 그만두게 해 주나라 왕실의 복을 돈독히 하고 천하 사람들의 우러러 바라는 마음에 응답했다는 말이다.

『서경』에, '하늘이 백성을 낳을 때 임금을 만들고 스승을 만든 것은 상제上帝를 도왔기에 사방에서 특별히 총애한 것이다[寵之四方]. 죄가 있건 죄가 없건 내가 여기 있는데, 천하에 어찌 감히 그 마음을 함부로 하는 자가 있겠는가'라고 하였습니다. 한 사람(주왕紂王)이 난을 일으키자 무왕은 이를 부끄러워했습니다. 이것이 무왕의 용맹입니다. 무왕 역시 한 번 분노하여

천하의 백성을 편안하게 하였습니다.

> 『서경』의 말은 현재의 『고문상서』古文尚書 「태서」泰誓편에 보인다. 주씨
> 가 말했다: "총지사방寵之四方은 사방에서 특별히 총애한다는 말이다.
> 죄 지은 자는 내가 벌을 줄 수 있고, 죄 없는 자는 내가 편안하게 해준
> 다. 내가 여기 있으면 천하에 어떻게 감히 자기 마음을 함부로 해 난을
> 일으키는 자가 있겠는가. 횡행衡行은 난을 일으킨다는 말이다."

지금 왕께서도 한 번 분노하여 천하의 백성을 편안하게 하시면 백성들은
왕께서 용맹을 좋아하지 않으실까 두려워할 것입니다."

○ 제나라 왕이 문왕·무왕과 같은 용맹으로 한 번 분노해 폭력을 없애고
난을 다스려, 물과 불에 빠진 지경의 백성을 구할 수 있다면 그 용맹은
왕도王道를 실행하는 근본이 될 것이다. 왜 용맹을 좋아하는 것이 흠이
되겠는가.

이상은 제3장이다.

○ 이 장은 제나라 왕이 이웃 나라와 사귀는 방도를 묻자, 이에 어진 사
람이 큰 나라를 가지고 작은 나라를 섬길 수 있으며, 지혜로운 사람이 작
은 나라를 가지고 큰 나라를 섬길 수 있다는 말로 대답해, 난폭하고 침략
하려는 왕의 마음을 억눌렀다. 또 용맹을 좋아한다는 말을 하자, 이에 『시
경』과 『서경』을 인용해 왕도 한 번 분노하여 천하의 백성을 편안하게 해
줄 수 있다고 말하였다. 모두 천하 사람과 함께 근심하고 즐거워한다는
것에 수렴되지 않는 게 없다.

4.

제나라 선왕이 설궁雪宮에서 맹자를 만났다. 왕이 말했다. "현자도 이런 즐거움이 있습니까?"

> 설궁雪宮은 행궁行宮 이름이다.

맹자께서 대답하셨다. "있습니다. 사람들은 이런 즐거움을 누리지 못하면 윗사람을 비난합니다. 즐거움을 누리지 못해 윗사람을 비난하는 일도 잘못이지만 백성의 윗사람이 되어 백성과 함께 즐거워하지 못하는 것도 잘못입니다.

> 임금된 사람은 백성과 함께 즐거워해야 한다. 그렇지 못하면 그 즐거움을 누리지 못하는 아랫사람은 반드시 위의 임금을 비난하는 마음을 갖게 된다. 아랫사람이 윗사람을 비난하는 일이 잘못이긴 하지만 윗사람이 아랫사람과 함께 즐거워하지 않는 것은 가장 잘못된 일이다. 그러므로 백성과 함께 즐거워하지 않으면 임금도 그 즐거움을 영원히 누릴 수 없다.

백성의 즐거움을 즐거워하는 자는 백성들도 그의 즐거움을 즐거워하고, 백성의 근심을 근심하는 자는 백성들도 그의 근심을 근심합니다. 천하 사람과 즐거워하고 천하 사람과 근심하는데, 이렇게 하고서도 진정한 왕이 되지 못한 사람은 있지 않습니다.

> 천하 백성들과 즐거움·근심을 함께 한다는 말은 자신만 즐거워하거나 근심하지 않고 천하 사람들과 즐거움과 근심을 함께 한다는 말이다.
> ○ 백성들의 즐거움을 즐거워하고 백성들의 근심을 근심하는 것이 왕

도王道의 실상이다. 이렇게 하면 잘 다스려지고 이렇게 하지 않으면 잘 다스려지지 않는다. 안정과 난리, 부흥과 쇠망의 기틀이 실은 여기서 비롯된다.

○ 보광輔廣이 말했다: "임금이 백성의 즐거움을 자신의 즐거움으로 삼으면 백성도 임금의 즐거움을 자신들의 즐거움으로 삼는다. 이와 같다면 임금은 백성을 자기 몸으로 보고, 백성은 임금을 자신의 마음으로 보아 천하가 크다고 한들, 백성들이 아무리 많다 한들, 그 기쁨과 즐거움, 병과 아픔이 모두 내 몸에 절실하게 된다. 임금이 이처럼 인仁을 체득하면 천하의 백성들이 어디로 가겠는가. 왕이 되지 않으려고 해도 그럴 수가 없다."

옛날 제나라 경공景公이 안자晏子에게 물었습니다. '내가 전부산轉附山·조무산朝儛山을 유람하고 바다를 따라 남쪽으로 내려가 낭야琅邪에 닿고 싶은데, 내가 어떻게 정사를 잘 다스려야 선왕들의 유람에 견줄 수 있겠소?'

| 안자는 이름이 영嬰으로 제나라의 재상이다. 관觀은 유람한다는 말이다. 전부轉附·조무朝儛는 모두 산 이름이다. 준遵은 따라 가는 것이다. 방放은 도착한다는 말이다. 낭야琅邪는 제나라 동남쪽 국경 즈음의 마을 이름이다.

안자가 대답했습니다. '좋습니다, 질문이. 천자가 제후에게 가는 것을 순수巡狩라고 합니다. 순수란 지키는 곳을 돈다[巡行]는 뜻입니다. 제후가 천자에게 조회 가는 것을 술직述職이라고 합니다. 술직이란 자신이 맡은 일을 진술한다는 뜻입니다. 두 가지 모두 일이 아닌 게 없습니다. (임금은)

봄에는 밭가는 일을 살펴 부족한 것을 보충해 주고, 가을에는 수확하는
것을 살펴보고 부족한 것을 도와줍니다.

> 술述은 진술한다는 말이다. 성省은 시찰한다는 말이다. 렴斂은 수확을
> 말한다. 급給 역시 족足이라는 말이다. 순소수巡所守는 제후가 지키는 땅
> 을 돌아본다는 말이다. 술소직述所職은 임금에게 받은 직책(수행)을 진
> 술한다는 말이다. 순수巡狩와 술직述職 모두 백성의 일이 아닌 게 없으
> 며, 또한 반드시 봄·가을에 교외와 들을 돌아보고 백성에게 부족한 것
> 을 살펴 보충하고 도와준다.

하夏나라 속담에, '우리 임금이 유람하지 않으시면 우리가 어떻게 쉬며,
우리 임금이 기뻐하지 않으시면 우리가 어떻게 도움을 받겠는가'라고 하
였습니다. 한 번 유람하고 한 번 기뻐하는 것이 제후들에게 본보기가 된
것입니다.

> 예豫는 기뻐한다는 말이다. 안자가 하나라 때의 속담을 인용해 말하였
> 다. 임금이 한 번 유람하고 한 번 기뻐한 일이 모두 백성에게 은혜가 미
> 치는 것이라면 모두 제후에게 법도가 될 수 있다. 그저 마음대로 유람
> 을 일삼은 것이 아님을 밝힌 것이다.

지금은 그렇지 않아서 군대가 다니면서 양식을 먹어, 굶주린 사람이 먹지
못하고 수고한 사람이 쉬지 못해 눈을 흘기며 서로 비방하고 백성들은
마침내 원망을 합니다. 그런데도 선왕의 말씀을 어기고 백성을 학대하며
물 쓰듯이 먹고 마시며, 유련황망流連荒亡(뱃놀이, 사냥, 술 마시기) 해서 제후들
의 근심이 되어 버렸습니다.

지금은 안자의 시대를 말한다. 사師는 군대를 말한다. 2,500명이 사師다. 『춘추좌씨전』春秋左氏傳에, '임금이 가고 군대가 뒤따른다'는 표현이 보이는데 그 뜻과 같다. 양糧은 말린 양식 따위를 말한다. 견견睍睍은 흘겨보는 모양이다. 서胥는 서로라는 말이다. 참讒은 헐뜯는 것이다. 특慝은 원망하고 미워하는 것이다. 백성들이 수고로움을 견디지 못해 비방하고 원망한다는 말이다. 방方은 거스른다는 말이다. 명命은 선왕先王의 말씀이다. 물 쓰듯이 한다[若流]는 말은 함부로 하며 절제하지 않는다는 뜻으로, 물이 끝없이 흘러가는 것과 같은 것이다. 유련황망流連荒亡의 뜻은 다음 문장에 보인다. "많은 군대가 다니면서 양식을 먹어" 이하의 문장은 모두 뱃놀이며 사냥, 술 마시기가 불러온 일이다. 제후들이 서로 못된 행동을 모방하기 때문에 근심이라고 한 것이다.

뱃놀이에 빠져 물길을 따라 아래로 흘러가 돌아오기를 잊은 것을 '유'流라 하고, 물길을 거슬러 위로 올라가 돌아오기를 잊은 것을 '련'連이라 하며, 사냥에 싫증 내지 않는 것을 '황'荒이라 하며, 술을 즐겨 싫증 내지 않는 것을 '망'亡이라고 합니다. 선왕은 유련流連의 즐거움과 황망荒亡의 행동이 없었으니, 오직 임금께서 하시기에 달려 있을 뿐입니다.'

짐승 쫓기[從獸]는 사냥을 말한다. 황荒은 버린다는 말이다. 망亡은 못했다[失]는 말로, 알맞은 시기를 놓치고 해야 할 일을 하지 못한다는 말이다. 선왕의 행동에는 이 네 가지 일이 없었으므로 임금이 하기에 달려 있을 뿐이라는 말이다. 안자는 경공이 그저 낭야에까지 유람하며 백성에게 무익하게 되는 것을 바라지 않았다.

경공이 기뻐하면서 나라에 큰 명령을 내리고 교외에 나가 머물면서 이때 비로소 창고를 열어 백성에게 부족한 것을 채워 주고는,

> 계戒는 임금의 명령을 말한다. 자신에게 책임을 지우고 백성을 가엾게 여기는 뜻을 알린 것이다. (교외에) 나가 머무른 것은 자책하며 백성을 살핀 것이다. 흥발興發은 창고를 연 것이다.

태사를 불러 '나를 위해 군신君臣이 서로 기뻐한다는 음악을 만들라'고 하였습니다. 치소徵招와 각소角招가 이 음악입니다. 그 가사에, '임금을 막은 것이 무슨 허물이 되랴'라고 하였으니, 임금을 막은 것은 임금을 사랑한 것입니다."

> 태사太師는 음악을 담당하는 관리다. 군신君臣은 경공 자신과 안자를 말한다. 치소徵招와 각소角招는 작곡한 악장樂章의 제목이다. 우尤는 허물이라는 말이다. 주씨가 말했다: "안자가 임금의 욕심을 막았으니 당연히 임금이 그를 탓할 것이다. 하지만 그 마음에 무슨 잘못이 있겠는가.' 맹자는 이 가사를 풀이하면서 신하가 임금의 욕심을 막은 것은 바로 임금을 사랑한 것이라고 하였다는 말이다."

○ 이 장은 제나라 왕을 위해 제나라의 고사를 들어 말한 것으로, 임금과 백성은 하나라는 뜻을 깊이 말하였다.

이상은 제4장이다.

5.

제나라 선왕이 물었다. "사람들이 모두 제게 명당明堂을 헐라고 합니다. 헐어 버릴까요? 그만둘까요?"

> 조씨(조기)가 말했다: "명당은 태산泰山의 명당으로 주나라 천자가 동쪽으로 순수할 때 제후들에게 조회를 받던 곳이다." 사람들이 선왕에게 제후들이 명당에 머무를 수 없으므로 헐어 버려야 한다고 권했는데, 선왕이 헐어 버려야 할지 아니면 그만두어야 할지 물었다.

맹자께서 대답하셨다. "명당은 왕의 집입니다. 왕께서 왕도 정치를 실행하고자 하신다면 헐지 마십시오."

> 제나라 왕이 왕도王道 정치를 실행할 수 있다면 역시 훌륭한 왕이 될 수 있는데 왜 꼭 허물려고 하는가, 라는 말이다. 또한 공자가 곡삭告朔의 예*를 행할 때 바치는 희생양을 아끼느냐고 했던(『논어』「팔일」八佾 제17장) 뜻과 같다. 명당이 남아 있게 되면 사람들이 옛날 훌륭한 왕들이 남긴 제도를 알 수 있다.

왕이 말했다. "왕도 정치를 들을 수 있겠습니까?"

"옛날 문왕이 기岐를 다스릴 때 농사짓는 사람들에게는 정전제井田制를 썼고, 벼슬하는 사람들에겐 대대로 녹을 받게 하였으며, 관문과 시장은

---

* 곡삭(告朔)의 예에 대해 진사이는 『논어고의』에서 다음과 같이 설명했다. "옛날에 천자가 항상 12월에 제후들에게 이듬해 12개월의 달력을 나눠 주면, 제후들은 달력을 받아서 조상의 사당에 간직해 두었다가 매월 초하루가 되면 양 한 마리를 잡아 사당에 아뢰고 달력을 시행하는 것을 '곡삭의 예'라 한다."

살펴보기만 하고 세금을 걷지 않았으며, 못과 어량에서 고기를 잡아도 금지하지 않았으며, 죄인은 처자식에게까지 죄를 묻지 않았습니다.

기岐는 주나라의 옛 수도를 말한다. 구일九一은 정전제井田制를 말하는 것으로, 사방 1리를 정井으로 해서 그 토지를 900무로 한다. 토지 안을 '井'이라는 글자 모양으로 9구역으로 경계를 만들어 1구역 당 토지를 100무로 한다. 한가운데 100무는 공전公田으로, 공전을 둘러싼 외곽 800무는 사전私田으로 해서, 여덟 가구가 각각 사전 100무씩을 받고 공전을 함께 돌본다. 이것이 경작지를 9등분하고 그 가운데 1을 세금으로 내는 것이다. 세록世祿은 선왕先王 시대에 벼슬한 사람의 자손들도 토지를 소유해 녹이 없어지지 않도록 한 것이다. 관關은 도로의 중요한 곳에 설치한 관문이다. 시市는 도읍의 시장을 말한다. 기譏는 살핀다는 말이다. 정征은 세금을 걷는 것이다. 관문과 시장의 관리는 다른 복장을 한 사람과 다른 말을 하는 사람을 살펴볼 뿐 돌아다니는 상인에게서 세금을 걷지 않는다는 말이다. 택澤은 저수지다. 량梁은 물고기를 잡는 시설 어량을 말한다. 백성과 이익을 함께 하고 금지하지 않는다는 뜻이다. 노孥는 처자식을 말한다. 악을 미워하는 일은 한 사람에 그치고 처자식에게까지 미치지 않는다는 뜻이다.

늙어 아내가 없는 사람을 '홀아비'[鰥]라 하고, 늙어 남편이 없는 사람을 '과부'[寡]라 하고, 늙어 자식이 없는 사람을 '독거노인'[獨]이라 하고, 어려 부모가 없는 사람을 '고아'[孤]라고 합니다. 이 네 부류의 사람들은 천하에 궁핍한 백성으로 하소연할 곳 없는 사람들입니다. 문왕이 훌륭한 정치를 펴고 인정仁政을 펼치면서도 반드시 이 네 부류의 사람들을 우선으로 했습니다.『시경』에도, '부자들은, 지치고 홀로 된 사람을 가여워할 수 있네'[哿矣富人, 哀此煢獨]라고 했습니다."

│ 문왕은 정치를 할 때 반드시 이 네 부류의 사람들 돌보는 일을 많은 정
│ 책 가운데 우선으로 두었다. 시는「소아 · 정월正月」편이다. 가哿는 할 수
│ 있다[可]는 말이다. 경煢은 피곤하고 지친 모습이다. 부자들이 궁핍한
│ 사람들을 구제할 수 있다는 말이다.

○ 맹자는 선왕이 '왕도 정치'[王政]에 대해 물은 것을 이용해 문왕이 기岐
   를 다스리던 때의 정치를 말해 주었다. 역시 앞서 말한 '백성들의 즐거
   움을 즐거워하고 백성들의 근심을 근심한다'는 뜻에 지나지 않는데,
   이를 밀고 나가 홀아비 · 과부 · 독거노인 · 고아 네 부류의 사람들을 우
   선으로 살피는 데까지 도달하는 것이 실상 왕도 정치를 행하는 근본이
   된다. 앞의 여러 장에서 논한 '왕도'王道와 견주어 볼 때 더욱 상세하게
   설명했으므로 독자는 집중해 깊이 생각해야 한다.

왕이 말했다. "훌륭한 말씀입니다."

"왕께서 훌륭하다고 생각하신다면 어찌해서 실행하지 않으십니까?"

"과인에겐 흠이 있습니다. 과인이 재물을 좋아합니다."

│ 왕 자신이 재물을 좋아하기 때문에 백성들에게 절제 없이 거둬 왕도
│ 정치를 행할 수 없다고 한 것이다.

"옛날에 공류公劉가 재물을 좋아하였는데,『시경』에, '(남는 사람을 위해)
밖에 곡식을 쌓고 창고에 쌓아 두며, (떠나는 사람을 위해) 마른 양식을 담
아, 전대와 자루에 두었네. 백성을 편안하게 해 나라를 빛내려고 생각해,

활과 화살을 차리고, 방패와 창, 도끼를 가지고, 이에 비로소 길을 떠나네'[乃積乃倉, 乃裹餱糧, 于槖于囊. 思戢用光, 弓矢斯張, 干戈戚揚, 爰方啓行]라고 하였습니다.

> 공류公劉는 후직后稷(주나라의 시조始祖)의 증손이다. 시는 「대아 · 공류」편이다. 적積은 노천에 쌓아 두는 것이다. 후餱는 마른 양식이다. 밑바닥이 없는 것을 '전대'라 하고 밑바닥이 있는 것을 '자루'라고 한다. 모두 마른 양식을 담는 것이다. 집戢은 편안하게 살도록 하는 것이다. 백성들을 편안하게 모여 살도록 해 나라가 영광스럽고 위대하게 되기를 생각한다는 말이다. 척戚은 작은 도끼다. 양揚은 큰 도끼다. 원爰은 '이에'라는 말이다. 계행啓行은 빈豳으로 나라를 옮겨 간다는 말이다.

그러므로 남아 사는 사람들은 밖에 쌓아 둔 곡식과 창고에 쌓아 둔 곡식이 있었고, 길 떠나는 사람들은 전대와 자루에 양식이 있은 뒤에야 비로소 길을 떠날 수 있었습니다.

> 맹자가 시의 뜻을 풀이한 것이다. 공류가 재물을 좋아해 백성과 함께 가졌기 때문에 마침내 왕이 되는 사업을 일으킬 수 있었다는 말이다.

왕께서 재물을 좋아하시거든 백성과 함께 하신다면 훌륭한 왕이 되는 데 무슨 어려움이 있겠습니까."

○ 이 부분은 맹자가 선왕宣王이 재물을 좋아하는 흠이 있다고 말하는 기회에 「공류」 시를 인용해, 지금 왕이 재물을 좋아해 백성과 함께 가질 수 있다면 왕도를 실행하는 데 무슨 어려움이 있겠는가, 라고 말한 것이다.

왕이 말했다. "과인에겐 흠이 있습니다. 과인이 여색을 좋아합니다."

| 왕은 또 여색을 좋아하기 때문에 심지가 좀 먹고 흘려 왕도 정치를 실행할 수 없다고 한 것이다.

"옛날 태왕이 여색을 좋아해 자신의 비를 사랑했습니다. 『시경』에도, '고공단보(태왕)가 아침에 말을 달려, 서쪽 물가를 따라 기산岐山 아래에 이르러, 강녀姜女와 살 곳을 살펴보았네'[古公亶父, 來朝走馬, 率西水滸, 至于岐下, 爰及姜女, 聿來胥宇]라고 하였습니다.

| 태왕은 공류의 9세손이다. 시는 「대아·면綿」편이다. 고공古公은 태왕의 본래 칭호이며, 단보亶父는 이름이다. 아침에 말을 달렸다는 것은 적인狄人의 난을 피한 것이다. 솔率은 따른다는 말이다. 호滸는 물가다. 기하岐下는 기산의 아래다. 강녀姜女는 태왕의 비다. 서胥는 본다는 말이다. 우宇는 살 곳을 말한다.

이때에 여자들 사이에 남편이 없다고 원망하는 여자가 없었고, 남자들 사이에 부인이 없는 지아비가 없었습니다.

| 광曠은 없다는 말이다. 맹자가 「면」이라는 시를 통해 대왕이 여색을 좋아했지만 백성과 함께 했기 때문에 그 교화가 백성에게 미친 것이 이와 같다고 말한 것이다.

왕께서 여색을 좋아하시거든 백성과 함께 하신다면 훌륭한 왕이 되는 데 무슨 어려움이 있겠습니까."

○ 이 부분은 선왕이 또 여색을 좋아하는 흠이 있다고 말하는 기회에 「면」

시를 인용해, 지금 왕이 여색 좋아하는 것을 백성과 함께 할 수 있다면 왕도를 실행하는 데 무슨 어려움이 있겠는가, 라고 말한 것이다.

이상은 제5장이다.

○ 백성의 즐거움을 즐거워하고 백성의 근심을 근심하는 것이 '왕도'의 가장 중요한 일이다. 그러므로 맹자는 선왕宣王이 스스로 흠이 있다고 하자, 모두 백성과 함께 하면 진정한 왕이 되는 데 무슨 어려움이 있겠냐고 말하였다. 선왕이 재물을 좋아하고 여색을 좋아하는 것은 사사로운 한 개인의 일이지만 맹자가 말하는 '재물을 좋아하고 여색을 좋아하는' 것은 사실 천지의 마음이다. 이른바 "천하 사람과 즐거워한다"(「양혜왕 하」제4장)는 표현이 이것이다. 이런 까닭에 성인은 천하 사람의 뜻을 알고 천하 사람의 감정을 이해해 백성이 바라는 것은 함께 하고 모아 주며 미워하는 것은 행하지 않아 백성과 함께 하지 않는 것이 없었다. 좋아하고 미워하는 것을 한 몸에 두지 않고 백성과 함께 한다면 천하의 일은 크고 작은 것 할 것 없이 무엇을 해도 왕도가 아닌 게 없을 것이다. 구구하게 하늘의 이치[天理]며 인간의 욕망[人欲]을 구분해서야 어떻게 왕도의 위대함을 논할 수 있겠는가.

6.

맹자께서 제나라 선왕에게 말씀하셨다. "왕의 신하 가운데 자기 친구에게 처자식을 맡기고 초楚나라에 놀러 간 사람이 있었는데, 돌아왔을 때 (친구가) 자기 처자식을 추위에 떨게 하고 굶주리게 하였다면 그 친구를 어떻게 하시겠습니까?"

왕이 말하였다. "관계를 끊겠습니다."

> 탁託은 맡긴다는 말이다. 비比는 때에 이르렀다는 말이다. 기棄는 관계
> 를 끊는 것이다.

"옥사獄事를 맡은 관리가 일을 처리하지 못하면 어떻게 하시겠습니까?"

"그만두게 합니다."

> 사사士師는 옥獄을 맡은 관리를 말한다. 사士는 사事(일)와 통하는 말이
> 다. 소송에 관계되는 일을 가리켜 말한 것이다. 조씨가 말한 "옥사를
> 처리[治獄]하지 못한다"는 말은 이를 가리킨다. 이已는 맡은 일을 그만
> 두게 한다는 말이다.

"사방 나라 안이 다스려지지 않으면 어떻게 하시겠습니까?"

왕이 좌우를 둘러보며 딴소리를 하였다.

> ○ 나랏일은 그 책임이 본래 왕에게 있지 신하에게 있지 않다. 그러므로
> 맹자는 이것을 넌지시 일깨워 왕의 마음을 움직이려고 먼저 두 가지
> 일을 만들어 얘기한 것이다. 왕을 위하는 뜻이 참으로 깊고 간절하다
> 하겠다. 하지만 왕은 좌우를 둘러보며 딴소리를 하였으니 맹자가 왕을
> 저버린 것이 아니라 왕이 맹자를 저버렸음을 알겠다.

이상은 제6장이다.

> ○ 앞뒤의 여러 장을 살펴보면, 맹자가 모두 선왕의 질문에 대답한 것이
> 지만 어떤 것은 그 신하의 말로 인해 왕에게 알려 준 것이어서 맹자가 직

접 말한 게 아니다. 오직 이 장과 뒤의 두세 장이 맹자가 특히 왕을 위해 말한 곳이다. 하지만 왕이 본래 진실한 마음이 없었기 때문에 다시 물을 수 없었다. 해서 논의가 여기서 멈추고 말았으니 안타까운 일이다.

7.

맹자께서 제나라 선왕을 뵙고 말씀하셨다. "이른바 오래된 나라라는 것은 큰 나무[喬木]가 있는 것을 말하는 게 아니라 대대로 벼슬하는 신하가 있는 것을 말합니다. 왕께서는 친한 신하도 없으십니다. 어제 등용한 사람이 오늘 도망가도 모르시는군요."

| 교喬는 높다는 말이다. 세신世臣은 대대로 공을 세운 집안의 신하로, 백성들의 소망이 닿아 있는 사람이다. 오래된 나라는 사람들이 소중하게 생각하는 것이다. 하지만 오래된 나라가 되는 것은 대대로 벼슬하는 신하에 달려 있지 큰 나무의 존재에 달려 있지 않다는 말이다. 친한 신하는 충성스럽고 진실해서 친할 수 있는 신하를 말한다. 오늘 충성스럽고 진실해서 친할 수 있는 신하는 훗날 대대로 공을 세운 집안의 신하가 된다는 말이다. 지금 왕이 가볍게 사람을 써서 그가 도망가도 모른다면 이는 친한 신하가 없는 것이니 대대로 벼슬하는 신하를 가질 수 없을 게 틀림없다.

왕이 말했다. "내가 어떻게 하면 그가 재주가 없는지 알아서 버릴 수 있겠습니까?"

| 왕의 말은, 현명한지 아닌지 구분하기 어려우므로 내가 어떻게 그 사

람이 재주가 없는지 먼저 알아서 그런 이는 버리고, 친할 수 있는 신하
는 다시 붙들 수 있겠는가, 라는 뜻이다.

"임금이 현자賢者를 등용할 때는 등용하지 않을 수 없는 것 같아야 합니
다. 지위가 낮은 사람을 지위 높은 사람보다 더 높게 하고, 소원한 사람을
친한 사람보다 더 높게 하는 일이니 신중하지 않을 수 있겠습니까.

| 등용하지 않을 수 없는 것 같아야 한다는 말은 등용하고 싶지 않아도
등용하지 않을 수 없다는 뜻이다. 등용한 현자는 본래 지위가 낮은데
지금부터 높은 지위에 있는 사람보다 더 높은 자리에 오르도록 하고,
본래 소원한 사람인데 친한 사람보다 더 높은 자리에 오르도록 하는
것이다. 그러므로 신중하게 써야 한다는 말이다. 주씨가 말했다: "존귀
한 사람을 존귀하게 대하고 친한 사람을 친하게 대하는 것이 예의 일
반적인 모습이다. 하지만 혹 존귀한 사람이나 친한 사람이 꼭 현명하지
만은 않다면 반드시 소원한 관계의 현자를 등용해 써야 한다. 지위 낮
은 사람을 지위 높은 사람보다 더 높이고, 생소한 사람을 친척보다 더
높이는 일은 통상적인 예가 아니다. 그러므로 삼가지 않으면 안 된다."

가까운 신하가 모두 현명하다 해도 아직 아니며, 여러 대부가 모두 현명
하다 해도 아직은 아니며, 나라 사람들이 모두 현명하다고 한 뒤에야 그
를 살펴서 현명한 점을 발견한 다음 등용하십시오. 가까운 신하가 모두
안 된다고 해도 듣지 마시고, 여러 대부가 모두 안 된다고 해도 듣지 마시
고, 나라 사람들이 모두 안 된다고 한 뒤에야 그를 살펴서 안 되는 점을 발
견한 다음 버리십시오.

위 문장에서 "현자를 등용할 때는 등용하지 않을 수 없는 것 같아야 한다"고 한 말에 이어 말한 것이다. 가까운 신하와 여러 대부들의 말은 혹 사사로움에 가려져, 꼭 믿을 만하다고 하기 어렵다. 나라 사람들의 경우는 공공의 여론이긴 하지만 대중의 호오好惡도 전부 당연하다고 할 수는 없다. 그러므로 반드시 직접 현명한지 아닌지 실상을 살펴본 뒤에 그에 따라 등용하든 버리든 한다면 현명한 사람은 바른 직책을 얻을 수 있고 현명하지 못한 자는 요행으로 등용될 수 없다.

○ 이 부분은 현명한 사람과 그렇지 않은 사람을 등용하고 버리는 것을 말했는데, 모두 신중하게 하지 않으면 안 된다는 뜻이다.

가까운 신하가 모두 죽여도 된다 해도 듣지 마시고, 여러 대부가 모두 죽여도 된다 해도 듣지 마시고, 나라 사람들이 모두 죽여도 된다고 한 뒤에야 살펴보고 죽일 만한 점을 발견한 다음 죽이십시오. 그러므로 나라 사람들이 죽였다고 말하는 것입니다.

나라 사람들이 죽였다는 말은 자기가 죽인 것이 아니라는 말이다.

○ 이 부분은 인재를 등용하고 버리는 문제를 말하는 기회에 형벌 쓰는 법까지 언급하였다.

이와 같이 한 다음에 백성의 부모라 할 수 있습니다."

이 문장을 말해 위의 두 단락의 뜻을 맺었다. 부모는 자식의 마음을 자신의 마음으로 삼는다. 그러므로 인재 등용과 사퇴, 상벌을 반드시 나라 사람의 마음을 따라 행하면 백성의 부모라는 말이다.

○ 백성의 부모라는 말은 임금의 미칭美稱이다. 백성의 부모가 된 다음에

천하를 다스리는 진정한 왕이 될 수 있다. 한 사람의 호오好惡에 맡기지 않고 천하 사람들의 호오를 따를 수 있다면 백성의 부모라 할 수 있다.

이상은 제7장이다.

○ 이 장은 앞 장에서 논한 것이 미진했기 때문에 또 오래된 나라라는 말로 설명하였다. 왕이 좋은 질문을 하지 못해서 그 설명이 단지 여기서 그치고 끝내 심오한 뜻을 드러내지 못해 안타깝다.

8.

제나라 선왕이 물었다. "탕왕이 걸을 추방하고, 무왕이 주를 정벌했다 하는데, 그런 일이 있습니까?"

| 방放은 버린다는 말이다.

맹자께서 대답하셨다. "옛 책에 그런 게 있습니다."

"신하가 자기 임금을 살해하는 게 될 일입니까?"

"인仁을 해치는 자를 '적'賊이라 하고 의義를 해치는 자를 '잔'殘이라고 하며 잔적殘賊한 인간을 '일개 남자'[一夫]라 합니다. 일개 남자 주紂를 죽였다는 말은 들었으나 임금을 죽였다는 말은 듣지 못했습니다."

| 적賊은 해친다는 말이다. 잔殘은 상처를 입힌다는 말이다. 인의仁義는 인간이 지켜야 할 도리의 근본이다. 그러므로 인仁을 해친 자는 사람을 해친 도적과 같고, 의義를 해친 자는 사람에게 상처를 입힌 잔인한 인간이다. 이 인간은 사람들에게 버림받기 때문에 일개 남자라 한다.

주紂는 천하 사람에게 버림받았기 때문에 일개 남자 주라고 부른다는 말이다.

이상은 제8장이다.

○ 맹자는 정벌을 논할 때 늘 반드시 탕왕과 무왕을 인용해 명확히 설명한다. 임금을 살해한 것이 아니냐고 의심하는 문제에 와서 "일개 사내 주를 죽였다고 들었지, 임금을 살해했다는 말은 듣지 못했다"고 바로 대답했다. 탕왕과 무왕의 행동은 인仁의 최고경지이며 의義의 극치이지 임금을 살해한 것이 아님을 명확히 설명한 것이다. 하지만 후대에 이의를 제기하는 무리들이 입을 놀리는 것은 어째서인가? 행적만을 가지고 논변을 벌일 뿐, 맹자의 뜻을 바로 이해해 끝까지 논하고 명확히 분별해서 시비가 분명히 가려져 지당至當한 것으로 귀착하는 설명이 없는 것은 어째서인가? 도道는 천하 공공의 것이며 사람들이 마음속으로 똑같이 인정하는 것으로, 많은 사람들의 마음이 수렴되는 곳이 도가 존재하는 곳이다. 전하는 기록에, 걸이 남소南巢에 추방되었을 때 하대夏臺에 있었던 탕을 죽이지 않은 것을 후회했다 하고, 주가 목야牧野의 전투에서 져 죽을 때 유리羑里에 있었던 문왕을 죽이지 않은 것을 후회했다고 한다. 천하에는 탕왕과 무왕 같은 사람이 한둘이 아니었다. 걸과 주가 자신의 악행을 스스로 고쳤다면 탕왕과 무왕이 꼭 그들을 정벌해 죽이지 않았을 것이며, 그 악행이 예전과 같았다면 천하 사람들 모두가 탕왕과 무왕이 되었을 것이다. 전자처럼 되지 않았다면 후자처럼 되었을 것이며, 후자처럼 되지 않았다면 전자처럼 되었을 것이었다. 설령 저들이 남소나 목야 이전에 탕왕과 무왕을 죽일 수 있었다 하더라도 악행을 고치지 않았다면 천하에

반드시 탕왕과 무왕 같은 사람이 다시 나타나 군대를 이끌고 그들을 죽였을 것이다. 열 번 백 번 탕왕과 무왕을 죽여 없애더라도 끝내 아무 소용이 없었을 것이다. 그러므로 탕왕과 무왕이 그들을 추방하고 정벌한 일은 천하 사람들이 추방하고 정벌한 일이지 탕왕과 무왕이 추방하고 정벌한 일이 아니다. 천하 공공의 것이며, 사람들이 마음속으로 모두 똑같이 인정했던 도임을 여기서 알 수 있다. 맹자의 말이 어떻게 영원토록 바뀌지 않을 정론定論이 아니겠는가.

송나라 유학자들은 탕왕과 무왕이 무력으로 폭군을 추방하고 정벌한 것을 두고 '상황에 맞게 쓴 도'[權]라 했는데, 역시 틀렸다. 천하 사람들이 똑같이 인정하는 것을 도道라 하고, 한때의 당연함을 따르는 것을 '상황에 맞게 쓴 도'라 한다. 탕왕과 무왕이 폭군을 추방하고 정벌한 일은 도이지, '상황에 맞게 쓴 도'라 할 수 없다.

9.

맹자가 제나라 선왕을 뵙고 말씀하셨다. "큰 궁궐을 지으시려면 반드시 도목수都木手가 큰 나무를 구하도록 하실 것입니다. 도목수가 큰 나무를 구하면 왕께서는 기뻐하면서 큰 나무가 임무를 잘 감당할 거라고 생각하실 것입니다. 목공들이 이 나무를 깎아 작게 만들면 왕께서는 분노하여 임무를 잘 감당할 수 없다고 생각하실 것입니다.

> 거실巨室은 큰 궁궐을 말한다. 공사工師는 목공들의 우두머리 도목수를 말한다. 임무는 큰 나무가 감당할 일을 말한다. 장인匠人은 여러 목공들을 말한다.

사람이 어려서 배우는 것은 장성해서 배운 것을 실천하려는 것인데, 왕께서, '잠시 네가 배운 것을 버리고 나를 따르라'고 말씀하시면 어떻겠습니까?

┃ 사람이 어려서 배우는 것은 장성해서 배운 것을 실천하려는 것이라는 말은 성취하려는 바가 크다는 말이다. 고姑는 잠시라는 뜻이다.

○ 이 부분은 현자賢者는 배운 것이 큰데 왕이 작게 쓰려는 것을 비유했다.

지금 여기 다듬지 않은 옥[璞玉]이 있으면 천 근짜리라도 반드시 옥공玉工이 쪼고 다듬도록 하실 것입니다.

┃ 박璞은 돌 가운데 있는 옥을 말한다. 일鎰은 무게 24냥(1냥은 15그램가량)이다. 옥인玉人은 옥공이다.

나라를 다스리는 일에 와서는 '잠시 네가 배운 것을 버리고 나를 따르라'고 말씀하신다면, 옥공에게 옥을 쪼고 다듬는 법을 가르치는 것과 무엇이 다르겠습니까."

┃ 교옥인조탁옥敎玉人彫琢玉은 옥공에게 옥을 쪼고 다듬는 법을 가르친다는 말이다.

○ 이 부분은 현자에게 배운 것을 버리고 왕이 바라는 대로 따르도록 하려는 것을 비유했다.

이상은 제9장이다.

○ 이 장은 당시 임금이 현자를 등용하면서도 현자가 가진 도를 다 쓰지 않는 것을 강하게 꾸짖은 것이다. 현자의 학문의 중대함은 큰 나무가 중

대한 임무를 감당할 수 있는 것과 같은데 나를 따르라고 한다면 이는 나무를 깎아 작게 만드는 일이다. 현자에게 나라 다스리는 일을 맡기지 않고 자신을 따르도록 하려는 것은 옥공에게 옥을 쪼고 다듬는 법을 가르치는 일과 같다. 이는 능력 있는 사람을 버리고 스스로를 쓰는 것이다. 왕도를 성취할 수 없는 것도 당연하다.

10.

제나라 사람들이 연燕나라를 쳐서 승리했다.

> 예전 주(주희, 『집주』)에는 『사기』史記를 인용해, "연나라 왕 쾌噲가 재상 자지子之에게 나라를 선양禪讓해 나라가 크게 어지러워지자, 제나라가 그 틈을 타 연나라를 공격했다. 연나라의 병사들이 싸우지 않고 성문을 닫지 않아 마침내 연나라를 크게 이겼다"라고 하였다. 하지만 다음 문장을 보면, "대나무 그릇에 밥을 담고 병에 마실 것을 담아 왕의 군대를 맞이한 것은 왜 딴 게 있어서겠습니까. 물과 불을 피한 것입니다"라고 하였고, 또 다음 장(11장)에서는, "왕께서 가서 정벌하시니, 백성들이 물과 불에서 우리를 구해 줄 것이라고 생각하였습니다"라고 하였으니, 연나라 백성들이 포학한 정치에 지쳐 제나라가 이 때문에 정벌한 것인 줄 알겠다. 송나라 왕 언偃과 같은 종류의 일이지, 단지 쾌噲가 나라를 선양했기 때문만은 아니다.

선왕이 물었다. "어떤 사람은 과인에게 갖지 말라 하고, 어떤 사람은 과인에게 가지라고 합니다. 만승萬乘의 제나라를 가지고 만승의 연나라를 정벌했는데 50일 만에 함락시켰으니, 사람의 힘으로는 이에 이르지 못하는 것입니다. 갖지 않으면 반드시 하늘의 재앙이 있을 터이니 갖는 것이 어떻겠습니까?"

| 선왕은 연나라에 승리한 것을 하늘의 뜻으로 돌리면서 꼭 가질 수 있다고 하였다.

맹자께서 대답하셨다. "연나라를 가져서 연나라 백성들이 기뻐한다면 가지십시오. 옛사람 가운데 이를 실행한 사람이 있었으니, 무왕武王이 그 분입니다.

| 무왕이 은殷나라를 정벌한 일은 백성의 마음을 따른 것일 뿐 천하를 탐한 게 아니었다.

연나라를 가져서 연나라 백성들이 기뻐하지 않는다면 가지지 마십시오. 옛사람 가운데 이를 실행한 사람이 있었으니, 문왕文王이 그 분입니다.

| 문왕이 은나라를 정벌하지 않은 일도 백성의 마음을 따른 것일 뿐 천하를 싫어한 게 아니었다.

만승의 나라를 가지고 만승의 나라를 정벌하는데, 대나무 그릇에 밥을 담고 병에 마실 것을 담아 왕의 군대를 맞이한 것은 왜 딴 게 있어서겠습니까. 물과 불을 피한 것입니다. 물이 더 깊어지고 불이 더 뜨거워진다면 또한 인심은 다른 곳으로 옮겨 갈 것입니다."

| 단簞은 대나무 그릇이다. 사食는 밥이다. 물과 불은 연나라의 포학한 정치를 비유한 말이다. 주씨가 말했다. "운運은 (등을) 돌린다는 말이다.

제나라가 다시 포학한 행동을 한다면 백성들은 등을 돌리고 다른 사람에게 구원을 바랄 것이라는 말이다."

이상은 제10장이다.

○ 진력陳櫟이 말했다: "제나라 왕이 천명天命을 말했지만, 맹자는 인심人心을 통해 천명을 보려고 하였다. 천명을 알려면 인심을 보아야 하며, 인심을 얻으려면 인정仁政을 펼쳐야 한다. 연나라를 가질 수 있을지 없을지는 이런 관점에서 결정해야 완전하다. 인仁만이 폭력을 다스릴 수 있다. 연나라 백성들이 연나라의 학정虐政을 피해 제나라의 인정仁政을 바라며 귀의했는데, 제나라가 인정을 펼치지 않고 더욱 난폭해진다면 폭력을 폭력으로 다스려 더욱 심해진 꼴이 아니겠는가. 경계하도록 한 말이다."

11.

제나라 사람들이 연나라를 정벌해 갖자 제후들이 연나라를 구원하려고 도모하였다. 선왕이 말했다. "제후 가운데 과인을 정벌하려고 도모하는 자들이 많습니다. 어떻게 대처해야 합니까?"

| 제후들이 제나라가 한 일을 의롭다고 생각하지 않고, 연나라를 구원하고 제나라를 정벌하려는 일을 도모하였다. 선왕이 두려워하며 질문한 것이다.

맹자께서 대답하셨다. "저는 70리 땅으로 천하에 정사를 펼친 사람으로 탕왕이 그 분이라는 말은 들었습니다. 천 리의 땅을 가지고 남을 두려워

한다는 말은 듣지 못했습니다.

| 천 리의 땅을 가지고 남을 두려워하는 사람은 제나라 왕을 가리킨다.

『서경』에, '탕왕이 처음 갈葛나라에서 정벌을 시작하였는데, 천하가 그를 믿어 동쪽으로 정벌하자 서쪽 오랑캐가 원망하였고, 남쪽으로 정벌하자 북쪽 오랑캐가 원망하며, 어찌해서 우리를 뒤로 미루는가, 라고 하였다' 했습니다. 백성이 바라는 것이 큰 가뭄에 구름과 무지개[霓]를 바라는 듯해, 시장 가는 사람이 그치지 않았고 밭가는 사람도 동요하지 않았습니다. 그 나라 임금을 죽이고 백성을 위로하였는데 때맞춰 내리는 비 같아 백성이 크게 기뻐했습니다.

| 『서경』의 기록은 지금의 『고문상서』「중훼지고」仲虺之誥에 보인다. 탕왕이 갈나라부터 정벌을 시작했을 때 백성들은 모두 그의 뜻이 폭군을 죽이고 백성을 위로하는 데 있지, 천하를 탐하는 게 아님을 알았다. 때문에 자기 나라를 먼저 정벌하지 않는다고 원망하였다는 말이다. 예霓는 (용이 만드는) 무지개[虹]를 말하는데, 무지개의 수컷[雄]을 홍虹이라 하고, 암컷[雌]을 예霓라 한다. 색상이 선명하고 밝은 것을 웅雄이라 하고, 어두운 것을 자雌라 한 것이다. 선명한 놈은 맑을 징조이고, 어두운 놈은 비가 내릴 조짐이다. 우리나라 속담에, "저물녘에 홍虹이 뜨면 나그네가 길을 가고, 아침에 예霓가 뜨면 삿갓을 가져간다"고 하였다. 여기서 말하는 예霓는 '아침의 숫무지개'[朝虹]를 말하는 것 같다. 『시경』에, "아침에 서쪽에서 무지개가 뜨더니, 아침이 지나자 비가 내리네"[朝隮于西, 崇朝其雨]라는 기록이 보이고, 『주례』의 주註에는, "제隮는 홍虹이다"라고 하였다. 정현鄭玄이, "아침에 서쪽에 증기가 올라가 있었으므

로 아침이 지나자 비가 내릴 기운이 반응한 것은 자연스런 일이다"라고 주석하였다. 변變은 동요하는 것을 말한다.

『서경』에, '우리의 임금을 기다렸는데 임금이 오셨으니 다시 살았구나'라고 했습니다.

| 『서경』을 다시 인용해 탕왕의 덕이 백성들에게 깊이 스며들었음을 밝혔다. 역시 「중훼지고」에 보이는 글이다. 혜徯는 기다린다는 말이다. 후后는 임금을 말한다. 소蘇는 다시 산다는 말이다.

○ 이 부분은 탕왕의 일을 인용해, 제나라가 연나라를 정벌한 일이 탕왕이 폭군을 죽이고 백성을 위로한 일과는 큰 차이가 있음을 밝혔다.

지금 연나라가 자기 백성들을 학대하는데 왕께서 가서 정벌하시니, 백성들이 물과 불에서 우리를 구해 줄 것이라고 생각해 대나무 그릇에 밥을 담고 병에 마실 것을 담아 왕의 군대를 맞이했습니다. 왕께서 부형들을 죽이고 자제들을 묶어 데려가고, 그들의 종묘를 헐고, 소중한 기물器物을 옮겨 간다면 어찌 옳겠습니까.

| 증拯은 구한다는 말이다. 계루係累는 몸을 얽어 묶는다는 말이다. 중기重器는 보기寶器를 말한다.

천하는 본래 제나라가 강한 것을 두려워했는데 지금 또 땅을 두 배로 넓히고 인정을 펼치지 않으면 이는 천하의 군대를 움직이게 하는 것입니다.

| 배지倍地는 연나라를 병합해 두 배로 땅을 늘렸다는 뜻이다. 제후들이 평소 제나라가 강한 것을 두려워했는데, 지금 땅을 두 배로 넓히고 하

는 행동이 이와 같다면 인심을 복종시키지 못하고 반드시 천하의 군대를 움직이게 하고 말 것이라는 말이다.

○ 이 부분은 탕왕은 70리를 가지고 천하에 정치를 펼쳤고, 제나라는 천리를 가지고도 남을 두려워한 것은 인정仁政을 실행하느냐 아니냐에 달려 있음을 말한 것이다.

왕께서는 빨리 명령을 내리셔서 노인과 어린이를 연나라로 돌아가게 하고, 소중한 기물 옮기는 일을 중지하고, 연나라 백성과 의논하셔서 임금을 세워 주고 그 뒤에 철수하신다면 아직 전란이 생기기 전에 중지할 수 있을 것입니다."

반反은 돌려보내는 것이다. 모旄는 노인을, 예倪는 어린이를 말한다. 포로로 잡은 노인과 어린이를 말한다. 급지及止는 일이 생기기 전에 그치게 한다는 말이다.

○ 이 부분은 앞의 "어떻게 대처할까요"라는 물음에 대답하면서 제나라 왕을 위해 전쟁을 그치게 하는 계책을 마련한 것이다.

이상은 제11장이다.

○ 범씨(범조우范祖禹)가 말했다: "맹자가 제齊나라와 양梁나라의 임금을 섬길 때 도덕을 논하면 반드시 요순堯舜을 언급했고 정벌을 논하면 반드시 탕왕과 무왕을 언급했다. 백성을 다스리면서 요순을 본받지 않으면 이는 난폭이고, 군사를 움직이면서 탕왕과 무왕을 본받지 않으면 이는 난리이다. 어찌 우리 임금은 할 수 없다고 하면서 자기가 배운 것을 버리고 임금을 따를 수 있겠는가."

12.

추^鄒나라가 노^魯나라와 싸웠다. 추나라 목공^{穆公}이 물었다. "제 담당관리가 33명이 죽었는데 백성은 죽은 사람이 없습니다. 백성을 죽이자면 다 죽일 수 없고 죽이지 않는다면 담당관리가 죽는 것을 흘겨보기만 하고 구하지 않았으니, 어떻게 하면 되겠습니까?"

> 홍^鬨은 싸우는 소리다. 목공은 추나라의 임금이다. 불가승주^{不可勝誅}는 백성들을 다 죽일 수 없다는 말이다. 장상^{長上}은 담당관리를 말한다. 백성들이 자기들의 분노를 함부로 드러내는데도 벌줄 수 없다는 말이다.

맹자께서 대답하셨다. "흉년이 들고 기근이 든 해에 임금의 백성 가운데 노약자들은 이리저리 전전하다 죽어 도랑에 버려지고 장성한 사람은 흩어져 사방으로 간 사람이 몇천 명이었습니다. 그런데 임금의 창고에는 곡식이 가득하고 재물창고에는 재물이 가득 찼는데도 담당관리들은 이 사실을 아뢰지 않았으니, 이는 윗사람이 태만해서 아랫사람을 해친 것입니다.

> 전^轉은 굶주려 이리저리 헤매다 죽는 것을 말한다. 충^充은 가득 찼다는 뜻이다. 재물창고와 곡식창고가 가득 찼는데도 윗사람들은 백성들을 가엾게 여길 줄 몰라 백성이 죽는 것을 앉아서 보기만 하고 구해 주지 않았다. 이는 윗사람이 태만해 아랫사람에게 상처를 입혔다는 말이다.

증자가 말하기를, '경계하고, 경계하라, 네게서 나온 것이 네게로 돌아가리라'라고 하였습니다. 백성들이 이제야 되갚은 것이니 임금께서는 탓하지 마십시오.

증자의 말을 인용해 말한 것이다. 윗사람이 평소 아랫사람을 안타깝게 여기는 마음이 없기 때문에 아랫사람 역시 윗사람이 패배해도 구할 줄 모르는 것이다.

○ 가의賈誼가 한 말이 있다: "백성은 아주 천한 존재지만 얕보면 안 되며 아주 어리석지만 속이면 안 된다. 그러므로 예로부터 지금까지 백성과 원수가 된 자는, 빠르고 느린 차이가 있긴 해도, 백성이 반드시 이겼다." 이 말은 증자가 남긴 뜻을 정확히 터득한 것이다.

임금께서 인정을 행하시면 이 백성들은 윗사람을 사랑해 어른을 위해 죽을 것입니다."

○ 맹자가 인정仁政을 논한 것을 보면, 반드시 백성을 기준으로 판단한 것이다. 채권증서를 쥐고 남에게 물건을 받는 것 같아서 들어맞지 않는 것이 없다. 명확하게 도를 이해했기 때문일 것이다.

이상은 제12장이다.

○ 목공은 백성을 처벌해 군사의 마음처럼 하나로 만들고 싶어 했는데 백성들이 윗사람의 죽음을 보고도 구하지 않은 일을 피하지 못했다. 맹자는 백성을 어루만져 인정을 베풀어 이 백성이 윗사람을 사랑해 어른을 위해 죽는 일을 자연스레 성취하려고 하였다. 그 결과와 효과가 진정 뚜렷하지 않은가.

○ 범씨(범조우)가 말했다: "『서경』에, '백성은 나라의 근본이니, 근본이 견고해야 나라가 편안하다'라고 하였다. 곡식창고와 재물창고를 둔 것은 백성을 위해서다. 풍년이면 곡식을 거둬들이고 흉년이면 곡식을 풀어, 굶

주리고 추위에 떠는 사람을 돌보고 병들고 괴로운 사람을 구하는 것이다. 이 때문에 백성들은 윗사람을 사랑해 위기나 어려움이 닥치면 달려가 구하는 것이 자식이 부모를 보호하고 손발이 머리와 눈을 막듯이 한다. 목공은 자신을 돌아보지 못하고 오히려 백성에게 죄를 돌리고자 했으니 왜 잘못이 아니겠는가."

13.

등騰나라 문공文公이 물었다. "등나라는 작은 나라로, 제나라와 초나라 사이에 끼어 있습니다. 제나라를 섬겨야 합니까? 초나라를 섬겨야 합니까?"

> 등나라 문공과 관련된 일은 뒤 편에 자세히 보인다(「등문공 상, 하」를 말한다).

맹자께서 대답하셨다. "이 계책은 제가 관여할 수 있는 문제가 아닙니다. 그만하라 하지 않으신다면, 한 가지 방법은 있습니다.

> 어쩔 수 없다면 한 가지는 말씀드릴 수 있다는 말이다.

해자를 파고 성을 쌓아 백성과 함께 지키면서 목숨을 바치며 백성이 떠나지 않는다면 이는 해볼 만합니다."

> 효炊는 바친다는 말이다. 백성들이 윗사람 보기를 자식이 부형父兄 보듯 해, 목숨을 바치며 버리고 떠나지 않는다면 이 계책은 이루지 못할 일이 없을 것이다. 어쩌면 적이 패해 물러날 수도 있고, 어쩌면 적이 강화를 맺고 떠날 수도 있으니, 모든 일이 그 계책에 달려 있다는 말이다.

○ 맹자는, "하늘이 정한 때[天時]는 땅의 유리함보다 못하고, 땅의 유리함은 백성의 화합보다 못하다"(「공손추 하」제1장)라고 하였다. 백성들이 화합하면 성이 작고 병력이 적다 해도 안으로 틈이 생기지 않고 밖으로 전쟁의 피해를 입지 않을 것이다. 제나라와 초나라 사이에 끼어 있다 한들 무엇을 걱정하겠는가. 또 해자를 파고 성을 쌓으면 백성들의 마음이 더욱 견고해져 흔들리는 게 없을 터이니, 대국이라 해도 역시 어쩌지 못할 것이다. "해볼 만하다"고 한 말은 이 때문이었다.

이상은 제13장이다.

14.

등나라 문공이 물었다. "제나라 사람들이 설薛에 성을 쌓으려 해서 내가 몹시 두렵습니다. 어떻게 하면 되겠습니까?"

│ 설薛은 나라 이름이다. 등나라와 가까운데 제나라가 그 지역을 병합해 성을 쌓았다. 그러므로 등나라 문공이 자기 나라를 압박한다고 생각해 두려워한 것이다.

맹자께서 대답하셨다. "옛날, 태왕이 빈邠에 사실 때 적인狄人이 침략해 오자 이곳을 떠나 기산岐山 아래에 가 사셨습니다. 그 땅을 선택해 정한 게 아니라 어쩔 수 없어서였습니다.

│ 빈邠은 지명이다. 태왕이 기산 아래 지역을 좋은 곳으로 보고, 선택해 산 것이 아니라는 말이다.

선행을 하시면 후세에 자손 가운데 반드시 왕자王者가 생겨날 것입니다. 군자는 토대를 만들고 전통을 전해 계승할 수 있도록 합니다. 성공하는 것은 하늘에 달려 있습니다. 임금께서 저들을 어떻게 하시겠습니까. 힘써 선행을 할 뿐입니다."

│ 왕자王者는 진정한 왕이 될 수 있는 덕을 가진 사람을 말한다. 창創은 만 든다는 말이다. 통統은 실마리를 뜻한다. 선행을 하는 사람에겐 반드시 후손이 있을 것이니, 문공에게 권해 선행을 하면 후세에 반드시 왕자 가 있을 것이라고 하였다. 하지만 군자는 앞서 토대가 되는 일을 만들 고 후세에 전통을 전해 자손들이 이를 계승, 실행할 수 있도록 한다. 성 공은 하늘에 달려 있으니, 어떻게 꼭 성취한다고 할 수 있겠는가. 단지 힘써 선행을 할 뿐이지, 다른 것은 걱정하지 말라는 말이다.

이상은 제14장이다.

○ 이 장은 나라를 가진 사람들의 일반적인 방도를 말하였다. 당나라의 시인 두목杜牧은, "가장 좋은 계책은 스스로를 다스리는 일만 한 게 없습 니다"*고 하였는데, 이 장의 뜻을 정확히 파악한 것이다.

15.

등나라 문공이 물었다. "등나라는 작은 나라로, 온 힘을 다해 대국을 섬기

---

* 두목(杜牧)이 한 말 "上策莫若自治"은 황제에게 올린 「죄언」(罪言)이라는 글에 출처를 두고 있다. 구양수(歐陽脩)의 『신당서』(新唐書) 열전(列傳) 「두목」에 전문이 보인다.

는데도 침략을 피하지 못합니다. 어떻게 하면 되겠습니까?"

맹자께서 대답하셨다. "옛날 태왕이 빈邠에 사실 때 적인이 침략했는데 동물가죽과 비단을 주면서 그들을 섬겨도 침략을 피할 수 없었고, 개와 말을 주면서 섬겨도 침략을 피할 수 없었고, 주옥珠玉을 주면서 섬겨도 침략을 피할 수 없었습니다.

│ 가죽은 호랑이·표범·사슴 등의 가죽을 말한다. 폐幣는 비단이다.

마침내 노인들을 모아 말했습니다. '적인이 원하는 것은 우리 땅입니다. 제가 듣기로는, 군자는 사람을 돌보는 것으로 사람을 해치지 않는다고 합니다. 여러분들께서는 임금이 없는 것이 무슨 걱정이겠습니까? 저는 떠나려고 합니다.'

│ 촉屬은 모았다는 말이다. 토지는 생물을 낳고 사람을 봉양하는 것인데,
│ 지금 땅을 다투며 사람을 죽이려 하니, 이는 사람을 돌보는 것으로 사
│ 람을 해치는 일이라는 말이다.

빈邠을 떠나 양산梁山을 넘어 기산岐山 아래 마을을 정하고 살았는데 빈의 사람들이, '어진 사람이구나, 잃어서는 안 되지'라고 하면서 따르는 사람이 시장에 가는 듯이 하였습니다.

│ 읍邑은 마을을 만든다는 말이다. 시장에 가는 듯했다는 말은 사람들이
│ 다투어 먼저 갔다는 말이다. 태왕이 깊이 백성을 사랑했다는 뜻이다.
○ 어진 사람은 사람을 돌보는 것으로 사람을 해치지 않는다. 그러므로
  맹자는 거듭 태왕의 일을 문공에게 말한 것이다. 맹자의 정확한 뜻
  은 나라를 옮겨 살기를 도모하라는 말이 아니다. 맹자는 순임금에 대

해 말하면서, "천하 버리기를 헌 짚신 버리는 것처럼 보았다"(「진심盡 心 상」 제35장)라고 하였다. 또 문공을 위해 태왕의 일을 두 번이나 거 론해 일러 주었다. 맹자가 아니라면 이런 말을 할 수 없었을 것이며, 큰 덕을 가진 사람이 아니라면 역시 이런 일을 실행하지 못할 것이다. 고 금의 유학자들과 제자백가 모두 도가 도달하지 못한 지점이니, 맹자는 얼마나 훌륭한가.

어떤 사람은, '대대로 지키던 땅이라 자신(임금) 마음대로 할 수 있는 것 이 아닙니다. 목숨을 바치더라도 떠나지 마십시오'라고 합니다.

│ 어떤 사람은 토지는 조상이 받아서 대대로 지켜 오던 것이므로 자기 마음대로 할 수 있는 게 아니다. 다만 목숨 바쳐 지켜야지 버리고 떠나 시는 안 된다고 말하기도 한다며, 또 다른 얘기를 한 것이다.

왕께서는 이 두 가지 중에서 선택하십시오."

○ 맹자가 또 문공을 위해 한 가지 계책을 세워 준 것이다. 계획을 결정할 수 없었기 때문에 이 두 가지 방도를 만들어 깨우쳐 준 것이다. 태왕의 일은 큰 덕의 극치이며, 어떤 사람의 말은 나라를 지키는 일반적인 방 법이다. 어떤 사람의 말은 사람들이 할 수 있는 것이지만 태왕의 일 같 은 경우, 큰 덕을 가진 사람이 아니면 실행할 수 없다. 맹자는 태왕의 일을 문공에게 말했으니, 그에게 바란 것이 깊다고 할 수 있다.

이상은 제15장이다.

○ 등나라는 작은 나라로 대국 사이에 끼어 있었다. 소위 큰 바위가 계란

을 누르는 기세라 하겠다. 맹자라도 역시 어찌할 수가 없었다. 백성이 소
중하고 사직社稷은 그 다음이며 임금은 가벼운 것이다(「진심 하」 제14장).
사람을 돌보는 것으로 사람을 해치는 일을 어진 사람은 하지 않는다. 그
러므로 오직 태왕의 일을 가지고 말한 것이다. 후세에 이 일을 실천한 사
람이 있었는데, 후한後漢의 두융竇融과 송宋의 전류錢鏐*가 그들이다. 천 년
뒤에 맹자의 뜻을 스스로 터득했다고 할 만하다. 약소한 나라로 강대한
적을 막겠다고 한 몸의 분노에 맡겨, 수많은 사람이 목숨을 잃어 시체가
쌓여 성을 이루고 피가 흘러 연못을 이루며 처자식과 노약자는 모두 포
로가 되고 죽임을 당했는데도 후회를 모르는 자들은 대체 무슨 마음이란
말인가.

16.

노魯나라 평공平公이 외출하려 하는데 총애받는 신하 장창臧倉이라는 자
가 여쭈었다. "다른 날은 임금께서 외출하실 때면 꼭 담당관리에게 가실
곳을 말씀하셨는데, 지금은 수레를 이미 말에 매었는데도 담당관리는 갈

---

* 두융(竇融)은 후한 평릉(平陵) 사람으로 자(字)가 주공(周公)이다. 하서(河西)지방으로 가서 강
  (羌)족의 포로를 돌봐 백성들의 추대로 하서오부 대장군(河西五部大將軍)의 일을 하게 된다. 후
  한의 광무제가 황제가 되자 마침내 한나라로 귀의했다. 여기서는 하서 대장군의 자리를 버리고
  한나라로 귀의한 일을 태왕의 일에 견준 것으로 보인다.
  전류(錢鏐)는 5대 10국 시대 오월(吳越)의 창건자로 오월국의 태조(太祖)이다. 자는 구미(具美).
  젊어서 소금 밀매를 하기도 했다. 당나라 말엽 황소의 난이 일어나자 혼란스러울 때 항주를 기반
  으로 성공한 인물이다. 항주를 도시로 발전시키는 데 큰 공헌을 했다. 그가 왕이 된 후 송나라가
  천하를 통일할 때까지 후손이 계속 왕위를 이었다. 여기서는 그가 창업을 해서 후손에게 전통을
  물려준 예로 거론한 것 같다.

곳을 모르고 있어 감히 여쭙니다."

| 승여乘輿는 임금의 수레다. 가駕는 수레를 말에 매는 것이다.

평공이 말했다. "맹자를 만나려 하오."

"무슨 말씀이십니까, 임금께서 몸을 가벼이 해서 필부匹夫에게 먼저 찾아가시는 것은 그가 현명하다고 생각해서입니까? 예의禮義는 현자賢者에게서 나오는 것인데 맹자는 어머니의 상喪을 아버지의 상喪보다 더 후하게 지냈습니다. 임금께서는 만나지 마십시오."

"알았소."

| 맹자는 아버지를 먼저 잃었고, 어머니를 나중에 잃었다. 유踰는 더 잘
했다는 말이다. 어머니는 후하게 장사 지내고 아버지는 박하게 장사
지냈다는 말이다. 낙諾은 대답하는 말이다.

악정자樂正子가 들어와 평공을 뵙고 말했다. "임금께서는 어쩌하여 맹자를 만나 보지 않으십니까?"

"어떤 사람이 과인에게, '맹자는 어머니의 상을 아버지의 상보다 더 후하게 지냈다'고 하였소. 이 때문에 가서 보지 않은 것이오."

"무슨 말씀이신지요, 임금께서 '더 후하게 지냈다'고 말씀하신 것은 아버지 상에는 사士의 예를 쓰고 어머니의 예에는 대부의 예를 썼으며, 아버지 제사에는 삼정三鼎의 예를 쓰고 어머니 제사에는 오정五鼎의 예를 써서입니까?"

| 악정자樂正子는 맹자의 제자이다. 삼정三鼎은 (돼지·생선·육포 등 세 가
지 고기를 담는 제기로 지내는) 사士의 제례祭禮이고, 오정五鼎은 (돼지·

생선·육포·양·썬 고기 등 다섯 가지 고기를 담는 제기로 지내는) 대부의
제례이다.

"아니다. 관과 덧널, 수의와 이불의 아름다움을 말하는 것이지."
"이는 소위 '더 후하게 지낸' 게 아니라 빈부貧富가 같지 않아서였습니다."

| 악정자가 설명했다: 맹자가 아버지를 잃었을 때는 사士였고, 어머니를
잃었을 때는 대부여서 빈부의 차이가 있었다. 그러므로 상을 치르는
도구도 달랐던 것이지, 어머니의 상례喪禮를 아버지보다 후하게 치른
것이 아니다.

○ 세상에는 '맹자의 어머니가 세 번 이사했다'는 이야기가 있다. 하지만
맹자가 아버지를 잃었을 때는 이미 사士였으므로 맹자가 어릴 때 어머
니 손에 자란 것이 아님을 알 수 있다.

악정자가 맹자를 뵙고 말했다. "제가 임금께 아뢰, 임금께서 와서 만나겠
다 하셨습니다만 총애받는 신하 장창이란 자가 임금을 막아 임금께서 이
때문에 결국 오지 않으신 겁니다."

| 극尅은 악정자의 이름이다. 저沮는 막았다는 말이다.

"가는 것도 무언가가 가도록 하는 것이고, 막는 것도 무언가가 막는 것이
지만, 가는 것과 막는 것은 사람이 할 수 있는 게 아니다. 내가 노나라 임
금을 만나지 못한 것은 하늘의 뜻이니, 장씨 집안의 아들이 어떻게 나를
임금과 만나지 못하게 할 수 있겠느냐."

| 니尼 역시 막는다는 말이다. 일이 행해지는 것도 무엇인가 행해지도록

하는 것이고, 막는 것 역시 무엇인가 막는 것이 있다. 행하고 막는 것은 모두 하늘의 명이지 사람이 할 수 있는 게 아니다. 왜 장씨 집안의 아들을 탓하겠는가.

○ 성현의 탄생은 이 세상과 깊은 관계가 있다. 성현이 한 번 세상에 출현하면 말세라도 요순·하은주夏殷周 삼대의 태평한 세상을 만들 수 있다. 하늘이 천하를 평화롭게 다스리고자 한다면 저 장씨의 무리들이 어떻게 막는 행동을 할 수 있겠는가. 지금 장씨의 말이 실행된 것은 하늘이 아직 천하를 평화롭게 다스리고자 하지 않아서이다. 탓할 게 무에 있는가. 천명天命을 아는 일은 학문의 최대 목표이니 활 쏘는 사람에게 과녁이 있는 것과 같다. 그러므로 이 편은 처음부터 끝까지 왕도王道의 핵심을 총괄해 말했는데, 이 장에 와서 특별히 하늘을 설명하는 말을 실은 것은 『논어』마지막에, "명命을 알지 못하면 군자가 될 수 없다"(「요왈」堯曰 제4장)는 말을 실은 것과 같다. 대단히 심오하다.

이상은 제16장이다.

○ 『맹자』라는 책은 한 편 한 편이 각자 한 권의 책이다. 이 편은 왕도의 핵심을 총괄해 말한 곳으로, 요순·하은주 삼대의 도 역시 여기에 다 언급되었다. 옛날 이교圯橋 위의 노인이 장량張良에게 책 한 권을 주면서, "이 책을 읽으면 왕의 스승이 될 수 있다"고 하였다. 『맹자』의 이 편을 숙독해서 터득하는 게 있으면 실제로 왕의 스승이 될 수 있다. 그저 구절이나 공부하는 데서 그치는 사람은 얼마나 보잘것없는 존재인가.

맹자고의 권2

孟子古義 卷之二

공손추(公孫丑)편

이 편은 맹자가 제齊나라에 머물렀던 시말始末과 제나라를 떠난 이후의 일을 매우 상세하게 기록하였다. 공손추公孫丑가 기록한 것으로 보인다.

공손추 장구 상

모두 9장이다.

1.

공손추가 물었다. "선생님께서 제나라의 중요한 자리를 맡으신다면 관중管仲과 안자晏子의 공적을 다시 기약할 수 있겠습니까?"

| 공손추는 맹자의 제자로 제나라 사람이다. 주씨(주희)가 말했다: "당로當路는 중요한 자리에 있다는 말이다. 관중은 제나라 대부로, 이름은 이오夷吾다. 환공桓公을 도와 제후들의 패자霸者가 되도록 하였다. 허許는 기약한다는 말이다. 맹자가 정사를 맡은 적이 없기 때문에 공손추가 가정해서 물은 것이다."

맹자께서 말씀하셨다. "너는 정말 제나라 사람이로구나. 관중과 안자만 알 뿐이니.

단지 자기 나라에 두 사람만 있는 줄 알고 성현이 큰 업적을 이룩한 일
은 전혀 모르기 때문에 정말 제나라 사람이라고 한 것이다. 하찮게 본
것이다.

어떤 사람이 증서曾西에게 물었지. '선생님과 자로子路 가운데 누가 더 현
명한가요?'
증서는 편치 않은 기색을 띠며 말했지. '그 분은 내 선친께서도 경외敬畏
하셨던 분이셨다.'
'그렇다면 선생님과 관중 가운데 누가 더 현명한가요?'
증서는 성내며 기뻐하지 않으면서 대답했네. '너는 어찌 나를 관중과 비
교하느냐. 관중은 임금의 총애 받기를 저토록 전적으로 하였으며, 나라의
정사를 시행하기를 저토록 오랫동안 했는데도 공적은 저토록 낮은데 그
대는 어찌 나를 이 사람과 비교하는 것이냐.'"

맹자는 증서와 어떤 사람이 나눈 문답을 인용해, 관중은 기대하기에
부족한 인물임을 밝혔다. 증서는 증자曾子의 손자이다. 증신曾申의 자字
가 자서子西로 (손자가 아니라) 아들이라고 하는 사람도 있다. 축蹴은
불편한 모습이다. 선자先子(돌아가신 아버지)는 증자를 가리킨다. 불연艴然
은 성난 기색이다. 하증何曾의 증이라는 글자는 즉則과 같다. 열烈은 빛
나는 업적을 말한다. 환공은 유독 관중에게 일을 맡겨 40여 년간 정사
를 했으므로 전적으로 하고 또 오랫동안 한 것이다. 관중은 왕도王道를
모르고 오로지 패자霸者의 술법을 썼기 때문에 공적이 낮다고 말한 것
이다.

"관중은 증서도 본받으려 하지 않은 인물인데, 너는 날 위해 그 사람이 되기를 바라는 것이냐?"

| 맹자가 한 말이다. 원顯은 바란다는 뜻이다.

"관중은 자기 임금을 패자가 되게 하였고, 안자는 자기 임금이 유명해지도록 했습니다. 관중과 안자조차 본받기에 부족합니까?"

| 공손추가 다시 물었다. 현顯은 이름을 드러낸다는 말이다.

"제나라를 가지고 왕도를 행하는 일은 손바닥 뒤집기와 같다."

| 유由는 유猶(같다)와 통한다. 맹자는 제나라 같은 큰 나라를 가지고 왕도를 실행하는 일은 손바닥 뒤집기만큼 쉽다고 말한 것이다. 관중과 안자가 자신의 임금들에게 왕도를 쓰도록 힘써 권하지 않은 것을 비판한 것이다.

○ 이 부분은 관중과 안자는 본받기 부족하다고 말하면서 이를 통해 제나라는 쉽게 왕자王者가 될 수 있음을 밝힌 것이다. 중간에 증서의 말을 인용해 세상의 의혹을 제거했는데, 명백하고 합당해 다시 의심할 게 없다. 그런데 후세의 유자儒者들조차 자로가 관중처럼 될 수 없었을 것이라 의심하는 것은 어째서인가? 정치를 하는 데는 재주가 있고 학문이 있어야 한다. 재주는 있는데 학문이 없으면 정치를 할 줄 모르고, 학문은 있는데 재주가 없으면 정치를 할 수 없다. 재주는 있는데 학문이 없는 사람은 관중 같은 사람이 해당한다. 자로 같은 사람은 정치를 할 재주가 있었고, 또 성현의 도를 직접 들었다. 자로가 관중과 환공의 관계처럼 알아주는 임금을 만났더라면 왜 위나라 황제 조비曹丕보다 열

배나 더한 왕으로 만드는 데 그쳤겠는가. 자로가 탕왕이나 무왕 같은 군주를 만났더라면 이윤伊尹과 여상呂尙 사이에 위치하는 명재상이 되었을 것임은 미루어 알 수 있다. 증서조차 어떤 이의 말에 발끈했는데, 어떻게 자로를 두고 그들만 못했을 거라 말하는가.

"그렇다면 제 의혹은 더욱 심해집니다[弟子之惑滋甚]. 더욱이 문왕의 덕으로도 백 년을 사시고 돌아가셨는데 아직 덕이 천하에 흠뻑 젖지 못해, 무왕과 주공이 이를 계승한 뒤에야 교화가 크게 행해졌습니다. 지금 훌륭한 왕이 되기 쉬운 것처럼 말씀하시니 문왕은 본받을 만하지 않습니까?"

| 제자弟子는 공손추가 자신을 칭한 말이다. 자滋는 '더욱'이라는 뜻이다. 문왕은 93세에 세상을 떠났는데 백 년이라고 한 것은 정수整數를 든 것이다. 무왕이 은殷나라를 이기고 주공이 성왕成王을 도운 뒤에 교화가 크게 행해졌다.

"어떻게 문왕에게 필적할 수 있겠느냐. 탕왕에서 무정武丁까지 현명하고 성스런 임금 6~7명이 나와서[作] 천하가 은나라로 귀의한 지 오래되었다. 오래되면 변하기 어려운 것이다. 무정이 제후들의 조회를 받고 천하를 차지했지만 손바닥에 놓고 움직이는 것과 같았다.

| 당當은 필적한다는 말이다. 은나라는 탕왕에서 무정까지 중간에 태갑大甲·태무太戊·조을祖乙·반경盤庚이 있었다. 모두 현명하고 성스런 임금이었다. 작作은 일어났다[起]는 말이다.

주紂에서 무정까지 시간적인 거리가 오래되지 않았다. 공이 있는 집안과

전하는 풍속, 전통과 선정善政이 아직 남은 게 있었고 또 미자微子·미중微仲·왕자 비간王子比干·기자箕子·교격膠鬲이 모두 현인으로, 서로 주를 보좌했기 때문에 오랜 시간이 지난 뒤에 나라를 잃은 것이다. 한 치의 땅도 차지하지 않은 게 없고, 한 사람도 신하가 아닌 사람이 없었다. 그런데도 문왕은 사방 백 리의 땅으로 일어났으니 이 때문에 어려웠던 것이다.

│ 고가故家는 대대로 공이 있는 집안을 말한다. 미중微仲과 교격膠鬲은 모
   두 주紂가 다스릴 때의 현명한 신하 이름이다.

○ 이 부분은 문왕이 은나라 왕실의 유풍이 아직 남아 있던 시기를 만났
   기 때문에 일어서기 힘들었다고 말한 것이다.

제나라 사람 말에, '지혜가 있더라도 시세를 타느니만 못하고 농기구가 있더라도 때를 기다리는 것만 못하다'라고 하였는데, 지금 시기는 하기가 쉽다.

│ 자기鎡基는 농기구로, 쟁기나 보습 따위를 말한다. 때는 밭 갈고 씨 뿌
   리는 때를 말한다.

하나라·은나라·주나라의 전성기 때에도 땅이 천 리를 넘은 적이 없었는데 제나라는 그만 한 땅을 가졌고, 닭 우는 소리와 개 짖는 소리가 들려 사방 국경에까지 미치니 제나라는 그만큼 백성을 가졌다. 땅을 더 개간하지 않고 백성들을 더 모으지 않아도 인정仁政을 행하고 왕이 된다면 누구도 막지 못할 것이다.

│ 제나라의 땅은 사방 천 리로 삼대의 왕들이 천하를 다스리던 전성기에
   도 역시 이만 한 땅을 넘지 못했다. 또 백성들이 조밀하게 살아 닭과 개

의 소리가 어디서든 들려 도성에서 사방 국경에 이른다. 나라가 넓고 백성이 많다는 말이다.

또 왕이 나오지 않은 것이 지금보다 드문 때가 없고, 백성들이 포학한 정치에 지친 것[憔悴]이 지금보다 심한 적이 없다. 굶주린 사람에겐 무엇이든 먹을거리가 되기 쉽고, 목마른 사람에겐 무엇이든 마실거리가 되기 쉽다.

| 초췌憔悴는 피곤하고 힘든 모양이다. 쉽게 먹을거리, 마실거리가 된다함은 굶주림과 목마름이 심해 좋은 맛을 필요로 하지 않는다는 뜻이다. 하기 쉬운 때임을 또 말한 것이다.

공자께서, '덕이 퍼지는 것은 역마[置郵]를 두고 명命을 전달하는 것보다 빠르다'라고 말씀하셨다. 지금 시기는 만승의 나라에서 인정仁政을 실행하면 백성의 기쁨은 거꾸로 매달린 데서 풀어주는 것과 같을 것이다. 그러므로 일은 옛사람의 반半만 하고 결과는 반드시 옛사람의 배倍가 되는 것은 바로 지금이 그러하다."

| 치置는 역驛이요 우郵는 역마로, 명命을 전달하는 수단을 말한다. 거꾸로 매달았다는 말은 힘들고 괴로움을 비유한 것이다. 하는 일은 옛사람들보다 반만 하고 얻는 결과는 옛사람들보다 배가 되는 것은 때가 하기 쉽고 덕이 빠르게 실행되기 때문이다.

○ 이 부분은 제나라가 대국으로서 쇠퇴와 폐단이 최고조에 이른 때를 만났기에 무슨 일이든 실행하기 쉬운 형세가 문왕과 다르다는 말이다.

이상은 제1장이다.

○ 사람들은 모두 왕도王道를 두고 현실과 맞지 않아 실행하기 어렵다고 하는데, 왕도의 근본은 실제에 잘 들어맞아 만세 동안 실행하기 쉽다는 사실을 모르는 것이다. 맹자의 논의가 이렇게 뚜렷한데도 천 년이 지나도록 핵심을 깨닫지 못하는 사람들이 있으니 안타깝다.

2.

공손추가 물었다. "선생님께서 제나라의 재상이 되셔서 도를 실행하실 수 있다면 이를 통해 패자覇者가 되든 왕자王者가 되든 이상할 게 없습니다. 이렇게 되시면 마음이 동요될까요, 아닐까요?"

> 앞 장을 이어 또 질문을 제기한 것이다: 제나라 경卿의 지위는 임무가 크고 책임이 무거워 선생님이 지위에 오르면 두렵거나 의혹에 빠져 그 마음이 동요하지 않을까요?

맹자께서 말씀하셨다. "아니다. 나는 마흔에 부동심不動心(마음이 동요치 않음)에 이르렀다."

> 맹자는 자신이 나이 마흔에 자연히 부동심에 이르렀다고 말했다. 말을 이해하고[知言] 기를 잘 길렀기[養氣] 때문에 자연스레 두려워하거나 의혹에 빠져 그 마음이 동요하지 않도록 하게 된 것이다.

"그렇다면 선생님은 맹분孟賁보다 훨씬 더 뛰어나십니다."

> 맹분은 옛날 혈기에 찬 용사다. 공손추는 맹분을 빌려 맹자의 부동심이 얼마나 어려운 것인지 찬탄한 것이다. 공손추는 도를 모르기 때문

에 맹분을 인용해 찬탄한 것인데 대단히 뛰어나다는 말이다.

"이것은 어렵지 않다. 고자告子는 나보다 먼저 부동심에 이르렀다."

| 고자는 이름이 불해不害다. 맹자의 말은, 부동심은 본래 어려운 일이 아
니다, 고자 같은 사람은 도를 알지 못했는데도 나이 마흔 이전에 부동
심에 도달할 수 있었으니, 부동심이 최고 경지가 아님을 알 수 있다는
것이다.

"부동심에 방도가 있습니까?"
"있다.

| 도道는 방도, 기술이라는 말이다. 부동심에도 방법이 있어, 혹은 용맹으
로 할 수도 있고, 혹은 이치로 감당할 수 있기 때문에 있다고 대답한 것
이다. 다음 문장에서 북궁유·맹시사·자양 등의 일을 인용해 이를 밝
혔다. 성현의 부동심 상태는 본래 도가 명백하고 덕이 확립되어, 꼭 동
요하지 말아야지 하고 마음먹지 않아도 자연히 동요하지 않은 것이지,
무슨 기술로 도달할 수 있었던 것이 아니다. 공손추가 방도가 있는지
물었기 때문에 대답을 이렇게 한 것이다.

북궁유北宮黝가 용맹을 키운 법은 살갗을 찔려도 움찔하지 않고 눈을 찔
려도 피하지 않아, 털끝만큼이라도 남에게 모욕을 당하면 마치 시장에서
매를 맞은 것처럼 생각한 것이다. 천한 자에게도 모욕을 받지 않았으며,
또한 만승의 임금에게서도 모욕을 받지 않았다. 만승의 임금 찔러 죽이
기를 마치 천한 사람 찔러 죽이는 것처럼 보아, 두려워하는 제후가 없어

나쁜 소리가 들리면 반드시 보복하였다.

| 북궁北宮은 성이고 유黝가 이름이다. 부요膚撓는 살갗이 찔리면 움찔하
며 굴복하는 것이다. 목도目逃는 눈이 찔리려 하면 눈동자를 돌려 피하
는 것이다. 좌挫는 모욕받는 것이다. 갈褐은 털옷감이다. 관박寬博은 넓
고 큰 옷으로 천한 사람의 옷이다. 불수不受는 모욕을 받지 않는다는 말
이다. 척刺은 죽인다는 말이다. 엄嚴은 두려워하고 꺼리는 것이다. 두려
워하고 꺼리는 제후가 없었다는 말이다. 맹자의 말은 북궁유의 부동심
은 그 방법을 오로지 용맹에 두고 남을 대적하는 데 힘썼다는 것이다.

맹시사孟施舍가 용맹을 키운 법은, '이기지 못하는 것 보기를 이기는 것처
럼 한다. 적을 헤아리고 나서 전진하고 승리를 생각한 뒤에 접전하면 이
는 적의 삼군三軍을 두려워하는 것이다. 내가 어떻게 꼭 이길 수 있겠는가.
두려움이 없을 뿐이다'라고 말한 것이다.

| 맹孟은 성, 시施는 발어사, 사舍는 이름이다. 회會는 맞부딪쳐 싸우는 것
이다. 맹시사 자신이, 내가 전투에서 이길 수 없는 것도 이길 수 있는
것처럼 보아 처음부터 두려워하는 게 없다. 만약 적을 헤아리고 승리
를 고려한 다음 전진해 싸운다면 이는 용맹 없이 삼군을 두려워하는
것이다, 라고 말한 것이다. 맹자의 말은, 맹시사의 부동심은 그 방법 역
시 용맹에 놓여 있어 자신에게서만 오로지 구한다는 것이다. 두 사람
의 부동심은 모두 용맹으로 할 수는 있는 것이어서 근본적으로 논의거
리가 못 된다. 맹자가 이들을 인용한 것은 부동심이 어려운 게 아님을
밝힌 것이다.

맹시사는 증자曾子를 닮았고 북궁유는 자하子夏를 닮았다. 두 사람의 용맹은 누가 더 나은지 모르겠지만 맹시사가 지키는 방법이 간결하다.

| 현賢은 낫다는 말이다. 약約은 요약이라는 말로, 지키는 방법이 요점을 잘 파악했다는 말이다. 자하의 용맹은 들은 적이 없으니 자로子路라고 써야 할 것 같다. 증자의 용맹은 (다음 단락의) 자양에게 해준 말이 그것이다. 자로는 남과 대적하는 데 힘썼고, 증자는 자신에게 돌이켜 구했다. 북궁유와 맹시사의 용맹은 각자 자로·증자와 비슷한 점이 있지만 비길 상대가 아니다. 공손추는 학문을 했고 아울러 성현의 일을 직접 들었다. 그러므로 맹자는 쉽게 깨우쳐 주려고 두 사람에게 각각 짝을 지어 알려 준 것이다.

옛날에 증자가 자양子襄에게 말씀하셨다. '너는 용맹을 좋아하느냐. 나는 선생님께 큰 용맹에 대해 들은 적이 있다. "자신을 돌이켜보아 곧지 않으면 천한 사람이라도 내 그를 두려워하지 않겠는가, 자신을 돌이켜보아 곧으면 천만 인이 있더라도 나는 가서 대적한다"라고 하셨다.' 맹시사가 잘 지켰던 것은 기氣였으니 또 증자가 지켰던 간결함보다는 못하다."

| 자양은 증자의 제자다. 선생님은 공자를 가리킨다. 축縮은 곧다는 말이다. 췌惴는 두려워한다는 뜻이다. 왕往은 가서 대적한다는 말이다. 용맹으로 할 수 있는 것은 이치理致로 감당하는 것보다 못하다는 말이다. 맹시사가 북궁유보다 낫지만 그가 지키는 것은 전적으로 기氣에 있으므로, 증자가 자신을 돌아보고 올바르게 하여 의義가 강해지고 기가 굳세져서 스스로 핵심을 터득한 것보다는 못하다. 증자의 일은 북궁유와 맹시사에 견줄 바 아니지만 이치로 감당하는 일은 또 도가 명확해지고

덕이 확립되어 자연히 동요하지 않는 최고경지보다는 못하다. 맹자는 이를 차용해 이치로 감당하는 일이 증자의 최고 경지는 아님을 밝힌 것이다. 글만 보고 의미를 해치지 말아야 한다.

○ 조심스레 생각해 본다. 본문 "옛날에 증자가"에서부터 "나는 가서 대적한다"까지는 (앞 구절의) "맹시사는 증자를 닮았고"라는 문장 앞에 놓여야 한다. 이렇게 하면 문장이 순조롭고 의미가 분명해진다.

○ 이상은 제1절이다. 부동심不動心은 기술이 있으면 할 수 있는 것으로 유자儒者의 최고 경지가 아님을 밝힌 것이다. 천하의 일 가운데 힘으로 할 수 있는 것은 어려워 보이지만 실은 쉽고, 힘으로 할 수 없는 것은 쉬워 보이지만 실은 어렵다. 성현聖賢의 부동심 같은 경우, 도덕이 뛰어나서 부동심을 기약하지 않아도 자연히 부동심에 이른 것으로, 힘을 써서 도달할 수 있는 게 아니다. 그러므로 쉬워 보이지만 실은 어렵다. 힘으로 도달하는 것은 혹 기술을 가지고 할 수 있는데, 북궁유와 맹시사의 부동심 같은 경우가 그렇다. 그러므로 어려워 보이지만 실은 쉽다. 학문의 결과는 전적으로 인仁에 머무르고 의義를 따르는 데 있으며 부동심은 단지 그 나머지 일일 뿐이다. "말을 알고 기氣를 잘 기르면" 나이가 많고 힘이 강해졌을 때 부동심을 기약하지 않아도 자연히 부동심에 이른다. 설령 어쩌다 조금 마음이 움직인들 또한 해가 되지는 않는다. 맹자는 "나는 마흔에 부동심에 이르렀다"고 하였는데, 마흔 이전에는 아직 동요를 피하지 못했음을 알 수 있다. 배우는 사람들이 이를 알면 도에서 깨닫는 바가 많을 것이다. 하지만 고금의 학자들은 부동심을 학문의 최고 경지로 보았는데, 이는 모두 속된 견해에서 나온 것이지 성인이 되는 학문의 심오한 경

지가 아님을 몰랐다. 불교의 학문도 마찬가지다. 저들은 공空이며 적막寂寞을 도라고 하기 때문에 부동심을 최고 경지로 여기는데, 역시 속된 견해일 뿐이다.

"감히 여쭙겠습니다. 선생님의 부동심과 고자告子의 부동심을 들을 수 있겠습니까?"

│ 공손추가 다시 물었다: 선생님은 고자와 그 부동심에서 다른 점이 무
│ 엇입니까?

"고자는, '말을 이해하지 못하면 마음에서 구하지 말고, 마음에서 (뜻대로) 잘 되지 않으면 기氣에서 구하지 말라'[不得於言, 勿求於心, 不得於心, 勿求於氣]라고 말했다.

│ 맹자의 학문은, 말을 알고 호연지기浩然之氣를 기르는 것을 핵심으로 한
│ 다. 고자의 말은 맹자와는 정반대다. 그러므로 맹자는 먼저 고자의 견
│ 해를 거론하고 다음 문장에서 판단을 내린다. 부득不得은 '임금의 마음
│ 을 얻지 못하다'[不得於君](「만장」 제1장)고 할 때 쓰는 부득不得과 같은
│ 말이다. 부득어언不得於言은 내 마음이 성현의 말과 서로 조화를 이뤄
│ 순하게 작용하지 못한다는 말이다. 부득어심不得於心은 선행을 하고 싶
│ 지만 마음이 바라는 것처럼 하지 못한다는 뜻이다. 고자의 뜻은 말[言]
│ 은 (안에 있는 게 아니라) 밖에서 오는 것이며, 기氣는 (근본이 아니라)
│ 말단이기 때문에 말을 이해하지 못하는데 마음에서 찾으려 하면 마음
│ 이 분명 동요하게 된다, 마음에서 잘 되지 않는데 기에서 구하면 마음
│ 또한 동요하게 된다, 다만 그 마음을 굳건하게 통제해야지 밖에서 도

움을 구해 동요를 초래하도록 해서는 안 된다는 뜻이다.

'마음에서 잘 되지 않으면 기에서 구하지 말라'는 말은 괜찮지만, '말을 이해하지 못하면 마음에서 구하지 말라'는 말은 안 된다.

> 맹자가 고자의 견해를 언급한 뒤에 여기서 판단하고 말한 것이다. 마음에 흠결이 없으면 꼭 기氣에 도움을 구해서는 안 된다. 그러므로 "마음에서 잘 되지 않으면 기에서 구하지 말라"고 한 것이다. 좋다고 할 수는 없지만 그런대로 괜찮은 말이다. 근본을 우선으로 실행하고 말단을 시급한 것으로 보지 않았기 때문이다. "말을 이해하지 못하면 마음에서 구하지 말라"는 말의 경우, 내 마음이 우선 도道와 분리되어 버렸으니, 안 될 것은 필연적이다. "마음에서 잘 되지 않으면 기에서 구하지 말라"는 말이 옳은 게 아니라, "말을 이해하지 못하면 마음에서 구하지 말라"는 말보다 낫다는 것이다.

의지는 기를 통솔하는 장수이고, 기는 몸에 가득 찬 것이니, 의지가 최고이고 기는 그 다음이다. 그렇기 때문에 '의지를 잘 지키면서도 기를 난폭하게 하지 말라'고 말하는 것이다."

> 몸이란 말은 "머무는 곳이 기운을 변화시키고, 돌보는 것이 몸을 변화시킨다"(「진심 상」 제36장)는 말의 '몸'과 같은 말로, 눈과 귀·사지를 가리켜 말한 것이다. 이른바 '소체'小體(「고자 상」 제15장)가 이것이다. 보고 듣고 움직이는 것은 각각 한가지 일이지만 기가 이를 모두 총괄하는 핵심이다. 그러므로 몸에 가득 찬 것이라고 하였다. 『중용』에서, "하늘은 이 밝은 것들이 많이 모인 것"[今夫天斯昭昭之多](제26장)이라

고 한 말과 말뜻이 유사하다. 포暴는 사납게 만든다는 말이다. "마음에서 잘 되지 않으면 기에서 구하지 말라"는 말이 괜찮기는 하지만 미진한 점이 있다. 그러므로 그 본말관계와 상호관련성·차례를 또 말해 알려 준 것이다. 의지는 마음에 있는 주인으로 기를 통솔하는 장수라 확실히 잘 지키지 않을 수 없다. 기가 마음의 존귀한 존재와 같지는 않더라도 의지를 최고라고 한다면 기는 분노하고 말 것이다. 이는 도道에 해가 된다. 보통 의지는 지나치게 높기 쉽고, 오래 유지하기는 어렵다. 그러므로 의지를 잘 유지하려 해도 기가 사납고 난폭해지면, 여유롭고 만족하며 자신을 완성할 수 없다. 때문에 기를 난폭하게 하지 않으려는 것이다. 이것이 의지가 최고가 되고 기가 그 다음이 되는 이유이다. 고자의 말은 이치를 따르지 않고 갑작스레 남을 이기려고 하는 것으로, 모두 기를 난폭하게 해서 초래한 일이다.

"'의지가 최고이고 기가 그 다음이다'라고 말씀하시고선, 또 '의지를 잘 지키면서도 기를 난폭하게 하지 말라'고 말씀하신 것은 어째서입니까?"

| 공손추는 의지가 최고이고 기는 그 다음이라고 맹자의 말을 이해했다. 그런 까닭에 이와 같다면 의지를 잘 지키기만 하면 될 텐데 또 기를 난폭하게 하지 말라고 말씀하신 것은 어째서인가 물은 것이다.

"의지를 한결같이 하면 기를 움직이지만, 기를 한결같이 하면 의지를 움직이기도 한다. 넘어지는 것과 뛰는 것은 모두 기의 작용이지만 거꾸로 마음을 동요시킨다."

| 일壹은 오로지하고 한결같이 한다는 말이다. 궤蹶는 넘어진다는 말이

다. 추趨는 뛰어간다는 말이다. 맹자는, 의지를 한결같이 잘 유지한다고 해도 반드시 기를 마음대로 하는 지경에 이르는 것은 아니다, 그러므로 동요를 피할 수 없다, 기를 한결같이 유지한다고 해서 자연히 의지를 마음대로 하는 지경에 도달하는 것은 아니다, 그러므로 의지 역시 이에 움직이게 된다고 말한 것이다. 또 "기를 한결같이 하면 의지를 움직이기도 한다"는 해로움을 거듭 밝히면서, 사람이 넘어지는 것, 달리는 것은 전적으로 기에 달려 있어 사고하는 것이 없기 때문에 마음은 어지러워지는 걸 피하지 못하고 어떤 조치도 할 수 없게 된다고 하였다. 이런 관점에서 보면, 기를 잘 돌보지 않고 자기 멋대로 하도록 맡겨 두면 마음 역시 동요하지 않을 수 없는 것이 이와 같다. 이것이 기를 돌보지 않으면 안 되는 이유이다.

○ 이상은 제2절이다. 마음에는 주재하는 것이 있지만 기에는 주재하는 것이 없다. 마음은 사려를 통해 움직이지만 기는 사려를 통하지 않고 스스로 움직인다. 기쁨, 분노, 슬픔, 즐거운 일에 기뻐하고 분노하고 슬퍼하고 즐거워할 수 있는 것은 마음이다. 기쁨, 분노, 슬픔, 즐거운 일이 있더라도 그 기쁨, 분노, 슬픔, 즐거움을 자각하지 못하는 것은 기다. 삼군을 마주하고서 겁먹지 말아야 한다고 하는 것은 마음이다. 나는 겁먹지 않는다고 했는데도 자기도 몰래 그 겁을 피하지 못하는 것은 기다. 그러므로 의지는 잘 유지하지 않을 수 없으며 기 역시 잘 돌보지 않으면 안 된다. 무엇을 두고 의지를 잘 유지한다 하고 무엇을 두고 기를 잘 돌본다고 하는가. "역시 인의仁義일 뿐이다."(「양혜왕 상」 제1장) 이 말이 맹자의 근본 취지다. 배우는 사람이 문장의 뜻을 익힐 줄만 알고 맹자의 근본 취지

가 무엇인지 모른다면, 이 또한 "말을 이해하지 못하면 마음에서 구하지 말라"는 부류일 뿐이다.

"감히 여쭙니다. 선생님께서는 무엇을 잘하시는지요?"

| 맹자는 앞서 고자의 부동심은 잘못이라고 이미 설명하였지만 자신이 부동심에 도달한 까닭은 밝히지 않았다. 그러므로 공손추는 선생님이 터득한 것은 무엇이며 홀로 잘하는 것은 무엇인지 다시 물은 것이다.

"나는 말을 알고, 나는 내 호연지기를 잘 기른다."

| 말을 안다는 것은 말의 진실과 거짓을 알아 의혹에 빠지지 않는 것이다. 위로는 성현에서 아래로는 제자백가의 말까지 그 옳고 그름, 진실과 거짓을 명확히 알아, 일의 성공과 실패, 이익과 해악의 연유까지도 분별하지 못하는 것이 없는 것이다. 호연은 무성하고 크다는 뜻이다. 호연지기란 나의 기운이 무성하고 커서 결핍된 게 없는 것이다. 사람들도 모두 선善은 의당 실행해야 하고 악은 의당 제거해야 한다는 걸 알면서도 머뭇거리며 위축되어 감히 선을 실행하지 않는 것은 내 기가 결핍되고 모자라 성대盛大하지 않아서이다. 이 기를 잘 기르면 호연·성대해져서 아무도 막을 수 없다. 그러므로 천하의 말을 알 수 있으면 내 마음에 중심이 생기고, 호연지기를 잘 기르면 그 마음에 자연히 주인이 있게 된다. 그러므로 마음이 동요하지 않을 수 있다. 이것이 맹자가 꼭 동요하지 않겠다고 하지 않아도 자연스레 동요하지 않는 이유이다.

○ 맹자의 학문은 그 핵심이 '마음을 보존하고 본성을 잘 돌보는'[存心養性] 데 있다. 말을 아는 것은 마음을 보존한 결과이며, 기를 잘 기른 것은

본성을 잘 돌본 결과이다. 말을 알면 마음이 보존되고, 마음이 보존되면 지혜가 밝아지며, 지혜가 밝아지면 말의 옳고 그름, 진실과 거짓 판별에 있어 자연히 마음이 흘려 의혹에 빠지는 일이 없게 된다. 그러므로 말을 아는 것은 마음을 보존한 결과인 것이다. 본성은 본래 동요하지 않는 것인데 기 때문에 동요한다. 그 기를 잘 기르면 본성도 잘 기를 수 있다. 그러므로 기를 잘 기른 것은 본성을 잘 돌본 결과이다. 『맹자』를 읽는 사람들이 그 말에 다른 점이 있는 줄만 알고 귀착점이 있는 줄 모르면 되겠는가. 의지를 유지하고 기를 기르는 일 역시 인의仁義일 뿐임을 알겠다.

"감히 여쭙겠습니다. 호연지기란 무엇을 말합니까?"
"말하기 어렵구나.

| 그것은 성대하고 흘러가는 실체라 언어로 형용하기 쉽지 않은 점이 있기 때문에 말하기 어렵다고 한 것이다.

그 기는 가장 크고 가장 강함에 머무르는 것이니 조장함이 없이[直] (기를) 기르고 해침이 없으면 천지 사이에 가득 찬다.

| 직直은 조장助長하는 게 없는 것이다. 호연지기를 잘 기르고자 하는 사람은 스스로 가장 큰 것에 머무르고 스스로 가장 강한 것에 처해 조장하는 것이 없고 또 해치는 것이 없으면 그 기는 성대해져 한계를 둘 수 없게 된다. 그것은 형용하기 어렵기 때문에 잘 길러 완성하는 것이라고 알려 주었다.

○ 이 부분은 호연지기를 기르는 방법을 말한 것이다. 가장 크고 가장 강

하게 하는 것이 키우는 방법이다. 바로 뒤 편에, "천하의 큰 집[仁]에 머무르고, 천하의 바른 자리[禮]에 서며, 천하의 큰 길[義]을 가면, 부귀가 마음을 흔들지 못하고, 빈천이 절개를 바꾸지 못하며, 위압과 무력이 의지를 굴복시키지 못한다"(「등문공 하」 제2장)는 말이 이것이다. 선배 유학자는 '체단'體段(사물의 형상)의 설(주희, 『집주』)을 만들었는데, 잘못이라 하겠다. 호연浩然이라는 두 글자를 체단이라는 말로 설명하고 나면 다시는 '가장 강하다'고 말할 수 없다. 호연이라는 말에는 역시 '성대하다'는 뜻만 있을 뿐, '가장 강하다'는 뜻은 볼 수 없다. 또 앞에서 "말로 표현하기 어렵다"라고 한 말과 자연히 서로 부합하지 않는다. 호연지기는 가장 크고 가장 강한 것이라고 하였는데 무슨 "말하기 어려운 게" 있는가. 그러므로 이는 기를 기르는 방법을 말한 것임을 알겠다. 배우는 사람은 그 말뜻을 보고 자연스레 알아야 한다.

그 기는 의義와 도道에 합치하니, 이것이 없으면 호연지기는 부족하다.

│ 배配는 마주한다, 합치한다는 말로 서로 필요로 해 떨어지지 않는다는 뜻이다. 그 기는 도와 의를 짝으로 해서 무한히 커질 수 있으며 도와 의를 짝으로 하지 않으면 결핍되어서 무엇도 할 수 없다는 말이다.

호연지기는 의義를 쌓아 생겨나는 것이지, 의로 갑자기 덮쳐 갖는 게 아니다. 행한 일에 마음이 상쾌하지 않으면 부족해진다. 그렇기 때문에 나는, '고자는 의를 안 적이 없다'고 한 것이다. 고자는 의를 바깥에 있다고 보았기 때문이다.

│ 집의集義는 적선積善이라는 말과 같다. 평소 살며 행하는 일에 하나도

의에 부합하지 않음이 없다는 말이다. 습襲은 덮쳐서 갖는다는 말이다. 군대가 종과 북소리에 따라 움직이는 것을 친다[伐] 하고 종과 북소리 없이 움직이는 것을 습격한다[襲]고 한다. 겸慊은 상쾌하다는 말이다. 호연지기는 하는 일마다 의에 합치해 부끄러워하는 것 없이 생겨나는 기운이지 하루아침에 한 가지 의를 행한 것을 가지고 덮쳐 가질 수 있는 게 아니다. 행동에 하나라도 의에 부합하지 않는 게 있으면 마음에 상쾌하지 않은 것이 생겨, 그 기는 결핍상태가 되어 어떤 일도 할 수 없게 된다. 고자는 의를 알지 못해 (인간에게 내재하는 게 아니라) 바깥에 있다고 생각했는데, 그의 부동심을 어찌 취할 수 있겠는가. 위의 문장에서는 도의道義라고 합쳐 말했는데 여기서 의義 하나만 말한 것은 고자의 잘못 때문에 그런 것이다. 외外는 소홀히 여긴다는 말로, 의를 바깥에 있는 것으로 보고 이를 실행했다는 말이지, 내버리고 갖지 않았다는 말이 아니다. 뒤 편에, "초나라의 어른을 어른으로 대접하고 역시 내 집안의 어른도 어른 대접을 해줍니다. 그렇기 때문에 의가 바깥에 있다고 하는 것입니다"(「고자 상」 제4장)라고 말했을 때의 '바깥에 있다'는 말이 바로 이 뜻이다.

(호연지기를 기를 때) 반드시 할 일을 두고 행하되 결과를 예기하지 말고, (여기서 문장을 끊어 읽는다.) 마음에서 잊지 말아야 하며, 조장하지도 말아야 한다.

> 주씨(주희)가 말했다: "필유사언必有事焉이라는 말은 할 일을 두고 한다는 뜻으로, '전유에서 일을 벌이려 한다'[有事於顓臾](『논어』 「계씨」季氏 제1장. 이 말은 전유를 정벌한다는 뜻이다)는 말의 '유사'有事와 같다.

정正은 예기한다는 말이다. 『춘추좌씨전』에, "전쟁에서 승리를 미리 기약하지 않는다"[戰不正勝]라는 표현에 보이는 말이 바로 이것이다."

송나라 사람처럼 하지 말아야 한다. 송나라 사람 가운데 싹이 자라지 않는 것을 걱정해 싹을 뽑아 버린 사람이 있었다. 아무것도 모른 채 집에 돌아와 가족들에게, '오늘 피곤하구나. 내가 싹이 자라도록 도와주었다'라고 하기에 그 아들이 달려가 보았더니 싹이 말라 있었다. 천하에 싹이 자라도록 도와주지 않는 사람이 드물다. 아무 도움이 안 된다면서 버려 두는 자는 싹을 김매지 않는 자이고, 자라도록 도와주는 사람은 싹을 뽑아 버리는 자이다. 조장하는 자는 아무 도움이 안 될 뿐만이 아니라 해치는 것이다."

민閔은 걱정한다는 말이다. 알揠은 뽑는다는 말이다. 망망芒芒은 무지한 모습이다. 기인其人은 가족을 말한다. 병病은 피로하고 지쳤다는 말이다. 이 부분은 조장의 해로움을 말한 것이다. 조장하는 일은 천하에 늘 있는 걱정이지만 그 해악은, 아무 도움 안 된다며 버려 두는 것보다 더 나쁘다는 말이다.

○ 이상은 제3절이다. 맹자의 학문은 인의仁義를 으뜸으로 하며, 소위 호연지기 역시 인의의 효과를 가리켜 말한 것이다. 인의의 마음을 가지면 인의의 기를 갖는데, 인의의 기가 바로 호연지기다. 인의와 별개로 따로 호연지기가 있는 게 아니다. 뒷장에서, "저들이 부유함으로 자랑하면 나는 내 인仁으로 상대하고, 저들이 벼슬로 자랑하면 나는 내 의義로 상대한다. 내게 무엇이 부족하겠는가"(「공손추 하」 제2장)라고 한 말과 "인에 머

무르고 의를 따르면 대인이 되는 일은 갖추어진다"(「진심 상」 제33장)라
고 한 말을 보면, 호연지기는 인의의 효과임을 알 수 있다. 그런데 이 장에
서 의義 한 가지만 말한 것은 고자가 의를 몰랐기 때문에 그런 것이기는
해도, 인仁한 사람에게는 반드시 용기가 있다는 점은 말할 필요조차 없거
니와 "행한 일에 마음이 상쾌하지 않다"는 문제에 오면 의義의 쓰임이 중
요해지기 때문에, "호연지기는 의를 쌓아 생겨나는 것이지, 의로 갑자기
덮쳐 갖는 게 아니다"라고 한 것이다. 배우는 사람이 맹자의 뜻을 통달한
다면 7편 가운데 호연지기를 말한 곳이 많음을 볼 것이다. 어떻게 이 한
장에 그칠 뿐이겠는가.

"말을 안다는 건 무엇을 말합니까?"
"편파적인 말을 들으면 말하는 자가 가리려는 것을 알고, 함부로 하는 말
을 들으면 함정에 빠뜨리려는 줄 알며, 사악한 말을 들으면 정도正道에서
벗어나게 하는 것임을 알고, 회피하는 말을 들으면 곤란한 사태에 빠뜨리
려는 줄 아는 것이다. 이 네 가지가 마음에 생기면 정사에 해를 끼치고, 정
사에 드러나면 일에 해를 끼친다. 성인이 다시 태어나도 꼭 내 말을 따를
것이다."

> 피詖는 한쪽으로 치우쳐 쏠렸다는 말이다. 폐蔽는 가리고 틈이 생긴다
> 는 말이다. 치우친 말은 편중된 것이 있기 때문에 이 말을 들으면 (듣는
> 이는) 반드시 가려지고 사실과 멀어진다. 양주楊朱가 오직 자기만을 위
> 한다고 한 말과 묵적墨翟이 모두 두루 사랑하라는 가르침이 이에 해당
> 한다. 음淫은 함부로 하는 말이다. 함陷은 빠졌다는 말이다. 함부로 하
> 는 말은 단속하고 억제하는 게 없기 때문에 이 말을 들으면 반드시 함

정에 빠진다. 장자莊子와 열자列子의 허무하고 황당한 말이 이에 해당한다. 사邪는 잘못되고 종횡으로 하는 말이다. 이離는 배반하고 거리가 있는 것이다. 잘못된 말은 올바름[義]을 따르지 않기 때문에 이 말을 들으면 반드시 정도正道를 떠나 배반하게 된다. 소진蘇秦과 장의張儀가 상대방의 마음을 알아 그에 부합하면서, 나라를 갈라놨다 합쳤다 했던 유세술遊說術이 이에 해당한다. 둔遁은 도망간다는 말이다. 궁窮은 곤궁해 막혔다는 말이다. 회피하는 말은 단점을 감추기 때문에 이 말을 들으면 반드시 곤궁해져 실행할 수 없게 된다. 불교에서 말하는 본체[體]와 작용[用], 모든 사물[色]은 존재하지 않는다[空]는 설명이 이에 해당한다. 맹자의 말은, 천하의 말이 하나가 아니지만 그 폐단이 생기는 것은 크기와 깊이가 종류에 따라 다르게 나타난다는 것이다. 편파적이고 함부로 하며 옳지 않고 회피하는 말이 마음에 생기면 덮으려 하고 함정에 빠뜨리며 정도에서 벗어나게 하고 곤궁하게 만들어 반드시 일을 해치게 된다. 내 말은 영원히 바뀌지 않을 말로 뒷날 성인이 나타나더라도 반드시 약속하지 않고서도 저절로 합치할 것이다. 그러므로 "꼭 내 말을 따를 것이다"라고 한 것이다. 또 그 말이 편파적이고 함부로 하며 옳지 않고 회피하는 종류가 아님을 밝힌 것이다.

○ 살펴본다: 이 장에서는, "마음에서 생기면 정사에 해를 끼치고, 정사에 드러나면 일에 해를 끼친다"고 하였는데 뒤 편에서는, "마음에서 생기면 일에 해를 끼치고, 일에 드러나면 정사에 해를 끼친다"(「등문공 하」 제9장)라고 하였다. 앞뒤의 말이 일치하지 않으므로 하나는 분명 잘못된 것이다. 여기서 사리事理를 따져 본다. 큰일을 정사[政]라 하고 작은 것을 일[事]이라 하며, 모든 일은 반드시 미미한 것에서 드러나는 것으

로, 작은 것에서 큰 것으로 나아가는 것이 자연스런 이치다. 당연히 뒤의 말을 따르는 게 옳다.

○ 이상은 제4절이다. 말을 아는 방법은 본래 한 가지 길이 아니다. 천하의 말에 대해 그 말이 옳고 그름을 알 수 있고, 그 전해지는 폐단이 도달하는 곳을 다시 안 뒤에야 말을 안다고 할 수 있다. 하지만 중요한 점은, 병폐가 어디서 생기는지 아는 데 있지 않고, 전해진 폐단이 도달하는 곳을 아는 게 핵심이다. 그러므로 맹자는 편파적이고 함부로 하며 옳지 않고 회피하는 말의 해악을 논하고, 다음으로 이것이 마음에 생기면 정사에 해를 끼치고, 정사에 드러나면 일에 해를 끼친다고 한 것이다. 보통 편파적이고 함부로 하며 옳지 않고 회피하는 말을 들으면 그 폐단은 종류에 따라 제각각이어서 제거할 수 없다. 선배 유학자는 이 네 가지가 서로 맞물려 있다고 했다(주희, 『집주』). 하지만 뒤 편을 보면, "옳지 못한 말을 종식시키고, 지나친 행동을 거부하고, 함부로 하는 말을 내친다"(「등문공 하」 제9장)고 하였고, 또 "양주·묵적을 거부하고, 함부로 하는 말을 내쳐, 옳지 않은 말을 하는 자들이 생기지 않았다"(「등문공 하」 제9장)고 하였다. 꼭 네 가지를 함께 거론하지 않았고 그 순서도 같지 않으므로 네 가지는 각자 하나의 문제지 서로 맞물린 게 아님을 알겠다.

"재아宰我·자공子貢은 말을 잘했고, 염우冉牛·민자閔子·안연顔淵은 덕 있는 행동을 잘 말했습니다. 공자께서는 말솜씨와 덕 있는 행동을 겸하셨으면서도, '나는 말에 있어서는 잘하지 못한다'고 하셨습니다. 그렇다면 선생님께서는 이미 성인이십니다."

공손추는, 재아와 자공은 언어를 잘하고, 염자와 민자, 안자는 덕행이 몸에 배었기 때문에 말로 잘 나타냈습니다, 그리고 공자께서는 이 두 가지를 겸했습니다, 보통 천하의 말을 알면 자신의 말에 대해 의당 할 수 없는 게 없을 것입니다, 하지만 공자께서는 말을 잘하지 못한다고 직접 말씀하셨습니다, 지금 선생님께서는 직접 '나는 말을 이해할 수 있고, 또 호연지기를 잘 기른다'고 말씀하셨으니, 이는 언급한 여러 선생님들의 장점을 다 겸해 가지고 계신 겁니다, 그렇다면 어찌 이미 성인이 아니겠습니까, 라고 물은 것이다.

"아니, 이게 무슨 말이냐. 옛날에 자공이 공자께 여쭈었다, '선생님께서는 성인이신지요?' 공자께서, '성인은 내가 될 수 없다. 나는 배우기를 싫증내지 않고, 가르치기를 게을리하지 않을 따름이다'라고 말씀하시자, 자공이, '배우기를 싫증내지 않는 것은 지智이며, 가르치기를 게을리하지 않는 것은 인仁입니다. 인仁하고 또 지智하시니 선생님께서는 이미 성인이십니다'라고 하였다. 저 성인은 공자께서도 자처하지 않으셨는데, 이 무슨 말이냐?"

맹자는 공자와 자공의 문답을 인용해 공손추의 말을 거부했다. 오嗚는 놀라 감탄한 말이다. 지혜로운[智] 사람은 도가 무궁하다는 것을 알기 때문에 아무리 배워도 싫증내지 않는다. 어진[仁] 사람은 남을 사랑하는 일에 그침이 없기 때문에 아무리 가르쳐도 게으르지 않다. 인과 지는 하나로 합치되어 성인에게 존재하는 것이기 때문에 자공은 공자의 말을 듣고서 공자가 성인임을 안 것이다.

"예전에 삼가, '자하子夏·자유子游·자장子張은 모두 성인의 한 부분을 가졌고, 염우·민자·안연은 전체를 다 갖췄지만 미약하다'는 말을 들었습니다. 감히 선생님께서 자처하시는 바를 여쭙겠습니다."

한 부분[一體]은 몸의 하나[一肢]와 같은 말이다. 전체를 다 갖췄지만 미약하다는 말은 전체를 다 가졌지만 단지 넓히고 크게 하지 못했다는 말이다. 안安은 처한다는 말이다. 공손추는, 선생님께서 감히 공자와 비교되지 못하신다면 말씀드린 몇몇 선생님 가운데 어느 정도에 위치하시는지요, 라고 다시 물은 것이다.

"이 문제는 잠시 놓아두자."

맹자는 공자 문하의 제자들과 비교하거나 견주고 싶지 않았다. 겸손해서일 것이다.

"백이伯夷·이윤伊尹은 어떻습니까?"

공손추가 선생님께서 두 사람의 자리 가운데 자처하고 싶은지 다시 물었다.

"두 사람은 도道가 같지 않다. 제대로 된 임금이 아니면 섬기지 않고 제대로 된 백성이 아니면 부리지 않아서, 세상이 잘 다스려지면 벼슬에 나가고, 어지러우면 물러난 사람이 백이였다. 누구를 섬긴들 임금이 아니겠으며, 누구를 부린들 백성이 아니겠는가, 하면서 세상이 잘 다스려져도 벼슬에 나가고, 어지러워도 벼슬에 나간 사람이 이윤이었다. 벼슬할 수 있으면 벼슬하고 그만둘 수 있으면 그만두고, 오래 할 수 있으면 오래 하고 속히 떠날 수 있으면 떠나신 분이 공자셨다. 모두 옛날 성인들이시라, 내 아직 이런 것을 실행하지 못하지만 바로 바라는 것은 공자를 배우는 것이다."

| 백이는 맑은 행실을 도道로 삼았고, 이윤은 벼슬하는 것을 도로 삼았다. 이는 도라고 생각하는 것이 달라서였다. 이 말을 하는 기회에, 공자가 벼슬에 나가고 그만두며 벼슬을 오래 하고 빨리 떠난 일이 각각 옳은 행동에 부합했음을 말하면서 자신이 배우기 바라는 것은 오직 공자에 있을 뿐임을 밝히고, 또 배우는 사람들의 표준임을 보여 주었다. 백이·이윤·공자 세 성인의 일은 이 편의 마지막 장과 「만장 하」편에 상세히 보인다.

"백이·이윤이 공자와 이처럼 동등합니까?"
"아니다. 세상에 사람이 생긴 이래 공자 같은 분은 계시지 않다."

| 맹자는 백이·이윤이 공자에 대해서는 감히 바랄 수 있는 존재가 아니라고 단언했다.

"그렇다면 같은 점은 있습니까?"
"있다. 백 리 되는 땅을 얻어 임금이 되면 제후들의 조회를 받고 천하를 가질 수 있을 것이며, 한 가지라도 불의를 행하고 한 사람이라도 죄 없는 이를 죽여 천하를 얻는 일은 모두 하지 않을 것이다. 이 점은 같다."

| 맹자는 앞에서 세 성인의 도가 같지 않다고 말했고, 여기서는 같은 점을 말했다. 백 리의 땅을 가지고서 천하를 다스리는 임금이 되는 것은 인仁이다. 그러므로 맹자는 뒤 편에서 바로 이것을 인仁이라고 한다.

○ "세상에 사람이 생긴 이래 공자 같은 분은 있지 않다." 이 말은 공자에게만 해당할 수 있고 오직 맹자만이 할 수 있다. 학문의 큰 관건과 예로부터 지금까지 남아 있는 큰 난제, 그리고 학자가 도를 아는지 여부는 사실 모두 여기서 결판 난다. 어째서인가? 학문은 영원히 변치 않을 인류의 도를 아는 것을 극치로 한다. 이외에 최고의 도는 다시 없으며, 오묘한 의미도 다시 없다. 공자는 영원토록 존재할 진리를 세운 사람이라 하는 점은 이를 명확히 한 것이다. 그러므로 배우는 사람은 이를 실제로 안 뒤에 맹자의 뜻을 알 수 있고 맹자의 뜻을 안 뒤에 성인 공자는 세상에 사람이 생긴 이래 존재하지 않는 분이라는 사실을 알 수 있다.

"다른 점을 감히 여쭙겠습니다."
"재아宰我·자공子貢·유약有若은 그 지혜가 성인을 알 수 있어, (지혜가) 낮다 해도 자기가 좋아하는 사람에게 아부하는 데까지는 이르지 않았다.

| 와汙는 낮다는 말이다. 세 사람은 지혜가 성인(공자)의 덕을 알 수 있다. 설사 그 식견과 뜻이 비천하더라도 절대 자신들이 좋아하는 사람에게 아부하며 헛되이 칭찬하지는 않을 것이다. 그들의 말은 확실히 믿을 만하다고 밝힌 것이다.

재아는, '내가 선생님을 보건대, 요순보다 훨씬 뛰어나시다'라고 말했다.

| 여予는 재아의 이름이다. 선생님(공자)의 덕의 대단함은 요순을 월등히 뛰어넘는다는 말이다.

자공은, '선생님은 예를 보면 나라의 정치를 아셨고 음악을 들으면 임금

의 덕을 아셨다. 백세 뒤에 백세의 왕을 모두 평가하면 아무도 이 원칙에서 벗어날 수 없다. 세상에 사람이 생긴 이래 선생님 같은 분은 있지 않다'라고 했다.

| 등等은 차등을 둔다는 뜻으로, 평가하고 등급을 매긴다는 말과 같다. 선생님은 예를 보면 정치를 알 수 있으셨고, 음악을 들으면 덕을 알 수 있으셨다. 백세 후의 왕들이라도 그들을 모두 평가하고 점수를 매긴다면 이 원칙에서 벗어날 수 없으니, 마치 사람이 대청에 있어서 대청 아래 있는 사람들의 잘잘못을 구분할 수 있는 것과 같다. 여러 성인들을 뛰어넘는 탁월한 식견을 가지지 않았다면 어떻게 이럴 수 있겠는가. 옛날부터 지금까지 다른 성인이 있었지만 공자에게 견줄 수 있는 사람은 있지 않다는 것을 알 수 있다.

유약은, '어떻게 사람들뿐이겠는가. 기린이 달리는 짐승들에 대해서, 봉황이 나는 새들에 대해서, 태산이 언덕에 대해서, 바다가 도랑에 대해서 그러한 것과 같으니, 사람들에 대해서 성인의 모습도 마찬가지다. 종류 가운데서 뛰어나고, 무리 가운데 빼어나다. 세상에 사람이 생긴 이래 선생님보다 훌륭한 사람은 있지 않다'라고 말했다."

| 기린은 털 있는 짐승 가운데 최고다. 봉황은 깃털 난 짐승 가운데 최고다. 질垤은 개미가 쌓은 둑이다. 행료行潦는 길바닥에 근원이 없는 물이다. 발坺은 도드라진다는 말이다. 췌萃는 무리를 말한다. 여러 성인의 삶은 확실히 보통 사람들과 다르다. 하지만 역시 그 부류와 같음을 피하지 못한다. 공자 같은 성인은 여러 성인들 가운데에서 발군이라 훌륭함에 극치를 이뤘다는 말이다.

○ 이상은 제5절이다. 공손추의 질문에 따라 백이와 이윤의 덕을 논하면서 세상에 사람이 생긴 이래 공자 같은 분은 있지 않다고 단언하였다. 도는 위대한 것이어서 전해지는 범위가 넓다. 덕은 훌륭한 것이어서 은혜가 멀리 간다. 요순은 천자였고 공자는 필부였다. 하지만 요순이 천하를 다스릴 때 당시에만 그 효과를 보았고 만세의 먼 후대에까지 전해지지 않았다. 우리의 공자는, 그 가르침은 온 세상에 크게 미치고 만세에까지 닿아서 살아 있는 모든 무리들은 그 교화에 푹 잠기고 가르침을 따르지 않는 것이 없었다. 하늘에 달린 해와 달이 영원히 떨어지지 않는 것과 같다. 수많은 이단의 무리조차 그 사이에서 입을 놀릴 수 없었으니 얼마나 훌륭한가. 그러므로, "하늘이 덮고 있는 곳, 대지가 싣고 있는 곳, 해와 달이 비치는 곳, 서리와 이슬이 내리는 곳에 혈기를 가진 모든 존재가 존경하고 친밀하게 여기지 않을 수 없다"(『중용』 제31장)고 하는 것이다. 맹자만이 이를 알 수 있었기 때문에, "세상에 사람이 생긴 이래 공자 같은 분은 있지 않다"고 단정해 말하였다. 아울러 세 제자의 말을 인용해 증명하였는데, 어떤 선배 유자儒者는, 선생님(공자)은 요순보다 훌륭하다고 한 말은 공적을 언급한 것이라고 하였고, 어떤 사람은 요순을 만 근에 비유하고 공자를 9천 근에 비유했는데, 참으로 보잘것없는 말이다.

이상은 제2장이다.

○ 이 장은 여기서 모두 다섯 부분으로 나눠 풀이했다. 그 설명은 각 단락별로 앞에 상세하다. 대체로 세상의 공부하는 사람들은 부동심不動心을 최고의 공부로 보며, 호연지기를 한 가지 큰 일로 보고 인의仁義의 바깥에서 이를 찾는데, 큰 잘못이라 하겠다. 도는 인륜보다 큰 것이 없고 인의보다

존귀한 것은 없다. 맹자가 호연지기를 설명한 것 역시 인의의 뜻을 밝히자는 취지였다. 배우는 사람이 실로 이를 안다면 성현의 말에 대해 얼음 녹듯 이해해, 예로부터 지금까지 의문인 것과 세상 유자들이 오해한 것을 다시 분별할 필요가 없다. 공손추가 맹자의 뜻을 이해해 이 경지에까지 도달했는지는 모르겠다. 도는 가까운 곳에 있는데 멀리서 찾고, 일은 쉬운 것에 있는데 어려운 데서 찾는다. 배우는 사람들이 가까운 곳에서 찾을 수 없는 일은 얼마나 안타까운가.

3.

맹자께서 말씀하셨다. "힘으로 인仁을 빌려 온 사람은 패자覇者이니 패자는 반드시 큰 나라가 있어야 한다. 덕으로 인仁을 행하는 사람은 왕자王者이니 왕자는 큰 나라가 필요하지 않다. 탕왕은 70리의 땅으로 왕자가 되었고 문왕은 100리의 땅으로 왕자가 되었다.

> 힘은 땅과 병력의 힘을 말한다. 힘으로 인仁을 가장하는 사람은 본래 인의 마음이 없는데 다만 그 힘 때문에 겉으로 인이라는 이름을 빌려 행동하는 것이다. 덕으로 인을 실행하는 사람은 몸에 이 덕이 배어 있기 때문에 어디를 가도 인 아닌 것이 없다.

힘으로 남을 복종시키는 것은 상대가 마음으로 복종하는 것이 아니라 힘이 부족해서이다. 덕으로 남을 복종시키는 것은 상대가 마음으로 기뻐하며 진실로 복종하니, 70명의 제자가 공자에게 복종한 것과 같다.

> 첨贍은 충분하다는 말이다. 힘으로 남을 복종시키는 것은 남을 복종시

켜야겠다는 의도가 있기에 남이 감히 복종하지 않을 수 없는 것이다. 덕으로 남을 복종시키는 것은 남을 복종시켜야겠다는 의도가 없는데도 남이 스스로 복종하는 것이다. 예컨대 하나라 백성들이 탕왕에게, 은나라 백성들이 무왕에게 복종하면서 이로운 일이라고 생각한 것이 그렇다. 공자는 벼슬을 하지 않아 처음부터 세력과 지위가 없었지만 70명의 제자들은 공자에게 복종했다. 이는 마음으로 복종하는 예를 더 잘 볼 수 있다. 그러므로 이 사실을 가져와 비유한 것이다.

『시경』에, '서쪽에서 동쪽에서, 남쪽에서 북쪽에서, 복종하지 않는 사람이 없었다'라고 하였으니, 이를 말한 것이다."

│ 시는 「대아·문왕유성文王有聲」편이다.

이상은 제3장이다.

○ 사람들은 왕도와 패도의 효과가 모두 능히 사람을 복종시킬 수 있다는 사실을 알고서 그 경중에 차이가 없다고 생각한다. 그런 까닭에 맹자는 힘이 충분치 않다는 것과 마음으로 기뻐하는 것은 다르다는 점을 거론해, 인을 빌려 온 것과 인을 실행하는 것의 진위와 시비를 분별하였다. 추씨(추호鄒浩)가 말했다: "옛날부터 왕자와 패자를 말한 사람은 많지만 이 장처럼 깊이 정확하며 명료하게 드러낸 것은 있지 않다."

4.

맹자께서 말씀하셨다. "인仁하면 영예롭고 인하지 않으면 치욕을 당한다.

지금 치욕을 싫어하면서 인하지 않은 데 있는 것은 습기를 싫어하면서 낮은 곳에 있는 것과 같다.

> 주씨(주희)가 말했다: "영예를 좋아하고 모욕을 싫어하는 것은 사람들의 일상 감정이다. 하지만 단지 싫어하기만 하고 모욕받는 길을 제거해 버리지 않으면 모욕을 피할 수 없다."

만약 모욕을 싫어한다면 덕 있는 사람을 귀하게 여기고 사士를 존중하는 일만 한 게 없으니, 현자는 조정에 직위가 있고 능력 있는 사람은 직분을 맡는다.

> 귀덕貴德은 그의 덕을 숭상해 버리지 않는 것이다. 존사尊士는 알맞은 사람을 공경해 빠뜨리지 않고 쓴다는 말이다. 현賢은 덕 있는 사람이다. 능能은 재능 있는 사람이다. 덕 있고 재능 있는 사람을 알맞은 직위에 있도록 하면 조정의 공경公卿들은 위에서 화목하고 서민들은 아래에서 친밀하게 지내 정치가 자연스레 수행되고 덕의 교화가 크게 실행된다. 이런 상태를 두고 인仁이라고 한다.

나라가 한가하거든 이때를 맞아 정사와 형벌을 잘 밝히면 큰 나라라도 반드시 두려워할 것이다. 『시경』에, '아직 하늘이 어두워 비 내리기 전에, 저 뽕나무 뿌리의 껍질을 가져다, 통풍구를 얽어 고치면, 이제 이 둥지 아래 사람들이, 혹시라도 나를 감히 업신여기겠는가'[迨天之未陰雨, 徹彼桑土, 綢繆牖戶, 今此下民, 或敢侮予]라고 하였는데, 공자께서, '이 시를 잘 읽은 사람은 도를 알 것이다. 자기 나라를 잘 다스린다면 누가 그를 업신여기겠는가'라고 말씀하셨다.

국가가 한가하다는 말은 이때 진정한 왕이 없다는 말로, "진정한 왕이 나오지 않은 시기가 지금보다 드물었던 때가 없었다"(「공손추 상」제 1장)라고 한 말이 같은 뜻이다. 이런 때를 맞아 미리 방비해 정치를 잘 수행하고 밝게 하지 않을 수 없다는 말이다. 시는 「빈풍豳風·치효鴟鴞」 편이다. 태迨는 '때에 미쳐서'라는 말이다. 철徹은 가져온다는 말이다. 상두桑土는 뽕나무 뿌리의 껍질을 말한다. 주무綢繆는 얽어매 수리한다 는 말이다. 유호牖戶는 둥지의 바람 통하는 곳이다. 나[予]는 새가 스스 로를 일컫는 말이다. 하민下民은 둥지 아래 있는 사람을 말한다. 새가 이 처럼 걱정에 대비한다면 누가 감히 새를 업신여기겠는가라는 말이다. 위爲는 제대로 파악한다[治]는 말과 같다. 공자는 시를 읽고서 이 시를 제대로 이해한 사람은 당연히 저절로 도를 알게 될 것이라고 하였다.

지금 국가에 아무 일이 없거든 이때를 맞아 즐기기만 하면서 게으르고 오만하다면 이는 저절로 화를 부르는 것이다.

반般은 '마음껏'이라는 말이다. 반락般樂은 즐기고 또 즐긴다는 뜻이다.

화와 복은 자기 스스로 구하지 않는 게 없다. 『시경』에, '천명에 부합하도 록 길이 생각하는 것이, 스스로 많은 복을 구하는 것이다'라고 하고, 「태 갑」太甲에, '하늘이 만드는 화는 오히려 피할 수 있지만 스스로 만든 화는 살 수가 없다'고 한 것은 이를 두고 한 말이다."

시는 「대아·문왕」편이다. 영永은 '길이'라는 말이다. 언言은 생각하다 는 말이다. 배配는 부합한다는 말이다. 명命은 천명天命이다. 태갑太甲은 『상서』의 편명이다. 얼孽은 화를 말한다. 위違는 피한다는 말이다. 활活

은 살아난다는 말이다. 맹자는『시경』과『상서』를 인용해 위 문장의 뜻을 맺으며, 화복이 오는 것은 모두 자신이 초래하는 것이라고 경계했다.

○ 맹자는, "일은 옛사람의 반^半만 하고 결과는 반드시 옛사람의 배^倍가 된다"(「공손추 상」 제1장)고 말했다. 바로 이때가 그렇다. 또 "주나라로부터 그 이후 700여 년이 지났다. 시기를 따져보면 가능하다"(「공손추 하」 제13장)라고 하였다. 이 장에서도 "지금 나라가 한가하다" 하였고, 또 "이때에 맞춰"라고 하였고 혹은 "그때에 맞게"라고도 하였는데, 모두 때를 놓쳐서는 안 된다고 명확히 말한 것이다. 맹자는 당시의 제후들을 위해 깊이 탄식하고 안타까워했던 것이다.

이상은 제4장이다.

○ "인^仁하면 영예롭고 인하지 않으면 치욕을 당한다." 이는 필연적인 이치인데 사람들은 늘 인을 떠나 불인^{不仁}을 즐긴다. 제대로 알지 못하는 데서 온 잘못이다. 그러므로 맹자는 이 때문에 반복해서 깨우쳐 주었으니 상세하고 절실하다 하겠다. 그리고 중간에 또 공자가 빈풍^{豳風}의 시를 읽고 한 말을 인용했는데, "이 시를 잘 읽은 사람은 도를 알 것이다"라고 했으니, 성인(공자)의 문하에서 말하는 도는 본래 자신을 수양하고 집안을 다스리고 나라를 통치하며 천하를 평화롭게 하는 가운데 있지, 고원^{高遠}해서 다다를 수 없는 대상을 말하는 것이 아님을 알겠다.

5.

맹자께서 말씀하셨다. "현자^{賢者}를 존경하고 능력 있는 사람을 써서 준

걸俊傑이 조정의 자리에 있다면 천하의 사士들이 모두 기뻐하여 그 조정에 서기를 바랄 것이다.

| 준걸은 재능과 덕이 남과 다른 사람을 말한다.

시장에서 점포의 자릿세만 받고 물품세를 받지 않거나 법으로만 다스리고 자릿세를 받지 않으면, 천하의 상인들이 모두 기뻐하여 그 시장에 물건을 보관해 두고 싶어 할 것이다.

| 전廛은 시장에 있는 점포다. 장자(장재張載)가 말했다: "혹은 시장의 점
포에 세를 부과하고 그 물건에는 세금을 물리지 않든가, 아니면 시장
을 관리하는 법으로만 다스리고 그 점포에도 세를 물리지 않는 것이
다. 말단의 직업(상업)을 좇는 사람이 많으면 점포세를 부과해 억제해
야 하고, 상업을 좇는 사람이 적으면 군이 점포세를 부과하지 않아도
된다."

관문에서는 살펴보기만 하고 통행세를 부과하지 않으면 천하의 여행자들이 모두 기뻐하여 그 길로 다니고 싶어 할 것이다.

| 해설이 전편에 보인다(「양혜왕 하」 제5장).

농민들에게는 공전公田을 도와 농사짓도록 하고 사전私田에 세금을 부과하지 않으면 천하의 농민들이 모두 기뻐하여 그 들에서 농사를 짓고 싶어 할 것이다.

| 다만 힘을 내 정전법의 공전公田을 서로 도와 경작하도록 하고 사전私田
에는 세금을 부과하지 않는 것이다.

거주지에 대해서는, 장부가 내는 세와 이포里布를 없애면 천하의 백성들이 모두 기뻐하여 그 나라의 백성[氓]이 되고 싶어 할 것이다.

『주례』周禮에, "주택에 뽕나무를 심지 않은 사람은 '이포'里布를 내고, 직업과 일이 없는 백성은 '장부가 내는 세'를 낸다"고 하였는데, 정씨(정현)가 이에 대해 말했다: "주택에 뽕나무와 삼을 심지 않는 사람은 벌로 1리里 25가家의 베를 내도록 하고, 백성 가운데 일정한 직업이 없는 사람은 벌로 한 장부[夫]가 맡는 백무百畝의 세와 한 집안의 부역을 내도록 하는 것이다." 지금 전국시대에는 이 모든 세금을 다 거둬, 도시에 사는 백성은 이미 거주지 세금을 내는 데다, 또 장부가 내는 세와 이포를 내게 하였으니 선왕先王의 법이 아니다. 맹氓은 백성을 말한다.

참으로 이 다섯 가지를 실행할 수 있다면 이웃 나라 백성들이 부모처럼 우러러볼 것이니, 자기 자식을 거느리고 자신의 부모(이웃나라)를 공격한 사람은 백성이 생긴 이래 성공한 사람이 있지 않다. 이와 같다면 천하에 대적할 자가 없을 것이다. 천하에 대적할 자가 없는 사람은 천명을 받은 관리[天吏]이니, 그러고서도 진정한 왕이 되지 못한 이는 있지 않다."

여씨(여대림呂大臨)가 말했다: "천명을 받아 실행하는 것을 천리天吏라고 한다. 나라가 망하느냐 흥하느냐 유지될 것이냐 쇠퇴할 것이냐 하는 문제는 오직 하늘이 명령하는 대로일 뿐이니 감히 따르지 않을 수 없다. 탕왕과 무왕 같은 경우가 그러하다."

이상은 제5장이다.
○ 이 장은 왕도 정치王道政治의 핵심을 말한 것으로 앞 편의 여러 장에서

언급한 것과 같다. 천하에 대적할 자가 없는 것은 인도[仁道]가 이룬 최고의 결과이며 필연적으로 나타나는 명백한 효과다.

6.

맹자께서 말씀하셨다. "사람은 모두 남을 차마 해치지 못하는 마음을 가졌다.

> 불인인지심不忍人之心은 남을 차마 해치지 못하는 마음을 말한다. 소위 "남을 해치려는 마음이 없는 것"(「진심 하」제31장)이라는 표현이 이것이다. 인간의 본성은 선하기 때문에 모두 남을 차마 해치지 못하는 마음이 있어 남과 접촉하면 바로 반응해서 스스로 멈출 수 없다.

선왕先王은 남을 차마 해치지 못하는 마음을 가져 이에 남을 차마 해치지 못하는 정치가 있었다. 남을 차마 해치지 못하는 마음을 가지고 남을 차마 해치지 못하는 정치를 실행한다면 천하를 다스리는 일은 손바닥 위에서 움직일 수 있을 것이다.

> 남을 차마 해치지 못하는 정치란 소위 '어진 정치'[仁政]가 이것이다. 남을 차마 해치지 못하는 마음은 가졌으면서도 남을 차마 해치지 못하는 정치가 없으면 이는 그저 착한 것일 뿐이다. 남을 차마 해치지 못하는 마음을 가지고 남을 차마 해치지 못하는 정치를 시행한다면 천하를 다스리더라도 하기 어려운 일이 없을 것이다. 손바닥 위에서 움직인다는 말은 아주 쉽다는 뜻이다.

○ "남을 차마 해치지 못하는 마음을 가지고 남을 차마 해치지 못하는 정

치를 실행한다." 이것이 이 장의 큰 뜻이고 왕도의 핵심이다. 천하를 다스리는 근본은 외부에서 구한 것을 빌리지 않고, 남을 차마 해치지 못하는 마음을 확충하는 데 달려 있을 뿐임을 말한 것이다. 어째서인 가? 왕도에 대한 학문은 유자儒者들의 전문분야이다. 이른바 '마음을 보존하고 본성을 잘 돌보는 일'[存心養性]은, 모든 공부가 다 여기서 나 오는 것이지 인륜을 벗어나고 일상생활을 멀리 해서 따로 도를 만드는 이단 같은 게 아니다. 이 장을 그저 인간의 본성과 감정의 이치를 논한 것으로 파악하는 것은 잘못이다.

사람은 모두 남을 차마 해치지 못하는 마음을 가졌다고 말하는 이유는 이렇다: 여기 사람들이 어린아이가 우물로 들어가려는 것을 홀연 보고는 모두 깜짝 놀라 측은해하는 마음이 생긴다. 이것은 아이의 부모와 교제를 맺으려는 것도 아니요, 또 마을과 벗들에게 칭찬을 구하려는 것도 아니 며, 나쁜 명성을 듣기 싫어 그러는 것도 아니다.

| 사乍는 '갑자기'라는 말이다. 출척怵惕은 놀라 움직이는 모양이다. 측惻 은 절실하게 아파하는 것이며, 은隱은 깊이 아파하는 것이다. 납內은 맺 는다는 뜻이다. 요要는 구한다는 말이다. 성聲은 나쁜 명성을 말한다. 갑자기 보았을 때 바로 이 마음이 생겼으므로 보는 데 따라 바로 반응 한 것이지 이 세 가지 이유 때문에 그런 것이 아니다. 차마 해치지 못하 는 마음은 자기에게 고유한 것으로, 인仁이 될 수 있음을 알겠다.

○ 이 부분은 남을 차마 해치지 못하는 마음은 사람들이 반드시 가지고 있는 것이지 본래 하는 일이 있는 게 아님을 말해 본성이 선하다는 사 실을 증명했다.

이런 관점에서 보자면, 측은해하는 마음이 없으면 사람이 아니요, 부끄러워하고 미워하는 마음이 없으면 사람이 아니요, 사양하는 마음이 없으면 사람이 아니요, 옳고 그름을 아는 마음이 없으면 사람이 아니다.

주씨가 말했다: "수羞는 자신이 선하지 않은 것을 부끄러워하는 것이다. 오惡는 남이 선하지 않은 것을 미워하는 것이다. 사辭는 놓아주어 자신에게서 떠나도록 하는 것이며, 양讓은 밀어서 남에게 주는 것이다. 시是는 선善인 줄 알고 옳다고 여기는 것이다. 비非는 악인 줄 알고 그르다고 여기는 것이다." 사람은 모두 남을 차마 해치지 못하는 마음을 가졌다는 견지에서 보자면 이 네 마음은 사람들이 확실히 가지고 있는 것이다. 하지만 세상에는 혹 이 마음이 없는 사람이 있는데 이는 역시 금수일 뿐이다. 그러므로 "사람이 아니다"라고 하였다. 혹은 측은해하는 마음은 가졌지만 부끄러워하고 미워하는 마음이 없는 사람이 있기도 하고, 혹은 사양하는 마음은 가졌지만 옳고 그름을 아는 마음은 없는 사람이 있기도 하다. 그런 까닭에 맹자는 하나하나 짚어 말하면서 경계하도록 하였다.

○ 맹자는 사단四端의 마음이 없는 것을 사람이 아니라고 하였다. 이 때문에 그들을 금수로 대하면서 다시는 인간을 대하는 이치로 논하지 않았다. 공자가 말한 "가장 어리석은 자들"이 이에 해당한다. 맹자가 소위 "본성이 선하다"고 한 것도 모두 나에게 있는 사단을 가지고 말한 것이다. 사람이 이 사단을 가진 것은 이목구비를 가진 것과 같다. 그러므로 천하 사람의 본성은 모두 선하다고 말해도 옳다. 하지만 태어나면서 이목구비가 없는 사람이 세상에는 간혹 있다. 사람 가운데 혹 사단의 마음을 갖지 못한 사람이 있는 것도 역시 이와 같다. 그러므로 측은

해하는 마음·부끄러워하고 미워하는 마음·사양하는 마음·옳고 그름을 아는 마음이 없으면 사람이 아니라고 한 것이다. 만약 애초부터 없었다면 맹자의 말은 전혀 이렇지 않았을 것이다. 맹자를 두고 천하 사람의 본성은 모두 선하며 한 사람도 악한 사람은 없다고 말한 것으로 파악하는 일은 역시 깊이 생각하지 않은 것일 뿐이다.

측은해하는 마음은 인仁의 근본이요, 부끄러워하고 미워하는 마음은 의義의 근본이요, 사양하는 마음은 예禮의 근본이요, 옳고 그름을 아는 마음은 지智의 근본이다.

│ 단端은 근본이라는 뜻이다. 측은해하는 마음·부끄러워하고 미워하는
│ 마음·사양하는 마음·옳고 그름을 아는 마음은 인의예지仁義禮智의 근
│ 본으로, 이 마음을 확충해 나가면 인의예지의 덕을 이룰 수 있다. 그러
│ 므로 근본이라고 한 것이다. 이전 유학자(주희, 『집주』)는 인의예지를
│ 성性으로 보았기 때문에 단端이라는 글자를 단서로 풀고 실마리로 보
│ 았는데, 인의예지의 단서가 밖으로 드러난 것이라고 말한 것은 잘못
│ 이다.

사람이 이 사단四端을 가진 것은 사지를 가진 것과 같다. 이 사단을 가졌으면서도 할 수 없다고 스스로 말하는 자는 자신을 해치는 사람이며, 자기 임금은 할 수 없다고 말하는 자는 임금을 해치는 사람이다.

│ 사단의 마음이 본래 자기에게 고유한 것은 사지가 몸에 갖춰진 것과
│ 같다. 그러므로 자기는 할 수 없다고 스스로 말하며 실천하지 않는 자
│ 는 스스로 자신의 몸을 해치는 사람이며, 자신의 임금은 할 수 없다고

하면서 선으로 이끌지 않는 사람은 자기 임금을 해치는 사람이라는 말이다. 자신을 포기하는 죄를 깊이 경계토록 한 것이다.

○ 인仁이 천하를 뒤덮는 것이 인의 극치이다. 하지만 그 근본을 미루어 생각해 보면 이는 남을 차마 해치지 못하는 마음에서 나오는 것이다. 그러므로 맹자의 가르침은 위아래 사람을 통틀어 말한 것이지만 이 장은 오로지 조정에 지위가 있는 사람을 위해 경계토록 한 것이다. 그러므로 이 단락에서는 자신을 해치는 죄를 거론한 뒤에 또 자기 임금을 해치는 잘못을 말하였다. 일반적인 말을 한 게 아니다.

무릇 자기 안에 사단을 가진 모든 사람들이 모두 이를 넓혀 채워 나갈 줄 안다면 마치 불이 막 타오르고 물이 막 솟아나는 것과 같을 것이다. 만약 확충할 수 있다면 온 세상을 보존할 수 있을 것이요, 확충하지 못하면 부모조차 섬길 수 없을 것이다."

┃ 확擴은 밀고나가 넓힌다는 말이다. 충充은 채워 크게 만든다는 말이다. "모든 사람들이"라고 말하지 않고 "자기 안에 사단을 가진 모든 사람들이"라고 한 것은, 사단이 없는 사람은 완고하고 무지해 어떻게 가르칠 방도가 없어 기본적으로 말할 게 없기 때문에 사단을 가진 사람을 가지고 말한 것이다. 자기 안에 사단을 가진 모든 사람들이 사단을 확충할 줄 모른다면 어떻게 할 도리가 없다. 확충할 줄 안다면 불이 타오르고 샘이 솟는 것과 같아서 막을 수가 없다는 말이다. 그리고 또 득실의 기틀을 밝혀, 사람들이 모두 사단의 마음을 가졌는데 이를 확충할 수 있다면 인의예지의 덕을 성취할 수 있어, 멀고 큰 천하도 보전하는 데 어려움이 없을 것이다. 그렇지 않으면 가장 가까운 부모조차 거리

가 생겨 섬길 수 없다는 말이다. 온 세상을 보존할 수 있다는 말은, 확충의 최고 경지에 다다라 인의예지의 덕을 성취함을 가리켜 말한 것으로, 위의 문장에서 "천하를 다스리는 일은 손바닥 위에서 움직일 수 있을 것"이라고 한 말의 뜻을 맺은 것이다.

○ 이전 유학자(주희, 『집주』)는 내게 있는 사단이 곳곳에서 발현되니 이를 가지고 밀고 나가 본연의 양을 가득 채운다고 하였는데, 아니다. 사람이 사단을 가진 것은 사지를 가진 것과 같다. 눈이 있으니 볼 수 있고 귀가 있으니 들을 수 있으며, 이 마음이 있으니 남을 차마 해치지 못할 수 있는 것이다. 어떻게 발현되기를 기다려 확충하겠는가. 맹자가 소위 '확충'이라 한 것은, 평소에 이에 종사해 차마 하지 못하는 것에서부터 기꺼이 하는 일에까지 도달하는 것을 말한다. 반드시 발현하기를 기다려 확충한다는 말이 아니다. 발현하기를 기다려 확충한다는 말이었다면 사단의 마음 하나를 쓰고 또 마음 하나를 살펴야 할 것이다. 또 마음 하나를 쓰고 사단이 발현되는 것을 살피려 한다면 사물에 응대하느라 다른 겨를이 없어 힘이 충분할 수 없음을 알아, 사단의 마음은 일이 있으면 발현하고 일이 없으면 발현하지 않아 사이가 끊어지는 징후는 많아지고 마음이 작용하는 날이 적어질 것이다. 이전 유학자는 인의仁義를 성性으로 보고, 사단을 이미 발현된 것[已發]으로 파악해 문장에 의지해 뜻을 풀었는데, 착오와 잘못이 여기에 이른 것은 몰랐던 것 같다. 참으로 엉성한 논리다.

이상은 제6장이다.

○ 이 장에서 맹자가 사람들에게 보여 준 학문과 공부의 근본은 이보다

더 긴요한 것이 없으니 소위 방향을 알려 주는 지침이자 밤길에 도움 주는 등불이라 하겠다. 그리고 7편의 뜻이 모두 여기서 나오니 가장 친절한 가르침이라 할 수 있다. 공자 문하의 가르침은 인仁을 종지宗旨로 한다. 그러므로 맹자는 먼저 남을 차마 해치지 못하는 마음을 논하고, 또 사단의 근본이 모두 나에게 있다고 논리를 진전시켜 말했다. 시험 삼아 한번 논해 보자. 사단은 우리 마음에 고유한 것이며 인의예지는 천하의 큰 덕이다. 사단의 마음이 미약하기는 하지만 이를 확충한다면 인의예지의 덕을 성취할 수 있고 온 천하를 보존할 수 있다. 마치 불이 막 타오를 때 빛나기만 하지만 부채질해서 기세 좋게 타오르도록 하면 들판도 태울 수 있으며, 샘이 막 솟아날 때 졸졸 흐르기만 하지만 물길을 터주고 이끌어 주면 바다에 도달할 수 있는 것과 같다. 이 마음을 확충할 줄 알면 인의의 마음은 날마다 자라고 달마다 커져서 그 기세에는 자연히 막을 수 없는 게 생긴다. 맹자는, "사람에겐 누구나 차마 해치지 못하는 것이 있는데 이를 기꺼이 하는 것에까지 도달하도록 하는 것이 인仁이다. 사람에겐 누구나 하지 않는 것이 있는데 이를 마음껏 하는 데까지 도달하도록 하는 것이 의義이다"(「진심 하」 제31장)라고 하였다. 이른바 도달한다[達]는 말은 확충한다는 말이며 확충이 바로 학문의 일이다. 하지만 "확충하지 못하면 부모조차 섬길 수 없다"고 한 말을 보면 본성이 선함은 믿을 만하지 않고 확충 공부는 결코 없애서는 안 된다는 사실을 알겠다. 후세의 유학자들은 오로지 성性을 귀하게 여길 줄만 알지 확충 공부가 더 큰 줄은 모른다. 맹자의 뜻을 실제로 알지 못하기 때문이다.

7.

맹자께서 말씀하셨다. "화살 만드는 사람이 왜 갑옷 만드는 사람보다 인仁하지 않겠느냐. 화살 만드는 사람은 사람에게 상처를 입히지 못할까 두려워하고, 갑옷 만드는 사람은 사람이 상처를 입을까 두려워한다. 무당과 관 만드는 목수도 마찬가지다. 그러므로 기술은 신중하게 선택하지 않으면 안 된다.

| 함函은 갑옷을 말한다. 장匠은 목공木工으로, 관을 만들어 파는 사람을 말한다. 화살 만드는 사람과 갑옷 만드는 사람은 그들의 본성이 다른 건 아니지만 한쪽은 인하고 다른 한쪽은 인하지 않은 것은 기술이 그렇게 만들기 때문이다. 무당이 사람의 삶에서 이익을 얻고, 관 만드는 목수가 사람의 죽음에서 이익을 얻는 것도 마찬가지다. 습관은 본성과 함께 형성되고 마음은 직업과 함께 움직이기 마련이어서, 무술을 익히는 사람들은 늘 난리를 생각하고, 글을 익힌 사람들은 반드시 잘 다스려지기를 바란다. 기술은 이처럼 삼가지 않으면 안 되는 것이다.

공자께서도, '마을 풍속이 인후仁厚한 것은 좋다고 하면서 처신은 가려 어질지 못하게 한다면 어떻게 지혜롭다 하겠느냐'라고 말씀하셨다.

| 공자의 말을 인용해 인에 머무르지 않으면 안 된다고 밝힌 것이다. 마을에 인후한 풍속이 있어 사람들은 좋다고 하면서 이 마을에 사는 데 처신하는 문제에 이르면 그렇지 못한다. 대단히 지혜롭지 못한 게 왜 아니겠는가.

인仁은 하늘이 준 높은 벼슬이며, 사람이 사는 편안한 집이다. 누구도 막

지 않는데 인하지 않으니 이는 지혜롭지 않은 것이다.

> 누가 내려준 것이 아닌데도 사람들 스스로 존귀하게 여기기 때문에 하
> 늘이 준 높은 벼슬이라고 하였다. 아무것도 막는 게 없는데 사람들 스
> 스로 침범하지 않기 때문에 사람이 사는 편안한 집이라고 하였다. 그
> 러나 아무도 막지 않는데 인의를 실행하지 않으니 이는 대단히 지혜롭
> 지 못한 것이다.

인하지 않아 지혜롭지 못하다. 예가 없고 의가 없으면 사람에게 부림을
당한다. 사람에게 부림을 당하면서 하는 일을 부끄러워하는 것은 활 만드
는 사람이 활 만드는 일을 부끄러워하고, 화살 만드는 사람이 화살 만드
는 일을 부끄러워하는 것과 같다.

> 사람에게 부림을 받는 것은 사령이나 노복 같은 종류를 말한다. 맹자
> 는 인하지 못한 일을 논하는 기회를 통해 마침내 다음 세 가지 일(부
> 지不智·무례無禮·무의無義)에까지 진전시켜 언급하였다. 앞 장에서 측은
> 지심 하나를 말하는 기회를 통해 수오羞惡·사양辭讓·시비是非 세 가지
> 를 하나하나 거론한 것과 같다.

부림을 당하는 것이 부끄럽다면 인仁을 실천하는 것만 못하다.

> 인을 실천하면 여러 덕을 번갈아 수양해 남에게 부림을 당하는 수치가
> 없게 된다.

인을 실천하는 사람은 활 쏘는 사람과 같다. 활 쏘는 사람은 자신을 바르
게 한 다음에 활을 쏴서 발사한 화살이 과녁에 적중하지 않더라도 자기

를 이긴 사람을 원망하지 않고, 자신에게 돌이켜 잘못을 찾을 뿐이다."

| 반구저기反求諸己는 남을 탓하지 않고 자신 스스로 최선을 다한다는 말이다.

이상은 제7장이다.

○ "인仁은 하늘이 준 높은 벼슬이며, 사람이 사는 편안한 집이다. 누구도 막지 않는다"는 말이 이 장의 큰 뜻이다. 맹자가 평생 사람에게 가르친 말 가운데 이 말보다 간절한 게 없다. 인仁은 어느 곳에 봉한다는 벼슬 명령이 없는데도 사람들이 함부로 볼 수 없으니 왜 높은 벼슬이 아니겠는가. 울타리를 치고 막는 것이 없어도 사람들이 침범하지 않으니 왜 편안한 집이 아니겠는가. 자신이 어질지 않아 지혜롭지 않으며, 그리하여 예가 없고 의가 없으면 남에게 부림을 당하리라 예기치 않아도 자연히 남에게 부림을 당하는 것을 피하지 못한다. 그런데도 자신에게 돌이켜 잘못을 찾을 줄 모르니, 어떻게 이다지도 생각하지 않는 게 심한 것인가.

8.

맹자께서 말씀하셨다. "자로는 사람들이 그에게 잘못이 있다고 알려 주면 기뻐하였다.

| 보통 사람들의 감정은 그들의 잘못을 알려 주면 반드시 기뻐하지 않는다. 자로만은 선善으로 옮겨 가는 일에 용감했기 때문에 자기 잘못을 들으면 고칠 수 있어 기뻐했다.

우임금은 좋은 말을 들으면 절하였다.

> 우임금은 좋은 말이 매우 소중할 수 있음을 알았기 때문에 그 말을 들으면 절하였으니, 선을 따르는 신속함은 잘못을 듣고 기뻐할 뿐만이 아니다.

위대한 순임금은 이보다 더 훌륭한 점이 있었으니, 선을 남과 같이 해서 자기 잘못을 버리고 남을 따르며 남에게서 취해 선을 실행하기를 좋아하였다.

> 순임금이 한 일에는 또 우임금과 자로보다 훌륭한 점이 있었다. 선을 남과 같이 하면 내 선이 남의 선이 되고, 남의 선이 내 선이 되어 애초부터 피차의 구별이 없다. 그러므로 자신이 선을 실행했다 하더라도 남들이 좋다고 하지 않으면 자신을 버리고 남을 따른다. 핵심은 이렇다: 마음이 좋아하는 것은 남의 선을 취해 실행하는 것에 있지, 자신에서부터 실행하는 데 있지 않다는 것이다.

밭 갈고 곡식 심고 질그릇 굽고 고기 잡는 때에서부터 황제가 될 때까지 남에게서 취하지 않은 것이 없었다. 남에게서 취해 선을 실행하는 것은 남과 함께 선을 실행하는 것이다. 그러므로 군자에게는 남과 함께 선을 실행하는 것보다 훌륭한 것이 없다."

> 밭 갈고 곡식 심고 질그릇 굽고 고기 잡는 일은 미천할 때를 말한다. 맹자는 순임금의 일을 거론해 선을 즐기는 진실이 처음에서 끝까지 한결같아 조금도 변하지 않았음을 말했다. 또 이를 풀이해, 남의 선을 취해 자신에게 실행하는 것은 남과 함께 선을 실행하는 것이며 홀로 행하는

것이 아니라고 하였다. 군자의 덕 가운데 무엇이 이보다 더 훌륭하겠
는가.

이상은 제8장이다.

○ 이 장은, 성현이 선을 즐기는 진실은 처음부터 피차의 차이가 없다, 하
지만 우임금과 자로 같은 경우, 아직 남과 자기를 구별하는 일을 피하지
못했고, 위대한 순임금의 경우 그렇지 않았음을 밝힌 것이다. 그러므로
맹자는 이 장 마지막 부분에서 널리 선을 취한 것을 두루 말하면서, "군자
에게는 남과 함께 선을 실행하는 것보다 훌륭한 것이 없다"고 결론 맺었
다. 대개 사람이 성인을 선망하는 것은 그 지혜를 유독 높여 남에게서 가
져다 쓸 필요가 없다고 생각해서인데, 이런 견해는 성인이 성인인 까닭
은 본디 자신의 지혜를 자유롭게 쓰는 데 있는 게 아니라 많은 선을 널리
바탕으로 해 자신의 덕을 성취했음을 전혀 모르는 것이다. 분명한 사실
은 순임금처럼 자신을 버리고 남을 따른 뒤에야 큰 지혜를 가질 수 있다
는 점이다. 어째서인가? 도는 천하 공공의 도이며 선은 천하 공공의 선이
다. 그러므로 도를 아는 사람은 선을 사사로이 자기에게 두지 않고 반드
시 사람들과 함께 하며, 천하의 선은 자기 혼자 얻어 개인의 것이 되는 게
아님을 안다. 그러므로 남들이 실행하기 어려운 것을 실행하고 남들이
하기 어려운 것을 했더라도 천하의 선을 다 실행했다고 할 수 없으며, 오
직 남에게서 취해 선을 실행하는 것을 좋아한 후에야 천하의 선을 다 실
행했다고 할 수 있다. 이 점이 순임금이 우임금과 자로보다 위대한 까닭
이다.

9.

맹자께서 말씀하셨다. "백이는 자신이 섬길 만한 군주가 아니면 섬기지 않았고 사귈 만한 벗이 아니면 사귀지 않았으며, 악인의 조정에서는 벼슬을 하지 않았고 악인과는 말을 하지 않았다. 악인의 조정에서 벼슬을 하고 악인과 말하는 것을 조정에서 입는 옷을 입고 조정에서 쓰는 관을 쓰고 진흙길과 숯 구덩이에 앉은 것처럼 여겼다. 악을 미워하는 마음을 미루어 나가, 생각하기를 시골 사람과 함께 서 있을 때 그 사람 관이 바르지 않으면 뒤도 돌아보지 않고 떠나 자신이 더럽혀질 것처럼 하였다. 이 때문에 제후들 가운데 글을 잘 써서 그에게 오는 사람이 있더라도 받아들이지 않았으니 받지 않은 것은 역시 벼슬에 나가는 것을 깨끗하지 않다고 생각해서였다.

도塗는 진흙길을 말한다. 향인鄕人은 시골의 보통 사람이다. 망망望望은 뒤를 돌아보지 않고 떠나가는 모양이다. 매浼는 더럽히는 것이다. 설屑은 깨끗하다는 뜻이다. 역불설취亦不屑就는 백이가 평생 벼슬에 나가는 것을 깨끗하다고 보지 않은 것이다. 그러므로 제후가 초빙하는 글을 잘 써서 자신에게 오면 받아야 마땅한데, 받지 않은 것은 역시 벼슬에 나가는 것을 깨끗하다고 생각하지 않아서였다는 말이다.

유하혜는 더러운 임금도 부끄러워하지 않았고 작은 벼슬도 하찮게 여기지 않았으며, 벼슬에 나가서는 현명함을 숨기지 않고 반드시 올바른 도를 썼다. 벼슬에서 버려져도 원망하지 않았고, 곤궁에 빠져도 걱정하지 않았다. 그러므로, '너는 너고 나는 나다. 내 곁에서 어깨를 드러내고 옷을 벗는다 한들 네가 어떻게 나를 더럽힐 수 있겠느냐'고 말하였다. 그러므로 여유롭게 남들과 어울리면서도 올바름을 잃지 않아, (떠나려 하다가도) 잡으며 머무르라 하면 머물렀다. 잡으며 머무르라 하면 머물렀던 것은 역시 떠나는 것을 깨끗하지 않다고 생각해서였다.

> 유하혜는 노나라 왕족의 대부로, 성은 전展, 이름은 금禽으로, 유하柳下에 살았으며 시호가 혜惠이다. 벼슬에 나가 현명함을 숨기지 않았다는 말은 도를 정직하게 실천했다는 뜻이다. 유일遺佚은 벼슬에서 버려지는 것이다. 액阨은 곤궁한 처지를 말한다. 민憫은 걱정하는 것이다. "너는 너고"에서 "어떻게 나를 더럽힐 수 있겠느냐"까지는 유하혜의 말이다. 단석袒裼은 어깨를 노출하는 것이며, 나정裸裎은 몸을 노출하는 것이다. 유유由由는 스스로 터득한 모습이다. 해偕는 함께 어울리는 것이다. 불자실不自失은 올바름을 잃지 않았다는 뜻이다. 역불설거亦不屑去란 말은 유하혜는 평생 벼슬에서 떠나는 것을 깨끗하다고 생각하지 않았다는 것이다. 그러므로 그를 잡고서 만류하며 머무르라 하면 떠나야 마땅한데, 떠나지 않은 것은 역시 벼슬에서 떠나는 것을 깨끗하다고 생각하지 않아서였다는 말이다.

맹자께서 말씀하셨다. "백이는 편협하고 유하혜는 공손하지 않다. 편협과 공손하지 않음을 군자는 따르지 않는다."

> 주씨가 말했다: "애隘는 좁고 빡빡한 것이다. 불공不恭은 오만한 것이다. 백이와 유하혜의 행동은 확실히 모두 최고의 경지에 도달했다. 하지만 한쪽으로 치우친 점이 이미 있으니 폐해가 없을 수 없다. 그러므로 따를 수 없는 것이다."

○ 군자는 인仁으로 마음을 보존하고 예로 마음을 보존한다. 그러므로 홀

류한 도덕을 성취할 수 있어 한쪽으로 치우치는 폐단이 없다. 사람이 깨끗하면 남과 관계를 끊는 데 이르고, 남과 관계를 끊으면 편협해진다. 이는 인仁과 거리가 멀다. 사람이 조화로운 관계만을 꾀하다 보면 남을 희롱하는 지경에까지 이르고, 남을 희롱하는 지경에 이르게 되면 공손하지 않게 된다. 이는 예와 거리가 멀다. 이 점이 군자가 따르지 않는 이유이다.

이상은 제9장이다.

○ 맹자는 백이를 두고 성인 가운데 깨끗한 사람이라 하였고 유하혜를 두고 성인 가운데 조화를 잘 이루는 사람이라고 하였다가, 또 백이는 편협하고 유하혜는 공손하지 않으므로, 편협과 공손하지 않음은 군자가 따르지 않는다고 말했다. 어째서인가? 대체로 사람의 행동은 한쪽에 쏠리면 반드시 그 최고 경지에 도달한다. 하지만 폐해가 없을 수는 없다. 그러므로 편협과 불공不恭이 아니면 깨끗함과 조화의 도량度量을 채울 수 없고, 깨끗함과 조화의 최고 경지에 도달하면 역시 불공의 편협함이 없을 수 없다. 이 점이 수백 년이 지난 후에도 백이와 유하혜의 풍모를 듣는 사람들이 사람마다 흥기되는 까닭이니, 백이와 유하혜가 최고의 경지에 이르렀음을 알 수 있고, 또한 그들이 한쪽으로 치우치지 않을 수 없었음을 알 수 있다. 요·순·공자 같은 성인들은 자연 이와 같지 않았는데, 그 덕이 완전해 아무런 흔적도 남기지 않았기 때문이었다.

공손추 장구 하

모두 14장이다.

1.

맹자께서 말씀하셨다. "천시天時는 지리地利만 못하고, 지리는 인화人和만 못하다.

> 조씨(조기)가 말했다: "천시는 사시四時와 일진日辰, 간지干支의 고허孤虛와 오행五行의 왕상旺相* 따위를 말한다." 지리는 지형의 험난함, 성과

---

* 간지(干支)의 고허(孤虛)와 오행(五行)의 왕상(旺相)이란 말은 주로 음양가의 해석법을 가리킨다. 간지는 십간(十干) 십이지(十二支)를, 고허는 육갑고허법(六甲孤虛法)을 말한다. 『사기』「구책열전」(龜策列傳)에, "일진(日辰)이 완전하지 못하기 때문에 고허가 있다"[日辰不全, 故有孤虛]라는 말이 있다. 집해(集解)에 이르기를, "갑을(甲乙)을 일(日)이라 하고 자축(子丑)을 진(辰)이라 한다"[甲乙謂之日, 子丑謂之辰]라고 하면서 육갑고허법을 설명하고 있다. 육갑(六甲)을 헤아릴 때 갑자(甲子)로 세기 시작하면 십이지의 11, 12번째의 술해(戌亥)가 짝이 없는데 이 술해를 고(孤)라 하고 5, 6번째의 진사(辰巳)를 허(虛)라 한다. 갑술(甲戌)로 헤아리면 9, 10번째의 신유(申酉)가 짝이 없는데 이 신유(申酉)를 고(孤)라 하고 3, 4번째의 인묘(寅卯)를 허(虛)라 한다. 다시 갑신(甲

해자의 견고함을 말한다. 인화人和는 민심의 화합을 얻는 것이다.

3리의 성城과 7리의 외성外城을 포위해서 공격해도 이길 수 없다. 포위해
서 공격할 때 반드시 천시를 얻었을 것이건만 이기지 못하는 것은 천시
가 지리만 못해서이다.

| 곽郭은 외성外城을 말한다. 환環은 포위하는 것이다. 3리의 성과 7리의
외성을 사면에서 포위해 공격하면 반드시 천시와 방위의 이점을 가졌
을 텐데도 이길 수 없다. 이는 지리가 작은 문제이긴 하지만 버려 두어
서는 안 되는 것이다.

성이 높지 않은 것도 아니며 해자가 깊지 않아서도 아니며 무기[兵革]가
견고하고 날카롭지 않아서도 아니며 식량[米粟]이 많지 않은 것도 아닌데
이를 버리고 떠나기도 하니, 이는 지리가 인화만 못해서이다.

| 혁革은 갑옷을 말한다. 속粟은 곡식이다. 방어 장비를 갖췄어도 민심을
얻지 못하면 장비를 포기해 버려 지키지 못한다는 말이다.

그러므로 '백성들에게 경계를 지어 주되 국경의 경계를 긋는 것으로 하

申)으로 헤아리면서 오미(午未)의 고(孤)와 자축(子丑)의 허(虛)가 생겨 육갑이 순환한다. 음양가
들은 이 고허가 있는 날이나 방위를 흉한 것으로 본다. 왕상(旺相)은 오행이 왕성하게 활동하고
도와주는 것을 말한다. 『회남자』(淮南子)에는 오행의 상생상극(相生相剋)을 대략 다음과 같이 설
명하고 있다. "목(木)이 성하면[王=旺=壯] 수(水)는 시들고[老] 화(火)가 생기며 금(金)은 가두어
지고[囚] 토(土)는 죽는다[死]. 화(火)가 성하면 목(木)은 시들고 토(土)가 생기며 수(水)는 가두어
지고 금(金)은 죽는다." 『논형』(論衡) 「난세」(難歲)에는 왕상설(王相說)을 이렇게 표현하고 있다.
"왕(旺)이 사(死)와 충돌하고 상(相)이 수(囚)와 충돌하므로 왕(旺)과 상(相)이 충돌하는 방위에
있으면 사(死)와 수(囚)의 기운이 있게 된다."[旺之衝死, 相之衝囚, 旺相衝位, 有死囚之氣]

지 않으며, 나라를 견고하게 만들되 산과 계곡의 험준함으로 하지 않으며, 천하에 위세를 떨치되 병기의 날카로움으로 하지 않는다'고 하는 것이다.

| 역域은 경계를 짓는 것이다. 나라를 지키는 근본은 민심을 얻는 데 달려 있지 국경의 경계·산과 계곡의 험준함·병기의 날카로움, 세 가지에 있는 것이 아니라는 말이다.

도를 터득한 사람에겐 도와주는 사람이 많고 도를 잃은 사람에겐 도와주는 사람이 적다. 도와주는 사람이 극도로 적어지면 친척조차 배반하고 도와주는 사람이 극도로 많아지면 천하 사람이 모두 따른다. 온 천하가 따르는 상태로 친척조차 배반한 사람을 공격하는 것이다. 그러므로 군자는 싸우지 않을지언정 싸우면 반드시 이긴다."

| 인자仁者의 군사는 본래 싸울 필요가 없지만 어쩔 수 없이 싸우면 반드시 이긴다.

○ 이는 나라를 가진 사람은 높은 성과 깊은 해자를 믿을 수 없으며 오직 인화를 얻는 것을 근본으로 삼아야 한다는 말이다. 인화를 얻는 방도는 '역시 인仁일 뿐'이라고 해야 하니, 소위 도를 터득한 사람에겐 도와주는 사람이 많다는 표현은 정확히 이것을 말한다.

이상은 제1장이다.

○ 이 장은 말이 간결하고 논리가 명확하다. 이를 부연해 풀이하면 한 권의 큰 책을 써도 될 것이다. 독자는 상세히 음미하고 깊이 생각해야지 소홀히 보지 말아야 한다.

2.

맹자께서 왕에게 조회하려 하였는데 왕이 사람을 보내 말을 전했다. "과인이 가서 만나 뵈려 하였는데 감기가 들어 찬바람을 쐴 수 없습니다. 아침에 조정에서 뵐 텐데, 잘 모르겠습니다만, 과인이 볼 수 있도록 해주시겠습니까?"

맹자께서 대답하셨다. "불행히도 병이 있어 조정에 갈 수 없습니다."

> 왕은 제나라 왕을 말한다. 제나라 왕이 병을 핑계 대고 맹자를 불렀기 때문에 맹자도 병을 핑계 대고 사양한 것이다.

다음 날 동곽씨東郭氏에게 조문하러 나가는데 공손추가 말했다. "어제 병을 핑계로 사양하시고 오늘 조문 가시는 일은 옳지 않은 것 같습니다만." "어제 병이 오늘 나았는데 왜 조문하지 못하겠느냐?"

> 동곽씨는 제나라 대부의 집안이다. 석자昔者는 어제를 말한다. 혹자或者는 의문사이다.

왕이 사람을 보내 문병하고 의원이 오자, 맹중자孟仲子가 대답했다. "어제 왕명王命이 있었는데 몸이 불편해 조정에 가시지 못했습니다. 오늘 병이 조금 나아서 조정에 서둘러 가셨습니다. 저는 잘 모르겠습니다만 도착하셨겠지요?" 몇 사람을 시켜 길목에서 맹자를 기다리도록 하고는, "절대 집에 돌아오지 마시고 조정에 가십시오"라고 일러 주었다.

> 맹중자에 대해 조씨는 맹자의 종형제從兄弟라 하였고, 어떤 사람은 맹자의 아들이라고 하였는데 누가 옳은지 모르겠다. 채신지우采薪之憂는 겸사로, 병이 나서 땔감을 하러 갈 수 없다는 뜻이다. 맹중자가 상황에

맞게 둘러대는 말로 사자에게 대답하고는, 또 사람을 시켜 맹자를 길목에서 기다렸다 조정에 가라고 알려 주었다.

(맹자께서) 어쩔 수 없이 경추씨景丑氏 집에 가서 묵게 되었다. 경자景子가 말했다. "집안에서는 부자父子가, 밖에서는 군신君臣이 인간관계의 큰 윤리입니다. 부자는 은혜를 중심으로 하고 군신은 공경을 중심으로 하지요. 저는 왕께서 선생을 공경하는 것은 보았지만 선생께서 왕을 공경하시는 것은 보지 못했습니다."

│ 경추씨는 제나라의 대부 집안이다. 경자는 경추景丑를 말한다. 경자는
│ 공경의 지엽적인 부분만을 알았지 공경의 실상을 알지 못했다.

"아니, 이게 무슨 말입니까. 제나라 사람들이 인의仁義를 가지고 왕과 얘기하는 사람이 없는 것은 왜 인의를 좋지 않은 것이라고 여겨서겠습니까? 마음속으로는, '어떻게 인의를 함께 얘기할 수 있겠는가'라고 생각할 뿐이니 그렇다면 이보다 더 큰 불경이 없습니다. 저는 요순堯舜의 도가 아니면 감히 임금 앞에서 의견을 펴지 않습니다. 그러므로 제나라 사람들은 내가 왕을 공경하는 것처럼 하지 않습니다."

│ 오惡는 감탄하는 말이다. 인의를 가지고 왕에게 권유하는 것이 소위 공
│ 경의 실상이다.

경자가 말했다. "아니 이 문제를 말하는 게 아닙니다. 예禮에, '아버지가 부르면 천천히 대답하지 않으며, 임금이 명을 내려 부르면 수레에 말 멍에를 매도록 기다리지 않는다'고 하였습니다. 분명 조정에 가려 하였다

가 왕명을 듣고는 마침내 결행하지 않으셨습니다. 말씀드린 예에 부합하지 않는 것 같습니다."

| 경자의 말은 왕을 공경하지 않았다는 게 아니라 다만 이러한 예에 부합하지 않는 것 같다는 뜻이다.

"어찌 이를 말한 것이겠습니까? 증자께서, '진晉나라와 초楚나라의 부유함을 따라갈 수는 없지만 저들이 그 부유함으로 대하면 나는 나의 인仁으로 상대하고, 저들이 그들의 벼슬로 대하면 나는 나의 의義로 상대하는데, 내 무엇이 부족하겠는가'라고 말씀하셨습니다. 어찌 불의不義를 증자께서 말씀하셨겠습니까. 이것도 어쩌면 한 가지 방도일 것입니다.

| 겸慊은 원망하다, 부족하다는 말이다. 맹자가, 내 어찌 이를 군신 사이에 임금이 부른 관계를 말하는 것이겠는가라고 하면서, 그 말을 하는 기회에 증자의 말을 인용해, 사람이 내린 벼슬이 저에게 있다면 하늘이 내린 벼슬이 내게 있으니 내가 왜 자신을 부족하다 하겠는가라고 말하였다. 또 증자가 진나라와 초나라를 불의하다고 봐서 함부로 대한 것이 아니었다고 말하였다. 자신이 한 행동도 어쩌면 한 가지 방도가 된다는 말이다.

천하에는 어디나 통용되는 존귀한 것이 세 가지 있습니다. 벼슬이 그 하나요, 나이가 그 하나며, 덕이 그 하나입니다. 조정에서는 벼슬만 한 것이 없고, 마을에서는 나이만 한 것이 없으며, 세상을 돕고 백성을 돌보는 데는 덕만 한 것이 없습니다. 어떻게 그 한 가지만을 가지고 두 가지를 함부로 볼 수 있겠습니까.

| 달達은 통용된다는 말로, 천하에 모두 통용되는 존귀한 것을 말한다. 맹자는, 제나라 왕은 벼슬만 가졌을 뿐 나이와 덕이 없는데 어떻게 현자를 함부로 대하느냐고 말하였다. 이것이 소위 '한 가지 방도'이다.

○ 논자論者 가운데 어떤 사람은 맹자가 제나라 왕을 대하는 데 예가 아주 오만한 것 같다고 말한다. 그렇지 않다. 자신의 임금이 탕왕·무왕같이 되기를 바라는 사람은 반드시 이윤과 주공을 자임하고, 자신의 임금이 제나라 환공·진나라 문공같이 되기를 바라는 사람은 반드시 관중과 조최趙衰(진나라 문공을 잘 보좌한 명신)를 자처한다. 맹자는 당시 임금에게 탕왕·무왕같이 되기를 바라지 않은 적이 없으니 스스로를 소중히 여긴 것은 참으로 당연한 일이다. 속된 선비나 소인들이 알 수 있는 바가 아니다. 어떻게 오만하다 할 수 있겠는가.

그러므로 크게 할 일이 있는 임금에게는 반드시 자기가 부르지 않는 신하가 있기 마련입니다. 의논할 일이 있으면 임금이 그를 찾아가지요. 덕을 존중하고 도를 즐기는 것이 이와 같지 않으면 임금과 함께 일을 할 수 없는 것입니다.

| 크게 할 일이 있는 임금은 크게 하려는 일을 가진, 보통이 아닌 임금이다.

그러므로 탕왕은 이윤에게서 배우고 난 다음에 신하로 삼았습니다. 그런 까닭에 힘들이지 않고 진정한 왕[王者]이 될 수 있었습니다. 환공은 관중에게서 배우고 난 다음에 신하로 삼았습니다. 그런 까닭에 힘들이지 않고 패자覇者가 될 수 있었습니다.

| 탕왕에게 이윤은, 환공에게 관중은 모두 소위 "임금이 부르지 않는 신
하"에 해당한다. 주씨가 말했다: "먼저 따라서 배우는 것은 스승으로
모시는 것이요, 나중에 신하로 삼는 것은 일을 맡기는 것이다."

지금 천하는 나라의 땅 크기가 서로 비슷하고[醜] 덕을 베푸는 것도 같아,
누가 뛰어나지[尙] 않은 것은 다른 이유가 아니라, 자기가 가르칠 수 있는
사람을 신하로 삼길 좋아하고 자기가 가르침을 받을 사람을 신하로 삼길
좋아하지 않아서입니다.

| 추醜는 비슷하다는 말이다. 상尙은 뛰어나다는 말이다. 소교所敎는 자기
말을 듣고 따라, 일을 시키고 부릴 수 있는 사람을 말한다. 소수교所受敎
는 자신이 따르며 배울 수 있는 사람을 말한다.

탕왕은 이윤을, 환공은 관중을 감히 부르지 못했습니다. 관중조차 부르지
못할 정도였는데, 하물며 관중 따위는 되지 않으려는 사람은 어떻게 해야
하겠습니까."

| 관중 따위는 되지 않으려는 사람은 맹자 자신을 말한다.

이상은 제2장이다.

○ 맹자는, "임금에게 어려운 일을 행하라고 요구하는 것을 공손이라 하
고, 선을 진술하고 사악함을 막는 것을 공경이라 하며, 우리 임금은 할 수
없다고 하는 것을 임금을 해친다고 한다"(「이루 상」 제1장)라는 말을 한
적이 있다. 이 장에서는, "나는 요순의 도가 아니면 감히 임금 앞에서 의
견을 펴지 않는다. 그러므로 제나라 사람들은 내가 왕을 공경하는 것처

럼 하지 않는다"라고 하였다. 이 모두는 신하가 임금을 섬기는 모범으로,
임금의 뜻을 좇아 순응하기를 일삼는 자들은 충성스럽다고 할 수 없음을
명확히 알겠다.

3.

진진陳臻이 물었다. "전에 제나라에서 왕께서 좋은 금 100일鎰을 주셔도
받지 않으셨는데, 송宋나라에서는 70일을 주셔도 받으셨고, 설薛나라에
서는 50일을 주셔도 받으셨습니다. 이전에 받지 않으신 게 옳다면 오늘
받으신 것이 잘못일 것이고, 오늘 받으신 것이 옳다면 이전에 받지 않으
신 것이 잘못일 것입니다. 선생님께서는 반드시 이 둘 중 하나에 해당할
것입니다."

┃ 진진陳臻은 맹자의 제자다. 겸금兼金은 좋은 금으로 가치가 보통 금의
　두 배이다. 일백一百은 백 일百鎰(일鎰은 무게 단위로 24냥을 말한다)이다.

맹자께서 말씀하셨다. "모두 옳은 것이다. 송나라에 있을 때는 내가 먼 길
을 가야 했는데, 길 떠나는 사람에겐 노자를 주는 법이 있다. (사람을 보
내) '노자를 드립니다'라고 하는데 내가 어떻게 받지 않겠느냐.

┃ 노자를 주는 것은 길 떠나는 사람을 보내는 예이다.

설나라에 있을 때는 내가 경계하는 마음을 먹었는데, (사람을 보내) '경계
해야겠다고 하신 말씀을 들었습니다. 해서 호위하는 데 쓰시라고 드립니
다'라고 하는데 내가 어떻게 받지 않겠느냐.

| 이때 사람들 가운데 맹자를 해치려는 자가 있었기 때문에 맹자는 예기
치 못한 일을 경계하고 대비하려는 마음을 가졌다.

제나라 같은 경우는 해당하는 이유가 없었다. 해당하는 게 없는데 금품을
주는 것은 뇌물로 매수하는 것이다. 어떻게 군자가 뇌물에 매수될 수 있
겠느냐."
| 맹자가 제나라에 있을 때는 멀리 갈 일도 없었고 경계하는 마음도 없
었으니 어느 것에도 해당하는 것이 없었다. 의리상 어떻게 주는 것을
받을 수 있는가. 화취貨取는 재물에 매수당하는 것을 말한다.

이상은 제3장이다.
○ 군사가 일을 처리할 때는 크건 작건 옳은 일을 한결같이 할 따름이다.
다만 어떤 경우 일은 같으면서 논리가 다를 수 있고, 일은 다르면서 논리
는 같을 수 있다. 이 점이 군자가 정밀한 의리를 귀중하게 여기는 까닭이
다. 맹자의 말이 아니라면 어떻게 진진의 의문을 풀 수 있었겠는가.

4.

맹자께서 평륙平陸에 가 그곳 대부에게 말씀하셨다. "그대의 창[戟]을 든
군사가 하루에 세 번 대오를 벗어나면 죽이겠습니까, 그냥 두겠습니까?"
| 평륙은 제나라 읍의 지명이다. 대부는 읍을 다스리는 수령이다. 극戟은
창날 옆에 나뭇가지처럼 튀어나온 날이 있는 병기다. 사士는 전사다.
오伍는 군대의 대열을 말한다. 거지去之는 죽인다는 말이다.

"세 번은 기다리지 않습니다."

| 한 번 잘못하면 죽이지 세 번 기다리지는 않는다는 말이다.

"그렇다면 그대가 대오를 벗어난 적도 많군요. 흉년이 들어 기근이 든 해에 그대의 백성 가운데 늙고 어린 사람들은 전전하다가 죽어 도랑과 계곡에 뒹굴고, 장정들은 흩어져 사방으로 간 사람들이 몇천 명입니까."

"이는 제[距心]가 할 수 있는 일이 아니었습니다."

| 그대가 대오를 벗어났다는 말은 직무에서 잘못한 일이 군사가 대오를 벗어난 것과 같다는 말이다. 거심距心은 대부의 이름으로, 이 일은 바로 왕이 정치를 잘못해 그렇게 한 것이지 내가 오로지 다 할 수 있는 일은 아니었다고 말한 것이다.

"여기 남의 소와 양을 받아서 그를 위해 돌보는 사람이 있다면 반드시 가축들에게 목장과 풀을 구해 주어야 하겠지요. 목장과 풀을 구하다가 구하지 못하면 주인에게 돌려보낼까요, 아니면 또 그냥 서서 죽는 걸 보고만 있어야 할까요?"

"이는 저의 죄입니다."

| 목지牧之는 돌본다는 말이다. 목牧은 목장을, 추芻는 풀을 말한다. 맹자의 말은 자신이 오로지 다 할 수 없다면 왜 그 일을 돌려주고 떠나지 않느냐는 뜻이다.

뒷날 맹자께서 왕을 만나 뵙고 말씀하셨다. "왕의 고을을 다스리는 사람을 제가 다섯 명 알고 있습니다. 자기의 죄를 아는 사람은 공거심孔距心 한

사람뿐입니다." 그리고 왕을 위해 그와의 일을 말해 주자 왕이 말하였다. "이는 과인의 죄입니다."

> 『주례』에, "네 개의 현縣이 도都가 된다"고 했다. 또 작은 고을을 읍邑이
> 라 하고 큰 고을을 도都라 한다. 공孔은 대부의 성이다. 송誦은 말한다는
> 뜻이다. 왕을 위해 그 이야기를 해주며 은근히 깨우쳐 주었는데 왕이
> 이에 죄가 자신에게 있음을 알고 사죄하였다.

이상은 제4장이다.

○ 서상길徐常吉이 말했다: "임금의 명을 받은 선비는 남을 사랑하는 일에 마음을 두고 사람들을 반드시 구제해야 할 일이 있는데, 할 수 없는 일이라고 모두 핑계를 대면 임금도 그를 어떻게 믿겠으며 백성도 그를 어떻게 믿겠는가."

5.

맹자께서 지와蚳䵷에게 말씀하셨다. "그대가 영구靈丘의 읍재邑宰를 사양하고 사사士師가 되기를 청한 일은 도리에 가까웠습니다. 그 자리가 간언을 할 수 있기 때문입니다. 이제 수개월이 지났는데 아직 임금에게 말하지 않았습니까?"

> 지와는 제나라의 대부다. 영구는 제나라의 작은 고을이다. 사似는 한
> 일이 이치에 가깝다는 말이다. 가이언可以言은 사사士師라는 벼슬이 왕
> 과 가까워 형벌이 제대로 시행됐는지 간언할 수 있다는 뜻이다.

지와가 왕에게 간언을 했는데 그 의견이 쓰이지 않자 벼슬자리를 내놓고 조정을 떠났다.

| 치致는 (벼슬을) 돌려준다는 말이다.

제나라 사람들이 말했다. "맹자가 지와를 위해 한 일은 훌륭하지만, 자신이 한 일은 우리는 모르겠다."

| 맹자가 말하는 도가 실행되지 않는데도 벼슬을 떠나지 않는 것을 사람
| 들이 비판했다.

공도자公都子가 이 사실을 맹자에게 말씀드렸다.

| 공도자는 맹자의 제자다.

맹자께서 말씀하셨다. "내가 듣기로는, '맡은 관직이 있는 사람은 그 직분을 수행할 수 없으면 떠나고, 간언하는 책임이 있는 사람은 그 말을 수행할 수 없으면 떠난다'고 하였다. 나는 맡은 관직이 없고, 간언하는 책임도 없으니, 내가 벼슬을 하고 그만두는 일에 왜 넉넉하게 여유가 있지 않겠느냐?"

| 조씨가 말했다: "관수官守는 관직에 있으면서 맡은 일을 가진 것이며,
| 언책言責은 말을 드리는 책임을 말하는 것으로 간쟁하는 관직이다." 작
| 작綽綽은 관대한 모습이다. 유裕는 넉넉한 마음가짐이다. 맹자는 초빙
| 되어 명예로 자리만 주어진 지위에 있었으므로 녹을 받은 적이 없다.
| 그러므로 벼슬에 나아가고 물러나는 때에 넉넉하게 여유가 있었으므
| 로 맡은 관직이나 간언을 해야 할 책임이 있는 사람과 비교해서는 안

된다.

○ 제나라 사람들이 맹자를 비판한 이유 역시 12장에 나오는 윤사尹士의 의견과 같은 것일 뿐이다. 맹자는 왕의 나쁜 점을 드러내고 싶지 않았기 때문에 이처럼 핑계 댄 것이다.

이상은 제5장이다.

6.

맹자가 제나라에서 경卿이 되어 등縢나라로 조문을 갈 때 왕이 합蓋의 대부 왕환王驩이 부사副使가 되도록 하였다. 왕환이 아침저녁으로 맹자를 뵈었지만, 제나라와 등나라의 길을 왕복하는 동안 맹자는 그와 사행 일을 말씀 나눈 적이 없었다.

> 합蓋은 제나라의 하읍下邑(도성 이외의 고을)이다. 왕환은 왕이 총애하는 신하다. 보행輔行은 부사를 말한다. 반反은 갔다가 돌아오는 것을 말한다. 행사行事는 사행使行에 관한 일이다. 맹자는 사행을 함께 가긴 하지만 그와 함께 사행에 대한 일은 말한 적이 없으니, 소인과 나란히 하고 싶지 않아서였다.

공손추가 말했다. "제나라의 경卿이라는 지위는 작지 않고 제나라와 등나라의 길은 가깝지 않은데 왕복하시면서 사행 일을 그와 말씀 나눈 적이 없는 것은 어째서입니까?"

> 맹자가 제나라에서 경의 지위에 있었기 때문에 제나라의 경이라 한 것

이다. 공손추는, 왕환이 사행의 일을 모두 처리하는데 맹자가 한 번도 그에게 명을 내리지 않는 것을 보았다. 그러므로 제나라의 경이라는 지위가 높고 제나라와 등나라의 거리가 먼데 끝까지 왕환과 사행의 일을 의논하지 않은 것은 두렵고 꺼리는 사정이 있는 게 아닐까, 이상하다고 생각하였다. 때문에 물은 것이다.

맹자께서 말씀하셨다. "저 사람이 이미 다 일을 처리했는데 내가 무슨 말을 하겠는가."

| 저 사람은 왕환을 가리킨다. 왕환이란 자가 이미 일을 처리했는데 내다시 무슨 말을 하겠는가.

이상은 제6장이다.

○ 맹자가 제나라의 경이라는 지위에 있었는데 왜 임금 좌우의 총애받는 신하를 두려워하겠는가. 관대하고 후덕하며 널리 받아들이는 풍모로 소인과 이기기를 다투지 않으면 소인들은 자연히 멀어진다. 공손추가 알수 있는 것이었을까?

○ 보광輔廣이 말했다: "군자가 소인을 대할 때는 자신을 올바로 하되 굴복시키겠다는 마음을 먹지 말아야 하며, 너그러이 받아들인다는 덕은 가지되 예를 넘어가지 말아야 한다. 악을 미워하는 마음이 없을 수는 없지만 또한 너무 심하게 미워하지 않아야 한다."

7.

맹자가 제나라에서 노나라에 가 장례를 치르고 제나라로 돌아오는 길에 영嬴에 머무셨다. 충우充虞가 여쭈었다. "지난번에는 제가 어리석은 줄 모르시고 관 만드는 일을 감독하도록 하셨는데, 일이 급해 제가 여쭙지 못했습니다. 이제 삼가 여쭙겠습니다만, 관에 쓴 나무가 너무 좋은 것 같았습니다."

| 맹자가 제나라에서 벼슬할 때 어머니가 돌아가셔서 장례를 치르러 노나라로 돌아왔다. 영嬴은 제나라 남쪽의 고을이다. 충우는 맹자의 제자다. 돈敦은 다스린다는 말이다. 돈장사敦匠事는 관 만드는 일을 감독하는 것이다. 엄嚴은 급하다는 말이다. 목木은 관 만드는 데 쓴 나무다. 이以는 이르와 통하는 말로, 이미以美는 너무 좋다는 뜻이다.

맹자께서 말씀하셨다. "옛날에는 내관內棺과 외관外棺에 일정한 한도가 없었는데 중고中古시대에 내관은 일곱 치로 하고 외관도 그에 맞게 했다. 천자에서 보통 백성에 이르기까지 통용되었는데 단지 보기 좋게 하기 위해서가 아니라 그렇게 한 다음에야 사람 마음의 정성을 모두 다 했다고 해서였다.

| 도度는 두께의 치수를 말한다. 중고시대는 주공周公이 예를 제정한 때를 말한다. 외관도 맞게 했다는 말은 내관과 서로 같게 만들었다는 말이다. 견고하도록 두껍게 만들어서 오래 견디길 바란 것이지 단지 사람들이 보기에 좋게 하기 위한 것만이 아니었다.

법제法制에 구속되어 (하고 싶어도) 할 수 없으면 기뻐할 수 없고, 재물이

없으면 (하고 싶어도 할 수 없이) 기뻐할 수가 없지. 법제에 맞게 할 수 있고 재산도 있다면 옛사람들은 모두 이것을 썼는데 내 무엇 때문에 홀로 그렇게 하지 않겠느냐.

| 부득不得은 법제에 구속되어 쓸 수 없다는 말이다. 득지위유재得之爲有財란 법제에 맞게 할 수 있고 또 재산도 있다는 말이다.

또 죽은 사람에 있어서는 흙이 살에 닿지 않도록 해야 사람 마음에 상쾌하지 않겠느냐.

| 비比는 '……에 있어서는'이라는 말이다. 형체가 다 사라진 것을 화化(죽다)라고 한다. 교恔는 상쾌하다는 말이다. 흙이 죽은 이의 살갗에 직접 닿지 않도록 하는 것이 자식의 마음에 왜 상쾌하지 않겠는가라는 말이다.

내 들으니, '군자는 세상 때문에 어버이에게 검소하게 하지는 않는다'고 하였다."

| 주씨가 말했다: "죽은 사람을 보내는 예는 당연히 할 수 있는 것인데도 스스로 다하지 않으면 이는 세상 때문에 이런 물건을 아껴 우리 부모님께 야박하게 대하는 것이다."

이상은 제7장이다.

○ 이 장은 자식이 죽은 이를 섬기는 최고의 정을 말한 것으로, 완전히 다 말했다고 할 수 있다. 매장하는 예는 그만둘 수 없는 인간의 마음에서 생겼지, 남이 보기 좋도록 하기 위해서가 아니다. 그러므로 할 수 있고 또 재

산이 있으면 옛사람들도 하기를 꺼리지 않았는데, 맹자가 부모를 후하게 장사 지낸 일 또한 왜 할 수 없는 일이었겠는가. 충우가 이 뜻을 이해하지 못하고 함부로 의심한 것은 어인 일인가.

8.

심동沈同이 사적私的으로 물었다. "연燕나라를 쳐도 될까요?"

> 심동은 제나라 신하다. 자기의 사사로운 마음으로 물은 것이지 왕의 명이 아니었기 때문에 사적이라고 하였다.

맹자께서 말씀하셨다. "될 것입니다. 자쾌子噲도 연나라를 남에게 줄 수 없으며, 자지子之도 자쾌에게서 연나라를 받을 수 없습니다.

> 자쾌와 자지의 일은 전편에 보인다(「양혜왕 하」 제10장). 제후의 자리 와 토지, 백성은 천자에게서 받는 것이라 자기 마음대로 할 수 없다. 자 쾌는 이런 것을 자지에게 줄 수 없고 자지도 자쾌에게서 받을 수 없다. 때문에 그 죄는 쳐도 된다고 한 것이다.

여기 벼슬할 만한 사람이 있는데 그대가 그를 좋아해서 왕에게 알리지도 않고 사사로이 그대의 봉록과 벼슬을 주고, 그 사士 역시 왕명王命도 없이 사사로이 그대에게서 그것을 받는다면 되겠습니까? 이것과 무엇이 다르 겠습니까?"

> 그대는 심동을 가리킨다. 맹자가 이러한 상황을 만들어 자쾌가 주고 자지가 받은 일 모두 죄가 된다는 사실을 비유하였다.

제나라 사람들이 연나라를 쳤다. 어떤 사람이 맹자에게 물었다. "제나라에게 권해 연나라를 치라 했다는데, 그런 일이 있습니까?"

"아닙니다. 심동이 '연나라를 쳐도 될까요' 묻기에, 제가 '될 것입니다'라고 대답했는데, 그 사람이 그렇게 하라는 것으로 생각하고 친 것입니다. 저 사람이 만약 '누가 칠 수 있겠습니까?'라고 물었다면 저는 '천명을 받은 관리[天吏]가 되면 칠 수 있습니다'라고 대답했을 것입니다. 여기 살인자가 있는데, 어떤 사람이 '이 사람을 죽여도 됩니까?'라고 물으면 저는 '될 것입니다'라고 대답할 것입니다. 그 사람이 '누가 죽일 수 있습니까?'라고 물으면 '옥관獄官이 되면 죽일 수 있습니다'라고 대답했을 것입니다. 지금은 연나라로써 연나라를 치는 꼴인데 무엇하러 권했겠습니까?"

| 천리天吏는 풀이가 전편에 보인다(「공손추 상」 제5장). 제나라가 무도하다는 점에서 연나라와 다를 바 없다, 이는 연나라로써 연나라를 치는 형국인데 무엇하러 권했겠는가, 라는 말이다.

○ 죄 지은 자가 형벌을 받는 것은 나라의 일반적인 일이다. 하지만 옥관이 아니라면 죽일 수 없다. 하물며 죄를 짓지 않았는데 사사로운 원한을 멋대로 부려 벌을 주어서야 되겠는가. 연나라는 자기 나라 백성을 학대했으므로 분명 쳐도 된다. 하지만 제나라가 연나라를 치는 일이 백성들을 위로하고 죄를 처벌하는 의미가 아니고 단지 그 토지를 탐내 함부로 노략질을 하는 것이라면 이는 사사로운 원한으로 남을 죽이는 일과 같다. 어떻게 천명을 받들어 실행하는 진정한 왕의 마음이라 하겠는가.

이상은 제8장이다.

9.

연나라 사람들이 반기를 들었다. 제나라 왕이 말했다. "내가 맹자에게 매우 부끄럽구나."

> 맹자는 처음부터 왕에게 백성의 마음에 따르라고 말하였고, 거듭 묻자, 또 그 나라의 임금을 세워 주고 난 뒤에 물러나라고 말해 주었는데, 모두 쓰이지 않고 연나라 사람들의 반란을 초래하였다. 그런 까닭에 부끄러워했다.

진가陳賈가 말했다. "왕께서는 걱정하지 마십시오. 왕께서는 자신이 주공과 비교해 누가 더 어질고 지혜롭다고 생각하십니까?"

"아니, 이게 무슨 말인가."

"주공은 관숙管叔에게 은나라를 감독하게 하였는데, 관숙은 은나라를 가지고 반란을 일으켰습니다. 주공이 이를 알고 시켰다면 이는 어질지 않은 것이요, 모르고서 시켰다면 이는 지혜롭지 않은 것입니다. 어짊과 지혜는 주공조차 다 갖추지 못한 것인데 하물며 왕께서는 어떻겠습니까. 제가 맹자를 뵙고 해명하겠습니다."

> 진가는 제나라 대부다. 관숙은 이름이 선鮮으로 주공의 형이다. 무왕이 은나라를 이기고 주紂의 아들 무경武庚을 임금으로 세우고 관숙에게 그 나라를 감독하도록 하였다. 무왕이 세상을 떠나고 뒤를 이은 성왕成王이 어려서 주공이 정사를 대신 보았는데 관숙이 무경과 함께 반란을 일으켰다. 주공이 이들을 토벌하고 죽였다.

진가가 맹자를 뵙고 물었다. "주공은 어떤 분입니까?"

"옛날 성인이십니다."

"관숙에게 은나라를 감독하도록 하였는데 관숙이 은나라를 가지고 반란을 일으켰지요. 그런 일이 있었습니까?"

"그렇습니다."

"주공이 반란을 일으킬 것을 알고서 시킨 것입니까?"

"몰랐습니다."

"그렇다면 성인도 잘못을 저지르는 일이 있습니까?"

"주공은 동생이고 관숙은 형입니다. 주공의 잘못은 또한 당연하지 않습니까.

○ 형제애兄弟愛는 천하에서 가장 고귀한 정이다. 성인만이 이 정을 다 발휘할 수 있다. 미리 나쁜 점을 탐지해서 형제를 버린다면 성인이 아니다. 잘못을 저지르는 것도 당연하지 않은가. 소위 "잘못을 보면 바로 인仁을 알 수 있다"(『논어』「이인」제7장)는 표현은 이를 말한 것이다.

또 옛날의 군자는 잘못을 하면 고쳤는데 지금의 군자는 잘못을 하면 이루어 냅니다. 옛날의 군자는 그 잘못이 일식·월식과 같아서 백성 모두 그것을 보았고 잘못을 고쳤을 때는 백성 모두가 우러러보았습니다. 지금의 군자는 어찌 다만 (잘못을) 이루기만 할 뿐이겠습니까. 또 잘못에 따라 변명을 합니다."

｜ 순順은 이룬다는 말이다. 경更은 고친다는 말이다. 사辭는 변명한다는 말이다. 군자는 잘못을 피하지 못하지만 고치기를 꺼리지 않는다, 때문에 덕을 성취할 수 있다. 소인은 잘못을 이룰 뿐 아니라 또 이를 위해 변명을 하니, 그 잘못은 더욱 심해져 고칠 수 없게 된다.

○ 맹자는 이것을 말해, 진가가 임금을 개과천선에 힘쓰도록 하지 못하고, 비행非行을 저지르고 잘못을 꾸며 대도록 한 일에 대해 깊이 꾸짖었다.

이상은 제9장이다.

○ 성인이 성인인 이유를 알 수 있어야 대응할 때 성인에 대해 논할 수 있다. 맹자는, "요순의 도는 효제孝弟일 뿐이다"(「고자 하」 제2장)라고 하였다. 효제가 요순의 도를 다 포괄한다는 사실을 알면, 주공의 잘못 역시 피치 못할 부분이 있었으며 주공이 성인이 되는 이유도 근본적으로 여기에 있음을 알게 된다. 성인의 마음을 완전히 터득하고 후세 사람들에게 알려 주는 일은, 맹자가 아니었다면 이처럼 분명하고 완전하게 할 수 없다.

10.

맹자가 신하의 직분을 그만두고 집으로 돌아갈 때,

> 맹자는 제나라에 오랫동안 있었지만 도가 실행되지 않았기 때문에 떠났다.

왕이 맹자에게 가서 만나고 말했다. "이전에는 뵙고 싶어도 뵐 수가 없다가 조정에서 뫼실 수 있어 매우 기뻤는데, 이제 또 과인을 버리고 집으로 돌아가신다니, 모르겠습니다만 계속해서 뵐 수 있을런지요."
맹자께서 대답하셨다. "감히 청하지는 못하겠으나 진실로 바라는 바입니다."
후일에 왕이 시자時子에게 말했다. "내가 나라 가운데 맹자에게 집을 주고 만종萬鍾으로 제자를 기르게 해서 모든 대부들과 나라 사람들이 다 존경하고 본받도록 하고 싶소. 그대는 왜 나를 위해 이를 말해 주지 않소.”

시자는 제나라 조정의 신하다. 중국中國은 나라 중앙에 해당하는 곳이다. 만종萬鍾은 곡식과 녹을 세는 수량단위다. 종鍾은 양을 나타내는 명칭으로 6곡斛 4두斗*로 셈한다. 긍科은 존경한다는 말이다. 식式은 본받는다는 말이다. 합盍은 ‘왜 ⋯하지 않는가’라는 말이다.

시자가 진자陳子를 통해 맹자께 말씀드리도록 하자 진자가 시자의 말을 맹자께 아뢰었다.

진자는 제자 진진陳臻이다.

맹자께서 말씀하셨다. “그렇다. 저 시자가 그게 안 된다는 걸 어찌 알겠느냐. 내 부자가 되고 싶었다면 십만 종을 사양하고 만 종을 받는 것이 부자가 되려는 길이라고 생각했겠느냐.

맹자의 말은, 도가 이미 실행되지 않았다면 그 의義는 다시 머물러서는 안 된다는 것이다. 만약 내가 부자가 되길 바라는데 이미 경卿이 되었을 때 십만 종을 받지 않고 또 이만 종을 원한다면 이는 못난 사내가 하는 일일 뿐이다. 내가 부자가 되도록 하려는 것도 차마 하지 않았는데 하물며 부유하게 되지 않는 일에는 어떻겠는가라는 뜻이다.

계손季孫이란 사람이 한 말이 있다: ‘이상하구나, 자숙의子叔疑는. 임금이

---

* ‘6곡斛 4두斗’(= 1종鍾)는 지금의 도량형으로 헤아리면 64말[斗]이다. 1곡(斛)은 10말이다.

자신에게 정사를 맡겼다가 쓰지 않으면 역시 그만둘 뿐인데, 또 자기 자제가 경이 되도록 하였다. 사람 가운데 역시 누가 부귀富貴를 바라지 않겠는가마는 부귀 가운데도 유독 높은 언덕[龍斷]을 독점하는 자가 있다.'

| 주씨가 말했다: "계손과 자숙의는 어느 시대 사람인지 모르겠다. 농단龍斷은 언덕이 끊어져 높은 곳이다. 그 뜻이 다음 문장에 보인다. 자숙의가 조정에서 쓰이지 않은 적이 있었는데, 자기 자제가 경이 되도록 하였다. 계손은, 그가 이쪽(조정에서 쓰이는 것)에서 얻지 못하자 또 저쪽(자제를 경이 되도록 한 것)에서 얻기를 구하려 하자, 마치 다음 문장에서 못난 남자가 높은 언덕에 올라 한 짓과 같다고 비판하였다. 맹자는 이 말을 인용해 도가 이미 실행되지 않았는데 또 녹을 받길 바란다면 자숙의와 다를 바 없음을 밝힌 것이다."

옛날 교역하는 사람들이 자기가 가진 물건으로 없는 물건과 바꾸면, 담당 관리는 분쟁을 다스릴 뿐이었다. 한 못난 남자가 있어 꼭 높은 언덕[龍斷]을 찾아 올라가서는 좌우를 살펴보고는 시장의 이익을 그물질하듯 가져가 버려 사람들이 모두 천하게 여겼다. 때문에 이에 따라 세금을 걷게 되었으니 상인들에게 세금을 걷는 일은 이 못난 남자에서부터 시작되었다."

| 맹자가 농단이란 말을 이렇게 풀이한 것이다. 다스린다는 말은 분쟁을 다스린다는 말이다. 좌우를 살펴본다는 말은 이미 이쪽에서 잃었으니 또 저쪽에서 얻길 바란다는 말이다. 망罔은 그물질하듯 얻는다는 말이다.

이상은 제10장이다.

○ 옛 주(주희, 『집주』)에는 정자程子가, "제나라 왕이 맹자를 대우한 방식을 옳지 않다 할 수 없고, 맹자 역시 제나라 사람들의 존경과 본보기가 되길 바라지 않은 것은 아니었다"라고 한 말을 인용했다. 내 생각에는, 이는 맹자의 마음을 아는 사람이 아니다. 맹자는 진晉나라 평공平公이 해당亥唐을 대우한 일에 대해 논하면서, "사士가 현자를 존경하는 방식이지, 왕공이 현자를 존경하는 방식이 아니다"(「만장 하」 제3장)라고 한 적이 있다. 이 말을 통해 보면, 제나라 왕은 맹자에게 정사를 맡겨 탕왕과 무왕의 도를 함께 수양하지 않고, 그저 맹자에게 집을 주고 녹을 주어서 나라사람들이 존경하고 본받도록 하였다. 이는 맹자를 대우하는 방도가 아니다. 맹자가 제나라에 머무르지 않은 것도 당연하다.

11.

맹자께서 제나라를 떠나 획畵에서 묵으셨다.

| 획은 제나라 서남쪽 수도 부근의 고을이다.

왕을 위해 떠나는 것을 만류하고 싶어 하는 사람이 있어, 앉아 말씀을 드렸으나 맹자께서 응답하지 않고 안석에 기대 누우셨다.

| 은隱은 기댄다는 말이다. 손님이 앉아 얘기를 하는데도 맹자는 응대하
  지 않고 누웠다.

손님이 못마땅해하며 말했다. "제가 재계하고 하룻밤을 묵은 뒤에 감히 말씀을 드렸는데 선생님께서 누우시고 듣지 않으시니 다시는 감히 뵙지 말아야겠습니다."

| 제자弟子는 손님이 자신을 이르는 말이다. 제숙齊宿은 재계하고 하룻밤
  을 지낸 것이다.

맹자께서 말씀하셨다. "앉게. 내 자네에게 분명하게 얘기해 주겠네. 옛날
노나라의 목공繆公은 자사子思 곁에 사람이 없으면 편안하게 해드리지 못
했다고 여겼고, 설류泄柳·신상申詳은 목공 곁에 사람이 없으면 자신들을
편안하게 여기질 못했네.

| 주씨가 말했다: "목공은 자사를 존경으로 예우해서 항상 사람들이 자
  사를 돌보도록 해 그 곁에 자신의 성의를 전달해야 자사를 편안하게
  머물게 했다고 여겼다. 설류는 노나라 사람이고, 신상은 자장子張의 아
  들이다. 목공은 이들을 자사처럼 존경하지는 않았다. 하지만 두 사람은
  의리상 일을 구차하게 용납하지 않아서, 현자가 임금의 좌우에 있으면
  서 임금을 지키고 돌보지 않으면 역시 자신을 편안히 할 수 없었다."

그대가 어른을 위해 염려하지만 목공이 자사에게 해준 것에 미치지 못하
니 그대가 어른을 거절한 것인가, 어른이 그대를 거절한 것인가?"

| 어른[長者]은 맹자가 자신을 부른 말이다. 제나라 왕이 그대를 보내지
  않았는데 그대가 스스로 왕을 위해 나를 머물게 하려 한다. 이는 나를
  위해 염려한 행동이지만 목공이 자사를 머무르게 한 일에는 미치지 못
  한다, 그렇다면 내가 그대를 거절한 게 아니라 그대가 먼저 나를 거절
  한 것이다, 라는 말이다.

이상은 제11장이다.

○ 제나라 왕은 대현大賢을 대우하는 방도를 알지 못했고 손님 역시 대현을 대우하는 예를 몰랐는데 어떻게 함께 무슨 일을 할 수 있겠는가. 맹자가 응대하지 않은 것도 당연하다.

12.

맹자께서 제나라를 떠나셨을 때 윤사尹士가 사람들에게 말했다. "왕이 탕왕이나 무왕같이 될 수 없음을 맹자가 몰랐다면 이는 총명하지 못한 것이고 될 수 없음을 알면서도 왔다면 이는 은택을 구한 것이다. 천 리 길을 와서 왕을 만났다가 뜻이 맞지 않았기 때문에 떠났는데 사흘을 묵고 나서 획晝을 떠났으니 왜 이리도 지체하며 머물렀던 것인가. 나는 이것이 못마땅하다."

| 윤사는 제나라 사람이다. 간干은 구한다는 말이다. 택澤은 은택을 말한다. 유체濡滯는 지체하며 머무른다는 말이다.

고자高子가 이 말을 맹자께 말씀드렸다.

| 고자 역시 제나라 사람으로 맹자의 제자다.

맹자께서 말씀하셨다. "저 윤사가 어떻게 나를 알겠느냐. 천 리 길을 와서 왕을 만난 일은 내가 바라는 바였지만, 뜻이 맞지 않았기 때문에 떠난 일은 어찌 내가 바라는 바이겠느냐. 내 부득이해서였다.

| 맹자의 말을 한 번 듣게 되면 천하의 백성들이 모두 편안하게 된다. 이

것이 맹자가 바라던 바였다. 뜻이 맞지 않아 떠난 것이 어떻게 맹자의 본심이겠는가.

내가 사흘을 묵고서 획晝을 떠났지만 내 마음에는 오히려 빠르다고 여겼다. 왕이 마음을 고치기를 바랐던 것이다. 왕이 마음을 고쳤다면 반드시 나를 돌아오게 했을 것이야.

│ 왕이 바란 것은 패자覇者가 되는 길을 익히는 데 있었고 맹자가 권한 길
│ 은 진정한 왕[王者]이 되는 방도에 있었다. 이 점이 왕이 마음을 고치길
│ 바랐던 이유이다.

획을 떠났는데도 왕이 나를 쫓아오지 않았을 때 나는 그런 후에야 주저 없이浩然 돌아갈 뜻을 갖게 되었다. 그렇더라도 내가 어떻게 왕을 버릴 수 있겠느냐. 왕은 그래도 충분히 선행을 하실 수 있으니, 왕께서 나를 쓰신 다면 왜 제나라 백성들만 편안해지겠느냐. 천하의 백성이 모두 편안해질 것이다. 왕께서 마음을 고치시길 나는 날마다 바랐다.

│ 호연浩然은 물이 흘러 멈출 수 없는 것과 같다.

내가 어떻게 이런 졸장부처럼 하겠느냐: 임금에게 간언을 올렸다가 받아 들이지 않자 분노해 씩씩거리는 기운을 얼굴에 드러내고, 떠나면 하루의 힘을 다 쓴 다음에야 머무르겠느냐?"

│ 행행悻悻은 성을 낸다는 뜻이다. 궁窮은 다 쓴다는 말이다. 소인은 본래
│ 임금을 사랑하는 마음이 없고 또 세상 사람들이 칭찬하고 헐뜯는 것을
│ 잊을 수 없기 때문에 이와 같이 행동한다는 말이다.

윤사가 이 말을 듣고 말했다. "나는 참으로 소인이로구나."

| 윤사는 맹자의 말을 듣고 군자의 도는 소인이 헤아릴 수 있는 게 아니라는 사실을 알았다. 그러므로 그 말에 깊이 감복한 것이다.

이상은 제12장이다.

○ 주씨가 말했다: "이 장은 성현이 도를 행하고 시대를 구제할 때에 시급히 베풀려는 본심과 임금을 사랑하고 백성에게 은택을 베푸는 일에 연연해하고도 남는 마음을 보여 준다."

○ 군자는 천하에 대해 하루도 세상을 잊겠다는 마음을 가진 적이 없다. 도가 천하를 이롭게 할 수 있다면 기뻐하며 도를 실행한다. 맹자가 사흘을 묵고 획畫을 떠난 것을 보면 맹자가 천하를 사랑하는 마음을 구구하게 헐뜯거나 칭찬하면서 구차한 점이 있다고 하지 말아야 한다. 윤사는 세상의 속된 견해를 가지고 맹자를 의심했다. 하지만 맹자의 말을 한 번 듣고 스스로 자신의 죄를 털어놨다. 참으로 녹록한 인물에 비할 사람이 아니다. 후세에 임금을 섬기는 사람들은 한 번 뜻이 합치하지 않으면 자신을 보전해 빠르게 떠나서는 다시는 임금을 돌아보지 않았다. 역시 윤사에게도 죄인이 된다.

13.

맹자께서 제나라를 떠나실 때 충우充虞가 길에서 물었다. "선생님께서는 기쁘지 않은 기색이 있는 것 같습니다. 이전에 저는 선생님께서 '군자는 하늘을 원망하지 않고 사람을 탓하지 않는다'라고 하신 말씀을 들었습니다."

> 충우는 맹자의 근심을 풀고 아울러 자기의 의혹을 해명하고 싶었기 때문에 길 가운데에서 물은 것이다. 예豫는 기뻐한다는 말이다. 우尤는 허물한다는 말이다. 맹자는 제나라를 바탕으로 왕도王道를 일으키려 한 적이 있었는데 뜻이 맞지 않아 떠났다. 이때 천하를 근심하는 마음이 얼굴에 나타났던 것이다. 그러므로 충우는 이것을 잘 모르고 기뻐하지 않는 것이라 생각했다.

맹자께서 말씀하셨다. "그때는 그때고 이때는 이때다.

> 그때는 제나라에 있을 때를 말한다. 이때는 지금 이 시간을 말한다. 모두 한때 뜻이 맞느냐 안 맞느냐는 문제이지, 평생 동안 얻고 잃는 문제가 아니라는 말이다.

500년마다 반드시 진정한 왕이 나타나는데 그 사이에는 꼭 세상에 유명한 사람이 나온다.

> 요순에서 탕왕까지, 탕왕에서 문왕·무왕까지 모두 500여 년이 지나 성인이 나타났다. 간間은 중간을 말한다. 정확히 500년이라고 할 수는 없지만, 그 사이에는 또 반드시 덕德과 업적, 명성과 인망人望으로 세상에 유명한 사람이 나와 태평성대를 이룰 수 있다는 말이다.

주나라로부터 그 이후 700여 년이 지났으니, 연수로 보면 때가 지났지만 시기로 따져 보면 가능하다.

> 연수는 500년의 기간을 말한다. 시기로 따져 본다는 말은 500년 사이

에 반드시 세상에 유명한 사람이 나오는데 맹자가 사는 때가 바로 그 시기에 해당한다는 것이다.

하늘이 천하를 평화롭게 다스리려고 하지 않아서이지, 천하를 평화롭게 다스리려 한다면 지금 시대에 나를 빼고 그 누구이겠느냐. 내가 무엇 때문에 기뻐하지 않겠느냐."

| 하늘이 천하를 평화롭게 다스리려 하지 않는다면 분명 천명이지만 천하를 평화롭게 다스리려 한다면 내가 아니면 안 될 것인데 왜 한때 불우한 것을 가지고 기뻐하지 않다고 하겠느냐.

○ 성현은 천하에 대해서는 그 걱정이 참으로 간절하지만 도의 흥폐興廢와 존망存亡에 대해서는 만나는 상황을 편안히 여기며 기뻐하지 않는 마음을 가진 적이 없다. 걱정하는 것이 어진 사람의 본심이며 기뻐하지 않는 마음은 얻을까 근심하고 잃을까 근심하는 자의 일이다. 성현이 어떻게 이런 마음을 갖는다 하겠는가.

이상은 제13장이다.

14.

맹자께서 제나라를 떠나 휴休에서 머무르셨는데,

| 휴는 지명이다.

공손추가 물었다. "벼슬을 하면서 봉록을 받지 않는 것이 옛날의 도입니

까?"

맹자께서 말씀하셨다. "아니다. 숭崇에서 내가 왕을 만나 보고 물러나서 떠날 뜻을 갖게 되었다. 그 뜻을 바꾸고 싶지 않았기 때문에 봉록을 받지 않았던 것이다.

│ 숭崇도 지명이다. 제나라 왕이 맹자를 공경해 이곳 교외까지 나와 맹자를 맞이하였다. 맹자가 처음 제나라 왕을 보고 확실히 뜻이 일치하지 않는 부분이 있었기 때문에 떠나갈 뜻을 가졌던 것이다. 주씨가 말했다: "변變은 떠날 뜻을 바꾼다는 말이다."

이어서 군대 동원 명령이 있었기에 떠나겠다고 청할 수 없었던 것일 뿐, 제나라에 오래 머무른 건 내 뜻이 아니었다."

│ 사명師命은 군대를 동원하는 명령을 말한다. 이때 제나라가 연나라를 공격했기 때문에 떠나겠다고 청하기가 어려웠다.

○ 벼슬을 하면서 봉록을 받는 것이 예다. 제나라의 봉록을 받지 않는 것은 상황에 맞게 행동한 것이다. 성현은 일에 대해 구차하지 않음이 이와 같다.

이상은 제14장이다.

○ 문인이 이 장을 기록해 맹자가 제나라에 있었던 시말始末을 끝맺었다.

맹자고의 권3

孟子古義 卷之三

등문공(滕文公)편

이 편은 맹자가 등滕나라와 송宋나라·노魯나라에 있었던 동안의 일을 기록한 것이다. 처음에는 왕도王道의 규모를 논하였고, 다음으로는 사설邪說(그릇된 견해)의 해악을 논변하였으며, 마지막에는 맹자와 문답한 말을 다양하게 기록하였다. 모두 학문에 긴요한 말들이다.

등문공 장구 상

모두 5장이다.

1.

등나라 문공이 세자였을 때 초나라에 가는 길에 송宋나라에 들러 맹자를
뵈었다.

> 세자는 태자를 말한다. 맹자는 이때 송나라에 있었다.

맹자께서는 본성은 선하다고 말씀하시고 말씀하실 때마다 반드시 요순
을 언급하셨다.

> 도道는 말한다는 뜻이다. 성性은 사람이 태어날 때 받는 자질로 각자 다
> 르기는 하지만 그 본래 모습은 선을 좋아하고 악을 미워하지 않는 게
> 없다. 이것이 이른바 선이다. 반드시 본성이 선하다고 언급한 것은 요
> 순이 될 수 있음을 증명하는 것이며 요순이 될 수 있는 것은 바로 본성

이 선하기 때문이다. 상세한 설명은 「고자 상」편에 보인다.

세자가 초나라에서 돌아올 때 다시 맹자를 뵈었다. 맹자께서 말씀하셨다. "세자께서는 제 말을 의심하십니까? 도道는 하나일 뿐입니다.

| 도는 인의仁義일 뿐이다. 요순이 인륜의 최고경지에 이를 수 있었던 이
  유는 역시 인의를 완전하게 실천한 것에 불과할 뿐이니, 인의가 어찌
  사람들이 하기 어려운 것이겠는가. 역시 실행하지 않는 것을 걱정해야
  한다.

성간成覸은 제나라 경공景公에게 '저 사람(성현)도 장부丈夫이고 나도 장부
인데 내가 왜 저 사람을 두려워하겠습니까'라 말했고, 안연은 '순임금은
어떤 사람이며 나는 어떤 사람인가. 선한 일을 하는 사람은 역시 이(순임
금)와 같을 것이다'라고 하였으며, 공명의公明儀는 '문왕은 내 스승이다라
고 주공이 말씀하셨는데 주공이 왜 나를 속이겠는가'라고 말했습니다.

| 성간은 사람의 성명이다. 저 사람은 성현을 말한다. 유위자역약시有爲者
  亦若是는 사람이 선한 일을 하면 모두 순임금과 같다는 말이다. 공명은
  성이고 의는 이름으로, 노나라의 현인이다. '문왕은 내 스승이다'라는
  말은 주공이 한 것으로, 공명의 역시 문왕을 확실히 스승으로 삼을 수
  있다고 보았기 때문에 주공의 말을 외우며 주공이 자신을 속이지 않았
  다고 감탄한 것이다. 맹자는 다시 세 사람의 말을 인용해 성현은 분명
  배워서 될 수 있음을 밝히고, 또 세자에게 뜻을 세워 힘쓰며 하는 일에
  게으르지 말라고 권유하였다.

지금 등나라는 긴 곳을 잘라 짧은 곳을 보충하면 50리는 되겠지만 그래도 좋은 나라를 만들 수 있습니다.

| 절絶은 자른다는 말이다.

『서경』에, '약이 어지럽지 않으면 그 병은 낫지 않는다'라고 하였습니다."

| 『서경』의 말은 『고문상서』 「열명說命」편에 보인다. 명현瞑眩은 어지러운
   것이다. 보잘것없는 일에 안주해 스스로 부지런하지 않으면 좋은 나라
   를 만들 수 없다는 말이다.

이상은 제1장이다.

○ 맹자 시대에는 세상의 기풍이 쇠퇴하고 도가 미약해져 공리功利의 말이 사람 골수에까지 스며, 인의仁義가 좋다는 것을 알지 못했을 뿐 아니라 자신을 매우 낮게 보아서 인의를 행할 수 없다고 생각했다. 그러므로 맹자는 다만 본성은 선하다는 말씀을 하고 또한 요순을 반드시 언급해 사실로 증명해서, 도는 하나일 뿐이라고 말한 것이다. 본성이 선하기는 하지만 도를 통해 인도하지 않으면 덕을 완성할 수 없다. 그런 까닭에 맹자의 말이 이와 같은 것이다. 후세의 유학자들이 말하듯 '반드시 본성은 하나다라고 말해야 한다'면 '도는 하나일 뿐이다'라고 말할 수 없을 것이다. 그런 말과 같다면 요순과 길 가는 사람과는 역시 아무 차이가 없을 텐데 어떻게 가장 지혜로운 사람과 가장 어리석은 사람의 구별이 있겠는가. 사람이 신령스런 면이 있지만 새처럼 날 수 없고 물고기처럼 뛰어오를 수 없다. 하지만 요임금이 한 말을 외우고 순임금이 한 행동을 실천하는 일에 있어서는 할 수 없는 사람이 없다. 본성이 선한 점에서는 성인과

내가 같은 부류이기 때문이다. 그러나 조금이라도 같지 않은 면이 없을 수는 없으므로 반드시 도를 가지고 하나로 만들어야 한다. 그러므로 '본성'[性]이라 하지 않고 '도'道라고 한 것이다. 배우는 사람들은 잘 살펴보아야 한다.

2.

등나라의 정공定公이 세상을 떠나자 세자가 연우然友에게 말했다. "예전에 맹자께서 송나라에서 나와 말을 나눈 적이 있는데 마음에서 끝내 잊을 수 없습니다. 지금 불행히도 대고大故를 당했으니 저는 선생님을 맹자에게 여쭙도록 한 뒤에 일을 치르고 싶습니다."

| 정공은 문공文公의 아버지다. 연우는 세자의 스승이다. 대고大故는 부모의 상을 말한다.

연우가 추鄒나라에 가서 맹자에게 여쭈었다.

| 맹자가 이때 추나라에 돌아가 있었다.

맹자께서 말씀하셨다. "참으로 훌륭하지 않습니까. 부모님 상은 진정 자신이 다해야 합니다. 증자께서, '살아 계실 때는 예로 섬기고, 돌아가셔서는 예로 장사 지내고, 제사를 예로 드리면 효라고 할 수 있다'라고 말씀하셨습니다.

| 당시 제후들은 모두 옛날의 예를 실행하지 않았기 때문에 맹자가 그 질문이 훌륭하다고 한 것이다. 그리고 부모의 상에는 자식으로서 간절

한 감정을 자신이 다 바치지 않으면 안 된다고 말하고, 또 증자의 말을 인용해 효자의 도로서 당연히 해야 할 것을 말해 주었다. 증자의 말은 원래 공자가 한 것이다.

제후의 예는 제가 아직 배우지 못했습니다만, 그래도 제가 들은 적이 있습니다: 3년 상에 제최^{齊衰}의 상복을 입고 미음과 죽을 먹는 것은 천자에서 서민에 이르기까지 하·은·주 삼대가 공통이었습니다."

| 3년 상은 자식이 태어나 3년이 지난 뒤에야 부모의 품에서 벗어나기 때문에 부모의 상은 반드시 3년을 쓰는 것이다. 제^齊는 옷의 아랫단에 바느질을 하는 것이다. 바느질하지 않은 옷을 참최^{斬衰}라 하고 바느질한 옷을 제최^{齊衰}라 한다. 소^疏는 거친 베를 말한다. 전^飦은 된죽을 말한다. 상례^{喪禮}에서는 3일에야 비로소 죽을 먹고, 장례^{葬禮}를 치른 후에 거친 음식을 먹는 것이 예로부터 지금까지 귀한 사람이나 천한 사람 모두에게 통용되는 예다.

○ 예에는 근본과 말단이 있다. 근본은 사람이 당연히 해야 할 일로 잠시도 몸에서 떠나서는 안 되는 것이다. 말단은 꼭 해야 할 일은 아닌 것으로, 상황을 따라 가감해야 한다. 이런 까닭에 맹자는 다만 근본만을 들어 알려 준 것이다. 이는 예를 실행하는 사람은 당연히 알아야 하는 것이다.

연우가 돌아와 보고해 3년 상을 치르기로 결정했는데 부형과 백관이 모두 하려고 하지 않으면서 말했다. "우리 종주국 노나라의 선군^{先君}께서도 이를 실행하지 않았고 우리 선군께서도 실행하지 않았는데, 자^子의 몸에 와서 이를 뒤집는 것은 옳지 않습니다. 또 기록에도, '상례와 제례는 선조를 따른다'고 하였습니다."

| 부형父兄은 동성同姓의 노신老臣을 말한다. 등나라와 노나라는 모두 문왕文王의 후손으로 노나라의 조상 주공周公이 웃어른이므로 형제들이 최고로 모셨다. 그러므로 등나라가 노나라를 종주국이라 한 것이다. 자子는 문공을 가리키는데, 제후가 왕위를 이어 자리에 올라 1년이 지나지 않았을 때 부르는 칭호다. 지志는 기록을 말한다. 상례[喪事]와 제례에 관련된 일은 각각 선조의 법을 따라야지 자기 대代에서 바꿔서는 안 된다는 말이다. 옛 기록에서 말한 선조란 법을 만든 선조를 뜻하지 후세에 법을 무너뜨린 사람들을 말하는 것이 아닌데 부형과 백관들은 옛 기록의 뜻을 모르고 멋대로 인용한 것이다.

세자가 말했다. "저는 배운 것이 있어서 그렇습니다."

| 조씨(조기)가 말했다: "세자가 나는 맹자에게서 배움을 받았다고 말한 것이다."

세자가 연우에게 말했다. "제가 지난날 학문을 배운 적이 없고 말 달리고 칼 쓰는 일을 좋아했더니 지금 부형과 백관들이 저를 만족스럽게 생각하지 않습니다. 큰일에 예를 다하지 못할까 염려스러우니 선생님께서 저를 위해 맹자께 여쭤 주십시오."
연우가 다시 추나라로 가 맹자께 여쭈었다. 맹자께서 말씀하셨다. "그렇습니다. 다른 것으로 찾을 것 없습니다. 공자께서도, '임금이 죽거든 정사는 총재에게 듣고, (세자가) 죽을 먹고 얼굴빛이 매우 흑색이 되어 상주의

자리에 가 곡을 하면 백관과 담당관리들이 슬퍼하지 않는 이가 없는 것은 솔선해서이다. 윗사람이 좋아하는 것이 있으면 아랫사람은 반드시 더 좋아하는 게 있는 것이다. 군자의 덕은 바람이고 소인의 덕은 풀이니 바람이 불면 풀은 반드시 눕는다'고 말씀하셨습니다. 이 일은 세자에게 달렸습니다."

| 불아족不我足은 나를 자신들의 뜻을 만족시키지 못하는 사람으로 본다는 말이다. 다른 데서 찾을 것 없다는 말은 자신에게 책임을 물어야 한다는 말이다. 총재冢宰는 육경六卿(육관六官의 장長)의 최고지위다. 철歠은 마신다는 말이다. 심흑深黑은 매우 검은 색이다. 즉卽은 나아간다는 말이다. 상尙은 더한다는 말이다. 언偃은 쓰러진다는 말이다. 맹자는 공자의 말을 상황에 맞게 조정해 대답하였지만, 다만 세자 자신이 슬픔을 다 표현하는 데 달려 있을 뿐이라고 말한 것이다.

연우가 돌아와 보고하자 세자가 말했다. "그렇습니다. 이는 진정 제게 달렸습니다." 다섯 달 동안 여막에 살면서 명령이나 계교戒敎를 내리지 않았는데, 백관과 친척들이 "예를 안다"고 하였다. 장례 치를 때가 돼서는 사방에서 와 보고, 슬퍼하는 얼굴빛과 애처롭게 곡하며 우는 모습에 조문하는 사람들이 크게 기뻐하였다.

| 제후는 다섯 달이 지나 장례를 치르는데, 장례 치르기 전에는 중문 밖에 지은 여막에 살면서 상을 치르는 동안 말을 하지 않는다. 그러므로 명령이나 계교를 내리지 않는 것이다. 주씨(주희)가 말했다: "예를 안다고 하였다[可謂曰知: (예를) 안다고 말할 수 있겠다]는 글은 빠진 부분이나 잘못된 글이 있는 것 같다. 어떤 사람은, '모두 세자가 예를 안다고 말하

였다'라고 하였다."

이상은 제2장이다.

○ 고례古禮는 회복하기 어렵다고 사람들이 모두 탄식한다. 하지만 고례가 꼭 실행하기 어려워서가 아니고 실행할 수 있는 사람이 없어서 걱정스러울 뿐이다. 선왕先王의 예법은 맹자시대에 이르러 모두 파괴되고 사라져 버려 다시는 아는 사람이 없었다. 오직 문공만이 맹자의 성선설性善說에 감복해 특별히 실행했던 것이다. 마침내는 부형과 백관이 예를 안다고 말하였고 사방에서 조문 온 사람조차도 크게 기뻐하였으니, 문공이 자질을 가졌고 그런 후에 실행할 수 있었음을 알겠다. 그렇지 않으면 끝내 실행할 수 있는 시기가 없었을 것 같다. 하지만 맹자가 가르친 방법이 핵심을 터득해 간명하고 조목조목 잘 알아 사람들이 실행하기 쉽도록 하지 않았다면 문공이 현명하더라도 꼭 실행할 수는 없었을 것이다. 문공의 자질이 훌륭했을 뿐만 아니라 맹자의 설명 역시 핵심을 터득했기 때문임을 알 수 있다.

3.

등나라 문공이 나라를 다스리는 법을 물었다.

> 주씨가 말했다: "문공이 예를 갖춰 맹자를 초빙했기 때문에 맹자가 등나라에 오자 문공이 질문한 것이다."

맹자께서 말씀하셨다. "농사일은 천천히 해서는 안 됩니다.

| 나라를 다스리는 일은 농사를 근본으로 한다. 그러므로 농사는 당연히
　시급히 해야 하고 천천히 해서는 안 된다.

『시경』에 '낮에는 띠풀을 해 오고, 밤에는 새끼를 엮어, 서둘러 지붕을 올
려야, 오는 봄에 비로소 백곡을 뿌릴 수 있다'[晝爾于茅, 宵爾索綯, 亟其乘屋, 其始
播百穀]고 하였습니다.

| 시는 「빈풍·7월」이다. 우于는 가서 해 온다는 말이다. 도綯는 새끼를 꼰
　다는 말이다. 극亟은 서두른다는 말이다. 승乘은 올린다는 말이다. 파播
　는 뿌린다는 말이다. 맹자가 시를 인용해 백성의 농사일은 천천히 할
　수 없다는 말을 증명했다. 지붕 올리는 일을 이처럼 서두르는 것은 오
　는 봄에 다시 온갖 곡식을 파종하기 시작하면 지붕 올리는 일에 충분
　히 힘쓸 겨를이 없기 때문이다.

백성들이 사는 길은, 일정한 일이 있는 사람은 마음을 일정하게 유지하며
일정한 일이 없는 사람은 마음을 일정하게 유지하지 못한다는 것입니다.
일정하게 유지하는 마음이 없으면 멋대로 하고 치우치며 사악한 짓을 하
지 않는 게 없습니다. 죄에 빠지기를 기다려 그런 다음에 따라가서 형벌
을 내리면 이는 백성들에게 그물질을 하는 것입니다. 어떻게 어진 사람이
재위에 있으면서 백성들에게 그물질하는 일을 할 수 있겠습니까?

| 뜻풀이는 전편에 보인다(「양혜왕 상」 제7장).

이런 까닭에 현명한 임금은 반드시 공손하고 검소하여 아랫사람을 예로
대하며 백성들에게 세금을 거둘 때도 절제가 있습니다.

공손하고 검소하면 자신을 수양하는 데 절제하고 물건을 쓰는 데도 절약한다. 예로 아랫사람을 대하면 자기 멋대로 하는 마음이 없으며, 백성들에게 세금을 거둘 때 절제를 하면 아랫사람들이 여유로운 재산을 갖게 된다.

양호陽虎가, '부자가 되려면 인仁할 수 없고, 인을 하면 부자가 될 수 없다'고 했습니다.

양호의 의도는 원래는 어진 행동이 부자가 되는 데 해가 된다는 뜻이었을 것이다. 맹자는 이 말을 인용해, 임금된 이들은 백성과 함께 부를 공유해야 마땅하지 부자가 되는 데 힘써서만은 안 된다고 말한 것이다.

하夏나라 때는 50무의 땅에 공법貢法을 시행하였고, 은殷나라 사람들은 70무의 땅에 조법助法을 시행하였으며, 주周나라 사람들은 100무의 땅에 철법徹法을 시행하였습니다만 실상은 모두 10분의 1 세금입니다. 철徹은 통한다는 말이며 조助는 힘을 빌린다는 말입니다.

하·은·주 세 나라가 백성에게 세금을 거뒀던 법제를 말한 것이다. 하나라 때에는 한 장부가 50무의 땅을 받고 모든 장부들에게 5무의 세입을 계산해 공貢이라고 하였다. 이것이 10분의 1 세금이다. 은나라 사람들이 처음으로 정전제를 시행했는데, 630무의 땅을 9구역(가로·세로=3×3)으로 구획해 각 구역은 70무로 하고 한가운데를 공전公田으로 한다. 그 바깥의 8구역은 8가구가 각각 1구역씩 받았다. 주나라 때에도 역시 은나라 제도와 마찬가지로 한 장부가 100무의 땅을 받았는데 그 법은 한 장부가 경작하는 공전을 실제로 계산해 보면 12무 반이므로(100무÷8=12.5) 각자 받은 사전私田 100무를 함께 계산해 말하면 112.5무의 땅에서 12.5의 수입을 세금으로 거두는 것이므로 실제는 10분의 1 세금보다 무겁다. 이를 10분의 1 세금이라고 한 것은 대략 큰 수를 말한 것이다. 철徹은 모두 통한다[通]는 말로, 주나라 사람들이 공법貢法과 조법助法 두 가지 법을 모두 포괄해 썼기 때문에 철이라고 한 것이다. 자藉는 빌린다는 말로, 백성들의 힘을 빌려 공전을 경작한다는 뜻에서 가져온 것이다.

○ 옛 주석(주희, 『집주』)에는, "여덟 가구가 정井의 땅을 공유해 경작할 때는 힘을 합쳐 일하고, 추수할 때는 경작 단위를 계산해 나누기 때문에 철徹이라고 한다"라고 하였다. 이렇게 하면 8가구가 수확한 양이 각각 고르게 공평하게 나눠져 많고 적은 차이가 없게 된다. 하지만 맹자는, "상농부는 9명의 식구를 먹여 살리고, 그 다음 농부는 8명의 식구를 먹여 살리고, 중간 농부는 7명의 식구를 먹여 살리고, 중간 다음의 농부는 6명의 식구를 먹여 살리고, 하급 농부는 5명의 식구를 먹여 살린다"(「만장 하」 제2장)고 하였다. 농사에 힘쓸 때 부지런한가 게으른가에 따라 이렇게 다섯 등급을 둔 것이다. 그렇다면 "힘을 합쳐서 일하고 경작 단위를 계산해 나누었다"는 말은 설명이 통하지 않는다.

○ 하·은·주 삼대의 제도는 경작지 면적이 다르긴 하지만 실상 모두 100무이다. 하나라 때는 50무, 은나라 사람은 (정전법에 따라) 70으로 구획해 은나라 사람은 70무, 주나라 사람은 100무로 구획했지만, 보폭이 길고 짧은 차이가 있어도 땅에는 넓고 좁은 차이가 없다. 어째서인가? 100무의 구분으로 상농부는 9명의 식구를 먹여 살리고 하농부는 5명의 식구를 먹여 살렸다. 하나라의 제도 같은 경우 50무로 정전법을 쓰

고 또 10분의 1 세금을 바쳤으니 100무의 반에도 미치지 못하므로 그 수입은 부부 두 식구의 입에 공급할 수 있는 양에 불과하다. 위로 부모가 있고 아래로 자제가 있으면 무엇으로 그 식구들을 먹여 살렸겠는가. 그러므로 하나라의 제도는 본래 이와 같지 않았을 것이고 하나라·은나라의 법 역시 모두 주나라 제도와 다르지 않았음을 알겠다. 한나라의 반고班固는 "공전 20무를 전사田舍를 짓는 데 썼다"는 설을 주장했다. 하지만 『맹자』에는 그런 설명이 없고, 또 『시경』에 "내 아내·자식과 함께, 저 남쪽 이랑으로 밥을 내가네"(「빈풍·7월」)라는 구절을 보면 전사가 없었음은 더욱 명확하다.

용자龍子는, '땅을 경작하는 데는 조법助法보다 좋은 게 없고, 공법貢法보다 나쁜 게 없다'라고 하였습니다.

│ 용자는 고대의 현인이다. 당시에는 공법을 쓰기도 하고 조법을 쓰기도 했는데 그 명칭만 남았었지 실상은 없었다. 하지만 공법의 해악이 더욱 심했기 때문에 용자가 그 사실에 근거해 이 말을 한 것이지, 하나라·은나라의 제도를 논한 게 아니다.

공법이란 여러 해의 중간치를 따져 보고 일정한 세금으로 삼는 것입니다. 풍년이 든 해에는 곡식이 넘쳐나서 세금을 많이 거둬도 포학한 일이 아닌데도 적게 거둬 가고, 흉년이 든 해에는 밭에 거름을 주어도 수확이 부족한데 반드시 정해진 세금의 양을 채워 거둬 갑니다.

│ 맹자가 용자의 말을 이렇게 해석한 것이다. 낭려狼戾는 낭자狼藉와 같은 말로 많다는 뜻이다. 분糞은 거름을 주어 땅기운을 북돋는 것을 말한

다. 영盈은 채운다는 말이다. 이 말은, 풍년엔 백성에게서 세금을 많이 거둬도 포학한 일이 아닌데 적게 거두고 흉년에는 백성들이 밭에 거름을 줘도 먹을 수 있는 게 없는데 오히려 세금을 거두면서 꼭 정해진 수를 채우므로, 풍년·흉년에 따라 세금을 올리고 내려 합당한 세금을 걷은 조법만 못하다는 뜻이다. 하지만 이는 다만 후세의 법 운용에서 생긴 폐해이지 하나라의 공법이 꼭 이처럼 나쁘지는 않았을 것이다.

백성의 부모가 되어 백성들로 하여금 원망하는 눈으로 일 년 내내 수고롭게 움직여도 부모를 봉양할 수 없고, 또 물건을 맡고 이자를 받아 갚게 해 더 거두어서 노인과 어린애들이 죽어 도랑에 구르도록 한다면 어디에 백성의 부모가 있단 말입니까.

> 맹자가 또 공법의 해악을 말한 것이다. 예眄는 원망하는 눈으로 보는 것이다. 근동勤動은 수고롭고 힘들게 일하는 것을 말한다. 칭稱은 시행하는 것이며, 대貸는 빌리는 것이다. 칭대稱貸는 남에게 담보물건을 받고 이자까지 내 상환하는 것이다. 익지益之는 충분히 거두는 양을 채우는 것이다. 치稚는 어린아이를 말한다.

대대로 녹을 주는 일은 등나라에서 분명 시행하고 있습니다.

> 이 문장은 잘못 놓인 것 같다. 여기서 문장의 흐름으로 추정해 본다면 아래 문장의 "바라건대 들은 9등분하고"[請野九一] 앞에 놓아야 한다.

『시경』에, '우리 공전公田에 비가 내리고, 마침내 내 사전私田에까지 오길'이라고 했습니다. 오직 조법에만 공전이 있으니, 이 시를 통해 보면 주나라라도 역시 조법을 쓴 것입니다.

| 시는 「소아·대전大田」이다. 비가 공전에 내리고 마침내는 내 사전에까
　지 내리기를 바란 것이다. 당시에는 공법만 있고 조법은 다 사라졌다.
　전적典籍이 남아 있지 않아 이 시로만 증명할 수 있기 때문에 맹자가 이
　시를 인용하였다.

상庠·서序·학學·교校를 설치해 백성을 가르치십시오. 상庠은 돌본다는
말이고, 교校는 가르친다는 말이며, 서序는 활을 쏜다는 말입니다. 하나라
에서는 교라 하였고, 은나라에서는 서라 하였고, 주나라에서는 상이라 하
였으며, 학은 세 나라에 공통으로 있었던 것입니다. 모두 인륜을 밝히는
기구로, 인륜이 위에서 밝아지면 백성들은 아래에서 친목합니다.

| 손석孫奭이 말했다: "상庠이라고 한 것은 이곳에서 노인들을 돌보기 때
　문에 상이라고 한 것이다. 교校라고 한 것은 이곳에서 예의를 가르치기
　때문에 교라고 한 것이다. 서序라고 한 것은 이곳에서 활쏘기를 익혀
　윗사람과 아랫사람이 인사하고 공손히 행동하는 예를 실천하기 때문
　에 서라고 한 것이다. 하지만 하·은·주 삼대 모두 이곳을 학교로 해서
　인륜의 질서를 밝혔다."

○ 옛 풀이(주희, 『집주』)에는, "상庠은 노인을 돌본다는 뜻이며, 교校는 백
　성을 가르친다는 뜻이며, 서序는 활쏘기를 익힌다는 뜻으로 모두 향교
　(지방의 학교)이며, 학學은 국학國學(중앙의 학교)이다"라고 하였다. 나
　는 말한다: 옛사람들은 질박하고 진실해서 헛된 글을 숭상하지 않았
　다. 왜 실상은 없으면서 헛되이 명칭만 덧붙였겠는가. 그러므로 여기
　서는 손석의 설명을 따른다. 또 앞 편에서 맹자는, "상庠·서序의 가르침

을 엄격하게 해서"(「양혜왕 상」 제3장)라고 하였고, 『춘추좌씨전』에도, "정鄭나라 사람이 향교를 헐었다"고 하였으니, 향교는 하나라와 은나라에 통용되는 명칭이었고 또한 소위 학斈이라는 것은 없으므로 옛 풀이는 너무 글자에 집착한 설명이다.

진정한 왕이 나타나면 반드시 이 나라로 와서 이것을 법도로 삼을 것이니 이는 왕자王者의 스승이 되는 것입니다.

| 등나라가 작고 좁아 진정한 왕의 업적을 일으킬 수는 없지만 왕자의 스승이 되어 그 은택이 천하에 미칠 수 있다면 자신 스스로 진정한 왕이 되는 일과 아무 차이가 없다.

『시경』에, '주나라가 오래된 나라이지만, 천명은 새롭다'라고 하였는데 문왕을 두고 하는 말입니다. 자子께서 힘껏 제 말씀을 행하시면 또한 자子의 나라를 새롭게 할 것입니다."

| 시는 「대아·문왕」이다. 주나라는 후직后稷 이래 오랫동안 제후였지만 천명을 받아 천하를 차지한 것은 문왕부터 시작되었다는 말이다.

○ 이 부분은 정전법은 반드시 실행할 수 있으며 다음으로 학교 교육을 삼가야 한다는 것을 전적으로 말하였다. 가르침과 돌보는 일을 아울러 실행해야 하지만 돌보는 일을 근본으로 삼는 것이 실은 왕자가 나라를 다스리는 보통 방식이다.

왕이 필전畢戰에게 정전법을 묻도록 하였다. 맹자께서 말씀하셨다. "그대의 임금께서 어진 정치를 실행하시려 그대를 선택해 일을 시키셨으니 그대는 반드시 힘써야 합니다.

> 필전은 등나라의 신하다. 문공이 맹자의 말을 듣고 필전이 정전법 시
> 행을 주관하도록 하였다. 그러므로 또 필전을 보내 상세한 내용을 묻
> 게 한 것이다. 정지井地는 정전법이다.

어진 정치는 반드시 토지 경계를 올바르게 하는 것에서 시작합니다. 토지
경계가 바르지 않으면 정전의 토지구획이 균등하지 않고 곡식으로 주는
녹봉도 공평해지지 않습니다. 이 때문에 포악한 임금과 부패한 관리들은
반드시 그 토지 경계를 멋대로 하는 것입니다. 토지 경계가 올바르게 된
후라면 토지분배와 녹봉제도는 앉아서도 정할 수 있습니다.

> 경계經界는 정전법에 따라 구역을 나누는 것이다. 맹자 시대에는 정전
> 법이 폐지되었지만 아직 그 명칭은 남아 있었기 때문에 정전의 토지구
> 획이 균등하지 않다고 한 것이다. 정전의 토지구획이 균등하지 않으면
> 백성들은 늘 함부로 걷는 세금에 힘들어 어진 정치를 실행할 수 없다.
> 토지구획을 올바르게 한다면 포악한 임금과 부패한 관리는 사욕私欲을
> 용납할 곳이 없어져 토지분배와 녹봉제정 역시 힘들이지 않고도 정할
> 수 있다는 말이다.

등나라는 땅이 좁고 작지만 군자가 될 사람도 있을 것이고 야인野人(들에서
일하는 사람)이 될 사람도 있을 것입니다. 군자가 없으면 야인을 다스릴 수
없고, 야인이 없으면 군자를 돌볼 수 없습니다.

> 주씨가 말했다: "등나라의 땅이 작지만 그 안에는 역시 군자가 되어 벼
> 슬을 할 사람이 반드시 있을 것이고 역시 야인이 되어 땅을 경작할 사

람이 반드시 있을 것이다. 이 때문에 토지분배와 봉록제도는 어느 한 쪽도 없애서는 안 된다는 말이다."

바라건대, 들은 9분의 1 세금을 걷는 조법을 쓰고, 도성은 10분의 1 세금을 걷어 스스로 납부하게 하십시오.

> 『주례』에, "공경·대부·왕자제王子弟의 채읍지采邑地 도비都鄙*지역에서는 조법을 써서 8가구가 정전을 공유하고, 도성 100리 이내의 향수鄕遂 지역에서는 공법을 써서 열 명의 장부가 밭에 물길을 대는 도랑을 갖는다"고 하였는데 맹자는 주나라의 제도를 들어 말해 준 것이다.

경卿 이하는 반드시 규전圭田을 갖도록 하는데 규전은 50무입니다.

> 대대로 녹봉을 주는 통상적인 제도 이외에 또 규전을 두어 군자를 후하게 대한다. 규圭는 깨끗하다는 말로, 제사를 치르는 데 쓰기 때문이다.

여부餘夫에게는 25무의 땅을 주십시오.

> 100무의 땅 이외에 또 여부餘夫(나머지 장부)에게 줄 땅을 두어서 야인을 후하게 대하는 것이다. 정자程子가 말했다: "장부 한 명은 위로는 부모, 아래로는 처자가 있어 5명에서 8명의 식구를 기준비율로 해서 100무의 땅을 받는데, 동생이 있다면 이 동생이 바로 여부이다. 여부는 나이

---

* 도비(都鄙)지역이라고 편의상 번역했지만 『주례』에서 설명한 이상적인 행정제도와는 별개로 실제 역사에서 사용된 말은 그 의미가 약간 다르다. 주나라의 봉건제도에서 봉건 제후의 각 영토는 몇 개의 읍(邑)으로 구성된 것이었다. 영토 내의 '읍' 중에서 제후의 거주지를 '국'(國)이라 하였고, 제후에서 분가한 일족의 거주지를 '도'(都)라 하였으며, 그 이외의 곳을 '비'(鄙)라고 하였다.

16세에 별도로 25무의 땅을 받고 장성해서 가정을 갖기까지 기다린다. 그런 뒤에 다시 100무의 땅을 받는다."

○ 규전과 여부에 대한 제도는 정전법의 100무 이외에 별도로 공한지空閒地(빈 땅)를 가져와 50무를 구획해 규전으로 하고, 25무를 구획해 여부에게 이 땅을 주는 것으로 보인다. 후세에 정전제를 말하는 사람들은 천하의 토지를 구획해 바둑판처럼 정리하는 것이라고 한다. 그런 설명대로라면 중국의 9주 가운데 정전법에 속하지 않는 땅이 없을 것인데, 규전제와 여부제에 무슨 땅을 줄 수 있겠는가. 잘못된 설명이라고 하겠다.

장사[死] 지내거나 이사를 가더라도 향鄕을 벗어나지 않으니, 향전鄕田에 정전을 공유하는 사람들은 드나들 때 서로 짝을 짓고, 지키고 망을 볼 때 서로 도우며, 질병이 들었을 때 서로 부축해 준다면 백성들은 친하게 지내고 화목할 것입니다.

| 사死는 장례를 말한다. 사徙는 거주지를 옮기는 것을 말한다. 정전을 공유한다는 것은 8가구를 말한다. 우友는 동반하는 것이다. 수망守望은 외적과 도둑을 지키는 것이다.

사방 1리가 정井으로 1정이 900묘이고 그 가운데가 공전公田입니다. 8가구가 모두 사전 100무씩을 소유하고 함께 공전을 돌보아 공전 돌보는 일을 마친 후에 감히 사전私田을 돌봅니다. 이는 야인野人을 군자와 구별하는 이유에서입니다. 이것이 정전법의 대략입니다.

| 당시에는 공법貢法만 있었고 조법助法은 모두 사라졌기 때문에 여기서

상세하게 조법을 말해 알려 준 것이다. 공전은 군자의 봉록으로 하고 사전은 야인들이 받는 것이다. 공☆을 먼저 하고 사私를 나중에 하는 것은 군자와 야인을 구별하는 이유에서이다. 정전법은 위 문장에서 말한 것같이 끝나는 것이 아니기 때문에 "이것이 정전법의 대략이다"라고 하였다.

백성들에게 넉넉히 은혜를 베푸는 일은 임금과 그대에게 달렸습니다."

정전법의 핵심은 토지에 따라 알맞게 만들어 이 백성들이 넉넉하게 은혜를 입도록 하는 데 있다는 말이다.

이상은 제3장이다.

○ 정전제는 영원히 변치 않는 훌륭한 법이다. 하지만 이 제도를 부활하려는 사람들은 혹은 『주례』의 구수법*에 구속되고, 혹은 산림과 강, 저수지의 형세 때문에 의혹을 품어 실행할 수 없다는 사실에 항상 괴로워했다. 이는 모두 경전에 얽매인 선비와 썩어빠진 유학자들, 옛것을 답습하고 오래된 것을 계승하려는 자들의 편협한 견해로, 그들과는 아무 일도 할 수 없다. 총명하고 트여서 남보다 월등히 뛰어난 사람이 있어 그 일을 맡을 수 있다면 확실히 훌륭한 법이 자연스레 존재하게 되어, 한 가지 일도 흔들지 않고 한 사람도 괴롭히지 않고서 선왕의 법을 바로 회복할 수

---

* 구수법(溝遂法)은 『주례』 곳곳에 보이는 행정제도이다. 구(溝)는 전답에 쓰는 물을 끌어오는 물길을 말한다. 도성에서 100리 밖, 220리 안에 수(遂)라는 행정구역을 두고 그 안에서 실행하는 정전제에 너비 네 치[四尺], 깊이 네 치의 물길을 갖도록 했다. 여기서는 세세하게 규정된 『주례』의 조목을 두고 언급한 것으로 보인다.

있다. 그런데 맹자가 "이것이 정전법의 대략이다"라고 한 말을 보면, 당시에도 그 상세한 내용을 이미 알 수 없었고 후세의 여러 유학자들의 설명 모두 억측한 것이지 선왕의 뜻이 아님을 알겠다. 배우는 사람들은 당연히 선왕의 뜻에 근본을 두어야지 선왕의 흔적에 집착해서는 안 된다. 옛것을 참작해 지금에 알맞게 해서 실행할 수 있도록 해야 옳다.

4.

신농神農의 말을 실천하는 허행許行이란 사람이 초나라에서 등나라로 와 성문에 이르러 문공에게 말했다. "먼 곳 사람이 임금께서 어진 정치를 펼치신다는 말씀을 듣고, 거주지 한 곳을 받아 야인野人이 되길 바랍니다."

> 신농은 염제신농씨炎帝神農氏로, 처음 쟁기를 만들어 백성에게 농사짓는 법을 가르쳤다. 신농의 말을 실천한다는 것은 후세에 농사짓는 일을 과대평가해 성인에게 의탁하는 것을 말한다. 허許는 성이고 행行은 이름이다. 종踵은 이르렀다는 말이다. 전廛은 거주지를 말한다. 맹氓은 야인野人(땅 경작하는 사람)을 말한다.

문공이 그에게 살 곳을 주었더니 그의 무리 수십 명이 모두 갈옷을 입고선 신발을 두드려 만들고 자리를 짜서 먹고살았다.

> 갈褐은 모포毛布로 천한 사람들의 옷이다. 곤捆은 두드려서 견고하게 하려는 것이다. 먹고살았다는 말은 만든 것을 팔아서 먹을 것을 얻는 데 썼다는 말이다.

진량陳良의 문하 사람 진상陳相이 자기 동생 진신陳辛과 함께 쟁기를 메고 송나라에서 등나라로 와서 말했다. "임금께서 성인의 정치를 베푸신다고 들었습니다. 이런 분 또한 성인일 것입니다. 성인의 야인이 되고 싶습니다." 진상이 허행을 보고 크게 기뻐하여 자기가 배운 것을 다 버리고 허행에게서 배웠다.

> 진량은 초나라의 유자이다. 진상은 진량의 문하사람이다. 신辛은 진상의 동생이다. 사耜(보습)는 땅을 가는 기구이며 뢰耒는 보습의 자루이다.
>
> ○ 이 부분은 진상이 자신의 스승을 배반하고 허행의 학문을 따랐음을 서술했다.

진상이 맹자를 뵙고 허행의 말을 하였다. "등나라 임금은 참으로 현군입니다. 그렇지만 아직 도를 듣지는 못하셨습니다. 현자는 백성과 함께 밭을 갈고 밥을 먹으며, 손수 밥을 해먹고 다스립니다. 지금 등나라에는 곡식창고와 재물창고가 있으니 이는 백성을 괴롭혀 자신을 돌보는 것입니다. 어떻게 어질다고 하겠습니까?"

> 옹손饔飧은 밥을 해먹는 것을 말한다. 아침밥을 옹饔이라 하고 저녁밥을 손飧이라고 한다. 자신이 불을 때서 밥을 하고 아울러 백성의 일을 다스려야 마땅하다는 말이다. 려厲는 괴롭게 하는 것이다. 허행의 이 말은 소위 신농의 말로, 반고班固가 농가학파[農家者流]라고 명칭을 붙인 것은 이런 부류를 말한다.

맹자께서 말씀하셨다. "허자는 꼭 곡식을 심은 다음 밥을 먹습니까?"
"그렇습니다."

"허자는 꼭 베를 짠 다음에 옷을 입습니까?"

"아닙니다. 허자는 갈옷을 입습니다."

"허자는 관을 씁니까?"

"관을 씁니다."

"어떤 관입니까?"

"흰 비단으로 만든 관입니다."

"자신이 관을 짭니까?"

"아닙니다. 곡식으로 바꿉니다."

"허자는 어이해서 자신이 짜지 않습니까?"

"농사일에 해가 되기 때문입니다."

"허자는 솥과 시루로 밥을 해먹고 쇠붙이로 경작합니까?"

"그렇습니다."

"자신이 이것들을 만듭니까?"

"아닙니다. 곡식으로 바꿉니다."

> 솥[釜]은 삶는 도구다. 시루[甑]는 찌는 도구다. 찬爨은 불을 때는 것이다. 철鐵은 보습 따위를 말한다. 주씨가 말했다: "이 대화는 여덟 번 반복되는데 모두 맹자가 묻고 진상이 대답한 것이다."

"곡식으로 기계와 기구를 바꾸는 일이 도공과 대장장이를 괴롭히는 게아니니, 또한 도공과 대장장이가 기계와 기구를 곡식과 바꾸는 일이 왜농민을 괴롭히는 것이겠습니까? 또 왜 허자는 도공과 대장장이가 되어다만 모든 것을 자기 집에서 만들어 쓰지 않고, 어이해서 번거롭게 온갖공인工人들과 교역을 합니까? 왜 허자는 번거로운 일을 꺼리지 않는 것입니까?"

| 맹자가 다시 물은 것이다. 기계와 기구는 솥과 시루 따위를 말한다. 도陶는 시루를 만드는 사람이고, 야冶는 솥이나 철을 다루는 사람이다. 조씨가 말했다: "사舍는 '다만'이라는 뜻이다."

"모든 공인들의 일은 진정 농사를 지으면서 같이 할 수는 없습니다."

| 진상은 자기 의견이 궁한 줄 자신도 알았기 때문에 말을 꾸며 질문에 방어한 것이다.

"그렇다면 천하를 다스리는 일은 유독 농사를 지으면서 같이 할 수 있습니까?

| 맹자는 자신의 주장으로 곧장 들어가 백성과 함께 농사를 짓는다는 허행의 주장을 배격하였다. 이어지는 문장은 모두 맹자의 말이다.

대인大人이 할 일이 있고 소인小人이 할 일이 있는 것입니다. 또 한 사람의 몸에 온갖 공인들이 할 일을 갖춰야 하니, 만약 자기가 꼭 물건을 만든 다음에 사용한다면 이는 천하 사람들을 거느리고 분주하게 길을 왕래하는 일이 되고 말 것입니다.

| 주씨가 말했다: "로輅는 길을 분주하게 달리면서 쉬는 시간이 없는 것을 말한다."

그러므로, '어떤 이는 마음을 수고롭게 하고 어떤 이는 힘을 수고롭게 하니, 마음을 수고롭게 하는 사람은 남을 다스리고 힘을 수고롭게 하는 사

람은 남에게 다스림을 받는다'라고 하는 것입니다. 남에게 다스림을 받는 사람은 남을 먹여 살리고, 남을 다스리는 사람은 남에게 얻어먹는 일은 천하에 모두 통용되는 도리입니다.

> 첫 네 구절은 모두 옛말인데 맹자가 인용해 거듭 그 뜻을 편 것이다. 천하를 다스리는 사람은 농사를 지으면서 (정치를) 같이 할 수는 없다는 말이다.

○ 이 부분은 진상이 허행의 도를 진술하자 맹자가 반복해서 변론을 펼치며 임금은 백성과 함께 농사를 지을 수 없음을 밝혔다.

요임금 때에는 천하가 아직 평화롭지 못해서 홍수가 아무 데나 흘러다니며 천하에 범람해 초목이 무성하고 금수가 마구 번식하는 통에 오곡이 자라지 못했습니다. 짐승들이 사람들에게 달려들어, 중국에 짐승 발자국과 새의 흔적이 난 길이 어지러웠지요. 요임금이 홀로 이를 근심해 순임금을 등용해 널리 다스리게 하였습니다.

> 주씨가 말했다: "천하가 아직 평화롭지 못했다는 것은, 아득히 멀고 먼 시대에는 백성들이 피해를 많이 입었는데, 성인이 번갈아 나타나 점차 해를 없애고 잘 다스렸어도 이때에 이르러서도 아직 완전히 평화롭지는 않은 것이다. 홍洪은 크다는 말이다. 횡류橫流는 물길을 따라 흐르지 않고 사방으로 넘쳐 멋대로 흐르는 것이다. 범람氾濫은 횡류하는 모습이다. 창무暢茂는 크게 자라 번성하는 것이다. 번식繁殖은 많다는 말이다. 오곡五穀은 벼·기장·피·보리·콩을 말한다. 등登은 완전히 익는 것을 말한다. 도道는 길이다. 짐승 발자국과 새의 흔적이 난 길이 중국에 어지러웠다는 말은 새와 짐승이 많았다는 뜻이다. 부敷는 펼친다는 말

이다."

순임금이 익益에게 불을 맡도록 해서 익이 산과 저수지에 불을 놓아 태웠더니 금수들이 도망가 숨었지요.

| 익은 순임금의 신하 이름이다. 열烈은 불을 피운다는 말이다. 금수들이
도망가 숨어 이에 백성들을 해치는 것이 처음으로 없어졌다. 요임금이
순임금을 등용해 널리 다스렸고 순임금은 다시 익益 등 네 사람을 등용
해 각자 임무를 맡겼다. 자세한 내용은 다음 글에 보인다.

우임금이 아홉 강을 통하게 해서, 제수濟水와 탑수潔水를 다스려 바다로
흐르도록 하였고, 여수汝水와 한수漢水를 트고 회수淮水와 사수泗水를 뚫어
장강長江으로 흐르게 했습니다. 그런 뒤에 중국이 곡식을 먹을 수 있었지
요. 당시에 우임금은 8년 동안 바깥에서 살았는데 세 번 자기 집을 지나
면서도 들어가지 않았으니, 밭을 갈고자 해도 할 수 있었을까요.

| 소疏는 통하게 했다, 나눴다는 말이다. 아홉 강은, 『이아』爾雅에는, 도
해徒駭, 태사太史, 마협馬頰, 복부覆釜, 호소胡蘇, 간簡, 결潔, 구반鈎盤, 격진鬲
津이라 하였다. 약瀹은 다스린다는 말이다. 제濟·탑潔은 두 강의 이름이
다. 결決·배排는 모두 막힌 것을 제거한다는 말이다. 여汝·한漢·회淮·
사泗 역시 모두 강 이름이다. 이즈음에 이르러 백성들의 해가 대부분
사라졌다. 주씨가 말했다: "『서경』「우공」禹貢편과 현재의 수로에 의거
해 보면 한수漢水만이 장강으로 흘러든다. 여수와 사수는 회수로 흘러
가고, 회수 자체만 바다로 흘러간다. 여기서는 한수·여수·사수·회수
네 강이 모두 장강으로 흘러간다고 했는데, 기록자의 잘못이다."

후직이 사람들에게 농사짓는 법을 가르쳐 오곡을 심고 길렀더니 오곡이 익어 사람들이 양육되었습니다.

> 후직은 농사를 담당하는 관직으로 기棄가 이 관리가 되었다. 수樹는 씨를 뿌리다, 예藝는 심는다는 말이다. 백성들의 해가 제거된 다음 후직이 농사짓는 법을 가르칠 수 있어 백성들이 비로소 양육되었다는 말이다.

사람에게는 도리가 있는지라, 배부르게 먹고 따뜻하게 옷 입고 편안하게 살면서 가르침이 없으면 금수에 가깝습니다. 성인이 또 이를 걱정하셔서 설契이 사도司徒가 되도록 하여 인륜을 가르쳤지요: 부자 간에는 친밀함이 있으며, 군신 간에는 의로움이 있으며, 부부 간에는 분별이 있으며, 어른과 아이 사이에는 차례가 있으며, 벗 사이에는 믿음이 있다는 것이었습니다.

> 사람에게는 도리가 있다는 말은 사람에게는 반드시 오륜의 도리가 있다는 말이다. 설契도 순임금의 신하 이름이다. 사도司徒는 교육을 담당하는 관리다. 백성들에게서 해를 제거한 다음, 백성의 삶이 이미 양육되었으니 또 인륜으로 가르쳤다는 말이다.

요임금이, '수고한 사람을 위로하고 오려는 사람을 오게 하고, 바르지 못한 사람을 바로잡고 굽은 사람을 곧게 해, 도와주고 부축해 주어 스스로 자기 자리를 갖도록 하고 또 덕을 진작시켜 주어라'라고 말했습니다.

> 방훈放勳은 요임금의 호다. 요임금이 순임금과 네 신하에게 모두 명을 내려 경계하도록 하며, "수고한 사람을 위로하고, 올 사람을 오게 하며, 바르지 못한 사람을 바로잡고, 굽은 사람을 곧게 해서, 도와주어 서게

하고 보탬을 주어 부축해서 각자 자신의 자리를 얻도록 해주어라"라고 말한 것이다.

성인이 이처럼 백성들에 대해 근심하는데 어느 겨를에 밭을 갈겠습니까?
| 이 말을 해서 위 문장의 뜻을 모두 결론지었다.

요임금은 순임금을 얻지 못하는 것을 자신의 근심으로 삼았고, 순임금은 우임금과 고요皐陶를 얻지 못하는 것을 자신의 근심으로 삼았지요. 100무의 땅을 잘 경작하지 못할까, 자신의 근심으로 삼는 사람은 농부입니다.
| 이易는 경작한다는 말이다. 대인과 소인 각자 모두 자기의 걱정이 있지만 대인은 진정 소인이 하는 걱정을 걱정할 겨를이 없다는 말이다.

남에게 재산을 나눠 주는 것을 은혜[惠]라 하고, 선행을 하도록 사람을 가르치는 것을 충심[忠]이라 하고, 천하를 위해 바른 사람을 얻는 것을 어진 일[仁]이라고 합니다. 이런 까닭에 천하를 남에게 주는 일은 쉽고 천하를 위해 바른 사람을 얻기는 어려운 것입니다.
| 은혜는 본래 작은 일이다. 충심 역시 한계가 있다. 천하를 위해 바른 사람을 얻는 것은 덕과 혜택이 널리 끼치고 교화教化가 무궁해 도달하는 범위가 넓다. 이것이 어진 일이 위대한 까닭이다. 그러므로 천하를 남에게 주는 일은 은혜가 크기는 하지만 천하를 위해 바른 사람을 얻는 일의 어려움에 비할 게 아니다. 요임금이 순임금을 얻고 순임금이 고요를 얻은 일 같은 경우가 이에 해당한다.

공자께서는, '위대하구나, 요임금이 임금일을 한 것은. 하늘만이 위대한데, 오직 요임금이 이를 본받아, (그 덕이) 넓고 커서 백성들이 말로 형용하지 못하는구나. 완전한 임금이로구나, 순임금은. 드높게 솟은 그 덕은 천하를 소유해 (요임금이) 주지 않은 것 같구나'라고 말씀하셨습니다. 요임금과 순임금이 천하를 다스리면서 왜 마음 쓰는 일이 없었겠습니까마는 또한 밭가는 데 마음을 쓰지 않았을 뿐입니다.

┃ 칙則은 본받는다는 말이다. 탕탕蕩蕩은 넓고 큰 모양이다. 군재君哉라는 말은 임금의 도리를 완전히 수행했다는 말이다. 외외巍巍는 높고 큰 모양이다. (유천하이불여언有天下而不與焉의) 이而는 여如와 옛날에는 서로 통용하는 글자로, 여불여如不與로 풀 수 있는데, 순임금이 천하를 소유한 것은 자신의 공적과 덕이 크고 대단해서 이룩한 결과로 요임금이 그에게 주었어도 주지 않은 것과 같았다는 말이다.

○ 이 부분은 요임금과 순임금의 일을 하나하나 거론하면서 그들이 백성들에 대해 간절하게 고민하면서, 현자를 등용하고 능력 있는 사람에게 일을 맡겨 각자 자신의 일을 잘 처리하도록 해 농사지을 겨를이 없었을 뿐만 아니라 또한 농사지을 필요도 없었음을 말하였다. 이는 인仁을 실행했기 때문이다.

나는 중국의 문명을 가지고 오랑캐를 변화시켰다는 말은 들었지만 오랑캐에게 변화를 받았다는 말은 듣지 못했습니다.

┃ 하夏는 제하諸夏(중국)를 가리키며 예의를 갖춘 나라다. 변이變夷는 오랑캐 사람들을 변화시킨다는 말이다. 변어이變於夷는 오랑캐 사람들에게 반대로 변화를 받는다는 말이다.

진량은 초나라 태생으로, 주공과 공자의 도를 좋아해 북쪽으로 와 중국에서 공부했는데, 북방의 학자들도 혹 그를 앞설 수 없을 정도였습니다. 그 사람은 이른바 호걸의 선비였지요. 그대 형제가 그를 수십 년 섬기다가 스승이 돌아가시자 끝내 배반하고 말았군요.

> 산產은 태생이라는 말이다. 진량은 초나라에서 태어났는데 중국의 남쪽에 있었기 때문에 북쪽으로 유학을 와서 중국에서 배웠다. 선先은 더 뛰어나다는 말이다. 호걸豪傑은 재주와 덕이 남보다 뛰어난 사람에 대한 호칭으로, 능력이 저절로 보통 무리보다 뛰어났음을 말한다. 배倍는 배背와 같은 말로 스승의 학문을 배신하고 허행의 학문을 따랐다는 말이다.

옛날 공자께서 돌아가시고 3년이 지나 문인들이 짐을 꾸려 고향으로 돌아가려 할 때 자공子貢이 있는 곳에 들어와 읍을 하고서 서로 마주보고 곡을 하며 모두 목소리가 쉰 뒤에 돌아갔지요. 자공은 돌아와 무덤 곁에 집을 짓고 혼자 3년을 (더) 머무른 후에 돌아갔습니다.

> 3년이란 옛날에는 스승을 위해 심상心喪 3년을 입어, 아버지를 잃은 것처럼 했지만 상복을 입지는 않은 것이다. 임任은 짐이다. 실성失聲은 슬퍼서 제 소리를 내지 못한다는 말이다. 장場은 무덤가의 제단과 터를 말한다.

훗날 자하子夏 · 자장子張 · 자유子游가 유약有若이 성인(공자)과 비슷하게 생겨 공자를 섬기던 대로 유약을 섬기고 싶어 증자에게 강권한 적이 있었습니다. 증자께서, '안 되오. 선생님의 덕은 장강長江과 한수漢水가 씻은 듯 가을햇빛이 쬔 듯 희고 희어서 이보다 더 할 수 없지요'라고 하셨습니다.

유약의 모습이 선생님과 비슷했다. 세 제자가 선생님 뵙던 일을 그리
워했지만 다시 뵐 수는 없었다. 때문에 선생님을 섬기던 예로 유약을
섬겨 자신들의 그리움을 달래고 싶었다. 장강과 한수는 맑고 차서 이
물로 씻으면 가장 깨끗해지고, 가을 햇빛을 내는 한낮의 해는 볕을 쬐
면 잘 마른다. 호호皜皜는 깨끗하고 흰 모양이다. 상尙은 더한다는 말이
다. 선생님의 덕은 밝게 빛나고 순수해 다시 더할 수 없는 것으로, 유약
이 비슷하게 할 수 있는 게 아니라는 말이다.

지금 남쪽 오랑캐로 왜가리 소리를 내는 인간이 선왕의 도를 비난하는데
그대는 스승을 배반하고 그에게서 배우니, 역시 증자와 다르군요. 나는
깊은 계곡에서 나와 높은 나무로 옮긴다는 말은 들었지만, 높은 나무를
떠나 깊은 계곡으로 들어간다는 말은 듣지 못했습니다.

격鴃은 왜가리로, 나쁜 소리를 내는 새다. 남쪽 오랑캐의 말소리가 이
와 비슷해, 허행을 가리킨 것이다. 『시경』「소아·벌목伐木」이라는 시에,
"나무 베는 소리 쩡쩡 울리자 새들이 짹짹 울며, 깊은 계곡을 나와 높
은 나무로 옮겨 가네"라고 하였다.

「노송」魯頌에, '융적戎狄을 공격하니, 형荊나라·서舒나라가 다스려졌네'라
고 했습니다. 주공조차도 바로 이들을 공격했는데, 그대는 이를 배우고
있으니 역시 좋게 변한 게 아닙니다."

「노송」魯頌은 「비궁」閟宮이라는 시를 말한다. 응膺은 공격한다는 말이다.
형荊은 초나라의 본래 명칭이다. 서舒는 나라 이름으로 초나라와 가깝

다. 징懲은 다스린다는 말이다. 손석孫奭은, "이 시는 희공僖公이 주공周
公의 집을 복원한 것을 칭송한 작품이다"*라고 하였다. 맹자는, 진량은
초나라 사람으로 북쪽으로 중국에 와 공부했는데 이는 훌륭하게 변한
사람이고, 지금 진상은 스승의 가르침을 배반하고 허행을 따르며 배우
는데 이는 좋게 변한 게 아니라고 말한 것이다.

○ 이 부분은 진상이 자기 스승을 배반하고 허행을 배운다고 꾸짖은 것
이다.

"허행의 도를 따르면 시장 가격이 두 가지가 되지 않아 나라 가운데 거짓
이 없어져, 5척 동자를 시장에 가게 해도 혹시라도 속이는 일이 없을 것
입니다. 베와 비단 길이가 같으면 가격이 같으며, 삼과 실, 생사와 솜의 무
게가 같으면 가격이 같으며, 오곡이 양이 같으면 가격이 같으며, 신의 크
기가 같으면 가격이 같습니다."

진상은 또 맹자를 위해 허자의 도가 이와 같다고 말한 것이다. 5척 동
자란 어리고 무지한 것을 말한다. 허자의 가르침은 소박해서 물건에 두
가격을 매기지 않는다. 시장에서 파는 물건은 길이와 무게, 양과 크기
로 가격을 정하게 되므로 서로 속이지 않게 되는데, 왜 불편하겠느냐
는 말이다.

---

* 「비궁」(閟宮)이라는 시는 노나라 희공을 칭송한 시로, 맹자가 인용한 구절 역시 희공이 한 일을
언급한 부분이다. 원래대로 풀자면, "오랑캐(융·적)의 공격도 감당해 내고, 초나라·서나라를 공
격해 다스렸다" 정도가 된다. 맹자는 이 구절을 주공이 오랑캐를 평정한 것으로 읽었는데 전형
적인 단장취의(斷章取義; 원래 의미와 달리 인용자 뜻에 맞게 풀이하는 것)라 하겠다.

"물건이 균등하지 않은 것이 물건의 실상입니다. 혹은 두 배, 다섯 배 차이가 나며, 혹은 열 배, 백 배 차이가 나기도 하며, 혹은 천 배, 만 배 차이가 나기도 합니다. 그대가 이런 것들을 나란히 놓고 똑같은 가격으로 하니, 이는 천하를 어지럽히는 일입니다. 큰 신과 작은 신이 같은 가격이라면 사람들이 왜 큰 신을 만들겠습니까. 허자의 도를 따르면 서로 이끌면서 거짓을 실행하는 것이니 어떻게 국가를 다스릴 수 있겠습니까."

> 배倍는 한 배를 말하고, 사蓰는 다섯 배를 말한다. 맹자의 말은, 물건이 균등하지 않은 것이야말로 자연스런 현상으로 한 배, 다섯 배, 열 배, 백 배에서 천 배, 만 배 차이가 있어 똑같게 할 수 없는 것이다, 지금 그대는 하나로 만드는 법을 만들어, 합쳐서 똑같이 하려고 하면 이는 천하를 어지럽히는 일이다, 물건에 정밀하고 거친 차이가 없을 수 없는 것은 물건에 크고 작은 차이가 없을 수 없는 것과 같다, 만일 큰 신과 작은 신이 같은 가격이라면 사람들이 왜 큰 것을 만들려 하겠는가, 지금 정밀하고 거친 차이를 따지지 않고 일괄적으로 가격을 똑같이 한다면 사람들은 모두 다투어 지나치게 조악한 물건을 만들어 서로 속이려고만 할 것이라는 뜻이다.

○ 이 부분은, 허행의 도는 사람들에게 거짓이 없도록 하지 못할 뿐 아니라 서로 이끌어 거짓을 하도록 하므로 바로 천하를 어지럽힐 수 있다고 분석한 것이다.

이상은 제4장이다.

5.

묵적墨翟을 공부하는 이지夷之가 서벽徐辟을 통해 맹자를 뵈려고 하였다. 맹자께서 말씀하셨다. "내가 진정 만나 보고 싶지만 지금은 아직 병이 있으니 병이 낫거든 내가 찾아가겠다. 이자夷子는 오지 말라."

> 묵자墨者는 묵적墨翟의 도를 공부하는 사람을 말한다. 이夷는 성이고, 지之는 이름이다. 서벽은 맹자의 제자다. 주씨가 말했다: "맹자가 병이라고 한 것은 또한 핑계를 대서 그의 의도가 진실한지 아닌지를 보려고 했던 것으로 보인다."

뒤에 또 맹자를 뵈려고 하였다. 맹자께서 말씀하셨다. "내가 지금은 만나볼 수 있다. 제대로 다 말하지 않으면 도가 드러나지 않으니 내가 제대로 다 말하겠다.

> 주씨가 말했다: "이지가 또 만나 보기를 구했으면 그 의도가 이미 진실한 것이다. 그러므로 서벽을 통해 이처럼 질정質正한 것이다." 직直은 말을 다해서 바로잡는 것이다.

내 듣자 하니 이자는 묵적을 공부한다고 하는데, 묵적은 장례를 치르면서 박하게 치르는 것을 도라고 한다. 이자는 이것으로 천하를 바꾸겠다는 생각을 품고 있는데, 어찌 이 일이 옳지 않다고 보겠으며 귀하지 않은 것이라고 여기겠는가. 하지만 이자는 자기 부모의 장례를 후하게 치렀으니, 이는 천하게 여기는 것으로 어버이를 섬긴 것이다."

> 천하를 바꾼다는 말은 천하의 풍속을 바꾸고 변화시킨다는 말이다. 맹자는 묵자의 가르침을 거론해 그가 상례를 치를 때 박하게 하는 것을

귀중하게 여기고 후하게 지내는 것을 천하게 여긴다고 하였다. 지금 이자夷子는 묵자의 도를 존중한다면서 그 부모의 장례를 후하게 치른 것은 어떻게 된 일인가. 그의 마음에 편치 않은 게 있으리라 보았기 때문에 이 점을 가지고 그를 깨우쳐 준 것이다.

○ 이 부분은 맹자가 급작스레 이자를 만나지 않고 짐짓 그가 잘 아는 문제를 가지고 따져 물은 것으로, 그가 스스로 깨우치기를 바란 것이다.

서자가 이 말을 이자에게 해주었다. 이자가 말했다: "유자의 도에, '옛사람들은 백성을 갓난아기 보호하듯 하였다'고 하였는데 이 말이 무슨 뜻입니까. 저는 사랑에는 차등이 없고 베풀기는 부모님에서부터 시작한다는 뜻으로 봅니다."

> 주씨가 말했다: "'백성을 갓난아기 보호하듯 하였다'는 말은 『서경』 「주서周書·강고康誥」에 보인다. 이자가 이 말을 인용한 것은 유가의 말을 묵가로 끌고 들어와 맹자가 자기를 비판한 것을 막으려 한 것이다. 또 '베풀기는 부모님에서부터 시작한다'고 말해 묵가의 논리를 연장해 유가에 붙여 자신이 부모를 후하게 장사 지낸 이유를 풀이한 것이다. 모두 소위 둘러대는 말[遁辭]이다."

서자가 이 말을 맹자께 아뢰었다. 맹자께서 말씀하셨다. "저 이자는 참으로 사람들이 자기 형의 자식을 사랑하는 것이 이웃 사람의 어린아이를 사랑하는 것과 똑같다고 생각하는 건가? 저 『서경』의 말은 따로 취하는 뜻이 있다. 어린아이가 엉금엉금 기어가다 우물에 빠지는 것은 갓난아기의 죄가 아니라는 말이다.

맹자는, 이자는 『서경』의 말을 자기 형의 자식을 사랑하는 것이 이웃의 자식들을 사랑하는 것과 근본적으로 차이가 없다는 뜻으로 생각하는 것인가, 『서경』이 비유를 써서 한 말은 원래는, 백성들이 무지해서 범법행위를 하는 것은 모두 위에서 정치를 잘못해 그렇게 하도록 하는 것으로, 마치 갓난아기가 무지해서 우물에 빠지는 것과 같다, 그러므로 우물에 빠지는 사람을 살피는 군자는 반드시 어린아이를 보호하듯이 해야 옳지, 사랑에 차등이 없다는 뜻이 아니다, 라고 말한 것이다.

또 하늘이 만물을 낳을 때는 근본을 하나(부모)로 하였는데, 이자는 근본을 둘로 보았기 때문에 그런 것이다.

하늘이 만물을 낳을 때는 반드시 근본을 하나로 해서 나오도록 한다. 조부모가 있는 뒤에 부모가 있으며 부모가 있는 다음에 형제가 있고, 또 이런 식으로 연장해 다른 사람에게까지 닿는 것이다. 그러므로 사랑하는 것에는 자연스럽게 차등이 있기 마련이고 이는 남에 대해서도 마찬가지다. 지금 이지는 근본을 둘로 보았기 때문에 사랑에는 차등이 없다고 하면서도 또 "베풀기는 부모님에서부터 시작한다"고 말해 그의 논리는 이처럼 고르지 못했다. 근본을 둘이라고 한 것은 근본이 천만 개라고 하는 말과 같다.

먼 옛날 부모를 장사 지내지 않은 사람이 있었는데, 부모가 돌아가시자 들고 가서 길가 구덩이에 버렸다[委之於壑]. 얼마 뒤 그곳을 지날 때 (보니) 여우와 살쾡이가 시신을 파먹고 파리·모기가 시신을 빨고 있어서[蠅蚋姑嘬之] 이마에 땀이 나며[其顙有泚] 흘끗거리며 바로 볼 수가 없었다[睨而不視].

또 이지를 위해 먼 옛날의 일을 거론해 효자의 마음에는 자신도 그만둘 수 없는 것이 있음을 밝혀 주었다. 상세上世는 먼 옛날을 말한다. 위委는 버린다는 말이다. 학壑은 길가의 구덩이이다. 예蚋는 모기 따위를 말한다. 고姑는 어조사인데, 어떤 사람은 땅강아지라고 한다. 최嘬는 함께 먹는 것이다. 상顙은 이마를 말한다. 자泚는 줄줄 땀이 나는 모양이다. 예睨는 흘겨보는 것이고 시視는 똑바로 보는 것이다. 주씨가 말했다: "보지 않을 수도 없고 또 차마 똑바로 볼 수 없으니 애통함이 너무 간절해 전혀 마음을 어찌해 볼 수 없는 것이다."

이마에 땀이 나는 것은 남 때문에 흐른 게 아니라, 마음이 얼굴에 나타나서였다. 그는 돌아가 소쿠리며 삽 등속으로 흙을 가져와 시신을 덮어 주었다. 시신을 가려 준 일이 진실로 옳다면 효자와 어진 사람이 자기 부모를 덮어 주는 일에도 반드시 방도가 있는 법이다."

　주씨가 말했다: "'남 때문에 땀이 흐른 게 아니'라는 말은, 다른 사람이 보는 것을 위해 그렇게 하는 게 아니라는 말이다." 반反은 덮는다는 말이다. 류리虆梩는 소쿠리와 삽 등속을 말하는데, 흙을 가져와 덮어 주었다는 뜻이다. 이에 돌아와서 자기 부모님의 시신을 흙으로 덮어 준 것이다. 이는 자식이 최선을 다한 정으로, 본래 틀렸다고 할 수 없는 행동이니 효자나 어진 사람이 부모를 장례 지내는 일에는 역시 반드시 그 방도가 있는 것이다. 다만 이지가 알지 못했을 뿐이다.

○ 이 부분은 맹자가 이자의 잘못을 바로잡아 주고 또 장사 지내고 매장하는 예는 인간의 마음에서 자연스럽게 나오는 것이지 억지로 하는 게 아니라는 사실을 밝힌 것이다.

서자가 이 말을 이자에게 해주었다. 이자가 한동안 멍하니 있다 말했다. "가르쳐 주셨구나."[命之矣]

| 무연憮然은 멍하니 자기를 잃은 모습이다. 위한爲閒은 얼마 동안의 시간을 말한다. 명命은 가르침과 같다. 조씨가 말했다: "명지命之는 가르침을 받았다는 말과 같다."

이상은 제5장이다.

○ 부모님을 후하게 장사 지내는 일은 자식이 최선의 정을 쏟는 것이다. 내 마음에 본래 있는 것이지 억지로 그렇게 하는 게 아니다. 이지가 후하게 장사 지낸 것은 본심이 밝은 상태로, 사라지게 할 수 없는 것이 있었던 것이다. 다만 배운 것에 가려져서 자신도 그 잘못을 몰랐던 것이다. 그러므로 맹자가 열어 주고 깨쳐 주는 단서를 이용해 요약한 말로 이해시켜 자연스럽게 유도하자, 당연히 그 말이 쉽게 먹히고 그의 의혹도 갑자기 풀렸던 것이다.

등문공 장구 하

모두 10장이다.

1.

진대陳代가 말했다. "제후를 만나시지 않은 일은 작은 절개라 해야 할 것 같습니다. 지금 한 번 만나 보시면 크게는 진정한 왕이 되게 하고 작게는 패자가 되게 하실 수 있습니다. 옛 기록에도, '한 자를 굽혀 여덟 자를 편다'고 하였습니다. 해볼 만한 일일 것 같습니다."

> 진대는 맹자의 제자다. 제후를 만나지 않는다는 말은 제후가 부르지 않으면 가서 만나지 않는다는 말이다. 소小는 작은 절개를 말한다. 왕枉은 굽히는 것이다. 직直은 펼치는 것이다. 여덟 자를 심尋이라고 한다. 한 자를 굽혀 여덟 자를 편다는 말은 굽히는 것은 작고 펼치는 것은 크다는 말이다. 진대는 맹자가 구차하게 작은 절개를 지키느라 시의적절함과는 통하지 않는다고 비판한 것이다. 옛 기록의 말은 춘추시대 이

후 결과와 이익을 따지는 패자霸者들의 주장에 풍속이 익숙해져 이 말이 생긴 것 같은데, 도가 담긴 말은 아니다.

맹자께서 말씀하셨다. "옛날에 제나라 경공景公이 사냥을 할 때 우인虞人을 깃발로 불렀는데 그가 오지 않자 죽이려고 하였다.

> 전田은 사냥한다는 말이다. 우인虞人은 왕의 정원과 동산을 지키는 관리다. 대부를 부를 때는 깃발을 쓰고, 우인을 부를 때는 가죽관을 쓴다. 경공이 우인을 부를 때는 당연히 가죽관을 써야 했는데 깃발을 썼기 때문에 오지 않은 것이다.

'지사志士는 골짜기에 버려지는 것을 잊지 않으며 용사는 자기 머리를 잃는 것을 잊지 않는다'라고 공자께서 말씀하셨는데 공자는 우인의 어떤 점을 평가한 것일까? 올바르게 부르지 않으면 가지 않은 점을 평가한 것이다. 만약 부르기를 기다리지 않고 간다면 어떻겠느냐.

> 원元은 머리를 말한다. 주씨(주희)가 말했다: "지사는 곤궁한 처지를 굳게 지켜 죽으면 관곽棺槨도 없이 골짜기에 버려져도 원망하지 않을 것을 항상 생각한다. 용사는 삶을 가볍게 보아 전투에서 죽어 자기 머리를 잃더라도 돌아보지 않을 것을 항상 생각한다. 이 두 구절은 공자가 우인을 찬미한 말이다. 우인은 신분에 맞는 물건으로 부르지 않자 죽음으로 지키면서까지 가지 않았다. 하물며 군자가 어떻게 부르기를 기다리지 않고 자기가 가서 만날 수 있단 말인가."

○ 이 부분은 자신이 가서 만나서는 안 된다는 뜻을 알려 준 것이다.

또 한 자를 굽혀 여덟 자를 편다는 말은 이익의 관점에서 말한 것이다. 이익으로 말하자면, 여덟 자를 굽혀 한 자를 펴서 이익이 생긴다면 그래도 할 만하겠느냐.

| 한 자를 굽혀 여덟 자를 펴는 일은 그나마 해도 될 것 같지만, 여덟 자를 굽혀 한 자를 펴는 일에 이르게 되면 할 수 없을 것이다. 만약 이익만 있을 뿐이라면 역시 이익을 위해 하면서 자신을 부끄러워하지 않을 것이니, 하지 말아야 한다는 점을 강하게 말한 것이다.

옛날 조간자趙簡子가 왕량王良에게 폐해嬖奚를 위해 수레를 몰도록 하였는데 하루 종일 짐승 한 마리 잡을 수 없었다. 폐해가 돌아와 보고하면서, '천하에 보잘것없는 수레꾼입니다'라고 하였다. 어떤 사람이 이 말을 왕량에게 전하자, 왕량이 '한 번 더 몰고자 합니다' 하고는 억지로 청한 뒤에야 수레를 몰 수 있었는데 아침나절에 짐승 열 마리를 잡았다. 폐해가 돌아와 보고하면서, '천하에 뛰어난 수레꾼입니다'라고 하였다.

| 조간자는 진晉나라 대부 조앙趙鞅이다. 왕량은 수레를 잘 모는 사람이다. 폐해는 조간자가 총애하는 신하다. 여지승與之乘은 그를 위해 수레를 모는 것을 말한다. 부지復之는 다시 수레를 모는 것이다. 강이후가彊而後可는 폐해에게 억지로 청해서야 수레를 몰 수 있었다는 말이다.

조간자가 말했네. '내가 그대를 위해 그(왕량)가 수레를 전담하도록 하겠소.' 이 말을 왕량에게 했더니 왕량이 안 된다고 하면서, '제가 그를 위해 법도에 맞게 수레를 몰았더니 종일 짐승 한 마리 잡지 못하고 그를 위해 모는 법을 무시하고 짐승과 마주치게 하였더니 아침나절에 짐승 열 마리

를 잡았습니다. 『시경』에, '수레 모는 법을 잘못하지 않으니, 화살을 쏘아 깨뜨리듯 명중하네'[不失其馳, 舍矢如破]라고 하였습니다. 저는 소인과 수레를 타는 데 익숙하지 않으니 사양하겠습니다'라고 하였다.

> 장掌은 주관한다는 말이다. 범範은 법도에 맞게 하는 것을 말한다. 궤우詭遇는 옳지 않은 방법으로 짐승과 만나게 하는 것을 말한다. 폐해는 활을 잘 쏘지 못해서 법도에 맞게 수레를 몰면 사냥감을 한 마리도 잡지 못했는데 법도를 무시하고 수레를 몰며 부정한 방법으로 사냥감과 만나도록 한 뒤에야 사냥감에 명중할 수 있었다는 말이다. 시는 「소아·거공車攻」으로, 수레 모는 사람이 수레 모는 법도를 잃지 않았고 활 쏘는 사람도 활을 발사해 모두 적중시키고 힘이 남을 정도였다는 말이다. 지금 왕량은 활을 잘 쏠 줄 모르는 폐해를 소인으로 생각한 것이다. 관貫은 익숙하다는 말이다.

수레 모는 사람도 활 쏘는 사람에 아부하는 것을 부끄러워해서, 그에게 아부해 짐승들을 산더미처럼 많이 잡는다 해도 (그런 행동은) 하지 않았다. 하물며 군자가 도를 굽혀 저들을 따른다면 어떻겠느냐.

> 비比는 아부하고 편든다는 말이다. 수레 모는 사람은 천한 일을 하면서도 자신을 굽혀 상대에게 아부하는 일을 부끄러워했는데 하물며 군자가 부끄러워해야 할 일을 몰라서야 되겠는가라는 말이다.

또한 자네도 잘못되었네. 자신을 굽힌 사람이 남을 바로잡은 일은 있지 않아."

> 자기를 굽힌 사람은 남을 바로잡을 수 없다는 뜻을 말해 한 자를 굽혀

여덟 자를 펴는 일이 잘못되었다고 물리친 것이다.

○ 이 부분은 한 자를 굽혀 여덟 자를 펴는 일이 잘못임을 논한 것이다.

이상은 제1장이다.

○ 진대는, "지금 한번 만나 보시면 진정한 왕이 되게 하고 작게는 패자가 되게 하실 수 있습니다"라고 하였고, 순우곤淳于髡 역시, "지금 천하 사람이 물에 빠져 죽을 지경인데 선생님께서 구원해 주시지 않는 것은 어째서입니까?"(「이루 상」 제17장)라고 하였다. 이런 발언을 보면 당시에 이미 맹자를 우임금·후직·이윤·여상呂尚과 같은 현신賢臣이 되리라고 기대했다는 사실을 알 수 있다. 하지만 맹자의 말은 모두 사람들에게 선택되지 못했다. 직각자와 곡자를 가진 다음에야 직각과 원을 그릴 수 있다. 직각자와 곡자를 버리고 직각과 원을 그릴 수 있는 사람은 아직 없다. 환한 지혜로 사람을 환하게 만들 수 있다는 말은 들었지만 깜깜한 어리석음으로 사람을 환하게 만들 수 있다는 말은 듣지 못했다. 때문에 맹자는, "또 자네도 잘못되었다. 자신을 굽힌 사람이 남을 바로잡은 일은 없다"고 한 것이다. 필연적으로 분명한 결과이자 바뀌지 않을 확고한 이치이며, 영원히 어긋날 수 없는 말이라 하겠다. 배우는 사람들이 대현大賢의 글을 읽으면서 대현의 뜻을 모른다면 또한 진대·순우곤과 같은 부류일 따름이다.

2.

경춘景春이 말했다. "공손연公孫衍과 장의張儀가 왜 진짜 대장부가 아니겠습니까. 한 번 분노하면 제후가 두려워하고, 편안히 있으면 천하가 잠잠

했습니다."

| 경춘은 사람 성명이다. 공손연과 장의는 모두 위나라 사람이다. 두 사람이 분노하면 제후에게 유세를 해서 서로 공격하도록 하였다. 때문에 제후들이 두려워했다.

맹자께서 말씀하셨다. "이들을 어떻게 대장부라 할 수 있겠습니까. 그대는 아직 예를 배우지 않았는가요? 남자가 관례冠禮를 할 때 아버지가 훈계를 하고 딸이 시집을 갈 때 어머니가 훈계를 하는데, 딸이 떠날 때 문에서 보내며 경계하면서, '네 시집에 가서 반드시 공경하고 반드시 조심해서 남편의 뜻을 어기지 말라'라고 합니다. 순종順從을 정도正道로 삼는 것이 아녀자의 도리입니다.

| 머리에 관을 쓰는 것을 관冠이라고 한다. 여가女家는 남편의 집이다. 부인婦人들은 남편의 집을 안[內]으로 하기에 시집가는 것을 귀歸(돌아간다)라고 한다. 부자夫子는 남편을 말한다. 여자는 남을 따르며 순종을 정도로 삼는다. 공손연과 장의 두 사람은 제후들에게 유세해, 그들의 힘에 기대고 아부하며 뜻에 영합해 자신의 의사를 굽히고 따른다. 바로 부녀자가 순종하는 방법이지 장부의 일은 아니라는 말이다.

천하의 큰집[仁]에 머무르고, 천하의 바른 자리[禮]에 서며, 천하의 큰길[義]을 가며, 뜻을 얻거든 백성과 함께 하며, 뜻을 얻지 못하거든 홀로 그 길을 걸어가, 부귀가 마음을 흔들지 못하며, 빈천이 절개를 바꾸지 못하며, 위압과 무력이 지조를 굴복시키지 못하는 것, 이것을 대장부라고 합니다."

넓은 집은 인仁을 말한다. 바른 자리는 예禮를 말한다. 큰길은 의義를 말한다. 백성과 함께 한다는 말은 천하에 도를 실행한다는 말이다. 홀로 그 길을 걸어간다는 말은 홀로 자신의 몸을 선하게 한다는 말이다. 음淫은 마음을 흔든다는 말이다. 이移는 절개를 변화시킨다는 말이다. 굴屈은 지조를 꺾는다는 말이다.

이상은 제2장이다.

○ 하호何鎬가 말했다: "전국시대에는 성현의 도가 막혀 천하 사람은 그 덕과 업적이 얼마나 훌륭한 것인지 다시 볼 수 없었다. 다만 간교한 무리들이 뜻을 얻어 제멋대로 행동해 그들이 토하는 기염이 두려울 정도인 것을 보고 마침내 그들을 대장부라고 하였다. 군자의 관점에서 보면 이는 아녀자의 도일 뿐임을 몰랐던 것이다. 무엇을 말할 수 있겠는가."

3.

주소周霄가 물었다. "옛날 군자들은 벼슬을 했습니까?"

주소는 위나라 사람이다.

맹자께서 대답하셨다. "벼슬을 했습니다. 옛 기록에, '공자는 3개월 동안 섬기는 군주가 없으면 어쩔 줄 몰라 했고, 국경을 나갈 때는 반드시 폐백을 싣고 갔다'고 하였고, 공명의도 '옛사람들은 3개월 동안 섬기는 군주가 없으면 위로해 주었다'라고 하였습니다.

황황皇皇은 찾는 것이 있는데 찾지 못한 것 같다는 뜻이다. 국경을 나간다는 말은 지위를 잃고 나라를 떠나는 것을 말한다. 지質는 사람을 만나러 갈 때 가지고 가는 폐물이다. 주씨가 말했다: "국경을 떠나면서 폐백을 싣고 가는 것은 도착하는 나라의 임금을 만나 섬기려고 하는 것이다."

"3개월 동안 섬기는 군주가 없으면 위로해 주는 일은 너무 급하지 않습니까?"

| 주소가 물었다.

"선비가 벼슬자리를 잃는 것은 제후가 나라를 잃는 것과 같습니다. 예禮에는, '제후가 몸소 밭을 갈면 백성들이 도와 농사를 지어서 자성粢盛(제사에 바칠 곡식)을 마련하고, 제후의 부인은 누에치고 실을 뽑아 의복을 만든다. 희생으로 쓸 가축이 살찌지 않고 자성이 깨끗하지 않으며 의복이 갖춰지지 않으면 감히 제사 지내지 못하고, 사士도 밭이 없으면 역시 제사 지내지 못한다'고 하였습니다. 제사의 희생물과 제기祭器, 의복이 준비되지 못해 감히 제사를 지내지 못하면 감히 잔치도 베풀 수 없으니, 역시 위문할 만하지 않습니까."

| 의복衣服은 제사 의복을 말한다. 사士 가운데 규전圭田이 없는 사람만이
| 제사를 지내지 못한다. 희생물은 반드시 소 한 마리를 쓴다. 그러므로
| 제사의 희생물이라고 한 것이다. 명皿은 그릇을 덮는 것을 말한다.

"국경을 나갈 때 반드시 폐백을 싣고 가는 일은 어째서입니까?"

| 주소가 물었다.

"사士가 벼슬하는 것은 농부가 밭가는 일과 같습니다. 농부가 어떻게 국경을 나가면서 자기 쟁기를 버리겠습니까."

> 조씨(조기)가 말했다: "맹자는, 벼슬하는 일을 급하게 여기는 것은 농부가 밭을 갈지 않을 수 없는 것과 같다고 말한 것이다."

"진晉나라 역시 벼슬을 할 만한 나라입니다만 벼슬하는 일이 이처럼 급한 것인 줄은 들어보지 못했습니다. 벼슬하는 일이 이렇게 급한 것이라면 군자께서 벼슬하는 일을 어렵게 여기시는 건 어째서입니까?"

> 주소가 다시 물었다. 사국仕國은 벼슬을 할 만한 나라라는 말이다. 군자君子는 맹자를 가리킨다. 주씨가 말했다: "주소는 맹자가 제후를 만나지 않는 것을 벼슬하는 일을 어렵게 여기는 것이라고 보았다. 그러므로 먼저 옛날 군자들이 벼슬을 했는지 안 했는지를 물은 다음에 이 질문을 해 맹자를 풍자한 것이다."

"남자가 태어나면 그를 위해 아내가 있기를 바라며, 여자가 태어나면 그를 위해 남편이 있기를 바라는 것이 부모의 마음으로 사람들 모두 이런 마음을 가지고 있습니다. 남녀가 부모의 명령과 중매의 말을 듣지 않고, 구멍을 뚫고 틈을 만들어 서로 엿보고 담을 넘어 서로 만난다면 부모와 나라 사람들이 모두 천하게 여깁니다. 옛사람들은 벼슬하려고 하지 않은 적이 없지만 또 바른 길을 따르지 않는 것을 미워했습니다. 바른 길을 따르지 않고 제후에게 가는 것은 구멍을 뚫고 틈을 만드는 것과 같은 종류입니다."

> 남자는 여자를 아내로 삼고 여자는 남자와 가정을 이룬다. 작妁도 중매

라는 말이다.

○ "옛사람들은 벼슬하려고 하지 않은 적이 없지만 또 바른 길을 따르지 않는 것을 싫어했다"는 말이 이 장의 주제다. 『논어』에 자로가 지팡이를 든 노인과 나눴던 문답을 기록한 장(「미자」 제7장)을 참조해 보아야 한다.

이상은 제3장이다.

○ 벼슬자리에 나가는 바른 길에 대한 논의는 이 장에서 모두 언급됐다. 후세에는 혹시라도 바른 길을 따랐는지 여부는 논하지 않고 대체로 은거를 고상하다고 보고, 관직에서 현달하는 것을 혼탁하다고 보고, 벼슬에 나가지 않는 것을 숭고한 일로 보고, 벼슬에 나가는 것을 비천한 일로 본다. 전혀 성현의 뜻이 아니다.

4.

팽경彭更이 물었다. "뒤따르는 수레 수십 대와 종자 수백 명으로 제후들에게 거마와 종복을 받는 것은 사치스럽지 않습니까?"

│ 팽경은 맹자의 제자다. 전傳은 "역참의 말을 탄다"고 할 때의 역참의 말로, 제후들이 맹자를 위해 거마와 종복을 제공하기 때문에 전식傳食이라 한 것이다. 태泰는 사치스럽다는 말이다.

맹자께서 말씀하셨다. "바른 도가 아니라면 밥 한 그릇이라도 남에게 받아서는 안 되지만, 바른 도라면 순임금이 요임금에게서 천하를 받은 것도 사치스럽다고 생각하지 않으셨다. 자네는 이게 사치스럽다고 생각하는가?"

| 맹자가 대답한 뒤에 또 힐난한 것이다.

"아닙니다. 사士가 하는 일도 없이 밥을 얻어먹는 것이 옳지 않다는 말입니다."

| 팽경은, 순임금을 사치스럽다고 한 게 아니라 다만 사士가 아무 공적도 없이 남에게 헛되이 녹을 받아먹는 것이 옳지 않다고 말한 것이다.

"자네가 물건을 유통시키고 교역해 남는 물건으로 부족한 것을 보충하지 않으면 농부에게는 남는 곡식이 생길 것이고 여자에게는 남는 베가 생길 것이지만, 자네가 물건을 유통시키면 목수들이며 수레 만드는 사람들이 모두 자네에게서 먹을 것을 얻을 수 있다.

| 통공역사通功易事라는 말은, 농부는 곡식을 가져다 기계와 바꾸고, 물건 만드는 사람들은 기계를 만들어 곡식과 바꾸는 것을 말한다. 선羨은 남는 것을 말한다. 남는 게 생긴다는 말은 바꿀 것이 없어서 쓸데없는 것으로 쌓인다는 말이다. 재인梓人·장인匠人은 나무를 다루는 사람들이다. 윤인輪人·여인輿人은 수레를 만드는 사람들이다.

여기 한 사람이 있는데 집안에 들어와서는 효도하고 밖에 나가서는 어른을 공경하여 선왕의 도를 지켜 후세에 배울 사람들을 기다리는데 자네에게서는 밥을 얻지 못할 것이니, 자네는 왜 목수며 수레 만드는 사람은 존중하면서 인의를 실천하는 사람은 경시하는가."

○ 집 안에 들어와서는 효도하고 집 밖에 나가서는 어른을 공경하는 일은 세상의 기풍을 권장할 수 있고, 선왕의 도를 지켜 후세에 배울 사람들을 기다리는 일은 세상의 도리를 유지할 수 있다. 천하에 영원토록 끼치는 공이 분명 매우 크지 않은가. 그런데도 팽경은, "사士가 하는 일 없이 밥을 얻어먹는다"고 하니 이 뜻을 이해하지 못하는 것인가.

"목수며 수레 만드는 사람은 그 뜻이 밥을 구하는 데 있습니다만 군자가 도를 실천하는 것도 그 뜻이 역시 밥을 구하는 데 있습니까?"
"자네는 왜 그 뜻을 말하는가? 어떤 사람이 자네에게 공을 세워 밥을 먹여줄 만하면 먹여주는 것이다. 또 자네는 뜻에 따라 밥을 먹여주는가, 공에 따라 밥을 먹여주는가?"

│ 맹자가 대답한 뒤에 또 힐난한 것이다. 그대에게 공을 세워 준 사람은 모두 돌봐 주어야 하지, 어찌 그 뜻이 밥을 구하는 데 있는지 여부를 묻느냐는 말이다.

"뜻에 따라 먹여줍니다."
"여기 한 사람이 있는데 기와를 부수고 벽에 낙서를 하면서 그 뜻이 밥을 구하려는 데 있다고 하면 자네는 그 사람에게 밥을 먹여주겠는가?"
"아닙니다."
"그렇다면 자네는 뜻에 따라 먹여주는 게 아니라 공에 따라 먹여주는 것이야."

│ 만墁은 담의 장식을 말한다. 기와를 부수고 벽에 낙서를 하는 것은 공은 없고 해가 있는 것이다. 공이 없는 사람은 뜻이 밥을 구하는 데 있더

라도 구할 수 없었다면, 공을 세운 사람이 먹어야 하는 것이 명백하다는 말이다.

이상은 제4장이다.

○ 진력陳櫟이 말했다: "'사士는 공밥을 먹지 않는다'는 장(「진심 상」 제32장)과 함께 참고해 보아야 한다. 군자가 이 나라에 살 때, 임금이 그를 등용하면 임금은 편안하고 부유해지고 존귀해지고 영화를 누린다. 자제들이 그를 따르면 효도하고 공손하며 충성하고 신뢰하게 된다. 당시를 위해 태평한 세상을 열지는 못하지만 떠난 성인의 끊어진 학문을 계승할 수 있으며 후세를 위해 태평한 세상을 열어 줄 것이니 도의 전통을 잇는 데 그 공이 얼마나 큰가. 팽경 등은 하는 일 없이 먹는다는 말로 논의를 벌였으니 얼마나 무지한 것인가. 뜻에 따라 먹여준다는 말은 남보다 위에 있는 사람은 해서는 안 되는 말이며, 공에 따라 먹여주는 일은 공의 크기나 무게를 살피지 않으면 기계나 물건을 만드는 데 공이 있는 사람들만 겨우 있게 된다. 우리 도에 공을 세우는 데 공이 있는 사람에게 먹을 것을 주어야 한다."

○ 이는 인의를 실천하는 사람이 국가에 유익하다는 사실을 밝힌 장이다. 군자는 초야에 묻혀 있어도 떠난 성인을 계승하고 후학에게 길을 열어 줄 뿐만 아니라, 세상의 도리를 유지할 수 있고 사람의 마음을 단속할 수 있어, 맑은 의론이 이에 따라 사라지지 않으며 사악한 말들이 이에 따라 함부로 떠돌지 않는다. 눈부신 효과는 없지만 보이지 않는 공이 있는데, 이렇게 하는 일 없이 먹는다고 할 수 있는가.

5.

만장萬章이 물었다. "송나라는 작은 국가입니다. 지금 왕도 정치를 실행하려 하는데 제나라와 초나라가 이를 싫어해 공격한다면 어떻게 해야 합니까?"

| 만장은 맹자의 제자다. 가정해서 질문한 것이다.

맹자께서 말씀하셨다. "탕왕이 박亳에 살 때 갈葛나라와 이웃이었는데 갈백葛伯이 방종해 제사를 지내지 않아 탕왕이 사람을 보내 물었다. '어이해서 제사를 지내지 않습니까?' '제사에 바칠 희생물이 없습니다' 하기에, 탕왕이 소와 양을 보내주도록 하였다. 갈백이 이를 다 잡아먹고는 또 제사를 지내지 않았다. 탕왕이 또 사람을 보내 물었다. '어이해서 제사를 지내지 않습니까?' '제사에 바칠 곡식이 없습니다' 하기에, 탕왕이 박亳에 사는 백성들을 보내서 밭을 갈아 주도록 하였더니 그 나라의 노약자들이 밥을 내다 먹여주었다. 갈백이 자기 백성을 거느리고 술과 밥, 기장과 쌀을 가진 사람들을 위협해 빼앗고 주지 않는 사람은 죽였다. 한 어린아이가 기장밥과 고기를 가지고 밥을 먹이자 그 아이를 죽이고 음식을 빼앗았다. 『서경』에, '갈백은 밥 먹이는 사람을 원수로 보았다'고 하였는데, 이것을 말한 것이다.

| 갈葛은 나라 이름이다. 백伯은 벼슬의 작위를 말한다. 방종불사放而不祀는 방종하고 무도해 선조를 제사 지내지 않는다는 말이다. 박중亳衆은 탕왕의 백성을 말한다. 자기 백성은 갈나라의 백성을 말한다. 수授는 준다는 말이다. 향餉도 먹인다는 말이다. 『서경』에 나온 말은 현재 통용되는 『서경』「중훼지고」仲虺之誥에 보인다. 구향仇餉은 먹을 것을 주는

사람과 원수가 된다는 말이다.

갈백이 이 어린아이를 죽였기 때문에 그를 정벌하였는데 온 천하 사람들이 모두 '천하를 탐내서가 아니라 보통 백성들을 위해 복수하는 것이다'라고 말했다.

> | 온 세상의 백성들이 이 일을 통해, 탕왕의 마음은 천하를 부자가 되는 길로 보고 가지려는 게 아니라 원통한 일을 당한 보통 백성들을 위해 갈백을 정벌하는 것이라고 말했다는 뜻이다.

탕왕이 처음 정벌을 갈나라에서 시작했는데 11개국을 정벌하며 천하에 대적할 자가 없었다. 동쪽을 향해 정벌을 하면 서쪽 오랑캐가 원망하고, 남쪽을 향해 정벌을 하면 북쪽 오랑캐가 원망을 하며, '어이해서 우리를 나중에 정벌하는가' 하였고, 백성들은 정벌을 소망하기를 큰 가뭄에 비를 소망하듯 해, 시장에 가는 사람이 멈추지 않았고 김매는 사람도 아무 동요가 없었다. 포악한 임금을 처벌하고 백성들을 위로해 주시자, 때맞춰 내리는 비와 같아서 백성들이 크게 기뻐했다. 『서경』에, '우리 임금을 기다리니 임금이 오시면 형벌이 없겠구나'라고 하였다.

> | 재載도 시작한다는 말이다. 십일정十一征은 정복한 나라가 11개국이라는 말이다. 나머지는 이미 전편(「양혜왕 하」 제11장)에 나왔다.
>
> ○ 이 부분은 성왕·탕왕의 일을 인용해, 진정한 왕에겐 천하에 대적할 자가 없음을 밝혔다.

『서경』에, '신하가 되지 않은 자가 있어 무왕이 동쪽으로 정벌해 남녀를 편안하게 해주자, 검은 비단과 누런 비단을 대나무 상자에 담아 우리 주^周나라 왕을 섬겨 그 아름다움을 보고 위대한 나라 주에 신하로 복종하였네'라고 하였는데, 군자들은 대바구니에 검고 누런 비단을 담아 군자를 맞이하였고, 소인들은 대그릇에 밥을 담고 병에 음료수를 담아 소인들을 맞이하였다. 이는 물과 불 속에 빠진 것 같은 백성들을 구해서 잔인한 임금을 없앴기 때문이다.

> 맹자가 옛 책에 나오는 말을 다듬어 무왕의 일을 설명한 것이다. 신하가 되지 않은 자가 있다는 말은 주^紂의 잔학함을 미워해 그의 신하가 되지 않았다는 말이다. 비^篚는 대광주리[篚]와 같은 말이다. 현황^{玄黃}은 폐백을 말한다. 주씨가 말했다: "소^紹는 계승한다는 말로, 섬긴다는 뜻과 같다. 남녀가 대광주리에 검은색과 누런색 폐백을 담아 무왕을 맞이해 섬겼다는 말이다. 휴^休는 아름다움이다. 무왕이 하늘의 아름다운 명^命에 순종할 수 있어 무왕을 섬기는 사람들이 모두 그 아름다움을 본다는 말이다. 신부^{臣附}는 귀의해 복종한다는 말이다. 상^商나라 사람들이 주나라의 군대가 온다는 말을 듣고 각자 자신의 부류(신분)에 맞게 상대를 맞이한 것은 무왕이 물과 불 가운데 빠진 백성들을 구해, 백성들을 잔인하게 대한 임금을 잡아 죽이고 폭력과 반역을 저지르지 않았기 때문이다."

「태서」에, '우리 무왕이 위무^{威武}를 드날려, 주^紂왕의 땅으로 쳐들어가, 잔인한 적을 잡아 없애, 정벌한 공이 천하에 펼쳐지니, 탕왕보다 더욱 빛나는구나'라고 하였다.

> 「태서」^{太誓}는 『서경』 「주서」에 있는데, 현재의 『고문상서』 「태서」^{泰誓}편

이다. 주씨가 말했다: "무왕이 위무威武를 드날려 저 주紂의 국경을 쳐 들어가 잔인한 적을 잡아 정벌한 공이 이를 기회로 널리 퍼져 탕왕이 걸을 정벌한 일과 비교해도 더욱 빛이 난다. 이 말을 인용해 위 문장에서, '잔인한 임금을 없앴다'고 말한 뜻을 증명하였다."

○ 이 부분은 무왕의 일을 인용해, 왕도 정치를 실행하면 넓은 천하를 가지고서도 대적할 수 없음을 밝힌 것이다.

왕도 정치를 실행하지 않을 뿐이지, 왕도 정치를 실행하면 온 천하 사람들이 모두 고개를 들고 바라보면서 임금으로 삼으려고 할 것이다. 제나라와 초나라가 크더라도 무엇을 두려워하겠는가."

조씨가 말했다: "만장은 송나라가 제나라와 초나라에 압박을 받아 왕도 정치를 실행할 수 없다고 걱정하였다. 그러므로 맹자는 그를 위해 은나라의 탕왕과 주나라의 무왕의 일을 진술해 깨우쳐 주었다: 참으로 왕도 정치를 실행하면 천하 사람들이 그를 임금으로 삼으려고 생각할 텐데 제나라와 초나라가 강한 게 왜 두렵겠는가."

이상은 제5장이다.

○ 힘이란 한계가 있지만 덕은 무궁하다. 힘은 강한 것 같지만 쉽게 쇠약해진다. 때문에 한계가 있다. 덕은 관대해 보이지만 근본적으로 굳센 것이다. 때문에 무궁하다. 진정한 왕에게 천하에 대적할 자가 없는 까닭은 덕에 맡기고 힘을 믿지 않기 때문이다.

6.

맹자께서 대불승戴不勝에게 말씀하셨다. "그대는 그대의 왕이 선해지기를 바라십니까? 제가 분명하게 그대에게 말씀드리겠습니다.

| 대불승은 송나라의 신하다. 정권을 쥐고 있었고 또 나라를 잘 다스리려는 마음도 있었다. 맹자는 그가 사방에서 현자를 초빙해 임금을 올바르게 하는 공적을 이루길 바랐다. 그러므로 질문을 해서 그에게 말해 준 것이다.

여기 초나라의 대부가 있는데, 자기 자식에게 제나라 말을 가르치고 싶다면 제나라 사람이 자식을 가르치게 할까요? 초나라 사람이 가르치게 할까요?"

"제나라 사람이 가르치게 하지요."

| 제어齊語는 제나라 사람들이 쓰는 말을 뜻한다. 부傅는 가르친다는 말이다.

"제나라 사람 한 명이 가르치고 초나라 사람 여럿이 떠들면, 매일 회초리로 때리면서 그가 제나라 말을 하도록 하더라도 할 수 없을 것입니다. 그를 데려다 장옥莊嶽에 수개월 동안 놓아둔다면, 매일 회초리로 때리면서 그가 초나라 말을 하도록 하더라도 또한 할 수 없을 것입니다.

| 휴咻는 시끄럽게 떠든다는 말이다. 장옥은 제나라의 거리 이름이다.

○ 이 부분은 맹자가 먼저 비유를 써서 깨우쳐 준 것이다.

그대는 설거주薛居州가 좋은 선비라고 하면서 그를 왕이 계신 곳에 있게 했습니다. 왕의 처소에 있는 사람이, 나이가 많건 적건 벼슬이 높건 낮건 모두 설거주와 같은 사람들이라면 왕이 누구와 불선不善을 하겠습니까? 왕의 처소에 있는 사람이, 나이가 많건 적건 벼슬이 높건 낮건 모두 설거주와 같은 사람들이 아니라면 왕이 누구와 선을 하겠습니까? 설거주 한 사람이 송나라 왕을 홀로 어떻게 하겠습니까?"

| 설거주 역시 송나라의 신하다. 주씨가 말했다: "소인이 많고 군자가 혼자면 임금을 바르게 하는 공적을 이룰 수 없다."

이상은 제6장이다.

○ 보광輔廣이 말했다: "옛날의 대신大臣으로 자기 임금을 바르게 만들려 했던 사람이 어떻게 단지 한 사람만을 데려와 준비시켰겠는가. 반드시 많은 사람을 모집하고 기르면서, 사방에서 모셔 오고 널리 찾아, 충성되고 현명한 사士들이 조정에 다 모여들어 임금의 전후좌우에 있도록 하였으니, 올바른 사람들과 단정한 사士 아닌 사람이 없었다. 그런 다음에야 차츰차츰 (임금을) 물들이듯 감화하고 도야시켜, 임금의 기질을 변화시키고 덕성을 성취했다. 어떻게 홀로 일을 맡아 공적을 이루기를 바랐겠는가."

7.

공손추가 물었다. "제후를 만나지 않는 것은 무슨 뜻에서입니까?" 맹자께서 말씀하셨다. "옛날에는 신하가 되지 않은 사람은 만나지 않았다.

| 주씨가 말했다: "신하가 되지 않은 사람이란 나라에서 아직 벼슬하지

않는 것을 말한다."

○ 이 부분은 제후를 만나지 않는 뜻을 말한 것이다.

단간목段干木은 담을 넘어 임금을 피했고, 설류泄柳는 문을 닫고 들어오지
못하게 했는데 이는 모두 너무 심한 행동이다. 임금의 정성이 간절하면
만나 볼 수 있다.

> 단간목은 위魏나라 문후文侯 때의 사람이다. 설류는 노나라 목공繆公 때
> 의 사람이다. 두 임금이 그들이 현명하다는 말을 듣고 직접 찾아가 만
> 나 보려 하였다. 두 사람은 아직 신하가 아니었기 때문에 임금을 만나
> 보려 하지 않았다. 박迫은 만나려는 마음이 간절한 것이다.

○ 이 부분은 신하가 되지 않더라도 또한 만나 볼 수 있다는 뜻을 말한 것
  이다.

양화는 자기에게 공자가 와 보기를 바랐으나 사람들이 자기를 무례하다
고 하는 게 싫었다. 예에는, 대부가 사士에게 선물을 줄 때, 사士가 집에서
직접 선물을 받지 못하면 대부의 집에 가서 절을 한다. 양화는 공자가 없
는 틈을 봐서 공자에게 삶은 돼지를 보냈는데, 공자도 그가 없는 틈을 봐
서 그의 집에 가 절을 하셨다. 당시에 양화가 먼저 찾아왔다면 공자께서
왜 만나 보지 않으셨겠는가.

> 욕현공자欲見孔子는 공자를 불러 자기를 만나 보게 하고 싶었다는 말이
> 다. 오무례惡無禮는 사람들이 자기를 무례하다고 생각할까 두려워한다
> 는 말이다. 수어기가受於其家는 집에서 선물을 가지고 온 사람을 대하고
> 절하며 받는다는 말이다. 감瞰은 본다는 말이다. 양화는, 공자가 '대부

가 사에게 선물을 주는 예'에 따라 자기에게 와서 절하고 만나기를 바란 것이다. 맹자는, 당시 양화가 먼저 와서 예에 맞게 행동했다면 공자가 왜 만나 보지 않았겠느냐고 말한 것이다. 공자는 소인에 대해서도 혹 어쩔 수 없이 때때로 만나 보았다. 하물며 현명한 두 임금이 힘써 만나 보고자 하는데 어떻게 피할 수 있겠는가.

○ 이 부분은 공자의 일을 인용해, 단간목과 설류가 심한 잘못을 했다고 판단한 것이다.

증자께서는, '어깨를 움츠리고 억지로 웃는 일이 여름에 밭에서 일하는 것보다 힘들다'라고 하셨고,

| 협견脅肩은 몸이 두려워하는 것이다. 첨소諂笑는 억지로 웃는 것이다. 하휴夏畦는 여름날 밭일을 하는 사람이다. 아부하기 좋아하는 소인은 여름에 밭일하는 사람보다 수고를 더한다는 말이다.

자로는, '뜻이 통하지 않는데 억지로 말하는 사람은 그 얼굴빛을 보면 부끄러워 붉어지는데, 이는 내 알 바 아니다'라고 하였다.

| 미동이언未同而言은 남과 뜻이 통하지 않는데 억지로 그와 말한다는 뜻이다. 난난赧赧은 부끄러워 얼굴이 붉어지는 모습이다. 유由는 자로의 이름이다. "내 알 바 아니다"(상관하지 않는다)라고 말한 것은 매우 미워하는 표현이다.

이런 관점에서 보자면 군자가 수양하는 게 무엇인지 알 수 있다."

○ 이 부분은 증자와 자로 두 사람의 말을 인용해, 수양을 한 사람은 바른

예를 기다리지 않고 갑자기 임금을 보러 가는 일은 절대 하지 않는다는 점을 명확히 밝힌 것이다.

이상은 제7장이다.

8.

대영지戴盈之가 말했다. "10분의 1 세금을 받는 것과 관문과 시장에서 걷는 세금을 철폐하는 일은 금년엔 할 수 없습니다. 세금을 경감하고 내년을 기다렸다가 그런 뒤에 그만두려 하는데, 어떻겠습니까?"

| 대영지는 송나라의 대부다. 10분의 1 세금은 정전법을 말한다. 관문과 시장에서 걷는 세금은 시장의 상인과 돌아다니는 상인에게 부과하는 세금이다. 금자今玆는 금년과 같은 말이다. 이已는 그만두는 것이다.

맹자께서 말씀하셨다. "여기 날마다 이웃의 닭을 자기 것처럼 갖는 사람이 있는데, 어떤 사람이 그에게, '이는 군자의 도리가 아닙니다'라고 했더니, 그 사람이, '수를 줄여서 한 달에 닭 한 마리씩 가지다가 내년을 기다린 뒤에 그만두도록 하겠습니다'라고 했답니다.

| 양攘은 갖는다는 말로, 스스로 자기 집으로 온 동물을 갖는다는 말이다.

그게 의義가 아닌 줄 알면 빨리 그만두어야지 왜 내년까지 기다립니까."

| 행동이 의義가 아닌 줄 알면 의당 빨리 고쳐야지 하루라도 늦춰 지체해서는 안 된다.

이상은 제8장이다.

○ 보광이 말했다: "천하의 일은 의義와 이익[利] 두 끝이 있을 뿐이다. 의義에서 조금이라도 벗어나면 이익이라고 말해야 한다. 어떻게 두 개가 공존하는 논리가 있겠는가. 의리의 관점에서 안 된다는 걸 알면서도 아직 인색하고 아까운 마음으로 빨리 바꾸려 하지 않으면 끝내 미적미적 늦추는 길로 돌아가, 스스로 옳지 않은 것을 뿌리 뽑고 날마다 새롭게 되는 일을 결코 할 수 없다." 장식張栻이 말했다: "사士의 몸가짐은 개과천선할 때 대영지의 말처럼 하면 죽을 때까지 과실 가운데 빠져 허우적거리게 된다. 신하가 나라를 위해 정사를 도모하며 폐단을 없애고 옛것으로 돌아가는 일을 할 때 대영지의 말처럼 하면 끝내 인습을 따르며 구차하게 행동하는 함정에 빠지고 만다."

9.

공도자公都子가 말했다. "바깥사람들은 모두 선생님께서 논쟁하기를 좋아한다고 말합니다. 어째서 그러한지 감히 여쭙겠습니다."

| 맹자가 양주와 묵적을 심하게 거부했기 때문에 논쟁하기 좋아한다고
　말한 것이다.

맹자께서 말씀하셨다. "내가 어찌 논쟁하기를 좋아하겠느냐. 나는 부득이해서이다. 천하에 사람이 산 지 오래되었지만 한 번은 잘 다스려졌다가 한 번은 어지러웠다.

| 사람이 생긴 이후 번갈아가며 평화와 난세가 있었다. 평화는 반드시

성현이 태어나 생겼고, 난세는 폭군이 불러왔다.

○ 옛 해설(주희, 『집주』)에는, "기氣의 변화로 인한 번영과 쇠퇴, 인간사의 성공과 실패가 반복해 서로 이어지는 것"이라 설명했는데, 이는 맹자의 뜻이 아니다. 예로부터 평화와 난세의 증거는, 크고 작으며, 멀고 가까운 차이는 있지만 그 원인을 고찰해 보면 반드시 인간이 하는 일의 성공과 실패에서 비롯되지 않은 것이 없었다. 그러므로 배우는 사람은 인간이 하는 일의 성공과 실패에 대해 고찰해야지 기의 변화로 인한 번영과 쇠퇴를 언급해서는 안 된다. 기의 변화로 인한 번영과 쇠퇴만을 논하면 왜 성현이 태어나길 기다리겠으며, 왜 학문을 귀중하게 여기겠는가. 맹자가 인간사의 성공과 실패를 논했지 기의 변화를 언급한 적이 없음은 본문을 보면 알 수 있다.

요임금 시대에 물이 거꾸로 흘러 중국에 범람해 용과 뱀이 사는 통에, 사람들은 정착할 곳이 없어 낮은 곳에 사는 사람들은 나무에 둥지를 만들었고 높은 곳에 사는 사람들은 굴을 파 살았다. 『서경』에, '홍수洚水가 나에게 경고하였다'라고 하였는데, 홍수洚水란 홍수洪水를 말한다.

| 수역행水逆行은 하류가 막혀 거꾸로 흘러 사방으로 넘쳤다는 말이다. 하下는 저지대를 말한다. 상上은 고지대를 말한다. 영굴營窟은 굴에 사는 것을 말한다. 『서경』의 말은 『고문상서』 「대우모」大禹謨편에 보인다. 홍수洚水는 아득하게 끝이 안 보이는 물을 말한다. 경警은 경계를 내렸다는 말이다.

우임금에게 이를 다스리게 하였는데, 우임금이 땅을 파 물이 바다로 흘러

가게 하고, 용과 뱀을 몰아 늪지로 쫓아내어, 물이 땅 사이를 따라 흐르게 하였으니 장강長江·회수淮水·황하黃河·한수漢水가 이것이다. 물이 범람하는 일이 없어지고 새와 짐승이 사람을 해치는 일이 사라진 뒤에 사람들이 평지를 차지해 살게 되었다.

> 착지掘地는 막힌 곳을 파 없앴다는 말이다. 저菹는 풀이 자라는 저수지를 말한다. 지중地中은 양 물가 사이를 말한다. 험저險阻는 물이 범람하는 것을 말한다. 원遠은 없어졌다는 말이다. 소消는 사라졌다는 말이다.
> ○ 이 부분은 우임금이 홍수를 막아 천하가 평화로워졌다는 말이다.

요임금과 순임금이 세상을 떠난 뒤 성인의 도가 쇠약해져 폭군들이 대대로 나와, 백성들의 집을 파괴해 연못과 웅덩이를 만들어 백성들이 편히 쉴 곳이 없었고, 밭을 버려 둬 동산으로 만들어 백성들이 의식衣食을 얻을 수 없게 하였다. 사악한 말[邪說]과 난폭한 행동이 또 생겨나 동산과 연못, 늪지와 저수지가 많아져 짐승들이 모여들더니, 주왕紂王의 시대가 되자 또 천하가 크게 어지러워졌다.

> 폭군은 하나라의 태강太康·이규履癸, 은나라의 무을武乙 같은 무리를 말한다. 궁실宮室은 백성이 사는 집을 말한다. 패沛는 초목이 자라는 곳이다. 택澤은 물이 모인 곳이다.

주공이 무왕을 도와 주왕을 죽이고, 엄奄나라를 정벌해 3년 만에 그 임금을 없애고, 비렴飛廉을 바닷가로 몰아 죽이니 멸망시킨 나라가 50개국이었고, 호랑이·표범·코뿔소·코끼리를 몰아 없앴더니 천하 사람들이 크게 기뻐했다. 『서경』에도, '크게 드러났구나, 문왕의 계책. 크게 계승했구나,

무왕의 빛나는 공적. 우리 후인들을 도와 길을 열어 주셨는데 모두 정도正道를 써서 결함이 없으셨다'라고 했다.

| 엄奄은 동쪽에 있는 나라로, 주왕紂王을 도와 잔학한 짓을 했다. 비렴은 주왕이 총애하던 신하였다. 50국은 모두 주왕과 같은 편으로 백성을 학대한 나라다. 『서경』의 말은 『고문상서』「군아」君牙편에 보인다. 비丕는 크다는 말이다. 현顯은 밝게 드러났다는 말이다. 모謨는 계책을 말한다. 승承은 계승했다는 말이다. 열烈은 빛난다는 말이다. 우佑는 돕다, 계啓는 길을 열었다는 말이다. 결缺은 무너진 곳을 말한다.

○ 이 부분은 주공이 오랑캐를 정복하고 맹수를 쫓아내 백성들이 편안해졌음을 말한다.

세상의 기강이 쇠퇴하고 도가 미약해지자 사악한 말과 난폭한 행동이 또[有] 생겨나 자신의 임금을 죽이는 신하도 나오고, 자기 아버지를 죽이는 자식도 나왔다.

| 유有와 우又는 고자古字로는 서로 통용됐다. 대체로 이 시기는 주나라 왕실이 동쪽으로 옮긴 이후를 가리킨다.

공자께서 이런 세상에 두려움을 느끼시고 『춘추』를 지으셨으니, 『춘추』는 천자天子의 일을 다뤘다. 이런 까닭에 공자께서, '나를 아는 것도 오직 『춘추』를 통해서이며, 나에게 죄가 있다고 할 것도 오직 『춘추』를 통해서이다'라고 하셨다.

| 천자의 일은 예악과 정벌을 말한다. 『논어』에, "천하에 도가 있으면 예악禮樂과 정벌征伐이 천자에게서 나오고"(「계씨」季氏 제2장)라고 한 말이

이것이다. 『춘추』에 실린 내용은 모두 예악과 정벌 같은 종류의 일이기 때문에 천자天子의 일이라고 하였다. 또, "천하에 도가 있으면 지위 없는 사람이 정사를 논의하지 않는다"(「계씨」 제2장)라고도 하였다. 공자가 『춘추』를 지은 것은, 지위 없는 사람의 처지로 천자의 일을 논의함은 그 행동이 분수 넘는 것 같지만 실은 도가 천하에서 영원히 끊어질까 두려워서였다. 그러므로 "나를 아는 것도 오직 『춘추』를 통해서이며, 나에게 죄가 있다고 할 것도 오직 『춘추』를 통해서이다"라고 한 것이다.

○ 이 부분은 공자가 『춘추』를 완성하자 난신亂臣·적자賊子가 두려워했음을 말한다. 『춘추』라는 책은 오로지 난폭한 행동을 금지하기 위해서 쓰인 것이다. 하지만 사악한 말과 난폭한 행동은 두 가지가 서로 원인이 된다. 난폭한 행동을 금지할 수 있다면 사악한 말도 함부로 나올 수 없을 것이다. 그러므로 맹자가 먼저 "세상의 기강이 쇠퇴하고 도가 미약해지자 사악한 말과 난폭한 행동이 또 생겨났다"고 말하고, 이어서 "공자께서 이런 세상에 두려움을 느끼시고 『춘추』를 지으셨다"고 한 것은 이 때문일 것이다. 후편에 소위 "상도常道가 올바르면 서민들이 선을 행하려는 마음이 생기고 서민들이 선을 행하려는 마음이 생기면 사악한 것이 없어질 것이다"(「진심 하」 제37장)라고 한 말도 역시 이 뜻일 뿐이다.

성왕聖王이 나오지 않아 제후들이 멋대로 행동하고 처사處士들은 함부로 말을 해 양주楊朱와 묵적墨翟의 말이 천하에 가득 차서 천하의 말이 양주에게 돌아가지 않으면 묵적에게 돌아갔다. 양씨는 자기만을 위하라고 하니 이는 임금이 없는 것이고, 묵씨는 모두 다 사랑하라고 하니 이는 아버지가 없는 것이다. 아버지가 없고 임금이 없으니 이는 짐승이다.

| 주씨가 말했다: "양주는 자기 몸을 사랑할 줄만 알았지 자신을 바치는 의義가 있는 줄은 전혀 몰랐다. 때문에 임금이 없다. 묵자는 사랑에 차등이 없어 가장 가까운 부모를 다른 사람들과 차이가 없다고 보았다. 때문에 아버지가 없다. 아버지가 없고 임금이 없으면 인간의 도리가 끊어지고 사라지므로 이 또한 금수일 뿐이다."

공명의公明儀가, '임금의 부엌에는 살찐 고기가 있고 마구간에는 살찐 말이 있는데도, 백성들은 굶은 기색이 있고 들에 굶어죽은 시체가 있다면 이는 짐승을 몰아 사람을 잡아먹는 것이다'라고 하였다. 양주와 묵적의 도가 없어지지 않으면 공자의 도가 드러나지 않을 것이다. 이는 사악한 말이 백성을 속이고 인의를 막는 것이다. 인의가 막히면 짐승을 몰아 사람을 잡아먹다가 나중에는 사람들이 서로 잡아먹고 말 것이다.

| 충색인의充塞仁義는 사악한 말이 길을 막아 인의가 갈 수 없도록 한다는 말이다. 공명의의 말은 본래 백성들에게 세금을 많이 걷어 금수를 기르는 해악을 말한 것이다. 맹자는 이 말을 인용해, 양주·묵적의 도가 실행되면 사람은 모두 아버지가 없고 임금이 없어 금수가 되는 함정에 빠져 큰 난리가 생겨, 짐승을 몰아 사람을 잡아먹는 것에 그치지 않고 사람들이 금수가 되어 서로 잡아먹게 될 것이니, 그 해악이 더욱 심할 것이라고 한 것이다.

내가 이 때문에 두려워 이전 성인(공자)의 도를 보호해, 양주·묵적을 거

부하고 함부로 하는 말을 내쳐, 사악한 말을 하는 자들이 생기지 않았다.

| 주씨가 말했다: "한閑은 보호한다는 말이다. 방放은 몰아서 멀리 내쫓는다는 말이다." 맹자 스스로 난리를 제거하고 잘 다스려지는 상태로 돌린 공이 이와 같다 한 것이다.

사악한 말이 마음에 생기면 일에 해를 끼치고, 일에 나타나면 정사에 해를 끼친다.

| 앞 편(「공손추 상」 제2장)에서는, "마음에 생기면 정사에 해를 끼치고, 정사에 나타나면 일에 해를 끼친다"고 말했다. 지금 생각해 본다: "큰 일은 정政이라 하고 작은 일은 사事라 한다. 그렇다면 작은 것에서 큰 것으로 가는 앞뒤 순서를 바꿀 수 없다. 또, '마음에 생긴다'고 먼저 말했으므로 미세한 것에서 뚜렷이 드러나는 것으로 가는 뜻이 있으니 여기 이 문장을 따라야 옳다."

○ 이 부분은 맹자 자신이 양주와 묵적을 거부해 성인의 도를 보호했음을 말한 것이다. 그 뜻은, 주나라 이후 폭력과 난리가 계속 이어져 백성의 삶이 도탄에 빠졌기에 양주·묵적을 거부하고 함부로 하는 말을 추방한 것은 모두 부득이한 마음에서였지 논쟁하기를 좋아해서가 아니었다는 말이다.

옛날 우임금은 홍수를 막아 천하가 평화로워졌고, 주공이 오랑캐를 정복하고 맹수를 몰아내 백성들이 편안해졌으며, 공자가 『춘추』를 완성해 난신·적자가 두려워하였다.

| 억抑은 막는다는 말이다. 겸兼은 병합한다는 말이다. 오랑캐가 중국을

어지럽혀 백성에게 해가 되었기 때문에 그들을 정복한 것이다. 『춘추』
가 완성되자 난신·적자가 자신들의 악을 감출 수 없었기 때문에 두려
워한 것이다.

○ 위 문장에서 세 성인의 일을 자세히 서술하고 여기에 이르러 또 요약
해, 성인이 한 명 있으면 난리를 바꿔 평화로운 세상으로 만드는데, 그
일이 북치는 소리보다 빠르고 물체를 따르는 그림자나 사물에서 나는
소리보다 빠르다고 명확히 하였다. 그 책임을 자임해 세 성인의 공을
이을 것이라고 했으니, 이전 시대 유학자가 말한 기의 변화[氣化]로 인
한 번영과 쇠퇴는 맹자의 본뜻과 어긋난다는 사실을 여기서 더욱 분명
히 알 수 있다.

『시경』에, '오랑캐 융적戎狄을 공격하니, 초나라·서舒나라가 다스려져, 나
를 감당할 자 없었네'라고 하였으니, 아버지가 없고 임금이 없는 자들은
주공이 응징할 대상이다.

| 시 해설은 위 편(「등문공 상」 제4장)에 보인다. 승承은 감당한다는 말이
다. 시를 인용해 양주와 묵적의 주장 역시 성인이 반드시 없앨 것이라
고 말한 것이다.

나 또한 인심을 바로잡고, 사악한 말을 종식시키고, 치우친[詖] 행동을 거
부하고, 함부로 하는 말[淫辭]을 내쳐 세 성인을 이으려는 것인데 어떻게
논쟁을 좋아한다고 하겠느냐. 나는 부득이해서이다.

| 피詖와 음淫은 해설이 앞 편(「공손추 상」 제2장)에 보인다. 사辭는 주장
이 상세한 것이다. 승承은 잇는다는 말이다. 세 성인은 우임금·주공·

공자를 말한다.

양주와 묵적을 거부한다고 말할 수 있는 사람은 성인의 무리이다."

| 은혜를 당시에 베풀 수 없어도 사악한 말을 배척해 통행되지 못하게 한다면 인의가 실행되고 인륜이 바르게 될 것이다. 그 공은 성인에게 미치지 못하지만 역시 성인의 무리이다.

○ 이 부분은 우임금·주공·공자가 백성에게 큰 공을 세운 내용을 총괄해 서술하고, 궁극에는 자신이 사람들의 마음을 바로잡고, 사악한 말을 종식시키고, 지나친 행동을 거부하고, 함부로 하는 말을 내쳐 세 성인을 계승할 것이라는 말로 돌아갔다. 그러므로 또 부득이해서였다는 마음을 거듭 말해 논쟁을 좋아하는 게 아님을 밝힌 것이다. 배우는 사람은 맹자가 부득이해서라고 한 마음의 이유를 깊이 살펴야 한다.

이상은 제9장이다.

○ 예로부터 난리를 다스려 올바른 세상으로 돌아가는 일은 반드시 성인의 탄생에 의지했다. 홍수와 맹수의 재앙은 사람의 몸에 피해를 끼치는 데 그치지만 양주와 묵적의 재앙은 사람의 마음이 다치고 상처 입히는 데까지 이르게 되어 아버지가 없고 임금이 없어 사람이 서로 잡아먹는 지경에까지 이르게 된다. 그러므로 사람의 몸에 오는 재앙은 구제하기 쉽지만 사람의 마음에 오는 재앙은 고치기 어렵다. 이 점이 공자와 맹자가 천하를 위해 만세토록 깊고 멀리 염려한 이유이다. 선배 유학자는 맹자의 공이 우임금 이래 있지 않다고 하였는데, 대체로 이것 때문이다.

인간의 도道에는 인의가 있고, 하늘의 도에는 음양이 있으며, 땅의 도에는 강함과 부드러움이 있어, 어느 것 하나도 없앨 수 없다. 그러므로 성인이 인을 말하면 반드시 의가 그 안에 있고, 의를 말하면 반드시 인이 그 안에 있어 어느 한쪽도 없앨 수 없다. 정도正道와 이단이 여기서 확연히 갈라진다. 양주는 자기만을 위한다. 이는 인을 없애는 것이다. 묵자는 모두 다 사랑한다. 이는 의를 없애는 것이다. 불교와 노장에서 말하는 허무·적멸 같은 경우는 인의를 함께 없애 버리는 것이다. 이것은 도에서 심하게 벗어난다. 그리고 세상에서 문장이나 짓고 글귀나 외우는 공부를 하는 무리 같은 자들은 성인이라는 이름을 빌려 오지만 그 선 자리는 인도 아니고 의도 아니어서 바로 인의를 막고 인륜을 무너뜨리기에 족하니, 그 해악은 말로 다 표현할 수 없다. 후대에 인심을 바로잡고 사악한 말을 종식시키려는 사람은 역시 양주·묵적과 함께 이런 무리도 똑같이 거부해야 옳다.

10.

광장匡章이 말했다. "진중자陳仲子가 왜 참으로 청렴한 선비가 아니겠습니까. 오릉於陵에 살 때 3일 동안 먹지 못해서 귀에는 들리는 것이 없었고 눈에는 보이는 것이 없었습니다. 우물가에 자두가 떨어져 벌레가 열매를 반 넘게 먹었는데 기어가 이것을 집어 먹어 세 입을 삼킨 뒤에야 귀에 들리는 게 있었고 눈에 보이는 것이 있었습니다."

| 광장은 제나라 사람이다. 진중자 역시 제나라의 청렴한 선비다. 주씨가 말했다: "청렴은 분별력을 가지고 구차하게 갖지 않는 것이다. 오릉은 지명이다. 조螬는 굼벵이 벌레다. 포복匍匐은 힘이 없어 걸을 수 없는

것이다." 장將은 손으로 잡는 것이다. 인咽은 삼키는 것이다.

맹자께서 말씀하셨다: "제나라 사士 가운데 저는 반드시 진중자를 으뜸으로 칩니다. 하지만 진중자를 어떻게 청렴하다 하겠습니까. 진중자의 지조를 채워 주려면 지렁이가 된 뒤에나 가능할 겁니다.

> 거벽巨擘은 엄지손가락을 말한다. 제나라의 사士들은 대부분 의를 잊고 녹봉에 얽매였기 때문에 진중자를 손가락 가운데 엄지로 보는 것이다. 지조는 굳게 지키는 것이 있음을 말한다. 인蚓은 지렁이다. 진중자는 청렴하다고 할 수 없다. 꼭 그가 지키려는 지조를 충족시키려면 지렁이처럼 세상에서 구하는 것이 없는 후에야 청렴하게 될 수 있다는 말이다.

지렁이는 위로는 마른 흙을 먹고 아래로는 탁한 물을 마십니다. 진중자가 사는 집은 백이가 지은 것입니까? 아니면 도척이 지은 것입니까? 먹는 곡식은 백이가 심은 것입니까? 아니면 도척이 심은 것입니까? 이걸 모르겠습니다."

> 맹자는 거듭 진중자는 자신의 지조를 충족시킬 수 없다고 말하였다. 고양橋壤은 마른 흙이다. 황천黃泉은 탁한 물이다. 진중자는 집에서 살고 곡식 먹는 것을 피할 수 없는데 그 사는 곳 먹는 것이 어디서 왔는지 혹 의義가 아닌지 역시 모르겠으니, 이는 지렁이처럼 남에게서 아무것도 구하지 않고 스스로 만족할 수는 없다는 말이다.

"그게 무슨 문제가 되겠습니까? 그 사람은 자신이 신을 짜고 아내는 삼실을 뽑고 부드럽게 해서 물건과 바꿉니다."

| 벽辟은 삼실을 뽑는 것이다. 로纑는 삼을 (잿물에 삶아) 부드럽게 하는
것이다. 광장은 사는 집과 먹는 음식에 혹 의롭지 못한 것이 있더라도
그 사람은 자기 힘으로 먹고살며 남에게서 구하지 않으므로 역시 그가
청렴한 사士라는 데에 해가 되지 않는다고 하였다.

"진중자는 제나라에서 대대로 벼슬을 한 집안 사람입니다. 그의 형 대戴
는 합蓋에서 나는 녹봉이 만 종이었는데, 형의 녹봉을 의롭지 못한 녹봉
으로 보고 먹지 않고 형의 집을 의롭지 못한 집으로 보고 살지 않고서는,
형을 피하고 어머니를 떠나 오릉에서 살았습니다. 어느 날 집에 돌아왔더
니 그의 형에게 산 거위를 주는 사람이 있었습니다. 그는 이마를 찌푸리
고서, '어디다 이 꽥꽥거리는 걸 쓰겠다는 건지'라고 했지요. 다른 날 그
의 어머니가 이 거위를 잡아 그에게 주어 먹고 있는데, 그의 형이 밖에서
들어와, '이거 꽥꽥이 고기구나'라고 했더니 밖에 나가 먹은 걸 토해 버렸
습니다.

| 세가世家는 대대로 경卿의 벼슬을 지낸 집안이다. 형은 이름이 대戴로,
합蓋이라는 고을에서 나오는 녹봉으로 생활했는데 그 수입이 만 종이
었다. 얼얼鶃鶃은 거위가 우는 소리다. 이마를 찌푸리며 말한 것은 형이
주는 것을 받는 행동을 불의라고 본 것이다. 와哇는 토했다는 말이다.

어머니가 주면 먹지 않고 아내가 주면 먹으며, 형의 집이라면 살지 않고
오릉의 집이라면 살고 있으니, 이러고서도 오히려 지조를 충족시킬 수 있
는 부류라고 하겠습니까? 진중자 같은 사람은 지렁이가 된 뒤에나 지조

를 충족시킬 수 있습니다."

| 진중자는 어머니의 음식과 형의 집을 불의^{不義}한 것으로 여겨 먹지도 않고 살지도 않았으니 일체 먹는 것 사는 곳이 없는 뒤에야 지조를 채울 수 있는 부류이다. 지금은 아내가 마련한 음식을 먹고 오릉의 집에 살고 있으니 이는 그의 지조가 다 채워졌다고 할 수는 없다. 오로지 지렁이가 된 뒤에나 채울 수 있을 뿐이라는 말이다.

○ 이 부분은 중자의 행동은 모두 사람이 해야 할 행동이 아니고 바로 인륜을 어지럽힐 수 있음을 거듭 밝힌 것이다.

이상은 제10장이다.

○ 도는 천하에 통용되고 만세에 영원히 전하는 것이다. 사람이 이를 꼭 따르려 하지는 않지만 따르지 않을 수 없는 것이다. 그러므로 한 사람만 알고 천하 사람들이 알 수 없으면 도가 아니고, 한 사람만 실행할 수 있고 천하 사람들이 할 수 없는 것 역시 도가 아니다. 이런 까닭에 성인은 가르침을 세울 때 반드시 오륜^{五倫}을 근본으로 했고, 도를 말할 때 반드시 인의를 핵심으로 했으며, 덕을 논할 때 중용을 중심으로 했다. 천하에 통용되고 만세에 영원토록 전해져 사람마다 다 할 수 있기를 바란 것이다. 진중자가 오로지 주창한 청렴을, 결백을 좋아하는 사람이 본받을 수도 있을지 모르겠지만 아버지가 없고 임금이 없는 지경에 이르지 않은 자가 거의 없을 것이다. 이는 매우 한쪽으로 치우친 행동이다.

맹자고의 권4

孟子古義 卷之四

이루 (離婁) 편

이 편은 천하를 잘 다스리는 일은 오로지 어진 정치를 실행하는 데 달려 있음을 상세히 말하고 반복해 깨우쳐 주어, 뜻이 매우 간절하고 합당하다. 그리고 학문과 교육방법에서 무릇 인륜과 일상생활에 보탬이 되는 것 역시 논의되고 펼쳐지지 않은 게 없다. 조심스러운 생각이지만 이 편역시 맹자가 직접 저술한 것 같다. 그렇지 않다면 그 논의와 말투가 이처럼 명백하고 자세할 수가 없다. 독자들은 소홀히 읽지 말아야 한다.

이루 장구 상

모두 28장이다.

1.

맹자께서 말씀하셨다. "이루離婁의 밝은 눈과 공수자公輸子의 좋은 기술로도 규구規矩를 쓰지 않으면 직각과 원을 그릴 수 없고, 사광師曠의 좋은 귀로도 육률六律을 쓰지 않으면 오음五音을 바로 정할 수 없다.

| 이루는 옛날 눈이 밝은 사람이었다. 공수자는 이름이 반班으로 노나라의 기술자였다. 규規(컴퍼스)는 원을 그리는 기구이다. 구矩(곡척)는 직각을 그리는 기구다. 사광은 진晉나라의 악사樂師로 음音을 잘 알았다. 육률六律은 대나무를 잘라 통을 만들어, 음陰과 양陽에 각각 배속해 오음五音의 높낮이를 조절한다. 황종黃鍾, 태주太蔟, 고선姑洗, 유빈蕤賓, 이칙夷則, 무역無射은 양陽에 해당하는 음률이고, 대려大呂, 협종夾鍾, 중려仲呂, 임종林鍾, 남려南呂, 응종應鍾은 음陰에 해당하는 음률이다. 오음은 궁宮,

상商, 각角, 치徵, 우羽의 다섯 음이다.

요순의 도로도 인정仁政을 쓰지 않으면 천하를 평화롭게 다스릴 수 없다.

> 왕도王道에 인정이 있는 것은, 직각과 원을 그릴 사람은 반드시 규구를 쓰고, 오음을 살피는 사람은 반드시 육률을 쓰는 것과 같다. 이를 따르지 않으면 일을 바르게 할 수 없다. 인정은 첫 편에서 서술한, 정전법과 백성을 가르치고 돌보는 방도 같은 것이 이것이다.

지금 인심仁心을 가졌고 인문仁聞이 있으면서도 백성들이 그 혜택을 입지 못하고 후세에 본보기가 되지 못하는 것은 선왕先王의 도를 실행하지 않기 때문이다.

> 인심仁心은 남을 사랑하는 마음이다. 인문仁聞은 남을 사랑한다는 명성이다. 선왕의 도란 인정을 말한다.

그러므로, '그저 착하기만 해서는 정치를 할 수 없고, 법도만 가지고서는 저절로 행해질 수 없다'고 하는 것이다.

> 도徒는 '헛되이'라는 말이다. 착함은 일로 드러나야 하고 법도(제도)는 덕德으로 실행돼야 한다. 그저 착하기만 하고 법도만 있어서야 어떻게 다스림에 보탬이 되겠는가.

『시경』에, '잘못하지도 않고 잊지도 않는 것은 옛 법도를 따르기 때문이다'[不愆不忘, 率由舊章]라고 하였는데, 선왕의 법도를 따르면서 잘못하는 경우는 있지 않다.

시는 「대아·가락假樂」이다. 건愆은 잘못하는 것이다. 솔率은 따르는 것이다. 장章은 기준·법도이다. 행동하는 데 잘못하거나 어긋나지 않고, 잊지도 않는 것은 옛 기준을 따르기 때문이다. 맹자는 시를 인용해 선왕의 법도 역시 이처럼 준수하지 않을 수 없다고 말했다.

○ 어떤 사람이 말했다. "사랑하는 마음[仁心]은 본연의 선善으로 무엇 하나도 더할 수 없는데, 맹자는 왜 사랑하는 마음에 오로지 주력하라 하지 않고 오히려 선왕의 도를 실행하라고 말합니까?" 내가 대답했다. "사단四端의 마음이 좋은 것이긴 하지만 이 마음을 확충할 줄 모르면 부모가 가장 가까이 있어도 오히려 섬길 수 없는데, 하물며 온 세상을 어떻게 보존할 수 있겠는가. 밝은 본성의 선함은 믿을 수 없지만 학문의 유익함은 한계를 둘 수 없는 것이다. 그렇기 때문에 '이 마음을 확충하면 온 세상을 보존할 수 있고 확충하지 못하면 부모를 섬길 수도 없다'고 한 것이다. 남을 사랑하는 마음이 있더라도 선왕의 도를 행하지 않으면 이른바 '그저 착하기만 한 것'이어서, 이 마음을 실행할 수 없음이 분명하다는 사실을 알 수 있다. 『맹자』를 해석할 때 왕도王道를 위주로 하지 않고 오로지 본성은 선하다는 주장만 외치는 사람은 『맹자』를 잘 읽은 사람이 아니다."

성인이

성인 두 글자는 군더더기로 붙은 글자다.

시력을 다 쓰고 나서 규구·준승準繩으로 연결하니 직각·원·수평·직선을 그리는 데 이루 다 쓸 수 없었으며, 청력을 다 쓰고 나서 육률로 연결하니 오음을 바로 정하는 데 이루 다 쓸 수 없었으며, 마음과 생각을 다 쓰고 나서 남을 차마 해치지 못하는 정치로 연결하니 인仁이 천하를 덮었다.

> 또 앞 절에서 비유를 사용한 뜻을 거듭 밝힌 것이다. 준準은 수평계다. 승繩은 직선을 긋는 기구다. 마음과 생각을 다 썼으면 그저 착하기만 한 것이 아니며, 이어서 남을 차마 해치지 못하는 정치를 실행하면 그저 법도만 갖춘 게 아니다. 그러므로 그 효과는 내가 덕으로 교화시키는 일이 천하를 뒤덮는 데까지 이르는 것이다.

그러므로, '높은 곳에 오를 때는 반드시 언덕을 따라가야 하며, 낮은 곳에 내려갈 때는 반드시 시내와 못을 따라가야 한다'*고 하는 것이다. 정사를 실행할 때 선왕의 도를 따르지 않으면 지혜롭다고 할 수 있겠는가.

> 정사를 실행하면서 선왕의 도를 따르는 것은, 높은 곳에 오르는 사람은 언덕을 따라가고 낮은 곳에 가는 사람은 시내와 못을 따라가야 하는 것과 같다. 힘은 적게 쓰고 성취한 결과는 크다는 말이다.
>
> ○ 이 부분은 정사를 실행하는 일에는 선왕의 도를 따르지 않을 수 없으며, 선왕의 도를 따르면 반드시 어진 정사를 펼치게 됨을 말한 것이다.

이 때문에 어진 사람만이 높은 지위에 있어야 하니 어질지 않고서 높은

---

* 『예기』(禮記) 「예기」(禮器)에 근거를 둔 이 말은 원래의 뜻대로 푼다면, "동지(冬至)에 하늘에 제사 지낼 때는 반드시 둥근 언덕 위에서 하고, 하지(夏至)에 땅에 제사 지낼 때는 반드시 네모난 연못 가운데서 한다" 정도가 된다. 일을 할 때는 반드시 순리를 따라야 한다는 점을 나타낸 말이다. 원문의 고(高)와 하(下)는 각각 하늘과 땅을 가리킨다. 맹자가 인용한 의미에 맞게 문장을 약간 다듬었다.

지위에 있으면 이는 여러 사람에게 악을 뿌리는 것이다.

> 어진 사람이 높은 지위에 있으면 자신은 복을 누리고 아랫사람도 그 혜택을 입는다. 어질지 않은 사람은 이와 반대가 된다. 파播는 널리 알린다는 말이다.

위에는 헤아려 주는 도덕이 없고 아래에는 지키는 법도가 없어, 조정은 도를 믿지 않으며 공인工人들은 법도를 믿지 않아, 군자가 의義를 범하고 소인이 법을 범한다면 국가가 유지되는 것은 요행이다.

> 여러 사람에게 악을 뿌리는 실상을 거론해 말한 것이다. 규揆는 헤아린다는 말이다. 무도규無道揆는 헤아려 줄 수 있는 도덕이 없다는 말이다. 무법수無法守는 따르며 지킬 수 있는 법도가 없다는 말이다. 도가 위에서 사라지고 법이 아래에서 깨졌다는 말이다. 공工은 온갖 공인을 말한다. 이 여섯 가지가 생기면 그 나라는 반드시 망할 것이고 망하지 않는 것은 요행일 뿐이다.

그러므로, '내성과 외성이 완전하지 않고 병사와 무기가 많지 않은 것은 나라의 재앙이 아니며, 들판이 개간되지 않고 재화가 모이지 않는 것은 나라에 해가 아니다. 윗사람이 예가 없고 아랫사람이 배움이 없으면 도적이 된 백성이 일어나 나라를 잃는 일이 바로 닥칠 것이다'라고 한 것이다.

> 예는 인륜을 지탱할 수 있고 배움은 인륜을 밝힐 수 있다. 이 두 가지가 없으면 아랫사람들은 보고 본받을 게 없고 윗사람들은 폭력을 금하지 않아 도적이 된 백성이 일어나 망하는 날이 금방 닥칠 것이다. 나라를 다스리는 사람은 단지 성城과 무력, 농사와 재화 네 가지 근심거리가

될 거라는 사실만 알 뿐 예가 없고 배움이 없는 해가 얼마나 큰지 모른다. 때문에 이 사실을 말해 깨우쳐 준 것이다.

○ 이 부분은, 임금은 나라를 다스릴 때 선왕의 도를 써야 한다고 권한 것이다.

『시경』에, '하늘이 주나라를 넘어뜨리려 하니 여유부리지[泄泄] 말라'고 하였으니, 예예泄泄는 답답沓沓이라는 말과 같다. 임금을 섬기는 데 의義가 없고 벼슬에 나가고 물러나는 데 예禮가 없으며 말을 하면 선왕의 도를 비난하는 자는 답답沓沓과 같은 것이다.

| 시는 「대아·판板」이다. 주씨가 말했다: "궐蹶은 쓰러뜨린다는 뜻이다. 예예泄泄는 게으르고 느린 태도로 즐겁게 따라가는 모양이다. 하늘이 주나라 왕실을 전복시키려 하니 군신들은 여유부리며 서둘러 구해 바로잡지 않아서는 안 된다는 말이다. 답답沓沓은 예예와 같은 말로, 맹자 시대에 사람들이 이렇게 말한 것으로 보인다. 비非는 헐뜯는다는 말이다."

그러므로 '임금에게 어려운 일을 행하라고 요구하는 것을 공손이라 하고, 선을 진술하고 사악함을 막는 것을 공경이라 하며, 우리 임금은 할 수 없다고 하는 것을 해친다'고 한다."

| 범씨(범조우范祖禹)가 말했다: "신하가 어려운 일을 가지고 임금에게 실행하라고 요구하면서 자기 임금이 요순과 같이 되도록 하는 일은 훌륭하게 임금을 섬기는 것이다. 좋은 길을 열어 주어 임금의 나쁜 마음을 막고 자기 임금이 혹 잘못을 저지르는 함정에 빠질까 두려워하는

것은 지극히 임금을 공경하는 것이다. 자기 임금은 좋은 길을 갈 수 없다고 말하면서 좋은 길을 알려 주지 않는 것은 자기 임금을 가장 심하게 해치는 일이다."

○ 이 부분은, 신하는 선왕의 도를 써서 임금을 보좌해야 한다고 권한 것이다.

이상은 제1장이다.

○ 범씨(범조우)가 말했다: "제나라 선왕은 소 한 마리가 죽을 것을 차마 보지 못하고 양으로 바꿨다. 인심仁心을 가졌다고 할 수 있다. 양梁나라 무제武帝는 하루 종일 소박한 음식 한 끼를 먹었고 종묘에는 밀가루 음식을 희생물로 바쳤으며 사형을 판결하고서는 반드시 사형수를 위해 눈물을 흘렸다. 온 세상이 그가 자애롭다는 사실을 알았으니 인문仁聞(어질다는 소문)이 있다고 할 수 있다. 하지만 제나라 선왕 때는 잘 다스려지지 않았다. 양나라 무제 말엽에는 강남지방이 크게 어지러웠다. 그 까닭은 무엇인가. 인심과 인문이 있었지만 선왕의 도를 실천하지 않았기 때문이다."

2.

맹자께서 말씀하셨다. "규구는 직각과 원을 그리는 완벽한 도구다. 성인은 인류의 완벽한 모범이다.

지至는 극치라는 말이다. 직각과 원의 형상은 규구에 와서 완벽해진다. 인류의 도는 성인에 와서 완벽해진다. 바로 영원한 인류의 모범인 것이다.

임금이 되려 하면 임금의 도를 완전히 다해야 하고 신하가 되려 하면 신하의 도리를 완전히 다해야 한다. 두 가지는 모두 요순을 모범으로 삼을 뿐이다.

| 요순을 모범으로 삼아 임금과 신하의 도를 완전히 다하는 것은 규구를 써서 직각과 원을 완벽하게 그리는 것과 같다.

순임금이 요임금을 섬긴 방법으로 임금을 섬기지 않으면 임금을 공경하지 않는 것이요, 요임금이 백성을 다스리던 방법으로 백성을 다스리지 않으면 백성을 해치는 것이다.

| 요순의 도는 인의仁義일 뿐이다. 그러므로 인의로 자기 임금을 섬기지 않는 것을 "공경하지 않는다"고 하고, 인의로 자기 백성을 다스리지 않는 것을 "해친다"고 한다. 인의를 다 실현한 뒤에 요순을 모범으로 삼을 수 있다.

공자께서, '도는 두 가지, 인仁과 불인不仁 뿐이다'라고 하셨다.

| 공자의 말을 인용해 위 문장의 뜻을 밝히고 또 다음 문장을 제시했다. 인은 요순을 모범으로 삼는 방법이며, 불인은 유왕幽王과 여왕厲王이 되는 방법으로, 그 길 역시 아주 가까우며 많은 갈래가 있는 게 아니다.

자기 백성에게 심하게 폭력을 쓰면 자신을 죽이고 나라가 망하며, 심하지 않으면 자신이 위태롭고 나라가 줄어든다. 유幽·여厲라는 칭호가 붙게 되면 효자와 자애로운 자손이라도 영원히 그 명칭을 고칠 수 없다.

| 명名은 부른다[稱]는 말이다. 유幽는 어둡다는 뜻이며, 여厲는 포학하다

는 뜻이다. 천하 사람들이 부르는 호칭을 따르게 되어, 효자와 자애로운 자손이 아무리 조상을 사랑한다 해도 고칠 수 없다.

『시경』에, '은나라가 거울(모범)로 삼는 일이 멀지 않으니 하夏나라 시대에 있네'라고 하였는데, 이를 말한 것이다."

| 시는 「대아·탕蕩」이다. 맹자는 이 시를 인용해 후세 사람들이 또 유
  왕幽王과 여왕厲王을 거울로 삼기 바랐다.

이상은 제2장이다.

○ 규구라는 기구는 아주 가까이 있지만 장인들에게는 하루도 없어서는 안 될 물건이다. 맹자는 이 물건으로 요순의 도를 비유했으니 훌륭한 비유라 하겠다. 배우는 사람들이 이 뜻을 이해한다면 요순의 도는 높지도 낮지도 않은, 실은 천하에 영원할 법칙임을 알 것이다.

3.

맹자께서 말씀하셨다. "하夏·은殷·주周 삼대가 천하를 얻은 것은 인仁했기 때문이고 천하를 잃은 것은 불인不仁했기 때문이다.

| 우왕·탕왕·문왕·무왕은 인했기 때문에 천하를 얻었고, 주왕·걸왕·
  유왕·여왕은 불인했기 때문에 천하를 잃었다.

나라가 피폐하고 흥성하며 존속하고 멸망하는 것도 역시 마찬가지다.

| 나라는 제후의 나라를 말한다.

천자가 불인不仁하면 천하를 보존하지 못하고, 제후가 불인하면 사직을 보존하지 못하고, 경卿·대부大夫가 불인하면 종묘를 보존하지 못하고, 사士·서인庶人이 불인하면 사지를 보존하지 못한다.

| 사해四海는 천하를 들어 말한 것이다. 사직社稷은 나라를 가지고 말한 것이다. 종묘宗廟는 가문을 가지고 말한 것이다. 사체四體는 몸을 가지고 말한 것이다.

지금 죽음과 멸망을 싫어하면서도 불인을 좋아한다. 이는 취하는 것을 싫어하면서 억지로 술을 마시는 것과 같다."

이상은 제3장이다.

○ 이 장은 인仁과 불인不仁의 실례를 들어 극단적으로 말한 것이다. 필연적으로 나타나는 명백한 증거이면서 예로부터 지금까지 적용되는 확고한 이치인데, 후대의 임금과 신하들은 보잘것없는 지력智力으로 가家·나라·천하를 파악하려 하면서, 인仁을 실행하는 효과가 이렇게까지 큰 줄은 모른다. 슬프다.

4.

맹자께서 말씀하셨다. "남을 사랑하는데 친밀해지지 않으면 자신의 인仁을 반성하고, 남을 다스리는데 잘 다스려지지 않으면 자신의 지혜를 반성하고, 남에게 예로 대하는데 응답이 없으면 자신의 경敬을 반성해야 한다.

| 내가 남을 사랑하는데 남이 나에게 친밀하지 않으면 이는 내 인仁이 아

직 지극하지 않은 것이다. 남에게 책임을 지우지 말고 자신에게 돌이켜 찾아야 한다. 지혜와 경敬도 이와 마찬가지다.

행동을 해서 얻지 못하는 것이 있으면 모두 자신에게 돌이켜 찾아야 한다. 자신이 바르게 되면 천하가 돌아올 것이다.

> 부득不得은 자기가 바라는 것을 얻지 못한 것을 말한다. 남이 친밀하게 대하지 않고, 잘 다스려지지 않고, 응답이 없는 것 따위가 이것이다. 자신이 바르게 되면 천하가 돌아온다는 것은 필연의 이치를 말해, 자신에게 돌이켜 찾지 않을 수 없다는 뜻을 보여 준 것이다.

『시경』에, '길이 천명에 부합하도록 생각하는 것이, 스스로 많은 복을 구하는 길이다'라고 하였다."

> 시를 인용해 자신에게 돌이켜 찾아야 한다는 뜻을 맺었다. 하늘에서 뜻을 얻지 못해도 하늘을 원망해서는 안 된다. 오직 스스로 자신을 반성하고 찾아 하늘을 섬기는 도를 다해야 한다. 이와 같이 하면 많은 복을 받을 수 있다는 말이다.

이상은 제4장이다.

○ 이 장은 실상 성인 문하의 학문의 핵심이다. 군자가 자신을 수양하는 방도는 오직 자기반성이며 남에게 책임을 지우는 마음을 가져서는 안 된다. 조금이라도 남에게 책임을 지우는 마음을 가지면 남은 나에게 복종하지 않으니 스스로 신중하지 않으면 안 된다. 또 자신을 반성한다는 말은 옛날부터 있었지만 그것이 학문의 핵심 방법이 된 것은 사실 맹자에

게서 시작된 것이다. 후세에 영원히 남는 공을 세웠다고 할 수 있다.

5.

맹자께서 말씀하셨다. "사람들이 항상 하는 말이 있으니, 모두 '천하·나라·가문'이라고 한다. 천하의 근본은 나라에 있으며, 나라의 근본은 가문에 있고, 가문의 근본은 자신에게 있다."

| 항恒은 '항상'이라는 말이다. 항상 하는 말은 쉽고 가까이서 듣는 말이지만 꼭 최고의 이치를 담기도 한다. 맹자는 그 말에 순서가 있는 것을 좋게 보고 또 논리를 연장해, "가문의 근본은 자신에게 있다"고 하였다. 사람들이 항상 하는 말이 미치지 못한 부분으로, 사람들이 근본에 힘쓰기를 바란 것이다.

이상은 제5장이다.

○ 여기까지 다섯 장은 모두 맹자가 항상 하는 말이다. 성인과 현인의 많은 말은 그 뜻이 하나가 아니지만 여기 몇 가지 말에 포괄되지 않는 게 없다. 독자는 자세히 읽어야 한다.

6.

맹자께서 말씀하셨다. "정치를 하는 것은 어렵지 않다. 대신大臣 가문에 죄를 짓지 않아야 한다.

| 거실巨室은 대신의 가문을 말한다. 몇 세대에 걸쳐 나라에 공을 세운 오

래된 신하로, 이른바 세신世臣이다. 죄를 짓는다는 말은 자신의 몸가짐이 올바르지 않아 대신 가문의 복종을 받지 못하는 것이다.

대신 가문이 사모하는 것을 온 나라가 사모하며, 온 나라가 사모하는 것을 천하가 사모한다. 그러므로 도도히 흐르는 덕의 교화가 온 세상에 가득한 것이다.”

| 사모한다는 말은 마음이 향한다는 말이다. 마음으로 기뻐하며 진정으로 복종한다는 뜻이다. 일溢은 가득 찼다는 말이다. 세신世臣의 대가大家는 본래 나라를 소중히 여기고 나라 사람들이 평소 믿음을 갖는 곳이다. 그러므로 몸가짐을 바르게 해 사직을 보존할 수 있으면 세신의 대가는 마음으로 기뻐하며 진정으로 복종한다. 이를 한 나라와 천하에까지 밀고 나갈 수 있다. 인심이 향하는 것도 역시 그렇지 않은 게 없다. 그러므로 대신의 가문이 이미 사모하고 있다면 그 기세는 도도히 흘러 덕의 교화가 아무리 먼 곳이라도 미치지 않는 곳이 없다.

이상은 제6장이다.

○ 사람들은 모두 정치하는 어려움을 알면서도 그 근본에는 실행의 어려움이 없다는 사실은 모른다. 모든 일에 근본을 파악하면 말단은 저절로 따라오며, 근본을 파악하지 못하고 그저 말단만 다스리려 하면 근본도 알지 못할 뿐 아니라 말단을 다스리는 일조차 실패하게 된다. 자신은 근본이며 정치는 말단이다. 임금이 자신을 수양할 수 있으면 인심을 가장 복종시키기 어려운 자들이 먼저 복종해 천하에 교화되지 않는 사람이 없을 것이다. 그렇지 않고 그저 정사를 다스리려 한다면 인심은 복종하지

않고 망할 조짐이 저절로 다가오고 말 것이다. 남보다 위에 있는 이들이 어떻게 불경不敬하겠는가.

7.

맹자께서 말씀하셨다. "천하에 도가 있을 때에는 덕이 작은 사람이 덕이 큰 사람에게 부림을 당하고 작은 현자가 큰 현자에게 부림을 당한다. 천하에 도가 없을 때에는 작은 자가 큰 자에게 부림을 당하고 약자가 강자에게 부림을 당한다. 이 두 가지는 하늘의 질서이다. 하늘의 질서를 따르는 자는 살고 하늘의 질서를 거스르는 자는 망한다.

덕德은 인仁을 가지고 말한 것이다. 현賢은 지혜를 가지고 말한 것이다. 작고 크고 강하고 약한 것은 토지와 군사력 등을 말한다. 천하에 덕이 있으면 불인不仁한 사람은 멀리 사라지기 때문에 도덕이 귀중해져서 덕이 작은 사람과 작은 현자는 도덕을 위해 일을 한다. 천하에 도가 없으면 현자는 숨기 때문에 강대한 자들이 권세를 장악하고 약하고 작은 자들은 그들을 위해 분주히 뛰어다닌다. 이는 모두 자연의 질서에서 나오는 현상으로 사람의 힘이 미칠 수 있는 게 아니다. 그러므로 이 질서를 따르면 번성하고 이를 거스르면 망한다.

제나라의 경공景公이, '명령을 내릴 수도 없고 또 명령을 받지 못하면 이는 남과 관계를 끊는 것이다'라고 말하면서, 눈물을 흘리며 오吳나라에 딸을 시집보냈다.

주씨가 말했다: "이 일을 인용해, 작은 자가 큰 자에게 부림을 당하고

약자가 강자에게 부림당하는 일을 말한 것이다. 영令은 명령을 내려 사람을 부리는 것을 말한다. 수명受命은 남의 명령을 듣는 것이다. 물物은 남이라는 말이다. 여女는 딸을 남에게 시집보내는 것을 말한다. 오나라는 오랑캐 나라다. 경공은 오나라와 혼인하는 일을 부끄러워했지만 오나라의 강한 힘을 두려워했기 때문에 눈물을 흘리면서 딸을 시집보냈다."

지금은 약소국이 강대국을 따라 하면서 강대국에게 명령받는 것을 부끄러워하니, 이는 제자가 스승에게 명령받는 것을 부끄러워하는 것과 같다.

| 이런 사실을 말해 지금 제후들이 하늘을 두려워할 줄 모르는 것을 경계한 것이다. 사대국師大國은 대국의 교만과 사치를 따라 하는 것을 말한다. 이미 그 나라를 따라 한다면 진정 그 나라의 가르침과 명령을 받아야 하는데 오히려 부끄러워한다. 이는 제자가 스승의 가르침 받기를 부끄러워하는 것과 같다. 매우 지혜롭지 못한 행동이다.

○ 이 부분은 하늘의 질서를 따르는 일과 하늘의 질서를 거스르는 일 두 가지를 거론해, 하늘의 질서를 거스르는 자에게 전적으로 경고를 준 것이다.

만약 이를 부끄러워한다면 문왕을 본받는 일만 한 게 없다. 문왕을 본받으면 큰 나라는 5년, 작은 나라는 7년이면 반드시 천하에 정치를 하게 될 것이다.

| 위 문장에 이어 말한 것이다. 작은 나라들은 모두 큰 나라에게 명령받는 것을 부끄러워하면서 부끄러움이 없는 상태에 이르는 방법은 생

각하지 못한다. 문왕을 본받으면 부끄러움을 피할 뿐 아니라 몇 년이 지나지 않아 반드시 천하를 다스리는 정치를 하게 될 것이다. 문왕은 기岐를 다스릴 때 농사짓는 사람은 정전법으로 9분의 1 세금을 바쳤고, 벼슬하는 사람은 대대로 봉록을 받았으며, 관문과 시장에서는 기찰만 하고 세금을 거두지 않았으며, 저수지와 어량에서 고기 잡는 것을 금 하지 않았으며, 죄인에게는 연좌제를 적용하지 않았으며, 정사를 펼치 면서 인仁을 베풀어 반드시 홀아비·과부·고아·자식 없는 노인들을 우 선으로 돌보았다. 그러므로 작은 나라로서 천하를 다스리는 정치를 할 수 있었다. 맹자가 특히 문왕을 들어 제후들의 스승이라고 한 이유이 다. 주씨가 말했다: "5년, 7년은 기세를 타는 것이 같지 않기 때문에 차 이가 있는 것이다."

『시경』에, '상商나라의 자손이 그 수가 십만뿐이 아니건만, 상제께서 천 명天命을 내리셨으니 주周나라에 복종하는구나. 주나라에 복종을 하니 천 명이란 무상한 것이로다. 은나라의 잘나고 이치에 통달한 선비들이 주나 라 서울에서 울창주를 부으며 제사를 돕는구나'라고 하였다.

> 시는 「대아·문왕」이다. 려麗는 수를 말한다. 십만을 억億이라 한다.
> 후侯는 유維라는 말로, 어조사이다. 은사殷士는 상나라 자손들의 신하를
> 말한다. 부膚는 크다(훌륭하다)는 말이다. 민敏은 이치에 통달했다는
> 말이다. 관祼은 종묘에서 제사 지낼 때 울금초鬱金草(향초香草)로 만든
> 술 울창주를 땅에 부어 신이 내려오도록 하는 것이다. 장將은 돕는다는
> 말이다. 상나라의 자손은 그 수가 십만 정도일 뿐만이 아닌데 하늘이
> 이미 명령을 내려 주나라에 신하로 복종하라고 하였으니 천명은 무상

한 것이다. 하늘은 덕만을 사랑하기 때문이다. 은나라의 선비 가운데 훌륭한 신체를 가지고 이치에 통달해 종묘에 제사를 지낼 수 있는 사람들은 모두 울창주를 뿌리고 잔을 바치는 예를 집행하며 주나라의 서울에서 왕이 제사 지내는 일을 돕는다는 뜻이다. 맹자가 이 시를 인용해 문왕의 일을 증명했다.

공자께서, '인자仁者는 많은 사람으로도 대적할 수 없다'고 말씀하셨다.

| 맹자는 또 공자의 말을 인용해 다음에 나올 문장을 제시했다. 불가위 중不可爲衆은 많은 수를 믿고 적이 될 수는 없다는 말이다.

한 나라의 임금이 인仁을 좋아하면 천하에 대적할 자가 없다. 지금 천하에 대적할 자가 없기를 바라면서 인仁을 쓰지 않으니, 이는 뜨거운 물건을 쥐고 물을 뿌리지 않는 것과 같다.

| 임금이 인仁을 좋아하면 천하 사람들이 모두 내 친척이 되어 대적하고 싶어도 될 수 없다는 말이다. 지금 제후들은 천하에 적이 없길 바라면서도 문왕을 본받지 않으니 이는 뜨거운 물건을 잡고서도 손에 물을 뿌리지 않는 것과 같다. 방법을 모른다는 말이다.

『시경』에도, '누가 뜨거운 것을 쥐고서 물을 뿌리지 않겠는가'[誰能執熱, 逝不以濯]라고 하였다."

| 시는 「대아·상유桑柔」이다. 서逝는 어조사다. 맹자는 시를 인용해 위 문장의 뜻을 분명히 한 것이다.

○ 이 부분은, 나라를 다스리는 사람은 오로지 문왕을 본받지 않으면 안

된다고 말한 것이다. 덕을 수양하고 인仁을 실행하면 도덕은 권세와 무력을 이길 수 있고, 천명이 나에게 머물 것인데 강대한 자에게 왜 부림을 당하겠는가.

이상은 제7장이다.

8.

맹자께서 말씀하셨다. "불인不仁한 자와 어떤 말을 할 수 있을까. 위기를 편안히 여기고 재앙을 이롭게 생각해 망하는 길을 즐긴다. 불인한 자와 어떤 말을 할 수 있다면 왜 나라가 망하고 집안이 무너지겠는가.

│ 불인한 자는 도착倒錯과 착란이 심해서 좋은 말을 해줄 수 없다는 말이다. 망하는 원인이란 방탕한 생활에 빠지고 백성에게 포학해 멸망을 초래하는 길을 말한다.

어린아이들 노래에, '창랑滄浪의 물이 맑으면 내 갓끈을 씻을 수 있고, 창랑의 물이 탁하면 내 발을 씻을 수 있지'라고 하였다.

│ 창랑은 물 이름이다. 영纓은 갓끈이다.

공자께서, '제자들아, 이 노래를 들어 보아라, 물이 맑으면 갓끈을 씻고, 물이 탁하면 발을 씻는다고 하였다. 물이 스스로 그렇게 한 것이다'라고 하셨다.

│ 공자가 어린아이들의 노래를 듣고 제자들에게, '물이 맑거나 탁한 것

은 모두 스스로 그렇게 한 것이지 바깥에서 그렇게 한 것이 아니다'라고 말한 것이다.

사람은 반드시 스스로 모욕한 뒤에 남들이 그를 모욕하고, 가문은 반드시 스스로 망가뜨린 뒤에 남들이 망가뜨리고, 나라는 반드시 스스로 해친 뒤에 남들이 해친다.

| 공자의 말을 이어 말한 것이다. 사람이 모욕을 당하고, 가문이 망가지는 일을 당하고, 국가가 해침을 받는 것은 모두 자신이 초래하는 것이지 남들이 하는 일이 아니다.

「태갑」太甲에, '하늘이 만드는 화는 그래도 피할 수 있지만 스스로 만든 화로는 살 수가 없다'고 한 것은 이를 두고 한 말이다."

| 해설이 전편에 보인다(「공손추 상」 제4장).
○ 구절구절 적확하다. 역시 맹자가 항상 하는 말이다.

이상은 제8장이다.

9.

맹자께서 말씀하셨다. "걸주桀紂가 천하를 잃은 것은 백성을 잃은 것이다. 백성을 잃은 것은 마음을 잃은 것이다.

| 인仁하면 백성의 마음을 얻고 불인不仁하면 백성의 마음을 잃는다.

천하를 얻는 데는 방법이 있으니 백성을 얻으면 천하를 얻는다. 백성을 얻는 데는 방법이 있으니 마음을 얻으면 백성을 얻는다. 마음을 얻는 데는 방법이 있으니 (백성이) 원하는 것을 그들을 위해 모아 주고 싫어하는 것을 베풀지 말아야 한다.

| 백성의 마음을 얻는 방법은 그들을 위해 이익을 만들어 주고 해를 없애는 데 있다. 백성들이 원하고 바라는 바를 그들을 위해 모아 주고 싫어하고 싫어하는 것을 베풀지 않을 뿐이다. 이것이 이른바 인仁이다.

백성들이 인자仁者에게 귀의하는 것은 물이 아래로 흐르는 것과 같고 짐승들이 들판으로 달려가는 것과 같다.

| 광壙은 광야를 뜻한다. 백성들이 인자에게 귀의하지 않을 수 없는 것은 그 기세가 이와 같다는 말이다.

그러므로 연못으로 물고기를 몰아 주는 것은 수달이며, 수풀로 참새를 몰아 주는 것은 매이며, 탕왕과 무왕에게 백성을 몰아 준 것은 걸桀과 주紂였다.

| 『석명』釋名에, "수달은 생김새가 고양이 같고 물에 살면서 고기를 잡아먹는다. 매는 새매와 같은 맹금류로 참새 등 작은 새를 잡아먹을 수 있다"라고 하였다. 연못과 수풀로 탕왕과 무왕을 비유하고, 수달과 매로 걸과 주를 비유했다.

지금 천하의 임금 가운데 인仁을 좋아하는 사람이 있다면 제후들이 모두 그에게 백성을 몰아 줄 것이다. 왕이 되려 하지 않아도 그렇게 될 수 없을

것이다.

> 지금 제후가 어진 정치를 베풀면 어질지 못한 자들이 모두 백성을 몰
> 아 그에게 귀의하도록 해줄 것이다. 탕왕·무왕 같은 사람이 천하를 얻
> 은 방법이 이것이었다.

지금 왕이 되려는 사람들은 7년 묵은 병에 3년 묵은 쑥을 구하는 것과 같
다. 지금이라도 비축해 두지 않으면 종신토록 구할 수 없을 것이다. 인仁
에 뜻을 두지 않으면 종신토록 근심하고 모욕을 받아 죽음과 멸망에 빠
지고 말 것이다.

> 쑥은 풀이름이다. 뜸을 뜨는 재료는 오래 묵은 것을 좋은 것으로 친다.
> 7년 묵은 병은 뿌리가 매우 깊은데 3년 된 쑥은 오래 건조하지 않은 것
> 이라 병을 치료할 수 없다. 지금 제후들이 이 같은 행동으로 이 같은 소
> 망을 구하는 일은, 역시 3년 된 쑥으로 7년 묵은 병에 뜸을 뜨는 것과
> 같은데 어떻게 이룰 수 있겠는가. 하지만 오래 묵은 쑥을 앞서 비축해
> 두지 않았고 지금도 비축해 두지 않았다면 쑥은 끝내 가질 수 없고 병
> 도 치료될 수 없을 것이다. 이를 통해 앞서 덕을 쌓아 두지 못했고 인仁
> 에 뜻을 두려 하지 않으면 인은 끝내 얻을 수 없고 반드시 죽음과 멸망
> 에 빠질 것이라고 비유한 것이다. 지금부터라도 뜻을 두어야 된다.

『시경』에, '어떻게 좋다고 할 수 있겠나, 서로 당겨 물에 빠지는데'[其何能
淑, 載胥及溺]라고 하였는데 이를 두고 말한 것이다."

> 시는 「대아·상유」이다. 숙淑은 좋다는 말이다. 재載는 '곧'이라는 말이
> 다. 서胥는 '서로'라는 말이다. 지금 하는 행동을 어떻게 좋다고 할 수

있는가, 서로 끌어당겨 난리와 멸망에 빠질 뿐인데, 라는 말이다.

이상은 제9장이다.

○ 이는 왕도의 가장 중요한 요점이다. 조조晁錯가, "인정人情에 오래 살기를 바라지 않는 사람은 없다. 삼왕三王(하나라의 우왕, 은나라의 탕왕, 주나라의 문왕 혹은 무왕)이 살게 해주면 아무 상처 없이 오래 살 것이다. 인정에 부유하기를 바라지 않는 사람은 없다. 삼왕이 부유하게 해주면 궁핍하지 않을 것이다. 인정에 안정을 바라지 않는 사람은 없다. 삼왕이 도와주면 위태롭지 않을 것이다. 인정에 편안하기를 바라지 않는 사람은 없다. 삼왕이 힘을 절약해 준다면 편안이 끝나지 않을 것이다"라고 했는데, 이 장의 뜻을 깊이 터득한 것이다.

10.

맹자께서 말씀하셨다. "스스로를 해치는 자와는 함께 얘기할 수 없다. 스스로를 버리는 자와는 함께 일할 수 없다. 말할 때 예의를 비난하는 것을 자신을 해친다[自暴] 하고, 내 몸은 인仁에 살고 의義를 따를 수 없다고 하는 것을 자신을 버린다[自棄]고 한다.

포暴는 해친다는 말이다. 비非는 헐뜯는다는 말이다. 스스로 자기 몸을 해치는 사람은 못났다. 스스로 자기 몸을 버리는 사람은 어리석다. 사람들이 예의는 존중할 만한 것이라는 사실을 모르고 헐뜯고 비난하는 것은 스스로 자기 몸을 해치는 것이다. 인의가 좋은 것임을 알면서도 이를 실행할 수 없다고 스스로 말하는 것은 스스로 자기 몸을 버리는 것이다.

인仁은 사람이 사는 편안한 집이며, 의義는 사람이 가는 바른 길이다.

| 편안한 집은 해설이 앞 편에 보인다(「공손추 상」 제7장). 의義는 사람이
따라가는 길이다. 이 길을 버리면 갈 수가 없기 때문에 바른 길이라고
한 것이다.

편안한 집을 비워 두고 살지 않으며 바른 길을 버리고 가지 않으니, 슬프
구나."

| 광曠은 비워 둔다는 말이다. 유由는 간다는 말이다. 주씨가 말했다: "편
안한 집을 비워 두면 반드시 멋대로 굴며 사악한 행동을 해 편안히 살
수 없는 곳을 편안하게 여긴다. 바른 길을 버리면 반드시 험한 길을 가
며 요행을 바라 가서는 안 될 길을 간다. 편안한 집과 바른 길은 사람들
이 모두 가졌는데 자포자기해 이런 지경에 다다르니, 슬퍼할 일이다."
○ 이 장은 맹자의 성선性善 발언의 기원이 되는 곳이다.

이상은 제10장이다.
○ 맹자의 학문이 인의仁義를 최고의 가르침으로 하면서 또 본성은 선하
다[性善]는 학설을 주장한 것은, 자포자기하는 사람들을 위해 발언해 자기
본성으로 인의를 실행할 수 있음을 밝힌 것이다. 스스로 자기 몸을 해치
는 사람은 예의를 실행할 수 없고, 스스로 자기 몸을 버리는 사람은 인의
를 실행할 수 없다. 이 점이 천하에서 두루 볼 수 있는 병폐다. 인의예지의
양심이 본래 자신에게 있으며 잠시도 떠날 수 없다는 점을 진정 안다면

누가 감히 실행하지 않겠는가. 사람들은 오곡은 음식이 될 수 있음을 알기에 급작스레 끊지 않고, 주옥이 보물이 될 수 있음을 알기에 함부로 버리지 않는다. 하물며 자기 몸에 있는 것은 어떻게 해야 하는가. 그러므로 본성은 선하다는 논의는 전적으로 자포자기하는 사람을 위해 말한 것이지 그저 그 이치를 말한 게 아니다.

11.

맹자께서 말씀하셨다. "도가 가까운 데[邇] 있는데도 먼 곳에서 구하며, 일이 쉬운 데 있는데도 어려운 데서 구한다. 사람들이 자기 부모를 사랑하고 어른을 어른으로 섬기면 천하는 평화로워질 것이다."

│ 이邇라는 글자가 주씨의 편집본에는 이邇라는 글자로 되어 있다.

○ 이邇는 가깝다는 말이다. 도道는 사람의 도일 뿐인데 어찌 멀리 있겠는가. 일은 사람의 일일 뿐인데 무슨 어려움이 있겠는가. 다만 사람들 스스로 멀리 있다 하고 어렵다고 생각해 실행하려 하지 않는 것이 걱정일 뿐이다. 천하를 평화롭게 하는 일이 멀리 있고 어려운 것 같지만 인간의 도리를 차례대로 실행하는 것에 불과할 뿐이다. 부모를 사랑하고 어른을 어른으로 섬기는 일이 인간의 도리에서 가장 가까운 곳에 있게 되면 왜 가깝고 쉬운 일이 아니겠는가.

이상은 제11장이다.

○ 장식張栻이 말했다. "사람들로 하여금 각자 부모를 사랑하게 하고 어른을 어른으로 섬기게 하려면, 그 근본은 임금이 부모를 사랑하고 어른

을 어른으로 섬겨 솔선해서 인도하는 데 달려 있을 뿐이다. 부모를 사랑하는 것이 인仁이며, 어른을 어른으로 섬기는 것이 의義다. 인의는 자기 몸에 뿌리를 두고 천하에까지 도달하는 것이니 어찌 도가 가까운 것이 아니겠는가. 천하가 평화롭게 되는 이유가 실은 이것과 관계되니 어찌 일이 쉬운 게 아니겠는가. 이 몇 마디 말을 음미하면 요순과 삼왕의 치세도 미루어 짐작할 수 있을 것이다."

12.

맹자께서 말씀하셨다. "아랫자리에 있으면서 윗사람에게 신임을 얻지 못하면 백성을 다스릴 수 없다. 윗사람에게 신임을 얻는 데는 방법이 있으니 벗에게 믿음을 얻지 못하면 윗사람에게 신임을 얻지 못할 것이다. 벗에게 믿음을 얻는 데에는 방법이 있으니 부모를 섬겨 부모가 기뻐하지 않으면 벗에게 믿음을 얻지 못할 것이다. 부모를 기쁘게 하는 데에는 방법이 있으니 자신을 반성해 성실하지 않았다면 부모를 기쁘게 하지 못할 것이다. 자신을 성실히 하는 데는 방법이 있으니 선善을 명확히 알지 못하면 자신을 성실히 하지 못할 것이다.

> 획어상獲於上은 임금에게 신임을 받는 것을 말한다. 성誠은 참되게 한다는 말이다. 반신불성反身不誠은 자신에게 돌이켜 원인을 찾았더니 아직 성실하지 않아 여전히 남을 탓하는 마음을 피하지 못했다는 뜻이다. 불명어선不明於善은 선이 있는 곳을 명확하게 알지 못한다는 말이다.

이런 까닭에 성실 자체는 하늘의 도道이며 성실하게 되기를 생각하는 것은 사람의 도이다.

> 성인의 덕은 자연스레 성실한 것으로 천도天道가 운행하는 것이다. 현
> 자의 학문은 깊이 사고해 성실하게 될 수 있는 것으로 인도人道가 확립
> 되는 것이다.

성실을 다하면서도 남을 감동시키지 못하는 사람은 존재하지 않으며, 성
실하지 못하면 남을 감동시킬 수 있는 사람은 존재하지 않는다."

> 지至는 끝까지 다하는 것이다. 감동시킨다는 말은 윗사람에게 신임을
> 얻고, 친구에게 믿음을 얻고, 부모를 기쁘게 하는 것과 같은 종류를 말
> 한다.

이상은 제12장이다.

○ 이 장은 『중용』(제20장)과 『공자가어』孔子家語「애공, 정치를 묻다」哀公
問政편에 보이는 공자의 말이다. 맹자가 평소 외우며 문하 제자에게 전한
말이 어찌 아니겠는가.

13.

맹자께서 말씀하셨다. "백이伯夷가 주紂를 피해 북해 바닷가에 살다가 문
왕이 일어났다는 말을 듣고 떨치고 일어나, '왜 그에게 귀의하지 않겠는
가. 나는 서백西伯이 노인을 잘 돌본다고 들었다'라고 말하였다. 태공太公
이 주紂를 피해 동해 바닷가에 살다가 문왕이 일어났다는 말을 듣고, 떨
치고 일어나, '왜 그에게 귀의하지 않겠는가. 나는 서백이 노인을 잘 돌본

다고 들었다'라고 말하였다.

> | 작作·흥興은 모두 일어난다는 말이다. 합盍은 '어찌 …하지 않는가'라
> 는 말이다. 서백西伯은 문왕이다. 주가 문왕을 서방에 있는 제후들의 우
> 두머리로 임명해 정벌을 전담할 수 있도록 했기 때문에 서백이라 하였
> 다. 태공太公은 성이 강姜이며 여씨呂氏로, 이름은 상尙이다.

이 두 노인은 천하의 훌륭한 노인[大老]으로, 문왕에게 귀의하였다. 이는
천하의 아버지들이 문왕에게 귀의한 것이다. 천하의 아버지들이 귀의하
였는데 그 자식들이 어딜 가겠는가.

> | 천하의 훌륭한 노인은 한 고을, 한 나라를 대표할 수 있는 노인을 두고
> 말한 것이다. 자제되는 모든 이들은 모두 부형이 하는 행동을 보고 향
> 배를 결정한다. 두 노인 같은 경우 본래 부르기 어려운 사람들이었는
> 데 지금 돌봐줄 이에게로 갔으니 문왕이 천하 사람들의 마음을 얻었음
> 을 알 수 있다.

문왕의 정치를 실천하는 제후가 있으면 7년 안에 반드시 천하에 정치를
펼칠 것이다."

> | 문왕의 정치는 반드시 홀아비·과부·고아·자식 없는 사람들을 우선으
> 로 돌봐 평민들의 노인 가운데 추위에 얼어 죽거나 굶주린 사람이 없
> 었다. 주씨가 말했다: "7년은 작은 나라를 가지고 말한 것이다. 큰 나
> 라는 5년'이면 된다는 말이 이 안에 포함되어 있다."

이상은 제13장이다.

○ 왕도王道는 노인 봉양을 근본으로 한다. 노인 봉양을 잘하는 행동이 있은 다음에 백성을 사랑하는 행동에 진심이 있음을 볼 수 있다. 노인 봉양을 잘한 일이 문왕이 천하 사람들의 마음을 얻은 방법이다. 노인들을 버린 행동이 은나라의 주가 천하 사람들의 마음을 잃은 이유이다. 후대의 임금들이 이 일을 거울로 삼지 않아서야 되겠는가.

14.

맹자께서 말씀하셨다. "염구冉求가 계씨季氏의 가신家臣이 되어 계씨의 마음을 고치지는 못하고 세금을 이전에 비해 두 배로 거두자, 공자께서 '구求는 내 제자가 아니다. 제자들아, 북을 울리며 그의 죄를 성토해야 된다'라고 하셨다.

| 구求는 공자의 제자 염구冉求를 말한다. 계씨는 노나라의 경卿이다. 재宰는 가신家臣을 말한다. 부賦는 거뒀다는 말이다. 소자小子는 제자를 말한다. 북을 울리며 성토한다는 말은 그의 죄를 성토하며 꾸짖는다는 말이다.

이런 점에서 본다면 임금이 어진 정치를 행하지 않는데 그 임금을 부유하게 해주면 모두 공자에게 버림받을 것이다. 하물며 그 임금을 위해 억지로 전쟁을 벌여, 땅을 다투며 싸워 죽은 사람이 들판에 가득하고, 성을 다투며 싸워 죽은 사람이 성에 가득한 일은 어떻겠는가. 이것이 이른바 땅을 가지고 인육을 먹는 것이니 그 죄는 죽어도 용서받지 못할 것이다.

| 나라를 부유하게 한 사람은 백성을 해치기는 했지만 사람을 죽이는 지

경에까지 이른 것은 아니므로 그 죄는 가볍다. 억지로 전쟁을 벌이는 자는 반드시 많은 사람을 죽이므로 그 죄는 무겁다. 그러므로 그 죄는 죽어도 용서받지 못하고 죽어도 죄가 남을 것이다.

그러므로 전쟁을 잘하는 자는 중형을 받아야 하고, 제후들을 연합하는 자는 그 다음 형벌을 받아야 하며, 황무지를 개간해 토지를 백성에게 맡기는 자는 그 다음 형벌을 받아야 한다."

조씨(조기)가 말했다: "천도는 살리는 것을 귀중하게 여긴다. 전쟁은 사람을 죽게 한다. 그러므로 전쟁을 잘하는 자는 중형을 받아야 한다." 상형上刑은 중형을 말한다. 제후들을 연합하는 것은 합종을 말하는 자들이다. 황무지를 개간해 토지를 백성에게 맡긴다는 말은 덕을 수양하는 데 힘쓰지 않고 나라를 부강하게 하는 자들이다. 주씨(주희)가 말했다: "벽辟은 개간한다는 말이다. 토지를 백성에게 맡긴다는 말은 토지를 나눠 백성들에게 주고 농사짓는 책임을 지도록 한다는 말이다."

이상은 제14장이다.

○ 천지의 큰 덕은 살리는 것이다. 진정한 왕은 이를 체득해 천하를 다스린다. 그러므로 그 길을 '왕도'王道라 하고 그 정치를 '어진 정치'라고 하는 것이다. 고대의 제왕들이 나라를 물려준 뒤 모두 수백 년이 지나도 자손들이 제사를 지내며 오랜 세월 동안 나라가 바뀌지 않은 것은 하늘의 도를 따랐기 때문이다. 후세에 강력한 군사력 보유에 힘썼으면서도 천자의 자리를 오랫동안 유지할 수 없었던 것은, 사람 죽이기를 너무 좋아해 하늘의 도를 거슬렀기 때문이 왜 아니겠는가. 하늘의 도는 거스르는 자

에겐 벌로 보답하고 순종하는 자에겐 은혜를 베푼다는 사실은 진정 속일 수 없다.

○ 동이董彝가 말했다: "천자가 제후에게 가 살펴보는 것을 순수巡狩라고 한다. 제후의 땅에 들어갔을 때 토지가 개간되고 들이 잘 정리되었다면 축하할 일이 있는 것이므로 땅을 상으로 준다. 전쟁을 잘하는 자는 중형을 받고, 황무지를 개간해 토지를 백성에게 맡기는 자는 그 다음 형벌을 받는다. 맹자는 신하들의 공과 죄를 논하면서 결과에 매달리지 않고 그 마음을 살펴 근본까지 파악하였다. 땅을 개간해 백성을 이롭게 하는 데 주안점을 두었다면 나라를 유지했다는 공을 확실히 얘기할 수 있지만, 땅을 개간해 나라를 이롭게 하는 데 주안점을 두었다면 백성에게 재앙을 끼쳤다는 죄를 피할 수 없다."

15.

맹자께서 말씀하셨다. "사람에게 있는 것이 눈동자보다 좋은 게 없다. 눈동자는 그 사람의 악을 가릴 수 없다.

│ 양良은 좋은 지혜와 좋은 능력[良知良能]이라 할 때의 좋은 것과 같은 뜻이다. 정직하고 거짓이 없다는 말이다. 모자眸子는 눈동자를 말한다.

마음이 올바르면 눈동자는 선명하고 마음이 올바르지 않으면 눈동자는 흐릿하다.

│ 료瞭는 선명하다는 말이다. 모眊는 흐릿해 눈이 선명하지 않은 모양이다.

사람의 말을 들어 보고 그의 눈동자를 보면 사람이 진실을 어떻게 숨기겠는가."

| 수瞍는 숨긴다는 말이다. 말을 듣기만 해서는 진실한지 아닌지 전혀 알 수 없다. 말을 듣고 나서 또한 눈동자를 본다면 진실을 숨길 수 없다.

이상은 제15장이다.

16.

맹자께서 말씀하셨다. "공손한 사람은 남을 업신여기지 않는다. 검소한 사람은 남의 것을 빼앗지 않는다. 남을 업신여기고 남의 것을 빼앗는 임금은 오직 남이 자신에게 순종하지 않을까 두려워할 뿐이니 어떻게 공손하고 검소할 수 있겠는가.

| 순順은 "순종順從을 정도正道로 삼는다"(「등문공 하」 제2장)고 할 때의 순종과 같은 말이다. 사람들이 자기를 업신여기고 약탈하는 사람으로 여길까 두려워하기 때문에 말소리와 웃는 모양을 꾸미는 데 힘쓰고 남의 뜻에 순종한다는 말이다.

공손과 검소가 어떻게 말소리와 웃는 모습으로 (꾸며) 할 수 있는 것이겠는가."

| 공손과 검소의 실상이 있은 다음에 공손하고 검소한 일이 드러나지 거짓으로 하는 것은 용납되지 않는다는 말이다.

이상은 제16장이다.

○ 이 장은, 전적으로 공손·검소하다는 명성을 가장하고 훔쳤던 당시의 임금 때문에 말한 것이다. 공손하면 현자들이 친밀해지고, 검소하면 백성의 삶이 안정된다. 그러므로 공손과 검소를 임금의 미덕이라 하는 것이다. 한나라부터 그 이후 한나라 문제文帝만이 유일하게 공손하고 검소한 황제였으니 공손과 검소는 참으로 어려운 일이다.

17.

순우곤淳于髡이 말했다. "남녀가 물건을 직접 주고받지 않는 것이 예禮입니까?"

> 순우淳于는 성이고 곤髡이 이름으로, 제나라의 변사辯士다. 수授는 주는 것이고, 수受는 받는 것이다. 고례古禮에는 남녀가 물건을 직접 주고받지 않아 남녀의 구별을 널리 적용하였다.

맹자께서 말씀하셨다. "예입니다."

"제수弟嫂가 물에 빠졌으면 손으로 구해 줍니까?"

> 원援은 구해 준다는 말이다.

"제수가 물에 빠졌는데 구해 주지 않으면 이는 이리입니다. 남녀가 물건을 직접 주고받지 않는 것은 예이고, 제수가 물에 빠졌으면 손으로 구해 주는 것은 상황에 맞게 예를 쓰는 것[權]입니다."

> 권權은 추로 저울질하는 것이다. 물건을 달아 보고 그 무게를 아는 기

구이다.

"지금 천하가 물에 빠졌는데 선생님께서 구원하지 않는 것은 어째서입니까?"

"천하가 물에 빠졌으면 도道로 구해야 하고, 제수가 물에 빠졌으면 손으로 구해야 합니다. 당신은 손으로 천하를 구하려고 하십니까."

> 천하를 구하는 데에는 당연히 도를 써야 한다. 올바른 도를 굽히면 천하를 구하는 도구를 잃어버린다. 지금 그대는 천하를 제수와 비교해 똑같은 것으로 보려 했는데 잘못이다.

이상은 제17장이다.

○ 장식張栻이 말했다: "직접 주고받지 않는 것이 분명 예의 원칙이다. 제수가 물에 빠진 것은 변고를 만난 것이다. 손으로 구해 주는 것은 변고를 만났을 때 대처하는 방도로 당연한 일이다. 순우곤은 이를 통해 맹자가 오늘날에는 올바른 도를 조금만 낮춰 상황에 맞게 융통성을 발휘해 세상을 구해야 할 것 같다고 하였다. 맹자는, 천하가 물에 빠졌으니 의당 도를 써서 구해야지, 도를 먼저 굽히면 어떻게 구할 수 있겠는가라고 하였다. 맹자가 조금 도를 낮춰 천하를 구하지 않은 것이 바로 물에 빠진 것을 구하는 근본이며 천하의 대원칙이다."

○ 이전 유학자들은 원칙에 반해서라도 도에 합치되는 것을 '상황에 맞는 운용법'[權]이라 하였고, 어떤 사람은 권도權道를 원칙이 미치지 못하는 부분을 구제하는 방법이라고 하였는데, 모두 틀렸다. 이 장을 근거로 말해 보면, 권權은 예禮와 상대가 되어야지 원칙[經]과 상대가 되어서는 안

된다. 예가 때에 따라 막히는 경우라면 권權을 써서 통하게 하는 것으로, 결과적으로 도에 부합하기는 마찬가지다. 어떻게 원칙에 반하면서 도를 지킨다고 말할 수 있는가.

18.

공손추가 물었다. "군자께서 직접 자식을 가르치지 않는 것은 어째서입니까?"

| 군자는 공자를 가리킨다. 공자가 진陳나라와 채蔡나라 사이에서 고난을 겪을 때 한 말(『논어』 「위령공」衛靈公 제1장)을 보면 알 수 있다. 이 발언은 진항陳亢이 백어伯魚에게 질문한 일(『논어』 「계씨」季氏 제13장)을 근거로 물은 것으로 보인다.* 불교不敎는 직접 가르치지 않는다는 말이다.

맹자께서 말씀하셨다. "형세가 실행되지 않아서이다.

| 부자관계는 은혜를 주로 하기 때문에 형세가 실행되지 않는다(형편이 허락되지 않는다).

---

*『논어』 「위령공」 제1장에서 공자가 제자들과 진(陳)나라와 채(蔡)나라 사이에서 고난을 겪을 때, 자로가 공자에게 "군자도 궁할 때가 있습니까?"(君子亦有窮乎)라고 물었다. 진사이는 여기서 "군자"라는 말이 공자를 지칭한 것으로 본 것이다. 「계씨」 제13장에는 공자의 제자 진항과 공자의 아들 백어의 대화가 실려 있다. 공자가 자식을 가르치는 방법을 백어를 통해 알고 진항이, "하나를 물어 셋을 알았으니, 시를 듣고 예를 들었으며 또 군자가 자기 아들을 멀리하는 것을 들었다"(問一得三, 聞詩聞禮, 又聞君子之遠其子也)라고 하였다. 이 문장에서 "군자"는 명백히 공자를 가리킨다. 공자가 백어를 가르쳤지만 남과 다름없이 가르쳤음을 깨닫고 한 말이다.

가르치는 사람은 반드시 바른 것으로 가르치는데 바른 가르침이 실행되지 않으면 분노가 따르고, 분노가 따르면 도리어 자식을 해친다. '아버지[夫子]께서 내게 바른 것으로 가르쳐 주시면서도 아버지의 행동은 올바른 데서 나오지 않네'라고 자식이 생각하면 이는 부자간에 서로 해치는 것이다. 부자간에 서로 해치면 나쁘게 된다.

> 이夷는 해친다는 말로, 은혜를 해친다는 뜻이다. 부자夫子는 아버지를 가리킨다. 아버지가 아들에게 요구하고 아들도 바른 것을 아버지에게 요구하면 부자 사이가 멀어진다. 그러므로 "서로 해친다"고 한 것이다. 원래 잘 되길 바랐는데 오히려 나쁘게 되고 만 것이다.

옛날에는 자식을 바꿔서 가르쳤다. 부자 사이는 선善을 요구하지 않는 법이다. 선을 요구하면 사이가 멀어지고 사이가 멀어지면 이보다 더 좋지 못한 일은 없다."

> 맹자는, 공자만 그랬던 것이 아니고 옛날 사람은 모두 자식을 바꿔 가르쳤다는 말이다.

이상은 제18장이다.

○ 성현은 이처럼 천륜을 중시했다. 왕씨(왕면王勉)가 말했다: "아버지에게 간하는 아들이 있으면 어떨까? 이른바 '간한다'는 말은 선善을 요구하는 게 아니다. 불의不義한 일을 마주하면 아버지에게 간할 뿐이다. 아버지는 아들에게 어떻게 해야 할까. 불의한 일을 마주하면 역시 아들을 경계토록 할 뿐이다."

19.

맹자께서 말씀하셨다. "섬기는 일 가운데 무엇이 가장 큰가? 부모를 섬기는 일이 가장 크다. 지키는 일 가운데 무엇이 가장 큰가? 자신을 지키는 일이 가장 크다.

| 임금을 섬기고 어른을 섬기는 일은 모두 이른바 섬기는 행동이지만 부모를 섬기는 일만큼 크지는 않다. 나라를 지키고 관직을 지키는 일은 모두 이른바 지키는 행동이지만 자신을 지키는 일만큼 크지는 않다.

자신을 잃어버리지 않고 자신의 부모를 섬길 수 있었다는 사람은 내가 들어 봤지만, 자신을 잃고 자신의 부모를 섬길 수 있었다는 사람은 내가 아직 들어 보지 못했다. 누구인들 섬기지 않겠는가마는 부모를 섬기는 일이 섬김의 근본이다. 무엇을 지키지 않겠는가마는 자신을 지키는 일이 지킴의 근본이다.

| 주씨가 말했다: "부모 섬기기를 효도로 하면 충성을 임금에게 옮길 수 있고, 순종을 어른에게 옮길 수 있다. 몸이 바르면 집안이 다스려지고 나라가 통치되어 천하가 평화로워진다."

○ 이 부분은 부모를 섬기는 일이 섬김의 근본이며, 자신을 지키는 일이 또 지킴의 근본임을 분명히 밝힌 것이다. 성현이 늘 하는 말로, 영원히 바뀌지 않을 확고한 말이다.

증자曾子께서는 아버지 증석曾晳을 봉양할 때 반드시 술과 고기를 차렸는데 상을 치울 때 꼭 음식 드릴 분이 있느냐고 여쭈었고, (증석이) 남은 게 있냐고 물으면 꼭 '있습니다'라고 대답하였다. 증석이 세상을 떠나고 증원曾元이 증자를 봉양할 때 반드시 술과 고기를 차렸는데 상을 치울 때 음식 드릴 분이 있는지 여쭈지 않았고, (증자가) 남은 게 있냐고 물으면 '없습니다'라고 대답하였다. 나중에 다시 밥상에 올리려고 해서였다. 이런 행동을 이른바 '몸을 봉양한다'고 하는 것이다. 증자 같은 사람은 '뜻을 봉양했다'고 하겠다. 부모를 섬기는 일은 증자처럼 해야 옳다."

> 증석은 이름이 점點으로 증자의 아버지다. 철徹은 치운다는 말이다. 드릴 분이 계시느냐고 여쭙는다는 말은 의중을 먼저 헤아려서 뜻을 잘 따른다는 말이다. 꼭 '있습니다'라고 대답한 것은 부모님의 뜻을 어길까 두려워한 것이다. 증원은 증자의 아들이다. 맹자는, 이는 다만 부모의 몸만을 봉양할 수 있을 뿐, 증자 같은 경우 부모의 뜻을 잘 받들고 순종해서 차마 상심을 안겨드리지 않았다, 부모를 섬기는 사람은 증자가 부모의 뜻을 봉양한 일을 모범으로 삼아야 한다고 한 것이다.

○ 어떤 사람이 말했다: "'증자께서는 아버지 증석을 봉양할 때'부터 그 이하 문장은 위의 구절과 문체가 서로 어울리지 않는다. 별도로 한 장을 만들어야 한다." 진사이는 생각한다: 어떤 사람의 의견에 따른다면 당연히 '맹자께서 말씀하셨다'[孟子曰]는 글자가 이 단락 앞에 있어야 한다.

이상은 제19장이다.

○ 부모의 몸을 봉양하는 것은 얕은 일이고, 부모의 뜻을 봉양하는 것은 의미 깊은 일이다. 그러므로 부모의 뜻을 봉양하는 것이 효의 최고 경지이다. 이전 유학자(경원慶源 보씨輔氏[보광輔廣])는, "자식은 부모에 대해서 의도를 먼저 헤아려 일을 잘 이어받아야 한다. 아무 말씀 없는 것에서 반

드시 소리를 들을 수 있어야 하며 아무 움직임이 없는 것에서 거동을 볼 수 있은 다음에야 최고 경지가 된다. 만약 꼭 말씀하시기를 기다렸다가 행동이 따른다면 이미 옳지 않은 일이다. 하물며 먼저 자기의 의도를 세워 놓고 부모의 소망을 거스르며, 몸만 봉양하면서 부모의 마음에 어긋난 것을 안타까워하지 않는 경우는 어떻겠는가"라고 말했는데 맹자의 말 뜻을 터득했다고 할 수 있다.

20.

맹자께서 말씀하셨다. "임금이 등용한 사람에 대해 임금과 일일이 허물을 꾸짖을 수 없고[人不足與適也], 임금의 정사에 대해 임금과 일일이 비판할 수 없다[政不足與間也]. 오직 큰 덕이 있는 사람만이 임금의 잘못된 마음을 바로잡을 수 있다.

│ 본문의 '여간'與間이란 말 가운데 '여'與라는 글자는 주씨(주희)가 편집한 『맹자』에는 없다.

○ 조씨가 말했다: "적適은 허물을 지적한다는 뜻이다. 간間은 비판한다는 뜻이다. 격格은 바로잡는다는 뜻이다." 임금의 인물 등용의 시비是非를 두고 본래 허물하고 꾸짖을 수 없으며, 정사의 득실得失을 두고 또한 비판할 수도 없는 것이다. 오직 큰 덕을 가진 사람만이 가장 깊은 정성으로 감동시키면 임금의 잘못된 마음이 자연히 바르게 되어, 착한 사람이 등용되고 정사가 잘 실행된다는 말이다.

임금이 어질면 무엇도 어질지 않을 수 없으며, 임금이 의로우면 무엇도 의롭지 않을 수 없으며, 임금이 바르면 무엇도 바르지 않을 수 없다. 한 번 임금을 바르게 하면 나라가 안정된다."

| 바르게 한다는 말은 임금의 행동이 하는 일마다 모두 인의에 부합한다는 말이다. 한 나라의 정치는 임금 한 사람의 마음에 달려 있으므로, 임금의 마음에 인의가 존재한다면 근본이 이미 바르게 된 것이고, 근본이 이미 바르게 된 것이라면 모든 일이 바르게 되지 않는 게 없어 나라가 안정된다. 이는 큰 덕을 가진 사람이 할 수 있는 일이라는 말이다.

이상은 제20장이다.

○ 이 장은, 임금을 섬기는 사람은 인에 살고 의를 따르면서 훌륭한 사람이 되는 덕을 수양해야 한다고 전적으로 요구하면서, 그 핵심은 자신의 덕망으로 임금의 나쁜 마음을 그치게 할 수 있는 데 존재하지, 단지 말할 때와 간쟁하는 시점을 잘 취해 말을 잘하는 데에만 있지 않음을 분명히 밝힌 것이다. 후세의 신하들은 말로 논의를 벌이고 설명하는 것을 일인 줄 알 뿐, 근본을 다스리지 않으면 한 가지 일을 고쳐도 한 가지 일이 또 생기고, 한 가지 폐해를 없애도 한 가지 폐해가 또 싹터 이루 다 고칠 수 없다는 사실은 모른다. 그러므로 천하의 일은 근본을 수양하는 데 달려 있지 말단을 수양하는 데 있지 않으며, 큰일에 힘쓰는 데 달려 있지 작은 일에 힘쓰는 데 있지 않다. 이 때문에 재상의 직책이란 임금의 잘못된 마음을 바로잡는 일을 근본으로 삼으며, 임금의 마음을 바로잡는 근본은 스스로 자신을 바르게 하는 일에 달려 있다. 그렇다면 신하된 사람 역시 자신 스스로를 소중하게 여기지 않아서야 되겠는가.

21.

맹자께서 말씀하셨다. "예기치 못한 칭찬이 있으며, 완전하기를 구하다
가 얻는 비난이 있다."

> 우虞는 헤아린다는 말이다. 예상하고 헤아린 것이 없었는데 우연히 얻
> 는 영예가 있다. 이를 불우지예不虞之譽라고 한다. 마음으로 자신이 완
> 전하기를 구하다가 반대로 비방을 초래한다. 이를 구전지훼求全之毁라
> 고 한다. 배우는 사람은 이런 갑작스러움을 근심하거나 기뻐하지 말아
> 야 한다. 그러므로 군자가 사람을 선택할 때는 역시 비방이나 칭찬하
> 는 말로 사람이 좋다 나쁘다 판정하지 않고 반드시 그 사람의 실상을
> 관찰한다.

이상은 제21장이다.

22.

맹자께서 말씀하셨다. "사람들이 말을 쉽게 하는 것은 꾸짖음을 받지 않
아서이다."

> 주씨가 말했다: "사람들이 말을 가볍고 쉽게 하는 이유는 실언한다는
> 꾸중을 들은 적이 없기 때문일 뿐이다. 보통 사람들의 감정은 이전에
> 혼이 난 적이 없으면 나중에 경계하는 게 없다. 그렇다고 군자의 공부
> 는 반드시 꾸중이 있은 다음에 감히 자신의 말을 쉽게 하지 않는다고
> 말한 것은 아니다."

이상은 제22장이다.

23.

맹자께서 말씀하셨다. "사람들의 병은 남의 스승 되기 좋아하는 데 있다."

이상은 제23장이다.

○ 학문은 묻기 좋아하기에 진전하고 자만하기에 퇴보한다. 남의 스승 되기 좋아하면 이는 벌써 자기만족에 빠져 남에게 자신을 낮추려 하지 않는다. 어떻게 진전이 있을 수 있겠는가. 이는 사람들에게서 두루 보는 병으로 성현이 깊이 경고한 것이다.

24.

악정자樂正子가 자오子敖를 따라 제齊나라에 갔다.

│ 자오는 왕환王驩(「공손추 하」 제6장에 나온 인물)의 자다.

악정자가 맹자를 뵈러 오자, 맹자께서 말씀하셨다. "자네도 나를 보러 오는가?"

"선생님께서는 어찌하여 이런 말씀을 하시는지요?"

"자네가 온 지 며칠 됐나?"

"어제 왔습니다."

"어제라면 내가 이런 말을 하는 것도 당연하지 않은가."

"객사를 정하지 못해서였습니다."

"자네는 그렇게 들었는가, 객사가 정해진 뒤에 어른을 찾아뵙는 거라고."

│ 석자昔者는 전날이라는 말이다. 관館은 객사(여관)를 말한다. 왕환은 제
  나라 왕의 총애를 받는 신하이다. 악정자가 왕환을 따라 제나라에 갔
  기 때문에 객사가 정해진 뒤에 맹자를 뵌 것이다. 이는 어른을 일찍 찾
  아뵙지 않은 것을 꾸짖은 게 아니라 사실은 자오(왕환)를 따라 온 것을
  꾸짖은 것이다.

"제가 잘못했습니다."

│ 악정자가 행동이 바르지 못한 사람에게 자신을 잃은 것을 스스로 깨달
  았기 때문에 사죄하고 잘못을 인정한 것이다.

이상은 제24장이다.

○ 진씨(진창陳暢)가 말했다: "악정자에게 분명 죄가 없다고 할 수는 없
다. 하지만 꾸중을 받아들이는 용맹이 이와 같으니, 선을 좋아하고 독실
하게 믿지 않았다면 이처럼 할 수 있었을까. 세상에는 억지로 변명하며
잘못을 둘러대다가 더 심하게 꾸짖는 말을 듣는 자가 있는데, (이들은) 또
악정자에게 죄인이 되는 것이다."

25.

맹자께서 악정자에게 말씀하셨다. "자네가 자오를 따라 온 것은 그저 먹
고 마시기 위해서이다. 나는 자네가 옛날의 도를 배워 먹고 마시는 일에

쓸 줄은 생각지도 못했다."

> 도徒는 '다만'이라는 말이다. 포鋪는 먹는 것, 철啜은 마시는 것이다. 악
> 정자가 이미 자기 잘못을 인정했기 때문에 맹자가 다시 그의 잘못을
> 바로잡으려고 절실하게 꾸짖은 것이다.

이상은 제25장이다.

○ 악정자는 맹자의 뛰어난 제자이고 왕환은 맹자가 말도 하지 않는 사
람이다. 지금 악정자가 왕환이 대준 식량과 탈것에 의지해 맹자를 뵈었
으니, 역시 도의가 있는 곳을 잊고 세속에 둔 마음을 벗지 못한 것 같다.
배우는 사람에겐 큰 잘못에 해당한다. 이것이 맹자가 그를 심하게 꾸짖
은 이유지만, 또한 악정자가 함께 얘기할 만한 사람이기에 그런 판단 뒤
에 함께 얘기했음을 알 수 있다.

26.

맹자께서 말씀하셨다. "불효에는 세 가지가 있는데 자식 없는 것이 가장
크다.

> 조씨(조기)가 말했다: "예禮에는 불효가 세 가지 있다. 부모 의중에 아
> 부하고 곡진히 따라서 부모를 불의에 빠뜨리는 행동이 첫째다. 집이
> 가난하고 부모가 늙었는데 봉록을 위한 벼슬을 하지 않는 것이 둘째
> 다. 장가가지 않아 자식이 없어 선조에게 지내는 제사가 끊어지는 것
> 이 셋째다. 세 가지 가운데 자식 없는 것이 가장 크다."

순임금은 부모에게 알리지 않고 장가간 것은 자식이 없었기 때문이었다. 군자는 이를 '알린 것과 같다'고 하였다."

> 순임금은 자식이 없었기 때문에 부모에게 알리지 않고 장가갔다. 자식 없는 불효는 그 죄가 크고, 부모에게 알리지 않고 장가간 일은 그 죄가 작다. 그러므로 군자는, "알린 것과 같다"고 하였다. 부모에게 알린 것과 같다는 말다. 맹자 자신이 판단을 내리지 않고 군자의 말을 인용한 것은 그 일을 중요하게 보았기 때문이다.

이상은 제26장이다.

○ 성인은 일에 대해 일의 무게와 크기를 살펴, 일에 따라 알맞은 변화를 일으켜 대응하므로 어떤 일을 해도 도가 아닌 것이 없다. 혼인하는 도리는 인륜 가운데 중한 것이다. 그러므로 반드시 부모에게 알려 시작을 바르게 한다. 하지만 어느 때에 형편이 그럴 수 없으면 예의 절차를 폐기할지언정 차마 자식이 없도록 하지 못한다. 이 점이 순임금이 부모에게 알리지 않고 장가간 이유이며 군자가 부모에게 알린 것과 같다고 말한 이유이다. 예법에 얽매인 유학자들이며 상황에 굴종하는 선비들이 어떻게 헤아릴 수 있는 일이겠는가.

27.

맹자께서 말씀하셨다. "인仁의 실상은 부모를 섬김이 이것이며, 의義의 실상은 형을 따름이 이것이다.

> 인의仁義의 덕은 크다. 하지만 사람에게는 부모를 섬기고 형을 따르는

두 가지를 벗어나지 않는다. 이런 인의의 실제 모습은 나에게서 알 수 있다. 유자有子가, "효도와 우애야말로 인仁의 근본일 것이다!"(『논어』 「학이」學而 제2장)라고 말한 것도 이 뜻이다.

지智의 실상은 이 두 가지를 알아 떠나지 않음이 이것이며,

│ 지智의 길이 넓기는 하지만 그 실상을 말하면 인의 두 가지가 인도人道 의 최고 경지임을 알고 이를 지키며 떠나지 않는 것에 불과하다.

예禮의 실상은 이 두 가지를 조절하고 수식함이 이것이다.

│ 절節은 정도에 맞춰 조절하는 것이다. 문文은 수식해 빛나게 하는 것이 다. 예는 어떤 일에 대해 다시 새로운 단서가 되는 게 아니라는 말이다. 하지만 그 실상을 말하면 역시 인의 이 두 가지를 조절하고 수식해 차 등을 두는 것에 불과하다.

음악[樂]의 실상은 이 두 가지를 즐거워하는[樂] 것이다. 즐거워하면 인의 의 마음이 생기고, 인의의 마음이 생기면 어떻게 그칠 수 있겠는가. 그칠 수 없으면 발이 절로 움직이고 손이 춤추는 것도 모른다."

│ 생긴다는 말은 쑥쑥 생겨난다는 뜻이다. 인의의 마음이 생기면 어떻게 그칠 수 있겠는가라는 말은 초목이 자라나는 기운을 가져 무성하게 뻗 고 가지 끝까지 도달해 자연히 그만둘 수 없는 게 생기는 것을 말한다. 손이 춤추고 발이 절로 움직이는 것도 모르는 정도는 감동의 극치이 다. 음악소리의 박자와 선율이 가장 아름다운 정도에 이른다 해도 그 실상은 역시 이 두 가지를 즐기는 데 지나지 않는다. 인의仁義 두 가지

는 인도人道의 근본이며 이를 즐긴다면 인의의 마음이 쑥쑥 자라 자기도 그만둘 수 없게 되는데, 바로 인仁의 극치이며 의義의 최고경지다.

○ 인도人道에 인의仁義가 있는 것은 천도天道에 음양陰陽이 있는 것과 같고, 지도地道에 강유剛柔가 있는 것과 같다. 지智로 인의를 알고, 예禮로 인의를 조절하며, 음악으로 인의를 즐긴다. 이 세 가지는 모두 인의를 유지하는 방도이며, 효도와 공손[孝弟]은 우리 마음에 본래 있는 선善이면서 인의의 실제 모습이기도 하다. 효도와 공손에서부터 확충해 나간다면 인은 확립되고 의는 실행되어, 사람이 사람으로서 존재하는 도리를 다하게 되고, 많은 선과 온갖 행동이 모두 이것으로 모이게 된다. 그러므로 "요순의 도는 효제일 뿐이다"(「고자 하」제2장)라고 한 것이다. 맹자가 한 말은 나를 속이지 않는다.

이상은 제27장이다.

28.

맹자께서 말씀하셨다. "천하 사람들이 크게 기뻐하며 자신에게 귀의하려는데, 천하 사람들이 기뻐하며 자신에게 귀의하는 것 보기를 초개草芥처럼 여긴 사람은 오직 순임금만이 그러하였다.

│ 순임금은 천하 사람들이 자신에게 귀의하는 것을 즐거움으로 여기지 않고 오직 부모가 기뻐하도록 하는 것을 즐거움으로 여겼다.

부모에게 인정받지 못하면 사람이 될 수 없고 부모에게 순종하지 않으면 자식 노릇을 할 수 없다. 순임금은 부모를 섬기는 도리를 다하여 고수瞽瞍도 기뻐하기에 이르렀다.

> 부득호친不得乎親은 부모에게 인정을 받지 못하는 것을 말한다. 불순호친不順乎親은 부모의 뜻과 자신의 뜻이 서로 어긋나 똑같이 가지 못한다는 말이다. 불가위자不可爲子는 자식의 직분을 바칠 수 없다는 말이다. 사람이 될 수 없는 정도에 이르면 사람이 아니라는 말이니 불효가 심한 경우다. 고수는 순임금 아버지의 이름이다. 저厎는 도달했다는 말이다. 예豫는 기뻐한다는 말이다. 고수는 가장 완고한 사람인데도 기쁨에 도달할 수 있었으니 부모에게 순종한 극치다.

고수가 기뻐하기에 이르러 천하 사람들이 교화되었으며, 고수가 기뻐하기에 이르러 천하의 부자관계가 안정되었으니, 이를 대효大孝라고 한다."

> 고수가 기뻐하기에 이르자 천하 사람들은 자신이 부모를 섬기는 방법이 그 도리를 다하지 않았음을 알고 힘써 효행을 하지 않은 사람이 없었다. 그러므로 "천하 사람들이 교화되었다"고 하였다. 부자간에 감화되지 않은 사람이 없어 자신의 도리를 힘써 다하며 다시는 이론이 없었다. 이를 "안정됐다"고 하였다. 대효大孝는 한 몸 한 집안의 효에 그칠 뿐 아니라 천하 사람들로 하여금 각자 자기의 효도를 다하도록 했다는 말한다.

이상은 제28장이다.

○ 자식 노릇을 하지 못하는 것은 그 죄가 정말 크다. 사람이 될 수 없는 정도에까지 이르면 그 죄악은 말로 다할 수 없다. 왜 그런가. 이미 사람이

될 수 없다면 이는 역시 짐승일 뿐이다. 다른 미덕이 있더라도 그 죄를 갚을 수 없다. 음식을 바치고 곁에서 시중을 드는 일은 자식의 직분이다. 성인은 이 일을 효도를 다한 것으로 보지 않았고, 반드시 자신을 일으켜 도를 행하여 후세에 이름을 날리는 것을 효의 마침이라고 하였다. 사람이 될 수 없는 죄가 가장 큰 죄악임을 알 수 있다. 소위 "순임금이 부모를 섬기는 도를 다했다"는 말은 역시 자식의 도리를 다하는 것일 뿐이지, 음식을 바치는 따위의 일을 말하는 게 아니다. 옛날 성왕聖王이 천하를 다스릴 때는 모두 이것에 근본을 두지 않은 적이 없었으며, 공자와 맹자가 천하를 다스리는 일을 논할 때도 이것을 핵심으로 보지 않은 경우가 없었다. 배우는 사람들은 잘 살펴보아야 한다.

이루 장구 하

모두 33장이다.

1.

맹자께서 말씀하셨다. "순임금은 제풍諸馮에서 태어나 부하負夏로 옮기셨다가 명조鳴條에서 세상을 떠나셨는데 동이東夷 사람이었다.

| 제풍·부하·명조는 모두 지명으로, 동쪽 멀리 떨어진 지역*에 있다.

문왕은 기주岐周에서 태어나 필영畢郢에서 세상을 떠나셨는데 서이西夷 사

---

* 원문 이복(夷服)은 고대 중국의 천하구획제도인 오복(五服)제도에서 온 말이다. 왕의 거주지[王畿] 정방형 1,000리를 중심으로, 그 다음 지역을 복(服)이라 하고 왕기(王畿)에서 전복(甸服)·후복(侯服)·수복(綏服)·요복(要服)·황복(荒復) 순으로 점차 동심원처럼 퍼지며 멀어진다. 사방 500리씩 모두 2천 5백 리를 포괄한다. 이 가운데 요복 500리를 둘로 나눠 안쪽 200리를 채(蔡)라 하고 바깥쪽 300리를 이(夷)라 했다. 이복(夷服)이란 말은 여기서 온 것이다. 『주례』(周禮)「하관(夏官)·직방씨(職方氏)」.

람이었다.

> 기주는 기산 아래로 주나라의 오래된 도읍이다. 견이畎夷족의 땅과 가
> 까웠다. 필영은 풍豐·호鎬와 가까웠다.

두 지역 거리가 천여 리였으며, 시대 차이가 천여 년이었지만 뜻을 이루
어 중국에 도를 실행한 일은 부절符節을 합친 듯했다.

> 주씨가 말했다: "뜻을 이루어 중국에 도를 실행했다는 말은 순임금이
> 천자가 되고 문왕이 방백이 되어 천하에 도를 실행할 수 있었다는 말
> 이다. 부절은 옥으로 만들어 문자를 새겨 가운데를 잘라 나눠서, 이쪽
> 저쪽의 반을 각자 간직했다가 일이 생기면 나눈 쪽을 서로 맞춰서 신
> 표信標로 삼았다. 부절을 합친 듯했다는 말은 똑같다는 뜻이다."

앞의 성인과 뒤의 성인은 헤아린 게 똑같았다."

> 조씨(조기)가 말했다: "규揆는 헤아린다는 말로, 성인이 헤아리고 생각
> 한 것이 같다는 뜻이다." 성인의 탄생은 앞뒤 시대가 달라도 헤아린 것
> 은 같지 않은 게 없다는 말이다.

이상은 제1장이다.

○ 당시에 여러 학자[諸子]가 벌떼처럼 일어나 사람마다 도가 달랐고 학자
마다 주장이 달라 통일할 수 없었다. 맹자는 순임금과 문왕의 일을 가지
고 판단해, 순임금과 문왕은 지리가 이렇게 멀리 떨어지고 시대가 이렇
게 오래 차이나지만 뜻을 이뤄 중국에 도를 행한 것이 부절을 합친 것 같
다고 하였다. 그러므로 여러 학자들이 어지럽게 주장해 통일할 수 없었

던 것들이 그 시비득실이 여기서 결정되었다. 그런데 "헤아린 게 똑같았다"는 말은 무엇인가. 성인의 도는 인仁일 뿐이다. 순임금이 재상 16명을 임명하고 문왕이 기岐를 다스릴 때 모두 천하를 인仁으로 하지 않은 게 없었다. 맹자에 와서 삼왕이 천하를 얻을 수 있었던 이유를 말하면서 역시 인仁을 썼기 때문이라고 판단했으니, 앞의 성인과 뒤의 성인은 헤아린 게 똑같았음을 이를 통해 알 수 있다.

2.

자산子産이 정鄭나라의 정사를 맡고 있을 때 자기가 타는 수레를 써서 진수溱水와 유수洧水에서 사람들을 건네주었다.

| 자산은 정나라의 대부人大 공손교公孫僑이다. 진유溱洧는 두 강의 이름이다. 자산이 겨울에 사람들이 이 두 강을 건너는 것을 보고 자신이 타는 수레를 가지고 건너게 해주었다.

맹자께서 말씀하셨다. "은혜를 베풀었다고 할 수 있겠지만 정치를 할 줄은 모르는구나.

| 맹자가, 자산이 백성에게 은혜를 베푸는 마음은 가졌지만 정치를 하는 요체는 모른다고 비판한 것이다.

11월에 사람이 건너는 다리가 완성되고 12월에 수레가 건너는 다리가 완성되면 백성들이 물을 건너느라 괴롭지 않을 것이다.

| 강杠은 판자로 만든 다리다. 도강徒杠은 보행자가 다닐 수 있는 다리다.

량梁도 다리다. 여량輿梁은 수레가 다닐 수 있는 다리다. 주나라의 11월은 하夏나라 역법으로 9월이고, 주나라 12월은 하나라 역법으로 10월이다. 시기가 이때가 되면 교량이 이미 완성되었어야 했다. 건너느라 괴로워하기 이전에 미리 백성을 위해 준비해야 한다. 맹자는 수레로 사람들을 건너게 해준 일을 통해 왕도 정치의 한 자락을 들어, 이것은 작은 은혜를 베풀 필요 없이 사람들에게 미치는 혜택이 넓은 것이어야 한다고 분명히 밝힌 것이다.

군자가 정치를 공평하게 하면 길을 갈 때 벽제辟除해도 괜찮다. 어떻게 사람들을 한 명 한 명 건네줄 수 있겠는가.

> 공평하게 한다는 말은 두루 모두에게 베풀지 않는 게 없음을 말한다. 주씨가 말했다: "벽辟은 벽제辟除한다는 말이다. 『주례』에, '혼인閣人(대문을 담당하는 관리)이 궁중 안과 사람들을 위해 벽제한다'고 할 때의 벽제와 같은 것이다. 군자가 정치를 공평하게 하면 밖에 나갈 때 행인들을 벽제해 길에서 군자를 피하도록 해도 허물이 되지 않는다. 하물며 나라 가운데 강물에는 건너는 사람이 많기 마련인데 어떻게 그들을 모두 타는 수레로 건네줄 수 있겠는가, 라는 말씀이다."

그러므로 정치하는 사람은 사람들 모두를 기쁘게 해주려 하면 날마다 해도 부족할 것이다."

> 정치하는 사람이 정치의 요체를 모르고, 그저 작은 은혜를 실행하는 데 힘쓰기만 해서 사람들 모두에게 그 마음을 기쁘게 해주려 하면 자질구레한 일에 번거롭도록 수고하며 날마다 해도 충분히 할 겨를이 없

을 것이라는 말이다.

이상은 제2장이다.

○ 이 장은 자산을 위해, 그가 정치를 하는 요체를 몰랐기 때문에 왕도 정치의 일단을 들어 밝혀 준 것이다. 왕도의 최고를 요약하면, 소위 "남을 차마 해치지 못하는 마음으로 남을 차마 해치지 못하는 정치를 실행하는 것"(「공손추 상」 제6장)이 그것이다. 자산은 분명 은혜를 베푼 사람이다. 하지만 정치를 하는 요체를 몰랐다. 하물며 왕도 정치에 대해서 어떻게 알겠는가.

○ 이전 유학자들은 대부분 『춘추좌씨전』과 『사기』에 의거해 『논어』, 『맹자』를 풀이했다. 그러므로 서로 어긋나 통하지 않는 부분도 있다. 자산의 일 같은 경우, 『춘추좌씨전』에 의기하면 그의 정치는 확실히 지나치게 가혹해 보인다. 하지만 공자도 은혜를 베푼 사람이라 했으니 맹자의 말은 더욱 믿을 만하다. 대체로 옛사람을 멀리 올라가 논하는 사람은 『논어』, 『맹자』에 의거해 판단하고 기타 기록으로 전하는 것은 다 믿고 따를 수 없다.

3.

맹자께서 제나라 선왕에게 말씀하셨다. "임금이 신하를 손이나 발처럼 보면 신하는 임금을 배나 심장처럼 볼 것이며, 임금이 신하를 개나 말처럼 보면 신하는 임금을 행인처럼 볼 것이며, 임금이 신하를 흙이나 티끌처럼 보면 신하는 임금을 원수처럼 볼 것입니다."

국인國人은 행인과 같은 말로, 원망도 없고 은덕도 없다는 뜻이다. 개芥는 초개草芥(지푸라기)로, 밟아 버린다는 말이다. 선왕이 신하를 대할 때 평소 은혜를 베풀거나 예로 대하는 일이 없기 때문에 맹자가 이렇게 아뢴 것이다. 보응하는 길이 자연 이와 같다고 말한 것이다.

왕이 말했다. "예禮에 옛 군주를 위해 상복을 입는다고 하였는데, 어떻게 해야 상복을 입어 줍니까?"

왕은 맹자의 말이 너무 심하다고 의심했기 때문에 옛 군주를 위해 상복을 입는 예를 거론해 어떻게 하면 상복을 입어 줄 수 있는지 물은 것이다.

"간언을 하면 실행되고 말을 하면 받아들여져 은혜가 백성에게까지 미치고, 일이 생겨 떠나면 임금은 사람을 보내 인도해서 국경을 나가게 하고, 또 그가 가는 곳에 사람이 먼저 가도록 하며, 떠난 지 3년이 되어 돌아오지 않은 뒤에야 그에게 준 밭과 고을을 거둬들입니다. 이를 두고 세 가지 예를 갖췄다고 합니다. 이렇게 하면 옛 임금을 위해 상복을 입습니다.

주씨가 말했다: "인도해 국경을 나가도록 하는 것은 약탈을 방비하는 것이다. 그가 가는 곳에 사람이 먼저 가도록 하는 것은 그의 현명함을 칭찬해 (다른 사람이 그를) 거두어 쓰길 바란 것이다. 3년이 지나서야 밭과 녹봉, 마을을 거둬들이는 것은 그 전에도 여전히 돌아오길 바라서다."

지금은 신하가 되어 간언을 하면 실행되지 않고 말을 하면 들어 주지 않아 은혜가 백성에게 미치지 않고, 일이 생겨 떠나면 임금은 그의 가족을 잡아 두고 또 가는 곳에까지 그를 곤궁에 빠지게 하며, 떠나는 날 바로 그에게 준 밭과 고을을 거둬들입니다. 이를 두고 원수라고 합니다. 원수를 위해 무슨 상복을 입겠습니까."

> 박집博執은 친족을 잡아 둔다는 말이다. 극極은 곤궁하게 한다는 말로, 그가 가는 나라에서까지 그를 곤궁하게 만든다는 말이다.

이상은 제3장이다.

○ 간언을 용납하는 임금이 있은 다음에 간언을 다하는 신하가 있게 된다. 선善을 받아들이는 사람이 있은 다음에 선善하라고 요청하는 친구가 있게 된다. 이 장을 통해 보자면, 제나라 선왕 역시 함께 얘기를 나눌 만한 자질을 가졌음을 알 수 있다. 하물며 선왕이 맹자를 빈사賓師(조정의 지위는 없지만 임금의 존중을 받는 사람)의 지위로 대우하고 맹자를 모실 수 있어 매우 기뻐했던 것을 보면 그 역시 무언가를 할 임금이었다. 이런 점이 맹자가 3일을 묵고 나서야 획晝이라는 곳을 떠나고 매일 선왕에게 희망을 가졌던(「공손추 하」제12장) 까닭이다. 하지만 탕왕이 이윤에게, 환공이 관중에게 한 것처럼 맹자를 진실로 믿고 등용할 수 없었으니 참으로 안타까운 일이 아닐 수 없다.

○ 장식張栻이 말했다: "맹자의 이 말은 제나라 선왕 혼자 들어야 할 것이 아니다. 임금인 사람들이 이 말뜻을 알아, 신하와의 감응과 은혜를 베풀고 갚는 일을 두려워하고, 높은 자리의 권세는 믿을 만한 게 못 되며, 자신을 반성하고 근본을 올바로 하는 일을 하루도 잊어서는 안 된다는 점을 염두에 두어, 신하를 예로 대하고, 신하를 은혜로 돌보며, 신하를 진심과

신뢰로 보호한다면 위아래가 서로 통해 최고의 정치를 이룰 수 있을 것
이다."

4.

맹자께서 말씀하셨다. "죄 없이 사士를 죽이면 대부大夫가 떠나야 하고, 죄
없이 백성을 죽이면 사士가 떠나야 한다."

   | 무도한 임금은 난폭한 행동을 할 때 반드시 그 조짐이 있기 마련이다.
죄 없이 살육하는 짓이 백성에게 미치면 반드시 사士에게 미치고, 사에
게 미치면 반드시 대부에게까지 미친다. 그러므로 군자는 일의 기미를
보고 일어나야 한다. 화가 너무 급박하면 떠날 수 없다.

이상은 제4장이다.

5.

맹자께서 말씀하셨다. "임금이 어질면 어질지 않은 사람이 없을 것이며,
임금이 의로우면 의롭지 않은 사람이 없을 것이다."

   | 두 번 나온 말이다(「이루 상」 제20장).

이상은 제5장이다.

6.

맹자께서 말씀하셨다. "예禮가 아닌 예와 의義가 아닌 의를 대인大人은 하지 않는다."

| 예와 비슷하지만 예가 아니고, 의와 비슷하지만 의가 아닌 것을 예가 아닌 예, 의가 아닌 의라고 한다. 세상에서는 이런 것을 예의라고 하지만 실상은 예의가 아니다. 그러므로 대인은 하지 않는다.

이상은 제6장이다.

○ 대인은 도덕이 크고 높아 세상의 평판에 흔들리지 않고 속세의 가치에 구속되지 않으며 도에 확고해 전혀 변치 않는다. 내면이 가벼운 사람은 남이 혐의를 두는 것을 피한다. 남의 혐의를 피하려는 마음이 있으면, 예의가 아닌 줄 알더라도 세상 사람들이 예의라고 할 경우 하지 않을 수 없기도 하다. 대인이 어떻게 이런 행동을 하겠는가.

7.

맹자께서 말씀하셨다. "중용을 실천하는 사람이 중용을 실천하지 못하는 사람을 키우고, 재주 있는 사람이 재주 없는 사람을 키운다. 그러므로 사람들은 현명한 부형이 있는 것을 즐거워한다.

| 중中은 자질을 가지고 말한 것이며, 재才는 재능을 가지고 말한 것이다. 자질이 중용을 지키고 바른 행동을 하는 사람은 남들의 신뢰를 얻을 수 있고, 재주가 명민한 사람은 남의 과오를 막을 수 있다. 그러므로 현명한 부형이 있는 것을 즐거워하는 것이다.

만약 중용을 실천하는 사람이 중용을 실천하지 못하는 사람을 버리고, 재주 있는 사람이 재주 없는 사람을 버리면 현자賢者와 불초不肖의 거리는 그 간격이 한 치도 안 될 것이다."

| 현명한 사람을 귀하게 보는 것은 사람의 바르지 못한 부분을 바르게 할 수 있기 때문이다. 부형이 되어서 자제가 현명하지 않아 가르치기 어렵다고 갑자기 관계를 끊어 버리면 현명한 사람이라고 할 것이 어디 있겠는가. 명칭에 맞게 동등하게 행동해야 함을 말한 것이다.

이상은 제7장이다.

○ 이 장은 전적으로 현명한 부형이 되어야 한다고 요구한 것이다. 부형인 사람들은 자제들이 현명하게 되기를 바라지 않는 사람이 없을 것이다. 하지만 급박하게 완성되기를 구해 아침저녁으로 효과를 요구한다면, 자제들은 대부분 감당하기 어려워 괴로워하다가 오히려 과격하게 잘못을 저지르는 지경에 이를 것이다. 세상에서 말하는 중용을 실천하는 사람과 재주 있는 사람들이 대체로 이와 같은데, 중용을 실천하지 못하는 사람과 재주 없는 사람들에 대해 모두 "기른다"고 한 것은, 평생토록 훈도하고 차츰차츰 가다듬어서 자기도 모르는 새에 자연스럽게 선善에 들어가도록 하려는 것이다. 급히 서두르다가 실패하게 되면 현자와 어리석은 사람의 거리 역시 멀지 않다.

8.

맹자께서 말씀하셨다. "사람은 하지 않은 것이 있은 뒤에 제대로 된 일을 할 수 있다."

| 정자程子가 말했다. "하지 않은 것이 있음은 선택할 줄 안다는 것이다. 하지 않는 일이 있을 수 있기 때문에 제대로 일을 할 수 있다. 하지 않는 일이 없는 사람이 어떻게 제대로 일을 할 수 있겠는가."

이상은 제8장이다.

○ 보통 세상에서 기운을 자랑하고 재주를 뽐내는 사람들은, 마음속으로 '나는 천하의 큰일을 해낼 수 있다'고 스스로 말하고 남들도 대부분 이렇게 말한다. 이것은, 천하의 큰일을 할 수 있는 것은 자신이 평생 지키고 수양하는 게 있기에 의義에 옳은지 아닌지 하는 기준을 두고 작은 일 하나라도 감히 지나치지 않는 사람이 아니라면 할 수 없다는 사실을 전혀 모르는 것이다. 그렇지 않은 사람은 뜻이 벌써 견고하지 못한 데다 지키는 것도 소홀해서 큰일을 무너뜨리기 딱 좋은데, 어떻게 큰일을 해낼 수 있겠는가.

9.

맹자께서 말씀하셨다. "남의 불선不善을 말했다가 후환後患을 어떻게 하려는가."

○ 남의 선행을 말하지 않고 불선不善을 말하기 좋아하는 것이 세상 어디서나 볼 수 있는 병이다. 이런 사람에게는 꼭 실언했다는 책망을 하지 않으면 안 된다. 공자가 말한, "남의 단점을 말하는 것을 미워한다"(「양화」陽貨 제23장)는 것도 이 뜻이다.

이상은 제9장이다.

10.

맹자께서 말씀하셨다. "공자께서는 너무 심한 것은 하지 않으셨다."

| 이른는 지나치다는 뜻이다.

○ 이 장은 성인(공자)의 평상시 행동을 들어 배우는 사람의 모범을 제시하였다. 지나치게 고원高遠한 사람 때문에 말한 것이다.

이상은 제10장이다.

○ 백이는 성인 가운데 깨끗한 사람이어서 온 세상에 한 사람도 용납되는 이가 없었다. 유하혜는 성인 가운데 잘 조화하는 사람이어서 온 세상에 한 사람도 용납되지 않는 이가 없었다. 두 사람 모두 한쪽으로 쏠리는 것을 피하지 못하고 너무 심하게 되고 말았다. 오직 공자의 덕은 혼연히 뭉쳐 아무 흔적을 남기지 않아 어느 때건 때에 맞게 행동을 해서, 천지의 변화와 사계절의 순서처럼 사람들이 그 자취를 보지 못하는 것과 같았다. 이것이 너무 심한 것은 하지 않았다고 한 이유이다. 감히 너무 심한 것은 하지 않았다는 게 아니라 역시 자연스레 너무 심한 것은 하지 않는 경지에 이르렀던 것이다. 너무 심한 것은 하지 않으려는 의도를 가진 것이다라고 말한다면 옳지 않다.

11.

맹자께서 말씀하셨다. "대인大人은 말을 하면서 신의를 반드시 기약하지는 않고 행동을 하면서 과단성을 반드시 기약하지는 않는다. 오직 의가 있는 곳을 따른다."

│ 필必은 반드시 기약한다는 말이다. 대인은 말을 하고 행동을 하면서 신의와 과단성을 먼저 기약하지 않는다. 다만 의가 있는 곳을 따른다. 그러므로 신의와 과단성이라 이름 붙일 수 있는 것은 없지만 신의와 과단성이 자연히 그 안에 있게 된다.

○ 의는 사람이 가야 할 큰 길이다. 신의와 과단성은 행동이 확고한 것이다. 의를 따라 실행하면 일에 대한 대응이 수없이 변하면서도 각자 옳은 일에 맞게 되어, 신의와 과단성을 기약하지 않아도 자연스레 신의 있고 과단성 있지 않을 수 없다. 의를 따르지 않고 다만 신의와 과단성을 기약하면 행동하거든 그칠 줄을 모르고, 그치거든 행동할 줄을 몰라 자잘한 일에 얽매이는 소인이 되고 말 뿐이다. 대인이 어떻게 이런 행동을 하겠는가.

이상은 제11장이다.

○ 이 장과 '예가 아닌 예, 의가 아닌 의를 말한 장'은 모두 문장의 의미가 명백해 이해하기 어려운 곳이 없다. 다만 그 일이 매우 중요하고 맹자의 학문과 사상 맥락이 있는 곳이므로 배우는 사람은 깊이 살펴보아야 한다.

12.

맹자께서 말씀하셨다. "대인은 갓난아기의 마음을 잃지 않는 사람이다."

> 갓난아기의 마음은 재주도 없고 지혜로 따지는 것도 없어서 속여도 반
> 응하지 않고 믿지 않아도 억측하지 않는다. 어른이 되면 세속에 익숙
> 해지고 바깥 사물에 변화되어 그 마음이 가지 않는 곳이 없다. 다만 대
> 인만은 세월이 흘러 나이가 많더라도 상황에 수없이 대응하면서 이 마
> 음을 잃지 않을 수 있다.

이상은 제12장이다.

○ 맹자는 순임금에 대해서, "50세가 되어서도 부모를 사모하는 사람을
내가 위대한 순임금에게서 보았다"(「만장 상」 제1장)라고 한 적이 있다.
이는 순임금이 갓난아기의 마음을 잃지 않아서이다. 순임금이 온 나라를
다스리면서 백성들이 늘 평화로웠던 것도 모두 이 마음을 미루어 나가서
이다.

13.

맹자께서 말씀하셨다. "살아 있는 분을 봉양하는 일은 큰일에 해당할 수
없다. 목숨을 바치는 일만이 큰일에 해당할 수 있다."

> 양생養生은 산 사람을 봉양하는 것이다. 송사送死는 목숨을 바친다는 말
> 과 같다. 신하가 임금을 섬길 때 사는 동안 봉양에 힘쓰는 일은 큰일을
> 담당한다 할 수 없고, 임금을 사랑하고 나라에 충성을 바치며 자신을
> 잊은 뒤에야 큰일을 담당한다 할 수 있다.

이상은 제13장이다.

14.

맹자께서 말씀하셨다. "군자가 도道를 가지고 깊은 경지에 이르려는 것은 자득自得하려 해서이다.

| 조造는 이른다는 말이다. 도道는 영원히 바뀌지 않을 일상의 도다. 군자가 빠른 효과를 구하지 않고 고원高遠한 것으로 달려가지 않으며 반드시 도를 가지고 어떤 경지에 이르려는 것은 스스로 터득하는 데[自得] 맡기고 재촉하지 않는다는 말이다.

자득하면 있는 곳이 안정되고, 있는 곳이 안정되면 도움으로 쓰는 게 충분하고, 도움으로 쓰는 게 충분하면 가까운 곳에서 (무엇을) 가져와 써도 근원을 만나게 된다. 그러므로 군자는 자득하려 하는 것이다."

| 거지안居之安은 자신이 있는 곳을 스스로 편안히 여겨 바깥을 그리워하는 마음이 없는 것을 말한다. 자資는 돕는다는 말이다. 자지심資之深은 도움으로 쓸 수 있는 게 더욱 풍족해 비거나 고갈될 염려가 없는 것을 말한다. 예컨대 옛사람들이 말하는 "신령의 도움이 있었던 것 같다"는 게 이것이다. 좌우左右는 몸의 양옆으로, 가까운 것을 말한다. 봉逢은 만난다는 말이다. 원原은 근원[源]과 같은 말로, 도가 자기 소유가 됐으므로 나와 분리되지 않으니, 사지는 내가 말해 주지 않아도 알아듣는다는 말과 같은 뜻이다. 비거나 고갈될 염려가 없다는 것에 그칠 뿐만이 아니다. 이는 모두 스스로 터득해 성취한 것에서 비롯된다.

이상은 제14장이다.

○ 정자程子가, "공부를 하는 것은 이를 실행하려고 해서이다"라고 했는데, 이 장의 뜻을 깊이 터득한 말이다. 사람이 공부한 것을 실행하지 않으면 공부했다고 할 수 없다. 하물며 그 공부가 바람을 잡고 그림자를 붙드는 것과 같아서 내게 있는 것이 아니라면 어떻게 성취할 수 있을까. 이것이 군자가 도道를 가지고 깊이 어떤 경지에 이르려 하는 이유이다.

15.

맹자께서 말씀하셨다. "널리 배우고 상세하게 설명하는 것은 장차 돌이켜 요약을 말하려는 것이다."

> 글을 널리 배우고 그 뜻을 상세하게 설명하는 것은 장차 돌이켜 요점을 해설하려는 것이지 본래 많이 배운 것을 자랑하고 훌륭한 점을 다투기 위해서가 아니라는 말이다.

이상은 제15장이다.

○ 천하에 귀한 말은 요약함에 이르러 최고가 된다. 도의 최고 경지에 이르고자 하는 사람은 최상의 요점이 아니면 터득할 수 없다. 하지만 널리 배우지 않으면 상세히 설명할 수 없고 상세히 설명하지 않으면 최상의 요점이 되는 말을 할 수 없다. 최상의 요점이 되는 말이 있은 다음에 도의 최고 경지에 도달할 수 있지, 단지 널리 배우고 상세히 설명하는 것이 최종목표가 아니다. 예컨대, 맹자는 왕도王道을 논하면서 이렇게도 말하고 저렇게도 말하며 수없이 많은 변화를 일으켜 말을 꺼낼수록 더욱더 고갈

되지 않았다. 하지만 그 귀결처를 찾을 때는 역시 인仁이라는 한 글자를 벗어나지 않았다. 이런 것을 "요약을 말한다"고 한다. 후대의 학자들은 걸핏하면 논란을 벌이고 저술을 해 자신의 설명을 더욱 넓히고 싶어 하는데, 참으로 도를 낮추는 게 아닌가.

16.

맹자께서 말씀하셨다. "선善으로 남을 복종시키려는 사람은 남을 복종시킬 수 있는 사람이 있지 않다. 선으로 남을 돌본 뒤에야 천하를 복종시킬 수가 있는 것이다. 천하 사람들이 마음으로 복종하지 않는데 진정한 왕이 된 사람은 있지 않다."

| 선으로 남을 복종시킨다는 것은 선행을 해서 인심이 복종하도록 만든다는 말이다. 선으로 남을 돌본다는 것은 백성들이 할 일을 만들어 주고 효도와 공경의 뜻을 거듭 가르치는 행동(「양혜왕 상」 제3장) 같은 것이 이에 해당한다.

이상은 제16장이다.

○ 선善으로 남을 복종시키는 것은 패자覇者의 일이다. 선으로 남을 돌보는 것은 왕자王者의 덕이다. 선善으로 남을 복종시키는 것은 사람을 복종시키는 일에 뜻을 두었다. 그렇기 때문에 사람들이 복종하지 않는다. 선으로 백성을 기르는 일은 사람들이 모두 선해지길 바라며 복종시킬 의도가 없다. 그렇기 때문에 천하 사람들 스스로 복종하지 않을 수 없다. 진실과 거짓이 나뉘는 곳이며, 그 효과는 하늘과 땅 차이다.

17.

맹자께서 말씀하셨다. "말에 진실이 없으면 상서롭지 않은데 상서롭지 않은 실례實例는 현자를 막는 일이 이에 해당한다."

> 불상不祥은 흉악凶惡을 말한다. 이 장은, 사망이나 상란喪亂 같은 말은 사람들이 듣기 싫어하지만 모두 진실이 없는 말이다. 현자를 막는 말을 들어 주면 패망의 화가 반드시 이를 것이니 상서롭지 않은 실제가 이보다 심한 게 무엇이겠는가, 라는 뜻이다. 현자를 가로막는 말은 그 해가 더욱 큰 것임을 깊이 밝힌 것이다. 하지만 사람들은 그저 사망이나 상란의 말이나 피할 줄 알지 현자를 가로막는 말을 미워할 줄 모르니, 무지가 심하지 않은가.

이상은 제17장이다.

18.

서자徐子가 말했다. "공자께서는 자주 물에 대해 말씀하시면서 '물이여, 물이여'라고 하셨는데, 물에서 어떤 의미를 가져오신 겁니까?"

> 서자는 맹자의 제자 서벽徐辟이다. 극亟은 '자주'라는 말이다. '물이여, 물이여'라는 말은 찬탄한 말이다.

맹자께서 말씀하셨다. "근원이 있는 샘물은 넘실넘실 흘러 밤낮을 쉬지 않고 구덩이를 채운 뒤에 계속 나아가 온 바다에서 넘실거린다. 근본이 있는 것은 이와 같으니 여기서 의미를 가져오셨다.

혼혼混混은 물이 흐르는 모양이다. 불사주야不舍晝夜는 물이 흘러가 마르지 않는다는 말이다. 과科는 구덩이를 말한다. 구덩이를 채운 뒤에 계속 나아간다는 말은 여러 곳을 거쳐 앞으로 나아간다는 말로, 또 마르지 않는다는 뜻을 거듭 밝힌 것이다. 방放은 넘친다는 말이다. 근원이 있는 물은 그 기세가 날마다 더 커져 멈추지 않고 자연히 바다에 이르러 넘실거린다는 말이다. 군자의 도와 유사한 면이 있기 때문에 공자가 여기서 의미를 가져왔다.

○ 근원에서 솟는 물은 매우 보잘것없다. 하지만 계속 나아가며 그치지 않으면 반드시 바다에 이르러 넘실거린다. 배우는 사람이 세운 뜻은 매우 작다. 하지만 공부를 쌓고 게으름을 피우지 않으면 그 도가 천하에 혜택을 준다. 성인은 이를 가져온 것으로 얼마나 좋은 뜻인가.

근본이 없으면 7, 8월 사이에 빗물이 모여 도랑과 물길이 모두 가득 차지만 물이 마르는 것은 서서도 기다릴 수 있을 정도다.

집集은 모인다는 말이다. 회澮는 밭 사이의 물길이다. 학涸은 마른다는 말이다. 근본이 없는 것은 왕성한 모습을 믿을 수 없다는 말이다.

그러므로 군자는 명성이 실제보다 큰 것을 부끄러워한다."

성문聲聞은 명예를 말한다. 명예가 실제보다 큰 것은 근본이 없는 물과 같다. 그러므로 군자는 이것을 부끄러워한다.

○ 이 부분은 공자가, "흘러가는 것이 이와 같구나"(『논어』 「자한」子罕 제16장)라고 한 말을 맹자가 해석한 것이지, 서벽에게 문제가 있어서 그에게 말한 것이 아니다.

이상은 제18장이다.

○ 맹자의 말에는 언제나 흐르는 물에서 의미를 가져온 것이 있는데 바로 공자가 물에 대해 자주 언급한 뜻과 같다. 어떤 경우에는 불이 막 타오르기 시작하는 것으로 사단의 마음을 비유하고, 어떤 경우에는 초목이 싹트는 것으로 양심이 생기는 것을 비유하기도 한다. 맹자는, "잘 기르면 어떤 생물도 자라지 않는 게 없다"(「고자 상」 제8장)고 한 적이 있는데, 도를 논하고 덕을 논하며 마음을 논하고 학문을 논할 때 모두 이 말에서 나오지 않은 게 없다. 하지만 후대의 여러 유학자들은 혹 깨끗한 거울처럼 고요한 물을 가지고 성인의 마음을 비유하였는데 잘못이라 할 수 있다. 또 맹자는, "바다로 나아가 넘실거린다"[進放乎海]고 말하지 않고, "온 바다에서 넘실거린다"[放乎四海]라고 말하였다. 이는 "천지 사이에 가득 찬다"(「공손추 상」 제2장)는 말과 같은 뜻이다. 확충하는 공적은 한계를 지을 수 없으며, 그저 자신의 천성을 다하면 될 뿐이 아니라는 말이다. 이는 후세의 성리설性理說로 다 설명할 수 있는 게 아니다.

19.

맹자께서 말씀하셨다. "사람이 금수와 다른 점이 적은데, 많은 사람들이 이것을 버리고 군자는 이를 보존한다.

| 기희幾希는 적다는 말이다. 서庶는 많다는 말이다. 사람과 동물은 천지 사이에 함께 태어나 좋아하고 바라는 것, 움직임에서 본래 크게 다를 게 없다. 사람만이 인의仁義의 양심을 가지고 태어났고 동물은 그렇지 않다. 이 점이 다를 뿐이다. 많은 사람들이 그것이 자신에게 있음을 알

지 못하고 버리는데, 군자는 그것이 내 몸의 주인임을 알고 보존한다. 이를 보존하면 사람이고 없애면 짐승이다. 두려워하지 않을 수 있겠는가.

순임금은 여러 사물에 밝아 인륜을 드러냈으니 인의를 따라 도덕적으로 행동한 것이지 인의라는 도덕행위 하나하나를 실천한 것이 아니다."

인륜人倫은 해설이 전편(「등문공 상」 제4장)에 보인다. 찰察은 드러낸다는 말이다. 순임금이 여러 사물에 밝아 여러 일에 훤했고, 인륜을 드러내 백성이 깨쳐 밝아질 수 있었다. 그 행동이 자연스레 인의가 아닌 게 없었으니, 인의를 아름답다고 생각해 실행한 것이 아니었다. ○ 어떤 사람이 말했다: "이 단락은 위의 문장과 서로 통하지 않는다. 따로 독립된 한 장으로 만들어야 한다."

이상은 제19장이다.
○ 먼 옛날의 성인들 가운데에는, 무한히 크고 넓어 '인위적인 행동을 하지 않아도 자연스레 변하는 것'[無爲自化]을 도道로 보아, 인륜에 절실하지 않고 천하국가를 다스리는 데 전혀 보탬이 되지 않는 사람이 있었다. 때문에 요임금이 "진실로 그 중中을 잡아라"는 말로 순에게 가르쳐 주었다. 이른바 "여러 사물에 밝아 인륜을 드러냈으니 인의를 따라 도덕적으로 행한 것이지 인의라는 도덕행위를 하나하나 실천한 것이 아니다"는 것은 바로 순임금이 요임금의 말을 계승할 수 있었던 결과이다. 오로지 무위자화無爲自化만을 도로 보고 인의를 힘쓸 일로 보지 않은 것과는 그 일이 아주 다르다. 이것이 만세의 법도가 되는 이유이다.

20.

맹자께서 말씀하셨다. "우임금은 맛 좋은 술을 싫어하고 선善한 말을 좋아했다.

> 조씨가 말했다: "지주旨酒는 맛 좋은 술이다. 의적儀狄이 술을 만들었는데, 우임금이 이를 마시고 달다 했지만 마침내 의적을 멀리하고 맛 좋은 술을 끊었다." 이 문장은 한 번은 바른 진술을 하고 한 번은 뒤집는 발언을 하는 방식으로, 다음 문장도 같은 방식이다.

탕왕은 중中을 잡아, 현명한 사람을 등용하되 그 부류를 묻지 않았다.

> 방方은 부류(출신 계급 따위)와 같은 말이다. 무방無方은 "중을 잡았다"[執中]는 말과 상대되는 말로, "부류를 따지지 않았다"[無類](『논어』「위령공」 제38장)는 말과 같다. 중中(가운데)을 잡으면 양 끝이 다 들려 버리는 것이 없다. 사람을 쓰는 경우, 오직 현명한 사람만을 세울 뿐 그 사람이 어떤 부류인지 묻지 않는다.

문왕은 백성들을 상처 입은 사람처럼 보았으며, 도를 갈망하면서 아직 보지 못한 것처럼 하였다.

> 망도이望道而의 이而는 여如로 읽어야 한다. 옛날에는 두 글자가 통용되었다. 주나라에는 도가 이미 이루어졌는데 도가 있는 세상을 갈망하면서 아직 보지 못한 것처럼 하였다는 말이다. 백성들을 상처 입은 사람처럼 본 것은 마음씀이 낮은 곳까지 미치는 것 같고, 도를 갈망하며 아직 보지 못한 듯이 하는 것은 마음을 보존하는 태도가 매우 높은 것이다.

무왕은 가까이 있는 사람을 함부로 대하지 않았고, 멀리 있는 사람을 잊지 않았다.

　｜ 설狎은 함부로 대한다는 말이다. 이邇는 가깝다는 말이다. 가까이 있는 사람은 함부로 하기 쉽고 멀리 있는 사람은 잊기 쉬운데 그렇지 않은 것은 덕이 안팎의 구분이 없는 사람이 그러하다.

주공은 세 왕의 덕을 겸해서 네 가지 일을 시행하리라고 생각하였는데 혹 부합하지 않는 것이 있으면 하늘을 우러러보고 생각해 밤이 밝기까지 이어졌으며 다행히 깨달으면 앉아서 아침을 기다렸다."

　｜ 세 왕은 우왕·탕왕·문왕과 무왕을 말한다. 위에서 말한 네 가지 일이 혹 자신이 하는 행동과 어긋나 합치되지 않은 게 있으면 무엇인지 생각을 하고 생각해 깨달으면 앉아서 아침을 기다렸다. 실행하려고 서두르는 게 이와 같았다.

　○ 이는 순임금의 일을 말한 19장에 이어 논한 것으로, 여러 성인들의 훌륭한 점이 일을 통해 이처럼 뚜렷이 드러난 것을 차례로 서술하였다.

이상은 제20장이다.

　○ 앞 시대 유학자는, "요임금과 순임금 이후 성인과 성인이 서로 이어졌는데 모두 중中으로 도의 정통[道統]이 전수돼 연결되었다"라고 하였다. 하지만 이 장을 자세히 읽어 보면, 맹자는 여러 성인들의 덕을 차례차례 서술하면서 각자 그 훌륭한 점을 거론했지, 중으로 도통이 전수돼 연결되었다는 말은 하지 않았다. 또 탕왕에 대해서만 중을 잡았다고 말했지, 이 표현으로 다른 성인을 말하지 않은 것을 보면, 중으로 도통이 전수돼

연결되었다는 말은 공자와 맹자의 뜻이 아니다. 또, "사람들은 각자 성인들의 훌륭한 점을 거론한 것이라고 말들 하지만 역시 틀린 말이다. 성인은 훌륭하지 않은 게 없다"라고도 했다. 진사이는 생각한다. 이 말도 틀렸다. 성인 역시 사람이다. 어떻게 사람마다 다 똑같을 수 있는가. 천지의 변화조차 풍년도 있고 흉년도 있어 해마다 똑같지 않고 매년 서로 다르다. 천 년이라는 긴 세월이 경과했지만 하루도 같은 날이 없었다. 어떻게 유독 성인에 대해서는 이를 의심하는가.

21.

맹자께서 말씀하셨다. "진정한 왕의 자취가 사라지고 시가 없어졌다. 시가 없어진 뒤에 『춘추』가 생겨났다.

> 자취란 선왕先王이 남겨 준 은택을 말한다. 작作은 생겨났다는 말이다. 선왕이 통치하던 때에는 인심이 순박하고 풍속이 온화해서 찬미와 풍자, 좋아하고 미워하는 것을 모두 직설적으로 말했기 때문에 말하는 사람도 꺼리는 게 없었고 듣는 사람도 분노하지 않았다. 온화하다고 한 이유이다. 사람들 역시 이에 의거해 후세에 전해 주었다. 세상이 춘추시대에 이르자 이런 기풍이 마침내 쇠퇴하고 찬미와 풍자의 실상이 천하에 숨고 말았다. 이에 노나라의 사관史官이 특히 주공周公의 예경禮經(『의례』儀禮)을 모범으로 들어 선악善惡의 자취를 저술하였다. 이것이 『춘추』가 시와 서로 표리가 되는 이유이다.

○ 옛날에는 연대순으로 기록한 역사책이 없었다. 나라에 큰일이 생기면 사관이 사건의 본말本末을 갖춰 기록해 한 편의 책을 만들었다. 『서경』

의 전典·모謨·서誓·고誥 같은 경우가 그런 예다. 일시日時를 갖춰 선악의 자취를 저술한 것은 노나라 은공隱公 때 시작했기 때문에 "『춘추』가 생겨났다"[春秋作]고 한 것이다. 소위 '작'作이란 말은 자연스럽게 일어났다는 말로, 『춘추』를 완성했다'[成春秋]는 말과는 저절로 구분된다. 어떤 사람은 기린이 나타나 느낀 게 있어 『춘추』를 지었다 하고, 어떤 사람은 글이 완성되면서 기린을 불러들인 것이라 하지만 모두 심하게 견강부회한 말들이다.

진晉나라의 『승』乘, 초楚나라의 『도올』檮杌, 노魯나라의 『춘추』는 모두 같은 종류다.

조씨가 말했다: "승乘은 토지에 세금을 부과하고 말[馬]을 쓸 계획을 세우는[乘馬]* 일에서 생겨났다." 도올은 사나운 짐승 이름이다. 옛날에는 이 때문에 흉악한 사람의 호칭으로 썼다. 나쁜 일을 기록해 경계를 전한다는 의미를 취한 것이다. 춘추는 사건을 기록하는 사람이 반드시 해[年]를 표시해 사건 앞에 두었다. 한 해에는 사계절이 있기 때문에 그 가운데 두 계절을 번갈아 들어 기록물의 명칭으로 삼은 것이다. 진晉나라의 한선자韓宣子가 노나라에 가서 본 책이 바로 이것이다. 선악을 함께 기록했지만 사실은 난신적자亂臣賊子의 악행을 기록해 후세에 영원토록 보여 주려 했던 것이다. 세 나라의 역사서가 모두 그런 목적이었기 때문에 같은 종류라고 한 것이다.

○ 어떤 사람이, "옛날 여러 나라의 역사서는 모두 춘추라고 했는데 노나

---

* 승(乘)이라는 말은 이때 계획하다[計]라는 뜻으로 쓰였다.

라의 『춘추』만 공자 덕분에 유명해지고 다른 나라의 춘추는 전해지지 않았다"고 하였다. 하지만 맹자의 말에 의거해 보면, 그 당시에 이 세 나라에만 역사서가 있었고 노나라만 『춘추』라고 했으며 다른 나라는 꼭 그렇게 다 칭하지 않았음을 알 수 있다.

그 일은 제나라 환공와 진나라 문공에 대한 일이고 그 문장은 사관의 기록이다.

│ 진정한 왕의 통치법도가 이미 쇠퇴하고 오패五覇가 번갈아 일어났는데 유독 제나라 환공과 진나라 문공이 두드러졌다. 때문에 특별히 거론한 것이다. 사史는 사관을 가리킨다. 『춘추』는 당시의 사실에 근거를 두고 사관이 기록한 데서 생겨났지, 원래 어렵고 심오해 밝히기 어려운 일이 있는 게 아니라는 말이다.

공자께서, '그 뜻은 내가 외람되이 가져왔다'고 말씀하셨다."

│ '그 뜻'이란 『춘추』가 선악의 자취를 기록해 후세에 보여 주었다는 말이다. 외람되이 가져왔다는 말은 겸손한 표현으로, 『춘추』의 뜻에 성인의 의도와 부합하는 면이 있기 때문에 공자가 이를 가져와 경經의 지위에 놓았다는 말이다. 현재 좌씨(좌구명左丘明)가 전한 『춘추』가 이것이다.

○ 이 역시 위의 20장을 이어 모두 진정한 왕의 일을 말한 것이다. 『춘추』가 생긴 것은 실로 천하 만세의 명교名敎(유교)와 관련되기 때문에 특별히 말한 것이다.

이상은 제21장이다.

○『춘추좌씨전』을 살펴보니, "진나라의 한선자가 노나라를 방문했을 때 『역상』*과 노나라의 『춘추』를 보고, '주나라의 예가 모두 노나라에 있구나'라고 말하였다"고 하였다. 내가 오늘에서야 주공의 덕과 주나라가 진정한 왕의 나라인 이유를 알겠다. 『춘추』라는 책은, 책 전체 체계와 범례를 세운 것이 모두 주공이 마련한 오래된 규범이었고 공자 이전에 이미 노나라에서 경經의 하나로 존재했지만 공자가 선택하자 영원히 없앨 수 없는 불멸의 전거가 되었다. 하늘에 걸려 영원히 떨어지지 않는 해와 별처럼 참으로 위대한 책이다. 그러나 예로부터 지금까지 『춘추』를 설명한 것들은 이 장보다 분명하지 않고, 또한 이 장보다 정확하지 않다. 오직 좌씨가 전한 『춘추좌씨전』만이 자연스레 맹자의 뜻에 부합한다. 『춘추공양전』春秋公羊傳과 『춘추곡량전』春秋穀梁傳 같은 책은 속인다고 말할 수 있다.

22.

맹자께서 말씀하셨다. "군자의 은택도 5대면 끊어지고, 소인의 은택도 5대면 끊어진다.

| 택澤은 남겨진 은택을 말한다. 자손과 후예에까지 미치는 것을 말한다.

---

*『역상』(易象)을 책으로 번역했지만 설명이 필요하다. 춘추시대에는 지금과 같은 형태로 『주역』이 존재하지 않았기 때문이다. 현재 통용되는 책의 모습은 송나라 때 체제가 갖춰졌다. 이전에 『역』이 어떤 형태였는지 『춘추좌씨전』의 이 기사를 보고 확인할 수 있다. 제목으로 보아, 역 본문에 대상(大象: 괘卦 전체의 뜻을 설명한 글)과 소상(小象: 효爻 하나하나를 설명한 글)으로 된 상전(象傳)을 붙인 형태로 유통된 것으로 보인다.

참斬은 끊어진다는 말이다. 5대가 지나면 친척관계가 다 사라지게 되기 때문에 끊어진다고 말한 것이다.

나는 공자의 제자가 될 수는 없었지만, 다른 사람에게서 사숙私淑하였다.”

사私는 ‘외람되이’라는 말이다. 숙淑은 착하게 한다는 말이다. 겸손한 표현으로, 공자의 문하에서 직접 수업을 받지 못했지만 성인(공자)의 영향이 아직 남아 있고 그 학문을 전할 수 있는 사람이 있었기 때문에 나는 공자의 도를 듣고 외람되지만 혼자 자신을 착하게 할 수 있었다. 시대가 오래되어 언어가 사라져서 진실을 알 수 없는 경우 같은 게 아니다.

○ 이 또한 위의 19장, 20장, 21장 세 장에 이어 순임금·우임금·주공·공자를 차례로 서술해 맹자가 여러 성인들의 뒤를 이어 도道로 자임한 뜻을 보여 주었다.

이상은 제22장이다.

○ 이상 네 장은 여러 성인의 일을 총괄해 서술한 곳인데, 특히 순임금과 관련해 먼저 인의仁義 두 글자를 걸어놓아, 순임금에서 주공·공자까지 모두 인의를 도道로 보았음을 명백히 하였다. 그리고 맹자가 평생 주장한 것이 모두 인의 두 글자에서 벗어나지 않는 것을 안다면 이른바 “다른 사람에게서 사숙했다”는 말을 가장 믿을 수 있겠다.

23.

맹자께서 말씀하셨다. "받아도 되고 받지 않아도 되는 경우에 받지 않으면 청렴을 해치고[可以取, 可以無取, 取傷廉], 주어도 되고 주지 않아도 되는 경우에 주게 되면 은혜를 해치고, 죽어도 되고 죽지 않아도 되는 경우에 죽으면 용감성을 해친다."

> 해도 되고 하지 않아도 되는 경우는 어떤 일의 반대되는 양 끝에는 반드시 옳은 한쪽이 있음을 말한다. '취상렴'取傷廉이라는 글 앞에는 '불'不이라는 글자가 있어야 한다. 받지 않는 것이 분명 청렴이긴 하지만 받아도 되는데 받지 않는다면 청렴을 해친다는 뜻이다. '받으면 청렴을 해치게 된다'[取傷廉]고 한다면 왜 맹자의 말이 필요하겠는가. 또한 받아도 되는 경우와 받지 않아도 되는 경우가 어떤 것인지 의심하는 것도 용납할 수 없게 된다.

이상은 제23장이다.

○ 이 말은 세상 사람들이 명예는 좋아하면서 실상을 갖추는 일은 싫어하는 폐단을 논한 것이다. 청렴이 진정 청렴이 되는 것은 '받아도 되기에 받는 것'과 '받아서는 안 되기에 받지 않은 것'에 달려 있다. 만약 일반적으로 '받지 않는 것'을 청렴으로 보게 되면, 청렴이 될 수 없다. 은혜가 주는 것과 관계되고, 용감성이 죽음과 관계되는 것도 모두 마찬가지다. 원사原思가 공자의 가신이 되었을 때 그에게 곡식 900(말)을 주었는데 사양하였다(『논어』「옹야」제3장). 이는 청렴을 해친 것이다. 염자冉子가 자화子華의 어머니를 위해 곡식 5병秉(1병은 160말)을 주었는데(같은 곳), 이는 은혜를 해친 것이다. 자로는 위衛나라에서 죽었는데 이는 용감성을 해친 것이

다. 그러므로 군자는 되는지 안 되는지 선택하는 문제에 있어 이처럼 의義를 정밀하게 하지 않을 수 없다.

24.

방몽逄蒙이 예羿에게서 활 쏘는 법을 배워 예의 기술을 모두 익히고는, 천하에서 오직 예만이 자기보다 실력이 낫다고 생각해 이에 예를 살해하였다.

> | 방몽은 사람의 성명이다. 예는 유궁有窮이라는 나라의 군주다.『춘추좌씨전』에 따르면, "예가 하나라의 군주 상相을 죽이고 그 자리를 빼앗았다. 한착寒浞이 또 예를 죽이고 그 자리를 차지했다"고 했으므로, 여기 기록과는 다르다. 어떤 사람은, 옛날 활의 명수 이름이 예라고 하였다. 요임금 때에도 예라는 활의 명수가 있었으니, 이런 일들은『춘추좌씨전』에 기록된 것과는 다른 일이다. 유愈는 이긴다는 말이다.

맹자께서 말씀하셨다. "이 또한 예에게도 잘못이 있다. 공명의는 '아마도 죄가 없는 것 같다'고 말했지만, 죄가 적다고 할 수는 있을지언정 어떻게 죄가 없다고 하겠는가.

> | 맹자가 공명의의 말을 인용해, 죄가 없다고 말할 수는 없다, 다만 그 죄가 조금 적다고 말할 수 있을 뿐이다, 라고 말한 것이다.

정鄭나라 사람이 자탁유자子濯孺子에게 위衛나라를 침범하도록 하였는데, 위나라에서는 유공 사庾公斯가 자탁유자를 추격하도록 하였다. 자탁유자가, '오늘 나는 병이 나서 활을 들 수가 없으니, 오늘 나는 죽었다'라고 하면서, 그의 마부에게 물었다. '나를 추격하는 사람이 누구냐?' 그의 마부가 대답했다. '유공 사입니다.'

'나는 살았다.'

'유공 사는 위나라에서 활을 잘 쏘는 사람인데, 선생님께서 나는 살았다고 하시니 무슨 말씀입니까?'

'유공 사는 윤공 타尹公他에게 활쏘기를 배웠고 윤공 타는 내게 활쏘기를 배웠다. 윤공 타는 단정한 사람이라 그가 사귄 친구도 분명 단정할 것이야.' 유공 사가 와서는 물었다. '선생께서는 어째서 활을 잡지 않으십니까?'

'오늘 나는 병이 나서 활을 들 수가 없습니다.'

'소인은 윤공 타에게 활쏘기를 배웠고, 윤공 타는 선생님께 활쏘기를 배웠습니다. 저는 선생님의 기술을 가지고 거꾸로 선생님을 해칠 수는 없습니다. 그렇지만 오늘 일은 임금과 관계된 일이라 제가 감히 그만둘 수는 없습니다.'

유공 사는 화살을 뽑아 수레바퀴에 내려쳐 화살촉을 제거하고 네 발을 쏜 다음 돌아갔다."

│ 유공지사庾公之斯와 윤공지타尹公之他에 보이는 지之는 어조사다. 복僕은 말 모는 사람이다. 윤공 타 역시 위나라 사람이다. 단端은 올바르다는 말이다. 자탁유자는 윤공 타가 올바른 사람이기 때문에 그가 사귄 벗도 틀림없이 올바를 것임을 알았기 때문에 유공 사가 자신을 해치지 않을 것이라 확신했다. 소인은 유공 사가 스스로를 칭한 말이다. 금金은 화살촉을 말한다. 수레바퀴에 화살을 내려쳐 활촉을 빼버린 것은 사람을 다치지 않게 한 다음 쏘려는 것이다. 승시乘矢는 화살 네 발을

말한다. 맹자는, 예가 이와 같이 행동했다면 방몽에게 화를 당하는 일은 분명 일어나지 않았을 것이라고 말한 것이다.

이상은 제24장이다.

○ 자탁유자는 윤공 타에 대해서 사람을 알아보는 안목이 밝았다. 윤공 타는 유공 사에 대해서 벗을 사귀는 방도가 정확했다. 유공 사는 자탁유자에 대해서 자신의 스승이 보여 준 후덕厚德을 저버리지 않았다. 모두 기특한 사士라고 할 수 있다. 맹자가 이를 선택한 것도 당연한 일이다. 하지만 이전 시대 유학자는, '유공 사가 자신의 사사로운 은혜는 온전히 보여 주었지만 역시 공적인 의義는 없앴으므로 그 일에 대해서는 논할 만한 게 없다. 맹자는 다만 벗을 사귄 일을 가지고 말했을 뿐이다'라고 하였다(주희, 『집주』). 진사이는 생각한다. 그렇지 않다. 옛날 백성들은 세 가지에 의해 살았으며 셋을 섬기기를 한결같이 하였다: 부모는 낳아 주셨고, 스승은 가르쳐 주었으며, 임금은 보살펴 준 일이 이것이다. 옛날에는 도가 소중했고 봉록은 가벼웠다. 때문에 스승을 존경하는 것이 임금과 똑같았다. 맹자는 유공 사의 의義를 평가한 것인데 어떻게 논할 만한 게 없다고 할 수 있는가. 정나라 사람이 자탁유자에게 위나라를 침범하도록 하고, 위나라에서는 유공 사에게 자탁유자를 추격하도록 한 일을 보면 그 사건은 확실히 나라의 존망이 걸린 일이 아니었으므로, 그를 추격하는 일도 옳았고 화살 네 발을 쏜 다음 돌아간 일도 옳은 것이다. 후세의 유학자들이 유공 사의 의義를 버렸을 뿐만 아니라 또한 맹자의 말을 비판한 것은 너무 각박하다. 국가의 안위가 이 행동 하나에 달려 있는 문제라면 또한 별도로 논의해야 한다.

25.

맹자께서 말씀하셨다. "서자^{西子}도 오물을 뒤집어쓰면 사람들이 모두 코를 막고 지나가지만,

| 서자는 아름다운 부인을 말한다. 몽^蒙은 뒤집어쓴다는 말이다. 불결^{不潔}은 더러운 물건을 말한다. 엄취^{掩鼻}는 그 냄새를 싫어한다는 말이다. 모습은 아름답지만 행동은 더러운 사람을 비유한 것이다.

추한 사람이라도 재계하고 목욕하면 상제^{上帝}에게 제사할 수 있다."

| 악인^{惡人}은 용모가 추한 사람을 말한다. 모습은 추하나 행동은 깨끗한 사람을 비유했다.

○ 이 장은 시의 육의^{六義}* 가운데 비유[比]와 같은 것이다. 사람을 고르는 법은 오직 덕에서 찾아야 하며, 종족과 가문이 귀한지 천한지, 세상 사람들의 평가가 좋은지 나쁜지 따위는 전혀 논할 게 아니다.

이상은 제25장이다.

---

* 시의 육의(六義)는 비(比)·부(賦)·흥(興)·풍(風)·아(雅)·송(頌)을 말한다. 전혀 다른 종류의 성질을 함께 묶은 흥미로운 분류법이다. 비·부·흥은 시의 수사(修辭) 내지는 작시법(作詩法)을 말한다. 비는 사물을 보고 비유 혹은 연상해서 쓰는/해석하는 것을 말하며, 부는 대상을 직서(直敍)하는 것을 말한다. 흥은 대상을 보고 또는 대상에 의해 촉발되는 흥취를 표현하는 말로 설명하는 데 심리 메커니즘이기도 하면서 은유의 성격도 띠고 있다. 풍·아·송은 시체(詩體), 혹은 장르)를 말한다. 풍은 민요를, 아는 조정에서 쓰는 아악(雅樂)으로 고상하고 우아한 시를, 송은 제사 지낼 때 쓰는 시를 말하며 조상을 송축한다는 뜻이 있다.

26.

맹자께서 말씀하셨다. "천하에서 성性을 말하는 것은 기왕의 자취일 뿐이
다. 기왕의 자취라는 것은 편리함을 근본에 두고 있다.

> 고故는 장주莊周가, "옛것과 지혜를 제거한다"고 말했을 때의 옛것과 같
> 은 뜻이다. 상례常例를 따른다는 의미로, 옛것을 그대로 따르는 것이 있
> 어 그렇게 한다는 말이다. 리利는 편리라는 말이다. 맹자는, 천하 사람
> 들이 인간의 성性을 말하는 것을 보면 모두 상례를 따르는 말뿐이라 근
> 본이 얕고 평이해 건질 만한 게 없다, 하지만 상례를 따르는 말은 모두
> 편리함을 근본에 두고 있다, 사사로움에서 나온 것 같지만 실은 자연
> 스러움에서 나온 것으로 바꿀 수 없는 것이다, 그렇다면 천하에서 하
> 는 말을 어떻게 소홀히 할 수 있겠는가, 라고 한 것이다.

지혜를 미워하는 것은 천착하기 때문이다. 만약 지혜로운 사람이 우왕이
물을 흐르게 한 것처럼 한다면 지혜를 미워하지 않을 것이다. 우왕이 물
을 잘 흐르게 한 것은 물이 자연스럽게 흐르도록 한 것이니 지혜로운 사
람 또한 자연스럽게 행한다면 지혜도 위대해질 것이다.

> 지혜를 미워한다는 것은, 지혜로운 사람은 하는 일이 무리하게 깊이
> 파고드는 것이라 자연스러움을 따르는 일은 바꿀 수 없다는 사실을 모
> 르기 때문이라는 말이다. 예를 들면 우왕이 물을 다스린 일은 모두 물
> 의 흐름이 나아가는 방향을 따라 인도하고 개인의 지혜로 만들어 낸
> 적이 없었다. 이를 "자연스럽게 흐르도록 했다"고 한 것이다. 성인은
> 지혜에 있어서도 이와 같았다. 맹자가 천하 사람들이 하는 말에서 선
> 택한 것이 바로 "기왕의 자취"이다.

하늘이 높고 별자리가 멀지만 기왕의 자취를 탐구해 보면 천 년 뒤의 동짓날도 앉아서 알 수 있다."

일지日至는 동짓날을 말한다. 달력을 만든 사람은 반드시 먼 옛날 갑자년甲子年 자월子月(동짓달, 11월) 갑자일甲子日 초하루 한밤중 자정子正에 동지가 되는 때를 달력의 근원으로 삼았다. 하늘이 높고 별자리가 멀지라도 예로부터 전해 내려온 관례와 달력을 만든 법을 탐구해 보면 천 년 뒤의 동지라도 역시 앉아서 알 수 있다는 말이다. 쉽다는 것을 말한다. 이것이 예로부터 전해 내려온 관례를 따르는 설명을 숭상할 수 있는 이유이다.

○ 이 장은 당시 인성을 논하는 사람들이 지나치게 깊이 파고드는 일에 힘쓰고 예로부터 전해 내려온 관례를 따르는 설명을 탐구할 줄 모르는 것을 전적으로 비판한 것이다. 위로는 용마루가 있고 아래는 처마가 있어 풍우를 가릴 수 있고 여름에는 갈옷을, 겨울에는 가죽옷을 입는 것 등은 시기에 알맞게 따라가는 것으로 옛 관습을 그대로 따르는 일이며 편리함을 근본에 두지 않은 것이 없다. 하지만 이는 바로 영원히 바뀌지 않는 상도常道인데 어떻게 지나치게 깊이 파고들어 가서야 알 수 있는 것이겠는가.

이상은 제26장이다.

○ 맹자는 인성을 논하면서, "인성이 선함은 물이 아래로 흐르는 것과 같다"(「고자 상」 제2장)고 하였고, 또 "타고난 정情 같은 경우는 선하다고 할 수 있다"(「고자 상」 제6장)고 하였다. 모두 기왕의 자취에서 파악한 말이

아닌 게 없으며, 이를 통해 후대에 영원토록 전해져 그 어떤 것도 바꿀 수 없다. 고자가 인성을 논한 경우, 아득하고 괴이해서 이해하려 힘쓸수록 더욱 멀어져, 인심人心이 지닌 기왕의 자취에서 찾아보면 하나도 부합하는 게 없다. "지혜를 미워하는 것은 천착하기 때문"이라는 것은 바로 이를 두고 한 말이다. 자연스럽게 할 수 있다면 지혜를 실행하는 방도 또한 커질 것이다. 하지만 지혜로운 사람은 대부분 천착하는 데서 잘못을 저지른다. 이 점이 맹자가 기왕의 자취를 선택한 이유이다.

27.

공항자公行子가 아들의 상을 치르게 되었다. 우사右師가 조문을 가서 대문에 들어갔을 때, 우사에게 가서 얘기를 하는 사람이 있었고, 우사의 자리로 가서 얘기하는 사람이 있었다.

> 공항자는 제나라의 대부다. 우사(벼슬 이름)는 왕환王驩을 말한다. 조문 온 사람들이 대부분 예를 몰라 우사가 대문에 막 들어왔을 때 여러 사람들의 자리를 지나서 왕환에게 가 이야기하는 사람도 있었고, 우사가 자리로 가자 또 우사의 자리로 가서 그와 이야기하는 사람이 있었다는 뜻이다.

맹자가 우사와 얘기를 나누지 않자 우사가 못마땅해하면서 말했다. "여러 군자가 모두 나와 얘기를 나누는데 맹자만 홀로 나와 얘기를 나누지 않으니 이는 나를 무시하는 것이다."
맹자께서 이 말을 듣고 말씀하셨다. "예는, 조정에서는 남의 자리를 지나가 서로 이야기하지 않고, 품계를 넘어서 서로 읍하지 않는다. 나는 예를 실행하고자 하는데 자오子敖는 나를 보고 무시한다고 하니 참으로 이상하지 않은가."

| 력歷은 몇 자리를 이어 지나가는 것이다. 위位는 다른 사람의 자리를 말한다. 계階는 지위를 말한다. 좌우에 있는 사람과 서로 읍(두 손을 마주 잡고 고개를 숙이는 간단한 인사)을 할 수 있을 뿐 지위를 넘어 읍을 하지 않는다는 말이다. 예는 조정에서 나왔기 때문에 맹자는 이와 같이 인용한 것이다.

○ 왕환은 확실히 소인이다. 하지만 맹자는 그를 심하게 거부하지는 않았다. 다만 아부를 하지 않았을 뿐이다. 왕환이 못마땅해했기 때문에 역시 예로 답변한 것이다. 말이 정직하고 도가 순하다. 이것이 성현이 소인을 대하는 일반적인 방법이다.

이상은 제27장이다.

28.

맹자께서 말씀하셨다. "군자가 보통 사람과 다른 이유는 2가 마음을 보존하기 때문이다. 군자는 인仁으로 마음을 보존하고 예禮로 마음을 보존한다.

| 인은 마음을 보존하는 근본이며, 예는 마음을 보존하는 방패이다. 인과 예의 덕을 수양해 본래의 마음을 보존한다는 말이다. 인과 예로 마음을 보존하는 것이 군자가 보통 사람과 다른 이유이다.

어진 사람은 남을 사랑하고 예가 있는 사람은 남을 공경한다. 남을 사랑하는 사람은 남들이 항상 그를 사랑하고, 남을 공경하는 사람은 남들이 항상 그를 공경한다. 여기 어떤 사람이 있는데 그가 나를 난폭하게 대하면 군자는 반드시 자신을 반성해, '내가 틀림없이 어질지 못했구나, 내가 틀림없이 무례했구나, 이런 일이 어떻게 닥쳐왔는가'라고 한다.

> 횡역橫逆은 난폭하게 굴며 이치를 따르지 않는 것을 말한다. 물物은 일을 말한다.

자신을 반성해 보았더니 어질었고, 자신을 반성해 보았더니 예로 대했는데도 그가 여전히 이렇게 난폭하게 대하면 군자는 반드시 자신을 반성해, '내가 틀림없이 진실되지 못했구나'라고 한다.

> 자신의 마음을 다하는 것을 충忠이라 한다. 내가 틀림없이 진실하지 않았다고 생각하는 것은 남을 사랑하고 공경하는 일에 마음을 다하지 못한 게 있을까 두려운 것이다.

자신을 반성해 보았더니 진실했는데도 그가 여전히 이렇게 난폭하게 대하면 군자는, '이 사람은 역시 망령된 자로구나. 이렇다면 금수와 무엇이 다른가. 금수에게 또 무엇을 따지겠는가'라고 생각한다.

> 무엇이 다른가, 라는 말은 내가 이런 무리들을 두고 가려 뽑을 만한 게 없다는 뜻이다. 또 무엇을 따지겠는가, 라는 말은 그들에게 바로잡을 게 없다는 뜻이다.

이런 까닭에 군자에게는 평생의 근심은 있어도 하루아침의 걱정은 없다.

| 자신을 반성하기 때문에 하루아침의 걱정이 없다. 평생의 근심은 다음 문장에 보인다.

평생의 근심으로는 이런 게 있다: 순임금도 사람이고 나도 사람이다. 순임금은 천하의 모범이 되어 후세에 전해질 수 있었는데, 나는 아직 촌사람을 면하지 못했구나. 이런 것은 근심할 만하다. 근심하면 어떻게 해야하는가. 순임금과 같이 할 따름이다.

| 향인鄕人은 시골의 보통 사람을 말한다. 순임금은 부모를 섬기는 도를 모두 실행해서 아버지 고수가 기뻐하기에 이르러 천하의 부자관계가 안정되었다. 이런 까닭에 "천하에 모범이 되었다"고 한 것이다. 또 순임금의 일을 인용해 자신에게 돌이켜 구하는 방법을 밝혔다.

군자가 걱정하는 일은 없다. 인仁이 아니면 하지 않으며 예가 아니면 실천하지 않는다. 하루아침의 걱정이 있더라도 군자는 걱정하지 않는다."

| 군자의 행동은 반드시 인과 예를 따른다. 때문에 하루아침의 걱정은 걱정으로 여기지 않는다는 말이다.

이상은 제28장이다.

○ '마음을 보존한다'[存心]는 말은 맹자가 항상 하는 말이다. 인의예지는 천하의 도이다. 그러므로 "인으로 마음을 보존하고, 예로 마음을 보존한다"고 한 것은 인과 예로 이 마음을 보존해 잃지 않는다는 뜻이다. 송나라 유학자처럼 인의예지仁義禮智를 성性으로 본다면 이는 마음으로 마음을 보존하는 것이어서, 눈으로 눈을 본다는 말과 같으므로 말이 되지 않는다.

이에 마음[心]에다 억지로 '…에'[於]라는 말을 붙여, 설명을 옮겨서는, "인과 예를 마음에 보존해[存於心] 잊지 않는다"라고 하였다. 견강부회를 해 의미가 통하지 않게 되었다고 할 수 있다. 맹자의 뜻에서 매우 어긋난 것이다.

29.

우왕과 후직后稷은 평화로운 세상을 만나 세 번 자기 집 앞을 지나가면서도 집에 들어가지 않았다. 공자는 이들을 현명한 사람들로 보았다. 안자顔子는 어려운 시대를 만나 가난한 골목에 살며 밥 한 그릇과 물 한 그릇으로 지내면서도, 남들은 그 괴로움을 감당하지 못건만, 그 즐거움을 바꾸려 하지 않았다. 공자는 그를 현명한 사람으로 보았다.

> 우왕과 후직은 평화롭게 잘 다스려지는 세상을 만났으니 이처럼 시급하게 행동하는 것은 옳지 않다. 안자는 가장 어지러운 세상을 만났으니 당연히 벼슬길에 나가 물에 빠진 위태로운 사람들을 구해야 하는데 벼슬길에 나가지 않았다. 두 경우는 모두 현명하지 못한 행동으로 미움을 받을 일이다. 그러므로 공자의 말을 인용해 판단을 내린 것이다.

맹자께서 말씀하셨다. "우왕과 후직, 안자는 도가 같다. 우왕은 천하에 물에 빠진 사람이 있으면 자신이 그를 물에 빠뜨린 것처럼 생각하였고, 후직은 천하에 굶주린 사람이 있으면 자신이 그를 굶주리게 한 것처럼 생각하였다. 이 때문에 이렇게 급하게 행동한 것이다. 우왕과 후직, 안자는 처지를 바꾸더라도 모두 그렇게 했을 것이다.

| 성현이 벼슬에 나가거나 은둔하는 일은 그 자취가 다르더라도 그 도는
  같다는 말이다.

지금 한 방 사람 가운데 싸우는 사람이 있으면 그를 말리는데 머리를 풀
어헤치고 갓끈만 묶으며 말리더라도 괜찮다.
| 우왕과 후직을 비유해 설명한 것이다. 머리를 묶을 겨를이 없어 갓끈
  만 매고 가서 말리는 것으로 급하게 하는 것을 말한다.

마을의 이웃 가운데 싸우는 사람이 있는데 머리를 풀어헤치고 갓끈만 묶
고 가서 말리면 이는 잘못된 것이다. 문을 닫고 있더라도 괜찮다."
| 안자를 비유한 것이다.

○ 이 장은 전적으로 안자顔子를 위해 말한 것이다. 우왕과 후직은 임금
이 된 요순을 만나 그들이 베푼 혜택이 천하에 펼쳐졌고 사람들은 그들
의 덕을 믿었다. 안자는 궁핍하게 가난한 골목에 살아 그의 흔적이 드러
나지 않았고 덕과 능력이 있었을까 하는 사람들의 의심을 피하지 못했
다. 그런 까닭에 맹자는 우왕·후직과 함께 안자를 거론하면서 이 기회에,
"처지를 바꾸더라도 모두 그렇게 했을 것이다"라고 판단한 것이다.
이상은 제29장이다.
○ 도道는 하나일 뿐이다. 하지만 음陰이 있으면 양陽이 있고, 강剛이 있으
면 반드시 유柔가 있어, 나란히 가며 서로 어긋나지 않는다. 그릇에 비유
하면, 그 크기와 길이가 똑같지 않지만 규범에 합치된다는 점에서는 똑
같다. 우왕과 후직이 세상을 근심한 것과 안자가 가난한 골목에 산 것은

그들의 자취가 다르지만 모두 각자 자신의 시대를 따라 도를 다한 것으로, 두 가지 이치가 있는 게 아니었다. 배우는 사람들은 이 의미를 이해할 수 있어야 성인의 도는 무궁하며 천하의 이치는 하나만을 잡고 논할 수 없음을 알게 된다. 어느 한 편만을 갖고 다른 한 편을 버린다거나, 남긴 자취에 집착해 그 의미를 이해하지 못하면 양주楊朱가 되지 않으면 반드시 묵적墨翟이 되고 말 것이다. 잘 살피지 않아서야 되겠는가.

30.

공도자公都子가 말했다. "광장匡章은 온 나라 사람들이 불효자라고 하는데 선생님께서는 그와 교유하시며 또 따르고 공경하십니다. 왜 그러시는지 감히 여쭙겠습니다."

> 광장은 제齊나라 사람이다. 통국通國은 한 나라 사람 전체를 말한다. 예모禮貌는 공경하는 것이다.

맹자께서 말씀하셨다. "세상 사람들이 말하는 불효는 다섯 가지다. 사지를 게으르게 놔두고 부모 봉양은 돌아보지 않는 것이 첫번째 불효다. 바둑 두고 술 마시기 좋아해 부모 봉양은 돌아보지 않는 것이 두번째 불효다. 재물을 좋아하고 처자식을 끼고돌면서 부모 봉양은 돌아보지 않는 것이 세번째 불효다. 눈과 귀의 욕망에 따르면서 부모를 욕되게 하는 것이 네번째 불효다. 용맹을 좋아해 싸우며 엇나간 행동을 해 부모를 위태롭게 하는 것이 다섯번째 불효다. 장자章子(광장)는 이 가운데 하나라도 해당하는 게 있더냐.

종從은 '멋대로 하다'[縱]는 말과 같은 뜻이다. 육戮은 수치와 모욕을 말한다. 한很은 분노해 엇나가는 행동을 하는 것을 말한다.

장자는 부자 사이에 선善하기를 요청하다가 서로 맞지 않았던 것이다.

우遇는 합치한다는 말이다. 장자는 본래 불효자가 아니었는데, 다만 평소 부자 사이에 선하기를 요청하다가 서로 맞지 않았기 때문에 아버지에게 쫓겨나게 된 것이라는 말이다.

선하기를 요청하는 행동은 벗을 사귀는 방법이니 부자 사이에 선하기를 요청하는 것은 은혜를 크게 해치는 행동이다.

적賊은 해친다는 말이다. 선하시라 요청했다가 그 말이 받아들여지지 않으면 이어 분노하게 된다. 그러므로 친구 사이에는 옳아도 부자 사이에는 옳지 않은 것이다.

장자라고 왜 부부와 자모子母의 가족을 두고 싶지 않겠나. 아버지에게 죄를 지었기 때문에 아버지에게 가까이 갈 수 없어서, 아내를 내치고 자식들을 막아 종신토록 봉양을 받지 않는 것이다. 그 마음 씀씀이에, '이렇게 하지 않으면 이는 죄가 크다'라고 여기는 것이니, 이런 사람이 장자이다."

주씨가 말했다: "장자가 자신에게 부부 관계를 두고 자식에게 모자 관계를 두고 싶지 않은 건 아니다. 다만 자신이 아버지에게 가까이 갈 수 없기 때문에 감히 처자식의 봉양을 받지 않고, 스스로를 꾸짖고 벌을 내리면서 그 마음에 '이와 같이 하지 않으면 그 죄가 더욱 크다'고 생각했다는 말이다."

이상은 제30장이다.

○ 맹자는 광장에 대해 그가 불효자가 아니라고 해명했으니, "많은 사람들이 미워하더라도 꼭 살펴보아야 한다"고 할 수 있다. 진중자에 대해서는 그가 청렴한 게 아니라고 분별해 주었으니, "많은 사람들이 좋아하더라도 꼭 살펴보아야 한다"고 할 수 있다. 성현이 사람을 논평할 때는 옥의 티도 덮어 두지 않고 합당한 것만을 가져오니, 자연히 세상 사람들의 편견과는 다르다는 것을 알 수 있다. 무릇 사람을 논평하는 이들은 이런 것을 기준으로 삼아야 한다.

○ 당순지唐順之가 말했다: "광장이 아버지에게 선하기를 요청한 것은 은근히 간언을 하는 방도를 잃은 것이므로, 확실히 광장은 옳게 처신하지 못한 것이다. 하지만 그의 뜻은 아버지가 선행을 하길 바랐고, 죄를 지은 뒤엔 또 자신의 죄를 알았으니 아무 걱정 없이 부모를 망각한 자들과는 다르다."

31.

증자曾子가 무성武城에 살 때 월越나라의 침략이 있었다. 어떤 사람이 말했다. "침략자가 왔는데, 왜 떠나지 않으십니까?"

증자가 말했다. "내 집에 사람이 머물러 내 땔나무와 수목을 훼손하게 하지 말라."

오랑캐가 물러가자 말했다. "내 담장과 집을 수리해라. 내가 돌아갈 것이다."

| 무성은 노나라 고을 이름이다. 합盍은 '왜 …하지 않는가'라는 말이다.

우寓는 머무른다는 말이다. 증자는 떠나려 하면서 집 지키는 사람에게 경계하라 하면서, "내 집에 사람이 머무르게 하지 마라. 내 땔나무와 수목을 다치게 할까 두렵다"라고 하였다.

침략자가 물러가자 증자가 돌아왔다. 좌우에 있는 사람들이 말했다. "선생님 모시는 일을 이처럼 충성스럽고 공경스럽게 하였는데, 침략자가 쳐들어오자 먼저 떠나셔서 백성들이 본받게 되었고, 침략자가 물러가자 돌아오셨습니다. 아마도 옳지 않은 듯합니다."
심유행沈猶行이 말했다. "이는 너희들이 알 바 아니네. 예전에 내가 부추負芻의 난에 화를 당했을 때 선생님을 따르는 제자가 70명 있었는데 아무도 난에 말려들지 않았네."

| 좌우左右는 증자의 문인을 말한다. 충성스럽고 공경스럽게 했다는 말은 무성의 대부가 증자 섬기기를 충성스럽고 공경스럽게 했다는 말이다. 위민망爲民望은 백성들이 이를 보고 본받도록 했다는 말이다. 심유행은 제자의 성명이다. 증자가 심유행 집에 머문 적이 있는데 이때 부추라는 자가 난을 일으켜 공격했는데 증자가 제자들을 거느리고 떠나 난에 말려들지 않았다. 스승이자 빈객賓客의 지위에 있었기 때문이었다는 말이다.

자사子思가 위나라에 있을 때 제나라의 침략이 있었다. 어떤 사람이 말했다. "침략자가 왔는데, 왜 떠나지 않으십니까?"
자사가 말했다. "내가 떠나면 임금은 누가 함께 지키겠나."

| 자사는 이때 위나라에서 벼슬을 하고 있었다. 떠나지 않은 이유를 말

한 게 이와 같았다.

맹자께서 말씀하셨다. "증자와 자사는 도가 같다. 증자는 스승이었고 부형이었으며, 자사는 신하였고 미천한 지위였다. 증자와 자사는 처지를 바꾸더라도 모두 그렇게 했을 것이다."

| 미微는 천한 지위라는 말이다. 윤씨(윤돈尹焞)가 말했다: "어떤 사람은 해를 멀리 피하고, 어떤 사람은 난리에 목숨을 잃는다. 그 일이 같지 않은 것은 처한 자리가 똑같지 않기 때문이다. 군자의 마음은 이해에 얽매이지 않고 옳은 것을 할 뿐이다. 그러므로 처지를 바꾸면 모두 그렇게 할 수 있다."

○ 이 역시 전적으로 증자를 위해 발언한 것이다. 자사가 위나라에 있을 때 의義와 관련해 모두 올바로 했음은 확실히 의심할 게 없다. 증자가 노나라에 있었을 때의 경우 용감하지 못했다는 혐의를 받았다. 그러므로 자사와 함께 논의해 명확히 밝힌 것이다. 성현은 일을 하면서 의義가 혹 다를 수 있겠지만 도는 처음부터 같지 않은 적이 없다.

이상은 제31장이다.

32.

저자儲子가 말했다. "왕께서 사람을 시켜 선생님을 엿보도록 하였는데 선생님께서는 과연 남과 다른 게 있습니까?"

| 저자는 제나라 사람이다. 감瞯은 몰래 보는 것이다.

맹자께서 말씀하셨다. "어떻게 남과 다르겠습니까. 요임금과 순임금도 남과 똑같았습니다."

| 나 역시 어떻게 남과 다르겠는가, 또한 요순 같은 성인도 남과 다르지 않다, 남과 다르다면 사람의 길이 아니다, 라는 말이다.

이상은 제32장이다.

○ 도를 모르는 사람은 성인을 하늘처럼 높은 존재로 보고 도에 나아가는 것을 하늘에 오르는 것처럼 여긴다. 제나라 왕이 사람을 시켜 맹자를 엿보게 한 일도 도를 몰랐기 때문이다. 도는 하나일 뿐이다. 인의仁義 밖에 소위 도라는 것은 없다. 요순이라 한들 어떻게 남과 다르겠는가. 남과 다른 것을 다른 사람에게서 찾는다면 망령되게 자신을 높이며 위대하다고 생각하는 사람이 나타나 반드시 덕을 가진 사람을 놓치게 될 것이며, 남과 다른 것을 자신에게서 찾는다면 반대로 항상 자신이 최고라는 마음이 생겨 반드시 군자의 길과 반대가 될 것이다. 그러므로 "사람이 도를 실행하면서 사람을 멀리하면 도가 될 수 없다"(『중용』 제13장)고 하는 것이다.

33.

제나라 사람으로 한 아내와 한 첩을 두고 지내는 이가 있었다. 그 남편은 밖에 나가면 꼭 술과 고기를 배부르게 먹고 돌아왔다. 아내가 함께 먹고 마시는 사람에 대해 물어보았는데 모두 부귀한 사람들이었다. 그 아내가 첩에게 말했다. "서방님이 밖에 나가면 꼭 술과 고기를 배부르게 먹고 돌아오시기에 함께 먹고 마시는 사람들에 대해 물어보았더니 모두 부귀한 사람들이었다. 헌데 귀한 사람이 찾아온 적이 없었으니 내가 서방님 가시는 곳을 엿보려 하네." 아내는 일찍 일어나 남편이 가는 곳을 들키지 않게 따라가 보았더니, 온 도성을 다녀도 남편과 서서 말을 나누는 사람이 없었다. 마침내 남편은 동쪽 성곽의 무덤 사이에서 제사 지내는 사람에게 가서, 남는 음식을 구걸하고 부족하면 또 주변을 둘러보고 다른 곳으로 갔다. 이것이 그가 배부르게 만족하도록 먹는 방법이었다. 아내가 돌아와 첩에게 말했다. "남편은 우리가 우러러보며 평생을 함께 살 사람인데 지금 이와 같다네." 첩과 함께 남편을 원망하며 뜰 가운데서 울고 있었는데, 남편은 그것도 모르고 여유를 부리며 바깥에서 돌아와 아내와 첩에게 교만하게 굴었다.

> 양인良人은 남편을 말한다. 염饜은 배부르게 먹는 것이다. 현자顯者는 부귀한 사람을 말한다. 이迤는 비스듬히 걸어가서 남편이 알지 못하도록 하는 것이다. 번墦은 무덤이다. 고顧는 멀리 보는 것이다. 산訕은 원망하고 욕하는 것이다. 시시施施는 기뻐하며 만족하는 모양이다. 아내와 첩을 두고 집에 사니 역시 구걸하며 사는 부류는 아니다. 하지만 하는 행동이 이와 같기 때문에 아내와 첩이 남편을 원망하며 우는 것이다.

"군자 입장에서 보면, 사람들이 부귀와 이익, 영달을 구하는 자는 그 아내와 첩이 부끄러워하지 않고 울지 않을 사람은 거의 드물 것이다."

> 맹자는, 지금 부귀와 이익·영달에 빠진 사람들은, 군자의 관점에서 보자면, 모두 이 사람이 하는 짓과 똑같기 때문에 역시 천하게 여길 만하다고 말한 것이다. 주씨가 말했다: "이 장 맨 처음에 '맹자께서 말씀하셨다'는 글이 있어야 한다. 빠진 글이 있다."

이상은 제33장이다.

○ 조씨가 말했다: "지금 부귀를 구하는 자들은 모두 원칙을 꺾고 남에게 굽히는 방법을 쓴다. 어두운 때나 밤에는 애걸을 해서 구하고 대낮에는 남에게 교만을 부린다. 이 남편과 무엇이 다른가, 라는 말이다." 설씨薛氏가 말했다: "무덤에서 구걸하는 일은 사람들이 모두 부끄러워하며 하지 않는다. 무덤에서 구걸하겠다는 마음은 배우는 사람들이 혹 가질 수도 있는데 살피지 못한다. 이런 일이 없어야 한다는 것은 말할 것도 없다. 이런 마음이 없어야 선善한 것이다."

맹자고의 권5

孟子古義 卷之五

만장(萬章)편

이 편은 성현의 사실을 전적으로 논했지만, 그 주변으로 벼슬과 은둔, 벼슬에 머무름과 물러남에 대한 분별까지 언급했다. 후세에 허무하고 고원한 문제로 달려가거나, 헛된 이론을 숭상하는 것과 같은 종류가 아니다. 전국시대는 성인과 거리가 멀고 도가 막힌 때라 멋대로 떠드는 무리가 성현을 심하게 무고했다. 다행히 이 편이 보존되어 후세에 성현이 왜 성현인지 알 수 있었으니 배우는 사람에게 준 공이 가장 크다. 만장의 기록으로 보인다.

만장 장구 상

모두 10장이다.

1.

만장이 물었다. "순이 밭으로 가 하늘을 부르며 우셨는데 어이하여 하늘을 우러러보며 우셨습니까?"

| 인仁으로 온 세상을 뒤덮어 아래 있는 것을 가엾게 여기는 것을 민천旻天이라 한다. 순이 역산에서 농사지을 때 하늘을 부르며 울었던 적이 있었음을 말한다.

맹자께서 말씀하셨다. "원망하고 사모해서였다."

| 부모의 과실이 크면 원망하지 않을 수 없다. 부모를 사랑하는 마음이 깊은 사람은 반드시 사모하기 마련이다. 모두 효자의 가장 깊은 정이다.

만장이 말했다. "'부모가 사랑하거든 기뻐하며 잊지 말고, 부모가 미워하거든 노력하며 원망하지 않는다'라고 하는데, 그렇다면 순이 원망하셨습니까?"

| 노력하며 원망하지 않는다는 것은 부모의 과실이 작은 것을 말한다. 부모의 과실이 큰데도 원망하지 않으면 이른바 "더욱 멀어진다"(「고자하」제3장)는 것으로 효자의 마음이 아니다. 만장이 그 뜻을 이해하지 못했기 때문에 순이 원망한 것이라고 의심했다. 만장이 인용한 네 구절의 말은 지금 『예기』에서 볼 수 있는데* 예로부터 전해 온 말이다.

"장식長息이 공명고公明高에게, '순이 밭에 간 것은 제가 이미 선생님의 가르침을 들었습니다. 하늘과 부모를 부르며 울었다는 말은 제가 알지 못하겠습니다'라고 묻자 공명고는, '이는 네가 알 바 아니다'라고 대답했다.

| 맹자가, 공명고가 장식에게 대답한 말을 인용해 대답한 것이다. 장식은 공명고의 제자다. 공명고는 증자의 제자다. 하늘과 부모를 부르며 운 것은 효자의 가장 깊은 정이다. 성인만이 이런 마음을 보존할 수 있기 때문에 공명고는 네가 알 바 아니라고 한 것이다.

공명고는 효자의 마음에 대해 이처럼 무관심하게, '나는 힘을 다해 밭을 갈아 자식된 직분을 공손히 할 뿐이니 부모님이 나를 사랑하지 않는 것에는 내가 어떻게 하겠는가'라고 해서는 안 된다고 보았던 것이다.

---

* 여기 인용한 "父母愛之, 喜而不忘, 父母惡之, 勞而不怨" 네 구절은 『예기』 「제의」(祭義)에는, "父母愛之, 喜而不忘, 父母惡之, 懼而不怨"로, 로(勞)자가 구(懼)자로 되어 있다. 따라서 해석도 로(勞)자를 구(懼)로 풀이해서, '두려워하고 원망하지 않는다'로 보기도 한다.

괄^悸은 근심 없는 모습이다. 맹자는 공명고의 말을 이렇게 해석한 것이다: 효자의 마음은 이렇게 아무 근심 없이 '내 일은 이미 끝났다. 부모님이 나를 사랑하지 않는 것에 대해서는 내가 어떻게 하겠나'라고 해서는 안 된다. 내 생각엔 괄^悸자 다음에 '왈'曰이란 글자가 있어야 할 것 같다.

○ 공자는 시를 논하면서 "원망할 수 있다"(『논어』 「양화」 제8장)고 하였다. 『맹자』의 뒤 편에도, "부모의 과실이 큰데도 원망하지 않으면 이는 관계가 더욱 멀어지는 것이다"(「고자 하」 제3장)라고 하였다. 원망은 사람의 감정 가운데 피할 수 없는 것이며 사랑하는 사람에게서도 끊어버릴 수 없는 것이다. 원망해야 마땅한데도 원망하지 않으면 이는 행인으로 자기 부모를 보는 것이어서 자기와 아무 관계가 없게 된다. 이럴 때 효자의 마음이 어디 있겠는가. 송나라 유학자(주희, 『집주』)는 무정無情으로 성인의 마음을 보고, 맑은 거울처럼 고요한 물을 마음의 본체로 여겼다. 그런 까닭에 순임금이 자신의 부모를 원망했다는 사실을 의심해 그에 따라 "원망하고 사모했다"는 말을 "자신이 부모의 마음을 얻지 못한 것을 원망하고 사모한 것이다"라고 풀이하였다. 너무 깊이 파고든 것이라 하겠다.

요임금이 자기 자식 9남 2녀에게 백관과 소·양, 창고를 갖추고 밭 가운데 (시골에) 있는 순을 섬기게 하였다. 천하의 사士 가운데 순에게 가는 사람이 많아 요임금이 천하의 형세를 보고 순에게 임금 자리를 넘겨주려 하였는데, 순은 부모의 마음에 들지 않았기 때문에 마치 궁핍한 사람이 갈 곳 없는 것 같았다.

앞에서는 순이 부모를 원망했다고 말했는데 여기에서부터 다음은 부모를 매우 깊이 사모했음을 말한다. 서^覰는 본다는 말이다. 천지^{遷之}는 옮겨서 그에게 준다는 말이다. 마치 갈 곳 없는 궁핍한 사람 같았다는 것은 원망하고 사모하는 마음이 아주 간절한 모양을 말한다. 맹자는, 순이 부모를 사모하는 마음이 어떻게 역산에서 밭갈이 할 때만 그렇겠는가, 요임금이 천하를 그에게 주려 했을 때에도 그랬다고 말하였다. 인정이 바라는 것을 완벽하게 다 이루었으므로 근심이 없는 듯해야 마땅한데 오히려 이런 모습을 보였으니, 죽을 때까지 부모를 깊이 사모했음을 말한 것이다.

천하의 사^士들이 좋아하는 것은 사람이 바라는 바이지만 근심을 풀기에는 부족하였고, 아름다운 여자는 사람이 바라는 바이지만 요임금의 두 딸을 아내로 두었으면서도 근심을 풀기에는 부족하였으며, 부유함은 사람이 바라는 바이지만 부유하기로는 천하를 가졌으면서도 근심을 풀기에는 부족하였고, 귀하게 되는 것은 사람이 바라는 바이지만 귀하기로는 천자가 되었으면서도 근심을 풀기에는 부족하였다. 사람들이 좋아하는 것과 아름다운 여자와 부귀에는 근심을 풀 만한 것이 없었고, 오직 부모 마음에 드는 것만이 근심을 풀 수 있었다.

맹자는 순의 마음을 미루어 짐작해 서술해서 위 문장의 뜻을 이처럼 풀이하였다.

사람이 어릴 때는 부모를 사모하고, 미색을 좋아할 줄 알게 되면 어리고 예쁜 여자를 사모하고, 처자를 두게 되면 처자를 사모하고, 벼슬을 하면 임금을 사모해서 임금이 알아주지 않으면 속을 태운다. 대효^{大孝}는 죽을 때까지 부모를 사모하는 것이다. 50세가 되어서도 부모를 사모하는 사람을 내가 위대한 순임금^[大舜]에게서 보았다."

| 애^艾는 아름답고 어여쁜 것이다. 부득^{不得}은 임금이 알아주지 않는 것이다. 열중^{熱中}은 조급해서 마음이 타는 것이다. 50세를 말한 것은 순임금이 부모상을 치렀을 때가 대략 50세가량이었기 때문이다. 50세가 되어서도 사모했다면 죽을 때까지 사모했음을 알 수 있다.

이상은 제1장이다.

○ 사람이 가야 할 길의 표준을 완벽하게 마련해 만세에 전할 법도를 영원히 세울 수 있는 일은 오직 성인만이 그렇게 한다. 예를 들면 순임금은 부모를 섬기는 도를 완전하게 실행해 천하 사람 누구도 여기에 다시 더할 게 없었다. 효는 천하의 가장 귀한 덕이며 죽을 때까지 부모를 사모하는 행동은 지극한 효다. 맹자는 순임금을 말하면서, "부모의 마음에 들지 않았기 때문에 마치 궁핍한 사람이 갈 곳이 없는 것 같았다"라고 하였고, 또, "오직 부모의 마음에 드는 것만이 근심을 풀 수 있었다"라고 하였다. 순임금의 마음을 진실로 알아 그에 대해 완벽하게 말할 수 있었다고 할 수 있다.

2.

만장이 물었다. "『시경』에, '아내를 얻을 때는 어떻게 해야 하는가. 반드시 부모에게 말씀드려야 한다'라고 하였습니다. 정말 이 말대로라면, 순임금과 같은 (훌륭한) 사람이 당연히 없을 텐데, 순이 부모에게 말씀드리지 않고 아내를 얻은 것은 어째서입니까?"

> 시는 「제풍齊風·남산南山」이다. 신信은 '진실로' 라는 말로, 정말 이 시의 말대로라면, 이라는 뜻이다.

맹자께서 말씀하셨다. "말씀드렸다면 장가가지 못했을 것이다. 남녀가 한 방에 사는 것은 사람의 큰 윤리다. 말씀드렸다면 사람의 큰 윤리를 없애고 말아 부모를 원망했을 것이다. 이 때문에 말씀드리지 않은 것이다."

> 대懟는 원망한다는 말이다. 사람의 큰 윤리를 없애면 자식이라도 또한 부모를 원망하는 마음이 없을 수 없기 때문에 말씀드리지 않은 것이다. 이는 순이 인류의 변화에 잘 대처한 점이다.

만장이 말했다. "순이 부모에게 말씀드리지 않고 장가간 일은 제가 이미 선생님의 가르침을 들었습니다. 요임금이 순에게 딸을 시집보내면서 말씀드리지 않은 것은 어째서입니까?"

"요임금 역시 순의 부모에게 말씀드리면 딸을 시집보낼 수 없다는 걸 알았기 때문이다."

> 조씨(조기)가 말했다: "요임금은, 순이 큰 효자라 부모가 만류하고 순이 감히 그 말을 어기지 않으면 딸을 시집보낼 수 없다는 걸 알았기 때문에 역시 말씀드리지 않은 것이다."

○ 이는 요순이 인류의 변화에 대처해 도를 모두 실행할 수 있었음을 말한 것이다.

이상은 제2장이다.

○ 이 장은 옛 판본(주희의 편집본)에는 다음 3장의 글과 이어져 한 장으로 되어 있다. 지금 문장의 흐름을 상세히 살펴보니 3장은 이 장과 의미는 동일하지만 뒷부분의 문장에서 따로 다른 단서를 보여 주기 때문에 나누어서 별개의 장으로 만들었다. 앞뒤의 여러 장들과 각자 비슷한 종류대로 모아 두고 섞이지 않도록 한 것이다.

3.

만장이 물었다. "부모가 순에게 창고를 손질하게 하고는 사다리를 치우고 고수는 창고에 불을 질렀습니다. 우물을 파게 하고는 순이 나오려 하자 바로 흙으로 덮어 버렸습니다. 상象은, '도군都君(순)을 묻자는 꾀를 낸 것은 모두 내 공이지. 소와 양은 부모님 것, 곳간은 부모님 것, 창과 방패는 내 것, 거문고는 내 것, 활은 내 것, 두 형수는 내 잠자리를 돌보게 해야지'라고 말했습니다. 상이 순의 집으로 가서 들어갔더니 순이 침상에서 거문고를 타고 있었습니다. 상이, '형이 너무도 그리웠습니다'라고 말하면서 부끄러운 낯빛을 하자, 순은 '이 신하와 백성을 너는 내게 와서 다스려라'라고 말했습니다. 잘 모르겠습니다만, 순은 상이 자기를 죽이려 했던 것을 몰랐습니까?"

> 완完은 손질한다는 말이다. 연捐은 없앤다는 말이다. 계階는 사다리다. 엄掩은 덮는다는 말이다. 『사기』를 보면, "순에게 곳간에 올라가 칠을 하도록 시키고는 고수가 밑에서 불을 놓아 곳간을 태웠다. 순이 삿갓 두 개로 자신을 가리고 내려와 피해서 죽지 않을 수 있었다. 다음에 또

순에게 우물을 파도록 시켰는데, 순은 우물을 파면서 옆에 몰래 나갈 수 있는 굴을 만들어 두었다. 순이 깊이 파들어 가자 고수와 상이 함께 흙을 부어 우물을 메웠는데, 순은 숨겨 둔 굴을 통해 빠져나왔다"고 하였다. 이 일을 두고 기록한 것이다. 상象은 순의 계모 아들이다. 모謨는 꾀했다는 말이다. 개蓋는 우물을 덮었다는 말이다. 순이 살던 곳이 3년 만에 도성을 이뤘기 때문에 순을 도군都君이라고 불렀다. 함咸은 모두라는 말이다. 적績은 공을 말한다. 간干은 방패이며, 과戈는 창이다. 저弤는 옥으로 장식한 활이다. 상은 순의 소와 양, 곳간은 부모에게 주고 자기는 이런 물건을 갖고 싶었다. 두 형수는 요임금의 두 딸을 말한다. 서棲는 침상을 말한다. 상은 두 형수를 자기 아내로 삼으려 하였다. 울도鬱陶는 그리움이 깊어 기운이 나지 않는 것이다. 육니忸怩는 부끄러워하는 기색을 말한다.

맹자께서 말씀하셨다. "어떻게 몰랐겠느냐. 상이 근심하면 또한 근심하고, 상이 기뻐하면 또한 기뻐한 것이다."

맹자는, 순이 상이 자기를 죽일 것을 모른 게 아니라 다만 사랑하는 마음이 깊었기 때문에 그가 근심하고 기뻐하는 것에 따라 근심하고 기뻐하며 마음에 담아 두는 것이 없었으니, 인仁의 최고 경지였음을 말한 것이다.

"그렇다면 순은 거짓으로 기뻐한 것입니까?"
"아니다. 예전에 정나라 자산에게 살아 있는 물고기를 선물한 사람이 있었다. 자산은 연못관리인에게 물고기를 연못에서 기르도록 하였다. 관리인은 고기를 삶아 먹고는 돌아와서 아뢰었다. '처음 놓아주자 비실비실하더니 조금 지나자 빠릿빠릿해져서 유유히 사라졌습니다.' 자산은, '제 살 곳을 찾았구나, 제 살 곳을 찾았구나'라고 하였다. 관리인은 밖으로 나와서는, '누가 자산을 지혜롭다고 하나. 내가 벌써 물고기를 삶아 먹었는데, 제 살 곳을 찾았구나, 제 살 곳을 찾았구나라고 말하다니'라고 말했다. 그러므로 군자는 그럴듯한 방법으로는 속일 수 있지만 바른 방법이 아닌 것으로는 속이기 어렵다. 저 상이 형을 사랑하는 도리로 찾아왔기 때문에 진심으로 믿고 기뻐한 것이다. 어떻게 거짓으로 그랬겠는가."

주씨(주희)가 말했다: "교인校人은 연못을 주관하는 하급관리다. 어어圉圉는 피곤해서 제 기운을 다 펴지 못한 모습이다. 양양洋洋은 조금 자유로워진 모습이다. 유유히 사라졌다는 말은 제 기운을 찾아 멀리 가버렸다는 뜻이다. 방方 또한 방법을 말한다. 망罔은 진상을 덮어 가리며 속이는 것이다. 그럴듯한 방법으로 속인다는 말은 나름의 논리가 있는 것으로 홀리는 것을 말한다. 바른 방법이 아닌 것으로 속인다는 말은 나름의 논리가 없이 호도하는 것을 말한다. 상이 형을 사랑하는 도리로 찾아왔다는 말은 이른바 '그럴듯한 방법으로는 속인다'는 말이다. 그러므로 순은 진심으로 기뻐한 것이니 무슨 거짓이 있겠는가."

○ 요임금은 9남 2녀와 모든 관리에게 밭 가운데의 순을 섬기도록 하였는데, 고수가 어떻게 순에게 곳간을 손질하고 우물을 파도록 할 수 있었을까? 상 역시 어떻게 형을 죽이고 두 형수가 자기 잠자리를 돌보도록 하려는 마음을 가질 수 있었을까? 이런 사건이 전혀 없었음은 명확히 판단해 알 수 있다. 구구하게 이런 일이 있었는지 없었는지를 같이 논하게 되면 이는 끝날 기약이 전혀 없는 곳에 이르고 만다. 그러므로 맹

자는 이에 답하면서, 바로 그 말을 따르고 그 논리를 따지면서도, 절대 그 일이 있었는지 없었는지는 구별하지 않았다. 인성人性이 버드나무와 소용돌이치는 물과 같다는 고자告子의 주장에 대해 맹자가 대답한 것 역시 이런 종류이다. 다음의, 요임금이 북쪽을 보고 순임금에게 조회했다는 일이나 이윤이 요리하는 재주로 탕왕에게 벼슬을 구했다는 따위의 일은 거짓에다 허무맹랑해서 알기 쉽더라도 혹 후세 사람들에게 의혹을 열어 줄 수 있다. 그러므로 거짓임을 바로 밝혔으므로, 이 장과 같은 예에 해당하지는 않는다.

이상은 제3장이다.

○ 송나라 유학자는 인仁을 설명하면서 전적으로 리理를 가지고 논했다. 순의 마음을 논하면서, "인정과 천리가 여기서 최고 경지가 되었다"(정자의 말. 주희, 『집주』)고 하였는데, 맹자의 뜻과 가장 심하게 어긋난다. 어진 사람은 동생에 대해서 분노를 간직해 두지 않고, 원망을 묵혀 두지 않으며 친하고 사랑할 뿐이다. 순이 상을 대한 것은 인이 최고 경지에 이른 것이며 의가 완벽한 것으로, 인륜의 극치라 하겠다. 인정과 천리로 하는 설명이 어떻게 순의 마음을 온전히 다 설명할 수 있겠는가.

4.

만장이 물었다. "상은 날마다 순을 죽이려는 것이 자기 일이었습니다. 순이 즉위해 천자가 되어서 그를 추방한 것은 어째서입니까?"

│ 방放은 한 곳에 둔다는 말이다. 한 곳에 두고 떠나지 못하도록 하는 것

이다. 만장은 순임금이 왜 상을 죽이지 않았는지 의문이 들었다.

맹자께서 말씀하셨다. "봉해 주었는데 어떤 사람들이 추방했다고 하는 것이다."

> 맹자는, '순임금은 사실 상에게 벼슬을 주어 봉했는데 어떤 사람이 죄를 지어 추방한 것과 같다고 보았기 때문에 추방이라고 했다'고 한 것이다.

"순임금은 공공共工을 유주幽州로 유배 보냈고, 환도驩兜를 숭산崇山으로 추방했으며, 삼묘三苗의 군주를 삼위三危에서 죽이고, 곤鯀을 우산羽山에서 처형해서, 네 사람에게 죄를 주자 천하가 모두 복종한 것은 불인不仁한 자를 죽였기 때문입니다. 상은 가장 불인不仁한 인간인데 유비有庳에 봉해 주셨습니다. 유비 사람들이 무슨 죄가 있습니까? 어진 사람도 확실히 이렇습니까? 타인에 대해서는 죽이고 동생에 대해서는 봉해주는군요."

> 류流는 귀양 보낸다는 말이다. 공공은 관직명이다. 환도는 인명이다. 삼묘는 나라 이름이다. 극殛은 처형했다는 말이다. 곤은 우임금의 아버지 이름이다. 유주·숭산·삼위·우산·유비 모두 지명이다. 만장은, 순임금이 불인한 자들을 죽이고 백성들의 괴로움을 없애고자 했다면 상은 가장 불인한 인간이므로 먼저 죽여야 마땅한데, 지금 유비에 봉해 백성들을 학대하도록 하였으니, 왜 마음 씀씀이가 공평하지 않느냐고 의심한 것이다.

"어진 사람은 동생에 대해서 분노를 간직하지 않고, 원망을 묵혀 두지 않으며, 친하고 사랑할 뿐이다. 친하면 그가 귀해지길 바라고, 사랑하면 그가 부자가 되길 바란다. 상을 유비에 봉한 것은 그를 부귀하게 한 일이다. 자신은 천자이면서 아우가 필부라면 친하고 사랑하는 것이라 할 수 있겠는가."

| 숙宿은 오래 둔다는 말이다. 분노를 간직하지 않고, 원망을 묵혀 두지
  않는 것은 친하고 사랑하는 것이 깊음을 형용한다.

"감히 여쭙겠습니다. 어떤 사람이 추방했다고 한 것은 무슨 말입니까?"
"상이 그 나라에서 정치를 할 수 없었고 천자가 관리를 시켜 그 나라를 다스리게 하고 세금만 상에게 바치도록 했기 때문에 추방했다고 한 것이다. 어떻게 저 백성들에게 포악한 행동을 할 수 있었겠나.

| 상이 유비의 임금으로 봉해지긴 했지만 그 나라를 다스릴 수 없어, 천
  자가 관리를 보내 대신 다스리도록 하였고 거둬들인 세금을 상에게 바
  치도록 하였는데 추방한 것과 비슷했기 때문에 어떤 이들이 추방으로
  생각했다는 말이다. 상은 가장 불인不仁한 인간이었긴 하지만 또한 자
  기 백성을 학대할 수는 없었다.

그렇기는 해도 항상 상을 보고 싶었기 때문에 끊임없이 오게 하셨다.

| 원원源源은 물이 계속 이어져 흐르듯 끊임없이 오는 것을 말한다. 이를
  통해 순임금이 상을 친밀하게 대하며 깊이 사랑했지 추방한 것이 아님
  을 알 수 있다.

'공물 바칠 시기가 되지 않았는데도, 정사政事를 가지고 유비의 군주를 접

견하였다'는 말은 이를 두고 한 말이다."

│ 유비有庳는 상이 봉해져 유비의 군주가 되었음을 말한다. 옛날에는 제
후가 5년에 한 번 천자를 조회해, 말로 상세하게 현황을 보고해 아뢰고
공적으로 분명하게 성과를 시험하였는데 순임금이 상을 만난 것은 제
후가 조공하는 시기를 기다리지 않고 또한 정사에 관련된 일을 꼭 설
명하지 않도록 하고서 수시로 상을 접견한 것이다. 이 말은 옛 『상서』
의 잃어버린 편에 나오는 말이다. 맹자가 이를 인용해 끊임없이 오게
했다는 뜻을 증명했다.

○ 만장이 질문한 말은 모든 사람들이 성인에 대해 꼭 의심을 품었던 문
제였는데 맹자의 답변이 아니었다면 성인의 사랑은 천지와 크기가 똑
같아 보통 사람들이 예측할 수 있는 게 아니라는 사실을 누가 알 수 있
었겠는가.

이상은 제4장이다.

5.

함구몽咸丘蒙이 물었다. "옛말에, '큰 덕을 가진 사士는 임금이 신하로 삼
을 수 없고, 아비는 자기 아들이라 해도 마음대로 할 수 없다. 순임금이 남
쪽을 향하고 서자 요임금이 제후를 거느리고 북쪽을 보고 조회하였고, 고
수 역시 북쪽을 보고 조회하였는데 순임금이 고수를 보고 그 모습이 편
치 않았다'고 하였고, 공자께서도, '이때는 천하가 위태로웠다, 불안하였
다!'라고 말씀하셨다고 합니다. 잘 모르겠습니다만, 이 말대로 정말 그랬

습니까?"

> 함구몽은 맹자의 제자다. 어ᵐ는 옛말을 말한다. 축ᵐ은 찡그리며 편치
> 않은 모양이다. 급급ᵐᵐ은 불안한 모양이다. 공자의 말은 인륜이 어그
> 러지고 어지러워 천하가 위태롭다는 뜻이다. 옛말과 공자의 말은 모두
> 당시 아버지도 없고 임금도 없는 자들이 이 말을 빌려 자신들의 사사
> 로운 행동을 자행한 것일 뿐이라는 것이다.

맹자께서 말씀하셨다. "아니다. 이는 군자의 말이 아니고 제나라 동쪽 야
인ᵐ의 말이다.

> 제나라 동쪽은 제나라의 동쪽 변방이다.

요임금이 늙어 순임금이 섭정을 한 것이다. 「요전」ᵐᵐ에, '섭정 28년에
요임금이 마침내 세상을 떠나시니 백성들은 부모를 잃은 듯하였고 3년
동안 천하에 음악소리가 그쳐 조용하였다'라고 하였고, 공자께서도 '하
늘에는 두 해가 없고 백성에게는 두 임금이 없다'고 말씀하셨다. 순이 이
미 천자가 되었는데 또 천하의 제후를 거느리고 요임금의 3년상을 치른
다면 이는 천자가 둘인 것이다."

> 「요전」ᵐᵐ은 『서경』 「우서」ᵐᵐ 가운데 편명이다. 인용한 말은 현재는
> 「순전」ᵐᵐ에 보인다. 『고문상서』ᵐᵐᵐᵐ에서는 「요전」을 두 편으로 나
> 눴기 때문이다. 순임금이 섭정 자리에 28년 있었을 때 요임금이 세상
> 을 떠났다는 말이다. 조락ᵐᵐ은 죽었다는 말이다. 알ᵐ은 멈췄다는 말
> 이다. 밀ᵐ은 고요하다는 말이다. 팔음ᵐᵐ은 금속·돌·실·대나무·바
> 가지·흙·가죽·나무로 만든 여덟 종류의 악기가 내는 음악을 말한다.

맹자는 『서경』과 공자의 말을 인용해 요임금이 살아 있을 때 순임금은 천자의 지위에 오른 적이 없었고, 다만 천자의 일을 대신 집행했음을 증명하였다.

함구몽이 물었다. "순임금이 요임금을 신하로 삼지 않았다는 선생님의 가르침을 제가 이미 들었습니다. 『시경』에, '온 하늘 아래가 왕의 땅 아닌 곳이 없으며, 온 땅 끝까지 왕의 신하 아닌 사람이 없다'고 하였습니다. 그런데 순이 천자가 된 후에, 감히 여쭙니다만, 고수를 신하로 삼지 않은 것은 어째서입니까?"

| 불신요不臣堯는 요임금을 신하로 삼지 않았다는 말이다. 시는 「소아·북산北山」이다. 보溥는 '두루'라는 말이다. 솔率은 따른다는 말이다.

맹자께서 말씀하셨다. "이 시는 그 일을 말한 게 아니다. 왕의 일을 하며 애를 쓰느라 부모를 봉양할 수 없어, '이것이 왕의 일이 아닌 게 없지만, 나 홀로 현명하다고 애를 쓰는구나' 하고 탄식한 것이다.

| 함구몽이 시의 뜻을 이해하지 못했기 때문에, 맹자가 함구몽이 인용한 시구 다음 구절에서 말한, '대부가 공평하지 못해, 나만 일에 종사하게 하고 나 혼자 현명하다 하는구나'라는 말을 가지고 시의 뜻을 풀이해, 천하가 모두 왕의 신하이지만 어떻게 유독 나를 현명한 인재라고 하면서 수고하게 하고 괴롭게 하며 부모를 봉양하지 못하게 하는가, 라고 말한 것이다. 천자가 자기 아버지를 신하로 삼을 수 있다는 것을 말한 게 아니라는 뜻이다.

그러므로 시를 설명하는 사람들은 글자를 가지고 구절을 해치지 않아야 하고, 구절을 가지고 전체의 뜻을 해치지 않아야 하며, 내 뜻을 가지고 시의 의미를 헤아려야 시를 이해할 수 있다. 만약 구절로만 볼 뿐이라면, 「운한」雲漢이라는 시에 '주나라에 나머지 백성이, 하나도 남은 사람이 없네'라고 하였는데, 정말 이 말대로라면 주나라에는 남은 백성이 없었을 것이다.

> 문文은 글자, 사辭는 어구를 말한다. 역逆은 헤아린다는 말이다. 「운한」雲漢(운하수)은 『시경』「대아」에 보인다. 주나라 선왕宣王이 가뭄을 걱정한 시다. 혈孑은 홀로 서 있는 모양이다. 유遺는 벗어났다는 말이다. 시를 설명하는 방법은 글자 하나를 가지고 한 구절의 뜻을 해치지 않아야 하며, 한 구절을 가지고 전체 글을 지은 뜻을 해치지 않아야 하며, 자신의 뜻을 가지고 작가의 뜻을 헤아려야 이해할 수 있는 것이다. 만약 단지 그 구절만 가지고 볼 뿐이라면, 「운한」이라는 작품에서 말한 대로 주나라 백성은 참으로 남은 사람이 없을 것이라는 말이다.

효자의 최고 경지는 어버이를 높이는 것보다 큰 것이 없으며, 어버이를 높이는 최고 경지는 천하를 가지고 봉양하는 것보다 큰 것이 없다. 천자의 아버지가 되었으니 높이는 것의 최고 경지요, 천하를 가지고 봉양했으니 봉양의 최고 경지이다.

> 고수가 이미 천자의 아버지가 되었으니 천하의 봉양을 누리는 것은 당연하다는 말이다. 이는 순임금이 어버이를 높이고 어버이를 봉양하는 것의 최고 경지에 있는 이유이다. 어떻게 아버지를 북쪽을 보고 조회하도록 하는 이치가 있겠는가.

『시경』에, '효도할 생각을 길이 말해, 효도하는 마음이 법칙이 되었네'라는 말은 이를 두고 한 말이다.

> 시는 「대아·하무下武」다. 사람이 효도하겠다는 생각을 오래 말하며 잊지 않는다면 천하의 법칙이 될 수 있다. 이는 순임금을 두고 한 말이다.

『서경』에, '순임금이 공경해 섬기며 고수를 뵈었는데, 공경하고 두려워하자, 고수도 믿고 따랐다'[祗載見瞽瞍, 夔夔齊栗, 瞽瞍亦允若]고 하였는데, 이것이 바로 큰 덕을 가진 사士는 아버지가 아들이라고 마음대로 할 수 없다는 말이다."

> 『서경』에서 인용한 말은 지금 통용되는 『고문상서』「대우모」大禹謨편에 보인다. 지祗는 공경한다는 말이다. 재載는 섬긴다는 말이다. 기기제율夔夔齊栗은 삼가며 두려워하는 모양이다. 윤允은 믿는다는 말이다. 약若은 따른다는 말이다. 고수가 순임금을 믿고 따랐다는 말이다. 주씨가 말했다: "맹자는 이 말을 인용해, 고수가 불선不善으로 자기 자식에게 영향을 미칠 수 없었고 오히려 자식에게 교화되었으니, 이것이 이른바 큰 덕을 가진 사士는 아버지라 해도 아들을 마음대로 할 수 없다는 말이요, 함구몽의 말과 같은 것은 아니다."

○ 이는 순임금이 고수를 신하로 삼지 않았다는 일에 대해 밝힌 것이다.

이상은 제5장이다.

○ 만장과 함구몽이 질문한 것은 모두 당시 세간에 널리 퍼진 속설이었다. 모르는 사람들은 간혹 이런 말 때문에 성인에 대해 의심을 품었다. 이런 까닭에 맹자는 모두 『시경』과 『서경』에 근거를 두고 힘써 변론하였다.

이런 관점에서 보면『시경』,『서경』,『논어』,『맹자』에 실린 것을 제외하고 『전국책』戰國策과『사기』등에 기록된 것 가운데 의심스러운 사건들은 모두 견강부회한 설에서 나왔으므로 꼭 믿을 만한 것이 아님을 알 수 있다. 배우는 사람은 이런 속설들을 빼놓아야 옳다.

6.

만장이 물었다. "요임금이 천하를 순에게 주었다고 하는데 그런 일이 있었습니까?"

맹자께서 말씀하셨다. "아니다. 천자는 천하를 남에게 줄 수 없다."

  | 덕이 천심天心에 부합한 뒤에야 천하를 가질 수 있다. 천자라도 사사롭게 천하를 천명이 없는 사람에게 줄 수 없다.

"그렇다면 순이 천하를 가진 것은 누가 준 것입니까?"

"하늘이 주었다."

  | 만장이 묻고 맹자가 대답했다.

"하늘이 주었다는 것은 찬찬히 명령했다는 것입니까?"

  | 만장이 물은 것이다. 순순諄諄은 자세하게 말하는 모양이다.

"아니다. 하늘은 말하지 않는다. 행동과 일로 보여 줄 뿐이다."

  | 행동은 하늘이 받아들였다는 것을 가지고 말한 것이다. 일은 백성이 받아들였다는 것을 가지고 말한 것이다. 하늘은 백성이 보고 듣는 것

을 통해서 보고 듣기 때문에 하늘과 백성 둘을 합쳐 말한 것이다.

"행동과 일로 보여 준다는 것은 어떤 것입니까?"

"천자는 하늘에 사람을 추천할 수는 있지만 하늘이 그에게 천하를 주도
록 할 수는 없으며, 제후는 천자에게 사람을 추천할 수는 있지만 천자가
그에게 제후의 자리를 주도록 할 수는 없으며, 대부는 제후에게 사람을
추천할 수는 있지만 제후가 그에게 대부의 자리를 주도록 할 수는 없다.
옛날에 요임금이 순을 하늘에 추천했을 때 하늘이 그를 받아들였고, 순
을 백성들에게 드러내 보여 주었을 때 백성들이 그를 받아들였다. 때문에
'하늘은 말하지 않고 행동과 일로 보여 줄 뿐'이라고 말한 것이다."

폭暴은 드러낸다는 말이다. 아랫사람이 윗사람에게 사람을 추천할 수
는 있지만 윗사람에게 꼭 그를 쓰도록 할 수는 없다는 말이다. 오직 순
임금의 경우는 하늘과 백성이 그를 받아들였는데, 이는 요임금이 자기
마음이 바라는 대로 하늘이 실제로 받아들인 것이다.

"감히 여쭙겠습니다. 하늘에 추천했을 때 하늘이 그를 받아들였고, 순을
백성들에게 드러내 보여 주었을 때 백성들이 그를 받아들였다는 것은 어
떠했다는 것입니까?"

"제사를 주관하도록 하였더니 모든 신이 잘 받아 드셨으니 이는 하늘이
받아 준 것이요, 일을 주관하도록 하였더니 일이 잘 처리되어 백성들이
편안하게 여겼으니 이는 백성이 받아들인 것이다. 하늘이 주고 사람이 주
었기 때문에 천자는 천하를 남에게 줄 수 없다고 한 것이다.

○ 이 부분은 하늘이 주었다는 뜻을 명확히 밝힌 것이다.

순임금이 28년 동안 요임금을 도왔으니 이는 사람이 할 수 있는 게 아니고 하늘이 한 것이다. 요임금이 세상을 떠나고 3년 상을 마치자 순임금은 남하南河의 남쪽으로 요임금의 아들을 피했는데, 천자에게 조회하고 뵙는 천하의 제후들이 요임금의 아들에게 가지 않고 순임금에게 갔으며, 소송을 하는 사람들이 요임금의 아들에게 가지 않고 순임금에게 갔으며, 노래하는 사람들이 요임금 아들의 덕을 노래하지 않고 순의 덕을 노래했다. 이런 까닭에 하늘이 한 것이라고 말한 것이다. 그런 일이 있은 후에야 서울에 가서 천자의 자리에 오르셨다. 요임금의 궁궐에 살면서 요임금의 아들을 핍박했다면 이는 찬탈이지 하늘이 준 게 아니다.

│ 남하南河는 기주冀州 남쪽에 있다. 송옥訟獄은 옥사가 결정되지 않아 소송을 한 것이다. 구가謳歌는 덕을 노래하는 것을 말한다.

○ 이 부분은 섭정을 오래 한 것, 조회하고 뵙는 일과 소송이 돌아가는 일을 두루 말해 하늘과 사람이 받아들인 실상을 거듭 밝힌 것이다.

「태서」泰誓에, '하늘은 우리 백성이 보는 것을 통해 보고, 하늘은 우리 백성이 듣는 것을 통해 듣는다'라는 말은 이를 두고 한 말이다."

│ 자自는 '…로부터'라는 말이다. 하늘은 민심을 자신의 마음으로 여기기 때문에 보고 듣는 것을 모두 백성을 통해서 한다는 말이다.

○ 이 부분은 『서경』을 인용해 민심이 순임금에게 돌아갔으니, 바로 천심이 순과 함께 했다는 뜻을 증명한 것이다.

이상은 제6장이다.

○ 요임금이 천하를 순에게 주고 싶더라도 민심이 순에게 돌아가지 않으

면 역시 어찌 할 수 없는 것이다. 천하의 백성들이 그에게 돌아간 것은 하늘이 준 것이지 요임금이 준 것이 아니다. 그러므로 끝에 「태서」를 인용해 명확히 하였으니, 참으로 의미가 깊다.

7.

만장이 물었다. "사람들이, '우왕에 이르러 덕이 쇠약해져서 현자에게 천자의 자리를 전하지 않고 아들에게 전했다'고 말합니다. 그런 일이 있었습니까?"
맹자께서 말씀하셨다. "아니다. 그렇지 않다. 하늘이 현자에게 주라고 하면 현자에게 주는 것이고 하늘이 아들에게 주라 하면 아들에게 주는 것이다.

| 성인은 천명이 있는 곳을 보고 털끝만큼의 사사로운 뜻을 그 사이에 더하지 않는다.

옛날 순임금이 하늘에 우왕을 추천한 지 17년 만에 순임금이 세상을 떠나셨고 3년 상을 마치고 우왕이 양성陽城으로 순임금의 아들을 피했는데, 천하 백성들이 우왕을 따르는 것이, 마치 요임금이 세상을 떠난 뒤에 요임금의 아들을 따르지 않고 순임금을 따르는 것과 같았다. 우왕이 하늘에 익益을 추천한 지 7년 만에 우왕이 세상을 떠나셨고 3년 상을 마치고 익이 기산의 북쪽으로 우왕의 아들을 피해 왔는데, 천자를 조회하고 뵙는 제후들과 소송을 하는 사람들이 익에게 가지 않고 계啓에게 가며, '우리 임금의 아들이다'라 하였고, 노래하는 사람들도 익을 노래하지 않고 계

를 노래하며, '우리 임금의 아들이다'라 하였다.

| 양성은 지금의 영천潁川이다. 기산은 숭산嵩山의 북쪽이다.

단주丹朱(요임금의 아들)도 불초不肖(아비를 닮지 않음, 어리석음)하고 순임금의 아들 역시 불초했으며, 순임금이 요임금을 돕고 우왕이 순임금을 도운 것은 지나온 햇수가 많아 백성들에게 은혜를 베푼 지 오래되었고, 계는 현명해서 우왕의 도를 공경해 계승할 수 있었으며, 익이 우왕을 도운 것은 지나온 햇수가 적어 백성들에게 은혜를 베푼 지 오래되지 않았다. 순임금·우왕·익의 거리가 멀고 오래된 것, 그 아들의 현명과 불초는 모두 하늘이 한 일이지 사람이 할 수 있는 게 아니다. 하지 않는데도 그리 되는 게 하늘이고, 부르지 않았는데도 오는 게 운명[命]이다.

| 요임금과 순임금의 아들이 모두 불초했고 순임금과 우왕이 도운 기간도 오래되었기 때문에 요임금과 순임금의 아들이 천하를 가질 수 없었고 순임금과 우왕이 가질 수 있었다. 우왕의 아들은 현명했고 익이 임금을 도운 기간이 오래되지 않았기 때문에 계가 천하를 가질 수 있었고 익이 천하를 가질 수 없었다. 하지 않는데도 그리된다는 말은 전적으로 자연스러움에서 나오는 것이지 사람의 힘으로 할 수 있는 게 아니라는 뜻이다. 부르지 않았는데도 온다는 말은 인력人力에서 나오는 것 같지만 실은 인력이 미칠 수 있는 게 아니라는 뜻이다.

○ 이 부분은 맹자가 순임금·우임금·익의 일을 이와 같이 해석한 것이다. 우임금이 익을 하늘에 추천한 일은 요임금이 순을 하늘에 추천한 일, 순임금이 우를 하늘에 추천한 일과 같다. 세 성인의 마음에 어떻게 다른 점이 있겠는가. 우임금이 세상을 떠났을 때에만 민심이 익에게

돌아가지 않고 계에게 돌아갔다. 이것이 계가 대를 이어 왕이 된 이유이지, 우임금이 아들에게 자리를 물려주려는 뜻을 갖고 있지 않았음이 분명하다. 무릇 하늘이라고 말한 것은 사람에 대해 상대적으로 표현한 말로, 인간의 손이 개입하는 게 아니라 자연스럽게 그렇게 된다는 것이다. 그런 까닭에 "된다"[爲]고 하였다. 운명이라고 말한 것은 하늘이 내린 명命이 시간이 되면 온다는 뜻이다. 그런 까닭에 "온다"[至]고 하였다. 맹자는 순임금과 우임금, 계가 천하를 가졌고, 익이 천하를 갖지 못한 이유에 대해 모두 하늘이라 말하고 운명이라고는 말하지 않았다. 그 일을 중대하게 본 것이었을 뿐 시간이 되면 오는 종류의 일이 아니라는 의미였을 것이다.

필부로서 천하를 갖는 사람은 덕이 반드시 순임금·우임금과 같아야 하고 또 천자의 추천이 있어야 한다. 때문에 중니가 천하를 갖지 못했던 것이다.

│ 중니의 덕은 순임금·우임금보다 현명했지만 천자의 추천이 없었기 때문에 천하를 갖지 못했다는 말이다.

대를 이어 천하를 가졌는데 하늘이 버리는 것은 반드시 걸·주와 같은 사람이어야 한다. 때문에 익과 이윤, 주공이 천하를 갖지 못했던 것이다.

│ 대를 이었다는 말은 아버지를 이어 아들이 왕이 된다는 말이다. 걸·주와 같다는 말은 아버지를 이어 왕이 됐다 해도 그의 덕으로는 천하를 보전할 수 없기 때문에 하늘이 마침내 폐한다는 말이다. 계와 태갑太甲·성왕成王 같은 이는 익과 이윤·주공 같은 현명한 성인에는 못 미치

지만 선대가 남긴 일을 이어 지킬 수 있었기에 하늘 역시 그들을 버릴 수 없었다. 때문에 익과 이윤·주공이 순임금·우임금과 같은 덕을 가졌어도 또한 천하를 갖지 못했다.

이윤이 탕을 도와 천하에 왕으로 통치하도록 하였는데, 탕왕이 세상을 떠나자 태정太丁은 왕위에 오르지도 못하고 죽었고, 외병外丙은 2년을, 중임仲壬은 4년을 하였다. 태갑太甲이 왕위에 올라 탕의 떳떳한 법을 뒤집자, 이윤이 태갑을 동桐으로 3년 동안 추방하였다. 태갑은 자신의 잘못을 뉘우치면서 자신을 원망하고 자신을 다스려 동에서 3년 동안 인仁에 처신하고 의義로 옮겨가, 이윤이 자신을 가르친 것을 따랐고 다시 수도 박亳으로 돌아왔다.

| 익이 천하를 갖지 못한 일은 위 문장에서 상세하게 설명되었다. 그러므로 여기서는 다만 이윤의 일을 언급해 다음 문장의, 주공이 천하를 갖지 못한 이유를 제기한 것이다. 조씨가 말했다: "태정은 탕왕의 태자로, 왕위에 오르지 못하고 죽었다. 외병은 즉위한 지 2년 만에, 중임은 즉위한 지 4년 만에 죽었는데 모두 태정의 동생들이었다. 태갑은 태정의 아들이다." 이전 유학자들은 『고문상서』가 가짜로 만들어졌다는 사실을 살피지 않고 태갑이 탕왕을 이어 왕위에 올랐다고 했는데 아니다. 전복顚覆은 무너뜨리고 어지럽혔다는 말이다. 전형典刑은 떳떳한 법을 말한다. 동桐은 탕왕의 묘가 있는 곳이다. 애乂는 다스린다는 말이다. 박亳은 상나라가 도읍한 곳이다.

주공이 천하를 갖지 못한 것은 익이 하나라를, 이윤이 은나라를 갖지 못

한 것과 같다.

> 주공이 천하를 갖지 못한 것 역시 대를 이은 현명한 왕을 만났기 때문
> 이라는 말이다.

공자께서, '요임금·순임금은 선양하였고, 하·은·주는 아들이 계승하였
지만 그 뜻은 같다'라고 말씀하셨다."

> 선禪은 물려준다는 말이다. 혹은 현자에게 선양하고 혹은 아들에게 계
> 승하도록 했지만 모두 올바른 천명에서 나온 것이며 당연하다고 여기
> 는 인심에 부합한다. 때문에 "그 뜻은 같다"라고 말한 것이다.

이상은 제7장이다.

○ 요임금·순임금은 현자에게 전하였고 우왕은 아들에게 전했지만 이
전 시대 유학자들이 한 말은 한결같지 않다. 맹자가 말한 관점에서 보자
면, 우왕은 요임금·순임금의 덕을 이어 익을 하늘에 추천했지 처음부터
아들에게 왕위를 줄 마음은 없었다. 다만 계가 현명하고 익이 우왕을 도
운 시기가 오래되지 않았기 때문에 계가 우왕을 이어 천하를 가져 익이
참여하지 못했다. 우왕이 현자를 버리고 아들에게 준 것이 아니었다. 후
대의 유학자들은 혹, '천하를 위해 아들에게 주었다'고 말하기도 하는데
역시 아니다. 그 이후로 위로는 요임금·순임금 같은 임금이 없고, 아래로
는 순임금·우왕 같은 신하가 없다. 그러므로 다시 현자에게 양위하는 일
이 없었고 마침내 집안 대대로 천하를 물려주게 된다. 시기 문제이기도
하고 대세 문제이기도 한데 이는 바로 하늘이 하는 일이다. 그러므로 "물
려주는 것과 계승하도록 하는 것이 그 뜻은 같다"고 한 것이다.

8.

만장이 물었다. "사람들이 '이윤은 요리를 가지고 탕왕에게 벼슬을 구했다'고 말합니다. 그런 일이 있었습니까?"

> 주씨가 말했다: "요要는 구한다는 말이다. 『사기』를 살펴보면, '이윤이 도를 실행해 임금을 요순 같은 성군으로 만들고 싶었지만 길이 없었다. 마침내 유신씨有莘氏(신莘나라)의 딸이 탕왕의 비妃가 되었을 때 수행하는 신하가 되어, 요리도구를 지고 따라가 맛 좋은 음식을 대접하면서 탕왕에게 유세해 왕도王道를 이루도록 하였다'고 하였는데, 전국시대에 이런 주장을 하는 사람이 있었다."

맹자께서 말씀하셨다. "아니다, 그렇지 않다. 이윤은 유신有莘의 들에서 밭을 갈면서 요순의 도를 즐겨, 그 의가 아니고 그 도가 아니면 천하를 봉록으로 주어도 돌아보지 않았고, 말 4천 필을 묶어 놓아도 보지 않았다. 그 의가 아니고 그 도가 아니면 지푸라기 하나도 남에게 주지 않았고, 지푸라기 하나도 남에게서 가져오지 않았다.

> 신莘은 나라 이름이다(유有는 허사. 일반적으로 붙는 말). 요순의 도란 요순이 천하를 다스리던 도道로, 바로 인의仁義일 뿐이다. 사駟는 말 네 필을 말한다. 개介는 초개草芥할 때의 개芥(지푸라기. 보잘것없이 작은 것)와 같은 말이다. 지푸라기 하나와 4천 마리 말은 크고 작은 것을 극단적으로 대비해 말한 것으로, 사양하는 것과 받는 것, 가져오는 것과 주는 것 모두 도의道義에 맞게 하지, 구차하게 하지 않는다는 말이다.

탕왕이 사람을 보내 폐백(예물)을 가지고 그를 초빙하였는데, 이윤은 차분하게, '내가 탕왕이 초빙하는 폐백으로 무얼 하겠는가. 내가 밭 가운데 살며 여기서 요순의 도를 즐기는 것과 어찌 같겠는가'라고 하였다.

| 효효嚻嚻는 욕심 없이 스스로 만족한 모습이다.

탕왕이 세 번 사람을 보내 초빙하였는데, 얼마간 시간이 지나자 마음을 완전히 바꿔, '내가 밭 가운데 살며 여기서 요순의 도를 즐기는 것이, 내가 이 임금을 요순 같은 임금이 되도록 하는 것과 어떻게 같겠으며, 내가 이 백성을 요순의 백성이 되도록 하는 것과 어떻게 같겠는가. 내가 내 몸에 직접 이를 보는 것과 어떻게 같겠는가.

| 번연幡然은 뒤집는다는 뜻으로, 번翻과 같은 말이다.

하늘이 이 백성을 낼 때에는 먼저 도를 아는 사람이 나중에 도를 알 사람을 일깨우도록 하였고 먼저 깨달은 사람이 나중에 깨달을 사람을 일깨우도록 하였다. 나는 하늘이 낸 백성 가운데 먼저 깨달은 사람이니 나는 이 도를 가지고 이 백성들을 일깨워 줄 것이다. 내가 일깨워 주지 않고 누가 일깨워 주겠는가'라고 하였다.

| 지자知者는 도가 있음을 아는 것이다. 각覺은 깨닫는 것이다. 도를 아는 것이 명백하고 철저하다는 말이다. 이 백성들을 일깨워 준다는 말은 도가 천하에 밝아지도록 한다는 말이다. 성현은 이 세상에 하늘이 부여한 책임을 가지고 태어나기 때문에 "하늘이 그렇게 하도록 했다"고 말한 것이다.

○ 이 부분은 이윤의 말을 인용해 요리를 가지고 탕왕에게 벼슬을 구한 일이 없었음을 명백히 한 것이다.

천하의 백성 가운데 필부필부匹夫匹婦라도 요순의 은택을 입지 못한 사람이 있으면 마치 자기가 그들을 밀어 도랑 가운데 넣은 것처럼 생각하였으니, 천하의 중책을 자신의 임무로 여기는 게 이와 같았다. 그러므로 탕왕에게 나아가 그를 설득해서 하나라를 정벌해 백성들을 구한 것이다.

| 납內은 납納(넣다)과 같다. 하나라의 걸이 무도해 백성들에게 포악하게 굴며 학대하였다. 그러므로 탕에게 하나라를 정벌해 백성들을 구하도록 하려 했던 것이다.

나는 자신을 굽혀 남을 바르게 했다는 말은 들어보지 못했다. 하물며 자신을 욕되게 하면서 천하를 바로잡는 일은 어떻겠는가.

| 주씨가 말했다: "자신을 욕되게 하는 일은 자신을 굽힌 것보다 더 심한 일이다. 천하를 바로잡는 일은 남을 바르게 하는 일보다 더 어렵다. 이윤이 요리를 가지고 탕왕에게 벼슬을 구했다면 자신을 심하게 욕되게 한 것이다. 어떻게 천하를 바로잡겠는가."

성인의 행동은 똑같지 않다. 혹은 은둔하고 혹은 (임금) 가까이 있으며, 혹은 떠나가고 혹은 떠나지 않지만, 귀결점은 자신을 깨끗이 하는 것일 뿐이다.

| 원遠은 은둔한다는 말이다. 근近은 벼슬해 임금 가까이 있다는 말이다. 성인의 행동은 벼슬을 떠나고 나아감이 똑같지 않지만 귀결점을 찾아보면 자신을 깨끗이 하는 데 있을 뿐이다. 이윤이 어떻게 요리를 가지고 탕왕에게 벼슬을 구하려 했겠는가, 라는 말이다.

나는 요순의 도道로 탕왕에게 벼슬을 구했다는 말은 들었지만 요리를 가지고 구했다는 말은 듣지 못했다.

| 임씨(임지기林之奇)가 말했다: "요순의 도道로 탕왕에게 벼슬을 구했다는 말은 실제 이것으로 벼슬을 구했다는 것이 아니다. 도가 여기에 있어 탕왕의 초빙이 자연스레 왔다는 뜻이다. '선생님(공자)께서 구하시는 태도는 다른 사람이 구하는 것과는 다르다'고 자공子貢이 말한 것(『논어』「학이」제10장)과 같은 의미다."

○ 이 부분은 이윤의 마음을 미루어 헤아려서, 요리를 가지고 탕왕에게 벼슬을 구한 일이 결코 없었다고 판정한 것이다.

「이훈」伊訓에, '하늘의 토벌이 공격을 일으킨 것이 목궁牧宮에서 비롯되었으니, 내가 박에서 (이윤과) 시작하였다'[天誅造攻自牧宮, 朕載自亳]고 하였다."

| 이훈은 『서경』「상서」商書의 편명이다. 천주天誅는 하늘의 토벌과 같은 말이다. 천심天心을 따라 토벌했다는 말이다. 조造는 일으킨다는 말이다. 목궁牧宮은 걸의 궁전을 말한다. 짐朕은 '나'라는 말로, 탕왕을 뜻한다. 재載는 시작한다는 말이다. 박亳은 은나라의 도읍이다. 탕왕이 무도한 자를 벌하고 정벌한 일은 걸桀 제거를 우선으로 했다. 그러므로 나는 처음 이윤과 박에서 토벌을 도모하였다고 말한 것이다.

○ 이 부분은 이윤의 마음을 미루어 헤아려서, 그의 뜻이 하나라를 정벌해 백성들을 구하는 데 있었지 부귀영달에 있지 않았음을 명백히 밝힌 것이다.

이상은 제8장이다.

○ 성현의 마음을 알기 어려운 것 같지만 사실을 찾아보면 역시 알기 쉽다. 어째서인가? 인仁이 아니면 실행하지 않고 의義가 아니면 행하지 않았다. 불의不義 한 가지를 행하고 잘못하지 않은 한 사람을 죽여 천하를 얻는다 해도 하지 않는다. 이것이 쉽게 알 수 있는 이유이다. 맹자는 천 년이 지난 후에 이윤의 마음을 명백히 밝혔는데 그 말이 확고해 바꿀 수 없다. 그 근본은 알기 쉽기 때문이다. 다음 두 장도 이와 같다.

9.

만장이 물었다. "어떤 사람이 공자께서 위衛나라에서는 종기치료 의원을 주인으로 삼았고, 제齊나라에서는 환관 척환瘠環을 주인으로 삼았다고 말합니다. 그런 일이 있었습니까?"

> 옹저癰疽는 종기를 치료하는 의원을 말한다. 시인侍人은 환관을 말한다. 척瘠은 성이고 환環은 이름이다. 두 사람 모두 당시 임금이 가까이 두고 총애하던 사람들이다. 어떤 사람이, 공자가 이들을 주인으로 해서(집에 묵으면서) 벼슬에 나갈 길을 구했다고 말한 것이다.

맹자께서 말씀하셨다. "아니다, 그렇지 않다. 호사가들이 하는 말이다.

> 호사好事는 말을 지어내고 일 만들기 좋아하는 사람을 말한다.

위나라에서는 안수유顔讎由를 주인으로 삼으셨지. 미자彌子의 아내와 자로의 아내는 형제지간이라, 미자가 자로에게, '공자가 나를 주인으로 삼으면 위나라 경이 될 수 있다'고 하였는데, 자로가 이를 아뢰었더니 공자께서 '천명에 달렸다'고 하셨다. 공자께서는 예에 맞게 벼슬에 나아가시고 의에 맞게 물러나시는 분이며 벼슬을 얻고 못 얻는 것을 천명에 달렸다고 하셨는데, 종기치료 의원과 환관 척환을 주인으로 삼으셨다면 이는 의도 없고 천명도 없는 것이다.

| 안수유는 위나라의 현명한 대부다. 미자는 위나라 영공靈公이 총애한 신하 미자하彌子瑕다. 공자의 평생 처신은, 예에 맞아 갈 수 있으면 벼슬길에 나아가고 의가 불가능하면 물러났으며, 벼슬자리를 얻느냐 얻지 못하느냐 하는 문제는 전적으로 하늘에 맡겼다. 어떻게 종기치료 의원과 환관을 통해 임금에게 벼슬을 구했겠는가, 라는 말이다. 예는 임금에게 있지만 의는 자신에게 있는 것이기 때문에 바로 다음에 "의가 없다"고 단언한 것이다.

○ 이 부분은 공자의 평소 언행을 거론해, 공자가 종기치료 의원과 환관의 집에 묵은 일이 없었음을 명확히 한 것이다. 예의禮義는 사람에게 있는 것이지만 명命은 하늘에 달린 것이다. 때문에 의는 있지만 천명은 없는 사람이 존재하기도 하고, 천명이 있기에 의는 말할 필요 없는 사람이 존재하기도 하는 것이다. 만약 공자가 바르지 않은 사람을 통해 벼슬에 나가길 구했다면 이는 의를 모르는 것이고 또 천명을 모르는 것이다. 이런 까닭에 "의가 없다"고 말한 뒤에 또 "천명도 없다"고 말한 것이다. 이전 시대 유학자는, "사람이 할 일을 다 한 곳이 바로 천명이다"라고 했는데 이 말은 의와 천명을 뒤섞은 표현으로 성인의 뜻이 아니다. 또, "보통 사람 이상에게는 천명을 말할 필요가 없다. 공자가 천명을 말한 것은 미자와 경백景伯(노나라의 자복하子服何, 『논어』「헌문」제38장) 등을 위해 말한 것이다"라고 했는데, 역시 아니다. 이 장에

의거하면, 공자는 평소 벼슬에 나가고 물러나며 이익과 손해가 생기는 경우 늘 반드시 천명으로 판단했음을 알겠다. 미자를 위해 말한 것만은 아니다. 바로 "천명을 모르면 군자가 될 수 없다"(『논어』 「요왈」 제4장)는 뜻이며 학문의 최고 효과이며 성인이 할 수 있는 일이다. 보통 사람 이상에게는 천명을 말하지 않는다고 어떻게 말할 수 있는가.

공자는 노나라와 위나라에서 환영받지 못하였고, 송나라 환사마^{桓司馬}가 길목을 막고 공자를 죽이려 한 일을 만나 미복^{微服}으로 송나라를 지나가셨다. 이때 공자께서 험한 일을 겪으셨는데도 뒷날 진후^{陳侯} 주^周의 신하가 되는 사성정자^{司城貞子} 집에서 묵으셨다.

> 공자는 도가 합치되지 않았고 노나라와 위나라 임금에게 환영받지 못했기 때문에 떠난 것이다. 환사마는 사마 벼슬을 하던 송나라 대부 상퇴^{向魋}다. 사성정자^{司城貞子}(사성은 벼슬, 정자는 시호)도 송나라 대부 가운데 현명한 사람이다. 진후는 이름이 주^周로, 회공자^{懷公子}이다. 초나라에 멸망을 당했기 때문에 시호가 없다. 맹자는, 공자가 험한 일을 겪었으면서도 오히려 주인 삼을 집을 선택하였다, 하물며 제나라·위나라에서는 아무 일 없었는데 어떻게 종기치료 의원과 환관 집에 묵는 일이 있겠는가, 한 것이다.

내가 듣기로는, 근신^{近臣}을 볼 때는 누구의 주인이 되는가를 가지고, 원신^{遠臣}을 볼 때는 그가 누구를 주인으로 삼느냐를 가지고 본다 하였다. 공자가 종기치료 의원과 환관 척환을 주인으로 삼으셨다면 어떻게 공자라하겠느냐."

주씨가 말했다: "근신은 조정에 있는 신하다. 원신은 멀리서 벼슬하러 오는 신하를 말한다. 군자와 소인은 각자 그 부류에 따라 모인다. 그러므로 누구의 주인이 되느냐, 누구를 주인으로 삼는가를 보면 그 사람을 알 수 있다."

○ 이 부분은 공자가 임금을 섬기려 하면서 반드시 누구를 주인으로 삼을지 선택했다는 사실을 들어, 종기치료 의원과 환관의 집에 묵었던 일이 없었음을 거듭 밝힌 것이다. 어떤 사람이 물었다. "환퇴에게 위급한 일을 당했을 때, 공자께서 '하늘이 나에게 덕을 주었는데 환퇴 그 자가 나를 어떻게 하겠느냐'(「술이」 제22장)라고 말씀하시고선, 또 미복으로 송나라를 지나가신 일은 어째서입니까?" 주씨가 대답했다. "성인(공자)은 환퇴가 자신을 해칠 수 없을 줄 알더라도 환난을 완전히 피하지 않을 수 없으며, 환난을 완전히 피하더라도 여유롭게 대처하지 않을 수 없는 것이다. 이른바 '도가 나란히 행해지면서 어긋나지 않는다'(『중용』 제30장)는 말이 이것이다." 주씨는 설명을 제대로 했다.

이상은 제9장이다.

10.

만장이 물었다. "어떤 사람이, '백리혜百里奚는 진나라의 희생(가축)을 기르는 자에게 자신을 팔아 다섯 마리 양가죽을 얻어 소를 먹이며 진秦나라 목공穆公에게 벼슬을 구했다'고 하는데 정말입니까?"

맹자께서 말씀하셨다. "아니다, 그렇지 않다. 호사가들이 하는 말이다.

| 백리혜는 우虞나라의 현명한 신하다. 사람들이, 백리혜가 진나라의 희
생물을 기르는 집 사람에게 자신을 팔아, 다섯 마리 양가죽을 얻어 소
를 먹이다가 이를 통해 진나라 목공에게 벼슬을 구했다고 말한다. 장주
莊周는, "백리혜는 벼슬과 봉록은 마음에 두지 않았기 때문에 소를 먹
이면 소가 살이 쪘다"고 했는데 이른바 호사가는 장주와 같은 무리다.

백리혜는 우나라 사람이다. 진晉나라 사람들이 수극垂棘에서 난 옥과 굴屈
에서 난 말 네 필을 가지고 우나라에서 길을 빌려 괵虢나라를 치려 했는
데 궁지기宮之奇는 간언을 했고 백리혜는 간언을 하지 않았다.

| 우虞와 괵虢 모두 나라 이름이다. 수극垂棘은 지명으로 아름다운 옥이
난다. 굴屈 역시 지명으로 좋은 말을 생산한다. 승乘은 말 네 필을 말한
다. 진나라는 괵나라를 정벌하려 했는데 길이 우나라를 지나야 했기
때문에 이런 물건들로 길을 빌렸지만 사실은 두 나라를 모두 가지려
했던 것이다. 궁지기 역시 우나라의 현명한 신하다. 우공虞公에게 허락
하지 말라 간언했지만 우공은 이 말을 받아들이지 않았고 마침내 우나
라는 진나라에게 멸망당했다. 백리혜는 그에게 간언할 수 없음을 알았
기 때문에 간언하지 않고 진나라로 떠난 것이다.

우공에겐 간언할 수 없을 줄 알고 진나라로 떠났는데 나이가 이미 70세
였다. 소를 먹여 진나라 목공에게 벼슬 구하는 일이 더러운 줄 일찍이 알
지 못했다면 지혜롭다고 할 수 있겠느냐. 간언할 수 없어 간언하지 않았
는데 지혜롭지 않다고 할 수 있겠느냐. 우공이 망할 줄 알고 먼저 떠났으
니 지혜롭지 않다고 할 수 없다. 이때 진나라에 등용되어 목공이 함께 큰

일을 할 수 있는 인물임을 알고 그를 도왔는데 지혜롭지 않다고 할 수 있겠느냐. 진나라를 도와 천하에 그 군주의 이름을 드러내 후세에 전할 수 있었는데 현명한 사람이 아니고서 이를 할 수 있었겠느냐.

| 백리혜의 지혜가 임금을 선택할 줄 알았고, 현명함은 임금을 드러낼 수 있었음을 반복해서 말해 호사가들의 말이 틀렸음을 분별하려 한 것이다.

자신을 팔아 임금을 훌륭하게 만드는 일은 시골에서 자기 명성 나기를 좋아하는 사람도 하지 않는데 현자賢者가 이런 행동을 했다고 하겠느냐."

| 조씨가 말했다. "시골 마을에서 자신이 좋은 명성 나는 걸 좋아하는 사람조차 하지 않으려는 행동인데 하물며 현자가 자신을 욕되게 하면서 이런 행동을 하려 했겠는가."

이상은 제10장이다.

○ 한나라 유학자들이 도를 모르는 정도가 아주 심하다. 맹자는 이윤·백리혜의 일을 논할 때 바로 사리에 의거해 판단했으므로 명백하고 적확해 다시 의심할 게 없다. 호사가의 말은 분별하지 않아도 저절로 격파된다. 그런데 사마천이 『사기』를 쓰면서 오히려 속설을 그대로 따른 것은 어찌 된 일인가. 장주가 한 말처럼 이 역시 허무맹랑한 잘못된 말이므로 제거해야 옳다. 유학자들이 아직도 이런 말을 하고 있으니 천하다.

○ 서상길徐常吉이 말했다. "맹자가 백리혜를 여러 성인 뒤에 자리 잡게 하였으니 백리혜에게 당시 꼭 볼 만한 것이 있었음을 알겠다. 지금 전해지는 것들은 모두 소를 먹였다는 옛말들뿐인데 진실은 아닐 것이다."

만장 장구 하

모두 9장이다.

1.

맹자께서 말씀하셨다. "백이는 눈으로는 나쁜 색을 보지 않았고 귀로는 나쁜 소리를 듣지 않았으며, 제대로 된 임금이 아니면 섬기지 않고 제대로 된 백성이 아니면 부리지 않았다. 세상이 잘 다스려지면 벼슬에 나가고, 어지러우면 물러나 멋대로 하는 정치가 실행되는 곳과 멋대로 하는 백성이 사는 곳엔 차마 살지 못했다. 시골 사람과 함께 있는 것을 조정에서 입는 옷을 입고 조정에서 쓰는 관을 쓰고 진흙길과 숯 구덩이에 앉은 것처럼 생각하였다. 걸이 다스리던 시기에는 북쪽 바닷가에 살면서 천하가 맑아지기를 기다렸다. 그러므로 백이의 풍모를 들은 사람은 완고한 사람도 청렴해지고 나약한 사람도 뜻을 세웠다.

| 횡橫은 법도를 따르지 않는 것을 말한다. 완고한 사람은 탐욕스럽고 몽

매해 지각이 없는 사람이다. 청렴한 사람은 분별 있는 사람이다. 나懦는 유약함을 말한다. 나머지는 전편(「공손추 상」 제9장)에 보인다.

이윤은, '누구를 섬긴들 임금이 아니겠으며 누구를 부린들 백성이 아니겠는가'라고 하면서 세상이 잘 다스려져도 벼슬에 나가고 어지러워도 벼슬에 나갔다. '하늘이 이 백성을 낼 때에는 먼저 도를 아는 사람이 나중에 도를 알 사람을 일깨우도록 하고 먼저 깨달은 사람이 나중에 깨달을 사람을 일깨우도록 하였다. 나는 하늘이 낳은 백성 가운데 먼저 깨달은 사람이니 나는 이 도를 가지고 이 백성들을 일깨워 주겠다'라고 말하며 천하의 백성 가운데 필부필부匹夫匹婦라도 요순의 은택을 입는 데 참여하지 못한 사람이 있으면 마치 자기가 그들을 밀어 도랑 가운데 넣은 것처럼 생각해, 천하의 중책을 자신의 임무로 여겼다.

| 누구를 섬긴들 임금이 아니겠으며 누구를 부린들 백성이 아니겠는가, 라는 말은 섬길 수 없는 임금은 없으며 부릴 수 없는 백성은 없다는 말이다. 이윤은 천하의 중책을 자신의 임무로 여겨 잘 다스려지는 때이건 난리 때이건 가리는 것이 없었다. 나머지는 전편(「만장 하」 제8장)에 보인다.

유하혜는 더러운 임금도 부끄러워하지 않았고 작은 벼슬도 하찮게 여기지 않았으며, 벼슬에 나가서는 현명함을 숨기지 않고 반드시 올바른 도를 썼다. 벼슬에서 버려져도 원망하지 않았고 곤궁에 빠져도 걱정하지 않았다. 시골 사람과 함께 있어도 유유히 차마 떠나지 못하였다. '너는 너고 나는 나다. 내 곁에서 어깨를 드러내고 옷을 벗는다 한들 네가 어떻게 나를

더럽힐 수 있겠느냐'라고 말하였다. 그러므로 유하혜의 풍모를 들은 사람은, 편협한 사람도 관대해지고 각박한 사람도 후덕해졌다.

> 비자鄙者는 편협하고 그릇이 작은 사람이다. 박자薄者는 각박하고 은혜가 적은 사람이다. 나머지는 전편(「공손추 상」 제9장)에 보인다.

공자께서 제나라를 떠나실 때는 밥하려고 담가 놓은 쌀을 건져서 떠날 정도였는데 노나라를 떠나실 때는, '천천히, 천천히 가도록 해라, 내 발걸음아'라고 말씀하셨다. 이것이 부모의 나라를 떠나는 도리다. 빨리 할 만하면 빨리 하고 오래할 만하면 오래하며, 은둔할 만하면 은둔하고 벼슬할 만하면 벼슬했던 분이 공자였다."

> 주씨가 말했다: "접接은 건져 낸다는 말이다. 석淅은 (밥하려고) 쌀을 담근 물이다. 쌀을 물에 담가 불을 때려 했다가 빨리 떠나려 했기 때문에 손으로 물을 덜고 쌀만 가지고 떠나 미처 밥을 짓지 못했다. 이 한 가지 일을 들어 공자가 머물고 빨리 떠나며, 벼슬을 하고 그만두는 일이 각각 옳은 것에 합당했음을 보여 주었다."

맹자께서 말씀하셨다. "백이는 성인 가운데 청렴한 분이다. 이윤은 성인 가운데 책임을 자임한 분이다. 유하혜는 성인 가운데 조화로운 분이다. 공자는 성인 가운데 때에 맞게 행동하신 분이다.

> 성인은 그 행동이 표준을 만든 것을 이른다. 임任은 천하의 일을 자신의 책임으로 여겼다는 것을 말한다. 옳은 것에 합당하게 하는 것을 시時라고 한다. 하늘에는 봄·여름·가을·겨울 사시四時가 있고 하루에는 12시가 있는데, 변화에 일정 정도가 있어 끝이 나면 다시 시작한다. 때

문에 성인이 변통變通해 막히지 않는 오묘한 모습을 시時라 한다. 다른 세 성인이 각자 한 부분에만 치우쳐 서로 통하지 못한 것과는 다르다.

○ 이 부분은 세 사람(백이·이윤·유하혜)의 행동을 거론하고 공자의 일로 절충해, 벼슬자리를 떠날 것인지 남을 것인지, 벼슬길에 나갈 것인지 물러날 것인지 하는 문제에서 공자 홀로 성인의 때에 맞는 행동을 터득했음을 말하였다.

공자를 두고 집대성集大成했다고 한다. 집대성이란 금속 악기로 소리를 퍼뜨리고 옥 악기로 소리를 거둬들이는 것이다. 금속 악기로 소리를 퍼뜨리는 것은 음악의 조리를 시작하는 것이고, 옥 악기로 소리를 거둬들이는 것은 음악의 조리를 마치는 것이다.

> 음악에 처음과 끝이 있는 것을 가져와 공자의 덕을 비유한 것이다. 성成은 음악이 (매듭을 짓고) 한 번 변하는 것으로, '소소簫韶(순임금의 음악 총칭) 구성九成', '무武 육성六成' 등의 예가 그것이다. 집대성이란 음악의 소성小成을 쌓아 대성大成이 됨을 말한다. 금金은 쇠북[鐘] 따위를 말한다. 성聲은 퍼진다는 말이다. 옥玉은 경쇠[磬: 타악기] 따위를 말한다. 진振은 거둬들인다는 말이다. 조리條理는 맥락脈絡과 같은 말로, 여러 음音을 가리켜 말한다. 음악을 연주하는 사람은 음악 시작 전에 먼저 종들을 쳐서 그 소리를 퍼뜨리는 것을 "조리를 시작한다"고 한다. 음악이 모두 끝나기를 기다린 뒤에 특경特磬(옥으로 된 판을 하나 단 타악기)을 쳐서 울리는 소리를 거둬들이는 것을 "조리를 마친다"고 한다. 이 둘 사이에 맥락이 관통해 순서를 빼앗지 않고 여러 소성을 쌓아 한 대성이 된다. 공자의 덕이 처음과 끝을 겸비해 가진 것과 같다. 그렇기 때문에 집대성

이라고 한 것이다.

음악의 조리를 시작하는 것은 지혜로운 일이고, 조리를 마치는 것은 성스러운 일이다.

| 시작을 알고 시작하는 것은 지혜가 밝은 것이다. 끝인 줄 알고서 끝마치는 것은 성스러움의 덕이다. 그리고 공자가 이것을 겸하였다.

지혜는 비유하자면 기술이며, 성스러움은 비유하자면 힘이다. 백 보 밖에서 활을 쏘는데 과녁에 도달하는 것은 힘이지만 적중하는 것은 너의 힘이 아니다.

| 다시 활쏘기의 기술과 힘으로 지혜와 성스러움 두 글자의 뜻을 명확히 말한 것이다. 활쏘기에서 과녁에 도달하는 것은 확실히 힘에 달렸지만 과녁에 적중하는 것은 전적으로 기술에 달렸지 힘으로 할 수 있는 게 아니다. 지혜로 시작하면 자연히 성스러움으로 마칠 수 있는 힘을 갖게 된다. 단지 성스러움으로 끝마치는 힘만 가졌을 뿐 지혜로 시작하는 기술이 없다면 결코 적중할 수 없다. 공자는 기술과 힘을 겸비해, 각자 한 가지만을 전문으로 해 전체를 온전히 할 수 없었던 세 사람(백이·이윤·유하혜)과 같지 않음을 밝힌 것이다.

○ 지혜로 시작할 수는 있지만 그것만으론 폐단이 생길 줄 알고, 성스러움으로 마칠 수 있지만 도달하는 곳까지 완벽하게 해야 덕이 온전하다. 세 사람은 마칠 줄은 알았지만 시작을 몰랐다. 음악에 비유하면, 옥악기로 음악의 조리를 마치는 일은 있어도 금속 악기로 음악의 조리를 시작하는 일은 없다. 활쏘기에 비유하면, 힘은 남았어도 기술은 부족

하다. 그러므로 성스러울 수는 있었지만 지혜로울 수는 없었다. 청렴과 조화, 자임任이 편중되는 것을 피할 수 없는 이유이다. 오직 공자만이 끝마칠 줄 이미 아는 데다 시작까지도 알았다. 음악에 비유하면, 시작할 때 금속악기로 소리를 퍼뜨리고 끝마칠 때 옥 악기로 소리를 거둬들여, 조리를 겸비해 집대성한 것이다. 활쏘기에 비유하면, 기술과 힘을 겸하였다. 그러므로 성스러울 수 있는 데다 다시 지혜로울 수 있었다. 때에 맞게 행동할 수 있는 성인이 된 까닭이다. 이 점이 공자가 자신의 덕을 온전히 하고 세 사람이 미치지 못했던 이유이다.

이상은 제1장이다.

○ 맹자가 매번 백이와 유하혜를 대척에 놓고 설명하는 이유는 배우는 사람들이 두 사람의 장점을 모두 자기 것으로 만들기를 바라서인데, 여기 와서는 또 이윤을 아울러 거론하고 공자를 가지고 판단하였다. 백이의 청렴, 유하혜의 조화는 음양이 상반되는 것과 같아서 각자 자기 기질만을 오로지할 뿐 하나로 될 수는 없다. 이윤의 자임은 또 그 사이에 위치하며, 이를 모두 온전히 지닐 수 있는 사람은 공자였다. 그러므로 배우는 사람들에게 평생 배우기를 바라는 대상으로서 공자를 권하는 것이다. 무릇 맹자가 여러 성인을 논하는 장을 읽을 때는 모두 이런 뜻을 가지고 찾아보아야 한다.

2.

북궁의北宮錡가 물었다. "주나라 왕실의 관작과 봉록은 차례를 만든 것이

어떠했습니까?"

> 북궁은 성이고 의는 이름으로, 위나라 사람이다. 반班은 서열을 만들었
> 다는 말이다.

맹자께서 말씀하셨다. "상세한 점은 들을 수 없었습니다. 제후들이 자신
들에게 해가 되는 것을 싫어해 그 자료를 모두 없애 버렸기 때문입니다.
하지만 제가 그 대략을 들은 적이 있습니다.

> 적籍은 전적典籍을 말한다. 당시 제후들이 토지를 겸병하고 주제넘은
> 행동을 했기 때문에 주나라 제도가 자신들의 행동을 방해하는 것이 싫
> 었다.

천자天子가 한 자리, 공公이 한 자리, 후侯가 한 자리, 백伯이 한 자리, 자子와
남男이 한 자리로 모두 5등급입니다.

> 천자에서부터 아래로 임금의 관작까지 모두 이 5등급이 있었다. 공은
> 태사太師·태부太傅·태보太保의 삼공三公을 일컫는 상공上公과 최고등급
> 의 관작[九命], 하夏나라·은殷나라 두 왕족[二王]의 후예를 말한다.

군주[君]가 한 자리, 경卿이 한 자리, 대부大夫가 한 자리, 상사上士가 한 자
리, 중사中士가 한 자리, 하사下士가 한 자리로 모두 6등급입니다.

> 천자와 제후를 통틀어 군신의 관작은 각자 이 6등급이 있었다는 말이
> 다.

○ 이 부분은 관작의 차례를 규정한 제도를 말한 것이다.

천자의 제도는 토지가 사방 1,000리, 공公과 후侯는 모두 사방 100리, 백伯은 70리, 자子와 남男은 50리로 모두 4등급입니다. 50리가 안 되는 곳은 천자를 뵐 수 없어 제후에게 부속되었는데 이를 부용국附庸國이라 합니다.

| 토지의 차이는 모두 이렇게 4등급이 있었음을 말한 것이다. 작은 나라의 땅이 50리가 안 되는 곳은 천자에게 직접 가 볼 수 없었기 때문에 큰 나라를 따라 성명을 전달했다. 이를 부용국이라 한다.

천자의 경卿이 받는 토지는 후侯에 비견되고, 대부大夫가 받는 토지는 백伯에 비견되고, 원사元士가 받는 토지는 자子와 남男에 비견됩니다.

| 시視는 비견된다는 말이다. 원사元士는 상사上士를 말한다. 천자의 수도 지역 안에서 봉록을 받는 양은 수도 지역 밖의 제후를 따라 차등을 두었다. 언급하지 않은 중사中士·하사下士는 부용국에 비견된다.

큰 나라는 토지가 사방 100리로, 임금은 경卿의 봉록의 10배이고, 경의 봉록은 대부의 4배이고, 대부는 상사의 2배이고, 상사는 중사의 2배이고, 중사는 하사의 2배이며, 하사와 관직에 있는 서인庶人은 봉록이 같고, 그 봉록은 경작에서 얻는 수입을 충분히 대신할 수 있습니다.

| 십十은 열 배라는 말이다. 사四는 네 배라는 말이다. 배倍는 한 배를 더한 것이다. 관직에 있는 서인은 창고지기, 문서처리, 아전의 무리를 말한다. 봉록이 경작에서 얻는 수입을 대신한다는 말은 사士와 서인이 관청에서 받는 봉록이, 밭 100무에서 나는 수입으로 9명에서 5명까지 먹일 수 있는 것과 같다는 것이다.

다음 나라는 토지가 사방 70리로, 임금은 경의 봉록의 10배이고, 경의 봉록은 대부의 3배이고, 대부는 상사의 2배이고, 상사는 중사의 2배이고, 중사는 하사의 2배이며, 하사와 관직에 있는 서인은 봉록이 같고, 그 봉록은 경작에서 얻는 수입을 충분히 대신할 수 있습니다.

| 삼三은 세 배라는 말이다.

작은 나라는 토지가 사방 50리로, 임금은 경의 봉록의 10배이고, 경의 봉록은 대부의 2배이고, 대부는 상사의 2배이고, 상사는 중사의 2배이고, 중사는 하사의 2배이며, 하사와 관직에 있는 서인은 봉록이 같고, 그 봉록은 경작에서 얻는 수입을 충분히 대신할 수 있습니다.

| 이二는 배倍라는 말과 같다.

경작하는 사람이 받는 것은 결혼한 농부가 100무를 받으며, 100무의 땅에 거름을 주어 상농부上農夫는 9명을 먹이고, 상농부의 다음은 8명을 먹이고, 중농부中農夫는 7명을 먹이고, 중농부의 다음은 6명을 먹이고, 하농부下農夫는 5명을 먹입니다. 관직에 있는 서인은 이를 기준으로 그 봉록에 차등을 둡니다."

| 획獲은 받는다는 말이다. 한 부부가 땅 100무를 받아 농사지으며 거름을 주는 것이다. 살펴본다:『주례』에, "초인草人이 토지에 대한 법을 관장해 작물과 땅이 잘 맞는지 보고 씨를 뿌리도록 하였다"고 하였다. 집집마다 빈부의 차이가 있어 거름 주는 것이 고르지 않았다. 그런 까닭에 상농부에서부터 그 이하 5등급이 있었다. 관직에 있는 서인은 받는 봉록이 달랐는데 역시 이 5등급이 있었다.

○ 이 부분은 봉록의 차례를 규정한 제도를 말한 것이다.

이상은 제2장이다.

○ 맹자는, "착하기만 해서는 정치를 할 수 없고, 법도만 갖춰서는 그것이 저절로 행해지지 않는다"(「이루 상」제1장)고 말한 적이 있다. 이는 사람은 선택하지 않을 수 없으며 법은 믿을 수 없음을 말한다. 하지만 나라에 성곽이 없으면 백성을 지킬 수 없고 밭에 제방이 없으면 농사를 보호할 수 없다. 주나라 왕실의 제도는 모두 문왕과 무왕, 주공이 진정한 왕의 업적을 성취해 태평한 세상을 이룩한 훌륭한 법으로 이 백성들의 성곽이자 제방이다. 만약 맹자가 높은 지위에 올라 도를 실행했다면 반드시 이 제도를 회복했을 것이다. 법이 사라지면 탐관오리들이 사사로운 욕심을 부려 백성들이 먼저 그 피해를 입을 수 있다. 법이 존재하면 못난 자손조차 전적을 보존해 백성 역시 복을 받을 수 있다. 이 점이 맹자가 찬찬히 당시 임금을 위해 말해 준 이유다.

3.

만장이 물었다. "벗을 사귀는 것에 대해 감히 여쭙겠습니다."
맹자께서 말씀하셨다. "나이 많다고 으스대지 않고 지위가 귀한 것을 으스대지 않고 형제를 으스대지 않고 벗을 사귀어야 한다. 벗을 사귄다는 것은 덕을 벗 삼는 것이니 으스대는 게 있어서는 안 된다.

| 협挾은 믿는 게 있음을 말한다.

맹헌자孟獻子는 백승百乘의 집안으로, 다섯 사람과 사귀었는데 악정구樂正 裘와 목중牧仲이며, 나머지 세 사람은 내가 이름을 잊었다. 헌자가 이 다섯 사람을 사귈 때 헌자의 집안을 의식하지 않았으며, 이 다섯 사람 또한 헌자의 집안을 의식했다면 그들과는 사귀지 않았을 것이다.

> 맹헌자는 노나라의 현명한 대부 중손멸仲孫蔑이다. 헌자가 현자를 좋아해 스스로 자신의 집안을 의식하지 않았다. 다섯 사람이 맹헌자의 집안을 의식했다면 오히려 헌자에게 천한 취급을 받아 또한 그들과 사귀지 않았을 것이라는 말이다. 그가 자신의 귀함을 으스대지 않았음을 알 수 있다.

백승의 집안만이 그러한 게 아니라, 작은 나라의 임금 또한 그런 게 있다. 비읍費邑의 혜공惠公은, '내가 자사子思에 대해서는 스승으로 섬기고, 내가 안반顔般에 대해서는 벗으로 대하고, 왕순王順·장식長息은 나를 섬기는 사람들이다'라고 말했다.

> 혜공은 비읍의 군주이다. 혜공이 자사·안반에 대해서 또한 자신의 지위를 으스대지 않고 스승으로 삼고 벗으로 사귀었다는 말이다. 왕순·장식은 모두 신하 이름이다.

작은 나라의 임금만이 그러한 게 아니라, 큰 나라의 임금 또한 그런 게 있다. 진晉나라 평공平公은 해당亥唐에 대해 해당이 들어오시라 하면 들어왔고, 앉으시라 하면 앉았고, 드시라 하면 먹었는데, 거친 밥과 나물국이라도 배불리 먹지 않은 적이 없었다. 감히 배부르게 먹지 않을 수 없어서였다. 하지만 이것으로 그칠 따름이었다.

해당은 진나라의 현인이다. 평공이 해당에게 갔을 때 해당이 들어오라 말하면 이에 평공이 들어왔고, 앉으라 말하면 이에 앉았고, 드시라 말하면 이에 먹었다. 거친 밥은 현미밥이다. 감히 배부르게 먹지 않을 수 없었다는 말은 현자가 하는 말을 공경한 것이다.

하늘이 준 지위를 함께 소유하지도 않았고 하늘이 준 직무를 함께 처리하지도 않았으며 하늘이 준 봉록을 함께 먹지도 않았다. 이는 선비가 현자를 존경하는 방식이지, 왕공이 현자를 존경하는 방식은 아니다.

지위와 직무와 봉록은 모두 하늘이 현자를 대우해 주는 방법인데 평공은 해당과 함께 공유하지 않고 다만 자신을 낮춰 그 아래에 선 것이었다. 이는 필부가 현자를 존중하는 예일 뿐이다. 왕공이 현자를 존중한다면 마땅히 실제로 등용해야지 그저 공경하는 것만이 최선은 아니다.

순임금이 올라가 요임금을 뵈었을 때 요임금은 사위를 별궁^{別宮}에 머물게 하면서, 또한 순임금에게 음식을 대접하고 번갈아 가며 손님과 주인이 되었다. 이는 천자로서 필부를 벗 삼은 것이다.

상尙은 올라간다는 말이다. 순임금이 올라가 요임금을 뵈었다는 말이다. 관館은 머물게 한다는 말이다. 예에, "아내의 아버지를 장인[外舅]이라 한다. 나를 장인이라고 부르는 사람을 나는 사위[甥]라 부른다"고 하였다. 요임금은 딸을 순임금에게 시집보냈기 때문에 사위라고 한 것이다. 이실貳室은 별궁을 말한다. 요임금은 순임금을 별궁에 머물게 하고 거기 가서 음식을 먹었다. 이는 왕공이 현자를 존중하는 것이며 덕을 벗 삼는 극치이다.

아랫사람이 윗사람을 공경하는 것을 귀한 사람을 귀하게 대접한다 하고 윗사람이 아랫사람을 공경하는 것을 현자를 존경한다고 한다. 귀한 사람을 귀하게 대접하는 것과 현자를 존경하는 것은 그 의義가 같다."

> 명분을 말하자면 아랫사람으로서 윗사람을 공경하는 것이고, 도덕을 말하자면 윗사람으로서 아랫사람을 공경하는 것이다. 당시에는 귀한 사람을 귀하게 대접하는 것이 의인 줄만 알았지 현자를 존중하는 것이 의인 줄은 몰랐다. 때문에 의는 같다고 한 것이다.

이상은 제3장이다.

○ 천하 어디에나 통하는 존귀함이 세 가지가 있다: 조정에서는 관작이 존귀하고, 마을에서는 나이가 존귀하고, 세상에 보탬이 되고 백성들을 돌보는 데는 덕보다 존귀한 게 없다. 그러므로 왕공이라는 귀한 지위를 잊고 천한 지위의 필부를 사귀는 것이다. 예컨대 요임금이 순임금에 대해서, 평공이 해당에 대해서 한 일이 이런 경우이다. 후세에 도덕이 쇠퇴한 시대가 되자 아랫사람으로 윗사람을 공경하는 것이 예인 줄만 알았지, 윗사람으로 아랫사람을 공경하는 것이 의 가운데 가장 귀중한 일임은 몰랐다. 그러므로 옛날 현명한 군주는 반드시 벗을 두었는데 그의 덕을 벗삼았기 때문이다. 후세의 임금은 벗이 없었으니 현자를 존경할 줄 몰랐기 때문이다. 나라를 잘 다스리길 바란들 잘 될 수 있었겠는가.

4.

만장이 물었다. "감히 여쭙겠습니다. 교제는 어떤 마음이어야 합니까?"

제際는 접한다는 말이다. 교제交際는 사람이 예의를 갖춰 폐백을 가지고 서로 접촉하는 것을 말한다. 교제의 방도는 어떻게 마음을 가져야 하는가를 물은 것이다.

맹자께서 말씀하셨다. "공손해야 한다."
공경하는 마음을 표현하는 방식을 말한 것이다.

"예물을 물리치는 행동을 공손하지 않다[卻之卻之爲不恭]고 하는 것은 어째서입니까?"
만장이, 교제하는 사이에 예물을 물리치고 받지 않는 사람이 있으면 사람들이 공손하지 않다고 말하는 것은 어째서인가 물은 것이다. 본문에 두번째로 나오는 "각지"卻之 두 글자는 군더더기로 붙은 글자다.

"존귀한 사람이 예물을 주거든, '그것을 받는 것이 의로운가, 의롭지 않은가' 물은 뒤에 받는다. 이 때문에 공손하지 않다고 한다. 그렇기 때문에 물리치지 않는 것이다."
존귀한 사람이 내려주는 물건에 대해 처음 그 물건을 받을 때 의에 부합하는지 여부를 묻지 않아야 않다. 이런 마음을 가지면 이는 존귀한 사람을 공경하는 태도가 아니다. 그러므로 예에서는 물리치지 않는다.

"말로 물리치지 말고 마음속으로 물리치면서, '백성에게서 취한 것이 의롭지 않아'라고 생각하되 다른 핑계를 대고 받지 않으면 안 됩니까?"
만장은, 저편이 얻은 것이 이미 의롭지 않다면 보내는 물건은 받아서는 안 된다, 말로 하면서 물건을 물리치면 이미 공경하지 않은 태도가 되고 말지만, 다만 마음으로는 의롭지 않은 행동을 미워하더라도 말로 는 다른 일을 핑계대고 물리친다면, 이와 같은 것은 괜찮은지 말한 것 이다.

"사귈 때 도에 맞게 하고 대할 때 예에 맞게 한다면 이는 공자께서도 받으 셨다."

│ 공자는 사귀고 대하는 즈음에 도가 있고 예가 있으면 꼭 현명한 제후 나 경, 대부가 아니더라도 물건을 받았다. 성인이 사람을 대할 때 후덕 하고 일을 처리할 때 관대했음을 알 수 있다. 주씨가 말했다: "사귈 때 도에 맞게 한 것은, 송宋나라에서 노자를 보낸 일과 설薛나라에서 경계 한다는 말을 들은 일(「공손추 하」 제3장), 배고프고 굶주릴 때 임금이 구원해 주는 일(「고자 하」 제14장) 같은 종류이다. 대할 때 예에 맞게 한 것은 사명辭命이 공경스러운 예절을 말한다. 공자도 받았다는 것은 양 화가 보낸 삶은 돼지를 받은 일(「등문공 하」 제7장)과 같은 종류이다."

만장이 물었다. "지금 도성 문밖에 사람을 가로막고 강도짓을 하는 자가 사귈 때 도에 맞게 하고 선물을 보낼 때 예에 맞게 했다면 강도질한 물건 을 받을 수 있습니까?"

│ 어禦는 저지한다는 말이다. 무기로 사람을 막고 물건을 빼앗는다는 말 이다. 이렇게 하고서 예를 갖춰 내게 선물을 보낸다면 그 강도질해서 뺏은 물건을 받을 수 있느냐는 말이다.

"안 된다. 「강고」康誥에, '사람을 죽여 쓰러뜨려 물건을 빼앗고 난폭하게 굴며 죽음을 두려워하지 않는 사람을 모든 백성은 죽이지 않을 수 없다' [殺越人于貨, 閔不畏死, 凡民罔不憝]고 하였다. 이는 가르칠 필요 없이 죽여야 할 사람인데 어떻게 이것을 받겠느냐."

| 「강고」는 『서경』 「주서」周書의 편명이다. 월越은 쓰러뜨린다는 말이다. 민閔은 억세고 난폭한 모양이다. 대憝는 죽인다는 말이다. 사람을 죽여 쓰러뜨리고 그 기회에 물건을 빼앗고서 난폭하게 굴며 죽음을 두려워할 줄 모르는 자를 모든 백성은 미워하며 죽이지 않을 수 없다는 말이다. 맹자는, 이는 가르치고 경고를 할 필요도 없이 바로 죽여야 마땅한 인간인데 어떻게 물건을 받을 수 있겠느냐고 말한 것이다. 주씨가 말했다: "은수殷受에서 위열爲烈까지 열네 자는 말뜻이 고르지 않다.* 이씨 (이욱李郁)는, '여기에는 분명 떨어져 나갔거나 혹 빠진 글자가 있을 것이다'라고 하였는데, 이치에 가까운 말이다."

"지금 제후들이 백성에게서 가져오는 것은 강도짓과 같습니다. 예를 지키는 교제를 잘 실행하면 이는 군자도 받는다고 하셨는데 무슨 말씀이신지 감히 여쭙겠습니다."

"자네는 진정한 왕이 나타나면 지금의 제후들을 연이어 죽이리라 생각하는가, 그들을 가르쳤는데도 고치지 않으면 그 뒤에 죽이리라 생각하는가. 자기 소유가 아닌데 자기 것으로 갖는 자를 도둑이라 부르는 것은, 비슷

---

* "殷受夏, 周受殷, 所不辭也, 於今爲烈." 이 열네 자는, "은나라는 하나라에게서 법도를 물려받았고, 주나라는 은나라에게서 법도를 물려받아 이 문제는 논란이 될 거리가 없으니, 지금까지도 분명하다" 정도로 풀이할 수 있다. 본문과 문맥이 어울리지 않는다.

한 것을 유추·확대해 의미의 극단에 이른 것이네.

| 비比는 '이어서'라는 말이다. 제후들을 줄줄이 계속해서 다 죽인다는
말이다. 자기 소유가 아닌데 그것을 자기 것으로 갖는 자를 도둑이라
부르는 것은 그와 비슷한 일을 유추해 의미의 극단까지 가져간 명칭일
뿐이지, 곧바로 진짜 도둑이라고 해서는 안 된다. 하물며 지금 제후들
이 백성에게서 가져오는 것에는 분명 불의不義가 많다. 하지만 자기 소
유가 아닌데 자기 것으로 갖는 자와 비교해 보면 또 다르다. 사람을 가
로막고 강도짓을 하는 것과 같이 논해서는 안 된다.

공자께서 노나라에서 벼슬하실 때, 노나라 사람들이 엽각獵較을 하였는
데 공자께서도 엽각을 하셨다. 엽각조차 가능한 행동이었는데 하물며 내
려준 물건을 받는 일이야 어떻겠느냐."

| 또 공자의 일을 인용해 세상 풍속에서 숭상하는 일은 그래도 혹 따를
만한 것인데, 하물며 내려준 물건을 받는 일이 어찌해서 안 되겠냐고
밝힌 것이다. 엽각은, "사냥해서 잡은 사냥물을 서로 비교해 보고 (많
이 잡은 사람이 적게 잡은 사람 것을) 쟁탈해 제사를 지내는 일이다. 공
자도 이 일을 어기지 않았으니 세상과 조금이나마 같이하려 한 것이었
다"라고 조씨(조기)는 말했다.

○ 성인이 하는 행동은 도가 있는 곳이다. 예컨대 엽각은 본래 천한 일이
다. 하지만 성인조차 이 일을 했다. 성인은 도를 굽혀 사람을 따르지 않
고 또한 세상풍속을 어기면서 고상하게 행동하지도 않는다. 중용의 극
치며 영원히 변치 않을 법칙이 된다. 사마천이 우왕을 찬양해, "말은
기준이 되었고 몸가짐은 법도가 되었다"고 했는데 이를 말한 것이다.

"그렇다면 공자께서 벼슬하신 일은 도를 실행하려는 게 아니었습니까?"

"도를 실행하려는 것이었다."

| 사도事道는 도를 실행하는 것을 일로 여겼다는 말이다.

"도를 실행하시면서 어떻게 엽각을 하셨습니까?"

| 만장은, 도를 실행한다면 세상의 풍속을 변화시키는 것이 마땅한데 어
| 이해서 엽각을 했냐고 물은 것이다.

"공자께서는 우선 장부에 제기를 올바로 하고, 사방에서 오는 진귀한 음
식을 장부에 바로잡은 대로 바치지 않게 하셨다."

| 조씨는 말했다: "공자는 도가 쇠약해진 시대에 벼슬을 하면서 갑작스
| 럽게 잘못된 점을 고칠 수 없었기 때문에 점진적으로 바로잡았다. 먼
| 저 장부를 작성해 종묘제사에 쓰는 제기祭器를 올바로 했다. 옛날의 예
| 를 토대로 나라 가운데 구비한 것이다. 사방에서 오는 진귀한 음식을
| 장부에 확정한 그릇에 맞게 바치도록 하지는 않았다. 진귀한 음식은
| 항상 갖추기가 어려워 부족하거나 떨어지면 불경不敬을 저지르게 되리
| 라 생각했기 때문이다. 그러므로 엽각을 해서 제사 지낸 것이다." 나는
| 이 본문 문장에 명확한 부분이 빠졌다고 생각한다. 우선 조씨의 주석
| 을 따랐다.

"왜 떠나지 않으셨습니까?"

"도가 행해질 조짐을 점치신 것이다. 조짐으로는 도가 충분히 행해질 수
있었는데 실행되지 않은 뒤에 떠나셨으니, 이 때문에 3년을 마치도록 머

무른 곳이 없었다.

| 조兆는 점의 조짐을 말한다. 공자가 떠나지 않은 이유는 우선 도가 행해질지 여부를 점쳐 본 것이다. 조짐으로는 도가 충분히 행해질 수 있는데 제후 가운데 과감하게 실행하는 사람이 없었다. 그러므로 잠시 머물다가 떠나 3년을 마치도록 머무른 적이 없었다는 말이다.

공자는 도의 실행 가능을 보고 벼슬한 적이 있고, 교제가 괜찮아 벼슬한 적이 있고, 현자를 봉양하기에 벼슬한 적이 있었다. 계환자季恒子의 경우는 도의 실행 가능을 보고 벼슬한 것이었고, 위衛나라 영공靈公의 경우는 교제가 괜찮아 벼슬한 것이었고, 위나라 효공孝公의 경우는 임금이 현자를 봉양하기에 벼슬한 것이었다."

| 주씨가 말했다: "견행가見行可는 도가 행해질 수 있음을 보았다는 말이다. 제가際可는 예로 만나고 대우하는 것을 말한다. 공양公養은 임금이 현자를 봉양하는 예를 말한다. 계환자는 노나라의 경卿 계손사季孫斯다. 위나라 영공은 위나라 제후 원元이다. 효공은 『춘추』와 『사기』에 모두 보이지 않는다. 출공出公 첩輒이 아닌가 싶다." 맹자는 이 세 가지 일을 인용해, 공자가 본래 세상 풍속을 어기지 않았고 벼슬살이 역시 도를 행하지 않은 게 없었음을 보여 주었다.

이상은 제4장이다.
○ 한 사람만 따라할 수 있고 천하 사람들이 따라할 수 없으면 도가 아니다. 한 사람만 실행할 수 있고 천하 사람들이 실행할 수 없으면 도가 아니다. 그러므로 성인은 천하 사람들이 따라할 수 없는 것을 가지고 사람들

에게 요구하지 않았고, 또한 천하 사람들이 실행할 수 없는 것을 가지고 사람들에게 강제하지 않았다. 그것은 천하에 모두 통용되고 후세에 영원 토록 적용되는 도가 아니기 때문이다. 남과 교제하는 예는 인간의 감정 에서 없앨 수 없는 부분이다. 선물이 오게 된 내력이 의義에 합당한지 여 부를 꼭 따져서, 의에 부합하는 것만을 꼭 선택해 받으려 한다면 천하의 집이 모두 백이가 지은 게 아니고 천하의 곡식이 모두 백이가 심은 게 아 니니, 남과 관계를 끊고 사람을 떠나 짐승과 함께 사는 지경에 이르지 않 을 사람이 거의 드물 것이다. 이 점이 성인이 강하게 배척한 까닭이다.

5.

맹자께서 말씀하셨다. "벼슬하는 것은 가난 때문이 아니지만 때로는 가 난 때문에 하는 경우가 있고, 아내를 얻음은 봉양 때문이 아니지만 때로 는 봉양 때문에 하는 경우가 있다.

> 군신 사이의 의義와 부부 사이의 예는 인간의 큰 윤리로 없앨 수 없다. 그러므로 선비가 벼슬을 하는 것 역시 올바른 길이 있지 가난 때문은 아니다. 하지만 도가 시대와 어긋나 기아를 피할 수 없는 때에 이르면 봉록을 위한 벼슬을 하지 않을 수 없다. 마찬가지로 아내를 얻는 일은 본래 제사를 잇고 자손을 널리 퍼뜨리는 것을 근본으로 한다. 하지만 직접 물을 긷고 절구질을 할 수 없어 봉양해 줄 사람의 뒷바라지를 받 으려는 사람은 역시 아내를 맞이해야 한다.

가난 때문에 벼슬하는 사람은 높은 자리는 사양하고 낮은 자리에 있어야 하며, 많은 봉록을 사양하고 적은 봉록에 머물러야 한다.

│ 가난 때문에 벼슬하는 뜻을 풀이하였다.

높은 자리는 사양하고 낮은 자리에 있어야 하며, 많은 봉록은 사양하고 적은 봉록에 머무르는 벼슬은 어디가 합당한가. 문을 지키거나 딱따기를 치는 일이다.

│ 탁柝은 밤에 다니면서 치는 나무를 말한다. 문지기나 야경꾼은 문을 감
 서하는 관리로 지위가 낮고 봉록이 적은 사람들이다. 벼슬이 도를 실
 행하기 위한 것이 아니라면 있을 자리는 단지 이와 같은 곳이 해당한
 다. 그렇지 않으면 이는 자리를 탐내고 봉록을 훔치는 것이다.

공자께서 창고담당 관리가 되셨을 때, '회계를 합당하도록 할 뿐이다'라 고 말씀하셨고, 정원담당 관리가 되셨을 때는, '소와 양이 무럭무럭 잘 자 라게 할 뿐이다'라고 말씀하셨다.

│ 공자의 일을 인용해, 가난 때문에 벼슬하는 법도를 보여 주었다. 위리委
 吏는 창고를 주관하는 관리이다. 승전乘田은 동산과 정원, 꼴 베고 방목
 하는 일을 주관하는 관리다. 줄茁은 살찐 모양이다. 공자 같은 성인도
 그 말씀이 이같이 하는 데서 그쳤음을 말한 것이다. 봉록이 적고 직무
 가 쉬웠음을 가지고 말한 것일 뿐이다.

지위는 낮은데 말이 높은 것은 죄이며, 남의 조정에 있는데 도가 행해지 지 않는 것은 부끄러운 일이다."

│ 지위가 낮은 자는 조정의 일을 말해서는 안 되며, 지위가 높은 사람은

도를 행하지 않으면 안 된다는 말이다.

이상은 제5장이다.

○ 이 장은, 올바른 도는 실행하지 않으면서 그저 높은 지위와 많은 봉록을 추구하던 당시의 벼슬아치들과 먹고살려고 가난 때문에 벼슬하는 사람들을 위해 말한 것이다. 가난 때문에 벼슬하려는 사람들은 높은 자리와 많은 봉록은 사양해야 한다. 높은 지위에 많은 봉록을 받는 사람들 같은 경우는 반드시 도를 실행해야만 한다. 어떻게 가난 때문에 벼슬한다고 스스로 핑계를 대면서 바른 도를 실행하지 않을 수 있는가.

6.

만장이 물었다. "사士가 제후에게 의탁하지 않는 것은 어째서입니까?"

| 탁託은 의탁한다는 말이다. 벼슬은 하지 않으면서 봉록은 받는 것을 말한다.

맹자께서 말씀하셨다. "감히 하지 못하는 것이다. 제후가 나라를 잃고 그 뒤에 다른 제후에게 의탁하는 것은 예이지만 사士가 제후에게 의탁하는 것은 예가 아니다."

| 옛날 자기 나라를 떠나 다른 나라로 달아나 거기서 주는 양식을 먹는 제후를 기공寄公이라 했다. 사士는 본래 지위가 낮아 제후와 똑같은 예를 실행할 수 없다. 그러므로 예가 아니다.

만장이 물었다. "임금이 양식을 보내주면 받아야 합니까?"

"받는다."

| 보낸 물건 받는 것과 제후에 의탁하는 일은 의義가 자연히 구별된다.
분명 받아야 한다.

"받는 것은 무슨 의義입니까?"

"임금은 백성에 대해 본래 구제하는 것이다."

| 주賙는 구제하는 것이다. 임금은 백성에 대해 본래 궁핍한 사람을 구제
할 도리가 있다.

"구제해 주면 받고 봉록을 주면 받지 않는 것은 어째서입니까?"

"감히 하지 못하는 것이다."

| 구제해 주면 백성이 되고 봉록을 주면 손님이 된다.

"감히 여쭙겠습니다. 감히 하지 못하는 것은 어째서입니까?"

"문지기와 야경꾼은 일정한 직무가 있어 윗사람에게 봉록을 받아먹지만
일정한 직무가 없이 윗사람에게 하사下賜받는 것을 불공不恭이라 한다."

| 봉록을 주는 것에는 일정 수량이 있어 일정한 직무가 있는 사람만이
받을 수 있다. 사士는 일정한 직무가 없는데 일정한 수량의 봉록을 받
으면 이는 백성이 되는 직분을 모르고 기공寄公으로 자처하는 것이기
때문에 불공不恭이 된다.

○ 이 부분은, 사士는 제후와의 관계에서 보낸 물건은 받을 수 있지만 봉
록 주는 것은 받아서는 안 된다는 사실을 밝혔다.

"임금이 물건을 보내면 받으라 하셨는데, 잘 모르겠습니다만 늘 계속 보낼 수 있습니까?"

"목공이 자사를 예우하면서 자주 문안을 드리고 자주 삶은 고기를 보내자 자사가 기뻐하지 않았다. 마지막에는 사자에게 손짓을 해 대문 밖으로 내보내고 북쪽을 향해 머리를 조아려 두 번 절하고 물건을 받지 않으면서, '이제서야 임금이 개나 말처럼 나를 기르는 줄 알겠다'고 말씀하셨다. 이로부터 하인을 시켜 물건을 보내는 일이 없어졌다.

│ 맹자가 노나라 목공의 일을 인용해, 주는 물건은 늘 계속해서 보낼 수 있지만 임금의 명령을 가지고 자주 물건을 보내서는 안 된다는 점을 밝혔다. 정육鼎肉은 익힌 고기를 말한다. 졸卒은 '마지막'이란 말이다. 표摽는 손을 흔드는 것을 말한다. 자주 임금의 명령으로 물건을 주러 오면, 현자가 자주 절하는 수고를 하게 되므로 현자를 봉양하는 예가 아니다. 그러므로 자사가 기뻐하지 않은 것이다. 마지막에 다시 물건을 주러 왔을 때는 손짓을 해 사자를 내보내고 절을 하고서 물건을 사양했다. 개나 말처럼 나를 기른다는 말은 개나 말을 기르는 것처럼 자주 불러 먹도록 한다는 뜻이다. 대僕는 천한 관직으로 명령 전달을 맡는다. 목공이 부끄러워하며 깨닫고서 이때부터 다시는 하인을 시켜 물건을 내려주지 않았다.

현자를 좋아하면서 등용할 수 없고 또 봉양할 수 없다면 현자를 좋아한다고 할 수 있겠는가."

│ 거擧는 등용하는 것이다. 맹자는, 목공이 자사를 등용하지 못할 뿐 아니라 또 죽을 때까지 봉양할 수도 없었으면서 어떻게 현자를 좋아한다

고 할 수 있겠느냐고 비판한 것이다.

"감히 여쭙겠습니다. 임금이 군자를 봉양하려 한다면 어떠해야 봉양한다 할 수 있습니까?"

"임금의 명령으로 물건을 가져오면 두 번 절하고 고개를 조아리고 받아야 한다. 그 후에는 창고지기가 쌀을 계속 대주고 푸줏간 사람이 고기를 계속 대주지만 임금의 명령으로 가져오지는 않는다. 자사는 삶은 고기 때문에 자신이 번거롭게 자주 절을 하게 되었기에, 이는 군자를 봉양하는 법도가 아니라고 생각하셨다.

> 맹자의 말은, 임금이 현자를 봉양하는 예법은 처음에는 임금 명령으로 물건을 보내지만 그 후로는 담당 관리들이 각자 자기 직무에 따라 없는 물건을 계속 이어주고 다시는 임금의 명령으로 물건을 보내지 않아, 현자가 물건을 받느라 자주 절하는 수고를 하지 않도록 한다는 것이다. 자사가 목공이 보낸 물건을 사양한 것은 이런 이유 때문이었다. 복복僕僕은 번거롭고 함부로 하는 모양이다.

요임금이 순임금을 대할 때, 그의 아들 9명에게 순임금을 섬기도록 했고 두 딸을 그에게 시집보냈으며 백관과 소·양, 창고를 갖춰 밭 가운데 있는 순임금을 봉양하도록 했다. 후에는 순임금을 등용해 높은 지위에 두었다. 그렇기 때문에 왕공王公이 현자를 존경한 일이라고 하는 것이다."

> 요임금이 순임금에 대해서 처음에는 봉양하고 나중에는 등용했는데, 이는 현자를 좋아한 최고 경지였다는 말이다.

○ 이 부분은 왕공이 현자를 봉양하는 법도를 명확히 한 것이다.

이상은 제6장이다.

○ 천하의 선 가운데 현자를 좋아하는 것보다 큰 것이 없으며 현자를 존경하는 일은 현자를 좋아하는 최고 경지다. 하지만 그저 좋아하기만 하는 것은 현자를 좋아하는 게 아니며 그저 존경하기만 하는 것은 현자를 존경하는 게 아니다. 현자를 후하게 봉양한 뒤에 현자를 좋아하는 실상을 알며 지위를 높이 올린 뒤에 현자를 존경하는 실상을 안다. 요임금은 순임금에 대해서 사랑하는 자녀와 자신 곁에 두었던 백관, 국가운영에 바탕이 되었던 소·양·창고를 모두 가져다 순임금에게 주었으니 진실로 현자를 좋아했다고 할 수 있다. 그런 뒤에 하늘이 준 지위를 공유하고, 하늘이 준 직무를 함께 처리하고, 하늘이 준 봉록을 함께 먹었으니 진실로 현자를 존경했다고 할 수 있다. 요·순임금의 훌륭한 시대라도 반드시 현자를 존경해 이룩한 것이니 후대 임금들은 생각하지 않아서야 되겠는가.

7.

만장이 물었다. "감히 여쭙겠습니다. 제후를 만나지 않는 것은 무슨 의義입니까?"

맹자께서 말씀하셨다. "도성에 있는 사람을 시정市井의 신하라 하고 시골에 있는 사람을 초망草莽의 신하라 하는데 모두 서인庶人이라 한다. 서인은 폐백을 드려 신하가 되지 않으면 감히 제후를 만나지 않는 것이 예이다."

| 주씨가 말했다. "전傳은 소개한다는 말이다. 폐백은, 사士는 꿩을 가지고, 서인은 따오기를 가지고 서로 만나 스스로를 소개하는 것이다. 나라 안에는 군신 사이가 아닌 관계는 없다. 다만 벼슬하지 않는 사람은

폐백을 바쳐 지위에 있는 신하와는 같지 않기 때문에 감히 만나지 않는 것이다."

만장이 물었다. "서인은 부역에 부르면 가서 부역은 하면서 임금이 만나보려고 부르면 가서 만나지 않는 것은 어째서입니까?"
"가서 부역일하는 것은 의지만 가서 만나는 것은 의가 아니기 때문이다.
| 가서 부역일을 하는 것은 서인의 직분이다. 가서 만나는 것은 서인으로서 신하된 예를 감당해야 하기 때문에 의가 아니라고 한 것이다.

또 임금이 그를 만나 보려 하는 것은 무엇 때문인가?"
| 맹자는, 서인이 임금에게 가서 만나는 일은 자신의 직분이 아닐 뿐만 아니라 또 제대로 초청하는 방도가 아닌 초청에는 응해서는 안 된다고 생각했다. 그러므로 다시 이것으로 만장에게 반문한 것이다.

"많이 알기 때문이고, 현명하기 때문입니다."
| 만장이 답한 것이다.

"많이 알기 때문이라면 천자조차도 스승을 부르지 않는 것인데 하물며 제후이겠느냐. 현명하기 때문이라면 현자를 만나 보고 싶어 그를 부른다는 말을 나는 들은 적이 없다.
| 맹자가 또 말했다: 부른다는 말은 임금이 신하를 부른다는 말이다. 천자조차 스승에게 이렇게 하지 않는데 하물며 제후가 현자에게 이런 행동을 할 수 있겠는가.

목공이 자주 자사를 만나, '옛날에 천승의 나라 임금이 사士를 벗 삼았는데 어떻습니까?'라고 하자, 자사는 기뻐하지 않으며, '옛사람 말에, "섬긴다고 해야겠지, 어찌 벗 삼는다고 하겠는가"라 했습니다'라고 하셨다. 자사가 기뻐하지 않은 것은, '지위로 보면 당신은 임금이고 나는 신하인데 어떻게 감히 임금과 벗이 되겠는가. 덕으로 보면 당신은 나를 섬기는 사람인데 어떻게 나와 벗이 되겠는가'라고 생각하신 게 왜 아니겠느냐. 천승의 군주도 그와 벗이 되기를 구했다가 될 수 없었는데 하물며 부를 수 있겠느냐.

| 맹자는 자사의 말을 인용해, 현자를 부를 수 없다는 뜻을 거듭 밝혔다.

제나라 경공景公이 사냥을 할 때 관리자 우인虞人을 정旌이라는 깃발로 불렀는데 우인이 오지 않자 그를 죽이려 하였다. '지사志士는 죽어 골짜기에 버려지는 것을 잊지 않으며 용사는 자기 머리를 잃는 것을 잊지 않는다'라고 공자께서 말씀하셨는데 공자는 우인의 어떤 점을 평가한 것이겠느냐? 올바로 부르지 않자 가지 않은 점을 평가한 것이다."

| 또 직분을 가지고 말한 것이다.

"감히 여쭙겠습니다. 우인을 부를 땐 무엇을 씁니까?"
"피관皮冠을 쓴다. 서인은 전旃이라는 깃발을 쓰고, 사士는 기旂라는 깃발을 쓰고, 대부는 정旌이라는 깃발을 쓴다. 대부를 부르는 방법으로 우인을 부르자 우인은 죽기로 하고 감히 가지 않았는데, 사士를 부르는 방식으로 서인을 부르면 서인이 어떻게 감히 갈 수 있겠느냐. 하물며 현명하지 않은 사람을 부를 때 쓰는 방식으로 현자를 부르면 어떻겠느냐.

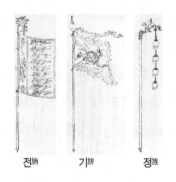

전旆　　기旂　　정旌

┃ 피관은 사냥할 때 쓰는 관이다. 통 비단으로 만든 것을 전旆이라 한다. 용이 엇갈린 무늬가 있는 것을 기旂라 한다. 깃털을 나누어 기旂의 깃대 머리에 매달아 놓은 것을 정旌이라 한다. 현명하지 않은 사람을 부를 때 쓰는 방식이란 소리 내어 부르는 것을 말한다. 사士를 부르는 방식으로 서인을 부르면 예를 잃는다. 현명하지 않은 사람을 부를 때 쓰는 방식으로 현자를 부르면 의義를 잃는다. 맹자는, 이 두 가지 일로 보건대 모두 임금에게 가 만나 봐서는 안 된다고 한 것이다.

현자를 만나고 싶어 하면서 올바른 방도로 하지 않으면 이는 들어오기를 바라면서 문을 닫아 버리는 것과 같다. 의義는 길이고 예禮는 문으로, 오직 군자만이 이 길을 따르고 이 문을 드나들 수 있다. 『시경』에, '큰 길이 숫돌 같아, 곧기가 화살 같구나. 군자가 걷는 것이요, 소인이 본받는 곳이네' [周道如底, 其直如矢, 君子所履, 小人所視] 라고 하였다."

┃ 의義는 자기에게 있기 때문에 길이라 한 것이다. 이 길을 따라간다는 말이다. 예는 임금에게 있기 때문에 문이라 한 것이다. 문을 열고 현자를 대한다는 말이다. 시는 「소아·대동大東」이다. 지底는 지砥와 같은 글자로, 숫돌이다. 평평하다는 말이다. 화살은 곧다는 말이다. 시視는 보고 법도로 삼는다는 말이다. 이 시구를 인용해 윗글의, "(군자만이) 이 길을 따른다"는 말뜻을 증명한 것이다.

만장이 물었다. "공자께서는 임금이 명령해 부르면 말에 멍에 매기를 기다리지 않고 가셨습니다. 그렇다면 공자께서 잘못하신 겁니까?"

"공자께서는 벼슬을 하시며 관직이 있었는데 그 관직으로 불렀기 때문이다."

> 공자가 벼슬을 할 때 직무를 맡고 있었다. 임금이 그 관직 이름으로 불렀기 때문에 말에 멍에 매기를 기다리지 않고 갔던 것이다. 사士는 부름에 가지 않는 것을 의義로 하고 관직에 있는 사람은 부름에 가는 것을 예로 한다. 그 뜻은 같다.

이상은 제7장이다.

○ 보광이 말했다: "진대陳代에게 대답한 장(「등문공 하」 제1장)을 보면, 도를 굽혀 남을 따르지 않는 의義를 알겠고, 공손추에게 대답한 장(「등문공 하」 제7장)을 보면, 신하가 아니면 임금을 만나지 않는 예를 또 알겠다. 이 장을 보면 현자는 불러서는 안 되는 예가 있는 줄 또 알겠다. 군자가 벼슬하거나 은둔하는 일, 벼슬자리에 머무름과 물러남은 오직 의와 예에 일치할 뿐, 애초부터 가야 하거나 가지 말아야 하는 경우는 없는 것이다."

8.

맹자께서 만장에게 말씀하셨다. "한 고을의 훌륭한 사士여야 한 고을의 훌륭한 사를 벗 삼고, 한 나라의 훌륭한 사여야 한 나라의 훌륭한 사를 벗 삼으며, 천하의 훌륭한 사여야 천하의 훌륭한 사를 벗 삼는다.

> 사람이 있으면 반드시 벗이 있다는 말이다. 한 고을의 훌륭한 사士라면

한 고을의 훌륭한 사를 두고 그를 벗으로 삼으며 나아가 한 나라·천하에까지 도달하는 것도 마찬가지다. 천하의 훌륭한 사여야 천하의 훌륭한 사를 벗 삼는다는 말은 성인과 현자가 서로 만난다는 뜻이다.

천하의 훌륭한 사를 벗 삼는 것이 부족하다고 보아 또 위로 옛사람을 논하는 것이다. 그의 시를 외우고 그의 글을 읽었으면서 그 사람을 몰라서야 되겠는가. 이 때문에 그 시대를 논하는 것이니, 이것이 위로 벗을 사귀는[尙友] 것이다."

> 상尙은 '위로'라는 말이다. 송頌은 송[誦]과 통하며, 외운다는 말이다. 배우는 사람이 공부할 때 반드시 시를 외우고 글을 읽는 것은 바로 천하의 훌륭한 사士를 벗 삼는 것이 부족하다고 보아 또 위로 옛사람을 논하는 것이다. 그 시대를 논한다는 말은 당시 일의 추세를 살펴보고 그 득실得失을 논한다는 말이다. 이렇게 할 수 있다면 고인에게 자연스레 미칠 수 없는 부분이 있음을 알고 함부로 논의를 펼칠 수 없다. 이는 위로 옛사람을 벗 삼을 수 있음을 말한 것이지 단지 그의 시를 외우고 그의 글을 읽는 것만 말한 게 아니다.

이상은 제8장이다.
○ 이 장은 전적으로 독서 방법을 모르는 학생을 위해 말한 것이다. 시를 외우고 글을 읽는 것은 학생들의 통상 공부법이다. 하지만 대부분 현재 일의 형편에 근거를 두고 옛사람의 장단점을 논평하는데, 이는 시를 외우고 글을 읽으면서 그것을 쓴 사람은 모르는 것이다. 그러므로 옛사람들의 글을 읽는 일은, 마치 자신이 그 당시에 처해 직접 그 일을 실천하는

것처럼 해서 정신과 뜻이 나 자신과 하나가 된 뒤에야 가능한 것이다. 어떻게 종이 위에 진부한 말에 집착하는 인간들이 할 수 있는 일이겠는가. 그러므로, "이 신묘한 일을 몸에 익혀 밝히는 일은 사람에게 달려 있다"(『주역』「계사전 상」)고 한 것이다.

9.

제나라 선왕이 경卿에 대해 물었다. 맹자께서 말씀하셨다. "왕께서는 어떤 경을 물으시는지요?"

"경이 같지 않습니까?"

"같지 않습니다. 동성同姓인 친척의 경이 있고 이성異姓의 경이 있습니다."

"친척의 경에 대해 여쭙겠습니다."

"임금에게 큰 잘못이 있으면 간언하고, 반복해 간언했는데도 듣지 않으면 임금 자리를 바꿔 버립니다."

| 주씨가 말했다: "큰 잘못이란 나라를 망하게 할 수 있는 것을 말한다. 역위는 임금 자리를 바꾸고 친척 가운데 현명한 사람으로 바꿔 임금으로 세운다는 말이다. 경이 된 친척은 임금과는 친척을 사랑하는 은혜가 있고 임금을 떠날 수 있는 의義가 없다. 종묘가 소중하기 때문에 나라가 망하는 것을 차마 앉아서 볼 수 없기 때문에 어쩔 수 없이 이런 지경에 이르는 것이다."

왕이 발끈하며 얼굴빛이 변했다.

| 발연勃然은 낯빛이 변하는 모양이다.

"왕께서는 이상하게 여기지 마십시오. 왕께서 신臣에게 물으셔서 신이 감히 올바르게 대답하지 않을 수 없었습니다."

| 맹자의 말이다.

왕이 낯빛이 안정된 후에 이성의 경에 대해 물었다.

"임금에게 잘못이 있으면 간언하고, 반복해 간언했는데도 듣지 않으면 떠납니다."

| 주씨가 말했다: "임금과 신하는 의가 합치된 관계이니, 합치되지 않으
| 면 떠난다."

이상은 제9장이다.

○ 진덕수眞德秀가 말했다: "친척은 임금의 자리를 바꾼다는 말은 후세에는 실행할 수 있는 게 아니다. 임금에게 큰 잘못이 있으면 당연히 반복해서 가장 높은 강도로 간언해, 굴원屈原과 유향劉向이 그랬던 것처럼 해야한다. 동성同姓의 경들은 떠날 수 있는 의義가 없더라도, 임금에게 큰 악이 있는데 간언할 수 없었다면 임금 자리를 바꾸는 일은 또 실행할 수 없는 것이다. 종묘사직이 위태로울 텐데 앉아서 기다리는 일이 어떻게 용납되겠는가. 그렇다면 미자微子가 은殷나라를 떠난 일 또한 명확한 의義가 존재하는 곳이 있는 것이다. 임금의 악행이 주紂와 같지 않다 해도 의義에서 볼 때 당연히 그런 임금이 주는 봉록은 받지 않아야 하니, 노나라의 숙필叔肸(『춘추좌씨전』 '선공宣公 17년')이 모범 사례가 될 수 있다. 시대에 따라 의義를 제정해야 하는 것이지 처음부터 정해진 법이 있는 게 아니다."

맹자고의 권6

孟子古義 卷之六

고자(告子)편

이 편은 전적으로 인성人性은 선하다[性善]는 뜻을 밝히고, 주변으로 예악禮樂과 왕도·패도에 대한 일을 언급했다. 당시 사악한 말들이 다투어 일어나 말이 사람마다 달랐다. 어떤 사람은 성性에는 선善도 불선不善도 없다 하기도 하고, 어떤 사람은 인의仁義를 교정하는 도구라고 하기도 했는데, 인의가 사람이 지닌 최고 덕목이며 성의 선함은 모두 실행할 수 있어, 불이 건조한 것에 쉽게 옮겨 붙고 물이 습지로 가는 것과 같은 줄 몰랐던 것이다. 그러므로 맹자는 간곡하게 반복하며 찬찬히 알려 주어 다시는 남겨 놓은 것이 없었다. 이전 유학자들은 도를 너무 높게 보고 마침내 인의를 성을 구성하는 리理로 보았으니 역시 휜 것을 바로잡는다고 곧게 편 정도를 넘어가 버린 경우에 해당하는 말이라, 맹자의 뜻에 크게 어긋났다. 배우는 사람은 분별해야 한다.

고자 장구 상

모두 20장이다.

1.

고자告子가 말했다. "성性은 버드나무와 같고 의義는 나무 그릇과 같습니다. 인성을 인의仁義라고 하는 것은 버드나무로 나무그릇을 만드는 것과 같습니다."

기류杞柳는 고리버들이다. 배권桮棬은 나무를 구부려 만드는 것으로, 잔이나 주전자 따위를 말한다. 고자는, 사람이 인의를 실행하는 데에는 반드시 교정을 기다려야 한다. 버드나무를 만져 나무 그릇을 만드는 일과 같은 것으로, 본래 성性의 자연스러움이 아니라는 말이다. 그의 뜻은 인의가 아름답기는 하지만 성에 존재하는 게 아니라 다만 사람마다 의당 써야 하는 도구일 뿐이라는 말이다.

맹자께서 말씀하셨다. "그대는 버드나무의 성질을 따라 나무그릇을 만들 수 있습니까. 버드나무를 해친 다음에야 나무그릇을 만들 것입니다.

│ 맹자는 고자의 말을 근거로 따져 물은 것이다. 버드나무로 그릇을 만들 때, 버드나무의 성질을 따르는가, 그 성질을 거스르는가. 버드나무의 성질은 부드럽고 질기기 때문에 그런 성질을 따르면 그릇을 만들 수 있다. 녹나무처럼 강하고 견고하다면 역시 쓰임새를 감당할 수 없을 것이다. 그대의 뜻은, 버드나무를 해쳐서 그릇을 만들어야 한다고 꼭 말해야 하는데, 본래 그 성질을 따라야 한다는 걸 모르는 것이다, 해치게 되면 반드시 틈을 만들게 돼 재목은 쓰임에 맞지 않게 된다, 어떻게 해친다고 말할 수 있는가, 라는 말이다.

버드나무를 해쳐서 나무그릇을 만든다면 역시 사람을 해쳐서 인의를 만들겠군요. 천하 사람을 거느리고 인의를 해치는 것은 반드시 그대의 말일 것입니다."

│ 버드나무를 해쳐 그릇을 만든다고 한다면 역시 사람을 해쳐 인의를 만든다고 말할 수밖에 없다. 그렇다면 완전히 인의를 악으로 본 것은 아니지만 실은 인의에 화가 되는 것이다.

○ 맹자는 인의 두 글자를 제시해 길이 후세에 알려 주었다. 그러므로 고자는 이 말을 내던져 맹자의 주장을 분질러 버리려고 하였다. 오로지 성선설을 격파하려 했던 것만이 아니다. 하지만 고자는, "인은 안에 있고 의는 밖에 있는 것이다"(「고자 상」 제4장)라고 말했으니, 역시 인의를 완전히 포기하고 취하지 않은 것은 아니다. 단지 일에 대응하고 사물과 접촉하는 도구라 생각하고 최고 가치라고는 여기지 않았다. 그런

까닭에 맹자는 인의를 해친다고 꾸짖은 것이다. 저편에서 인의를 포기하고 취하지 않았다면, 왜 인의를 해친다는 말에 마음을 쓰겠는가. 맹자 역시 꼭 이 때문에 꾸짖은 게 아니다.

이상은 제1장이다.

○ 고자는 버드나무를 성性에 비유하고 나무그릇을 인의에 비유했는데, 그 설명이 전혀 부당한 것은 아니다. 하지만 해친다고 말한 것은 지나쳤다. 그의 뜻은 성에는 선도 없고 불선도 없으며, 인의를 일에 대응하고 사물과 접촉하는 도구라고 생각했던 것이다. 뒤의 몇 장에서 설명을 자주 바꾸기는 하지만 그 뜻은 한결같다. 인의는 천하의 덕이며 인성은 선하고, 인간의 본성으로 인의를 실행하는 것으로, 바로 자기 성을 따라 행한다는 말이다. 이런 것을 어떻게 해친다고 말할 수 있겠는가. 맹자가 인의를 고유固有한 것으로 본 것은 이런 이유 때문이었다. 대개 인의를 성性이라고 칭한 것이지, 성性의 이름인 것은 아니다. 그러므로 '사람은 인의를 성으로 여긴다'고 말한다면 되지만, '인의는 성의 이름이다'라고 말한다면 안 된다. 이전 시대 유학자들은 맹자의 말을 이해하지 못하고 마침내 인의를 성에 갖추어진 리理로 보아, 맹자의 말을 전후가 어긋나게 해 거의 서로 통하지 못하게 만들고 말았다. 또 다른 공부를 하는 사람들이 대부분 맹자의 말을 오해하도록 만들었으니, 슬픈 일이다.

2.

고자가 말했다. "성性은 소용돌이 치는 물과 같아서 동쪽으로 터주면 동쪽으로 흐르고, 서쪽으로 터주면 서쪽으로 흐릅니다. 인성이 선善과 불선不善의 구분이 없는 것은 물이 동쪽과 서쪽의 구분이 없는 것과 같습니다."

| 단湍은 물결이 빙빙 도는 모양이다. 고자는 성에 본래 선도 없고 불선도 없으며, 선악이 있는 것은 모두 습관에서 나왔지 성의 본체本體는 아니라고 말한 것이다. 앞 장에서 맹자가 이미 버드나무와 나무그릇의 말을 통해 인의가 그 본성을 따름을 밝혔기 때문에 고자는 또 여울물의 비유를 가져와, 인의는 본래 실행에서 나오지 본성은 아니라고 하였다.

맹자께서 말씀하셨다. "물에는 진정 동쪽과 서쪽의 구분이 없습니다만 위아래에도 구분이 없습니까? 인성이 선함은 물이 아래로 흐르는 것과 같습니다. 사람에게 불선은 있지 않으며, 물은 아래로 흐르지 않는 게 없습니다.

| 고자의 말을 근거로 분별해 말한 것이다. 물은 확실히 동서를 구분하지 않지만 모두 아래로 흘러가지 않는 게 없으니 어떻게 위아래로 구분이 되지 않겠는가. 사람이 선을 실행하는 것은 본성의 자연스러움으로, 물이 아래로 흐르지 않을 수 없는 것과 같다.

지금 물을 쳐서 튀어오르게 하면 이마를 지나게 할 수 있고, 물을 막아 흐르게 하면 산에 있게 할 수도 있습니다. 이것이 어떻게 물의 본성이겠습니까? 외부의 힘이 그렇게 하는 것이지요. 사람에게 불선을 하게 할 수 있는 것도 그 본성이 역시 이 물과 같습니다."

| 박搏은 친다는 말이다. 약躍은 튀어오르는 것이다. 상顙은 이마를 말한

다. 사람이 불선을 행하는 것은 물이 이마를 지나 튀고, 물이 산에 있는 것과 같다, 본래 외부의 힘이 일으키는 것이지 본성 본연의 모습은 아니라는 말이다.

○ 물이 땅 속에 있을 때는 확실히 위아래가 없다고 말할 수 있다. 밖으로 드러나 근원을 떠난 뒤에 위아래를 구분할 수 있다. 맹자는 물이 아래로 흐르는 것을 가지고 인성의 선함에 비유했으니 이미 밖으로 드러난 것[已發]에서 선을 본 것이지, 아직 밖에 드러나지 않은 것[未發]을 가지고 말한 것이 아님을 알 수 있다.

이상은 제2장이다.

○ 공자는 "본성은 서로 비슷하다"(『논어』「양화」제2장)고 말했는데, 맹자는 선하다고 말한 것은 어째서인가? 물에 맑다 탁하다 달다 쓰다는 구별이 있더라도 아래로 흐르는 것은 똑같다. 인성에 어리석다 총명하다 강하다 약하다는 구별이 있더라도 선하다는 것은 똑같다. 그러므로 어린 아이가 우물에 들어가려는 것을 보면 모두 가여워하고 놀라며 측은해하는 마음이 생기며, 아무리 먹을 것을 좋아해도 야 와서 먹어 하며 무례하게 주는 음식은 받지 않고, 아무리 여색을 좋아해도 이웃의 처자를 유혹하지는 않는다. 사람이라면 모두 그렇지 않은 이가 없다. 이 점이 맹자가 인성의 선함을 논한 본래 의도이며 공자의 뜻을 명확히 밝힌 것이다. 모두 기질을 통해 선을 본 것이지 기질을 떠나서 말한 게 아니다. 이전 시대 유학자는, 맹자가 말한 성선性善은 본연의 성을 가리키고 공자의 말은 기질의 성을 겸해서 말했다고 하였다. 이 설명이 한 번 나온 뒤로 그 말을 바꿀 수 없었다. 맹자의 뜻이 후세에 밝혀지지 않았을 뿐만 아니라 또한

한 학파로서 맥이 똑같았던 공자와 맹자의 학문이 지리멸렬하게 되어 거의 서로 통할 수 없게 되어 버렸다. 아무리 탄식해도 끝이 없다.

3.

고자가 말했다. "타고난 것[生]을 성性이라고 합니다.

│ 고자는 사람이 태어나며 받는 것이 바로 성으로, 본래 선악을 말할 수
│ 없다고 한 것이다.

맹자께서 말씀하셨다. "타고난 것을 성이라고 한 말씀은 흰 것을 희다고 하는 것과 같은 말입니까?"

"그렇습니다."

│ 맹자는, 타고난 것을 성이라고 한 말이 물건이 흰 것을 똑같이 희다고
│ 말하는 것과 같다고 한 뜻으로 전혀 차별이 없는 것인가라고 물었는
│ 데, 고자가 그렇다고 대답한 것이다.

"흰 깃털의 흰색이 흰 눈의 흰색과 같으며, 흰 눈의 흰색이 흰 옥의 흰색과 같습니까?"

"그렇습니다."

│ 인간과 사물이 똑같이 부여받은 본성을 가졌지만 사람만이 선하므로,
│ 모두 일괄해서 타고난 것을 성이라고 말해서는 안 된다. 때문에 다시
│ 이런 질문으로 고자에게 따져 물은 것이고 고자는 또 그렇다고 대답한
│ 것이다.

"그렇다면 개의 본성이 소의 본성과 같으며, 소의 본성이 사람의 본성과 같습니까?"

개와 소, 사람은 모두 자신의 본성을 가졌다. 하지만 개는 집을 지킬 줄은 알아도 밭을 갈 줄은 모르고 소는 밭을 갈 줄은 알아도 집을 지킬 줄은 모른다. 사람은 예의의 마음이 자연스럽게 완비되어 개·소와 비교할 수 있는 게 아니다. 고자의 말과 같다면 개·소와 사람은 그 본성도 다르지 않으니 말이 되는가. 그러므로 또 이런 질문으로 따져 물은 것이다. 이번에는 고자가 말이 궁색해져 대답할 수 없었다.

○ 맹자는 인간의 본성과 개·소의 본성을 대조해 말했는데, 이른바 성선이라는 것은 기질을 말하는 것이지 본연의 성을 말하는 게 아님을 더욱 알 수 있다. 이전 시대 유학자는 본연의 성, 기질의 성이라는 설명을 세웠는데 여기서 어긋나는 면이 매우 심해 끝내 맹자의 말을 만족스레 설명할 수 없었다. 아아!

이상은 제3장이다.

○ 고자는 버드나무와 여울물은 모두 정이 없는 물건이라 성을 비유하기엔 부족하다고 생각했기 때문에 또 "타고난 것을 성이라 한다"는 말을 꺼내, 성을 선하다고 할 수는 없다고 했다. 맹자는 이에 개·소를 사람과 비교해 성이 특히 선함을 밝혔는데 명백하고 확실해 다시 의심할 게 없다. 고자가 스스로 반성할 줄 모르는 게 안타깝다.

○ 고자는 본래 성에는 선도 없고 불선도 없다고 말해 놓고 또 타고난 것을 성이라고 말한 것은 어째서인가? 고자는 전체적으로 부동심不動心을 위주로 하기 때문에 단지 태어나면서 부여받은 것을 본성으로 인식할 뿐

본성의 선악 여부는 물으려 하지 않은 것이다. 불교의 가르침과 설명이 다르긴 하지만 그 뜻은 서로 부합한다. 이단의 가르침은 또 하나가 아니지만 요약해 보면 두 종류를 벗어나지 않는다: 수준이 높으면 공허하고, 수준이 낮으면 술법이 된다. 시대가 다르고 장소가 바뀌어도 이 사실은 한 음률에서 나온 것처럼 똑같다. 이 점이 고자·장자·노자의 학문이 불교와 보이지 않게 합치되는 곳이며, 후세의 유학자들 자신이 공자와 맹자를 최고 가르침이라고 하지만 그 실상은 불교와 노장^{老莊}이 드리운 영향에서 나왔음은 역시 이런 점과 관련된다.

4.

고자가 말했다. "식욕과 성욕이 성입니다. 인^仁은 안에 있지 밖에 있는 게 아니며, 의^義는 밖에 있지 안에 있는 게 아닙니다."

│ 안은 친밀하다는 말이다. 밖은 소원하다는 말이다. 『대학』에서 말한, "근본을 바깥으로 하고 말단을 안으로 한다"는 표현과, 『장자』에서 말한, "안으로는 성인이며 밖으로는 왕이다"라는 표현이 이와 같은 뜻이다. 친한 것은 힘써 실행해야 마땅하고 소원한 것은 오기를 기다렸다가 응대할 수 있을 뿐이다. 고자의 뜻은, 사람이 음식을 달게 먹고 호색을 좋아하는 것은 모두 배울 필요 없이 자연스러운 현상이니 그것이 본성임에 명백하다, 다만 인^仁은 본성은 아니지만 인애는 모두 우리 몸에 속한 곳에서 나오니 사람들은 안에 있는 것으로 여겨 실행해야 하고, 의는 밖에 있는 사물을 따르니 성이 아닐 뿐만 아니라 또한 안에 있다고 할 수 있는 인^仁과 같은 것도 아니므로 사물을 따라 응대해야 할

따름이라는 말이다. 고자가 이른바 "밖에 있다"고 한 것은, 버리고 쓰지 않는다는 의미로 말한 게 아니다. 다만 이것을 일에 대응하고 사물과 접촉하는 도구로 본 것일 뿐이다.

○ 이전의 여러 유학자들은 대부분 내외內外라는 두 글자의 뜻을 잘못 인식해서 바로 성을 안으로 보고, 사물을 밖으로 보았는데 전혀 옛사람의 뜻이 아니다. 안이라는 것은 자신과 이어지고 자신에게 속한다는 의미로, 이른바 "내 동생이면 사랑해 주고 나와 상관없는 진나라 사람 동생이면 사랑하지 않는다"는 것이 바로 이 뜻이다. 밖이라는 것은 자신과 이어지지 않고 자신에게 속하지 않는다는 말이다. 이른바 "초나라의 어른을 어른으로 대접하고 내 집안의 어른도 어른으로 대접한다"는 것이 바로 이 뜻이다. 맹자가 인의를 안으로 보기는 했지만 역시 곧바로 성이라고 한 것은 아니다. 이 부분을 보면 알 수 있다.

맹자께서 말씀하셨다. "무엇 때문에 인은 안에 있고 의는 밖에 있다고 하십니까?"

"저 편이 어른이니까 내가 어른으로 모시는 것이지 내게 어른으로 모시는 마음이 있는 게 아닙니다. 저 편이 흰색이니까 내가 흰색이라고 하는 것으로 밖에 있는 흰색을 따르는 것입니다. 그렇기에 밖에 있다고 한 것입니다."

고자의 말은, 저쪽이 나이가 많은 걸 따라서 내가 어른으로 모시는 것은, 저쪽 얼굴이 흰 것을 따라 내가 희다고 하는 것과 같다, 이는 어른을 어른으로 모시는 일이 저쪽에 속하지 내게 속하는 것이 아니다, 의가 밖에 있는 이유이다, 라는 뜻이다.

"하얀 말의 흰색은 하얀 사람의 흰색과 다름이 없습니다. 잘 모르겠습니다만, 나이 먹은 말을 늙은 말로 취급하는 것[長]과 나이 드신 분을 어른으로 대접하는 것[長]과는 차이가 없나요? 또 나이 든 것을 의라고 하는 겁니까, 나이에 맞게 대접하는 것을 의라고 하는 겁니까?"

│ 장씨(장식張栻)가 말했다: "처음의 '이어'異於 두 글자는 군더더기 글자 같다." 이씨(이욱李郁)가 말했다: "빠진 글자가 있는 것 같다." 맹자는, 하얀 말과 하얀 사람은 분명 차이가 없지만, 나이 든 말과 나이 드신 분은 크게 다르다. 어떻게 나란히 비교해 말할 수 있는가. 또 의는 어른에 있지 않고 나이 든 분으로 대접하는 마음에 있다면, 의는 밖에 있지 않다는 사실 또한 명백하다고 말한 것이다.

고자: "내 동생이면 사랑하고, 진나라 사람의 동생이라면 사랑하지 않으니 이는 내게서 나온 것을 기쁨으로 여기는 것입니다. 그렇기에 안에 있다고 한 겁니다. 초나라의 어른을 어른으로 대접하고 내 집안의 어른도 어른 대접을 해줍니다. 이는 어른이라는 것을 기쁨으로 여기는 것입니다. 그렇기에 의가 바깥에 있다고 하는 것입니다."

│ 고자는 또, 사랑은 내게서 나오는 것이기 때문에 내게 속하는 것이면 사랑하고 내게 속하지 않는 것은 사랑하지 않는다, 인이 안에 있는 이유이다, 어른이란 존재는 저 바깥에서 생겨나기 때문에 내게 속해도 확실히 어른으로 대접하지만 내게 속하지 않아도 역시 어른으로 대접한다, 의가 밖에 있는 이유이다, 라고 말한 것이다.

○ 이전 시대 유학자들은 전적으로 안을 성으로 보았다. 하지만 이 부분의 말을 자세히 음미해 보면 안과 밖 두 글자의 뜻은 더욱 명확해져 의

심이 없다. 오직 저쪽에 속한 것을 밖이라 하고 내게 속한 것을 안이라고 하는 것이다. 다만 초나라의 어른을 어른으로 대접한다는 말을 보면 의를 바깥으로 보고 실행하였지, 의를 버리고 취하지 않은 게 아닌 점도 명백하다.

맹자: "진나라 사람이 만든 불고기를 좋아하는 것은 내가 만든 불고기를 좋아하는 것과 차이가 없습니다. 물건에는 역시 그런 게 있지요. 그렇다면 불고기를 좋아하는 것 역시 밖에 있는 겁니까?"

　│　맹자의 말은, 그대의 말과 같다면 내가 만든 불고기는 좋아하고 진나라 사람이 만든 불고기는 좋아하지 않아야 말이 된다, 하지만 불고기가 좋은 맛이라면 진나라 사람이 만든 불고기는 내가 만든 불고기와 같은 것이다, 어떻게 이것을 밖에 있다고 하는가, 그렇다면 초나라의 어른을 어른으로 대접하고 내 집안의 어른도 어른 대접을 해주는 행동을 어떻게 밖에 있다고 할 수 있는가, 의가 밖에 있지 않다는 사실을 알 수 있다, 라는 뜻이다.

이상은 제4장이다.

○ 고자는 식욕과 성욕을 성으로 보고 인은 안에 있고 의는 밖에 있다고 했는데, 맹자가 식욕과 성욕에 대한 말은 분별하지 않고, 오직 의는 밖에 있다는 말만 배척한 것은 어째서인가? 맹자는, "입이 맛을 보고, 눈이 색깔을 보고, 귀가 소리를 듣고, 코가 냄새를 맡고 사지가 편하게 있으려고 하는 것이 성이다"(「고자 하」 제24장)라고 말한 적이 있다. 그러므로 음식을 달게 먹고 호색을 좋아하는 것은 분명 성이라 할 수 있다. 하지만 야

와서 먹어 하며 무례하게 주는 음식은 먹지 않고, 이웃집의 처자를 유혹하지는 않는다. 이 점이 성이 선한 까닭이 된다. 고자의 잘못은 식욕과 성욕이 성이라고 한 데 있지 않고, 식욕과 성욕의 성 안에 또한 의리의 마음도 있어서 자신도 그만둘 수 없다는 사실을 몰랐다는 점에 있음을 알겠다. 고자는 자신의 논리를 끝까지 밀고 나가지 못한 것 같다. 때문에 작은 것은 알아도 큰 것은 몰랐고 말단은 알아도 근본은 몰랐다. 이것이 맹자가 식욕과 성욕이 성이라는 말은 치워 두고 분별하지 않은 이유이다.

5.

맹계자孟季子가 공도자에게 물었다. "무엇 때문에 의가 안에 있다고 말씀하신 겁니까?"

> 맹계자는 맹중자孟仲子의 동생인 것 같다. 맹자의 말을 듣고 이해하지 못했기 때문에 사사로이 물은 것이다.

공도자가 말했다. "내가 가진 존경심을 행동으로 옮기기 때문에 안에 있다고 한 것입니다."

> 위 문장에서 초나라의 어른을 어른으로 대접한다고 한 말을 따라 대답한 것이다. 어른을 공경하는 것은 내게서 비롯되지 남에게서 생기는 게 아니기 때문에 의가 안에 있다고 했다.

"시골 사람이 큰형보다 한 살 더 많다면 누구를 공경합니까?"
"큰형을 공경합니다."

"술을 따를 때 누구에게 먼저 따라 줍니까?"

"시골 사람에게 먼저 따릅니다."

│ 이는 모두 맹계자가 묻고 공도자가 대답한 것이다. 작酌은 술을 따르는
│ 것이다.

"공경하는 사람은 여기 있는데 어른으로 대접하는 사람은 저기 있군요.
의는 과연 밖에 있지 안에서 나오는 게 아닙니다."

│ 맹계자는, 형을 공경하는 일은 분명 자신에게 있지만 어른을 어른으로
│ 대접하는 일은 반드시 형에게 달려 있지 않고 밖에 있는 어른의 존재
│ 를 따른다. 그렇다면 이는 의는 결과적으로 저쪽에 속하지 내게 속하
│ 지 않는다고 말한 것이다.

공도자가 대답을 할 수 없어 맹자에게 이 말씀을 드렸다. 맹자께서 말씀
하셨다. "'숙부를 공경합니까, 아우를 공경합니까?' 하고 물으면 저편에
서 '숙부를 공경합니다'라고 할 것이다. '아우가 시동尸童이 되면 누구를
공경합니까?' 하고 물으면, 저편에서 '아우를 공경합니다'라고 할 것이다.
자네가 '숙부를 공경한다고 하신 말씀은 어디 간 겁니까?' 하고 물으면,
'아우가 시위의 자리에 있기 때문입니다'라고 할 것이다. 자네 역시 '시골
사람이 빈객의 자리에 있기 때문입니다'라고 대답해라. 항상 존경하는
일은 형에게 있지만 잠시 존경하는 일은 시골 사람에게 있는 것이다."

│ 맹자가 공도자를 위해 계자에게 대답하는 방법을 만들어 보여 준 것이
│ 이와 같았다. 시尸는 제사 지낼 때 신주神主로서 신의 모습을 나타낸 것
│ 이다. 자제가 시동이 되더라도 조상처럼 공경해야 한다. 재위在位는 동

생이 시위尸位(신주 대신 시동이 앉는 자리)에 있는 것과 시골 사람이 빈객의 자리에 있는 것을 말한다. 용庸은 '항상'이라는 말이다. 사수斯須는 '잠시'라는 말이다. 공경이 때에 따라 다르게 베풀어지더라도 공경하는 마음은 자신에게서 비롯하지 저쪽에서 나오는 게 아닌데 어떻게 이것을 밖에 있다고 할 수 있는가, 라는 말이다.

계자가 이 말을 듣고 말했다. "숙부를 공경해야 한다면 숙부를 공경하고, 아우를 공경해야 한다면 아우를 공경하니 의義는 과연 밖에 있는 것이지 안에서 비롯되는 게 아닙니다."
공도자가 말했다. "겨울에는 뜨거운 물을 마시고 여름에는 찬 물을 마십니다. 그렇다면 먹고 마시는 것도 밖에 있는 것이군요."

│ 주씨가 말했다. "이 역시 앞 장의 '불고기를 좋아한다'는 뜻과 같다."

이상은 제5장이다.

6.

공도자가 물었다. "고자는, '성에는 선善도 없고 불선不善도 없다'고 말했습니다.

│ 이 말이 바로 고자가 성의 근본을 논한 것이기 때문에 공도자가 특별히 인용한 것이다. 성에는 본래 정해진 실체가 없기 때문에 선악을 말할 수 없다는 뜻이다. 앞 장에서 버드나무와 여울물의 비유도 모두 여기서 나온 것이다.

어떤 사람은, '성은 선할 수도 있고 불선할 수도 있다. 이런 까닭에 문왕과 무왕이 나오면 백성들은 선을 좋아했고, 유왕幽王과 여왕厲王이 나오면 백성들은 난폭함을 좋아했다'고 했습니다.

후세 한나라 때 양자揚子(양웅揚雄)의 선악이 혼합되어 있다는 주장이 이와 가깝다. 다만 양자는 선악은 모두 성에 고유한 것으로, 실행에 따라 완성된다고 하였다. 여기서 하는 말은 성에는 선악이 없고 습관에 따라 나눠진다는 뜻이다.

어떤 사람은, '성이 선한 사람도 있고 불선한 사람도 있어 이 때문에 요를 임금으로 하고서도 상象이 있었고, 고수를 아버지로 하고서도 순이 있었으며, 주紂를 형의 아들로 하고 또 임금으로 했으면서도 미자微子 계啓와 왕자王子 비간比干이 있었다'라고 했습니다.

후세 당나라 때 한자韓子(한유韓愈)의 성삼품性三品(성에는 상중하 세 종류가 있다는 주장)설이 이와 가깝다. 요임금 같은 성인도 동생 상象의 악행을 교화할 수 없었고, 고수와 주 같은 악인으로서도 순임금과 미자·비간의 선을 움직일 수 없었으니 성의 선악은 각자 그 종류가 있는 것이 명백하다는 말이다.

지금 선생님께서는 성은 선하다고 말씀하시는데, 그렇다면 저들은 모두 틀린 겁니까?"

공도자는 맹자의 말뜻을 이해할 수 없어, 맹자가 '천하 사람들은 모두 선하고 악이 없다'고 말한 것이라고 생각했다. 그런 까닭에 그렇다면 저 세 가지 주장은 모두 잘못이냐고 물은 것이다.

맹자께서 말씀하셨다. "정情은 선하다고 할 수 있다. 이게 바로 선하다고 말하는 것이다. 불선을 행하는 것은 재질[才]의 죄가 아니다.

| 정情은 성性이 하려는 것[欲: 욕구]이고 재才는 성이 할 수 있는 것이다. 맹자는, 인간의 정은 선을 좋아하고 악을 미워하므로 반드시 선하다고 할 수 있으며 불선이라고 할 수 없다. 이 점이 내가 이른바 성은 선하다고 하는 것이지, '천하 사람들은 그 성이 모두 한결같고 다르지 않다'고 말하는 게 아니다. 정이 이미 그렇다면 재질 역시 의당 그런 것이다. 지금 불선을 하는 것은 무언가에 빠져서 그런 것이지 재질의 죄가 아니다.

○ 공도자는 세 가지 주장을 거론하며 질문이 매우 상세한데 맹자가 답한 것은 아주 소략해서 거의 공도자에게 궁지에 몰린 것처럼 보인다. 어째서인가? 대답해 본다: 이는 송나라 유학자들의 주장으로 풀이해서 맹자의 뜻을 모르기 때문이다. 소위 "정情은 선하다 할 수 있다"는 말은 앞 장의, "인성의 선함은 물이 아래로 흐르는 것과 같다"는 뜻으로, 본래 인정이 좋아하는 것을 가지고 말한 것이지, 일률적인 주장을 만들어 사람들에게 변론하며 반론을 막으려 한 것이 아니다. 남들이 자기를 칭찬하면 기쁘고 자기를 헐뜯으면 화나는 게 사람의 정이다. 선을 좋아하고 악을 미워한다는 점을 알기만 한다면 선하다고 할 수 있으니, 닭이나 개처럼 아주 무지해서 선을 알려 주어도 이해하지 못하는 것과 같은 게 아니다. 이 점이 맹자가 성은 선하다고 말하는 까닭이다. 공도자가 이 뜻을 이해했다면 세 가지 주장의 잘못된 점은 구별해 주지 않아도 저절로 격파될 것이다. 다만 (이를) 설명하는 후대의 사람들은 맹자의 뜻을 이해하지 못하고 억지로 이기체용理氣體用의 설을 세워

서 맹자의 뜻이 영원토록 밝혀지지 않게 하였으니, 이루 다 통탄할 수 없을 정도다.

측은해하는 마음을 사람이 다 가졌고, 부끄러워하고 악을 미워하는 마음을 사람이 다 가졌고, 공경하는 마음을 사람이 다 가졌고, 옳고 그름을 가리는 마음을 사람이 다 가졌다. 측은해하는 마음이 인仁이고, 부끄러워하고 악을 미워하는 마음이 의義이고, 공경하는 마음이 예禮이고, 옳고 그름을 가리는 마음이 지智다. 인의예지는 밖에서 가져와 자신을 장식하는 물건이 아니고 자신이 본래 가지고 있는 것인데 사람들이 생각하지 않을 뿐이다. 그렇기 때문에, '구하면 얻고 버리면 잃는다'고 말하는 것이다. 선악의 거리가 혹 두 배가 되기도 하고 다섯 배가 되기도 하며 계산할 수 없기도 하는 것은 자신의 재질을 다할 수 없어서다.

| 여기부터 이하 구절은 재질의 죄가 아니라는 말을 설명한 것이다. 공恭은 존경을 바치는 것이다. 삭鑠이라는 글자는 여러 풀이가 명쾌하지 않다. 내 생각에는, 삭鑠은 불로 쇠를 녹인다는 말이다. 그러므로 녹인 금속으로 물건을 장식하는 것도 삭鑠이라고 한다. 백금으로 물건에 입힌 것을 도금이라 하는 것과 같다. 후세에 녹인 금을 가지고 휘장을 장식한 것을 금박장식 휘장이라고 한 것 같은 게 이것이다. 밖에서 가져와 장식한다는 뜻을 취한 것이다. 산算은 셈한다는 말이다. 본래 가졌다는 말은 사람은 꼭 사단의 마음을 가졌으며 이는 인의예지의 덕을 자신의 덕으로 소유했다는 말이다. 다만 사람들 자신이 생각해서 구하지 않을 뿐이다. 구하면 얻고 버리면 잃는다는 말은 자신에게 있는 것을 구하면 이것을 얻었을 때 유익하다는 말이다. 선악이 떨어진 거리가 두 배,

다섯 배로 한결같지 않은 것은 모두 자신의 재질을 다할 수 없기 때문이지 인성이 불선^{不善}하기 때문이 아니다.

○ 앞에서는 측은지심, 수오지심, 공경지심, 시비지심 네 가지를 '인의예지의 근본'이라고 했으면서(「공손추 상」 제6장) 여기서는 바로 인의예지라고 한 것은 어째서인가? 인의예지는 천하에 모두 통하는 덕으로, 그것이 근본을 둔 곳을 말한다면 바로 이 측은지심, 수오지심, 공경지심, 시비지심에 있다. 앞에서 말한 것은 배우는 사람에게 이 마음을 확충해 자신의 덕을 완성하기를 바랐기 때문에 근본이라고 한 것이다. 이 장에서는 공도자가 성선설을 의심했기에 그를 위해 말한 것이기 때문에 이 네 가지를 인의仁義 등으로 짝을 지어 주고 인이다, 의다, 예다, 지다, 라고 한 것이지 바로 인성의 이름으로 한 것은 아니다. 배우는 사람들이 이를 잘 이해하는 데 달려 있을 뿐이다. 그러나 이전 시대 유학자들이 "고유"固有가 바로 성性에 해당한다고 한 것은 잘못이다. 인의예지는 천하에 모두 통하는 덕으로, "본래 가지고 있다"[固有]라고 말해서는 안 된다. 인간의 본성으로 천하의 덕을 성취하지만 그 근본이 되는 것을 미루어 나가기 때문에 "고유"라고 한 것이다. 곧바로 성이라고 말하는 것과는 크게 다르다.

『시경』에, '하늘이 모든 백성을 낳았으니, 만사가 있으면 법칙이 있도다. 백성들이 항상 가진 선한 마음, 이 아름다운 덕을 좋아하네'[天生蒸民, 有物有則. 民之秉夷, 好是懿德]라고 하였는데, 공자께서 '이 시를 지은 사람은 도를 알겠구나'라고 말씀하셨다. 그러므로 만사가 있으면 반드시 법칙이 있으니, 백성들이 항상 선한 마음을 가졌기 때문에 이 아름다운 덕을 좋아하는 것이다.[故有物必有則, 民之秉彝也, 故好是懿德]"

시는 「대아·증민蒸民」이다. 증蒸이라는 글자는 시에서 증烝으로 썼는데, 많다는 말이다. 물物은 일[事]을 말한다. 칙則은 법을 말한다. 이彛는 시에서는 이彝로 썼는데, '항상'이라는 말이다. 사람들이 항상 가진 선심善心을 말한다. 이懿는 아름답다는 말이다. 공자가 이 시를 읽고, 이 시를 지은 사람은 도를 알 것이다, 라고 말하였다. 맹자가 이 말을 인용해 이에 따라 시를 해석해서, 백성들이 이런 마음을 가져 항상 지니고 바꾸지 않기 때문에 인의예지의 덕을 좋아하지 않는 사람이 없는데 이로써 인성이 선하다는 사실을 증명할 수 있다고 말한 것이다. 문장의 흐름으로 추정해 보면, "고유"故有라는 글 앞에 "천생증민야"天生蒸民也라는 한 구절이 있어야 한다.*

○ 이 부분은 공자의 말을 인용해 성선性善의 뜻을 증명한 것이다. 실제로 도를 아는 사람이 된 이후에야 선은 기를 수 있으며 악은 해가 될 수 없음을 알 수 있다. 도를 모르는 사람은 이와 반대다. 인성의 선함에는 인의예지 네 마음을 완전히 갖췄기 때문에 측은에 해당하는 것을 보면 자연스레 측은해지고, 부끄러워하고 미워할 일에 해당하는 것을 보면 자연스레 부끄러워하고 미워하며, 공경할 일에 해당하는 것을 보면 자연스레 공경하고, 시비를 가릴 일에 해당하는 것을 보면 자연스레 시

---

* 진사이는 마지막 구절을 대칭구조로 파악하고 이렇게 말한 것으로 보인다. 일반적으로 시를 공자가 해석한 것으로 보고 다음 문장 전체를 공자의 말로 파악하는데, 진사이는 공자의 말을 한 문장에서 끊었다. 그리고 맹자의 논평도 "天生蒸民也, 故有物必有則,/ 民之秉彝也, 故好是懿德"라고 써야 앞뒤 문장이 균형을 이루고 의미도 완결된다고 이해한 것이다. 해석을 해보면, "하늘이 모든 백성을 낳았기 때문에 만사가 있으면 반드시 법칙이 있기 마련이고, (이와 마찬가지로) 백성들이 항상 선한 마음을 가졌기 때문에 이 아름다운 덕을 좋아하는 것이지" 정도가 되겠다.

비를 가리게 된다. 이것이 바로 이른바 "만사가 있으면 법칙이 있다"는 말이며 "항상 떳떳함을 가진 양심"이다. 그러므로 이 시를 잘 읽을 수 있는 사람은 반드시 도를 알 것이다. 맹자가 '성선'을 말하고, '타고난 좋은 지혜와 좋은 능력'[良知良能]을 말한 것이 어떻게 여기서 벗어나겠는가.

이상은 제6장이다.

○ 성은 삶의 근본으로, 누구나 갖고 있는 것으로 말한 것이다. 정은 삶의 욕구로, 좋아하고 싫어하는 것으로 말한 것이다. 재질은 이를 실행하는 것이다. 이 세 가지는 모두 기질을 통해 명칭을 붙였다. 인간의 성은 강하고 부드럽고 어둡고 밝아, 수만 가지 다른 게 있어 요순이라도 하나로 통일할 수 없을 뿐만 아니라 천지라도 역시 통일할 수 없다. 그러므로 『주역』에, "건도乾道가 변화해 각각 성명性命을 바르게 한다"고 하였고, 『중용』에, "하늘은 만물을 낳을 때 반드시 그 재질에 따라 돈독하게 해준다"(제17장)고 하였다. "각각 바르게 한다", "재질에 따라"라고 한 말을 보면, 성은 다름이 없을 수 없다는 사실을 알 수 있다. 사람들은 단지 성이 각각 다르다는 것만을 알고, 똑같은 점도 있다는 사실은 모른다. 어린아이가 우물에 빠지려는 것을 보면 누구나 꼭 두렵고 측은해하는 마음이 생기게 되는데 이는 불이 반드시 불꽃으로 위로 타고, 물이 반드시 적시며 아래로 흐르는 것처럼 예나 지금과 다름없이 성인이건 바보건 똑같다. 이런 점이 인성의 똑같은 모습으로, 맹자가 말한 성선이란 이를 말한다. 인간의 기질을 가지고 그 선함을 명확하게 한 것이지 기질을 떠나 논한 게 아니다. 이전 시대 유학자들은 그 뜻을 이해하지 못하고 그저 성性을 리理로

보았을 뿐 역시 기질의 다른 점은 어찌하지 못했다. 여기서 성은 본연의 성과 기질의 성 두 끝이 있게 되어 지리멸렬하고 어지럽게 논의가 벌어져, 성은 하나인데 이름은 두 개가 되는 지경에 이르게 된다. 주희의 『집주』에는 또 정자程子의, "성性을 말하고 기氣를 논하지 않으면 충분하지 않고, 기를 논하고 성을 논하지 않으면 명확하지 않다"는 말을 인용하고 주씨는 단정해서, "사리로 생각해 보면 정자가 엄밀하게 말했다"고 하였다. 정자의 말을 두고 이미 엄밀하다고 했으니 이는 맹자는 엉성하다는 평가를 피하기 어렵고, 정자의, "성性을 말하고 기氣를 논하지 않는다"고 한 말은 역시 맹자를 가리켜 말한 것인데 그렇다면 공자가 말한, "성은 서로가 깝다"는 언급 역시 "성性을 말하고 기氣를 논하지 않은" 게 아닌가. 아아, 정자만 엄밀하고 공자와 맹자 모두 엉성하고 논리가 새는 것을 피할 수 없는데, 말이 되는가. 송나라 유학자들의 학문은 성을 으뜸으로 삼는데 여기에서 부합하지 않으니 그 밖의 것이 공자와 맹자의 뜻에 어긋나리라는 것을 대체로 알 수 있다.

7.

맹자께서 말씀하셨다. "풍년이 든 해에는 자제들이 대부분 선행을 하고 흉년이 든 해에는 자제들이 대부분 난폭한데 하늘이 내려준 재질이 달라서가 아니라 그 마음을 빠지게 하는 것이 그렇게 만든 것이다.

| 부세富歲는 풍년을 말한다. 뢰賴는 의지한다는 말이다. 풍년이 든 해에는 의식이 풍족하기 때문에 믿고 의지하는 곳이 있어 선행을 한다. 흉년이 든 해에는 의식이 부족하기 때문에 그 마음을 함정에 처넣고 물

에 빠뜨려 버리듯 해쳐 난폭한 행동을 한다.

지금 보리를 파종하고 씨앗을 덮었는데, 땅이 같고 심은 시기가 또 같으면 부쩍부쩍 자라 성숙한 때가 되어 모두 무르익는다. 다른 점이 있긴 하지만 땅에 비옥하고 척박한 차이가 있고 비와 이슬이 길러 주는 것, 사람들이 돌보는 게 균일하지 않아서이다.

│ 모麰는 보리를 말한다. 우耰는 씨앗을 덮는 것이다. 일지지시日至之時는
성숙한 시기가 되었다는 말이다. 교墝는 척박한 것을 말한다.

○ 맹자가 보리를 성性에 비유하였다. 보리가 나서 성숙한 시기에 이르러
같지 않은 점이 있는 것은 기르는 것이 고르지 않은 데서 비롯되었지,
씨앗이 달라서가 아니라는 말이다. 하늘이 내려준 재질이 다른 게 아
니라 가르침 여부에 따라 좋으냐 나쁘냐가 거의 달려 있음을 밝힌 것
이다. 바로 공자가, "본성은 서로 비슷하지만 습관으로 서로 멀어진다"
(『논어』「양화」제2장)고 말한 뜻이다. 공자와 맹자의 가르침이 본래 둘
이 아님을 알 수 있다.

그러므로 동류는 거개가 서로 비슷하다. 어떻게 유독 사람에게 오게 되면
이를 의심하는가. 성인도 나와 동류이다.

│ 천하의 생물이 동류라면 서로 닮은 것이 없을 수 없다. 사람이 성인과
도 역시 동류이다. 어떻게 성인이 될 수 없는 일이 있겠는가.

○ "성인은 나와 동류이다." 이 말이 이 장의 큰 뜻으로, 자포자기한 인간
들을 경계한 말이다. 어째서인가? 개와 말은 아주 천한 동물이다. 하지
만 우리와 동류가 아니므로 사람들이 그들이 하는 행동을 고칠 수 없

다. 본성이 다르기 때문이다. 성인에 오게 되면 성인이 입은 옷을 우리가 입을 수 있고 성인이 한 말을 외울 수 있으며 성인이 한 행동을 우리도 실행할 수 있는데, 그것은 본성이 같기 때문이다.

그러므로 용자龍子가, '발을 모르고 신을 만들어도 삼태기가 되지 않을 것을 나는 안다'고 한 것이다. 신발이 비슷한 것은 온 세상 사람들의 발이 같기 때문이다.

> 삼태기는 풀로 만든 그릇이다. 사람의 발 크기를 모르고 신발을 만들면 꼭 발 크기에 들어맞지는 않아도 발 형태와 꼭 닮게 되므로 삼태기를 만드는 데까지 가지는 않는다.

입이 맛에 있어서도 똑같이 좋아하는 것이 있으니 역아易牙는 우리 입이 좋아하는 맛을 먼저 터득한 사람이다. 만약 입이 맛에 있어서 그 성이 남과 다른 게, 마치 개와 말이 우리와 동류가 아닌 것처럼 다르다면, 천하 사람들이 왜 좋은 맛을 역아가 조미한 맛에 모두 따르려 하겠는가. 맛에 있어서조차 천하 사람들이 역아를 기준으로 하는데 이는 천하의 입이 서로 비슷하기 때문이다.

> 역아는 옛날 맛을 잘 알았던 사람이다. 사람들이 음식에 있어 기호가 각자 다르지만 역아가 조미한 맛에 오게 되면 천하 누구도 훌륭하다고 하지 않는 사람이 없다. 이는 천하 사람들의 입이 비슷하고 기호가 같기 때문이다. 입이 맛을 아는 것은 사람들이 가장 쉽게 이해하기 때문에 먼저 말한 것이다.

○ 위의 장에서는 고자에게 대답하면서 개와 소의 본성을 가지고 사람과

대조해 설명했는데 여기에서는 또 개와 말을 가지고 서로 비교하였으니, 맹자가 말하는 성선은 모두 기질을 가지고 선을 인식한 것이지 기질을 떠나서 말한 게 아님이 역시 더욱 명백해진다.

귀도 마찬가지다. 소리에 있어서도 천하 사람들은 사광師曠을 기준으로 하는데 이는 천하 사람들의 귀가 비슷하기 때문이다.

│ 사광은 음을 잘 구분했던 사람이다.

눈도 마찬가지다. 자도子都를 두고 천하에 누구도 그의 아름다움을 모르지 않는다. 자도의 아름다움을 모르는 사람은 눈이 없는 사람이다.

│ 자도는 옛날의 미인이다. 교姣는 예쁘다는 말이다.

그러므로 입이 맛에 대해 똑같이 좋아하는 것이 있고, 귀가 소리에 있어서 똑같이 듣는 것이 있으며, 눈이 색에 대해 똑같이 아름답다고 하는 게 있다. 마음에 있어서만 유독 똑같이 그럴 수 있다고 하는 게 없겠는가.

│ 연然은 그럴 수 있다는 말이다. 마음이 똑같이 그럴 수 있는 것은 입이
│ 맛에 대해서, 귀가 소리에 대해서, 눈이 색에 대해서 아는 것과 마찬가
│ 지라는 말이다. 천하의 성은 모두 선함을 밝힌 것이다.

마음이 똑같이 그럴 수 있다고 하는 것은 무엇인가? 이치[理]이며 의義이다. 성인은 우리 마음이 똑같이 그럴 수 있다고 하는 것을 먼저 터득했을 뿐이다. 그러므로 이치와 의가 우리 마음을 기쁘게 하는 것은 고기가 우리 입을 즐겁게 하는 일과 같다."

조리가 있어 어지럽지 않은 것을 리理라고 한다. 분별심을 가지고 차별하지 않는 것을 의義라고 한다. 풀을 먹는 짐승을 추芻라 하는데 소와 양이 이것이다. 곡식을 먹는 짐승을 환豢이라 하는데 개와 돼지가 이것이다. 선한 것을 천하 사람 모두 선이라 하고 악한 것을 천하 사람 모두 악이라고 한다. 이는 사람 마음이 똑같이 그렇다고 하는 것이다. 성인의 덕은 이를 먼저 터득한 것일 뿐이다. 멀어야 얼마나 멀겠는가. 위 문장에서는 소리와 미색을 함께 거론했는데 여기서 동물만 말한 것은 역시 사람들이 쉽게 이해하기 때문이다.

○ 맹자는 입만 열면 언제나 꼭 인의를 거론했으면서 여기서 단지 의를 말한 것은, 처음에 흉년에는 자제들이 그 마음이 잘못된 길에 빠져 헤어나지 못하고 난폭한 행동을 한다고 했는데 이는 불의한 일이기 때문이다. 그러므로 끝에서 이理와 의義를 가지고 말했다. 더욱이 이치와 의가 사람의 마음을 기쁘게 하는 일이 인仁에 견주어 볼 때 더욱 명확하기 때문이다.

이상은 제7장이다.

○ 이 장은 생물의 동류를 거론해 성인이 우리와 동류임을 밝히고 인성의 선함을 통해 모두 도에 나아갈 수 있음을 증명하려 한 것이다. 사람의 신령스러움으로도 다른 생물이 할 수 있는 것을 할 수 없는 것은 본성이 다르기 때문이다. 요순 같은 성인조차도 인간이 인간다울 수 있는 도를 다 실행한 것에 지나지 않으니 인간에게 어떻게 불가능한 게 있겠는가. 본성이 같기 때문이다. 사람들은 성인의 경지는 배워서 도달할 수 있는 게 아니라고 생각한다. 그러므로 맹자는 이처럼 그 이치를 두루 갖춰,

역아의 맛과 사광의 소리, 자도의 아름다움으로 비교하였다. 마음이 이치
와 의를 기뻐하는 것을 입이 고기 맛을 좋아하는 것에 비유한 경우에 오
면, 인의는 천하의 미덕으로 우리 마음이 이를 기뻐할 뿐임을 알게 된다.
내 마음은 인의와의 관계에서 본래 자연스레 구별되는 것이다. 곧바로
인의를 우리의 성이라 한다면, 이는 사광의 소리[音]가 소리[聲]에서 오는
게 아니고 내 귀에 달려 있으며, 자도의 아름다움이 미색에서 오는 게 아
니고 내 눈에 달려 있으며, 역아의 맛 능력과 고기의 좋은 맛도 모두 저쪽
에 있지 않고 내게 있는 것이 되니 어떻게 도리를 이루겠는가. 전혀 생각
하지 않는 것이다.

8.

맹자께서 말씀하셨다. "우산牛山의 나무가 아름다웠는데, 큰 나라의 근교
였기에 도끼와 자귀로 베어 내니 아름다울 수 있겠는가. 밤낮으로 자라는
것과 비와 이슬이 적셔 주기에 싹이 자라는 게 없지는 않지만 소와 양이
또 가서 방목되니 이 때문에 저처럼 벌거숭이가 된 것이다. 사람들은 벌
거숭이 모습을 보고 재목이 있은 적이 없다고 하지만 이것이 어찌 산의
본성이겠는가.

| 우산은 제나라 동남쪽의 산이다. 고을 밖을 교郊라고 한다. 식息은 생장
한다는 말이다. 주씨가 말했다: "밤낮으로 자라는 것이라는 말은 음양
의 변화가 계속 일어나 한 번도 쉰 적이 없기 때문에 밤이나 낮이나 모
든 생물이 자라나는 게 있다는 말이다. 맹萌은 싹이다. 얼蘖은 싹이 옆
으로 난 것이다. 탁탁濯濯은 깨끗하게 빛나는 모습이다. 재材는 재목을

말한다. 산의 나무를 베더라도 싹이 나긴 하지만 소와 양이 또 가서 해치니 이 때문에 깨끗하게 빛날 정도로 초목이 없는 지경에 이르게 되었다."

사람에게 있는 것이긴 하나 왜 인의仁義의 마음이 없겠는가마는 그 양심을 잃는 일 또한 도끼와 자귀가 나무에 대해 아침마다 베어 버리는 것과 같으니 아름다울 수 있겠는가.

| 양심은 본연의 착한 마음으로 인의의 마음을 말한다. 사람이라면 인의의 마음을 갖지 않은 사람이 없지만 잔인하게 굴고 이익을 탐내는 마음에 해를 입어 도끼가 나무를 베는 것과 같이 아름답게 될 수 없다는 말이다.

밤낮으로 자라는 것과 새벽 기운에 좋아하고 미워하는 것이 남과 서로 비슷한 게 많지 않은 데다 낮에 하는 행동으로 이 좋은 마음조차 가두고 없애 버린다.

| 밤낮으로 자라는 것은 인의의 마음이 불타오르고 샘물이 솟아나듯 계속 생겨나 그치지 않는 것을 말한다. 기희幾希는 많지 않다는 말이다. 곡梏은 형틀이다. 사람의 양심을 이미 잃어버렸더라도 밤과 낮 동안 그나마 자라는 게 있고 새벽 기운이 생기는 시기에 좋아하고 미워하는 일이 남과 서로 비슷한 게 많지 않은데, 낮 동안 선하지 않은 행동으로 또 자라난 좋은 마음조차 따라가며 가두고 없애 버린다는 말이다.

없애기를 반복하면 밤기운으로 양심을 보존할 수 없고,

반복反覆은 되풀이한다는 말이다. 낮 동안 하는 선하지 않은 행동이 되풀이해서 해치게 되면 이 때문에 겨우 밤기운이 기르는 것만 있고 낮 동안 기르는 것이 없다. 그러므로 밤기운의 힘이 점차 약해져 인의의 양심을 보존할 수 없게 된다는 말이다. 밤만을 전적으로 얘기한 것은 밝은 동안에는 가두고 없애는 해가 있기 때문이다. 보존한다는 것은 인의의 양심을 보존한다는 말이지 밤기운을 보존하는 게 아니다.

밤기운으로 보존할 수 없다면 금수와 거리가 멀지 않다. 사람들이 금수 같은 행동을 보고 좋은 재질이 있은 적이 없다고 하니 이것이 어떻게 사람의 실제 모습이겠는가.

밤기운이 인의의 마음을 보존할 수 없으면, 좋아하고 미워하는 대상이 종국에는 남들과 거리가 멀어진다. 사람들이 이와 같은 것을 보고 인의를 실행할 재질을 가지고 있지 않다고 생각한다면, 이것이 어떻게 그 사람의 실제 모습이겠는가. 인의의 마음을 붙잡고 보전한 공부가 없기 때문이다. 여기서 성性을 바꿔 정情이라고 한 것은 성性은 보존하는 것을 가지고 말한 것이며 정情은 좋아하고 미워하는 것을 가지고 말한 것이다.

○ 이 부분은 산의 나무를 가지고 인간의 양심을 비유한 것이다. 전후가 조응하고 구절구절이 대비되어 다시 의심할 게 없다. 인의의 마음이 사람에게 있는 것은 산에 초목이 있는 것과 같다. 양심을 잃어버린 사람은 도끼와 자귀로 나무를 베어 버린 것과 같다. 밤낮으로 생장하는 것은 싹이 자라는 것이며, 낮 동안 가두고 없애는 것은 소와 양이 먹어 치우는 것과 같다. 다만 초목은 밤낮으로 성장하는 게 있어 자연스레

돌볼 수 있지만 사람의 마음은 낮 동안 가두고 해치는 행동이 쉽고 멈추는 때가 없다. 사람이 금수가 되는 길을 피하기가 산이 벌거숭이가 되는 것을 피하기보다 어렵다. 그러므로 맹자가 반복해서 깨우쳐 주어 사람들이 자신들의 양심을 확충하도록 해, 먼저 가두고 없애는 일을 경계하도록 한 것이다. 하지만 대부분의 사람들은 모두 새벽 기운을 청명한 기상으로 풀이하였다. 그 설명이 노자와 장자의 허무를 지향하는 가르침에서 나온 것이기에 더 심하게 도를 해친다.

그러므로 잘 기르면 어떤 생물도 자라지 않는 게 없으며, 잘 기르지 못하면 어떤 생물도 죽지 않는 게 없다.

| 만물을 두고 일반적으로 말해 성性을 돌보지 않을 수 없음을 증명한 것이다.

○ 이 절은 가장 핵심이 되는 곳으로, 이 장의 주제다. "잘 기르면 어떤 생물도 자라지 않는 게 없다"는 말을 보면 학문하는 노력을 그만두어서는 안 된다는 사실을 알겠다. "잘 기르지 못하면 어떤 생물도 죽지 않는 게 없다"는 말을 보면 성의 선함을 믿어서는 안 된다는 사실을 알겠다. 이미 성性은 선하다고 말하고 나서 또 가르침[教]을 핵심으로 보고 있으니 맹자의 학문은 성과 교를 겸비한 것으로 한쪽으로 치우친 폐단이 없음을 알 수 있다. 이 점은 배우는 사람들이 곰곰이 곱씹어 보아야 하는 부분이다.

공자께서, '잡으면 보존되고 버리면 사라져서 드나듦이 때가 없으며 향하는 곳을 모르는 것은 오직 마음을 말하는 것이다'라고 말씀하셨다."

잡는다, 버린다고 한 말은 방법을 가지고 말한 것이다. 보존된다, 사라진다고 한 말은 양심을 가지고 말한 것이다. 드나든다는 말은 "작은 덕은 넘나들어도 괜찮다"(『논어』 「자장」子張 제11장)고 할 때의 출입과 같은 말이다. 인에 어긋나는 것은 나가는 것이며, 인에 의지하는 것은 들어오는 것이다. 향鄕은 향하다[嚮]와 같은 말로, 향하는 곳을 모른다는 말은 마음이 향하는 곳이 정해진 방향이 없다는 뜻이다. 사람의 마음이란 믿을 게 못 돼서 이처럼 붙잡아 보존하지 않으면 안 된다. 그러므로 공자의 말을 인용해 맺은 것이다.

이상은 제8장이다.

○ 이 장은 마음을 붙잡아 보존해야 한다는 뜻을 논한 것으로, 그 요점은 '돌본다'[養]는 한 글자에 놓여 있다. 그런데 후세의 유학자들은 '최초의 본성을 회복한다'[復性]는 설명을 해서, 사람들이 기질을 변화시키고 물욕을 제거해 자신의 최초 본성을 회복하기를 바랐다. 이러한 설명은 노자와 장자에 뿌리를 둔 것으로, 맹자의 뜻과는 나아감[進]과 돌아감[反], 죽음과 삶처럼 정반대되는 차이가 있다. 노자의 도는 무無를 중심에 두고 인간의 정과 욕망을 없애 근본을 회복하고자 한다. 그런 까닭에 본성을 회복하고 최초의 모습을 회복하자는 설명이 성립한다. 하지만 맹자의 뜻은 그렇지 않다. 선한 마음을 확충해 인의예지의 덕을 성취하려는 것으로, 쉼 없이 졸졸 흐르는 샘물을 이끌어 바다에 이르게 하고, 싹이 돋아난 생명을 잘 돌봐 우람한 나무가 되도록 하는 것과 같은 일이다. 보존하고 돌보는 방도는 있어도 최초의 성을 회복한다는 설명은 없다. '돌본다'[養]는 말은 자라고 커지는 것을 말하며, 회복한다[復]라는 말은 근본으로 돌

아가고자 한다는 말이다. 돌본다는 것은 전진한다는 뜻이며, 회복한다
는 말은 돌아가는 것을 일로 한다. 그 효과는 하늘과 땅 차이뿐만이 아니
다. 성인(공자)의 문하에서 말하는 '복'復은 반복해서 실천한다는 뜻이며,
반反이란 말은 자신에게 돌이켜 스스로 수양하는 일이다. 모두 최초의 본
성을 회복하는 일을 말하는 게 아니다.

9.

맹자께서 말씀하셨다. "왕이 지혜롭지 못하다고 이상하게 생각할 것 없
다.

> 혹或은 혹惑과 같은 말로, 괴이하게 생각한다는 말이다. 왕은 제나라 왕
> 을 가리킨다. 조씨가 말했다: "당시 사람 가운데 왕이 지혜롭지 못한
> 게 괴이하다고 하는 사람이 있었는데 맹자는 이 의견에 더 보태지 않
> 았다. 그러므로 이 말을 한 것이다."

천하에 잘 사는 생물이 있더라도 하루는 햇빛을 받고 열흘은 찬 기운을
쐰다면 살 수 있는 게 없다. 내가 임금을 뵙는 일이 드문 데다 내가 물러나
면 왕의 마음에 찬 기운을 쏘는 자들이 오는데 싹이 있은들 내가 어떻게
하겠느냐.

> 폭暴은 따뜻하게 한다는 말이다. 모든 생물은 양기를 만나면 살고 음
> 기를 만나면 시든다. 사람이 현자와 친하게 지내면 자연스레 고상하고
> 총명한 상태로 진전하게 되고, 소인과 친해지면 반드시 더럽고 천한
> 행동을 익히게 된다. 맹자는, 내가 왕을 만나는 시간은 짧은데 아첨하

는 인간들이 여럿이 모여 임금에게 가는 날은 많으니, 이는 하루는 햇빛을 받고 열흘은 찬 기운을 쐬는 것이다. 어떻게 싹이 나도록 할 수 있겠는가, 라고 말한 것이다.

○ 이 부분은 임금이 현명한가 그렇지 않은가는 전적으로 임금 곁에 가까이 있는 친한 신하와 관계됨을 말한 것이다.

바둑을 두는 기술은 작은 기예이지만 마음을 온통 기울이고 뜻을 다 쏟지 않으면 터득할 수가 없다.

| 혁奕은 바둑을 말한다. 수數는 기술이다. 치致는 다 바친다는 말이다.

혁추奕秋는 온 나라에서 바둑을 가장 잘 두는 사람이다. 혁추가 두 사람에게 바둑을 가르치도록 해보았을 때 한 사람은 마음을 온통 기울이고 뜻을 다 쏟아 오직 혁추의 말을 듣고, 다른 한 사람은 듣기는 하지만 마음 한 켠에 고니가 날아오거든 활과 주살을 당겨 쏘아 맞히리라 생각한다면 그와 함께 공부하더라도 그만 못할 것이다. 지혜가 그만 못하기 때문일까? 그렇지 않을 것이다."

| 혁추는 바둑을 잘 두는 사람으로 이름이 추秋다. 주살[繳]은 화살에 줄을 매 쏘는 것을 말한다.

○ 이 부분은, 현자와 친하게 지내더라도 마음을 온통 기울이고 뜻을 다 쏟지 않으면 역시 지혜롭게 되지 못한다는 말이다.

이상은 제9장이다.

○ 범씨(범조우)가 말했다: "임금의 마음은 오직 돌보는 것에 달려 있다.

군자가 선으로 돌보면 임금은 지혜로워지고 소인이 악으로 돌보면 어리석게 된다. 하지만 군자는 소원해지기 쉽고 소인은 친해지기 쉽다. 이 때문에 적은 수가 많은 수를 이길 수 없고 바른 것이 사악한 것을 이기지 못한다. 예로부터 국가가 잘 다스려진 때가 항상 적고 어지러운 때가 항상 많은 것도 이 때문이다."

10.

맹자께서 말씀하셨다. "생선도 내가 바라는 것이고 곰발바닥도 내가 바라는 것이지만, 두 가지를 다 가질 수 없다면 생선을 버리고 곰발바닥을 선택할 것이다. 삶도 내가 바라는 바이고 의義도 내가 바라는 바이지만, 두 가지를 다 가질 수 없다면 삶을 버리고 의로움을 선택할 것이다.

| 생선과 곰발바닥이 모두 훌륭한 맛이지만 곰발바닥이 훨씬 훌륭하다. 그러므로 생선으로 삶을 비유하고 곰발바닥으로 의義를 비유하였다.

삶도 내가 바라는 것이지만 바라는 것에는 삶보다 더 간절한 게 있다. 그렇기 때문에 구차하게 살려 하지 않는 것이다. 죽음도 내가 싫어하는 것이지만 싫어하는 것에는 죽기보다 더 싫은 게 있다. 그렇기 때문에 환난患難에는 피하지 않는 것이 있다.

| 삶보다 더 강렬한 것은 의義이다, 죽기보다 더 싫은 것은 의가 없는 것이다, 사람들의 보통 감정은 삶을 바라고 죽기를 미워하지 않는 경우는 없지만, 의리의 중함은 삶과 죽음보다 더 무거운 것이기 때문에 구차하게 살려 하지 않는 것이며, 구차하게 환난을 피하려 하지 않는다,

라는 말이다.

사람이 바라는 게 삶보다 더 간절한 것이 없다면 모든 삶을 얻을 수 있는 방도에 무엇인들 쓰지 않겠는가. 인간으로서 바라는 게 죽기보다 더 싫은 것이 없다면 모든 환난을 피할 수 있는 행동에 무엇인들 하지 않겠는가. 이 때문에 살기 바라면서도 쓰지 않는 방도가 있으며, 이 때문에 환난을 피할 수 있는데도 하지 않는 행동이 있는 것이다.

> 사람에게 의리의 마음이 없고 단지 이해를 따지는 생각만 있다면 어떻게든 살아남을 수 있고 죽음을 피할 수 있는 모든 행동 가운데 꺼리며 하지 않을 짓이 무엇이겠는가. 하지만 살 수 있는 방도를 때로는 쓰지 않는 시기가 있고 환난을 피할 수 있는 방도를 때로는 하지 않는 경우가 있다. 왜 의리가 삶과 죽음보다 소중하지 않겠는가.

이런 까닭에 바라는 것에는 삶보다 간절한 것이 있고 싫어하는 것에는 죽음보다 더 싫은 것이 있는 법이다. 현자에게만 이런 마음이 있는 것이 아니라 사람에게는 누구나 이런 마음이 있다. 현자는 이를 잃지 않을 수 있을 뿐이다. 밥 한 그릇과 국 한 그릇을 얻으면 살고 얻지 못하면 죽는 경우에라도 어이 하고 함부로 소리쳐 부르면서 주면 길 가는 사람도 받지 않고, 발로 차서 주면 걸인도 달가워하지 않는다.

> 삶을 바라는 것보다 더 간절하고, 죽기보다 더 싫은 게 있다는 실상을 명확히 보여 준 것이다. 의리의 마음은 사람이라면 누구나 가진 것이지, 어떻게 현자만 가진 것이겠는가. 현자는 잘 보존하고 잃지 않았을 뿐이라고 말한 것이다. 두豆는 나무그릇이다. 호嘑는 어이 하고 소리쳐

부르는 것이다. 길 가는 사람은 길을 가는 보통 사람을 말한다. 축蹴은
발로 주는 것이다. 걸인乞人은 구걸하는 사람이다. 밥을 먹고 싶은 마음
이 간절하다 해도 오히려 무례를 싫어해서 차라리 죽을지언정 밥을 먹
지 않는 사람이 있는 것은 의리의 본심을 모든 사람이 가지고 있음을
명확히 보여 준다.

만종萬鍾의 봉록을 예의를 가리지 않고 받으니, 만종이 나에게 무슨 보탬
이 되겠는가. 집의 아름다움과 처첩이 받드는 것과 내가 아는 궁핍한 사
람이 내게 도와줘서 고맙다고 하는 인사를 받기 위해서인가.

| 주씨가 말했다: "만종이 나에게 무슨 보탬이 되겠는가라는 말은 내 몸
에 더해지는 것은 아무것도 없다는 뜻이다. '소식궁핍자 득아'所識窮乏者
得我라는 문장은 내가 아는 궁핍한 사람이 내가 베푼 은혜에 감사하는
것을 말한다. 위 문장에서는 사람에게는 누구나 부끄러워하고 싫어하
는 마음이 있음을 말하였고, 여기서는 많은 사람들이 이런 마음을 잃
는 이유는 이 세 가지 때문임을 말한 것이다."

전에는 자신을 위해서는 죽어도 받지 않다가 지금은 집의 아름다움을 위
해 받고, 전에는 자신을 위해서는 죽어도 받지 않다가 지금은 처첩이 받
드는 것을 위해 받으며, 전에는 자신을 위해서는 죽어도 받지 않다가 지
금은 자기가 아는 궁핍한 사람이 내게 도와줘서 고맙다고 하는 인사를
받기 위해 받으니, 이 또한 그만둘 수 없는가. 이를 자기 본심을 잃는다고
하는 것이다."

| 위 문장 두 구절의 뜻을 풀이하면서, 전에는 자신을 위해서는 죽어도

어이 하고 부르며 발로 밀어 주는 음식은 받으려고도 하지 않더니, 지금은 이 세 가지를 위해 예의를 가리지 않고 만종의 봉록을 받으니 자신의 본심을 잃었다고 할 수 있다는 말이다.

이상은 제10장이다.

○ 맹자는 의義를 인간의 근본으로 보고 삶을 버리고 의를 선택한다고 설명했으니 상세하게 해명했다고 할 수 있다. 사람들이 사랑하는 것은 자기 몸에 와서 최고가 되며, 몸을 소중히 여기는 것은 살기를 바라고 죽기를 싫어하는 데 와서 최고가 된다. 그렇다면 보통 살길을 얻고 죽음을 피하는 일에서 꺼리며 하지 않는 짓이 무엇이겠는가. 그러나 어이 하고 부르며 물건을 주면 길 가는 사람도 받지 않고 발로 밀어 주면 걸인도 달갑게 여기지 않으니, 의가 삶보다 소중하고 본심을 없앨 수 없음 또한 속일 수 없다. 당시 고자의 무리들이 의를 밖에 있는 것으로 보았기 때문에 맹자는 말이 번거로워지는 것을 꺼리지 않았던 것이 이와 같았다.

11.

맹자께서 말씀하셨다. "인仁은 사람의 마음이며, 의는 사람의 길이다. 그 길을 버리고 가지 않으며 그 마음을 잃고 찾을 줄 모르니 슬프다.

| 측은지심은 사람 누구나 가지고 있기 때문에 인은 사람의 마음이라고 한 것이다. 의는 만사를 판단하고 절제하는 것으로 사람은 이를 따르지 않을 수 없기 때문에 사람의 길이라고 한 것이다. 인을 사람의 마음이라 하고 의를 사람의 길이라 한 것은 인은 인간의 본심이며 의는 일

을 실행하는 데 드러나기 때문이다.

사람들은 닭과 개가 도망가면 찾을 줄 알면서 마음을 잃고서는 찾을 줄
모른다. 학문하는 길은 다른 게 없다. 그 잃어버린 마음을 찾을 뿐이다."

| 닭이나 개처럼 보잘것없는 것을 사람들은 오히려 찾을 줄 알면서, 잃
어버린 마음은 스스로 찾을 줄 모른다. 학문하는 길은 본래 다른 기술
이 없다. 그 핵심은 내가 잃어버린 어진 마음을 찾는 데 불과할 뿐이
다. 어진 마음을 이미 잃었다면 의도 아울러 잃는다. 그러므로 위 문장
에서 인과 의를 함께 거론하고 이 구절에서는 인만 말한 것이다. "뿐이
다"라고 한 것은 미진한 듯하지만 실은 남김없이 다 말한 표현이다.

이상은 제11장이다.

○ 인간이 인간인 이유는 인의仁義에 있을 뿐이다. 잔인·각박하고 탐욕·
난폭하면서 반성할 줄 모르면 이는 자기 마음을 잃고 자신도 모르는 것
이며 갈 길을 버리고 스스로 따르지 않는 것이다. 그러므로 공부한다는
것은 자신의 잃어버린 마음을 알고 이를 찾는 데 있는 것이며, 이미 그 잃
어버린 마음을 찾았다면 의는 저절로 그 안에 있게 된다. 그리고 요임금
과 순임금이 천하를 다스린 일도 이 두 가지를 따라 실천한 것에 지나지
않았으니, 학문하는 방법에는 또 다른 공부가 없는 게 아닐까. 그러므로
"학문하는 길은 다른 게 없다. 그 잃어버린 마음을 찾을 뿐이다"라고 한
것이다. 이른바 잃어버린 마음은 인의의 마음을 잃어버린다는 말이지, 어
두워지고 방탕해진 마음을 말하는 게 아니다. 위 문장에서 "인은 사람의
마음"이라 하고 이어서 "그 마음을 잃어버렸다"고 한 말을 보면 알 수 있

다. 후세의 학문은 허무虛無·고원高遠으로 달려가, 어두워지고 방탕해진 마음을 거둬들여 흩어져 달아나지 않게 하는 것을 잃어버린 마음을 찾는 것이라고 하였다. 이런 의견은 불교와 노장의 찌꺼기 말에서 나온 것으로 맹자의 뜻과 크게 어긋난다. 분별하지 않을 수 없다.

12.

맹자께서 말씀하셨다. "지금 무명지가 굽어서 펴지지 않는 것이 아프거나 일에 방해가 되는 건 아니지만 이를 펴 주는 사람이 있다면 진나라와 초나라의 길도 멀다 하지 않고 갈 것이니, 손가락이 남과 같지 않기 때문이다.

┃ 무명지無名指는 넷째손가락을 말한다.

손가락이 남과 같지 않으면 이를 싫어할 줄 알면서 마음이 남과 같지 않으면 싫어할 줄 모르니, 이를 유類를 모른다고 한다."

┃ 손가락이 남과 같지 않은 것과 마음이 남과 같지 않은 것은 모두 싫어할 만한 종류다. 사람들은 손가락이 남 같지 않은 것은 싫어하면서 마음이 남 같지 않은 것은 싫어할 줄 모르는데, 이는 유類를 모르는 것이다. 마음이 남 같지 않은 것은 불인不仁한 사람을 말한다.

이상은 제12장이다.

○ 이 장은 사람이 쉽게 알아듣는 것을 통해 알아듣지 못하는 것을 보여 주었다. 사물이 서로 같은 종류는 사람이 쉽게 살피는데 지금 이와 같은

일은 생각하지 않는 게 심한 경우이다.

13.

맹자께서 말씀하셨다. "한 손 두 손으로 잡을 수 있는 오동나무와 가래나무를 사람들이 기르려 하면 모두 이를 기르는 방법을 알면서 자신에 대해서는 기르는 방법을 모르니, 어찌 자기 사랑이 오동나무와 가래나무만 못해서이겠는가. 생각하지 않는 게 심해서이다."

┃ 공拱은 두 손으로 에워 잡는 것이다. 파把는 한 손으로 잡는 것이다. 오
  동과 가래는 두 나무 이름이다.

이상은 제13장이다.

○ 비유가 옳고 합당하다. 사람들이 반성하고 깨닫도록 하면서, 또한 저 자포자기한 자들에게 경계를 내리고 채찍질한 것이기도 하다.

14.

맹자께서 말씀하셨다. "사람은 자기 몸에 대해 모두 다 사랑한다. 모두 다 사랑한다면 모두 다 잘 돌본다. 한 자 한 치의 살갗도 사랑하지 않는 게 없다면 한 자 한 치의 살갗도 잘 돌보지 않는 게 없을 것이다. 잘 돌보는지 돌보지 않는지 따져 보는 방법이 어떻게 다른 데 있겠는가. 자신에게서 취할 뿐이다.

┃ 주씨가 말했다. "사람들은 자신 한 몸에 대해서 확실히 모두 잘 돌봐야

한다. 하지만 잘 돌보는지 아닌지 따져 보는 방법은 오직 자신에게 돌이켜 그 경중을 살피는 것에 달려 있을 뿐이다."

몸에는 귀한 것·천한 것이 있으며 큰 것·작은 것이 있다. 작은 것으로 큰 것을 해치지 말고, 천한 것으로 귀한 것을 해치지 말아야 한다. 작은 것을 돌보는 자는 소인小人이 되고 큰 것을 돌보는 자는 대인大人이 된다.

| 천하고 작은 것은 눈·코·귀·입 따위이고, 귀하고 큰 것은 마음이다.

여기 원예사가 오동나무·가래나무를 버려 두고 멧대추나무를 돌본다면 천한 원예사가 된다.

| 장사場師는 정원을 가꾸는 사람이다. 오梧는 오동나무다. 가檟는 가래나
| 무다. 모두 훌륭한 재목이다. 이극樲棘은 멧대추나무로 훌륭한 재목이
| 아니다.

손가락 하나를 돌보느라 등과 어깨를 잃어버리고도 알지 못하면 낭질인狼疾人이 된다.

| 낭질인을 조기는, (낭질狼疾을) 낭자狼藉로 읽었으니 혼란스럽다는 뜻으
| 로, 병을 제대로 치료할 줄 모르는 사람으로 본 것이다.

먹고 마시기만 하는 사람을 사람들은 천하게 여긴다. 작은 것을 돌보고 큰 것을 잃기 때문이다. 먹고 마시기만 하는 사람이 잃는 게 없다면 입과 배가 어떻게 단지 한 부분의 살갗이 될 뿐이겠는가."

| 사람들은 입과 배만 돌보는 사람을 천하게 여긴다. 그 사람은 꼭 작은

것을 기르느라 큰 것을 잃기 때문이다. 입과 배는 본래 한 부분의 살갗에 불과하다. 하지만 먹고 마시기만 하는 사람이 잃는 게 없다면 입과 배는 단지 한 부분의 살갗이 되는 게 아니라 대인이 될 것이다. 하지만 먹고 마시기만 하는 사람은 필시 큰 것을 잃지 않을 수 없다는 말이다. 어세語勢가 바로 "관중이 예를 안다면 누가 예를 모르겠는가"(『논어』 「팔일」八佾 제22장)와 "어질지 못한 사람에게 어떤 말이라도 해줄 수 있다면 왜 나라가 망하고 집안이 무너지겠는가"(「이루 상」 제8장)와 비슷하다.

이상은 제14장이다.

15.

공도자公都子가 물었다. "다같이 사람인데 어떤 사람은 대인이 되고 어떤 사람은 소인이 되는 것은 어째서입니까?"

| 위의 14장 때문에 물은 것이다. 균鈞은 같다는 말이다.

맹자께서 말씀하셨다. "자기 대체大體를 따르면 대인이 되고 자기 소체小體를 따르면 소인이 된다."

| 종從은 따른다는 말이다. 대체는 마음이다. 소체는 눈과 귀 같은 종류를 말한다.

"다같이 사람인데 어떤 이는 대체를 따르고 어떤 이는 소체를 따르는 것

은 어째서입니까?"

| 공도자가 사람이 따르는 것이 다른 까닭을 재차 물은 것이다.

"눈과 귀가 맡은 일은 생각하지 못해 사물에 가려진다. 바깥 사물이 눈·
귀와 접촉하면[物交物] 눈과 귀를 끌어갈 뿐이다.

| 소체를 따르는 일을 말한 것이다. 관官이라는 말은 맡는다는 뜻이다.
귀는 듣는 일을 맡고 눈은 보는 일을 맡는다. 교물交物의 물物은 눈과 귀
를 가리켜 말한다. 눈과 귀는 생각하지 못하기 때문에 천하게 본 것이
다. 눈과 귀는 각자 하는 일이 있지만 생각을 해서 옳고 그름을 따지지
못한다. 이 때문에 바깥 사물에 가려질 수 있고 바깥 사물 역시 눈·귀
와 접촉하면 반드시 이를 끌고 간다. 어떤 사람은 "물교물"物交物에 보
이는 첫번째 물物이라는 글자를 군더더기 글자라고 했다.

마음이 맡은 일은 생각하는 것이라 생각하면 인의仁義를 터득할 수 있고
생각하지 못하면 터득하지 못한다. 이는 하늘이 우리에게 부여한 것으
로, 큰 것을 먼저 세우면 작은 것이 빼앗을 수 없다. 이것이 대인이 되는
길이다."

| 대체를 따르는 일을 말한 것이다. 마음은 생각을 자신의 직분으로 한
다. 생각하면 터득한다는 말은 인의를 터득한다는 말이다. 생각하지
못하면 터득하지 못한다는 말은 인의를 터득하지 못한다는 말이다.
눈·귀와 마음은 모두 하늘이 우리에게 부여한 것이지만 마음이 큰 것
이다. 큰 것을 확립할 수 있다면 인에 살고 의를 따르게 되어 대인의 일
이 갖춰진다. 눈·귀의 욕망이 어떻게 이를 빼앗을 수 있겠는가. 이것

이 대인이 되는 길이다.

이상은 제15장이다.

○ 공자와 맹자가 사람들을 가르칠 때는 늘 인의예지의 덕을 따라 자신을 수양하라고 했지 마음을 말한 것은 매우 드물다. 어째서인가? 인의예지는 온 세상에 모두 통하는 덕이지만 마음은 사람들이 생각하고 운용하는 것이라 바라는 것을 따르면 반드시 도를 위반하는 것에 도달하기 때문이다. 그런 까닭에 성인은 늘 덕을 말했지 마음을 말하지 않은 것인데 맹자가 마음을 대체大體로 본 것은 어째서인가? 맹자가 말하는 마음이란 양심을 가리켜 말한다. 맹자가, "생각하면 터득하고 생각하지 않으면 터득하지 못한다"고 말한 것은 역시 인의를 터득하느냐 여부를 말한 것이지, 그저 일반적인 마음을 말한 게 아니다. 후세의 유학자들은 인의예지의 덕을 따라 수양하는 것도 모르고, 또한 마음이 무시로 출입하며 생겼다가 사라지면서 온갖 모습으로 나타나는 것을 어찌하지도 못했다. 때문에 정신을 거둬들이고 통제하는 것을 마음을 보존하는 것으로 보고서, 욕심 없애기[無欲], 고요를 주안점으로 삼기[主靜], 경敬 유지하기[持敬], 고요히 앉아 있기[靜坐] 따위의 설명이 생겨났는데, 그 설명이 건조하고 맛이 없는 데다 그 방법은 위태롭고 불안해 마침내는 성인의 가르침을 불교나 노장의 설명과 섞어 하나가 되게 하고 말았다. 그 해악은 말로 다 할 수 없을 정도다.

16.

맹자께서 말씀하셨다. "하늘이 주는 벼슬[天爵]이 있고 사람이 주는 벼슬 [人爵]이 있다. 인의仁義·충신忠信하며 선행善行을 즐기는 것을 게을리하지 않는 것이 천작天爵이요, 공경과 대부는 인작人爵이다.

> 천작天爵은 받는 것이 없어도 스스로 귀하게 되는 것이며 인작人爵은 받는 것이 있은 다음에야 귀하게 되는 것이다.

옛사람들은 천작을 수양하면 인작이 따라왔다. 지금 사람들은 천작을 수양해 인작을 구하고 인작을 얻은 뒤에는 천작을 버리니 심하게 홀린 것이다. 끝내는 인작마저 잃고 말 것이다."

> 요要는 구한다는 말이다. 옛사람들은 스스로 덕을 수양하면 벼슬과 녹이 자연스레 왔다. 지금 사람들은 녹봉을 구하려는 의도를 가지고 힘써 덕을 수양한다. 때문에 녹봉을 얻고 나면 덕을 버리고 수양하지 않는다. 이는 심하게 홀린 것이다. 이 같은 사람은 필경 자기의 녹봉을 잃는 데 이르게 된다. 맹자는 그 어리석음을 탄식한 것이다.

이상은 제16장이다.

○ 논의가 정확하고 합당하며, 의의가 명백하다. 더욱이 배우는 사람들의 의혹을 제거할 수 있으니, 어떻게 우러러 믿으며 마음에 간직해 두지 않겠는가.

17.

맹자께서 말씀하셨다. "귀해지고 싶은 것은 사람들의 똑같은 마음일 것이다. 사람마다 자신에게 귀한 것을 가지고 있건만 생각하지 않을 뿐이다.

│ 자신에게 있는 귀한 것이란 인의의 마음을 말한다.

남이 귀하게 해주는 것은 진실로 귀하게 되는 게 아니다. 조맹趙孟이 귀하게 만들어 준 것은 조맹이 천하게 만들 수 있다.

│ 진실로 귀하게 되는 것은 자연스런 귀함을 말한다. 조맹은 진晉나라의
│ 경이다. 벼슬과 지위가 사람에게 주어진 다음에 귀하게 되기 때문에
│ 조맹이 벼슬을 주어 귀하게 만들 수도 있고 또한 벼슬을 빼앗아서 천
│ 하게 만들 수도 있다. 자신에게 있는 덕으로 자연스레 귀하게 되는 것
│ 과 같은 게 아니다.

『시경』에, '이미 술로 취하고, 이미 덕으로 배부르구나'라고 하였다. 인의에 충족돼 남의 기름지고 훌륭한 맛을 바라지 않으며, 좋은 칭찬과 널리알려진 명예가 자신에게 베풀어져 남의 훌륭한 옷을 바라지 않는다는 말이다."

│ 시는 「대아·기취旣醉」이다. 포飽는 충족하다는 말이다. 원願은 바란다는
│ 말이다. 고膏는 살진 고기이며 량粱은 좋은 곡식이다. 영令은 좋다는 말
│ 이다. 문聞도 영예라는 말이다. 문수文繡는 옷 가운데 훌륭한 것이다. 인
│ 의가 충족되면 자연스레 명예가 성취되어 남을 필요로 하지 않으므로
│ 이른바 진실로 귀하게 된 것이다.

이상은 제17장이다.

○ 이 장도 앞 장과 뜻이 같다. 시를 인용한 곳부터는, 군자의 즐거움이 가득 차 커지면 모든 것이 다 자신에게 갖추어져 밖의 것을 사모하는 게 없음을 미루어 말했다. 확실히 후세에 '비고 고요한 것'[虛靜]을 숭상하는 자들이 알 수 있는 게 아니다. 또 "덕으로 배부르다"는 말을 풀어 "인의에 충족되다"라고 한 것은 인의가 덕의 이름임을 역시 증명할 수 있다.

18.

맹자께서 말씀하셨다. "인仁이 불인不仁을 이기는 것은 물이 불을 이기는 것과 같다. 지금 인을 실행하는 사람은 한 잔의 물로 수레 가득한 땔나무에 붙은 불을 끄는 것과 같다. 불이 꺼지지 않으면 물이 불을 이기지 못한다고 말한다. 이는 또 불인을 심하게 돕는 것일 뿐이니 또한 끝내는 잃고 말 것이다."

| 여與는 돕는다는 말과 같다. 인仁이 불인不仁을 이길 수 있음은 필연적인 이치이다. 다만 힘을 쓰지 않으면 불인을 이길 수 없는데 사람들은 마침내 정말 이길 수 없다고 생각한다. 이는 인을 행하는 일이 불인을 강하게 돕는 게 돼 버리므로 종내는 하는 일도 아울러 잃고 말 것이다.

이상은 제18장이다.

○ 이 장은 인에 뜻을 두었으면서도 힘을 쓰지 않는 사람을 위해 한 말이다. 사람이 인이 불인을 이기는 것은 물이 불을 이기는 것과 같다는 것을 안다면 누가 감히 인을 행하지 않겠는가. 또 누가 감히 인에 힘쓰지 않겠

는가. 사람들이 인을 실행하지 않고 힘쓰지 않는 것은 모두 그 이치가 이처럼 명확한 것을 몰라서다. 그러므로 인과 지혜는 서로 필요로 하며 그 결과가 비로소 완전해진다. 인용과 비유가 명백해 사람들이 놀라 반성하도록 하니 가장 확고한 말이다.

19.

맹자께서 말씀하셨다. "오곡은 곡식 가운데 좋은 것이지만 익지 않으면 삘기나 피만도 못하다. 인仁 역시 익히는 데 달려 있을 뿐이다."

> 삘기와 피는 풀이름으로 그 열매는 먹을 수 있다. 숙熟은 익었다는 말이다. 오곡이 좋기는 하지만 익지 않으면 먹을 수 있는 삘기나 피만도 못하다. 인을 실천하면서 익히지 않으면 역시 이와 같다는 말이다. 익히지 않으면 안 된다는 것을 강조해 말한 것이지 다른 기예를 공부해 성취가 있는 것보다 못하다고 말한 게 아니다.

이상은 제19장이다.

○ 이 장의 주제는 전적으로 '익힌다'는 한 글자에 놓여 있다. 인은 천하의 훌륭한 덕이다. 하지만 익히지 않으면 역시 적용할 수 없다. 그러므로 맹자는 긴요하게 익힌다고 말해 사람들이 학문하고 수양해 최고 경지에 도달하기를 바랐다. 인을 성으로 본다면 날 것인지 익은 것인지 어떻게 묻겠으며, 또 아직 무르익지 않은 것을 보고 성이 아니라고 해서야 옳겠는가.

20.

맹자께서 말씀하셨다. "예羿는 사람에게 활쏘기를 가르칠 때 반드시 활을 완전히 당기는 데 뜻을 두도록 했다. 배우는 사람 역시 반드시 완전히 당기는 데 뜻을 둔다.

| 예는 활을 잘 쏘는 사람이었다. 구彀는 활을 완전히 당기는 것이다. 완전히 당긴 다음에 발사하는 것이 활 쏘는 법이다.

큰 목수는 사람을 가르칠 때 꼭 규구規矩를 쓴다. 배우는 사람 역시 꼭 규구를 쓴다."

| 대장大匠은 도목수都木手다.

이상은 제20장이다.

○ 이 장은 예가 활쏘기를 가르치고 큰 목수가 기술을 가르칠 때 절대 법도를 버리고 정교하게 되도록 할 수 없고, 배우는 사람이 도에 대해서도 마찬가지임을 말한 것이다. 이른바 "완전히 당긴다"는 것, 이른바 "규구"란 무엇인가. 역시 인의仁義일 뿐이다. 맹자는, "요순의 도로도 어진 정치를 행하지 않으면 천하를 평화롭게 다스릴 수 없다"(「이루 상」 제1장)고 말한 적이 있는데, 바로 이 장의 뜻이다.

고자 장구 하

모두 16장이다.

1.

임任나라 사람이 옥려자屋廬子에게 물었다. "예와 음식 중 어떤 것이 더 소 중합니까?"

"예가 소중합니다."

│ 임任은 나라 이름이다. 옥려자는 맹자의 제자다.

"여색과 예 중 어떤 것이 더 소중합니까?"

"예가 소중합니다."

│ 임나라 사람이 다시 묻고 옥려자가 대답하였다.

"예를 갖춰 먹으면 굶어 죽고, 예를 갖추지 않고 먹으면 먹을 수 있는데도 꼭 예를 차려야 합니까? 아내를 맞이하는 예를 지키면 아내를 맞을 수 없고, 아내를 맞이하는 예를 지키지 않으면 아내를 맞이할 수 있는데도 꼭 아내를 맞이하는 예를 지켜야 합니까?"

옥려자가 이 말에 대답할 수 없어 다음 날 추나라로 가서 맹자께 이 말을 아뢰었다.

> 당시에는 성인과 거리가 멀고 도가 막혀 사악한 말들이 벌떼처럼 일어났다. 임나라 사람이 이런 말로 정도正道를 파괴하려 한 것이다. 역시 앞에 나왔던 "한 자를 굽혀 여덟 자를 편다"(「등문공 하」 제1장)는 말과 같은 뜻이다.

맹자께서 말씀하셨다. "이 말에 대답하는 데 무슨 어려움이 있겠느냐. 근본을 따지지 않고 끝만 가지런히 한다면 한 치 되는 나무로도 잠루岑樓보다 높게 할 수 있다.

> 하유何有라는 말은 어렵지 않다는 뜻이다. 근본은 아래를 말하고, 끝은 위를 말한다. 잠루岑樓는 산처럼 높고 뾰족한 누각을 말한다. 한 치 되는 나무는 근본이 낮고 높은 누각은 근본이 높다. 그 아래를 고르게 하는 것은 보지 않고 그냥 그 윗부분만 가지런하도록 하면 낮은 키의 한 치 되는 나무도 혹 잠루보다 높게 된다는 말이다. 이 말은 『장자』「천하」天下에 보이는 명가名家(고대의 논리학파)의 말, "거북이는 뱀보다 길다", "수레바퀴는 땅에 닿지 않는다"는 궤변과 말뜻이 비슷하다. 세상 사람들이, 궤변으로 시비를 어지럽히고 바른 논리를 따르지 않는다 하는 것도 모두 이런 따위이다. 그러므로 맹자가 이런 것으로 비유한 것이다.

쇠가 깃털보다 무겁다는 것이 어찌 걸쇠 하나와 수레 가득한 깃털을 두고 말한 것이겠느냐.

| 구鉤는 띠의 걸쇠를 말한다. 쇠가 무겁고 깃털이 가볍다고 하는 것은 본래 그 성질을 두고 말한 것이다. 걸쇠 하나의 쇠와 수레 가득한 깃털을 가지고 그 무게를 비교하면 쇠가 가볍고 깃털이 무거울 것이다. 하지만 쇠가 무겁고 깃털이 가볍다고 하는 것은 이를 두고 하는 말이 아니다. 이것은 임나라 사람의 말을 물리치려고 다시 이를 말해 깨우쳐 준 것이다.

음식의 막중함과 예의 가벼움을 가져와 비교한다면 음식이 막중할 뿐이겠느냐[奚翅食重]. 여색의 막중함과 예의 가벼움을 가져와서 비교한다면 여색이 막중할 뿐이겠느냐.

| 혜시奚翅는 '어찌 그것뿐이겠느냐'라는 말이다. 굶어 죽는 것과 아내를 얻을 수 없는 것은 식욕과 색욕 가운데 중요한 문제이고, 예를 갖춰 먹는 것과 아내를 맞이하는 절차는 예 가운데 가벼운 것이다. 이 두 가지를 서로 비교하면 식욕과 색욕이 확실히 소중하다. 하지만 이와 같은 비유가 어찌 식욕과 색욕에 그칠 뿐이겠는가. 예도 또한 식욕과 색욕보다 소중한 때가 있다.

가서 이렇게 대답해 주어라. '형의 팔을 비틀어 음식을 빼앗아 먹으면 먹을 수 있고, 비틀지 않으면 먹을 수 없는데도 형의 팔을 비틀겠는가. 동쪽 집 담을 넘어 처녀를 끌고 오면 아내를 맞을 수 있고, 끌고 오지 않으면 아내를 맞을 수 없는데도 처녀를 끌고 오겠는가?'"

진紾은 비튼다는 말이다. 누摟는 끌고 온다는 말이다. 처자處子는 처녀이다. 임나라 사람은 본래 예 가운데 가벼운 것을 가져와 음식·여색의 막중함과 비교했다. 그러므로 여기서는 예와 음식·여색의 막중함을 가지고 비교해, 두 가지의 무게를 견주어 보면 음식과 여색은 없앨 수 있어도 예는 없앨 수 없음을 명백히 밝혔다.

이상은 제1장이다.

○ 어이 하고 부르면서 음식을 주면 길 가는 사람도 받지 않는다. 발로 밀어 음식을 주면 걸인도 기꺼워하지 않는다. 부모의 말씀을 기다리지 않고 혼인 약속을 하고서 벽에 구멍을 뚫고 틈을 만들어 서로 엿보거나 담을 넘어 서로 만나면 부모와 온 나라 사람들이 천하게 여긴다. 그러므로 음식남녀(식욕과 성욕)는 인간의 큰 욕망이 있는 곳이지만 역시 예의를 분별하지 않을 수 없다. 그리고 감정을 따르는 일이야 가벼운 것은 확실히 때에 따라 상황에 맞게 할 수 있지만 막중한 문제에 이르게 되면 결코 건너뛸 수 없는 게 있다. 이 때문에 군자는 차라리 자신을 죽일지언정 형의 팔을 비틀어 먹을 것을 구하지 않고, 차라리 아내가 없을지언정 이웃집 담을 넘어 아내를 맞이하지 않는다. 인간의 길이 짐승과 구분되는 까닭이 이것이다. 임나라 사람은 예법을 무시하고 포기한 무리로 보이는데 이런 이유로 맹자가 이것으로 그의 논리를 격파한 것이다. 그 뜻이 정밀하다.

2.

조교曹交가 물었다. "사람은 모두 요순이 될 수 있다고 하는데, 그런 게 있습니까?"

맹자께서 말씀하셨다. "그렇습니다."

│ 조씨가 말했다: "조교는 조나라 임금의 동생이다. 사람은 모두 요순이
│ 될 수 있다고 맹자가 말한 적이 있다."

"저는 문왕은 키가 10자, 탕왕은 9자라고 들었습니다. 지금 저는 키가 9자 4치인데 밥만 축내고 있습니다. 어떻게 하면 되겠습니까?"

│ 조교가 질문한 것이다. 밥만 축낸다는 말은 별다른 재능이 없다는 뜻
│ 이다.

"그런 게 무슨 상관입니까. 역시 실천할 뿐입니다. 여기 어떤 사람이 있는데 힘이 오리새끼 한 마리 이길 수 없다면 힘이 없는 사람입니다. 오늘 백균의 무게를 든다면 힘 있는 사람이 되는 것입니다. 그렇다면 조획烏獲이드는 짐을 든다면 이 사람 역시 조획이 되는 것입니다. 사람들은 왜 이기지 못하는 것을 걱정할까요. 하지 않을 뿐입니다.

│ 주씨가 말했다: "필匹자는 본래 필鴄로 써야 한다. 오리라는 말이다. 생
│ 략법에 따라 필匹로 쓴 것이다. 『예기』에 필匹을 목鶩(집오리)으로 읽은
│ 것이 이 예다. 조획은 옛날 힘센 장수였다." 사람은 모두 요순이 될 수
│ 있다는 말은 그저 모습이 비슷하기 때문일 뿐만 아니라 요순이 한 일
│ 을 실행할 수 있다면 역시 요순이 된다는 말이다.

천천히 어른 뒤에 가는 것을 공손하다[弟] 하고, 빨리 걸어서 어른을 앞지르는 것을 공손하지 않다고 합니다. 천천히 가는 것이 왜 사람들이 할 수 없는 것이겠습니까. 하지 않는 것입니다. 요순의 도는 효제일 뿐입니다.

> "뿐입니다"라는 말은 미진한 것이 있는 것 같지만 사실은 끝까지 다 말해 남은 게 없는 말이다. 효제孝弟일 뿐이라는 말은 성인의 도는 인륜에 지나지 않는다는 뜻이다. 소위 "성인은 인륜의 완벽한 모범이다"(「이루 상」 제2장)라는 말이 이것이다. 단지 가까우면서 실천하기 쉬운 것을 들어 말하였다.

그대가 요임금이 입던 옷을 입고 요임금의 말씀을 외우며 요임금의 행동을 실천한다면 이는 요임금일 뿐입니다. 그대가 걸이 입던 옷을 입고 걸의 말을 외우며 걸의 행동을 실천한다면 이는 걸일 뿐입니다."

> 요임금의 행동을 실천하면 이는 요임금이 될 뿐이요, 걸의 행동을 실천하면 이는 걸이 될 뿐이라는 말이다. 선악의 기틀은 실행이 아주 쉬워 행하기 어려운 게 있지 않음을 밝힌 것이다.

조교: "제가 추나라 임금을 뵈면 건물을 빌릴 수 있을 것입니다. 머물면서 문하에서 수업을 받고 싶습니다."

> 맹자는 이때 추나라에 있었다.

"도는 큰 길과 같으니 왜 알기 어렵겠습니까? 사람들이 찾지 않는 게 문제일 뿐입니다. 그대가 돌아가 찾기만 한다면 찾고도 남는 스승이 있을 겁니다."

│ 도는 알기 어려운 것이 아닌데 사람들이 스스로 찾지 않는다. 그대가
　조나라로 돌아가 가까운 곳에서 찾아보면 의당 (찾고도) 남는 스승이
　있을 것이니, 굳이 여기 머물면서 수업받을 필요가 없다는 말이다.

이상은 제2장이다.

○ 이 장 역시 맹자가 늘 하는 말이며 성인 공부의 극치로, 조교를 위해
한 말만은 아니다. 어째서인가? 세상 사람들은 도를 구하는 것이 너무 고
원高遠하고 성인의 도는 도달을 기약할 수 없다고 본다. 성인의 도는 인륜
과 일상생활 가운데 실행하는 것에 불과하다는 사실을 전혀 모르는 것이
다. 『서경』「순전」舜典의, 순임금(원문의 요堯는 오류)이 신하 설契에게 "오
교五教(오륜五倫)를 공경해 펼치라"고 한 말은 이 인륜과 일상생활을 펼친
것이며, "순임금은 오전五典(오상五常, 즉 부·모·자·형·제의 도리)을 삼가
아름답게 하였다"는 말은 이 인륜과 일상생활을 아름답게 만든 것이다.
이것을 벗어나 따로 도가 될 수 있는 것은 없다. 그러므로 배우는 사람에
게 소중한 것은 사람들이 하기 어려운 것을 잘하는 데 있지 않고 사람들
이 하기 쉬운 것을 잘하는 데 있다. 맹자는 이를 한마디로 단언해, "요순
의 도는 효제일 뿐이다"라고 하였고 또 "천천히 어른 뒤에 가는 것을 공
손하다[弟] 하고, 빨리 걸어서 어른을 앞질러 가는 것을 공손하지 않다고
한다"고 말했다. 실천하기 어렵지 않음을 더욱 잘 알겠다. 이전 시대 유학
자들은 도를 매우 고원한 것으로 보고 효제를 다 실행하지 못하는 것을
혐오해 마침내 조교를 위해 말한 것이라고 하였는데 잘못이라고 하겠다.

3.

공손추가 물었다. "고자高子가 「소변」小弁은 소인의 시라고 했습니다."

맹자께서 말씀하셨다. "무엇을 가지고 하는 말이냐?"

"원망해서입니다."

| 고자는 제나라 사람이다. 「소변」은 「소아」에 실린 시 제목이다. 주나라
유왕幽王이 신후申后를 맞이해 태자 의구宜臼를 낳았다. 또 포사褒姒를 맞
이해 백복伯服을 낳고는 신후를 쫓아버리고 의구의 태자 책봉을 취소
했다. 이에 의구의 스승이 이 시를 지어 감정을 서술하였다. 아버지의
잘못을 원망하면서 이 시를 지었기 때문에 고자가 소인의 시라고 한
것이다.

"낮구나, 고수高叟가 시를 다루는 것이. 여기 사람이 있는데, 월나라 사람
이 활을 당겨 그를 쏜다면 내가 웃으며 말하는 것은 다른 게 아니라 월나
라 사람과 관계가 멀기 때문이다. 자기 형이 활을 당겨 그를 쏜다면 내가
눈물을 흘리며 울면서 말하는 것은 다른 게 아니라 형이 친하기 때문이
다. 「소변」에서 원망한 것은 어버이를 사랑한 것이다. 어버이를 사랑하는
것이 인仁이다. 참으로 낮구나, 고수가 시를 다루는 것이."

| 고固는 좁고 낮다는 말이다. 위爲는 (시를) 다룬다는 말이다. 월나라는
오랑캐 나라 이름이다. 도道는 '말하다'이다. 「소변」에서 원망한 것은
인에서 멀지 않은데 어떻게 소인의 시라고 할 수 있겠는가.

"「개풍」凱風에서는 왜 원망하지 않았습니까?"

| 「개풍」은 「패풍」邶風에 실린 시 제목이다. 위衛나라에 일곱 아들을 둔

어미가 있었는데 자기 가정을 편안하게 여기지 못하자 일곱 아들이 이 시를 지어 자책하였다. 공손추는「개풍」도 효자의 시인데 어이하여 유독 원망하지 않았는지 물은 것이다.

"「개풍」은 어버이의 잘못이 작은 것이요,「소변」은 어버이의 잘못이 큰 것이다. 어버이의 잘못이 큰데도 원망하지 않으면 이는 더 소원해지는 것이다. 어버이의 잘못이 작은데도 원망하면 이는 (부모가) 자식을 건드릴 수 없는 것이다[是不可磯也]. 더 소원해지는 것도 불효지만 자식을 건드릴 수 없는 것 역시 불효다.

> 기磯는 『설문해자』說文解字에, "돌이 물을 치는 것"이라고 하였다. 불가기不可磯는 건드리고 접촉할 수 없음을 말한 것이다. 물로 자식을 비유하고 돌로 어머니를 비유해, 부모가 조금만 건드려도 자식이 갑작스레 원망하고 화를 내는 것을 말한다.

공자께서는, '순임금은 최고의 효자일 것이다. 쉰 살이 되어서도 부모를 사모하였으니'라고 말씀하셨다."

> 맹자가 공자의 말을 인용해, 순임금이 최고 효자가 된 이유는 나이가 오십이 되어서도 여전히 어버이를 원망하고 사모하였기 때문이니 그렇다면「소변」에서 원망한 것 역시 어버이를 사랑하는 도리를 아는 것이라고 한 것이다.

이상은 제3장이다.
○ 이 장은 '순임금이 밭에 갔다'는 장(「만장 상」제1장)을 참조해 함께 보

아야 한다. 원망은 인간의 깊은 감정으로, 소원한 관계에서 생기지 않고 친한 관계에서 생긴다. 그런 까닭에 공자는 시에 대해서 말하며 "원망할 수 있다"(『논어』 「양화」 제8장)고 하였다. 어째서인가? 친척과 친구 사이에 정이 박절해지면 원망과 사모에 이르는 것이 인륜의 도리다. 하지만 작은 일에 시비를 논하면서 원망에 이르는 것 또한 잘못이다. 그런 까닭에 자식들은 어버이에게 작은 잘못이 있더라도 원망해서는 안 된다. 작은 잘못인데도 원망하면 이는 어버이를 원수로 삼는 것이다. 이것을 "자식을 건드리지 못한다"고 하는 것이다. 큰 잘못은 원망하지 않으면 안 된다. 큰 잘못인데도 원망하지 않으면 이는 어버이를 길 가는 사람으로 보는 것이다. 이것을 "관계가 더 소원해진다"고 하는 것이다. 이것이 「소변」에서 원망한 것과 「개풍」에서 원망하지 않은 것 모두 어버이를 사랑하는 도리를 잃지 않았다고 하는 이유이다.

4.

송경宋牼이 초나라에 가는 길이었다. 맹자가 석구石丘에서 그를 만나 말했다. "선생님은 어디 가시는 겁니까?"

| 조씨가 말했다. "송경은 송나라 사람으로 이름이 경牼이다. 학식 있는 사士로 연장자였기 때문에 선생님이라고 한 것이다." 석구石丘는 지명이다.

"내가 진秦나라와 초楚나라가 전쟁을 벌이려 한다고 들었소. 내가 초나라 왕을 만나 설득해서 그만두게 하려 하오. 초나라 왕이 좋아하지 않으면

내가 진나라 왕을 만나 설득을 해서 그만두게 하려 하오. 두 왕 가운데 내게 뜻이 부합하는 사람이 있을 게요."

"제가 상세한 것은 묻지 않겠습니다만 그 취지는 듣고 싶습니다. 어떻게 설득하려 하십니까?"

"나는 전쟁의 불리함을 얘기하려 합니다."

송경은, 나는 두 왕을 위해 전쟁을 일으키는 일의 불리함에 대해 말하겠다고 한 것이다.

"선생님의 뜻은 크지만 선생님의 명분은 옳지 않습니다. 선생님이 이익으로 진나라와 초나라의 왕을 설득하면 진나라와 초나라의 왕은 이익에 기뻐하면서 삼군三軍의 군사를 해제하겠지요. 이는 삼군의 군사들이 군대가 해제되는 것을 즐거워하며 이익에 기뻐하는 것입니다. 신하된 사람이 이익을 마음에 품고 자기 왕을 섬기고, 자식된 사람이 이익을 마음에 품고 자기 부모를 섬기며, 동생되는 사람이 이익을 마음에 품고 자기 형을 섬기면 이는 군신과 부자·형제가 마침내 인의를 버리고 이익을 마음에 품고 서로 대하는 것입니다. 그렇게 하고서도 망하지 않은 경우는 있지 않습니다.

맹자는, 송경이 군대를 해제하고 백성을 쉬게 하려는 것으로 설득하려 하므로 그의 뜻은 크지만 이익을 명분으로 삼으면 옳지 않다, 어째서 인가? 하루아침에 이익에 기뻐하면서 군대를 해제하겠지만 일단 이익의 실마리가 열리면 군신 상하가 모두 이익을 품고 서로 대하면서 자리를 빼앗고 죽이며 다퉈, 망하지 않으면 그치지 않을 것이니 그 해악이 크다고 한 것이다.

선생님이 인의(仁義)로 진나라와 초나라의 왕을 설득하면 진나라와 초나라의 왕은 인의에 기뻐하면서 삼군의 군사를 해제하겠지요. 이렇게 되면 삼군의 군사는 군대가 해제되는 것을 즐거워하면서 인의에 기뻐하는 것입니다. 신하된 사람이 인의를 마음에 품고 자기 왕을 섬기고, 자식된 사람이 인의를 마음에 품고 자기 부모를 섬기며, 동생되는 사람이 인의를 마음에 품고 자기 형을 섬기면 이는 군신과 부자·형제가 마침내 이익을 버리고 인의를 마음에 품고 서로 대할 것입니다. 그렇게 하고서도 왕이 되지 않은 경우는 있지 않습니다. 왜 꼭 이익을 말씀하십니까."

| 어진 사람은 반드시 부모를 사랑하고, 의로운 사람은 반드시 왕을 가장 중요하게 생각한다. 인의를 가지고 두 왕을 설득해 전쟁을 그치게 한다면 상하가 모두 인의를 마음에 품고 서로 대해 국가와 천하가 자연히 마음으로 복종하지 않을 수 없을 것이라는 말이다.

이상은 제4장이다.

○ 어떤 사람이 물었다. "진나라와 초나라의 왕이 만약 모두 맹자의 말을 듣고 인의에 기뻐했다면 두 나라 모두 진정한 왕이 되었을 것입니다. 그렇다면 이는 백성들이 두 왕을 갖는 것입니다. 어떻게 생각하십니까?" 나는 대답한다. "이른바 진정한 왕이 될 수 있다는 말은 본래 덕을 가리켜 말한 것이다. 사람마다 마음으로 복종해 실로 덕에 귀의한다면 진정한 왕이라고 할 수 있을 것이다. 꼭 천자라는 지위에 오른 뒤에야 진정한 왕이라고 하는 게 아니다. 맹자가 말한 진정한 왕이란 반드시 문왕을 기준으로 삼는다. 하지만 문왕 자신은 천하를 삼등분해 그 둘을 가지고서도 은나라를 섬겼으니 사실은 제후였다. 그런데도 문왕을 진정한 왕이라고

불렀으니, 맹자가 말하는 진정한 왕은 근본적으로 천자의 지위에 오른 뒤에야 진정한 왕이라고 부르는 것이 아님을 알 수 있다. 이전 시대 유학자들이 이를 살피지 못하고 함부로 천명天命이 바뀌었는지 여부를 가지고 말한 것은 잘못이다."

5.

맹자께서 추鄒나라에 있을 때 계임季任이 임任나라의 처수處守(임시 대행)가 되어 폐물을 보내 교제하기를 바랐는데, 폐물만 받고 답례하지 않았다. 평륙平陸에 머무르실 때 저자儲子가 재상이 되어 폐물을 보내 교제하기를 바랐는데, 폐물만 받고 답례하지 않았다.

> 조씨가 말했다: "계임은 임나라 임금의 동생이다. 임나라 임금이 이웃 나라에 조회를 가자 계임이 이 때문에 나라를 맡아 지켰다." 저자는 제 나라의 재상이다. 답례하지 않은 것은 상대방이 와서 만나 보면 당연히 답례를 해야 하는 것이요, 다만 폐물을 보내 교제를 청하면 반드시 답례하지는 않는다.

훗날 맹자께서 추나라에서 임나라로 가셨을 때 계자를 만나 보았는데, 평륙에서 제나라로 가셨을 때는 저자를 만나 보지 않으셨다. 옥려자屋廬子가 기뻐하며 말했다. "내가 (물어볼) 틈을 얻었구나."

> 연連은 옥려자의 이름이다. 맹자가 일을 이렇게 처리한 데에는 반드시 의리義理가 있을 줄 알았기 때문에 질문할 틈을 얻은 것을 기뻐하며 물은 것이다.

그가 물었다. "선생님께서 임나라에 가셨을 때는 계자를 만나셨는데, 제나라에 가셨을 때는 저자를 만나시지 않았습니다. 저자가 재상이었기 때문입니까?"

│ 저자가 단지 제나라의 재상이어서 왕의 자리에서 섭정을 하고 있던 계자만 못하기 때문에 그를 가볍게 본 것입니까, 라는 말이다.

"아니다. 『서경』에, '윗사람에게 예물을 바칠 때는 예의를 후하게 해야 한다. 예의가 예물보다 못하면 윗사람에게 예물을 바치지 않았다고 한다. 윗사람에게 예물 바치는 데 마음을 쓰지 않았기 때문이다'[享多儀, 儀不及物曰不享, 惟不役志于享]라고 하였다.

│ 『서경』은 「주서周書 · 낙고洛誥」편을 말한다. 향享은 윗사람에게 예물을 바치는 것이다. 의儀는 예의이다. 다의多儀는 예를 바치는 마음이 후한 것을 말한다. 물物은 비단 등의 예물을 말한다. 역役은 쓴다는 말이다. 윗사람에게 예물을 바치더라도 예를 갖추는 마음이 예물에 미치지 못하면 이는 예물을 바친 게 아니다. 예물을 바치는 데 마음을 쓰지 않았기 때문이라는 말이다.

윗사람에게 예물 바치는 예를 올바로 갖추지 않았기 때문이다."

│ 맹자는, 내가 저자를 만나지 않은 이유는 그가 윗사람에게 예물을 바친다는 명분은 차렸더라도 윗사람에게 바치는 예를 올바로 갖춘 게 아니기 때문이라고 한 것이다. 저자는 맹자에게 와서 만나 볼 수 있었는데도 오지 않았다. 이는 예를 얕본 것이다.

옥려자가 기뻐하였다. 어떤 사람이 이유를 물었다. 옥려자가 말했다. "계자는 추나라에 갈 수 없었고, 저자는 평륙에 갈 수 있었기 때문입니다."

| 서씨(서도徐度)가 말했다: "계자는 임금이 되어 나라를 지켜야 했으므로 다른 나라에 가서 맹자를 만날 수 없었으니, 예물을 보내 교제했으므로 예의 뜻이 갖춰진 것이다. 저자는 제나라 재상이므로 제나라 안 어디라도 갈 수 있었는데 직접 와서 만나지 않았으니, 예물을 보내 교제하더라도 예의 뜻이 예물에 미치지 못한 것이다."

이상은 제5장이다.

○ 채모蔡模가 말했다: "이 장은 맹자가, 예의 뜻을 표현했을 때 시비를 다룰 경우 경중을 따지는 일에서도 각자 합당한 기준에 걸맞게 한 것이 이와 같았음을 보여 준다. 하지만 모두 예물을 보내 교제하려 했고 모두 예물을 받았으니, 어찌 당시에도 예물만을 보내고서 교제하는 예가 있지 않았겠는가. 계자와 저자 모두 악인이 아니었으니 역시 받을 만한 이유가 있었던 것이다."

6.

순우곤淳于髡이 물었다. "명예와 공적을 우선으로 하는 사람은 남을 위하는 것이며, 명예와 공적을 나중으로 하는 사람은 자신을 위하는 것입니다. 선생님은 삼경三卿 가운데 계시면서 명예와 공적이 위아래에 더해지지 않았는데 떠나시니 인자仁者는 진정 이와 같습니까?"

| 명名은 칭찬이다. 실實은 일의 공적이다. 순우곤은, 명예와 공적을 우선

으로 해서 실행하는 사람은 백성을 구제하는 데 뜻을 두고 있는 사람이며, 명예와 공적을 나중으로 해서 실행하지 않는 사람은 홀로 자신을 깨끗이 수양하려는 사람이다. 선생님은 지난번에 삼경의 지위 가운데 한 자리에 있었으니 명예와 공적을 나중으로 한 사람이 아니었다. 그러나 위로는 임금을 올바르게 인도하지 못했고, 아래로는 백성들을 구제하지 못했는데 갑자기 그 자리를 떠났으니 어진 사람의 마음은 아닌 것 같다고 말한 것이다.

맹자께서 말씀하셨다. "낮은 지위에 있으면서 (자신의) 현명함을 가지고 못난 사람을 섬기지 않은 사람은 백이이고, 다섯 번 탕왕에게 나아가고 다섯 번 걸에게 나아간 사람은 이윤이며, 더러운 임금도 싫어하지 않고 작은 관직도 사양하지 않은 사람은 유하혜입니다. 세 사람은 방도는 같지 않았지만 지향점은 하나였습니다. 하나는 무엇이겠습니까? 인입니다. 군자는 역시 인할 뿐입니다. 왜 꼭 방법이 같아야 합니까?"

백이는 자신을 굽히려 하지 않았고, 이윤은 백성을 구제하는 데 뜻이 있었으며, 유하혜는 모욕입는 것을 부끄러워하지 않았다. 그들이 도를 실행한 방법은 모두 같지 않았지만 그 지향점에 있어서는 하나였다. 인이란 앞 편에서, "백 리 되는 땅을 얻어 임금이 되면 모두 제후들의 조회를 받고 천하를 가질 수 있을 것이며, 한 가지 불의를 행하고 죄 없는 한 사람을 죽여 천하를 얻는 일은 모두 하지 않을 것이다"(「공손추상」 제2장)라고 한 말이 바로 이것이다. 인자의 일을 말한 것이다.

○ 이 부분은, 군자의 행동은 어떤 때는 남을 위하고 어떤 때는 자신을 위하는데 각각 알맞은 때가 있는 것이므로 꼭 한쪽만을 고집해서 논해서

는 안 된다는 것을 말한다. 하지만 자신을 위하는 것은 남을 위하는 것의 근본이며 남을 위하는 것은 자신을 위하는 것의 완성이다. 어떻게 딱 잘라서 두 가지 일이라고 할 수 있겠는가.

순우곤: "노나라 목공 때 공의자公儀子가 정사를 담당하였고, 자류子柳와 자사子思가 신하였지만 노나라가 땅을 잃는 일이 아주 심했습니다. 이렇군요, 현자가 나라에 무익한 게."

　공의자는 이름이 휴休로 노나라의 재상이었다. 자류는 설류泄柳를 말한다. 삭削은 남의 나라의 침략을 받아 땅을 빼앗기는 것을 말한다. 주씨가 말했다: "순우곤은 맹자가 떠나지 않더라도 역시 꼭 훌륭한 일을 하지는 못했을 거라고 비아냥거린 것이다."

맹자: "우나라는 백리혜를 쓰지 않아 망했고 진秦나라 목공은 백리혜를 등용해 패자가 되었습니다. 현자를 쓰지 않으면 나라가 망하는데 땅을 잃는 것으로 나라를 구하는 일인들 어떻게 할 수 있겠습니까."

　진력陳櫟이 말했다: "나라가 망한다면 어떻게 땅을 잃는 것에 그치겠는가. 그러므로 '어찌 땅을 잃는 것으로 유지하겠습니까?'라고 한 것이다. 노나라가 망하지 않은 것은 그래도 이 세 현자가 있었기 때문이다. 그렇지 않았다면 우나라가 망한 것처럼 되어서 땅을 잃는 것을 구하려 해도 구할 수 없었을 것이다."

○ 이 부분은 현자가 국가에 유익함을 말한 것이다. 현자를 등용해 능력을 다 쓰지 않더라도 그래도 망하는 것을 구한다. 현자를 쓰지 않았다면 나라는 필시 망하고 만다. 나라에 현자를 쓰지 않으면 안 되는 것이

이와 같다.

순우곤: "예전에 왕표王豹가 기수淇水가에 살 때 하서河西지방 사람들이 노래를 잘했고, 면구緜駒가 고당高唐에 살 때 제나라 서쪽 지방 사람들이 노래를 잘했으며, 화주華周와 기량杞梁의 아내가 그 남편의 상喪에 곡을 잘해 나라의 풍속이 바뀌었습니다. 안에 있으면 반드시 밖으로 드러나기 마련입니다. 일을 해서 그 공적이 없는 사람을 저는 본 적이 없습니다. 이런 까닭에 현자가 없다고 하는 것입니다. 있다면 제가 반드시 알았을 것입니다."

왕표는 위衛나라 사람으로 노래를 잘했다. 기淇는 강 이름이다. 면구는 제나라 사람으로 노래를 잘 불렀다. 고당高唐은 제나라 서쪽의 마을이다. 화주와 기량 두 사람은 모두 제나라의 신하로 거莒에서 전사했다. 그 아내들의 곡이 슬퍼 나라의 풍속이 변화해 모두 곡을 잘하였다. 순우곤은 이런 예를 들어 맹자가 제나라에서 벼슬을 하며 공적이 없었으므로 현자가 될 수 없다고 비아냥거린 것이다.

맹자: "공자께서 노나라의 사구가 되셨을 때 공자의 말이 쓰이질 않았지요. 임금을 따라 제사를 지냈는데 제사에 쓴 고기[燔肉]가 오지 않자 면류관도 벗지 않고 떠나셨습니다. 모르는 사람들은 고기 때문이었다고 말하고 아는 사람들은 무례했기 때문이라고 말했습니다. 이는 공자께서 작은 죄를 이유로 떠나려 했던 것이지, 구차하게 떠나려 하지 않았던 것입니다. 군자가 하는 일을 많은 사람들은 진정 알지 못합니다."

번燔은 번膰과 같은 글자로, 제사 때 쓰는 날고기를 신脈이라 하고, 익힌 고기를 번膰이라고 한다. 탈稅은 탈帨과 같은 글자다. 맹자는, 공자가 사구가 되었는데 노나라에서 공자의 정책을 쓰지 않자 떠나려 한 지가 오래되었다. 마침 노나라 임금을 따라 제사를 지냈는데 왕은 관례에 따라 당연히 대부들에게 제사에 쓴 고기를 내려주어야 하는데도 익힌 고기가 도착하지 않았다. 때문에 떠난 것이다. 당시 사람 가운데 혹 고기 때문이라고 말하는 자들은 진정 거론할 것도 없고, 어떤 이들은 왕이 무례했기 때문이라고 하는데 이 말이 이치에 가깝다. 하지만 역시 아직은 공자를 참으로 안 것이 아니다. 성인은 모국에 대해서 임금과 재상의 잘못을 드러내 보이고 싶지 않았고, 또 아무 이유도 없이 구차하게 떠나고 싶지도 않았다. 그러므로 익힌 고기가 오지 않은 일을 자신이 작은 죄를 지은 것으로 보고 떠난 것이다. 그 마음씀이 충성스럽고 후덕하며 그리워하며 잊지 못하는 마음은 많은 사람들이 알 수 있는 게 아니라고 말한 것이다.

○ 이 부분은 공자의 일을 들어 군자가 벼슬에 나가는 일과 은거, 벼슬에 머무르거나 그만두는 일은 함부로 말할 수 있는 게 아님을 밝혀 순우곤을 깨우쳐 준 것이다.

이상은 제6장이다.

○ 이 장은 순우곤이 세 번 묻고 맹자가 세 번 답한 것이다. 모두 그 이유를 명백히 말하지 않았는데 순우곤이 몇 번씩 물으며 그만두지 않기에, 끝내는 "군자가 하는 일을 많은 사람들은 진정 알지 못한다"고 하였다. 공자가 노나라를 떠난 일을 인용한 것을 보면, 맹자가 제나라를 떠난 것도 필시 이유가 있었을 것이다. 다만 드러내 놓고 말하고 싶지 않았을 뿐

이다. 배우는 사람들은 여기서 성현의 충성스럽고 후덕한 마음은 천박한 장부들이 알 수 있는 게 아니라는 점을 알아야 한다.

7.

맹자께서 말씀하셨다. "오패五覇는 삼왕三王에게 죄인이며 지금의 제후는 오패에게 죄인이고 지금의 대부들은 제후에게 죄인이다.

> 조씨가 말했다: "오패는 제나라의 환공桓公, 진晉나라의 문공文公, 진秦나라의 목공穆公, 송나라의 양왕襄王, 초나라의 장왕莊王을 말한다. 삼왕은 하나라의 우왕禹王, 상나라의 탕왕湯王, 주나라의 문왕文王과 무왕武王을 말한다." 오패는 삼왕에 대해서, 지금의 제후들은 오패에 대해서, 지금의 대부들은 지금의 제후에 대해서 모두 겉으로는 존경하는 것처럼 보이지만 실상은 심하게 해를 끼치기 때문에 죄인이라고 한 것이다.

천자가 제후에게 가는 것을 '순수'巡狩라 하고 제후가 천자에게 조회하는 것을 '술직'述職이라 한다. 봄에 밭갈이를 살펴보고 부족한 것을 보충해 주고, 가을에 수확 거둔 것을 살펴보고 넉넉하지 못한 것을 도와주는 것이다. 그 나라에 들어갔더니 토지가 개간되었으며 들과 밭이 다스려졌고, 노인을 잘 돌보고 현자를 존경하며 뛰어난 인재가 조정의 지위에 있으면 상을 내리는데 상은 토지로 한다. 그 나라에 들어갔더니 토지가 황폐하고 노인을 버려 두고 현자를 등용하지 않으며 가혹하게 세금을 걷는 자가 조정의 지위에 있으면 꾸짖는다. 제후가 한 번 조회하지 않으면 그 벼슬을 강등하고 두 번 조회하지 않으면 그 영토를 깎아내고 세 번 조회하지 않으면 육군六軍을 동원해 임금을 바꾼다.

> 경慶은 상을 말한다. 땅을 더해 주어 상으로 준다는 뜻이다. 부극掊克은
> 세금을 긁어모아 거두는 것이다. 양讓은 꾸짖는다는 말이다. 육군六軍
> 을 동원해 임금을 바꾼다는 말은 천자의 신하인 경卿에게 명령을 내려
> 원수元帥가 되게 하여 실행한다는 뜻이다.

○ 이 부분은 삼왕의 법을 서술해 예악과 정벌征伐은 한결같이 천자에서
나오는 것이지 제후가 마음대로 할 수 없음을 밝힌 것이다.

이런 까닭에 천자는 죄를 성토[討]하지만 정벌[伐]은 하지 않으며 제후는
정벌은 하지만 죄를 성토하지 않는다. 오패는 제후를 이끌고 제후를 정벌
하였다. 그러므로 오패는 삼왕에게 죄인이라고 한 것이다.

> 당나라의 공씨(공영달孔穎達)가 말했다: "저쪽에 죄가 있어 명령을 널
> 리 내리고 일의 내력을 진술해 책임을 묻는 것을 토討라 한다. 저쪽에
> 죄가 있어 군대를 동원해 무력을 행사해 공격하는 것을 벌伐이라 한
> 다." 천자는 직접 정벌하지 않고 경에게 명령을 내려 그 명령을 실행하
> 도록 하면 제후가 천자의 명령을 받아 정벌한다는 말이다. 누摟는 이끈
> 다는 말이다. 오패는 왕의 명령을 받은 적이 없는 데다가 육군六軍의 군
> 사를 움직일 수도 없는데 자기들이 제후들을 이끌고 제후를 정벌했기
> 때문에 삼왕에게 죄인이라 한 것이다.

○ 이 부분은 오패가 삼왕에게 죄를 지은 까닭을 말한 것이다. 왕이 타락
해서 패가 되어 왕도王道를 다시는 알지 못하므로, 한 번 변한 것이다.

오패는 제나라 환공 때 전성기였다. 규구葵丘의 회맹에서 제후들은 희생

물을 묶어 놓기만 하고 그 위에 맹세의 글을 놓고 삽혈*은 하지 않았다. 첫번째 명령에서는, '불효자를 처벌하고 세워 놓은 아들(세자)을 바꾸지 말며 첩을 아내로 삼지 말라'고 하였다. 두번째 명령에서는, '현자를 존경하고 인재를 길러 덕 있는 사람을 표창한다'고 하였다. 세번째 명령에서는, '노인을 공경하고 어린이를 사랑하며 손님과 나그네를 잊지 말라'고 하였다. 네번째 명령에서는, '사士에게는 관직을 세습시키지 않으며 관청 사무를 겸직시키지 말며 사士를 구할 때 반드시 알맞은 사람을 택하고 함부로 대부를 죽이지 말라'고 하였다. 다섯번째 명령에서는, '제방을 구불구불 쌓지 말며 들여오는 곡식을 막지 말며 땅을 봉해 주고 보고하지 않는 일이 없도록 하라'고 하였다. 말하기를, '회맹에 함께 한 사람들은 맹약을 한 후 우호적인 관계로 돌아간다'고 했다. 지금 제후들은 이 다섯 가지 금지 사항을 범한다. 그러므로 지금의 제후는 오패에게 죄인이라고 한 것이다.

│ 희생물을 묶어 놓고 죽이지 않은 것은 환공 자신이 위신威信으로 남을 복종시킬 수 있다고 믿고 (일반적으로) 맹세할 때 하는 일을 행하지 않은 것이다. 이런 행동이 전성기라고 한 이유가 된다. 수樹는 세운다는 말이다. 이미 세자를 세웠으면 마음대로 바꿀 수 없다는 말이다. 빈賓은 손님이고, 려旅는 나그네다. 모두 당연히 대우해 주어야지 잊어서는 안 된다는 말이다. 사士는 봉록은 대대로 주더라도 관직은 대대로 주지 않는데 반드시 현자가 아닐 수 있기 때문이다. 관청 사무를 겸직시

---

* 삽혈(歃血)은 제후들의 회맹에서 맹세의 약속으로 희생물을 잡아 그 피를 마시거나 혹은 피를 입에 바르는 관례적인 의식을 말한다.

키지 말라는 것은 현명한 인재를 널리 구해 충원해야지 사람을 빼놓거나 일을 없애서는 안 되기 때문이다. 사±를 구할 때 반드시 알맞은 사람을 택하라는 말은 반드시 적임자를 찾아야 한다는 뜻이다. 함부로 대부를 죽이지 말라는 것은 죄가 있으면 반드시 천자에게 명령을 구한 뒤에 살해한다는 말이다. 제방을 구불구불 쌓지 말라는 것은 제방을 구불구불 쌓아 샘물을 막고 물이 세차게 흐르게 해서 작은 이익을 자기만 오로지 차지해 이웃나라를 해쳐서는 안 된다는 말이다. 들여오는 곡식을 막지 말라는 말은 이웃나라에 흉년이 들어 황폐해졌을 때 곡식 들여오는 것을 막아서는 안 된다는 뜻이다. 땅을 봉해 주고 보고하지 않는 일이 없도록 한다는 말은 나라와 고을을 마음대로 봉해 주고 천자에게 보고하지 않아서는 안 된다는 뜻이다.

○ 이 부분은 지금의 제후들이 오패에게 죄를 지은 이유를 말한 것이다. 패가 타락해서 지금의 제후가 되었는데, 오패가 만든 법 또한 다시는 실행되지 않으므로 두 번 변한 것이다.

임금의 악행을 조장하는 것[長]은 그 죄가 작지만 임금의 악행을 유도하는 것[逢]은 그 죄가 크다. 지금의 대부는 모두 임금의 악행을 유도한다. 그러므로 지금의 대부는 지금의 제후에게 죄인이라고 한 것이다."

│ 봉逢은 먼저 이끌어 낸다는 말이다. 임금의 과실이 아직 돋아나지 않았는데 먼저 의도를 알고 이끈다는 뜻이다.

○ 이 부분은 지금의 대부가 지금의 제후에게 죄를 지은 까닭을 말한 것이다. 지금의 대부에 와서는 변하고 또 변한 것이다.

○ 장식이 말했다: "군주는 좋지 못한 생각이 싹트면 처음에는 반드시 마

음에 편치 않은 것이 있어 감히 갑자기 드러내려고 하지 않는다. 내가 먼저 이끌어 내 편안하게 해주면 그 시작된 것이 꼭 결실을 맺게 된다. 군주는 자신의 뜻이 구체적인 일로 아직 형성되지 않았다고 생각하는데 저쪽에서 먼저 이끌어 내주면 그에 대한 군주의 사랑은 반드시 돈독해진다. 그러므로 밖으로 드러난 군주의 악행을 조장하는 일은 그 죄를 쉽게 볼 수 있지만, 안에 있는 군주의 악행을 유도하는 일은 그 사악함을 알기 어렵다. 쉽게 볼 수 있는 것은 해악이 그래도 얕지만 알기 어려운 것은 해악을 말로 다 할 수 없다. 예로부터 간신이 군주의 마음을 얻은 일은 미리 군주의 의향을 탐지해 그 악행을 이루도록 한 데서 오지 않은 경우가 없다. 그러므로 군주와 신하 간의 사랑을 아무도 해체할 수 없어 마침내 모두 망하고 나서야 끝난다."

이상은 제7장이다.

○ 이 장은 맹자가 세상의 도덕이 더욱 타락하는 것을 가슴 아파하며 말한 것이다. 왕이 타락해 패가 되고 나서 사람들은 이미 왕도의 위대함을 모르게 되었다. 패가 타락해 지금 시대가 되고 나니 사람들은 다만 지금의 제후와 대부를 훌륭한 임금이며 어진 신하로 보고, 다시 오패가 있으리란 걸 모른다. 하물며 왕도의 위대함은 어떻겠는가. 오패가 삼왕에게 죄인임을 전혀 모른다. 지금의 제후는 오패의 죄인이며, 지금의 대부 역시 지금 제후의 죄인이다. 맹자의 말은 또한 시대가 더욱 타락했음을 탄식하는 것뿐만이 아니다. 공자가 『춘추』를 지은 뜻을 서술한 것이기도 하다.

8.

노나라가 신자愼子를 장군으로 임명하려 하였다.

| 신자는 노나라의 신하다.

맹자께서 말씀하셨다. "백성을 가르치지 않고 전쟁에 쓰는 것을 백성에게 재앙을 끼친다고 한다. 백성에게 재앙을 끼치는 자는 요순시대에 용납되지 않았다.

| 백성을 가르친다는 말은 백성에게 예의를 가르쳐 효제의 의義를 알도록 하고 또 농한기에는 군사 일을 익히도록 하는 것이다. 쓴다는 말은 백성들이 전쟁에 나가도록 한다는 말이다. 요임금과 순임금의 시대에는 위아래가 화목해 사람들이 마음에 인의를 품었기 때문에 싸우기를 좋아하고 백성에게 재앙을 끼치는 사람은 자연히 세상에 용납될 수 없었다.

한 번 싸워 제나라를 이겨 마침내 남양南陽을 차지하더라도 이것도 옳지 않다."

| 산의 남쪽을 양陽이라 하기 때문에 대산岱山(태산)의 남쪽을 남양南陽이라 한다. 이때 노나라는 신자가 제나라를 공격해 남양을 차지하도록 하려 했다. 그러므로 설사 신자가 잘 싸워 공을 세우더라도 옳지 않은 일인데 하물며 선왕의 법도를 어기고 백성을 해치는 데다 또한 꼭 이길 수 있는 것도 아닌 경우에는 어떻겠는가.

신자[滑釐]가 발끈 기분 나빠하며 말했다. "그런 건 제가 알지 못하는 것

이군요."

| 골리滑釐는 신자의 이름이다.

"내 그대에게 분명히 말해 주지요. 천자의 땅은 사방 천 리지요. 천 리가 못 되면 제후들을 상대할 수 없어서입니다. 제후의 땅은 사방 백 리지요. 백 리가 못 되면 종묘의 전적典籍을 지킬 수 없어서입니다.

| 제후를 상대한다는 말은 제후들이 조회하거나 빙문聘問하는 예를 상대
  하는 것을 말한다. 조씨가 말했다: "종묘의 전적이란 조상으로부터 내
  려온 전적을 말한다."

주공周公이 노나라에 봉해졌을 때 사방 백 리였으니 땅이 부족한 것이 아니었는데도 백 리로 제한했습니다. 태공太公이 제나라에 봉해졌을 때 역시 사방 백 리였으니 땅이 부족한 것이 아니었는데도 백 리로 제한했습니다.

| 두 분은 주나라 왕실에 큰 공을 세웠는데도 그들에게 봉해 준 나라는
  불과 백 리였다. 주씨가 말했다: "검儉은 거기에 그치고 그 이상 넘지
  않았다는 뜻이다."

지금 노나라는 사방 백 리 되는 땅이 다섯입니다. 그대 생각에는 진정한 왕이 나타난다면 노나라는 땅을 덜어내는 쪽에 있을까요, 더하는 쪽에 있을까요?

| 주씨가 말했다: "노나라의 땅이 커진 것은 모두 작은 나라를 병합해 이
  룩한 것이므로 진정한 왕이 나타난다면 반드시 땅을 덜어내는 쪽에 있

을 것이다.”

○ 『주례』에는 여러 공公들의 땅은 봉해진 영토가 사방 500리, 제후는 사방 400리, 백伯은 300리, 자子·남男은 100리였다. 『맹자』에 보이는 말과는 다르다. 이전 시대 유학자들은 대부분 『주례』를 믿고 『맹자』를 의심했다. 하지만 『맹자』란 책은 당시 본 것에 의거해 말한 것이므로 반드시 『주례』를 꼭 믿을 수만은 없다.

그저 저쪽 것을 가져다 여기에 주는 것도 어진 사람은 하지 않는데, 하물며 사람을 죽여서 땅을 구한다는 말입니까.

| 도徒는 ‘그저’라는 말이다. 사람을 죽이지 않고 얻는다는 뜻이다.

군자가 임금을 섬기는 것은 힘써 임금을 인도해 도道에 부합하도록 하고 인仁에 뜻을 둘 뿐입니다.”

| 당도當道는 순리를 따르고 법도를 지키는 것을 말한다. 인에 뜻을 둔다는 말은 차마 천자의 법도를 범해 백성의 생명을 해치지 않는다는 말이다.

이상은 제8장이다.

○ 이 장에서 말한 것을 보면 맹자가 자립自立한 사람인 이유를 알 수 있다. 만약 당시 임금들이 맹자의 의견을 시도해 봤다면 군사공격을 하지 않고 한 사람도 죽이지 않고서 모두 제후들에게 조회를 받고 천하를 차지했을 텐데, 맹자가 세속 사람들보다 천만 배나 탁월하다는 점을 몰랐으니 안타까울 따름이다. 배우는 사람들이 여기서 이 점을 깊이 인식하

고 굳게 믿지 않는다면 이는 『맹자』를 읽지 않은 것이다.

9.

맹자께서 말씀하셨다. "지금 임금을 섬기는 사람들은, '나는 임금을 위해 토지를 개간하고 창고를 가득 채울 수 있다'고 말하니 지금은 이른바 '어진 신하'요, 옛날에는 이른바 '백성의 도적'이다. 임금이 도를 지향하지 않아 인에 뜻을 두지 않는데 그런 임금을 부유하게 만들려 하니 이는 걸桀을 부유하게 하는 것이다.

│ 벽辟은 개간한다는 말이다.

'나는 임금을 위해 동맹국과 맹약을 맺어 전쟁을 하면 반드시 이길 수 있다'고 말하니 지금은 이른바 '어진 신하'요, 옛날에는 이른바 '백성의 도적'이다. 임금이 도를 지향하지 않아 인에 뜻을 두지 않는데 그런 임금을 위해 억지로 전쟁을 하려고 하니 이는 걸을 도와주는 것이다.

│ 약約은 맹약을 말한다. 여국與國은 우호관계를 맺어 같은 편이 된 나라
│ 를 말한다.

지금의 도道를 따르기만 하면서 지금의 풍속을 바꾸지 않는다면 천하를 주더라도 하루아침도 유지할 수 없을 것이다."

│ 백성을 학대하고 군사를 남용하면 천하를 차지하더라도 잠시도 보전
│ 할 수 없다. 하물며 이웃마을을 침략해 약탈했는데 어떻게 영원히 자
│ 기 것으로 가질 수 있겠는가, 라는 말이다.

이상은 제9장이다.

○ 진력이 말했다: "당시의 관점에서 보자면 맹자의 이 말은 현실에 어둡고 또 과격해 보이는데, 얼마 지나 전국시대의 여섯 국가가 병합되고 포악한 진나라가 망하고 말았다. 맹자의 말이 왜 역사 경험에 정확히 들어맞은 게 아니겠는가. 이 장과 앞 장은 실상 그 뜻이 서로 유사하다. 신자에게 통렬한 비판을 하는 차에 이어서 말한 것으로 보인다."

10.

백규^{白圭}가 물었다. "저는 20분의 1 세금을 받고 싶은데 어떻습니까?"

| 백규는 이름이 단^丹으로 주나라 사람이다. 『사기』를 살펴보면, "백규는 음식을 검소하게 먹고 욕심을 잘 참으며 하인들과 동고동락했다. 시대 변화를 잘 보아 남들이 버리는 것을 자기가 가져오고 남들이 갖는 것은 자기가 내놓아서 이런 방식으로 저축을 늘리고 부를 쌓았다"고 하였다. 백규가 질문한 의도는 만약 자신의 술책을 천하에 펼치면 위는 풍족해지고 아래는 넉넉해져 어디를 가더라도 안 되는 일이 없을 것이기 때문에 세법을 고쳐 20분의 1을 걷고 싶다는 말이다.

맹자께서 말씀하셨다. "그대의 방식은 맥나라의 방식입니다.

| 맥^貊은 북방 오랑캐 나라 이름이다.

만 가구가 사는 나라에 한 사람이 질그릇을 빚으면 되겠습니까?"
"안 됩니다. 그릇을 충분히 쓸 수 없습니다."

| 맹자는, 군자가 없으면 나라를 다스릴 수 없다고 말한 것이다. 그러므로 이런 질문을 만들어 따져 물었고 백규 역시 그렇게 안 된다는 사실을 알았다.

"맥나라는 오곡이 자라지 않고 기장만 자라 성곽·궁실·종묘·제사의 예가 없고, 제후와 폐백을 교환하고 음식을 대접하는 예절이 없으며, 온갖 관직과 담당 관리가 없습니다. 그러므로 20분의 1을 거둬도 충분합니다.

| 북방은 찬 지역이라 오곡이 자라지 못하는데 기장이 빨리 익기 때문에 이를 기른다. 옹손饔飱은 음식 먹을 때 예절 갖추는 것을 말한다. 오곡이 자라지 않으니 세금을 많이 거둘 수 없고, 성곽이나 궁실 짓는 비용이 없으니 많이 거둘 필요가 없다는 말이다.

지금 중국에 살면서 인륜을 버리고 군자가 없으면 어떻게 옳다 하겠습니까? 질그릇이 적어도 나라를 다스릴 수 없는데 하물며 군자가 없으면 어떻겠습니까.

| 주씨가 말했다: "군신관계와 제사·교제의 예가 없는 것은 인륜을 버린 것이며, 온갖 관직과 담당 관리가 없는 것은 군자가 없는 것이다." 내 생각에는, 성곽·궁실·인륜은 모두 군자를 통해 확립되기 때문에 다음 문장에서 군자만으로 얘기한 것이다.

요임금과 순임금의 방법보다 가볍게 하고자 하는 이는 진짜 오랑캐[大貉]에 견주어 작은 오랑캐가 되며, 요임금과 순임금의 방법보다 무겁게 하고자 하는 이는 진짜 걸왕[大桀]에 견주어 작은 걸왕이 되는 것입니다."

| 10분의 1 세금이 정도^{正道}에 맞는 제도다. 그러므로 요순의 방법이라

하였다. 이보다 많이 걷으면 걸왕이고 적게 걷으면 오랑캐다. 다만 그

것에 비해 상대적으로 다르게 하면 (진짜 걸왕과 진짜 오랑캐에 견주어

볼 때) 작은 오랑캐나 작은 걸왕이 될 뿐이다.

이상은 제10장이다.

○ 백규의 말은 또한 허행의 주장이기도 하다. 당시에 함부로 세금을 부
과하고 사납게 거둬 가는 일에 분노해서 우선 관대하게 걷자는 논의를
벌인 것이지만 그것이 천하를 다스릴 수 없음은 명백하다. 순우곤이나
백규와 같은 사람들은 모두 그들의 술책으로 천하에 이름을 떨쳤지만 두
사람이 맹자의 문하와 관계를 가지면서 의심나는 점을 질문했다면 맹자
가 살던 당시에도 번성했을 것이다.

11.

백규^[丹]가 말했다. "제가 물을 다스리는 법이 우임금보다 낫습니다."

| 단^丹은 백규의 이름이다. 당시 제후들에게 자잘한 홍수가 있어 백규가

그들을 위해 제방을 쌓고 물길을 막아 다른 나라로 흐르게 하였다.

맹자께서 말씀하셨다. "그대는 잘못했습니다. 우임금이 물을 다스린 방
법은 물의 길을 따르는 것이었습니다.

| 물의 성질은 본래 아래로 흐르는데 우임금은 이를 따랐을 뿐이었다.

이 때문에 우임금은 사방 바다를 골짜기로 삼았지요. 지금 그대는 이웃 나라를 골짜기로 삼았습니다.

┃ 골짜기는 물을 수용하는 곳이다.

물이 역행逆行하는 것을 홍수洚水라 하는데 홍수란 홍수洪水를 말합니다. 이는 어진 사람이 미워하는 것이지요. 그대는 잘못했습니다."

┃ 주씨가 말했다: "물이 역행한다는 것은 아래로 흐르는 물을 막았기 때
┃ 문에 역류한다는 말이다. 지금 물을 막아 사람들에게 피해를 입히니
┃ 홍수의 재앙과 다름이 없다."

이상은 제11장이다.

○ 천하 사람을 위해 재난을 없애는 것을 인仁이라 하고, 자기 자신의 이익만을 독차지하는 것을 불인不仁이라 한다. 인하면 남과 내가 모두 온전하고 불인하면 남과 내가 모두 망한다. 백규가 물을 다스린 방법은 참으로 불인한 짓이다. 시작은 자신에게 유리한 것처럼 보여도 뒤에는 반드시 화가 있다.

12.

맹자께서 말씀하셨다. "군자가 꼭 신의[亮]를 지키지 않는 것은 집착을 미워해서다."

┃ 량亮은 양諒과 같은 말로 반드시 신의를 지킨다는 말이다. "군자는 바
┃ 른 길을 가지만 작은 신의에 매이지 않는다"[貞而不諒](『논어』 「위령공」

제36장)고 할 때의 '작은 신의'와 같은 말이다. 장자(장재張載)가 말했다: "군자는 꼭 신의를 지켜야만 한다고 말하지 않은 것은 하나에 집착해 통하지 않는 것을 싫어하기 때문이다."

이상은 제12장이다.

○ 공자는 "감히 말재주를 부리는 게 아니라 고집불통을 미워하는 것이다"(『논어』 「헌문」 제34장)라고 말했고, 맹자는 "하나에 집착하는 것을 싫어하는 까닭은 도를 해치기 때문이다. 하나만 시행되고 나머지는 모두 버려진다"(「진심 상」 제26장)라고 하였다. 성인과 현자의 뜻이 같은 줄 알겠다. 도의 실상을 알지 못하고 오로지 의미만을 파악하려고 몰두하는 사람들은 대부분 '량亮'이라는 말을 이해하는 데 잘못을 저지른다. 배우는 사람들은 잘 살펴야 한다.

13.

노나라가 악정자樂正子에게 정사를 맡기려고 하였다. 맹자께서 말씀하셨다. "내가 이 말을 듣고 기뻐서 잠을 이루지 못했다."

│ 나라에 유익한 일이 생겨 기뻐한 것이다.

공손추가 물었다. "악정자가 강합니까?"
"아니다."
"지혜와 사려가 있습니까?"
"아니다."

"견문과 식견이 많습니까?"

"아니다."

| 공손추는 이 세 가지가 최고라고 생각했기 때문에 죽 물은 것이다. 맹
자는, 소식에 기뻐한 이유는 이 세 가지에 있지 않으며 본래 악정자의
장단점을 가지고 말한 게 아니라고 한 것이다.

"그렇다면 어찌하여 기뻐서 잠을 이루지 못하셨습니까?"

| 공손추가 물었다.

"사람 됨됨이가 선을 좋아한다."

| 여기서 문장을 끊어 읽는다.

"선을 좋아하면 충분합니까?"

| 공손추가 물었다.

"선을 좋아하면 천하를 다스리고 남는데 하물며 노나라이겠느냐.

| 우優는 여유가 있다는 말이다. 천하를 다스리더라도 오히려 여력이 있
다는 말이다.

선을 좋아하면 온 세상 사람들이 모두 천 리 길을 가볍게 여기며 와서 선
을 알려 줄 것이며,

| 경輕은 쉽다는 말이다. 진실로 선을 좋아하면 반응이 이처럼 빠를 것이
라는 말이다.

선을 좋아하지 않으면 사람들이 '거들먹거릴 줄 내 이미 알고 있었지'라고 할 것이니, 거들먹거리는 말소리와 안색이 천 리 밖에서 사람들을 막는다. 선비들이 천 리 밖에 멈춰 버리면 참소하고 아첨하며 면전에서 아양 떠는 인간들이 몰려들 것이다. 참소하고 아첨하며 면전에서 아양 떠는 인간들과 함께 있으면 나라를 잘 다스리고 싶어 한들 될 수 있겠느냐."

| 이이訑訑는 스스로 자기 지혜에 만족해 선한 말을 좋아하지 않는 모습이다. 선을 좋아하지 않으면 소인들이 매일 몰려 와 나라를 잘 다스릴 수 없다는 말이다.

이상은 제13장이다.

○ 옛날 성인들은 자신의 지혜를 직접 쓰지 않고 남의 선을 따를 수 있었다. 자기 지혜가 넘쳐 여유가 있었다는 말이 아니라 남의 선을 쓸 수 있었다는 말이다. 나라는 누구와 함께 있으며 잘 다스려진다고 기약하지는 못하나 군자와 함께 하면 잘 다스려진다. 누구와 함께 있으면 난리가 일어날 것이라고 기약하지는 못하나 소인과 함께 하면 난리가 난다. 이른바 "선을 좋아하면 천하를 다스리기에 충분하고 남는다"는 말은 역시 '나라를 잘 다스리려면 현자와 친하게 지내지 않으면 안 된다'는 말이기도 하다.

14.

진자陳子(맹자의 제자 진진陳臻)가 말했다. "옛날의 군자는 어떻게 하면 벼슬을 했습니까?"

맹자께서 말씀하셨다. "벼슬에 나아간 경우가 세 가지였고, 떠나는 경우가 세 가지였다.

│ 구체적인 사항은 다음 문장에 보인다.

군주가 맞이하며 공경을 다하고 예를 갖추며, 자기(군자)의 말을 실행하겠다고 말하면 벼슬에 나아갔다. 예로 대하는 모습이 쇠하지 않았지만 말이 실행되지 않으면 떠났다.

│ 예가 쇠한 것은 공경하지 않는 것이며, 대하는 모습이 쇠한 것은 기뻐
│ 하지 않는 것이다.

○ 이 부분은 이른바 "도를 실행하는 일이 가능한 것을 보고 하는 벼슬"
  (「만장 하」제4장)에 해당한다. 공자와 계환자 사이에 있었던 일의 경우
  가 이것이다.

그 다음은 자신의 말을 아직 실행하지 않았더라도 군주가 맞이하며 공경을 다하고 예를 갖추면 벼슬에 나아갔다. 예로 대하는 모습이 쇠했으면 떠났다.

○ 이 부분은 이른바 "임금의 교제가 괜찮아 한 벼슬"(「만장 하」제4장)에
  해당한다. 공자와 위衛나라 영공 사이에 있었던 일의 경우가 이것이다.

그 다음은 아침도 먹지 못하고 저녁도 먹지 못해 굶주림으로 문 밖에 나가지 못하는데, 군주가 이 사정을 듣고, '내가 크게는 그의 도를 실행하지 못했고 또 그의 말을 따르지 못해 그가 내 땅에서 굶주리도록 했으니, 내이를 부끄러워한다'고 하면서 급히 구제해 준다면 역시 받을 수 있지만

죽음을 면하는 데 그칠 따름이다."

| 죽음을 면하는 데 그친다는 말은 벼슬자리를 떠나지 않았지만 역시 떠
  난 것과 같은 것으로, 단지 죽음을 면할 뿐이라는 뜻이다.

이상은 제14장이다.

○ 세 가지 경우는 본래 높고 낮은 차이가 있는 게 아니라 만나는 경우가
다를 뿐이다. 어떤 때는 벼슬자리를 떠나고 어떤 때는 벼슬길에 나아가
그 행동방식이 다르긴 하지만 군자의 벼슬길 오르기와 은거, 머무름과
물러남이 도에 맞지 않은 적이 없음을 여기서 알 수 있다.

15.

맹자께서 말씀하셨다. "순임금은 밭 가운데에서 몸을 일으켰고, 부열傳說
은 성벽 쌓는 일을 하다 등용되었으며, 교격膠鬲은 어물과 소금을 파는 가
운데 등용되었으며, 관이오管夷吾(관중)는 옥에 갇혔다가 등용되었고, 손숙
오孫叔敖는 바닷가에서 등용되었으며, 백리혜는 시장에서 등용되었다.

| 순임금은 역산歷山에서 밭을 갈다 30세에 등용되었다. 부열은 부암傳巖
  에서 성을 쌓다가 무정武丁에게 등용되었다. 교격은 난리를 만나 어물
  과 소금을 팔았는데 문왕이 그를 등용했다. 관중은 옥리에게 죄수로
  잡혀 있다가 환공이 등용해 나라의 재상으로 삼았다. 손숙오는 바닷
  가에 은거해 살았는데 초나라 장왕이 등용해 영윤令尹으로 삼았다. 백
  리혜의 일은 전편(「만장 상」 제10장)에 보인다. 순은 임금이기 때문에
  '몸을 일으켰다'[發]라는 말을 썼고, 부열 이하는 모두 신하이기 때문에

'등용되었다'[擧]고 했다.

그러므로 하늘이 이 사람에게 큰일을 맡기려 할 때는 반드시 먼저 그의 마음을 괴롭게 하고 그의 육체를 수고롭게 하며 그의 몸을 굶주리게 하고 그의 신체를 가난하게 만들어 행동을 할 때마다 그가 하는 일을 어긋나게 해 어지럽힌다. 이는 마음을 동요시키고 성질을 인내하게 하여 그가 할 수 없는 일을 더 잘할 수 있도록 해주는 것이다.

> 큰일을 맡긴다는 말은 하늘이 이 사람에게 큰일을 할 수 있는 임무를 부여한다는 말이다. 공空은 궁핍하게 만든다는 말이다. 핍乏은 끊어 버린다는 말이다. 공핍기신空乏其身이란 말은 몸에 필요한 물건이 사라지고 없어 이어지지 않는다는 말이다. 불拂은 어그러지게 만든다는 말이다. 하는 일이 완수되지 못하도록 해 어긋나고 뒤틀리는 일이 많다는 말이다. 동심인성動心忍性을, 조씨는 "그 마음을 두렵게 동요시키고 성질을 굳건히 견딜 수 있게 한다"라고 풀이했다. 증曾은 증增과 같은 말이다.

사람들은 항상 잘못을 저지르고 난 뒤에야 고친다. 마음에 곤란을 겪고 생각에 어긋나는 일을 거친 뒤에야 떨치고 일어나며, 사람들 얼굴에 드러나고 음성으로 나타난 뒤에야 깨닫는다.

> 항恒은 '항상'이라는 말이다. 곤어심困於心은 억울한 심정을 스스로 풀 수 없음을 말한다. 횡衡은 횡橫과 같은 말로, 횡어려衡於慮는 사색해서도 스스로 통할 수 없음을 말한다. 작作은 분발해 일어난다는 말이다. 징徵은 직접 나타난다는 말이다. 유喩는 깨닫는다는 말이다. 남의 낯빛에

나타내고 말소리에 드러난 뒤에야 놀라 알아차린다는 말이다.

나라 안에는 법도를 따르는 신하와 보필하는 선비가 없고 나라 밖으로는 적국과 외부의 우환이 없는 나라는 항상 망한다.

│ 곤란한 일에 처해 보지 않은 해악을 말한 것이다. 법가法家는 법도를 지 키며 대대로 지내 온 신하를 말한다. 필拂은 필弼과 같은 글자로, 필사拂 士는 임금을 보필하는 현명한 선비를 말한다.

이런 뒤에야 우환 속에 살다가 안락 속에 죽는다는 것을 알게 된다."

│ 우환 가운데 살며 성장한 사람은 위기를 겪고 사려가 쌓였기 때문에 나중에는 반드시 안락을 얻고 죽는다는 말이다.

이상은 제15장이다.

○ 이 장은, 앞에서는 "많은 변고를 직접 겪으면 의리를 보는 안목이 성숙 한다"고 하였고, 뒤에서는 "우환 속에서 살다가 안락 속에서 죽는다"고 말해 사람들에게 힘을 북돋아 준 것이다. 실로 불후의 격언이다.

16.

맹자께서 말씀하셨다. "가르침에도 많은 방법이 있다. 내가 달갑게 여기 지 않아 가르쳐 주지 않는 것도 역시 가르치는 것일 따름이다."

│ 다술多術은 한 가지 방도가 아니라는 말이다. 설屑은 깨끗하다는 말이 다. 그 사람을 깨끗하게 여기지 않아 가르쳐 주지 않는 것은 내가 가르

쳐 주지 않는 게 아니라 그 사람이 잘못을 후회하고 깊이 부끄러워하며 물러나 스스로 수양하고 반성하기를 바란 것이라는 말이다.

이상은 제16장이다.

○ 군자는 말 한 마디, 행동 하나하나가 모두 가르침이 아닌 게 없다. 사람들은 가르치는 것만이 가르침인 줄 알지 가르치지 않음으로써 가르친다는 것은 모른다. 인仁이 아주 깊기 때문에 맹자가 말한 것이 이와 같다.

맹자고의 권7

孟子古義 卷之七

진심(盡心)편

이 편은 전체적으로 「이루」편과 논의가 비슷하다. "하늘(의 뜻)을 안다", "명命을 세운다"는 말로 시작해서 마지막은 천 년이 지난 뒤에도 성인의 뜻을 "듣고 알기" 바라는 말이다. 그 사이에 자신을 수양하고 집안을 다스리는 일 등을 두루 언급하며, 성인의 온축蘊蓄과 왕도·패도의 구분 등의 일 역시 모두 갖춰져 긴요한 말이 무엇보다 많다. 내 생각에는 『맹자』 7편이 각자 한 권의 책이다. 상하 한 편을 읽고 터득하는 게 있으면 성현이 한 일에 대해 여유롭게 실행할 수 있을 것이다. 이와 같은 편은 배우는 사람들이 가장 깊이 생각하고 맛보지 않으면 안 되는 곳이다.

진심 장구 상

모두 46장이다.

1.

맹자께서 말씀하셨다. "자기 마음을 다 실행한 사람은 자기 본성을 안다. 자기 본성을 알면 하늘을 안다.

> 진심盡心은 사단의 마음을 확충해 그 극치에 이른 것을 말한다. 지성知 性은 자신의 본성은 선하며 악함이 없음을 스스로 아는 것이다. 스스로 자신의 마음을 완전히 다할 줄 아는 사람은 본성의 선함을 확충할 수 있음을 안다. 자신의 본성이 선함을 알면 하늘 역시 자연히 그 안에 있음을 안다. 본성은 하늘이 명해 준 것으로 선하며 악이 없다. 그러므로 본성을 알면 하늘을 안다고 한 것이다.

그 마음을 보존하고 그 본성을 돌보는 것이 하늘을 섬기는 것이다.

존심存心은 사단의 마음을 보존하고 잃지 않는 것을 말한다. 양성養性은 본성의 선함을 돌봐 확충하는 것을 말한다. 사事는 받들어 어기지 않는 것을 말한다. 위의 문장을 이어, 본성을 알고 하늘을 알면 자연히 마음을 보존하고 본성을 돌봐 얽어매거나 잃지 않도록 한다고 말한 것이다. 그러므로 하늘을 섬기는 것이라고 하였다.

일찍 죽거나 장수하거나 의심하지 않고 자신을 수양해 천명天命을 기다리는 것이 명命을 세우는 것이다."

요夭는 명이 짧은 것이다. 수壽는 명이 긴 것이다. 이貳는 의심한다는 말이다. 위의 문장을 이어, 본성을 알고 하늘을 아는 사람은 자연히 하늘이 부여해 준 것에 순응해 마음에 의심을 품지 않고 자신을 수양할 줄 알아 자신 스스로를 해치지 않는다. 그런 까닭에 하늘에서 받은 명을 보존해 잃지 않는다고 말한 것이다. 그러므로 명을 세우는 것이라고 하였다.

이상은 제1장이다.

○ 세상에서 자포자기를 편안하게 여기는 사람들은 모두 자기 본성의 선함을 모르기 때문이다. 사람들이 본성의 선함을 안다면 자신을 수양하고 도道를 따르며 자포자기하지 않고, 천도天道는 선하며 악이 없다는 점도 미루어 알 수 있다. 그러므로 마음을 보존하고 본성을 돌보면 하늘을 섬길 수 있고, 일찍 죽거나 장수하거나 의심하지 않고 자신을 수양해 천명天命을 기다리면 명命을 세울 수 있는 것이다. 먼저 "마음을 다 실천하고 본성을 안다" 하고 마지막에는 "하늘을 섬긴다", "명을 세운다"고 했는데,

모두 본성을 아는 것이 극치에 이르러 자신을 수양하면 자연히 하늘과 어긋나지 않는 오묘함이 생겨남을 명확히 말한 것이다.

○ 어떤 사람이 말했다. "성性은 리理입니다. 리를 끝까지 탐구하지 않으면 마음의 규모를 다 알 수 없습니다. 어떻게 생각하십니까?" 내가 대답했다. "『맹자』라는 책은 처음부터 끝까지 한 가지 뜻으로 관통하지 별도로 다른 뜻은 없다. 이른바 본성을 안다는 것은 본성의 선함을 안다는 말이며, 본성을 돌본다는 말은 본성의 선함을 돌본다는 것으로 모두 본성의 선함으로 말한 것이지, 성의 리를 안다는 설명은 전혀 없다. 이른바 마음은 모두 인의의 양심을 가리켜 말한 것이지 또 마음의 규모를 가지고 말한 것은 없다. 『맹자』라는 책을 읽으려는 사람은 당연히 맹자의 말들을 가지고 서로 증명해야지 자기 뜻으로 풀이해서는 안 된다. 예전 풀이에서 설명한 것들은 모두 억지 견해이지 맹자의 본뜻이 아니다."

2.

맹자께서 말씀하셨다. "천명天命 아닌 것이 없지만 정명正命을 순순히 받아야 한다.

> 길흉화복은 모두 하늘이 명해 주는 것이다. 하지만 바른 것이 있고 바르지 않은 것이 있는데 군자만이 늘 두려워하며 자신을 수양해 천도天道를 어기지 않는다. 그러므로 자연히 하늘의 바른 명[正命]을 받을 수 있다. 덕이 넉넉하고 몸이 온전해 난세일지라도 해를 끼칠 수 없는 것을 정명正命이라 한다. 문왕文王이 유배지 유리羑里에서 죽지 않고, 공자가 사마司馬 환퇴桓魋에게 해를 입지 않은 경우가 이에 해당한다.

이런 까닭에 명을 아는 사람은 무너지려는 담장 아래 서지 않는다.

> 암장嚴牆은 무너지려는 담장으로, 위태로운 곳을 말한다. 그 아래 서면 천명을 침범하는 것이다. 그러므로 군자가 한 번도 위태로운 땅에 몸을 두지 않는 것은 자신을 잃는 후회가 없도록 하려는 것이다. 옛말에, "달리는 수레 위에는 공자가 없고, 뒤집힌 배 아래에는 백이가 없다" (『한비자』 「안위」安危)라고 하였는데, 바로 이 뜻을 말한 것이다.

자기 도를 다하고 죽는 것은 정명이지만, 형틀에 채워져 죽는 것은 정명이 아니다."

> 자기 도를 다한다는 것은, 증자가 말한, "두려워하고 조심하면서 깊은 연못에 있는 듯, 얇은 얼음을 밟는 듯 한다"는 것이 이런 경우다. 질桎은 발에 차는 형구다. 곡梏은 손에 차는 형구다. 불행히 원통한 일을 당해 자기 죄가 아닌데 죽게 되는 것은 명命이 초래한 게 아니더라도 자신의 도를 다 실행하는 일이 자연히 없게 된다. 그러므로 형틀에 채워져 죽는 것은 정명이 아니라고 한 것이다. 죄를 짓고 죽는 것은 자신이 직접 한 일이므로 진정 명이라 할 수 없다.

이상은 제2장이다.

3.

맹자께서 말씀하셨다. "구하면 얻고 버리면 잃는다. 이렇게 구하는 일은 얻는 데 유익하니 자신에게 있는 것을 구하기 때문이다.

"구하면 얻고 버리면 잃는다"는 두 구절은 전편에도 보이는데(「고자
상」 제6장) 옛말이다. 사람이 인의예지를 구하면 얻기가 매우 쉽다는
말이다. 맹자는 이 말을 인용해, 구하던 것을 얻고 나면 반드시 내게 유
익하며, 또 내게 있는 것에서 구했지 외부에 있는 것을 따르지 않았다
고 하였다.

구하는 데 방법이 있고 얻는 데 명命이 있다. 이렇게 구하는 일은 얻는 데
무익하니 외부에 있는 것에서 구하기 때문이다."
앞 문장의 예로 보건대 첫 두 구절 역시 옛말이다. 방법이 있으면 함부
로 구할 수 없고 명이 있으면 반드시 얻을 수 있지는 않다는 말이다. 맹
자는 이 말을 인용해, 구하던 것을 얻더라도 내게는 무익하며, 또 외부
에 있는 것에서 구했지 자기를 따르지 않았다고 하였다.

이상은 제3장이다.
○ 사람들은 부귀와 이익, 영달은 구할 수 있다는 것을 알 뿐 인의예지는
구하지 않으면 안 된다는 것은 모른다. 그러므로 맹자는 누누이 이 둘을
비교해 그 득실을 깨우쳐 주었다. 이 점이 가장 절실하고 긴요하다. 부귀
와 이익, 영달은 구하기도 어려운 데다 구해도 무익하다. 인의예지는 구
하기 쉽고 구하면 유익하다. 사람이 선택할 바를 이렇게 모를 수 있는가.

4.

맹자께서 말씀하셨다. "만물은 모두 내게 갖춰져 있다.

> 덕성의 존귀함을 알면 세상의 부귀와 작록은 모두 내 것이 되어 모자라는 것이 없다.

자신을 돌이켜 보아 성실하면 즐거움이 이보다 클 수 없고,

> 성誠은 진실하다는 말이다. 자신을 돌이켜 보아 스스로 성실을 다 실행하면 덕성의 존귀함이 자연히 자기 소유가 되어 외부 것을 선망하는 생각이 없어진다. 어떤 즐거움이 이보다 크겠는가.

힘써 용서하고 실천한다면 인仁을 구하는 방법이 이보다 더 가까울 수 없다."

> 위의 문장을 이어 인을 구하는 방법을 말한 것이다. 강彊은 힘써 실행하는 것이다. 서恕는 남의 마음을 헤아려 관대하게 용서하는 것이다. 관대한 용서와 온유함으로 포용할 수 있기 때문에 인을 구하는 데 가깝다는 말이다.

이상은 제4장이다.

○ 이 장은 위의 장과 같은 뜻이다. 사람들은 부귀와 작록은 즐길 만하므로 끊임없이 밖에서 구할 줄만 알 뿐, 자신을 돌아보고 즐거워해 하늘을 보고 땅을 보아 부끄러울 게 없으면 그 즐거움은 실로 내게 존재해 부귀와 작록은 부러워할 만한 게 못 된다는 것을 모른다. 이럴 때 어찌 만물이 모두 내게 갖춰진 게 아니겠는가. 그리고 이를 구하는 핵심은 힘써 남의 마음을 헤아려 용서하고 실행하는 데 있을 뿐이다. 또 맹자는 "인의에 흡족해 남의 기름지고 훌륭한 맛을 바라지 않으며, 좋은 칭찬과 널리 알려

진 명예가 자신에게 펼쳐져 남의 빛나는 옷을 바라지 않는다"(「고자 상」
제17장)고 말했는데 바로 이 장의 뜻이다.

5.

맹자께서 말씀하셨다. "실행하면서 명확히 드러내지 못하며, 습관적으로
하면서 명확히 살필 줄 모르며, 죽을 때까지 따르면서도 그것이 도인 줄
모르는 사람들이 많다."

| 저著와 찰察이란 말은 모두 분명하다는 말이다. 도를 실행하면서도 형
태를 분명히 드러내지 못하고, 습관적으로 선행을 하면서도 분명히 살
피는 데까지 이르지 못하니 역시 귀중하다고 할 수 없다. 하물며 죽을
때까지 도를 따르면서도 그것이 도인 줄 모르는 사람은 보통 사람일
뿐이라는 말이다. 이른바 "백성은 날마다 쓰면서도 모른다"는 말이 이
것이다.

○ 실행[行]은 의도를 가지고 행동하는 것이다. 습관[習]은 의도 없이 행동
하지만 그저 선한 것이다. 습관은 실행에 비하면 가볍고, 따르는 것[由]
은 습관에 비하면 더 가볍다. 이 세 종류의 사람들은 깊이가 다르긴 하
지만 그들의 행동이 도를 모르는 것은 똑같다.

이상은 제5장이다.

6.

맹자께서 말씀하셨다. "사람에게 부끄러움이 없어서는 안 된다. 부끄러움이 없다는 것을 부끄러워한다면 부끄러움이 없을 것이다."

> 부끄러워하고 미워하는 마음이 없으면 사람이 아니다. 부끄러워할 일에 부끄러워하지 않으면 이는 부끄러워하고 미워하는 마음이 없는 자이니 금수와 거리가 멀지 않다.

이상은 제6장이다.

○ 부끄러움이란 수오지심羞惡之心이다. 내가 선에 나아갈 수 없음을 부끄러워한다면 선으로 옮겨 갈 수 있다. 내가 잘못에서 멀어지지 못함을 부끄러워한다면 잘못을 고칠 수 있다. 자신의 마음이 막연한 상태에 빠져 무엇을 부끄러워해야 할지 모른다면 꺼려하고 삼가는 게 없는 것일 뿐이다. 속담에, "부끄러운 일을 부끄러워하지 않으니 염치가 없다"라고 했는데, 정확히 맹자의 뜻에 부합한다.

7.

맹자께서 말씀하셨다. "부끄러워하는 일은 인간에게 중요하다.

> 부끄러움은 잘못을 고치고 선으로 옮겨 가는 기회이다. 남과 같이 선하지 않음을 부끄러워하면 선에 다가갈 수 있다. 악이 자신에게 남아 있음을 부끄러워하면 악을 없앨 수 있다. 부끄러움이 인간과 맺은 관계는 매우 중요하다.

임기응변의 교묘한 짓을 하는 자는 부끄러움을 쓸 곳이 없다.

> 주씨가 말했다: "임기응변의 교묘한 짓을 하는 인간은 하는 일을 모두 사람들이 매우 부끄러워하는데 자기는 오히려 좋은 계책이라고 여긴 다. 그러므로 자기의 부끄러워하는 마음을 쓸 곳이 없다."

부끄러워하지 않는 게 남과 같지 않다면 무엇이 남과 같은 게 있겠는가."

> 자기가 남과 같지 않음을 부끄러워하지 않으면 이는 자포자기하는 인 간이니 어떻게 남과 같은 점을 가질 수 있겠는가. 반드시 불선不善에 빠 지고 만다는 말이다.

이상은 제7장이다.

8.

맹자께서 말씀하셨다. "옛날의 현명한 왕은 선을 좋아해 권세를 잊었는 데, 옛날의 현명한 사士가 어떻게 유독 그렇지 않았겠는가? 사士는 자신 의 도를 즐기며 남의 권세를 잊었다. 그러므로 왕공王公이라도 공경을 다 바치고 예를 극진히 하지 않으면 사를 자주 볼 수 없었다. 만나는 일조차 자주 할 수 없었는데, 하물며 사를 얻어 신하로 삼을 수 있겠는가."

이상은 제8장이다.
○ 이 장은 옛날의 현명한 사士들이 얼마나 의를 높이 지켰는지 칭송하면 서 지금의 현명한 사들에게 그와 같기를 권한 것이다. 옛날의 현명한 왕

은 도를 높이고 사에게 자신을 낮춰 그 덕이 뚜렷이 드러나 세상 사람들이 우러러보았다. 다만 현명한 사의 마음을 사람들이 반드시 안다고 할 수는 없기 때문에 맹자는 옛날의 현명한 왕을 빌려 와 현명한 사의 마음을 드러낸 것이다.

9.

맹자께서 송구천宋句踐에게 말씀하셨다. "그대는 유세하기를 좋아합니까? 내 그대에게 유세에 대해 말씀드리지요. 남들이 알아주어도 태연하고, 남들이 알아주지 않아도 태연해야 합니다."

"어떻게 해야 태연할 수 있습니까?"

| 송은 성이고 구천은 이름이다. 유遊는 유세한다는 말이다. 효효囂囂는 스스로 터득해 바라는 게 없는 모습이다.

"덕을 높이고 의를 즐기면 태연할 수 있습니다.

| 덕을 높이면 사람이 주는 벼슬의 영예를 보지 않고, 의를 즐기면 자신이 처한 바로 그 자리에서 일을 해나갈 수 있다. 그러므로 남들이 알아주고 알아주지 않는 것으로 기뻐하거나 슬퍼하지 않는다.

그러므로 사士는 궁핍해도 의를 잃지 않고 영달해도 도를 떠나지 않습니다.

| 빈천貧賤해도 마음이 움직이지 않는다. 그러므로 궁핍해도 의를 잃지 않는다. 부귀해도 주제넘는 행동을 하지 않는다. 그러므로 영달해도

도에서 떠나지 않는다. 위의 문장에서 "덕을 높이고 의를 즐긴다"고 한 말은 평생 동안 지켜야 할 것을 가지고 말한 것이며, 여기서는 궁핍하게 되거나 영달하게 되었을 때에 의거해 말한 것이다. 그렇기 때문에 덕德이라 하지 않고 도道라 하였다.

궁핍해도 의를 잃지 않기 때문에 사士는 자신을 지킬 수 있고, 영달해도 도를 떠나지 않기 때문에 백성들은 실망하지 않습니다.

> 사士라는 말은 백성에 대해 상대적으로 말한 것이다. 득기得己는 '자신을 지킨다'[得我]는 말에 보이는 득得과 같은 뜻으로, 남들이 자신에게 복종한다는 말이다. 궁핍해도 의를 잃지 않기 때문에 은택이 백성에게 미치지 않더라도 사士인 사람들은 자신의 행동을 실행한다. 영달해도 도를 떠나지 않기 때문에 사람들은 사士가 도를 일으키고 평화로운 세상을 이룩한다고 평소 소망하였는데 지금 과연 바라는 대로 된 것이다. 모두 사람들에게 미치는 효과를 말한 것이다.

옛사람들은 뜻을 얻으면 백성들에게 은택이 더해졌고, 뜻을 얻지 못하면 자신을 수양해 세상에 드러났습니다. 궁핍하게 되면 홀로 자신의 몸을 선善하게 하였고 영달하면 온 세상을 아울러 선하게 하였습니다."

> 자신을 수양한다는 것은 남에 대해 상대적으로 말한 것으로, 자신을 수양할 줄 알아 남에게서 구하지 않는다는 말이다. 드러난다는 것은 보이지 않게 사라지지 않는다는 말이다. 위의 문장을 받아, 궁핍해도 의를 잃지 않고 영달해도 도를 떠나지 않는 실상을 거듭 말한 것이다.

이상은 제9장이다.

○ 이 장은 송구천을 위해 말한 것이지만 배우는 사람이 평생 수용할 것이 여기 다 담겼다고 하겠다. "어떻게 해야 태연할 수 있습니까?"라는 질문을 보면 그 사람은 분명 현자를 존경하고 자신을 겸손히 하는 인물이지 순우곤 같은 무리가 아니다. 그러므로 맹자가 이런 말을 해준 것이다.

10.

맹자께서 말씀하셨다. "문왕을 기다렸다가 그 뒤에 분발해 일어서는 것은 평범한 백성이다. 호걸豪傑스런 사士는 문왕이 없어도 분발해 일어선다."

> 여러 성인 가운데 유독 문왕을 거론해 언급한 것은 문왕이 오래 살며 인재를 양성해 훌륭한 사士들이 가득 찬 시대를 이룩했기 때문이다. 범민凡民은 대부분의 평범한 사람을 말한다. 호걸은 재능과 지혜가 남보다 뛰어난 사람을 말한다. 평범한 사람들은 확실히 남을 기다렸다가 그 뒤에야 분발해 일어선다. 호걸스런 사士들은 홀로 자신이 분발해 자기의 덕을 성취한다. 왜 남을 기다리는 일이 있겠는가.

이상은 제10장이다.

○ 이 장은 배우는 사람에게 분발해 떨치고 일어나 자립하라고 권한 것이다. 호걸스런 사士로 스스로를 인정하는 것은 배우는 사람들이 항상 하는 일이다. 하지만 그들이 행동하는 것을 살펴보면 역시 평범한 사람다움을 면하지 못하는데, 어떻게 호걸이라는 이름으로 부를 수 있겠는가. 배우는 사람에게 권하는 이유가 아주 각별하다.

11.

맹자께서 말씀하셨다. "한韓씨와 위魏씨의 부유한 집안을 더해 주었는데도 자신을 만족스럽게 보지 않는다면 남보다 월등히 뛰어난 것이다."

| 부附는 더해 준다는 말이다. 한위韓魏는 진晉나라의 경으로 부유한 집안이다. 감연欿然은 스스로 만족하지 않는다는 뜻이다. 도덕이 융성하면 부귀로 마음을 움직일 수 없다는 말이다.

이상은 제11장이다.

○ 도의道義가 위대한 줄 안다면 부귀를 하찮게 보는 일은 자연스런 현상이다. 그러므로 한씨와 위씨의 부유한 집안을 더해 주었는데도 자신을 만족스럽게 보지 않는다면 그가 뜻을 두고 기대하는 바가 얼마나 원대한 것인지 알 수 있다.

12.

맹자께서 말씀하셨다. "편안하게 해주려는 방도로 백성을 부리면 백성은 수고롭더라도 원망하지 않는다. 살리려는 방도로 백성을 죽이면 백성은 죽더라도 죽인 사람을 원망하지 않는다."

| 정자가 말했다: "편안하게 해주려는 방도로 백성을 부린다는 말은 본래 백성을 편안하게 해주려고 한다는 뜻이다. 살리려는 방도로 백성을 죽인다는 말은 본래 백성을 살게 하려고 한다는 뜻이다. 부득이해서 당연히 해야 할 일을 하면 백성들이 바라는 것과 어긋나더라도 백성들은 원망하지 않는다. 그렇지 않을 경우 이와 반대가 된다."

이상은 제12장이다.

○ 백성을 수고롭게 했는데 백성이 원망하면 수고롭게 하지 않아야 옳다. 백성을 죽였더니 백성이 원망하면 죽이지 않아야 옳다. 임금이 백성을 부리는 일이 대부분 자기 욕심을 맘껏 부리는 데서 나오고 백성을 죽이는 일 또한 자기 분노를 마음대로 푸는 데서 나온 것을, '원망의 집을 짓는다'고 한다. 경계해야 한다.

13.

맹자께서 말씀하셨다. "패자霸者의 백성들은 기뻐 즐거워하고, 진정한 왕 [王者]의 백성들은 크게 만족해한다.

> 환우驩虞는 환오歡娛(기뻐하고 즐거워한다)와 같은 말이다. 호호皡皡는 스스로 크게 만족하는 모습이다. 패자의 정치는 인위적으로 하는 게 있어 그 결과가 쉽게 드러난다. 그러므로 그의 백성들은 기뻐하고 즐거워한다. 진정한 왕의 덕은 천지의 조화와 같아 만물이 모두 각자 자기 자리를 잡는다. 그러므로 그의 백성들은 크게 만족해한다.

그러므로 백성을 죽여도 원망하지 않고 이롭게 해주어도 공로로 보지 않는다. 백성들은 날마다 선으로 옮겨 가면서도 누가 그렇게 하는지 모른다.

> 용庸은 공로로 여긴다는 말이다. 진정한 왕은 자신의 백성들에 대해 부모가 자기 자식에게 그렇듯, 본래 잘살게 해주려고 하기 때문에 백성들은 죽인 일을 원망하지 않는다. 백성과 서로 잊은 듯 살기 때문에 백

성들은 이롭게 해준 것을 공로로 여기지 않는다. 백성들은 아아, 변하여 선하고 온순하게 되었으면서도 누가 한 일인지 모른다.

군자는 지나는 곳마다 교화되고 마음에 둔 것이 신묘하다. 위아래가 천지天地와 운행을 함께 하니 어떻게 군자가 조금 돕는다고 하겠는가."

주씨가 말했다: "군자는 성인에 대한 통칭이다. 지나는 곳마다 교화된다는 말은 성인이 몸소 지나는 곳마다 사람들이 교화되지 않는 것이 없다는 말이다. 보존한 것이 신묘하다는 말은 성인이 자기 마음에 중심으로 보존하고 있는 것이 신묘하고 예측할 수 없는 변화를 일으켜, 사람들이 그렇게 되는 이유를 알지 못하면서 그렇게 변화된다는 말이다. 이는 군자의 덕과 이룩한 일이 훌륭해 천지의 조화와 함께 움직이며 진행해 온 세상을 다 교화하고 생육生育한다는 것이다. 패자가 단지 소소하게 틈과 새는 곳을 메우고 보충하는 일을 하는 것과는 다르다. 이는 왕도王道가 위대한 까닭이고 배우는 사람은 마음을 다 쏟아야 하는 것이다." 내 생각에, 소존자신所存者神이라는 말은 『중용』 33장에서 인용한 『시경』 「열문」烈文의, "드러나지 않는 덕을, 여러 제후들이 본받는다"는 말이 그 뜻이다.

이상은 제13장이다.

○ 이전 시대 유학자는, "진정한 왕의 백성들은 비와 이슬을 맞는 초목과 같고, 패자의 백성들은 두레박물을 맞는 여름날 밭과 같다"고 하였다. 또, "천하 사람들이 성인의 사랑을 받도록 할 수는 있지만, 천하 사람들이 성인의 사랑을 알도록 할 수는 없다. 성인의 사랑을 받고 성인의 사랑이 존

재한다는 사실을 아는 것은 작은 사랑이며, 거론할 수 있는 정도의 공로라 하겠다. 성인의 사랑을 받으면서 성인의 사랑이 존재한다는 사실을 모르는 것이야말로 큰 사랑이며 어떤 흔적조차 찾을 수 없는 경지이다"라고 하였다. 이 진술은 모두 맹자의 뜻을 잘 이해한 것이다. 때문에 아울러 고찰해 둔다.

14.

맹자께서 말씀하셨다. "인자한 말은 인자하다는 소문이 사람들에게 깊이 스며드는 것만 못하다.

> 정자가 말했다: "인언仁言은 사랑스럽고 후덕한 말을 백성들에게 해주는 것을 말한다. 인성仁聲은 인덕이 있다는 소문을 말하는 것으로, 실제로 인자해서 많은 사람들에게 칭찬을 듣는다는 뜻이다. 이런 경우 인덕仁德이 뚜렷이 드러나는 것을 더 잘 볼 수 있기 때문에 사람을 더 깊이 감동시킨다."

선정善政은 훌륭한 교화가 민심民心을 얻는 것만 못하다.

> 선정은 제나라 환공桓公이 규구葵丘의 집회에서 제후들에게 명령한 일 같은 것이 그 예이다. 훌륭한 교화는 상庠·서序·학學·교校 등의 교육기관을 만들어 효제孝悌의 뜻을 거듭 가르치는 일이 그 예이다.

선정은 백성들이 두려워하고, 훌륭한 교화는 백성들이 사랑한다. 선정은 백성의 재산을 얻고 훌륭한 교화는 민심을 얻는다."

| 선정은 사람들이 두려워해 재산을 모으고 훌륭한 교화는 백성들이 친
밀감을 느껴 마음으로 복종한다.

이상은 제14장이다.

○ 이 장은 좋은 정치가 훌륭한 교화보다 못하다는 사실을 전적으로 논
한 것이다. 대개 선정은 사람들이 두려워한다. 소송을 제기한 사람이 뛰
어난 관리를 만나면 속일 수 없는 것과 같다. 훌륭한 교화는 백성들이 사
랑한다. 자식들이 부모를 보면 차마 속이지 못하는 것과 같다. 그러므로
선정은 백성의 재산을 얻지만 꼭 민심을 얻는 것은 아니다. 훌륭한 교화
는 민심이 기뻐하며 복종해 재산이 없어도 해가 없다. 나라의 운명이 길
어지고 짧아지는 실제가 사실 여기서 갈라진다. 이것이 선정이 훌륭한
교화보다 못한 까닭이다.

15.

맹자께서 말씀하셨다. "사람이 배우지 않고도 잘하는 것은 양능良能(타고난
능력)이며, 생각하지 않는데도 아는 것은 양지良知(타고난 지혜)이다.

| 양良은 자연스럽게 잘하는 것을 말한다. 양지·양능은 모든 능력이 자
연스런 본성에서 나와 애써 힘쓰는 일이 없는 것을 말한다.

두세 살짜리 아이조차 자기 부모를 사랑할 줄 모르는 아이가 없고 자라
서도 자기 형을 공경할 줄 모르는 이가 없다.

| 다음에 나오는 구절과 함께 모두 양지·양능을 가지고 효제가 인의의

근본임을 밝힌 것이다. 해제孩提는 두세 살 사이의 웃을 줄 알고 안을 수 있는 아이이다. 부모를 알고 형을 아는 것은 양지며, 부모를 사랑하고 형을 공경하는 것은 양능이다.

부모를 사랑하는 것은 인仁이며, 어른을 공경하는 것은 의義다. 이는 다른 게 아니라 온 세상에 모두 적용되는 것이다.”

| 인의仁義는 다른 게 아니라 부모를 사랑하고 형을 공경하는 마음을 미루어 나가 온 세상에 모두 적용해 통용되지 않는 곳이 없는, 바로 그것이라는 말이다. 달達은 “(사람에겐 누구나 남을 차마 해치지 못하는 마음이 있는데 이를) 기꺼이 해치는 마음에까지 이르도록 하는 것”(「진심하」 제31장)이라고 할 때의 달達과 같은 말로, 확충한다는 뜻이다.

이상은 제15장이다.

○ 이 장은 양지·양능만을 거론한 것이 아니라 인의는 바로 우리 마음에 고유한 것임을 밝혀 사람들이 이를 확대하고 채우기를 바란 것이다. 성선설性善說, 사단四端을 말한 앞 편의 여러 장과 그 뜻이 같다. 맹자 시대는 성인이 살았던 시대와 거리가 멀고 도가 사라져 사람들은 그저 인의를 밖에 있는 것으로 보고 힘쓰려 하지 않아, 이른바 인의가 다른 게 아니라 효제하는 마음인 줄 몰랐다. 사람들의 양지·양능은 본래 배우지도 않고 생각하지도 않는 것에서 나와 온 세상에 모두 적용되는 것으로, 바로 인의일 따름이다. 그렇다면 인의는 인간의 마음에 고유한 것이며 힘써 실행하지 않으면 안 되는 것임을 여기서 알 수 있다. 근세에 왕양명王陽明이라는 사람이 양지만을 전적으로 강론할 뿐 인의의 근본임을 모르고 있는

데, 역시 맹자의 뜻에 어긋난다.

16.

맹자께서 말씀하셨다. "순이 깊은 산 중에 살 때는 목석과 살고 사슴과 멧돼지와 놀아 깊은 산 속의 야인野人과 다를 바가 거의 없었다. 좋은 말 한 마디를 듣고 선행 한 가지를 보면 강하江河를 터놓은 듯 기세가 커 아무도 막을 수 없었다."

> 깊은 산 중에 살 때란 역산歷山에서 밭 갈며 지낼 때를 말하며 순이 미천했던 시기를 뜻한다. 깊은 산 중의 야인처럼 아는 것이 없었지만 선을 따르게 되면 이처럼 (배우는 것이) 빨랐다는 말이다. 그는 지혜가 커질수록 남의 선을 더 빠르게 배웠고, 그 덕이 높아질수록 남의 선을 도와주는 것이 더욱 깊어졌다. 이것이 순이 순다워진 이유이다.

이상은 제16장이다.

○ 천하의 선은 한 사람이 다 할 수 없는 것이며 자기를 버리고 남을 따르는 일이 사람이 가장 하기 힘든 것이다. 그러므로 성인은 많은 선을 널리 구해서 자신의 지혜에 바탕이 되도록 한다. 악정자는 노나라의 한 유생儒生에 지나지 않았는데 맹자는 오히려 그가 선을 좋아하기에 천하를 다스리고도 남을 것이라고 했다. 순은 좋은 말 한 마디를 듣고 선행 한 가지를 보면 마치 강하를 터트린 듯 기세가 대단해 선을 향한 마음을 아무도 막을 수 없었으니 그가 선을 배우는 도타움이 어느 정도란 말인가. 이 점이 순이 그 성스러움을 완성할 수 있었던 이유이며 훌륭한 말에 절을 했던

우임금보다 위대한 이유이다. 그러므로 『중용』과 『맹자』에서 순이 선을 널리 배운 것을 누누이 칭찬하며 여러 성인보다 특별히 뛰어나다고 한 것이다. 이는 배우는 사람들이 우러러보아야 할 면모이다.

17.

맹자께서 말씀하셨다. "하지 말아야 할 것은 하지 말고 바라지 말 것은 바라지 말아야 한다. 이와 같이 할 뿐이다."

│ 행동에서는 해서는 안 되는 일은 하지 말고, 마음에서는 바라서는 안 되는 일은 바라지 않으면 의義가 풍부해져서 의義를 다 쓸 수 없을 것이다. 이와 같이 해야 할 따름이라고 한 말은, 실천하기가 매우 쉬우며 다시 다른 방도가 없음을 명확히 한 것이다.

이상은 제17장이다.

○ 의리를 실행하려는 마음은 사람마다 다 가졌지만 한 번 이해를 따지면 예의를 가리지 않고 이로운 것을 받아들이게 된다. 이를 자기 본심을 잃었다고 한다. 그러므로 학문하는 방법은 다른 게 아니라 이 본심을 확충하는 데 있을 뿐이다.

18.

맹자께서 말씀하셨다. "훌륭한 덕과 지혜로운 기술을 가진 사람은 항상 어려움 속에 있기 마련이다.

주씨가 말했다: "덕혜德慧는 덕이 훌륭한 것을 말한다. 술지術知는 기술이 지혜로운 것을 말한다. 진질疢疾은 재난과 어려움을 말한다. 사람 그대로 반드시 어려움이 있기 마련이니, 인의의 마음을 뒤흔들어 움직이고 식색食色의 본성을 참고 견디면서 할 수 없는 일을 더 잘하게 된다는 말이다."

오직 고독한 신하와 서자들은 마음을 잡은 것이 위태롭고 화를 걱정하는 것이 깊다. 그러므로 사리에 통달한다."

고신孤臣은 멀어진 신하로, 임금의 마음을 얻지 못한 사람이다. 얼자孼子는 서자庶子로, 부모의 마음을 얻지 못한 사람이다. 그들은 두려워하고 걱정하기 때문에 사리에 통달할 수 있다는 말이다.

○ 이 장은 곤란한 일을 통해 사람이 성장한다는 말이다. 이른바 "우환 속에 살며 안락 속에서 죽는다"(「고자 하」 제15장)는 말 역시 이 뜻이다.

이상은 제18장이다.

19.

맹자께서 말씀하셨다. "임금을 섬기는 자가 있으니, 그 임금을 섬기면 임금에게 용납되고 임금을 기쁘게 하려는 자이다.

주씨가 말했다: "임금에게 아부하고 따라해 받아들여지고, 임금의 뜻에 영합해 기쁘게 하는 것으로, 이는 못난 남자가 하는 일이며 아녀자의 방법이다."

사직을 안정시키는 신하가 있으니, 사직을 안정시키는 일을 기쁨으로 여기는 사람이다.

| 안정이란 넘어지는 것을 부축하고 난을 이겨 내는 것을 말한다. 기쁨으로 여긴다는 말은 스스로 자신의 공적으로 보고 기뻐하는 것을 말한다. 사직을 안정시키는 일을 기쁨으로 여기는 사람은 오직 나라가 있는 것만 알고 어떤 일을 하든 사사롭게 보지 않아, 부귀와 벼슬도 그를 얽어매지 못한다. 한나라 때의 급암汲黯·곽광霍光과 같은 사람이 그러했다.

천민天民이 있으니, 영달榮達해 천하에 실행할 수 있게 된 뒤에야 실행하는 사람이다.

| 천天이란 말은 인人에 상대적인 말이다. 천작天爵·천리天吏·천직天職·천록天祿 등이 같은 종류의 말이다. 사람에게 통제당하지 않는 이를 천민이라 한다. 벼슬을 할 수 있으면 벼슬을 하고 벼슬을 그만둘 수 있으면 그만두어, 천하를 안정시키는 일을 자신의 임무로 삼아 다시 임금과 신하의 의義로 책임을 지울 수 없는 사람이다. 이윤이 신야莘野에 은거해 있었을 때가 이런 경우였다.

대인大人이 있으니 자신을 바르게 해 남도 바르게 되도록 하는 사람이다."

| 대인은 그의 덕이 대단히 훌륭해 한정할 수 없다. 오직 자신만을 바르게 하지만 남도 자연스레 바르게 되어 마침내 독실하고 공경하는 태도를 유지해 천하가 평화로워진다.

이상은 제19장이다.

○ 이 장은 대인의 일을 논하려고 먼저 가장 낮은 단계에서 시작해 순차적으로 언급하였다. 임금에게 용납되고 임금을 기쁘게 하는 자는 아부하고 총애를 구하는 소인으로 임금만 섬길 줄 알 뿐 나라를 위할 줄 모르니 확실히 얘기할 거리도 못 된다. 사직을 안정시키는 일을 기쁨으로 여기는 사람은 사직이 있는 줄 알 뿐 천하를 위할 줄은 모른다. 그 뜻은 높다 할 수 있으나 아직 최고는 아니다. 천민天民은 도의道義로 자신이 지키면서 천하를 안정시키려는 뜻을 가졌지만 구차하게 세상에 나오지 않는다. 그러나 여전히 그 흔적이 남는 것은 대인뿐이다. 그가 있는 곳에는 누구도 교화되지 않는 일이 없으니 가장 진실된 덕을 가지지 않았다면 이런 일에 참여할 수 없을 것이다.

20.

맹자께서 말씀하셨다. "군자에게 세 가지 즐거움이 있는데 천하를 왕으로 다스리는 일은 그 가운데 들지 않는다.

> 천하를 왕으로 다스리는 일은 최고의 즐거움이다. 군자에게 세 가지 즐거움이 있지만 세속에서 즐거움으로 여기는 것을 자신의 즐거움으로 여기지는 않는다.

부모가 모두 살아계시고 형제가 무고한 것이 첫번째 즐거움이다.

> "순임금은 세상 버리는 것을 헌신짝 버리는 것처럼 보아 부모를 등에 업고 도망가 바닷가에 살면서도 평생 기뻐하며, 즐거움 속에서 천하의

일을 잊었을 것이다"(본편 제35장)라고 하였으니, 부모가 모두 살아계시고 형제가 무고한 기쁨이 어떤 것인지 알 수 있다. 이는 군자가 크게 바라는 바이기 때문에 세 가지 가운데 첫번째로 놓았다.

우러러보아 하늘에 부끄럽지 않고 굽어보아 인간에 부끄럽지 않은 것이 두번째 즐거움이다.

| "군자가 본성으로 생각하는 것은, 인의예지가 마음에 뿌리를 두고 얼굴에 드러나고 등으로 넘쳐나 사지가 말하지 않아도 아는 것이다"(본편 제21장)라고 하였으니, 우러러보아 부끄럽지 않고 굽어보아 부끄럽지 않은 즐거움이 어떤 것인지 알 수 있다.

천하의 영재를 얻어 교육하는 것이 세번째 즐거움이다.

| "민자閔子는 곁에서 선생님을 모실 때 온화하였고, 자로子路는 굳건하였으며, 염유冉有·자공子貢은 곧은 모습이었다. 선생님께서 즐거워하셨다"(『논어』「선진」 제12장)고 하였으니 영재를 교육하는 즐거움이 어떤 것인지 알 수 있다.

군자에게 세 가지 즐거움이 있는데 천하를 왕으로 다스리는 일은 그 가운데 들지 않는다."

| 거듭 말해서 군자의 세 가지 즐거움은 천하를 왕으로 다스리는 일보다 더 크다는 것을 깊이 밝혔다.

이상은 제20장이다.

○ 이 장은 사람에게 이 가운데 한 가지 즐거움만 있으면 천하를 왕으로 다스리는 일의 즐거움조차 그 즐거움과 바꿀 수 없음을 말한 것이지, 반드시 세 가지 즐거움을 다 가진 다음에야 즐거울 수 있다고 말한 게 아니다. 주공에게도 형제 사이에 어려운 일이 있었고, 공자도 어려서 부모를 잃었으니 성인이라도 즐거움을 온전히 다 누릴 수 없었다. 하물며 다른 사람은 어떻겠는가. 반드시 세 가지 즐거움을 다 가진 다음에야 즐겁다고 한다면 맹자의 말은 허울만 있는 것이고 실질은 없는 것이다.

21.

맹자께서 말씀하셨다. "땅을 넓히고 백성을 많게 하는 일은 군자가 하려는 바이지만 즐겁다고 하는 일은 여기에 있지 않다.

| 땅을 넓히고 백성을 많게 하는 일은 군자 역시 하려 하지 않는 것은 아니다. 그러나 군자가 즐겁다고 하는 일은 여기에 있지 않다.

천하 가운데 서서 온 세상의 백성을 안정시키는 일은 군자가 즐거워하는 일이지만 본성으로 생각하는 것은 여기에 있지 않다.

| 교화가 멀리 미치는 것을 군자는 즐거워한다. 하지만 남과 다른 본성으로 생각하는 경우라면 여기에 있지 않다.

군자가 본성으로 생각하는 것은 (자기 뜻이) 크게 행해져도 분수에 더해지지 않고, 궁핍하게 살아도 분수가 덜어지지 않는다. 분수가 정해져 있기 때문이다.

| 분分은 분수라는 말로, 더해지지도 않고 덜어지지도 않는다는 뜻이다. 군자가 본성으로 생각하는 것은 분수가 본래 자연스럽게 정해졌기에 궁핍하거나 출세한다고 해서 더하거나 덜거나 할 수 없다는 말이다.

군자가 본성으로 생각하는 것은, 인의예지가 마음에 뿌리를 두고 그것이 밖으로 드러나, 환하게 얼굴에 드러나고 등으로 넘쳐나며 사지에 퍼져 사지가 말하지 않아도 깨닫는 것이다.”

| 근根은 뿌리가 된다는 말로, 인의예지의 덕은 실로 마음에 뿌리를 두고 있음을 말한다. 생生은 겉으로 드러나는 것을 말한다. 수연睟然은 윤택한 모습이다. 앙盎은 풍성하게 가득 차 넘쳐난다는 뜻이다. 유喩는 깨닫는다는 말이다. 사지가 말하지 않아도 안다는 말은 사지가 내가 말할 필요 없이 저절로 내 말뜻을 알 수 있다는 뜻이다. 군자가 본성으로 생각하는 것은, 인의예지의 덕이 실상 마음에 뿌리를 두었기 때문에 그 아름다움이 안에서 생겨 밖으로 드러나, 빛나고 충만하며 사방으로 넘쳐흘러, 자연히 왜 그렇게 되는지도 모른 채 그렇게 되는 것이라는 말이다. 이는 군자가 많은 사람과 다른 이유이며, 패자가 밖에서 힘을 빌려 자신의 사사로움을 성취하는 것과는 다르다.

이상은 제21장이다.

○ 이 장은, 군자가 인의예지를 실행하는 것은 모두 마음에 근거를 두고 있으며 춘추오패가 밖에서 힘을 빌려 온 것과 같은 게 아님을 오롯이 말한 것이다. 부귀는 사람들이 바라는 것이고 군자 역시 많은 사람과 다를 바 없지만, 즐거움으로 생각하는 일은 여기에 있지 않다. 뜻을 알아주는

기회를 만나 도가 실행되어 예악이 온 천하에 펼쳐지는 일이 군자가 즐거움이라고 생각하는 것이다. 하지만 군자가 본성으로 생각하는 일은 온화와 순종이 마음에 쌓여 꽃봉오리로 밖에 피어나 궁핍이나 영달로도 더하거나 덜 수 있는 게 없다. 이것이 군자가 보통 사람과 크게 다른 점이다. 이전의 해설은 이 장을 근거로, 인의예지를 성性의 명칭으로 보았는데 잘못이다.

22.

맹자께서 말씀하셨다. "백이伯夷가 주紂를 피해 북해 바닷가에 살다가 문왕이 일어났다는 말을 듣고 떨치고 일어나, '왜 그에게 귀의하지 않겠는가. 나는 서백西伯이 노인을 잘 돌본다고 들었다'라고 말하였다. 태공太公이 주紂를 피해 동해 바닷가에 살다가 문왕이 일어났다는 말을 듣고, 떨치고 일어나, '왜 그에게 귀의하지 않겠는가. 나는 서백이 노인을 잘 돌본다고 들었다'라고 말하였다. 천하에 노인을 잘 봉양하는 사람이 있으면 어진 사람들이 자신들이 돌아갈 곳으로 생각할 것이다.

│ 주씨가 말했다: "기귀己歸는 자신들이 돌아갈 곳이라는 말이다. 나머지는 앞 편(「이루 상」 제13장)에 보인다."

○ 이 부분은 백이·태공의 일을 인용해 노인을 돌보는 것이 왕도 정치의 근본임을 밝혔다.

5무畝의 택지에 담장 아래 뽕나무를 심어 아녀자가 누에를 치면 노인들이 비단옷을 입을 수 있다. 다섯 마리 암탉과 두 마리 암퇘지를 번식기를 놓치지 않고 기르면 노인들이 고기가 없을 때가 없을 것이다. 100무의 밭을 한 지아비가 경작하면 여덟 식구의 집이 굶주리지 않을 것이다.

한 집에서 다섯 마리 암탉과 두 마리 암퇘지를 기른다는 말이다. 나머지는 앞 편(「양혜왕 상」제3장)에 보인다.

○ 이 부분은 백성에게 생업을 만들지 않으면 역시 노인을 돌볼 수 없음을 말했다.

소위 서백이 노인을 잘 돌본다는 것은 백성들에게 마을과 밭을 책정해 주고 뽕나무 심는 것과 가축 기르는 법을 가르쳐 주고 처자식을 인도해 노인들을 돌볼 수 있도록 한다는 말이다. 50세에는 비단이 아니면 따뜻하지 않고 70세에는 고기가 아니면 배부르지 않다. 따뜻하지 않고 배부르지 않은 것을 몸이 얼고 굶주린다고 한다. 문왕의 백성 가운데 몸이 얼고 굶주리는 노인이 없었다는 것은 이를 말한 것이다."

수樹는 뽕나무를 심는 것을 말한다. 축畜은 닭과 돼지를 말한다. 조씨가 말했다: "노인을 잘 돌본다는 말은 백성들을 가르치고 인도해 노인들을 잘 볼 수 있도록 한다는 말이지 집집이 무엇을 내려 주고 사람에게 보태 준다는 뜻이 아니다."

○ 이 부분은 문왕이 펼친 정치를 인용해 노인을 잘 돌보는 실제 모습을 밝혔다.

이상은 제22장이다.

○ 왕도 정치는 노인을 잘 돌보는 것을 근본으로 한다. 노인을 잘 돌본 뒤에 백성을 사랑하는 것에 진실이 있음을 알 수 있다. 그러므로 노인을 잘

돌본 일은 문왕이 천하의 민심을 얻은 이유이며, "노인들을 내쳐 버린"(『서경』「태서泰誓 중中」) 짓은 은나라의 주가 천하의 민심을 잃은 이유이다. 후대의 임금들이 이 일을 거울로 삼지 않아서야 되겠는가.

23.

맹자께서 말씀하셨다. "농사짓는 땅을 잘 경작하고 세금을 적게 거두면 백성이 부유하게 되도록 할 수 있다.

> 이易는 경작한다는 말이다. 주疇는 농사짓는 땅이다. 백성은 일정한 생산이 있으면 일정한 마음을 갖는다. 때문에 땅을 잘 경작하고 세금을 적게 걷는 것이 왕도 정치의 근본이다.

때에 맞게 먹고 예에 맞게 사용한다면 재산은 모두 다 쓸 수 없을 것이다.

> 재산을 때에 맞게 쓰고 또 예에 맞게 하면 궁하지 않을 것이다.

백성들은 물과 불이 없으면 생활할 수 없지만 날이 저물어 남의 집 문을 두드리며 물과 불을 구하는데 주지 않는 사람이 없는 것은 지극히 풍족하기 때문이다. 성인이 천하를 다스리면서 곡식을 물과 불처럼 풍족하도록 하였다. 곡식이 물과 불처럼 풍족하면 백성들에게 어떻게 어질지 못한 사람이 있겠는가."

> 주씨가 말했다: "물과 불은 백성들에게 긴급한 물건이다. 이것을 아끼는 게 당연한데 반대로 아끼지 않는 것은 풍족하기 때문이다."

이상은 제23장이다.

○ 이 장은 앞 장의 뜻과 대략의 요점은 비슷하다. 모두 맹자가 왕도의 근본을 말한 것으로, 「양혜왕」편의 왕정王政을 논한 여러 장과 참고해 보아야 한다.

○ 범조우范祖禹가 말했다. "성인이 천하를 다스릴 때 백성들이 많아진 뒤에 부유하게 만들었고, 부유하게 한 뒤에 가르쳤다. 창고가 가득 차고 나서 예절을 알고, 의식이 풍족하고 나서 부끄러움을 안다. 소위 '곡식이 물과 불처럼 풍족하면 백성 가운데 어질지 않은 사람이 없을 것이다.' 요임금과 순임금 두 사람의 훌륭한 정치는 모두 이 길에서 비롯되었다."

24.

맹자께서 말씀하셨다. "공자께서는 동산東山에 올라 노나라가 작다 여기셨고, 태산에 올라 천하가 작다 여기셨다. 그러므로 바다를 본 사람에게는 (다른 물은) 큰 물이 되기 어렵고, 성인의 문하에서 노닌 사람에게는 (어떤 말도) 훌륭한 말이 되기 어렵다.

> 공자의 일을 빌려 성인의 도는 진전하면 할수록 더욱 무궁해짐을 말하였다. 동산은 노나라 도성 동쪽의 산이다. 태산은 대종岱宗(오악五嶽 가운데 가장 높은 산)이다. 주씨가 말했다. "머무는 곳이 높을수록 아래 보이는 것은 더욱 작고, 본 것이 이미 큰 것이면 작은 것은 볼 것도 없다. 물이 되기 어렵고 말이 되기 어렵다는 말은, 인仁에게는 많은 사람들이 상대가 될 수 없다는 뜻과 같다."

물을 보는 데에는 방법이 있으니, 반드시 그 물결을 보아야 한다. 해와 달이 빛이 있어서 작은 틈이라도 반드시 비춘다.

> 물은 본래 흐르며 멈추지 않는 물건이다. 파란波瀾은 물이 흐르는 것을 말한다. 용광容光은 작은 틈이다. 바닷물은 아주 크고 해와 달은 아주 멀어 사람들은 모두 형용할 줄 모른다. 다만 물결을 통해 물을 보면 흘러가는 물체는 가지 않는 곳이 없음을 알고, 작은 틈에도 비치는 것을 통해 해와 달을 보면 가장 밝은 물체는 비추지 않는 곳이 없음을 안다. 모두 가까운 것에서 본 것이다. 성인의 도 역시 마찬가지다. 당연히 아주 가까운 것에서 찾아야 한다. 처음부터 크고 넓은 것에서 찾아서는 찾을 수 없다. 양지양능과 같은 말이 그렇다.

흐르는 물은 웅덩이를 채우지 않으면 흘러가지 않는다. 군자가 도에 뜻을 두었을 때에는 덕을 완성하지 않으면 통달하지 못한다."

> 『주례』「고공기」考工記에, "그림이나 수놓을 때 청색과 적색을 문文이라 하고 적색과 백색을 장章이라 한다"라고 하였다. 성장成章은 오랫동안 쌓아 빛나는 모습이 뚜렷이 드러나는 것을 말한다. 증자曾子의 효나 안영晏嬰의 검소함 같은 경우가 이것이다. 달達은 덕성이 남에게 진실되어 어떤 행동을 해도 모두 통하는 것을 말한다. 군자의 학문은 진실을 근본으로 하고 꾸준히 나아가면서 단계를 뛰어넘지 않기 때문에 아름다운 덕성을 완성해 통달하는 것에 장애가 없음을 말한다.

이상은 제24장이다.

○ 이 장은 먼저 성인의 도는 매우 커서 헤아릴 수 없다고 한다. 다음으로

도가 크더라도 도를 구하는 데에는 핵심이 있다고 한다. 성인의 도는 하나다. 하지만 쉽게 알 수 있는 게 있는가 하면, 어렵게 알 수 있는 게 있다. 알기 어려운 것을 구하려면 반드시 먼저 알기 쉬운 것을 구해야 옳다. 알기 쉬운 것을 소홀히 하면 잘 구하는 길이 아니다. 마지막으로 군자의 학문은 반드시 실제 몸소 행하는 실제에서 구하지 않으면 안 된다고 한다. 맹자가 사람들을 위하는 뜻이 매우 친밀하고 간절하다.

25.

맹자께서 말씀하셨다. "닭이 울면 일어나 부지런히 선행을 하는 사람은 순임금의 무리이고, 닭이 울면 일어나 부지런히 이익을 좇는 사람은 도척의 무리이다.

> 자자蘁蘁는 부지런히 움직이며 그치지 않는다는 뜻이다. 척蹠은 도척盜蹠이다. 선행을 하면 이로움이 남에게 미치지만 이익을 좇으면 반드시 남을 해친다.

순임금과 도척의 구분을 알고자 한다면 다른 게 없다. 이익이냐 선행이냐 차이이다."

> 순임금과 도척의 차이는 멀더라도 그 구분은 선행과 이익 밖으로 벗어나지 않는다. 배우는 사람이 따르는 일에 신중하기를 바란 것이다.

이상은 제25장이다.

○ 길은 두 가지, 선행이냐 이익이냐일 뿐이다. 선행을 한다고 자연히 이

익에 도달하지는 않는다. 형세가 그렇다. 이익을 좇으면서 선에 도달할 수 있는 사람은 없다. 그러므로 작은 선행 한 가지라도 실천하고 그치지 않으면 위로 성인의 경지에 전진할 수 있다. 작은 이익 하나라도 추구하고 그치지 않으면 도척이 되는 길이 멀지 않다. 신중하지 않을 수 있겠는가.

26.

맹자께서 말씀하셨다. "양자楊子는 나만을 위하는 것을 택했기에, 터럭 하나를 뽑아 천하를 이롭게 하더라도 하지 않았다.

> 양자는 이름이 주朱다. 주씨(주희)가 말했다: "취위아取爲我라는 말은 겨우 자기를 위하는 데 만족해 다른 사람을 위하는 것에는 미치지 않는 것을 말한다."

묵자墨子는 두루 남을 사랑해, 정수리를 갈아 발꿈치에 이르더라도 천하를 이롭게 한다면 실행하였다.

> 묵자는 이름이 적翟이다. 겸애兼愛는 친한 사람과 먼 관계인 사람을 함께 사랑하는 것이다. 마정摩頂은 정수리를 다 갈아 버리는 것을 말한다. 방放은 '…에까지'라는 말이다. 자신을 잊고 천하를 위해 죽는 사람을 말한다.

자막子莫은 중간을 잡았다.[執中]. 중간을 잡은 것은 도에 가깝지만 가운데만 잡고 융통성[權]이 없는 것은 하나를 고집하는 것과 같다.

> 자막은 노나라의 현인이다. 권權은 막대 저울에 다는 것으로, 사물의

무게를 재는 도구다. 양자는 전적으로 자기만을 위하였고 묵자는 전적으로 남을 위하였다. 자막은 이 두 사람 사이의 중간을 잡았으므로 두 사람에 비해 도에 조금 가깝다고 하겠지만 중간을 잡은 일이 귀중하다고 하는 것은 바로 융통성[權]이 있기 때문이다. 그러므로 정도에 지나쳤는데도 옳다면 당연히 지나친 쪽을 따라야 하고, 미치지 못했는데도 옳다면 당연히 미치지 못하는 쪽을 따라야 한다. 중간 잡는 일이 귀중하다고만 보아 상황에 맞게 융통성을 발휘해 통하도록 하지 않으면 역시 양주와 묵적이 각각 한쪽을 고집하는 것과 같다.

하나를 고집하는 것을 싫어하는 까닭은 도를 해치기 때문이니, 하나를 택하고 백을 버려서이다."

| 적賊은 해친다는 말이다. 도는 본래 수없이 변화하면서도 끝이 없는 것이다. 다만 한 가지만 고집하면 그 나머지는 모두 버려져서, 자신은 도라고 하지만 실은 도를 해칠 수 있다. 그러므로 군자는 이를 아주 싫어한다.

이상은 제26장이다.

○ 자막은 중간을 잡았고, 요임금과 순임금·탕왕과 무왕도 중간을 잡았지만 차이가 나는 지점은 상황에 맞게 하느냐[權]에 있지 중간에 있지 않다. 자막이 중간을 잡은 것은 중간만 잡고 권權이 없었다. 요임금과 순임금, 탕왕과 무왕은 중간을 잡았지만 자연히 권權이 존재했다. 이전 유학자들은 이것을 살피지 않고 중간을 잡는다는 데에만 설명을 집중해, 권權을 발휘해 일에 대처한다는 사실을 몰랐으니 잘못이다. 성인이라 해서 전혀

따질 만한 부분이 없다면 자연 성인이 아닐 것이다. 중간을 잡는 것만 알고 권權으로 대처하지 않았다면 반드시 하나만을 고집하는 병이 생긴다. 맹자는 권權을 집중執中의 조절기능으로 보았는데, 최고의 안목이며 최고의 설명이다. 하나에 집착해 모든 것을 버려서는 안 된다는 점을 배우는 사람들에게 보여 주었기 때문이다. 후세의 유학자들은 반드시 한 학파의 핵심 가르침을 세워 학문의 기준으로 삼았다. 사람들 역시 간결하게 핵심을 잘 드러낸다고 하면서 이것이 얼마나 심하게 도를 해치는지 몰랐다. 이런 행동 역시 하나만 고집하는 종류라 하겠다.

27.

맹자께서 말씀하셨다. "굶주린 사람은 무엇이든 달게 먹고 목마른 사람은 무엇이든 달게 마신다. 이는 올바로 먹고 마시는 게 아니다. 굶주림과 목마름이 해치기 때문이다.

> 굶주리고 목마른 사람은 좋지 않은 음식이라도 또한 맛있다고 생각한다. 이는 굶주림과 갈증에 해를 입어 올바른 맛을 잃었기 때문이다.

왜 입과 배만 굶주림과 갈증으로 해를 입겠는가. 사람의 마음 역시 모두 해를 입는다. 사람이 굶주림과 갈증의 해를 마음을 해치는 것으로 보지 않는다면 남에게 미치지 못하는 것을 걱정하지 않을 것이다."

> 굶주림과 갈증이 입과 배에 끼치는 해는 올바른 맛을 잃게 하는 데 지나지 않지만, 이것이 변해 마음을 해치는 지경에 이르게 되면 사람의 마음이 사라진다. 그러므로 극도로 빈천해져 심하게 굶주리고 갈증을

겪더라도 자신의 본심을 잃지 않은 것은 식견과 도량이 남보다 뛰어난 사람이 아니면 할 수 없다.

이상은 제27장이다.

28.

맹자께서 말씀하셨다. "유하혜는 삼공을 지내는 것으로도 자기 분별심과 바꾸지 않았다."

| 개介는 분별하고 판단한다는 뜻이다. 조화를 잘하는 사람은 남과 쉽게 휩쓸리는데 유하혜는 삼공의 영예를 겪었어도 조금도 자기 분별심을 깎아 남을 따르지 않았다는 말이다. 이는 유하혜를 배우는 사람들이 당연히 알아야 할 점이다.

이상은 제28장이다.

○ 사람들은 모두 옛 현인의 자취를 보면서도 옛 현인이 옛 현인인 이유는 알지 못한다. 이는 우리 공부가 아직 어느 경지에 이르지 않은 것이다. 백이는 청렴했지만 예전의 악행을 생각하지 않았고, 유하혜는 남과 잘 어울렸지만 자신의 분별심을 바꾸지 않았다. 공자와 맹자가 그들을 위해 미묘한 곳을 드러내고 심오한 뜻을 규명하지 않았다면 배우는 사람들은 백이와 유하혜의 어떤 점에 사람들이 미칠 수 없는지 무엇으로 알겠는가.

29.

맹자께서 말씀하셨다. "무엇을 한다는 것은 비유하면 우물을 파는 것과 같다. 우물을 아홉 길 팠는데도 샘물에 이르지 못했다면 우물을 버리는 것과 같다."

| 8척이 한 길이다. 군자의 학문은 하지 않으면 그만이지만 실행하면 꼭 성취해야 한다. 우물 파는 일은 본래 물을 얻으려는 것이다. 샘물에 이르지 않았는데 그만둔다면 스스로 우물을 포기하는 것과 같다.

이상은 제29장이다.

○ 이 장은 사士와 군자가 하는 일에 대해 끝까지 다하지 않으면 한 일을 이룰 수 없다고 경계한 것이다. 샘물에 이르지 못한 우물처럼 결과가 성공을 앞에 두고 저절로 무너지고 만다. 힘써 노력해 성공을 구하지 않아서야 되겠는가.

○ 여희철呂希哲이 말했다: "인仁은 요임금 같지 않고 효는 순임금 같지 않으며 공부는 공자 같지 않으면, 끝내 성인의 경지에 들어가지 못하고 끝내 천도天道에 도달하지 못해 중도 포기를 피할 수 없으니 자연히 이전에 한 일을 버리고 만다."

30.

맹자께서 말씀하셨다. "요임금과 순임금은 본성대로 하였고, 탕왕과 무왕은 이를 체득하였으며, 오패는 빌려 왔다.

| 성지性之는 본성에서 나오기에, 조금도 힘써 노력하지 않는다는 말이

다. 신지身之는 자신의 몸에 체득하는 것이다. 모두 자신이 실제로 가지고 있어서 밖에서 빌리지 않는다. 오패는 일을 가장해서 자신의 사사로움을 성취할 뿐이니 어떻게 실제로 덕을 가진 것이겠는가.

오랫동안 빌려 돌려주지 않았으니 자기 소유가 아니라는 걸 어떻게 알겠는가.”

| 귀歸는 돌려준다는 말이다. 오랫동안 빌려 돌려주지 않더라도 진정 자기 것은 아니다. 그러므로 맹자는 단언한다. “자신 스스로도 옳다 하고 남들 역시 옳다고 말하지만”(「만장 하」 제37장) 그것은 진정 자신 소유가 아님을 모르는 것이다.

이상은 제30장이다.

○ 인의는 하나다. 본성대로 하는 것은 태어나면서 터득한 것이요, 체득한 것은 자신을 수양해 터득한 것이다. 빌린다는 것은 밖에서 일을 가장해 빌려와 안에 실질이 없는 것이다. 본성대로 하는 것에는 더 이상 보탤 게 없다. 체득한 것은 본성대로 하는 것과 결과가 같다. 빌려오는 것은 거짓일 뿐이다. 왕도와 패도가 갈라지는 지점이 여기에 있다.

31.

공손추가 물었다. “이윤이 ‘나는 의리를 따르지 않는 것을 보는 데 익숙하지 않다’고 하면서 태갑太甲을 동桐에 추방했는데 백성들이 크게 기뻐했습니다. 태갑이 현명해지자 또 그를 돌아오게 하였는데 백성들이 크게 기뻐했습니다. 현자가 신하가 되어 임금이 현명하지 않다면 정말 추방할 수 있습니까?"

> 이윤의 말은 『고문상서』「태갑」편에 현재 보인다. 압^狎은 익히 보았다는 말이다. 나는 임금이 의리에 순종하지 않는 사람을 익숙하게 보길 바라지 않기 때문에 그를 동^桐에 추방했다는 말이다. 공손추는 후대 신하들이 이윤의 소행을 따라야 할지 여부를 물은 것이다.

맹자께서 말씀하셨다. "이윤의 뜻이 있다면 괜찮지만 이윤의 뜻이 없다면 찬탈이다."

> 이윤의 뜻은 완전히 자신의 임금을 요임금·순임금으로 만드는 데 있었지 털끝만큼도 자신을 이롭게 하려는 마음이 없었다.

이상은 제31장이다.

○ 채씨(채모蔡模)가 말했다: "맹자의 두 마디 말은 이윤의 마음이 하늘의 해와 같았음을 보여 줄 뿐 아니라 오랜 후대에도 간신과 난적 역시 자신의 죄에서 도망갈 곳이 없게 하였다. '괜찮다'[則可]는 말을 음미해 보면 변화에 대처해 겨우 괜찮다는 뜻이지 바른 방도는 아님을 역시 알 수 있다."

32.

공손추가 물었다. "『시경』에 '공 없이 밥 먹지 않는다'고 하였는데, 군자가 밭을 갈지 않고 밥을 먹는 것은 어째서입니까?"

> 시는 「위풍魏風·벌단伐檀」이다. 소素는 '헛되이'라는 말이다. 공 없이 봉

록을 받는 것을 소찬素餐이라 한다. 공손추의 질문은 팽경彭更이 "선생님(맹자)께서 제후들에게 거마와 종복을 받는 것은 너무 사치스럽지 않습니까?"(「등문공 하」 제4장)라고 물은 뜻과 같다.

맹자께서 말씀하셨다. "군자가 이 나라에 사는데, 그 군주가 그를 등용하면 임금은 편안해지고 부유해지며 존귀해지고 영예롭게 된다. 그 자제들이 그를 따르면 효성스럽고 공손하며 충성하고 믿음직해진다. '공 없이 밥 먹지 않는' (일 가운데) 그 어떤 일이 이보다 더 훌륭하겠느냐."

| 편안해지고 부유해지며 존귀해지고 영예롭게 되는 것은 임금이 그 이익을 누리는 것이요, 효성스럽고 공손하며 충성하고 믿음직해지는 것은 자제들이 그 교화를 입은 것이다. 군자가 세상에 공적을 세우는 것이 이처럼 크다.

이상은 제32장이다.

○ 군자는 세상에 살면서 위로는 임금에게 공적을 세우고 아래로는 자제들에게 보탬을 준다. 공짜로 밥 먹지 않는 일 가운데 그 어떤 것이 이보다 더 훌륭하겠는가. 어떻게 공 없이 봉록을 먹는다고 할 수 있는가.

33.

왕자 점墊이 물었다. "사士는 무엇을 일로 삼습니까?"

| 점은 제나라 왕의 아들이다. 사士는 위로는 공경대부의 일을 할 수 없고, 아래로는 감히 농업·공업·상업의 일을 할 수 없다. 그러므로 사는

무엇을 일로 해야 하는지 물은 것이다. 역시 일 없이 먹어서는 안 된다는 뜻으로 볼 수 있다.

맹자께서 말씀하셨다. "뜻을 고상하게 합니다."

| 상尙은 고상하게 한다는 말이다. 사士는 당연히 공경대부가 되겠지만 아직 공경대부의 일을 할 수 없으니 오직 자신의 뜻을 고상하게 해야 할 뿐이라는 말이다.

"뜻을 고상하게 한다는 건 무엇을 말합니까?"
"인의를 갖는 것뿐입니다. 죄 없는 한 사람을 죽이는 것은 인이 아니며, 자기 소유가 아닌데 갖는 것은 의가 아닙니다.

| 죄 없는 한 사람을 죽여 천하를 얻더라도 하지 않는 것이 어진 사람의 마음이다. 자기 것이 아니면 남에게서 하나도 가져오지 않는 것이 의로운 사람의 일이다. 사士는 이런 것을 자신의 뜻으로 삼아야 한다. 그러므로 뜻을 고상하게 한다고 하였다.

머물 곳이 어디 있습니까, 인이 이곳입니다. 길이 어디 있습니까, 의가 이곳입니다. 인에 머물고 의를 따른다면 대인大人이 되는 일은 갖추어진 겁니다."

| 머문다는 말은 몸이 집에 머문다는 말과 같은 것으로, 항상 머물며 떠나지 않는다는 뜻이다. 길은 발이 길을 간다는 말과 같은 것으로, 따르지 않을 수 없다는 뜻이다. 아직 대인이 되지는 않았지만 대인의 일이 자신에게 준비된다는 말이다. 벼슬에 나아가서는 공경이 되고 물러나

서는 사士나 보통 사람이 되니, 어디를 가든 불가능한 것이 없다.

이상은 제33장이다.

○ 천하에 도가 실행되면 현자는 귀하게 되고, 천하에 도가 실행되지 않으면 현자는 천하게 된다. 공손추와 왕자 점이 사士에게 어떤 일이 그의 일인지 의문을 갖지 않을 수 없었던 것은 타락한 세상의 더러운 습속에 익숙해져 도가 실행되는 훌륭한 세상을 몰랐기 때문이다.

34.

맹자께서 말씀하셨다. "중자仲子는 의롭지 않으면 제나라를 주어도 받지 않을 것을 사람들이 모두 믿지만, 이는 밥 한 그릇과 국 한 그릇을 물리치는 의義일 뿐이다.

> 중자는 진중자陳仲子(「등문공 하」제10장에 보인다)를 말한다. 중자는 의가 아니면 설사 제나라를 준다고 해도 분명 받으려 하지 않을 것이다. 제나라 사람들은 모두 그가 현인이라고 믿지만 군자의 도라는 관점에서 보면 이런 행동은 밥 한 그릇과 국 한 그릇을 물리치는 작은 의일 뿐인데, 그에게서 무엇을 모범으로 취할 수 있겠느냐는 말이다.

사람에게는 친척과 군신, 상하관계를 없애는 것보다 큰 죄가 없다. 작은 것을 실행한 것을 가지고 큰 것까지 그러리라고 믿으니 어찌 옳겠는가."

> 언焉은 '…보다'[於]라는 말이다. 사람에게는 친척과 군신, 상하관계를 없애는 것보다 더 큰 죄가 없다. 지금 중자는 형을 피하고 어머니를 떠

났으며, 임금의 봉록도 먹지 않으니 이미 인간의 큰 인륜을 잃은 사람이다. 어떻게 그가 작은 청렴을 실행했다고 해서 큰 의義도 그러하리라고 믿을 수 있겠는가.

이상은 제34장이다.

○ 어떤 사람이 물었다. "중자가 제나라를 받지 않는다면 의義가 역시 높은 것입니다. 맹자는 왜 밥 한 그릇과 국 한 그릇을 물리치는 작은 의라고 했습니까?" 내가 대답했다. "맹자는, '(이윤은) 의가 아니고 도가 아니면 천하를 봉록으로 주어도 돌아보지 않았고, 말 4천 필을 묶어 놓아도 보지 않았다. 의가 아니고 도가 아니면 지푸라기 하나도 남에게 주지 않았고, 지푸라기 하나도 남에게서 가져오지 않았다'(「만장 상」제8장)고 말씀하신 적이 있다. 그러므로 일이 생기면 의에 부합하는지 여부를 물어야지 큰 것인지 작은 것인지를 따져서는 안 된다. 의에 부합하면 일에 어떻게 크고 작은 게 있겠는가. 인륜의 도는 인간의 큰 근본이다. 이를 잃으면 큰 공을 세우고 위대한 절개를 가졌어도 모두 모범으로 삼을 수 없다. 중자의 의義는 높아 보이지만 인륜을 없앤 죄에 견주어 보면 확실히 밥 한 그릇과 국 한 그릇을 물리친 작은 일일 따름이다. 어떻게 그 죄를 갚을 수 있겠는가. 순임금은 아버지 고수를 위해 천하를 버리는 것을 헌신짝 버리는 것과 같이 보았다. 하물며 제나라 따위야 어떠했겠는가. 도교와 불교를 따르는 무리들이 유교를 없애고 인륜을 멸시하며 자신이 무슨 죄를 짓는지도 모른 채 그 가르침을 과대선전하고 사람들도 존경과 흠모를 바친다. 이 또한 밥 한 그릇과 국 한 그릇을 물리치는 일과 같은 종류일 뿐이다."

35.

도응桃應이 물었다. "순이 천자가 되고 고요가 법관이 되었을 때, 고수가 사람을 죽였다면 어떻게 할까요?"

> 도응은 맹자의 제자다. 주씨가 말했다: "도응의 생각은, 순임금이 아버지를 사랑하더라도 사사로운 정으로 공공성을 해칠 수 없고, 고요가 법을 집행하더라도 천자의 아버지를 처벌할 수 없을 것이라고 본 것이다. 그러므로 이런 질문을 만들어서 성인과 현인이 마음을 쓸 때의 지극한 곳을 보려 했던 것이다."

맹자께서 말씀하셨다. "법을 집행할 뿐이다."

> 고요에게는 체포하는 일을 집행하는 게 당연하다는 말이다.

"그렇다면 순임금은 금지시키지 않습니까?"

> 도응이 물은 것이다.

"순임금이 어떻게 금지시킬 수 있겠느냐. 이전부터 물려받은 게 있는 것이다."

> 고요가 법관이 된 것은 순임금 이전의 요임금 때부터 이미 그렇게 된 것이다. 그러므로 물려받은 게 있다고 한 것이다.

"그렇다면 순임금은 어떻게 하셨을까요?"

> 도응이 물은 것이다.

"순임금은 세상을 버리는 것을 헌신짝 버리는 것처럼 보시고, 몰래 부모를 등에 업고 도망가 바닷가를 따라 살면서 평생 흔쾌히 즐거워하면서 천하를 잊었을 것이다."

| 사蹤는 짚신이다. 준遵은 '따른다'는 말이다. 순임금의 마음에는 부모가 있다는 것만을 알고 천하가 있다는 것도 몰랐을 것이라는 말이다.

이상은 제35장이다.

○ 이 장은 맹자가 바로 의리에 근거해 성인이 마음을 쓰는 지극함을 보여 준 것이다. 한편으로는 천자라는 존엄한 지위에 있더라도 감히 천하의 법을 왜곡하지 않았음을 보여 주고, 한편으로는 천하를 소유할 만큼 부유하더라도 그것으로 감히 부자간의 친밀함과 바꾸지 않았음을 보여 준다. 인仁의 극치이자 의義의 최고로, 맹자가 아니면 말할 수 없다.

36.

맹자께서 범范에서 제나라로 가셔서, 제나라 왕의 아들을 바라보시고 한숨을 쉬며 감탄하셨다. "거처가 기운을 변화시키고, 봉양이 몸을 변화시키는구나. 거처가 이렇게 대단한 것이구나. 그도 똑같이 사람의 자식이 아니었던가.

| 범范은 제나라의 고을이다. 주씨가 말했다: "거居는 머무는 자리를 말한다. 양養은 봉양하는 것이다. 사람의 거처는 관계되는 게 아주 크다. 왕의 아들 역시 사람의 자식일 뿐이나 머무는 곳이 같지 않기 때문에 봉양하는 것도 달라 그 기운과 모습이 달라졌다."

맹자께서 말씀하셨다.

│ 군더더기 말이다.

왕자王子의 거처와 타는 것과 의복은 대부분 남과 같은데, 왕자가 저와 같은 것은 그 거처가 그렇게 만든 것이다. 하물며 천하에 큰 집[仁]에 머무는 것은 어떻겠는가.

│ 왕자의 의복과 탈 것은 남과 다르지 않지만 거처가 기운을 변화시켜
│ 이렇게까지 만들 수 있다. 하물며 천하의 큰집에 머무는 것은 본래 보
│ 통 사람이 함께 머물 수 있는 바가 아니지만 한 번 그 마음에 만족스러
│ 움을 느낀다면 어떻겠는가. 사람이 인에 머물지 않으면 안 되는 것을
│ 밝힌 것이다.

노나라 임금이 송나라에 가서 질택垤澤의 문에서 소리쳤는데, 성문을 지키는 사람이 말했다. '이 사람은 우리 임금이 아닌데 얼마나 그 목소리가 우리 임금과 닮았는지.' 이는 다른 게 아니라 거처가 비슷하기 때문이다."

│ 질택은 송나라 성문 이름이다. 맹자는 또 이 일을 인용해 머무는 곳(환
│ 경)이 기운을 변화시킬 수 있음을 증명했다.
│ ○ 이 장은 맹자가 왕의 아들을 본 일을 통해 느낀 점이 있어 말한 것이다.

이상은 제36장이다.

37.

맹자께서 말씀하셨다. "먹이기만 하고 사랑하지 않으면 돼지로 대하는 것이다. 사랑하기만 하고 공경하지 않으면 짐승으로 기르는 것이다.

│ 교交는 대하는(사귀는) 것이다. 축(휵)畜은 기른다는 말이다. 수獸는 개
　나 말 따위를 말한다.

공경은 폐백을 받들기 이전에 있는 것이다.

│ 장將은 받든다는 것이다. 사람과 서로 사귈 때 반드시 폐백을 가지고
　예를 갖춘다. 하지만 공경하는 진실한 마음이 있으면 폐백을 주지 않
　더라도 사람을 사귀는 예를 다한 것이다. 그러므로 폐백을 받들기 전
　에 있는 것이라고 하였다.

공경하면서도 진실한 마음이 없으면 군자는 헛되이 예에 얽매이지 않는다."

│ 단지 공경하는 겉모습만 있고 진실한 마음이 없으면 군자는 헛되이 예
　에 얽매여 폐백을 받아서는 안 된다.

이상은 제37장이다.

38.

맹자께서 말씀하셨다. "형체와 모습은 천성天性이다.

│ 눈·귀·사지가 형形이며, (형形이) 보고 듣고 움직이는 것이 색色이다.

성性은 태어난다는 말로,『효경』의 "부자간의 도리는 하늘이 내려준 것이다"(성치聖治장 제9)라는 말과 같은 뜻이다. 형체와 모습은 모두 하늘이 내게 준 것이기 때문에 천성天性이라 한 것이다.

오직 성인이 된 뒤에야 형체와 모습을 실천할 수 있다."

│ 천踐은 '말을 실천한다'고 할 때의 실천한다와 같은 말로, 형체와 모습이 모두 그 법도를 따르면서 지나치거나 어긋나지 않을 수 있다는 말이다. 형체와 모습이 천하더라도 오직 성인이 되어야 형체를 바로 실천할 수 있다는 말이다. 배우는 사람은 공경하고 수양, 반성하며 소홀히 해서는 안 된다.

○ 이 장은 형체와 모습은 가벼운 것일지라도 본래 하늘이 부여해 준 것이므로 소중히 여기지 않으면 안 된다는 말이다.

이상은 제38장이다.

39.

제나라 선왕이 상례기간을 줄이려 하였다. 공손추가 말했다. "1년 상이라도 치르는 것이 그만두는 것보다는 낫다."

│ 이르는 그만둔다는 말이다.

맹자께서 말씀하셨다. "이는 어떤 사람이 그 형의 팔을 비트는데 자네가 그에게 '우선 천천히 하라'고 하는 것과 같다. 역시 그에게 효제를 가르칠 뿐이다.”

| 진紾은 비튼다는 말이다. 형의 팔을 비트는 사람을 보고 천천히 하라고
권하는 것은 안 된다고 알려 주는 것만 못하다는 말이다. 상례기간 줄
이는 것을 경고하지 않고 1년 상을 치르라고 권하는 것이 이와 무엇이
다른가. 3년 상은 인간의 지극한 감정이므로 그만두어서는 안 되기 때
문이라고 가르쳐야 한다.

왕의 아들 가운데 그 어머니가 죽은 사람이 있어 왕자의 스승이 왕자를
위해 왕에게 몇 달의 상을 청하였다. 공손추가 물었다. “이런 경우는 어떻
습니까?”

| 진씨(진력)가 말했다. “왕자王子를 낳은 어머니가 죽었는데 적모嫡母에
게 눌려 왕자는 감히 상을 다 마칠 수 없었다(왕자의 어머니가 후궁後宮
이기 때문). 왕자의 사부가 그를 위해 왕에게 청을 해 왕자가 몇 달간의
상을 치를 수 있도록 해주고 싶었다. 이때 마침 이런 일이 있자 공손추
가 이런 경우 시비가 어떻게 되는지 물은 것이다.”

맹자께서 말씀하셨다. “이는 상을 마치려 해도 마칠 수 없는 경우이니, 하
루를 더 하더라도 그만두는 것보다는 낫다. 앞의 경우는 금하지 않았는데
도 하지 않는 것을 말한 것이다.”

| 주씨가 말했다: “왕자는 상례를 다 마치고 싶었지만 그럴 수 없자, 그
의 스승이 그를 위해 청해서 단지 하루를 더 얻게 되더라도 더하지 않
은 것보다는 낫다. 내가 앞에서 제나라 선왕을 비판한 것은 금하지 않
았는데도 자기가 하지 않은 경우이기 때문이다.”

이상은 제39장이다.

○ 상례를 단축해야 한다는 말은 옛날부터 있었다. 재아와 공손추는 직접 성현聖賢의 문하에서 가르침을 받았으면서도 오히려 그 의심을 피하지 못했다. 3년 상을 성인이 만든 제도에서 나온 것으로 여기기는 하면서도, 자식이 태어난 지 3년이 지나서야 부모의 품안을 떠나므로 부모의 은혜가 가장 소중하다는 사실을 몰랐기 때문이다. 그 뜻을 안다면 지극한 감정이 각박해지므로 자기가 그만두는 것을 용납하지 못했을 텐데, 어떻게 차마 입 밖에 내겠는가.

40.

맹자께서 말씀하셨다. "군자가 가르치는 방식이 다섯 가지다.

> 군자는 사람들에 대해 직접 가르치지 않더라도 은택이 남에게 미치는 것에는 그 종류가 다섯 가지다.

때맞춰 내리는 비가 교화하듯 하는 게 있다.

> 군자의 교화는 천하에 널리 퍼져, 때맞춰 내리는 비의 은택이 초목에 두루 미치는 것과 같다. 주공이 예악을 만들어 천하를 교화한 경우가 이것이다.

덕을 완성시켜 주는 것이 있으며, 재능을 통달하게 해주는 것이 있다.

> 재材는 주씨 편집본에는 재賢로 썼다. ○ 전적으로 성현의 문하에 온 사士의 경우를 말한 것이다. 군자의 교화를 같이 입지만 완성해 주는

바는 각각 다름을 말한다. 덕을 완성시킨다는 것은 어떤 이는 인仁하고 어떤 이는 지혜로운데 각자 자기 본성에 가장 가까운 것을 성취함을 말한다. 재능을 통달하게 해준다는 말은 어떤 이는 정치에 종사하고 어떤 이는 군사 일을 해 각자 자기의 기질이 잘하는 것에 통달함을 말한다.

물음에 답하는 것이 있다.

| 공자가 의자懿子와 무백武伯에게, 맹자가 조교曹交와 왕자王子 점墊에게 대답해 준 경우가 이에 해당한다. 성현의 문하에 온 사士에겐 이런 제한을 두지 않는다.

혼자 선善으로 다스리게 하는 것이 있다.

| 사私는 혼자라는 말이다. 숙淑은 선하게 되는 것이다. 애艾는 다스린다는 말이다. 성현의 문하에 와서 공부하지 못하고 다만 남에게 군자의 도를 듣고 홀로 선으로 자신을 다스리는 것을 말한다. 맹자가 공자를 모범으로 공부한 경우가 이에 해당한다.

이 다섯 가지는 군자가 가르치는 방식이다."

| 이 다섯 가지는 직접 가르치는 것이기도 하고 혹 교화가 남들에게 미치는 경우이기도 하다. 하지만 모두 교육이라는 테두리로 귀결되기 때문에 거듭 언급해 맺은 것이다. 이 다섯 가지는 군자가 가르치는 방식이라는 말이다.

이상은 제40장이다.

○ 이 장은, 군자가 꼭 과목을 만들어 가르치지 않더라도 그 은택은 자연스레 천하에 퍼진다는 사실을 밝힌 것이다. 이를 가르치지 않는 가르침이라고 하는데 넓고 크다고 하겠다.

41.

공손추가 물었다. "도는 높고 아름답지만 의당 하늘에 오르는 것 같아서 도달하지 못할 것 같습니다. 왜 도를 저들에게 거의 도달할 수 있는 것이라고 생각하게 해서 날마다 부지런히 노력하도록 하지 않았을까요?"

| 공손추는 도가 가까이 있는지 몰랐고 또 사사로운 뜻으로 조작해 터득하려 하였다.

맹자께서 말씀하셨다. "큰 목수는 못난 목공木工을 위해 먹줄과 먹통을 고치거나 없애지 않으며, 예는 못난 사수射手를 위해 활 당기는 법을 바꾸지 않았다.

| 구彀는 활을 당기는 최대치를 말한다. 도에 정통한 사람은 사람 가르치는 방법을 잘 안다. 하지만 그 방법은 일정해서 사람에 따라 바꾸지 않는다.

군자가 시위를 당기고 쏘지 않지만 쏠 듯이 중도中道에 서 있으면 잘하는 사람이 따른다."

| 인引은 활시위를 당긴다는 말이다. 발發은 화살을 쏜다는 말이다. 시위

를 당기고 쏘지 않는다는 말은 활을 한껏 당기고 있는 방법으로, 앞 문장에서 말한 구율穀率이 이것이다. 약여躍如는 자연스럽게 흔들리며 여력을 남기지 않는 것을 말한다. 군자가 사람을 가르칠 때는 말하기에 앞서 전체를 드러내 보여 주어 사람들이 자연히 느껴 일어나 행하도록 한다는 말이다. 중도中道에 섰기 때문에 높지도 않고 낮지도 않아서, 지혜로운 사람이나 어리석은 사람, 현자나 못난 사람 모두 발돋움해서 희망을 갖게 하고, 전심전력해 뜻을 이루려는 사람은 따라 해서 도에 도달할 수 있도록 한다.

이상은 제41장이다.

○ 도는 큰 길과 같고 또한 곡식과도 같다. 도가 가까이 있음을 알면, 고기를 먹을 때 입이 즐거운 것처럼 의리가 우리 마음을 즐겁게 해줄 터인데 왜 도달할 수 없을 것 같다는 걱정을 하겠는가. 하지만 공손추는 도를 보고 높고 아름답지만 하늘에 오르는 것과 같다고 생각했는데 이는 도를 모르기 때문이었다. 이전의 해설(주희, 『집주』)은, "군자는 사람을 가르칠 때 공부하는 방법을 가르쳐 줄 뿐 터득하는 오묘함은 알려 주지 않았다"고 하였고, 또 "알려 주지 않은 것도 이미 약동하듯 앞에 드러났다"라고 하였다. 이런 식의 말은 모두 불교의 선가禪家에서 쓰는 방법으로 유학자들의 공부가 아니다. 공자는 "나는 너희들에게 숨기는 것이 없다"(『논어』「술이」제23장)라고 하였고, 또 "나는 양 끝을 들어 다 쏟아 준다"(「자한」제7장)라고 하였다. 성인(공자)이 사람을 가르칠 때는 이처럼 명백하고 간결했다. 송나라의 유학자들은 평소 선禪의 기틀에 익숙했기 때문에 자기도 모르게 연결부분만 건드리면 바로 그 기운이 튀어나왔다. 배우는

사람은 명확히 구분해야 옳다.

42.

맹자께서 말씀하셨다. "천하에 도가 있으면 도가 자신을 따르고 천하에 도가 없으면 자신이 도를 따른다.

| 순殉은 따른다는 말로, 따라 죽는다[殉死]고 할 때 쓰는 순殉과 같은 말이다. 낮은 존재로서 높은 존재를 따를 때 쓰는 말이다. 천하에 도가 있으면 현자가 등용되기 때문에 도가 자신에서부터 실행되어 내가 높고도가 낮다. 천하에 도가 없으면 현자가 자리에서 물러나기 때문에 오직 자신을 지키면서 도를 올바르게 할 수 있을 뿐이어서 도가 높고 내가 낮다. 숨거나 드러나는 차이가 있지만 도와 나는 서로 따라다니며 떨어지지 않는다.

도를 가지고 남을 따른다는 말은 들어보지 못했다."

| 도를 가지고 남을 따르면 이는 학문을 왜곡해 세상에 아부하는 것으로 자신과 도가 분리되는데 도道가 대체 어디 있겠는가.

이상은 제42장이다.

○ 이 장은 전적으로 도를 가지고 남을 따르는 사람을 위해 말한 것이다. 도 바깥에 사람 없고 사람 바깥에 도 없다. 그러므로 도가 사람을 따르지 않으면 사람이 도를 따른다. 시대가 잘 다스려지는 때인지 아닌지 차이가 있더라도 사람과 도의 관계는 분리된 적이 없다. 그러므로 "군자는 천

하의 일에 대해서 꼭 자신이 오로지 해야 한다는 것도 없고 기꺼이 하지 않으려는 것도 없다. 의義와 함께 같이 갈 뿐이다"(『논어』 「이인」里仁 제10장)라고 한 것이다. 사람과 도가 분리되면 어떻게 소위 도道라 하겠는가.

43.

공도자가 물었다. "등경滕更이 문하에 있었을 때 선생님께서 예로 대하셔야 할 것 같았는데 (그의 질문에) 대답하시지 않은 일은 어째서입니까?"

| 조씨가 말했다: "등경은 등滕나라 임금의 동생으로 맹자에게 와서 배운 사람이다."

맹자께서 말씀하셨다. "귀한 신분을 믿고 물으며, 현명하다고 믿고 물으며, 나이가 많음을 믿고 물으며, 공로가 있음을 믿고 물으며, 연고가 있다고 믿고 묻는 경우는 모두 대답하지 않는 것이다. 등경은 이 가운데 두 가지가 있었다."

| 조씨가 말했다: "두 가지란 귀한 신분을 믿은 것과 현명하다고 믿은 것을 말한다." 윤씨(윤순尹淳)가 말했다: "믿는 게 있으면 도를 받아들이는 마음이 전력을 기울이지 않는다. 그러므로 대답하지 않았다."

이상은 제43장이다.

○ 이 장은, 도를 배우는 사람은 반드시 마음을 참되게 하는 것을 근본으로 해야 한다고 경계한 말이다. 믿고 으스대는 게 있으면 마음이 참되게 되지 않아 무엇을 말해 주어도 전혀 보탬이 되지 않는다. 이것이 군자가

말해 주지 않은 이유다.

44.

맹자께서 말씀하셨다. "그만두어서는 안 되는 것을 그만두는 자는 그만두지 않는 게 없을 것이며, 후하게 해야 할 것을 박하게 하는 자는 박하게 하지 않는 게 없을 것이다.

> 주씨가 말했다: "이르는 그만둔다는 말이다. 불가지^{不可止}는 하지 않으면 안 되는 것을 말한다. 소후^{所厚}는 당연히 후하게 해야 하는 것이다."

나아간 것이 날카로운 자는 물러나는 것도 빠르다."

> 사람이 하는 일은 처음부터 끝까지 쇠약하지 않음을 귀하게 여긴다. 전진이 매우 날카로운 사람은 힘이 쉽게 쇠약해지기 때문에 물러나는 것도 반드시 빠르다.

이상은 제44장이다.

○ 주씨가 말했다: "세 가지 폐단은 이치로나 형세로나 필연적이다. 지나치거나 미치지 못하는 모습이 다를지라도 마침내 이완되고 그만두는 결과에 똑같이 이른다."

45.

맹자께서 말씀하셨다. "군자는 사물을 사랑하지만[愛之] 인자하게 대하지는 않는다[不仁]. 백성들을 인자하게 대하지만[不仁] 친밀한 애정을 갖지는 않는다[不親]. 부모를 친밀한 애정으로 대하고[親親] 백성을 인자하게 돌보며[仁民], 백성을 인자하게 돌보고 사물을 사랑한다[愛物]."

| 물物은 금수와 초목을 말한다. 애愛는 금수초목을 사랑해 함부로 쓰지 않는 것이다. 인자하게 대하지 않으니 당연히 써야 할 때 쓴다. 인민仁民은 마음을 써서 은혜를 베풀고 구제하는 것이다. 친밀한 애정으로 대하지 않으니 벌을 주어야 할 땐 벌을 준다. 친친親親에 오게 되면 은혜를 베풀며 서로 친밀하게 대해 원망하지도 않고 미워하지도 않는다. 군자는 어디서든 은혜를 베풀지 않는 곳은 없지만 그 안에 역시 자연스레 (대상에 따라 애愛하고 인仁하며 친親하는) 경중輕重과 더하고 덜하는 차등이 있다.

이상은 제45장이다.

○ 군자는 천하에 인을 베풀 따름인데 의가 자연히 그 안에 있다는 말은 무엇인가. 사랑을 널리 베풀려 하지만 분별해 보면 반드시 차등이 있게 마련이다. 널리 베풀려는 사랑이 인이며 반드시 차등을 두는 것이 의다. 그러므로 군자가 인을 말하면 자연히 의가 있는 곳이 있고 의를 말하면 인이 있는 곳이 있다. 인은 있으되 의가 없으면 도가 아니며, 의는 있으되 인이 없으면 덕이 아니다. 양주와 묵적 같은 무리가 이렇다.

46.

맹자께서 말씀하셨다. "지혜로운 사람은 모르는 게 없지만 당연히 힘쓸 일을 급선무로 한다. 인자仁者는 사랑하지 않는 게 없지만 친척과 현자를 급선무로 한다.

친현親賢은 친척과 현자를 말한다. 모르는 것이 없고 사랑하지 않는 것이 없다는 말은 인자함과 지혜의 최고 경지를 가리켜 말한 것이다. 친척과 현자 두 부류의 사람들을 급선무로 보는 것은 큰일을 우선으로 하는 것이다.

요임금과 순임금의 지혜로도 만물을 두루 알지 못했던 것은 먼저 해야할 일을 급히 했기 때문이다. 요임금과 순임금이 인仁으로도 사람들을 두루 사랑하지 못했던 것은 친척과 현자를 급선무로 보았기 때문이다.

요임금과 순임금의 일을 들어 자신의 말을 증명하였다.

3년 상은 지내지 못하면서 시마緦麻와 소공小功은 자세히 살피고, 밥을 크게 떠 먹고 국물을 흘리며 오래 마시면서 마른 고기는 끊어 먹지 말라고 따지는 것을 할 일을 모른다고 한다."

3년 상은 복상服喪에서 중요하다. 시마緦麻(올이 가는 삼베옷)는 3개월 상이며, 소공小功은 5개월 상으로, 복상 가운데 가볍다. 방반放飯은 밥을 크게 뜨는 것이고, 유철流歠은 국을 오래 마시는 것으로, 큰 불경不敬이다. 치결齒決은 마른 고기를 물어 끊는 것으로, 사소한 불경이다. 또 예를 통해서 작은 일에 힘쓰고 큰일은 빠트리는 폐단을 비유하였다.

이상은 제46장이다.
○ 공자는, "아는 것을 안다 하고, 모르는 것을 모른다 하면 이것이 아는

것이다"(『논어』「위정」제17장)라고 말한 적이 있다. 천하의 일에는 알 수 있는 일도 있고 알 수 없는 일도 있다. 그러나 알 수 있는 일에도 완급과 선후의 구별이 있다. 그러기에 요순은 지혜로워도 만물을 두루 알지 못했으니 먼저 힘쓸 일을 반드시 급히 했기 때문이다. 그렇다면 급히 할 수 없는 일은 일단 놔두고 공부하지 않는다는 것을 알겠다. 후세 학자의 경우, 급히 할 수 없는 일을 알려고 힘쓸 뿐 아니라 알 수도 없는 일에 반드시 온 힘을 다 쏟으려고 하니, 격물궁리格物窮理의 학문(만물을 완벽히 알고, 이치를 끝까지 다 이해하는 학문, 성리학)이 이것이다. 이는 성현의 뜻에 심하게 어긋난다.

진심 장구 하

모두 38장이다.

1.

맹자께서 말씀하셨다. "어질지 않구나, 양나라 혜왕은. 어진 사람은 자신이 사랑하는 것을 가지고 사랑하지 않는 것에 이르는데, 어질지 못한 사람은 자신이 사랑하지 않는 것을 가지고 사랑하는 것에 이른다."

> 급及은 도달한다는 뜻으로, 이른바 "내 집안의 노인을 노인으로 섬겨 남의 노인에게까지 이르고, 내 집안의 어린아이를 잘 돌봐 남의 어린아이에게까지 이른다"(「양혜왕 상」 제7장)는 말이 이것이다.

공손추가 물었다. "무슨 말씀이십니까?"
"양나라 혜왕은 영토 때문에 자기 백성들을 피투성이가 되도록 싸우게 하고 크게 패하자 다시 싸우려 하면서 승리하지 못할까 두려워 자기 사랑하는 자제를 내몰아 죽게 하였으니, 이를 두고 자신이 사랑하지 않는 것을 가지고 사랑하는 것에까지 이른다고 하는 것이다."

| "양나라 혜왕" 이하는 맹자의 대답이다. 미란기민糜爛其民은 백성들을 전쟁에 나가 싸우도록 해 피와 살이 터지고 문드러지도록 했다는 말이다. 부지復之는 다시 싸우는 것을 말한다. 자子는 태자太子 신申을 말한다. 자제들은 가장 사랑하는 존재이며, 백성은 그 다음이고 영토는 가벼운 대상이다. 지금 영토 때문에 자기 백성들을 죽이고 자기 자제들에게까지 이르고 말았으니 어질지 못한 사람의 행동이 늘 이와 같다.

○ 이 장은 어질지 못한 사람이 자기 본심을 잃은 것에 대해 말한 것이다. 맹자는, "어질지 못한 사람에게 어떤 말이라도 해줄 수 있다면 왜 나라가 망하고 집안이 무너지겠는가"(「이루 상」 제8장)라고 말한 적이 있다. 경계하지 않을 수 있겠는가.

이상은 제1장이다.

2.

맹자께서 말씀하셨다. "『춘추』에는 의로운 전쟁이란 없다. 저것이 이것보다 나은 것은 있다.

| 『춘추』는 춘추시대 244년 동안의 일을 기록한 책으로 의롭게 움직인 전쟁은 하나도 없다. 다만 이것을 저것과 비교하면 그 중 조금 의義에 가까운 게 간혹 있기는 하다.

정벌이란 윗사람이 아랫사람을 치는 것이지 대등한 국가끼리는 정벌하지 못한다."

| 정征이란 것은 사람을 바로잡는 것이다. 제후에게 죄가 있으면 천자는 그의 죄를 토벌해 바로잡는다. 춘추시대에는 제후끼리 서로 정벌했기 때문에 의로운 전쟁이 없는 것이다.

이상은 제2장이다.

○『춘추』는 성인(공자)이 기록한 역사책이다. 당시에는 기록물이 충분히 갖춰지지 않아 당시 사건의 선악과 시비가 시대와 함께 사라져 후세에까지 전해지지 않았다. 그러므로 난신과 적자들이 탐욕스런 마음을 마음대로 부려 거리낄 게 없었다. 이에 공자가 노나라의 역사를 따라 기록을 남겨 이에 온 천하에 후세에까지 선악과 시비를 모두 드러냈다. 맹자는 정벌 한 가지 일을 통해, 당시 제후들이 왕의 법도를 무시하고 자기들끼리 정벌한 것은 모두 선왕에게 죄를 지은 것임을 밝혔다. 바로 공자가 『춘추』를 지은 뜻이다.

3.

맹자께서 말씀하셨다. "『서경』을 다 믿는다면 『서경』이 없는 것만 못하다.

| 『서경』을 읽는 사람은 그 내용이 도에 부합하는지 여부를 논해야 한다. 그렇지 않고 『서경』을 다 믿고 증거로 삼으면 혹 도를 해치는 일이 생겨 『서경』이 없느니만 못하다.

나는 「무성」武成에서 두세 쪽만 취할 뿐이다.

| 「무성」은 『서경』 「주서」周書의 편명이다. 책策은 죽간竹簡(대나무쪽)을 말한다. 「무성」은 그 언사가 과장되어 대부분 믿지 못할 것이어서 취할 만한 것은 겨우 두세 쪽에 불과하다. 맹자는 이 한 편을 들어 그 나머지에 대해 예例를 보여 준 것이다.

어진 사람에게는 천하에 대적할 자가 없다. 가장 어진 사람이 가장 어질지 못한 인간을 정벌하는 것인데 어떻게 피가 절구공이를 흘러가게 하겠느냐."

| 저杵는 절구공이를 말한다. 혹은 로櫓로도 쓰는데, 이때는 방패라는 뜻이다. 『고문상서』 「무성」에, "흐르는 피가 절구공이를 떠내려가게 하였다"는 말이 있는데, 무왕이 적을 많이 죽였음을 과장한 것이다. 맹자는, 어진 사람에게는 천하에 대적할 자가 없는데 어떻게 이런 일이 있었겠는가, 이는 믿을 수 없는 것이다, 라고 한 것이다. ○ 진사이는 생각해 본다: 『고문상서』 「무성」에, "앞의 무리가 창을 거꾸로 돌려 뒤의 무리를 공격해 패배시켰다. 흐르는 피가 절구공이를 떠내려가게 하였다"라고 하였다. 이를 맹자의 말을 따라 문장에 옮겨 보면, 주紂의 군대가 자기들끼리 서로 죽였다는 말이 된다. 그 말대로라면 맹자는 왜 특히 이 부분을 거론해 믿을 수 없는 증거로 보았겠는가. 고문서에 임의로 뜻을 붙이는 일을 의심해 보아야 함은 이런 종류의 글에서 알 수 있다. ○ 이 장은 무왕의 일을 근거로, 진정한 왕의 군대는 본래 전쟁할 필요가 없음을 밝힌 것이다. 위의 장을 이어 비슷한 종류의 글을 기록한 것으로, 다음 장도 이와 같다.

이상은 제3장이다.

○『서경』은 도를 밝힌 글이다. 하지만 도를 아는 사람이 아니면 역시『서
경』을 제대로 읽을 수 없다. 맹자가 인용한「무성」은 당시에는 진실한 글
이었다. 하지만 맹자는 단지 두세 쪽만 취했을 뿐이다. 하물며 지금 통용
되는 고문서들이며 위진남북조·수나라 시대에 비로소 세상에 나온 책
들은 임의로 뜻을 붙여 거짓으로 지은 것으로 의심할 수 있는데 어떻게
다 믿을 수 있겠는가.『춘추좌씨전』春秋左氏傳,『춘추공양전』春秋公羊傳,『춘
추곡량전』春秋穀梁傳,『대대례기』戴大禮記 등의 책조차 모두 진秦나라·한漢나
라의 여러 유학자들의 손에 완성된 것이라 꼭 근거로 삼고 믿을 수 없다.
대체로 천하의 책 가운데 진짜는 적고 가짜는 많다. 그러므로 힘써 가짜
를 몰아낸 뒤에야 진짜가 드러난다. 진짜와 가짜를 판별하지 않고 잡다
하게 가져오고 사방에서 인용해 자신의 학설을 완성하면 가짜가 승리하
고 진짜는 패배해, 유학의 도에 얼마나 해를 끼치는지 말로 다 할 수 없을
것이다. 그러므로 도를 아는 사람은 적은 것을 걱정하지 않고 진짜가 아
님을 걱정한다. 도를 모르는 자들은 이와 반대다. 살펴 선택하지 않을 수
없다.

4.

맹자께서 말씀하셨다. "어떤 사람이 '나는 진을 잘 치고, 나는 전쟁을 잘
한다'고 말한다면 이는 큰 죄인이다.

> 병사들의 좌우·앞뒤 줄을 통제하는 것을 진陳이라 한다. 병기로 접전
> 하는 것을 전戰이라 한다. 전쟁과 진은 사람을 죽이는 방법이다. 이것

을 잘한다고 스스로 말하는 사람은 선왕에게 큰 죄인이다.

임금이 인仁을 사랑하면 천하에 대적할 사람이 없다. (탕왕이) 남쪽을 향해 정벌하면 북쪽 오랑캐가 원망하고 동쪽을 향해 정벌하면 서쪽 오랑캐가 원망하며, '왜 우리는 뒤에 하는가?'라고 하였다.

| 탕왕의 일을 인용해, 인자에게는 대적할 사람이 없어 반드시 전쟁을 하지 않는다는 말을 밝혔다.

무왕이 은나라를 정벌할 때 전투 수레가 300승, 호랑이 같은 병사가 3,000명이었는데, 무왕이 '두려워하지 말라. 너희들을 편안하게 하려는 것이지 백성을 적으로 만들려는 것이 아니다'라고 하자, 짐승이 뿔을 땅에 대듯 백성들이 머리를 조아렸다.

| 또 무왕의 일을 인용해, 역시 군사의 위력을 빌리지 않아도 천하가 자연히 복종했고 말한 것이다. 혁거革車는 전투용 수레를 말한다. 300량兩은 300승(300대)이다. 호분虎賁은 병사로, 호랑이처럼 용맹하다는 말이다. 무왕이 은나라 사람들에게, "나를 두려워 말라, 나는 주紂를 토벌하러 왔다. 본래 너희들을 편안하게 해주기 위해서지 은나라의 백성들을 적으로 만들려는 것이 아니다"라고 말하자, 이에 은나라 사람들이 고개를 조아리며 땅에 엎드렸는데 마치 짐승의 뿔이 땅에 닿는 것 같았다.

정벌한다[征]는 말은 바로잡는다[正]는 말이다. 각자 자기 나라를 바로잡아 주기 바라니 어찌 전쟁을 쓰겠는가."

| 난폭한 나라의 백성들은 모두 어진 사람이 와서 자기 나라를 바로잡아 주기 바란다. 이와 같다면 사람을 죽일 필요 없이 적국이 자연스레 복종할 것이다.

이상은 제4장이다.

○ 이 장은 당시 전쟁을 잘한다고 자부하는 사람을 경계하도록 하며, 이를 통해 탕왕과 무왕의 전쟁은 자연히 군사의 위력을 빌리지 않았음을 밝혔다. 진정한 왕의 전쟁이 군사력을 쓰지 않은 것은 아니다. 이른바 주周나라의 병법兵法 '사마법'司馬法이 이것이다. 하지만 진秦나라와 초楚나라의 가볍고 날쌘 병사들은 제齊나라와 진晉나라의 절제된 힘을 당해 낼 수 없고, 제나라와 진나라의 절제된 힘은 탕왕과 무왕의 인의仁義를 당해 낼 수 없다. 그러므로 탕왕과 무왕의 군사는 모두 덕으로 승리해서, 사람을 죽이는 심한 경우에까지 이르지 않았다. 그러나 좋은 곡식이라도 익지 않으면 쭉정이보다 못한 법이다. 그러므로 인을 실행하는 일도 반드시 인을 익히는 데 달려 있을 뿐이다.

5.

맹자께서 말씀하셨다. "목수와 수레 만드는 장인은 남에게 규구를 줄 수는 있지만, 남이 뛰어나게 되도록 할 수는 없다."

| 윤씨(윤돈尹焞)가 말했다: "규구는 법도이니 말해 줄 수 있지만 뛰어난 기술은 쓰는 사람에게 달려 있어 큰 목수라도 어떻게 할 수 없다."

이상은 제5장이다.

○ 이 장은 배우는 사람들이 법도대로 집행할 뿐 신령스럽게 통달하지는 못하는 것을 경계하도록 한 것이다. 남에게 말해 줄 수 있는 법도는 스승이 제자에게 전할 수 있지만 뛰어난 기술의 경우에는 사람에게 보존되는 것이다. 그러므로 계량적인 부분은 터득할 수 있지만 오묘한 경지는 대부분 잃고 만다. 공부하는 사람이 깊이 생각하고 충분히 익혀 스스로 자기 마음을 다 쓰지 않아서야 되겠는가.

6.

맹자께서 말씀하셨다. "순이 마른 밥을 먹고 푸성귀를 먹을 때에는 그렇게 평생을 마칠 것처럼 하셨는데, 천자가 되어서는 수놓은 옷을 입고 거문고를 타며 두 여자가 시중드는 것을 본래부터 가졌던 것처럼 하셨다."

| 반飯은 먹는다는 말이다. 후糗는 마른 양식이다. 여茹도 먹는다는 말이다. 진袗은 수놓아 그림 그린 옷이다. 두 여자는 요임금의 두 딸을 말한다. 과果는 여자가 시중드는 것을 말한다. 순의 덕은 넓고 커서 어디든 미치지 않는 곳이 없어 빈천하다 해서 덜어지는 것이 아니고 부귀하다 해서 더해지는 것도 아니다. 그러므로 보통 사람일 때는 부귀가 있는지조차 아예 모르는 사람 같더니, 천자가 되어서는 오히려 자신이 왕의 집안에서 태어난 것처럼 전혀 비천한 모습이 없었다. 그 덕의 크기가 어떠했겠는가.

이상은 제6장이다.

○ 마른 밥을 먹고 푸성귀를 먹을 때에는 그렇게 평생을 마칠 것 같았다는 말은 자신의 운명이 처한 상태를 편안하게 받아들인다는 뜻이다. 수놓은 옷을 입고 거문고를 타며 두 여자가 시중을 드는 것을 본래부터 가졌던 것처럼 했다는 말은 이로움 때문에 마음이 움직이지 않는다는 뜻이다. 자신의 운명이 처한 상태를 편안하게 받아들이는 것은 지혜의 극치이며, 이로움 때문에 마음이 움직이지 않는 것은 인(仁)의 왕성함이다. 자공이 선생님(공자)을 칭송하며, "어질고[仁] 또 지혜로우시니 선생님께서는 이미 성인이시다"(「공손추 상」 제2장)라고 말했는데, 자공이 공자를 칭송한 이유가 바로 순이 성인이 된 이유이기도 하다. 배우는 사람이 지혜라는 말만 알고 지혜가 지혜인 이유를 모르며, 인(仁)이라는 말만 알고 인이 인인 이유를 몰라서야 되겠는가.

7.

맹자께서 말씀하셨다. "나는 이제야 남의 어버이를 죽이는 일이 얼마나 심각한지 알겠다. 남의 아버지를 죽이면 남도 내 아버지를 죽이고 남의 형을 죽이면 남도 내 형을 죽일 것이다. 그렇다면 자신이 직접 죽인 것은 아니지만, 한 사람이 사이에 있을 뿐이다."

> 주씨가 말했다: "'나는 이제야 알겠다'고 말한 것은 반드시 어떤 일이 생겨 그 일로 느낀 바가 있어 말한 것이다. 일간(一間)은 내가 가면 저쪽이 와서 한 사람을 건넌 것일 뿐이니, 사실은 자신이 직접 자기 부모를 죽인 일과 다름이 없다."

이상은 제7장이다.

○ 이 장은 전적으로 불인不仁의 재앙을 경계하도록 한 것이다. 예컨대 제나라 선왕이 연나라를 공격해 그 나라의 부형들을 죽이고 자제들을 잡아 묶어 포로로 데려올 때 연나라 사람들이 제나라에 등을 돌렸을 뿐 아니라 마침내 천하의 군사들이 움직이게 되는 지경에까지 이르게 되어 그 재앙이 일으킨 파급은 거의 구제할 수 없을 정도였다(「양혜왕 하」 제11장). 맹자의 말은 역시 밝은 거울이다.

8.

맹자께서 말씀하셨다. "옛날에 관문을 만든 것은 난폭한 일을 막으려 해서였는데, 지금 관문을 만든 것은 난폭한 일을 하려 해서다."

> 옛날에는 관문을 만들어서 비상사태를 감시하고 살펴보았는데, 지금은 관문을 만들어 관문을 드나드는 사람들에게서 세금을 거둔다. 맹자는 우선 한 가지 일을 거론해 세상 풍속이 날로 타락해 가는 것을 한탄하였다.

이상은 제8장이다.

○ 범씨(범조우)가 말했다: "옛날에는 농사짓는 사람에게서 10분의 1을 세금으로 거뒀다. 후세에는 반을 세금으로 걷기도 하는데, 이는 세금부과가 폭력으로 변한 것이다. 문왕은 정원을 만들어 백성들과 같이 사용했다. 제나라 선왕은 정원을 만들었는데 나라 가운데 백성을 빠뜨리는 함정이 되고 말았으니, 이는 임금의 정원이 난폭한 곳으로 변한 것이다. 후

세의 난폭함은 관문에 그치지 않았다. 맹자가 제후에게 등용되었다면 꼭 문왕의 정치를 실행해 이런 종류의 일들은 모두 하루가 다 가기 전에 고 쳤을 것이다.”

9.

맹자께서 말씀하셨다. “자신이 도를 실행하지 않으면 (도가) 처자식에게 조차 실행되지 않고, 남을 도로써 부리지 않으면 (무엇도) 처자식에게조 차 실행할 수 없다.”

> 자신이 도를 실행하지 않으면 보고 배워 교화되는 근원이 막힌다. 남 을 도로써 부리지 않으면 마음으로 복종하는 길이 막힌다. 처자식조차 따르게 할 수 없는데 하물며 남이랴.

이상은 제9장이다.

○ 성현의 말은 모두 근본을 우선으로 하고 지엽말단은 나중에 한다. 근 본을 다스릴 수 있으면 지엽말단은 저절로 따라온다. 자신은 남을 복종 시키는 근본이다. 자신의 몸이 바르지 않으면 가장 가까운 처자식조차 복종하지 않는데 하물며 멀리 있는 사람은 어떻겠는가. 맹자의 말은 전 반적으로 근본을 바르게 하는 것이다.

10.

맹자께서 말씀하셨다. “이익을 넉넉히 가진 사람은 흉년이 그를 죽일 수 없고, 덕을 넉넉히 가진 사람은 나쁜 세상이 그를 어지럽히지 못한다."

| 주^周는 풍족하다는 말이다. 사람들이 나쁜 세상을 살면 대부분 자신이 지키는 것을 쉽게 잃는데, 덕에 풍족한 사람은 그렇지 않다는 말이다.

○ 덕은 인으로 완성되고, 인은 참됨으로 극치에 이른다. 덕을 넉넉히 가진 사람은 바로 인자^{仁者}를 말한다.

이상은 제10장이다.

11.

맹자께서 말씀하셨다. "명예를 좋아하는 사람은 천승의 나라도 양보할 수 있지만 (진정) 그런 사람이 아니면 밥 한 그릇과 국 한 그릇에도 얼굴빛에 (진정이) 드러난다."

| 명예를 좋아하는 사람은 천승의 나라도 양보할 수 있다. 하지만 그런 덕이 없으면 작은 이해득실에도 도리어 자신의 진정이 드러나는 것을 피하지 못한다.

○ 이 장 역시 진실한 덕에는 그 무엇도 미칠 수 없음을 찬미한 것이다.

이상은 제11장이다.

12.

맹자께서 말씀하셨다. "인자와 현자를 믿지 않으면 나라가 텅 비고,

나라는 사람을 근간으로 한다. 그러므로 인자와 현자를 믿지 않으면
나라는 사람이 없는 것과 같다.

예의가 없으면 위아래가 어지러워지고,

윗사람이 예의를 좋아하면 백성들이 공경하며 자연스레 복종한다. 그
러므로 예의가 없으면 위아래가 질서를 잃는다.

좋은 정사가 없으면 재용이 넉넉하지 않게 된다.”

쓰임새에 절도가 없으면 재정이 고갈되고 나라가 피폐해진다.

이상은 제12장이다.

○ 이 장은 실로 나라를 다스리는 귀감이다. 세상을 운영하고 백성을 구
제하는 한 권의 책을 지은 것으로 보아야 한다. 배우는 사람은 익숙하게
읽고 충분히 맛보아야 옳다.

○ 장식이 말했다: “인자와 현자를 믿으면, 임금은 돕는 사람이 있는 것
이며 백성은 보호하는 사람을 두는 것이며 사직은 기댈 곳을 갖는 것이
며 간신과 도둑들은 꺼리는 사람이 생기는 것이다. 나라의 근본이 바로
서고 굳건해진다. 예의가 있으면, 자신에서 나라에 이르기까지 임금은 임
금답고 신하는 신하다우며 아버지는 아버지답고 자식은 자식다워서 위
아래에 질서가 잡혀 이른바 잘 다스리는 것[治]이다. 좋은 정사가 있으면,
앞뒤의 순서와 강목(중심과 조목)의 조리가 환하게 모두 갖춰져서 백성들
이 풍족해지고 임금은 부족한 게 없다. 이 세 가지는 나라를 다스리는 큰
핵심이다. 하지만 인자와 현자를 믿는 것이 근본이다.”

13.

맹자께서 말씀하셨다. "불인不仁하고서 나라를 얻는 자는 있지만 불인하고서 천하를 얻은 자는 없다."

| 얻는다는 말은 구하지 않는데도 자연스레 얻게 된다는 말이다. 천자의 마음을 얻으면 제후가 된다. 그러므로 불인하고서도 나라를 얻기도 한다. 백성의 마음을 얻으면 천자가 된다. 그러므로 불인하면 천하를 얻을 수 없다.

이상은 제13장이다.

○ 천하는 거대한 물건이다. 나라와 비교될 수 있는 게 아니다. 그러므로 천하를 얻을 수[得]는 있어도 가질 수[取]는 없다. 얻는다고 말한 것은 천하에서 이익을 구하려는 마음이 없어 천하가 자연히 그에게 돌아가는 것이다. 요순·하은주 삼대가 이런 예다. 그러므로 그 시대는 천하를 두고, 자손들에게 전해 주어도 오랜 기간 교체가 없었다. 갖는다고 말한 것은 군사력으로 다투어 임금을 죽이고 자리를 빼앗아, 남의 소유를 강탈해 갖는 것이다. 진秦나라·위魏나라·진晉나라와 수隋나라·오대五代가 이런 예다. 그러므로 그 시대는 천하를 두고, 항상 남에게 강탈당할까 두려워해 난리와 망하는 일이 계속 이어져, 망하지 않으면 멈추지 않았다. 어떻게 얻었다고 할 수 있겠는가. 치란治亂과 안위安危의 기틀이 또한 뚜렷이 드러나지 않는가.

14.

맹자께서 말씀하셨다. "백성이 귀중하고 사직社稷이 다음이며 임금은 가볍다.

> 주씨가 말했다 : "사社는 토지신이다. 직稷은 곡식신이다. 나라를 세우면 흙을 쌓아 제단[壇]과 제단 주위에 낮은 담장[壝]을 세워 제사를 지낸다. 나라는 백성을 근본으로 삼는다. 사직 역시 백성을 위해 세운 것이며, 임금의 존엄도 둘의 존망存亡에 관계된다. 그러므로 그 경중이 이와 같다."

이런 까닭에 백성의 마음을 얻어 천자가 되고, 천자의 마음을 얻어 제후가 되며, 제후의 마음을 얻어 대부가 된다.

> 16개의 우물을 묶어 구丘라 한다. 구민丘民은 농사짓는 백성을 가리킨다. 백성들에게서 마음을 얻게 되어 천자가 되니 백성이 귀중하다는 실상을 알 수 있다.

제후가 사직을 위태롭게 하면 제후를 갈아치우고 세운다.

> 제후는 사직을 위해 세운 것이다. 제후가 무도해서 위기가 사직에까지 이르면 현명한 임금으로 바꿔 세운다. 이것이 임금이 사직보다 가벼운 것이다.

희생물을 이미 갖추고 제사에 바칠 곡식을 깨끗이 준비한 뒤에 때에 맞게 제사를 지냈는데도 가뭄이 들고 물이 넘치면 사직을 갈아치우고 세운다."

사직은 백성을 위해 건립한 것이다. 제사가 예를 잃지 않았는데 토지
신과 곡식신이 백성을 위해 재앙을 막아 주고 걱정거리로부터 보호해
주지 않으면 그 제단과 담장을 헐고 바꿔 세운다. 이것이 사직이 백성
보다 가벼운 것이다.

이상은 제14장이다.

○ 보광이 말했다: "하늘이 백성을 낳고 그들에게 임금을 세워 백성들을
돌보고 거두었다. 이는 임금이 백성을 위해 존립하는 것이다. 세상이 타
락하고 도가 쇠약해지면서 전국시대에 이르러서는 임금이란 자들이 자
기 직분을 모르고 백성들을 지푸라기처럼 보고 가엾게 여길 줄 몰랐다.
그러므로 맹자가 이 경중輕重의 논의를 말하면서 사직까지 언급한 것이
다. 사직 또한 백성을 위해 건립된 것이기 때문이다. 이에 반복해서 명확
하게 구분해 주니, 그 진실하고 절실하게 경고하는 뜻은 어질다고 할 수
있다."

○ 백성이 중하고 임금은 가볍다. 진정한 왕의 마음을 안 다음에야 이 말
을 할 수 있다. 주씨는, "이치로 말하면 백성이 귀하고 직분으로 말하면
임금이 귀하다"라고 했는데, 그렇지 않다. 임금이 귀하고 백성이 가벼운
것은 하늘이 부여한 질서이다. 이치로 말하더라도 백성이 반드시 임금보
다 귀하다고 할 수는 없다. 오직 진정한 왕의 마음이라야 백성을 하늘로
보고 자신이 숭고한 자리에 있는 것을 즐거움으로 여기지 않는다. 그의
모든 행동은 하나도 백성을 위하지 않는 것이 없다. 그러므로 진정한 왕
의 마음을 안 다음에야 이 말을 할 수 있는 것이다.

15.

맹자께서 말씀하셨다. "성인은 백세百世의 스승이니 백이와 유하혜가 그런 분이다. 그러므로 백이의 풍모를 들은 사람은, 완고한 사람은 청렴해지고 나약한 사람은 뜻을 세우게 된다. 유하혜의 풍모를 들은 사람은, 각박한 사람이 후덕해지고 편협한 사람이 관대해진다. 백세 전에도 사람은 분발하였지만 백세 후에도 성인의 풍모를 들은 사람 가운데 분발하지 않은 사람이 없다. 성인이 아니고서 이와 같이 할 수 있겠는가. 하물며 성인에게 직접 훈도를 받은 사람은 어떻겠는가."

| 흥기興起는 감동하고 분발한 것이다. 친자親炙는 가까이서 직접 배워 영향받은 것이다.

이상은 제15장이다.

○ 이 장은 성인은 백세의 스승임을 찬미하면서 백이와 유하혜를 통해 증명한 것이다. 공자와 같은 성인은 완전하고 순수하며, 도덕이 크고 넓어 어떤 흔적도 볼 수 없다. 비유하자면, 사람이 천지 사이에 살면서도 천지의 거대함을 모르는 것과 같다. 이른바 "성스러워 알 수 없는 것을 신神이라고 한다"(「진심 하」 제25장)는 경지다. 백이의 깨끗함과 유하혜의 조화로움 같은 경우는 그 흔적을 쉽게 보고 그 풍모를 쉽게 느끼기 때문에 맹자는 늘상 서로 거론하며 논하는데, 역시 배우는 사람이 두 사람의 장점을 합쳐 하나로 흡수하기를 바란 것이다. 바로 집대성한다는 뜻이다.

16.

맹자께서 말씀하셨다. "인仁은 사람[人]이라는 말이다. 이 둘을 합쳐 말하면 도道다."

> 인仁은 사람이 사람다워지는 도리다. 하지만 인仁과 사람을 나눠 말하면 인은 천하에 통용되는 덕이고 사람은 사람 자신일 따름이다. 그러므로 인을 말하면서 사람을 말하지 않으면 도를 볼 수 없고, 사람을 말하면서 인을 말하지 않으면 도를 밝힐 수 없다. 반드시 인과 사람을 합치시킨 뒤에야 도라고 할 수 있다.

이상은 제16장이다.

○ 인仁은 천하에 모두 통용되는 덕이고 인간의 본성은 본래 선하므로 본성의 선량함으로 인을 구하면, 화약이 불에 대해서, 나무가 흙에 대해서 그렇듯이, 둘이 서로 필수적인 존재가 되어 자기의 쓰임새를 완성한다. 그러므로 이 둘을 합쳐서 말하면 도道라 하는 것이다. 예컨대 "측은지심은 인仁이고, 수오지심은 의義이고, 공경지심은 예禮이고, 시비지심은 지智이다. 인의예지는 자신이 본래 가지고 있는 것이다"(「고자 상」 제6장) 등의 말은 모두 인과 사람을 합쳐서 말한 것이다. 배우는 사람들은 이를 잘 살펴보아야 한다.

17.

맹자께서 말씀하셨다. "공자께서 노나라를 떠나실 때는, '천천히, 천천히 가도록 해라, 내 발걸음아'라고 말씀하셨는데, 이것이 부모의 나라를 떠나는 도리다. 제나라를 떠나실 때는 밥 하려고 담가 놓은 쌀을 건져서 떠날 정도였는데, 이것이 타국他國을 떠나는 도리다."

　○ 두 번 나온 말이다(「만장 하」 제1장에 보인다). 성인의 말 한 마디, 행동 한 가지는 모두 영원한 모범이 되는 것이므로 자주 보았다고 해서 소홀히 여겨서는 안 된다.

이상은 제17장이다.

18.

맹자께서 말씀하셨다. "군자(공자)께서 진陳나라와 채蔡나라 사이에서 횡액을 당하신 일은 상하(군신君臣)와 교제가 없었기 때문이다."

　│ 성인(공자)의 큰 덕은 본래 세상을 위반하고 풍속을 어겨 스스로 횡액을 불러온 것이 아니다. 다만 진나라·채나라의 군신들이 모두 악해 교제한 사람이 없었을 따름이었다는 말이다.

이상은 제18장이다.

　○ 살펴본다: 사마천의 『사기』에는, 공자가 초나라로 가려 할 때 진나라와 채나라의 대부들이 두려워하며 사람을 동원해 공자를 포위하였다고 하였다. 하지만 이 장에 근거해 보면 진나라와 채나라의 군신들은 무지하고 난폭해, 공자가 예의를 갖추고 행동하는 훌륭한 모습을 질투한 나머지 이런 행동을 했을 뿐이다. 다만 나그네로 대했던 것이지 처음부터 공자인 줄 알고 포위했던 게 아니다.

19.

맥계貉稽가 말했다. "저는 남들 입에 크게 신뢰받지 못합니다."

> 조씨가 말했다: "맥은 성이고 계는 이름으로, 많은 사람들의 입에 비난을 받았다. 리理는 신뢰한다는 뜻이다."

맹자께서 말씀하셨다. "마음 상할 것 없습니다. 사士는 이 많은 사람들 입에 미움을 받습니다.

> 진력이 말했다: "사士라는 사람들은 왕왕 이 많은 사람들 입에 미움을 받는데, 『논어』에 '남에게 자주 미움을 산다'(「공야장」 제4장)라고 한 말과 같다."

『시경』에, '근심하는 마음 수심에 찼는데, 많은 소인에게 미움을 받는구나'[憂心悄悄, 慍于羣小]라고 하였는데, 공자의 경우가 그러했지요. '끝내 그들의 노여움을 없애지는 못했지만, 그의 명성 또한 잃지 않았네'[肆不殄厥慍, 亦不隕厥問]라고 하였는데, 문왕의 경우가 그랬습니다."

> 인용한 시는 「패풍·백주柏舟」와 「대아·면緜」이다. 초초悄悄는 근심하는 모습이다. 온慍은 미워한다는 말이다. 운隕은 떨어졌다는 말이다. 문問은 명성이다. 그들의 노여움을 없앨 수는 없었지만 자신의 아름다운 명성이 떨어진 것도 아니었다는 말이다. 군자는 도를 밝히지 못하고, 덕을 수양하지 못하는 것을 근심으로 삼아야 한다. 밖에서 오는 비난 따위는 성인조차 피하지 못한 것인데 배우는 사람이 왜 이런 사소한 장애를 마음에 두는가.

이상은 제19장이다.

○ 「백주」라는 시는 본래 위衛나라의 어진 사람이 여러 소인들에게 원망을 받는다는 내용이고, 「면」이라는 시는 본래 주나라의 태왕太王이 곤이昆夷를 섬긴다는 내용이다. 맹자는 바로 문왕과 공자의 일이라고 하였는데, 시를 생생하게 인용하는 방법이다.

20.

맹자께서 말씀하셨다. "현자는 그 밝은 것으로 남이 밝아지도록 하는데, 지금은 그 어둠으로 남이 밝아지도록 하려 한다."

> 소소昭昭는 밝음이다. 혼혼昏昏은 어둠이다. 옛날의 현자들은 자신에게 아무것도 없다고 하면서 남을 책망하지 않았다. 그러므로 남이 자발적으로 따른다. 지금은 자신은 먼저 수양하지 않으면서 꼭 남에게 요구하는데, 어떻게 남을 교화하겠는가.

이상은 제20장이다.

○ 현자만이 남을 가르칠 수 있으며 지혜로운 사람만이 남을 다스릴 수 있다. 모두 자신을 바로잡는 것에서 시작하는데, 자신을 바로잡지 못하고서 남을 가르치고 남을 다스릴 수 있는 사람은 없다. 이는 필연적인 이치이다.

21.

맹자께서 고자高子에게 말씀하셨다. "산속 작은 길에 사람이 다니는 곳은 분별해 다니면 큰길이 되고 한동안 다니지 않으면 풀이 막는다. 지금 풀이 자네 마음을 막고 있네."

경徑은 작은 길이다. 혜蹊는 사람이 다니는 곳이다. 알연介然은 분별한다는 뜻이다. 용用은 따른다는 말이다. 로路는 큰길이다. 위간爲間은 틈을 둔다는 말이다. 모색茅塞은 풀이 자라 막는 것이다. 맹자가 고자에게 경계하며 한 말이다: 배우는 사람들이 항상 자기 마음을 쓰며 쉬는 때가 없으면 시비가 분명해져 반드시 진전하는 곳이 생긴다. 그렇지 않으면 의리의 마음이 어두워지고 막혀 통하지 않는다. 지금 그대의 병은 바로 이것과 관계있다.

이상은 제21장이다.

○ 배우는 사람은 공부를 할 때, 학문에 종사하면 지혜가 열리고 매일 고명해진다. 보잘것없는 곳으로 가고 자잘한 일을 따르면서, 자기 마음을 쓰지 않으면 지혜가 가려지고 매일 어둡고 막혀, 반드시 허물이나 덮고 일을 질질 끌고 연기하면서 분별하려 하지 않는 지경에 이르게 된다. 장자張子가, "마음속에 깨친 바가 있으면 바로 짧게 기록해 둔다. 생각하지 않으면 다시 막기 때문이다"라고 하였다. 경계하지 않아서야 되겠는가.

22.

고자高子가 말했다. "우임금의 음악이 문왕의 음악보다 훌륭합니다."

상尙은 더 낫다는 뜻이다. 우임금의 음악이 문왕의 음악보다 더 좋다는 말이다.

맹자께서 말씀하셨다. "무엇을 가지고 하는 말인가?"

"퇴려追蠡(종을 매단 끈이 벌레 먹은 듯 다 닳았기) 때문입니다."

풍직豊稷이 말했다: "퇴追는 종을 매단 끈을 말한다. 『주례』에서 말한 선충旋蟲(벌레 형태로 장식한 종끈)이 이것이다. 려蠡는 나무를 갉아먹는 벌레다. 우임금 때의 종으로 현재 남아 있는 것은 종끈이 벌레 먹은 듯 끊어지려 하니 사용한 사람이 많아서이고 문왕의 종은 그렇지 않다. 이 것으로 우임금의 음악이 문왕의 음악보다 낫다는 것을 안다는 말이다." 초굉焦竑이 말했다: "퇴追는 퇴槌(망치)라는 말이다. 고자는, 우임금의 음악은 사용한 사람이 많았기 때문에 망치로 종을 친 곳은 거개가 (그 끈이) 닳아서 끊어지려 하는데 벌레가 갉아먹은 모양 같다고 생각한 것이다." 두 가지 설명 가운데 어느 것이 옳은지 모르겠다. 우선 둘다 기록해 둔다.

"이것으로 어찌 충분히 알겠느냐. 성문의 수레바퀴 자국이 두 마리 말의 힘이겠느냐."

풍씨(풍직)가 말했다: "'해족'奚足은 이것으로 어떻게 충분히 알 수 있겠느냐는 말이다. 궤軌는 수레바퀴 자국이다. 양마兩馬는 수레 한 대에 매는 말이다. 성 안에 난 길은 아홉 대의 수레바퀴를 수용하므로 수레들이 여기저기서 다닐 수 있다. 때문에 수레바퀴 자국이 얕다. 성문은 수레 한 대만 수용하기에 수레는 모두 이 길로만 다닌다. 때문에 수레바퀴 자국이 깊다. 대체로 시간이 많이 흐르고 수레가 많이 다녀서 이렇게 된 것이지 수레 한 대의 두 마리 말의 힘으로 한 게 아니다. 우임금은 문왕 이전 천여 년 전에 살았기 때문에 종이 오래되어서 종끈이 끊어졌고, 문왕의 종은 오래되지 않아 종끈이 온전하므로 이것을 가지고 우열을 논할 수는 없다는 말이다."

○ 이 장은 문하의 제자가 기록한 것으로, 앞 장의 "풀이 자라 길을 막았다"는 말을 증명한 것이다. 『논어』에, "옹雍(중궁仲弓)은 남쪽을 향해 앉도록 할 수 있다"는 공자의 말을 기록하고, 다음에 중궁이 자상백자子桑伯子에 대해 물은 말을 인용해 중궁에 대해 한 말을 증명한 방식(「옹야」 제1장)과 같다.

이상은 제22장이다.

23.

제나라에 흉년이 들었다. 진진陳臻이 말했다. "제나라 사람들이 모두 선생님께서 왕에게 말씀드려 당棠읍의 창고를 열게 할 거라고 생각하는데, 다시 할 수 없을 것 같습니다."

| 당棠은 제나라의 고을이다. 이보다 앞서 제나라가 흉년을 겪을 때 맹자가 왕에게 당읍의 창고를 열어 가난하고 궁핍한 백성을 구제하도록 권했었다. 이때 또 흉년이 들자 진진이, 제나라 사람들이 맹자께서 왕에게 당棠의 창고를 열라고 다시 권해 주길 바란다고 묻고는, 아마 안 될 것 같다고 또 스스로 말한 것이다.

맹자께서 말씀하셨다. "그런 일은 (내가) 풍부馮婦가 되는 것이다. 진晉나라 사람 풍부라는 이가 맨손으로 호랑이를 잘 잡았는데 마침내 훌륭한 사람이 되어,

| 여기서 문장을 끊어 읽는다.

사士들도 그를 본받았다.

| 여기서 문장을 끊어 읽는다.

들에 많은 사람들이 호랑이를 쫓고 있었는데 호랑이가 산굽이를 의지해 버리자 아무도 감히 덤벼들지 못했다. 사람들이 멀리 풍부를 보고는 달려가 맞이하자 풍부가 팔을 걷어올리며 수레에서 내렸다. 사람들은 모두 기뻐했지만, 사士들은 이를 비웃었다."

| 손으로 잡는 것을 박搏이라 한다. 칙則은 본받는다는 말이다. 풍부馮婦가 힘껏 노력해 훌륭한 사람이 되어 사士에게 본받는 존재가 되었다. 부負는 의지한다는 말이다. 산굽이를 우嵎라 한다. 영攖은 덤벼든다는 말이다. 비웃었다는 말은 그가 그만둘 줄 모르고 다시 이전의 행동을 한 것을 비웃은 것이다. 주씨가 말했다: "이때 제나라 왕이 이미 맹자를 등용할 수 없었던 데다 맹자 역시 제나라를 떠나려 했기 때문에 말이 이와 같은 것으로 보인다."

이상은 제23장이다.

○ 진력이 말했다: "왕에게 창고를 열어 흉년을 구제하라고 권하는 것이 인仁이다. 말해서는 안 된다는 것을 알고 말하지 않는 것이 지혜다."

24.

맹자께서 말씀하셨다. "입이 좋은 맛에, 눈이 좋은 색깔에, 귀가 좋은 소리에, 코가 좋은 냄새에, 사지가 편안함에 있으려는 것이 본성[性]이지만 명命에 달려 있으므로 군자는 본성이라 하지 않는다.

> 이 다섯 가지 욕망은 본성이다. 하지만 빈부는 명에 달려 있으므로 모든 것을 자기가 바라는 대로 할 수 없다. 그러므로 군자는 이 다섯 가지를 본성으로 보고 따르지는 않는다. 반드시 만나는 상황에 편안해하지 함부로 편안을 구하지 않는다.

인仁이 부자관계에, 의義가 군신관계에, 예禮가 주인과 손님 관계에, 지智가 현자賢者에게, 성인이 천도天道와의 관계에 해당하는 것을 명命이라 하지만 본성에 관계되므로 군자는 명이라 하지 않는다.

> 인은 부자관계에서 보자면 당연히 서로 사랑해야 하고, 의는 군신관계에서 보자면 당연히 서로 맞는 상대를 발견해야 하고, 예는 주인과 손님 관계에서 보자면 당연히 서로 화답해야 하며, 지는 현자에게 있어 당연히 알아야 하고, 성인은 천도와의 관계에서 당연히 서로 부합해야 한다. 하지만 혹 그렇지 못한 것은 모두 명命이 있어서이다. 그러나 자신이 가진 본성의 선함은 배워서 모두 다 쓸 수 있기 때문에 군자는 이 다섯 가지 일을 명에 맡겨 두지 않고 반드시 자신에게 있는 것을 다 써서 남을 감동시키기를 바란다.

> ○ 연평延平 이씨(이동李侗)가 말했다. "세상 사람들은 앞의 다섯 가지를 본성으로 보고 얻지 못하는 게 있더라도 기필코 구하려 하고, 뒤의 다섯 가지를 명命으로 보고 하나라도 이룩하지 못하는 게 있으면 다시는

힘쓰지 않는다. 그러므로 맹자는 각각 그 중요한 곳을 가지고 말해 후자(뒤의 다섯)를 강조하고 전자(앞의 다섯)를 억제한 것이다."

이상은 제24장이다.

○ 이전 시대 유학자들은 본성과 명을 말할 때 각자 리理와 기氣의 구별을 두어 이 장을 풀이하면서, 본성과 명 두 가지가 앞뒤가 바뀌었다고 하였다. 그들은 모두 리理로 기氣를 통제했기 때문에 성현이 본성과 명을 말할 때 모두 기를 가지고 말했지 리를 언급한 적이 없다는 사실을 전혀 몰랐다. 이 장 같은 곳이 가장 명확하게 보여 주는 것이다. 대개 이목구비의 욕망은 태어나면서 함께 생기는 것이라 확실히 본성이라 하겠지만 그것이 선하게 될 수 있는 것은 역시 본성이 선하기 때문이다. 빈부·귀천의 구분은 하늘이 내려준 것이 다르기 때문에 확실히 명이지만 인륜 가운데 혹 올바르기도 하고 혹 변하기도 하는 것은 역시 명이 만나는 상황이 달라서다. 하지만 군자는 이목구비의 욕망을 본성이라 여기지 않고 명으로 통제하며, 인륜의 변화를 명이라 여기지 않고 자기 본성을 다 쓸 수 있도록 힘쓴다. 후자(뒤의 다섯)를 강조하고 전자(앞의 다섯)를 억제한 것 모두 수신修身의 방도가 아닌 게 없다.

25.

호생불해浩生不害가 물었다. "악정자는 어떤 사람입니까?"

│ 조씨가 말했다: "호생浩生이 성이고 불해不害가 이름으로, 제나라 사람이다."

맹자께서 말씀하셨다. "선한 사람이고 신실한 사람[信人]입니다."

"무엇을 선하다 하고 무엇을 신실하다고 합니까?"

"바랄 만한 것을 선인善人이라 하고,

> 천하의 이치는, 선한 사람은 남들이 반드시 사모하고 악인은 남들이
> 반드시 미워한다. 사람 됨됨이가 선하면 군자가 그와 같이 되기를 바
> 랄 뿐 아니라 소인일지라도 역시 선하다고 보기 때문에 선한 사람이라
> 고 한다.

선을 자신에게 소유한 것을 신인信人이라 하고,

> 이른바 선을 자신이 실제로 가지고 있어 자기 몸에 사지가 있는 것과
> 같이 떨어질 수 없기 때문에 신실한 사람이라고 한다.

선을 자신에게 가득 차게 한 것을 미인美人이라 하고,

> 아름다움은 선이 마음에 가득 찬 것이다. 선이 자신에게 충만해, 깨끗
> 하고 순수해서 선하지 않은 잡스러움이 없는 것을 말한다.

선이 가득 차 광휘가 있는 것을 대인大人이라 하고,

> 크다는 것은 가슴에 가득 차 밖으로 드러나는 것이다. 선이 가득 차는
> 것에 그치지 않고 광휘가 밖으로 드러나면 남과 접촉해도 막을 수 없
> 는 것이 자연히 생긴다는 말이다.

대인이 되어 자연스럽게 교화시키는 것을 성인聖人이라 하고,

> 성스러움이란 덕이 최고의 경지에 이른 명칭이다. 선이 대인大人의 극

치에 이르러 사람들이 자연스레 교화되는 것을 말하는 것이니, 덕이 최고 경지에 도달해 확고하게 뿌리내려 흔들리지 않는 사람이 아니라면 할 수 없다. 백이와 유하혜의 풍모를 들으면 백세百世 뒤에도 분발하지 않을 수 없게 만드는 일 같은 경우가 이에 해당한다.

성스러워 알 수 없는 것을 신인神人이라 합니다.

| 신령스러움은 성스러우면서도 헤아려 알 수 없는 것을 말한다. "지나는 곳마다 교화시키고 마음에 보존한 것이 신묘한"(「진심 상」 제13장) 오묘한 경지는 사람의 생각이나 지혜가 헤아릴 수 있는 게 아니다. 요순과 공자 같은 분들이 이에 해당한다.

악정자는 앞의 두 단계 가운데 있고 네 단계 아래에 있습니다."

| 악정자는 두 단계 사이에 있지만 기대할 만한 여지가 아직 많다는 것을 밝힌 것이다.
○ 이 장은 악정자에 대해 논하는 기회에 점차 미인美人에서 대인大人, 성인聖人, 신인神人의 최고 경지까지 설명하였다. 성스러워 알 수 없는 신인의 경지조차 역시 내 본성의 선함을 통해 확충하고 키우는 데 달려 있음을 밝힌 것이다.

이상은 제25장이다.
○ 이 장은 맹자가 악정자가 중년에 다다른 경지를 두고 말한 것으로 보인다. "사람 됨됨이가 선을 좋아한다"(「고자 하」 제13장)는 말을 보면, 나중에 진전한 경지는 미인에서 대인에까지 도달해 결코 두 단계 사이에서

그치지 않았을 것이다.

○ 정자가 말했다: "사士에게 어려운 것은 선을 자신에게 잘 보존해 두는 데 있을 뿐이다. 자신에게 잘 보존해 둘 수 있다면, 거처가 편안하고 바탕이 깊어져 미인·대인의 경지는 차츰 성취할 수 있다."

26.

맹자께서 말씀하셨다. "묵적에서 도망치면 꼭 양주에게 돌아가고, 양주에게서 도망치면 꼭 유학으로 돌아온다. 돌아오면 받아들일 뿐이다.

| 당시 묵적의 가르침이 특히 번성했고 양주는 매우 미약했다. 그러므로 묵적의 잘못을 안 뒤라면 양주에게 가더라도 역시 자신이 불안해 반드시 내게 온다. 당시 유자 가운데 사설邪說에 빠졌던 것을 미워해 돌아온 사람들을 거절하고 받아들이지 않았던 사람들이 있었다. 그러므로 돌아오면 받아들일 뿐이라고 한 것이다.

지금 양주·묵적의 무리와 논란을 벌이는 사람들은 도망간 돼지를 쫓는 것과 같이 하니, 이미 우리에 들어왔는데도 또 쫓아가서 다리를 묶는다."

| 립笠은 우리다. 초招는 얽어맨다는 말로, 발을 묶는다는 뜻이다. 군자는 사람들과의 관계에서 가는 사람 쫓아가지 않고, 오는 사람 거절하지 않는다. 도를 향하는 마음만 가지고 오면 받아들일 뿐이라는 말이다. 지금 양주·묵적의 무리와 논란을 벌이는 사람들은 도망간 돼지를 쫓아가 찾는 것과 같다. 우리에 이미 들어왔으면 그만이지 또 돼지가 도망갈까 두려워 잡아 묶어 둔다. 마음을 쓰는 것이 이렇게 좁고 도를 세

운 범위가 이렇게 작아서야 어떻게 천하 사람들과 함께 가는 크고 올바른 도를 터득할 수 있겠는가.

이상은 제26장이다.

○ 군자는 이단에 대해서 바른 도를 밝히려 힘쓰지만 저들을 억지로 나에게 돌아오게 하지는 않는다. 저쪽에서 자신의 잘못을 스스로 알고 나에게 올 뿐이다. 이를 모르고 억지로 그들과 논란을 벌이려 하면 저들을 내게 돌아오도록 할 수 없을 뿐 아니라 또 천하의 이단에 대해 역시 그 많은 수를 감당하지 못할 것이다. 어떻게 그들을 다 수습해 우리의 도로 들어오게 할 수 있겠는가.

27.

맹자께서 말씀하셨다. "베와 실로 걷는 세금이 있고, 곡식으로 걷는 세가 있으며, 노동력으로 받는 세가 있다. 군자는 그 가운데 하나를 쓰고 두 가지는 완화해 준다. 두 가지를 쓰면 백성들 중에 굶어죽는 사람이 생기고 세 가지를 쓰면 부모와 자식이 헤어진다."

│ 쓴다는 말은 자신에게 쓴다는 뜻이다. 완화한다는 말은 남는 생산물은 백성이 갖도록 하고 다 거둬 창고에 채우지 않는다는 뜻이다. 세금을 부과하는 법은, 위는 거두는데 정해진 제도가 있고 아래는 바치는데 일정한 수가 있다. 쓰는 것에 이르게 되면 쓸 때에 백성들에게 관대함과 가엾게 여기는 마음을 가져야 한다. 그렇지 않으면 백성을 해치고 재산에 손해를 끼쳐 부모와 자식이 헤어지는 지경에 반드시 도달해 나

라는 금방 망할 것이다.

이상은 제27장이다.

○ 예전 주석에는, 베와 실은 여름에 거두고 곡식은 가을에 거두며 노동력은 겨울에 거두어 각각 때에 맞게 해야 한다, 함께 거두면 백성들의 힘이 감당하지 못하는 경우가 생긴다고 하였다. 잘못된 설명이다. 베와 실은 여름에 완성되고 곡식은 가을에 익으며 노동력은 확실히 사계절 모두쓸 수 있다. 하지만 옛날에는 토목공사를 할 때 반드시 겨울에 했는데 농사를 쉬는 시기였기 때문이다. 그렇다면 세 가지를 쓸 때 각각 그 시기가 있다는 것인데 진정 어떤 것도 우선으로 걸을 수 없고 또한 어떤 것도 나중에 걸을 수 없다는 것인가. 잘못이라 하겠다.

28.

맹자께서 말씀하셨다. "제후의 보물은 세 가지이다. 토지, 인민, 정사다. 금은보화를 보물로 여기는 자에게는 반드시 재앙이 그 몸에 닥친다."

| 토지는 만물을 생산하고 인민은 만물을 기르며 정사는 재물을 관리한다. 모두 생산하고 증식하는 방법이 있다. 이 세 가지를 소중히 여겨 마음을 다 쏟고 생각을 온통 기울여 다치거나 손해를 입거나 부서지지 않게 하면 몸은 편안해지고 나라는 부강해져 오래 그 복을 누리게 된다. 금은보화를 보물로 여기는 자는 이와 반대다.

이상은 제28장이다.

29.

분성괄盆成括이 제나라에서 벼슬을 하였다. 맹자께서 말씀하셨다. "죽겠구나, 분성괄이." 분성괄이 살해되자 문하의 제자가 물었다. "선생님께서는 어떻게 그가 살해되리라는 것을 아셨습니까?"

"그 사람 됨됨이가 조금 재주는 가졌으나 군자의 대도大道를 듣지 못했으니 자신을 죽일 수 있었을 뿐이다."

┃ 분성盆成이 성이고 괄括이 이름이다. 분성괄의 됨됨이가 재주를 믿고 오만하고 사나워 진실하고 후덕한 뜻이 없었다. 그러므로 맹자는 반드시 피살당할 것을 알았다는 말이다.

이상은 제29장이다.

○ 맹자는 "군자의 대도大道"라 했지만 무엇이 대도인지는 정확히 말하지 않았다. 대체로 군자는 진심과 사랑으로 마음을 보존하고 공손과 겸양으로 남을 대하므로 마음이 평안하고 기운이 고요해 어떤 행동을 해도 뜻대로 되지 않는 게 없다. 그러므로 "군자가 보통 사람들과 다른 이유는 그가 본래의 마음을 보존하기 때문이다. 군자는 인仁으로 그 마음을 보존하고 예禮로 그 마음을 보존한다"(「이루 하」 제28장)라고 한 것이다. 또, "행동을 해서 바라는 대로 되지 않으면 모두 자신에게 돌이켜 원인을 찾는다. 자신이 바르면 천하가 다 자기에게 돌아올 것이다. 『시경』에, '길이 천명에 부합하도록 생각하는 것이, 스스로 많은 복을 구하는 길이다'라고 하였다"(「이루 상」 제4장)라고 말하였다. 이를 대도라고 한다. 조금 재주는 가졌으나 군자의 대도를 듣지 못하면, 반드시 자기를 과대평가하고 남을 과소평가하며, 자기만 편하게 하고 남을 해치면서 이익에만 힘써

진심과 사랑, 공손과 겸양의 마음이 없다. 피살당한 게 당연하다.

○ 서씨(서도徐度)가 말했다: "군자는 일상을 말할 따름이다. 분성괄은 죽는 길을 가고 있었다. 설사 요행으로 죽음을 면했더라도 맹자의 말은 여전히 진실이다."

30.

맹자께서 등나라에 가 별궁에 머무르셨다.

│ 관館은 머무른다는 말이다. 상궁上宮은 별궁別宮이다.

만들던 신을 창문에 놓아 두었는데, 관사 사람이 찾다가 찾지 못했다. 어떤 사람이 맹자에게 물었다. "선생님을 따르는 사람이 이렇게 물건을 감춘단 말입니까?"

│ 업구業屨는 신을 만들면서 다음 작업이 남아 있어 아직 완성되지 않은 것이다. 관사 사람이 만들던 신을 창문에 두었는데 잃어버렸다. 수廋는 감춘다는 말이다. 어떤 사람이 맹자에게 물었다: "선생님의 종자從者가 남의 물건을 감추는 게 이렇단 말입니까?"

"자네는 이 사람들이 신발을 훔치기 위해 왔다고 하는 건가?"

│ 맹자가 말했다: "자네는 이 종자들이 신발을 훔치기 위해 왔다고 하는 건가?"

"아닌 것 같습니다. 선생님[夫子]께서 가르치는 과정을 만들어, 가는 사람

쫓아가지 않고 오는 사람 거절하지 않으셨습니다. 도를 향한 마음만 가지고 오면 사람들을 받아주셨을 뿐입니다."

| 부자夫子를 예전에는 부여夫子로 썼다. 조기의 주 역시 자子를 여子로 보고 풀이했다.* 주씨(주희)가 이를 부자夫子로 고쳤다. 지금 문장의 흐름을 자세히 살펴보니 주씨가 옳다. 그러므로 여기서는 주씨를 따른다. 물었던 사람이 자기 잘못을 스스로 깨닫고 사죄하고서, 그 참에 선생님이 가르치는 과정을 만들어서 배울 사람을 기다려, 떠나는 사람은 돌아오라고 쫓아가지 않고 오는 사람은 거절하지 않으셨는데, 도를 향한 마음만 가지고 오면 받아주셨습니다, 라고 말했다. 성현의 도가 이처럼 넓다는 말이다. 문하의 제자들이 그 사람 말이 성현의 도에 부합한다고 생각했기 때문에 기록한 것이다.

이상은 제30장이다.

○ 이 장은 성현이 사람을 대하는 넓이를 보여 준다. 그 넓이는, 거대한 크기 안에 만물이 그 안에서 나고 죽고 번성하고 사라지는데 만물을 낳고 낳는 이치가 닿지 않는 곳이 없는 천지와 같은 것이다.

○ 보광이 말했다: "근래 비판하기 좋아하는 자들이 왕왕 배우는 사람의 실수를 가지고 선생·어른을 비판한다. 이는 그들의 식견과 도량이 또 맹자 당시 신발을 만들던 사람에 미치지 못하는 것이다. 도를 향하는 마음만 가지고 오면 받아들이는 것은 사람들이 선행을 하도록 도와주는 공

---

* 부여(夫子)로 본 조기의 주석을 풀이하면, "내가 가르치는 과정을 만들어……" 정도가 된다. 그럴 경우 말하는 주체가 맹자로 바뀌어 이후 발언은 맹자가 한 것이 된다.

공 정신이다. 유비儒悲가 공자를 뵙길 청했으나 병을 핑계로 사양하고(『논어』「양화」제19장) 등경滕更이 문하에 있을 때 질문에 답을 받지 못한 경우(「진심 상」제43장)는 의義의 관점에서 당연한 일이었다. 하지만 가르침 역시 분명 그런 행동 가운데 있다."

31.

맹자께서 말씀하셨다. "사람에겐 누구나 '남을 차마 해치지 못하는 마음'이 있는데 이를 '해치려고 하는 것'에까지 이르게 하는 것이 인仁이다. 사람에겐 누구나 '하지 않는 것'이 있는데 이를 '하려는 것'에까지 이르게 하는 것이 의義이다.

│ 남을 차마 해치지 못하는 것은 측은지심惻隱之心이다. 하지 않는 것은 수오지심羞惡之心이다. 이른다[達]는 말은 확충한다는 뜻이다. 위 문장에서, "어진 사람은 자신이 사랑하는 것을 가지고 사랑하지 않는 것에 도달한다[達]"(본편 제1장)라고 한 말이 바로 이 뜻이다. 이 마음을 확충해 나가 그 마음이 전달되지 않는 곳이 없는 것, 이것이 인의仁義이다.

○ 이 부분은 앞에서 언급한 사단장四端章을 참조해 보아야 한다. 남을 차마 해치지 못하는 것과 하지 않는 것은 측은지심과 수오지심이다. 해치려는 마음과 멋대로 하려는 마음에까지 도달하게 하는 것이 확충하는 일이며 인의가 바로 확충하는 대상이다. 이것이 맹자가 인의를 말한 본래 뜻이다. 무릇 『맹자』를 읽는 사람들이 이 뜻에 의거해 글을 풀이하면 의리가 정연하고 타당해 자연히 본래의 뜻을 심하게 잘못 읽는 지경에는 이르지 않을 것이다. 송나라 유학자들은 단端이라는 글자를

'단서'라는 뜻으로 풀었는데 여기서 그 잘못을 더 잘 알 수 있다.

사람이 남을 해치지 않으려는 마음을 채워 나가면 인仁을 다 쓰고도 남을 것이며, 사람이 벽을 뚫거나 담을 넘지 않으려는 마음을 채워 나가면 의義를 다 쓰고도 남을 것이다.

> 남을 해치지 않으려는 마음은 차마 해치지 못하는 것이 있음을 말한다. 천穿은 담에 구멍을 뚫는 것이며, 유踰는 담을 넘는 것이다. 모두 도둑이 되는 일이다. 벽을 뚫거나 담을 넘지 않으려는 마음은 하지 않는 것이 있음을 말한다. 충充은 확대하고 채워 나가 도달하지 않는 곳이 없는 것이다. 사람은 모두 이런 마음을 가졌으므로 이를 채워 나가면 하는 일마다 모두 인의가 아닌 것이 없을 것이라는 말이다.

사람이 '너'라고 무시하는 말을 듣지 않으려는 행실을 채워 나간다면 어디를 가든 의義가 아닌 것이 없을 것이다.

> 특히 의義 한 가지를 들어 말한 것이다. 이녀爾汝는 경시하고 천하게 부르는 것이다. '너'라는 호칭을 받지 않으려는 행실은 모욕을 받지 않으려는 마음으로, 수오지심이다. 이 마음이 이를 채워 나가면 하는 일이 모두 의에 부합할 것이라는 말이다.

사士가 말을 해서는 안 되는데 말을 하면 이는 말하는 것으로 이익을 낚으려는 것이요, 말할 수 있는데 말을 하지 않으면 이는 말하지 않는 것으로 이익을 낚으려는 것이다. 이는 모두 남의 집 벽을 뚫거나 담을 넘는 부류이다."

남의 집 벽을 뚫거나 담을 넘는다는 위 문장의 뜻을 이어 당시 변사辯士들이 술법으로 남이 죄를 짓도록 하는 일을 꾸짖은 것이다. 첨鮎은 탐지해서 갖는 것이다. 말해서는 안 되는데 말을 하는 것과 말할 수 있는데 말하지 않는 것은 모두 남을 탐지해서 이로운 것을 가지려는 의도를 갖고 하는 행동이다. 그러므로 남의 집 벽을 뚫거나 담을 넘는 부류라고 한 것이다.

이상은 제31장이다.

○ 이 장은 앞에서는 인의를 논하고 뒤에서는 특히 의을 논했다. 인이 사람에게 중대해도 의리 문제에서 사람들이 가장 쉽게 잘못을 한다. 그러므로 특별히 상세하게 설명한 것이다.

32.

맹자께서 말씀하셨다. "말이 평범하면서도 뜻이 깊은 것은 좋은 말이며, 지키는 것이 간결하면서도 베풂이 넓은 것은 좋은 도다.

말은 평범한 것을 최고로 친다. 하지만 뜻이 깊지 않으면 얕은 뜻이 드러나 맛이 없다. 그러므로 말이 평범하면서도 뜻이 깊은 것이 좋은 말이라고 한 것이다. 지키는 것은 간결을 요체로 한다. 하지만 베풀어지는 게 넓지 않으면 얽매여 실행하지 못한다. 그러므로 지키는 것이 간결하면서도 베풀어지는 게 넓은 것이 좋은 도라고 한 것이다.

군자의 말은 일상적[不下帶]이지만 도가 거기 존재한다. 군자가 지키는 것은 자신을 수양하는 것이지만 천하가 평화로워진다.

| 옛사람들은 보는 곳이 허리띠 아래로 내려가지 않았으므로 허리띠 위는 눈앞에 늘 보는 곳이었다. 불하대不下帶는 일상적인 것을 말한다. 위문장의 뜻을 풀어서 말한 것이다. 군자의 말은 모두 일상생활 가운데하는 일에 있는 것이지만 천하의 이치가 모두 다 담겼다. 군자가 지키는 것은 자신 한 몸에 있을 뿐이지만 천하가 자연히 평화로워진다. 아주 평이하고 간결하지, 번거롭고 어지럽지 않다는 말이다.

사람들의 병은, 자기 밭을 버려 두고 남의 밭을 김매는 것이다. 남에게 요구하는 것은 무겁고 자신이 책임지는 것은 가볍다.”

| 자신을 수양하지 않고 남에게서 찾는 병을 말한 것이다.

○ 이 장은 도는 가까운 곳에 있는데 먼 곳에서 구하며, 할 일은 쉬운 곳에 있는데 어려운 데서 찾는다는 뜻을 또 말한 것이다. 배우는 사람이 이와 같은 말 등에서 터득하는 것이 있다면 공자와 맹자의 뜻에 대해 명확히 파악해 의심이 없을 것이다.

이상은 제32장이다.

33.

맹자께서 말씀하셨다. “요임금과 순임금은 본성대로 하였으며, 탕왕과무왕은 본성으로 돌아갔다.

| 성자性者는 힘써 할 필요 없이 조용히 도에 들어맞는 것이다. 반反은 ‘자

신에게 돌이킨다'[反躬] 할 때의 반反과 같은 말로, 자신에게 돌이킨 다음 얻을 수 있다는 말이다.

행동과 동작이 예에 맞는 것은 훌륭한 덕의 극치이다.

| 행동과 동작이 예에 맞는 것은 조용히 긴박하지 않은 것을 말한다. 사람들은 이를 보고 어려운 일이 아니라고 하였다. 때문에 훌륭한 덕의 극치라고 한 것이다.

죽은 사람에게 곡을 하고 슬퍼하는 것은 산 자를 위해서가 아니며, 평상의 덕을 어기지 않는 것은 봉록을 구하려 해서가 아니며, 말이 반드시 믿음직스러운 것은 행동을 바르게 하려고 하는 것이 아니다.

| 경經은 평상적이라는 말이다. 회回는 굽히다, 어긴다는 뜻이다. 성인의 덕은 자연스럽게 그렇게 하는 것이지 본래 의도적으로 하려는 게 있어서가 아니라는 말이다.

군자는 당연한 것을 행하며 명을 기다릴 뿐이다."

| 군자는 배우는 사람을 모두 가리켜 한 말이다. 법法은 일의 당연한 바[所當然]를 말한다. 요순의 일은 아주 고원해 행하기 어려운 일이 있는 것은 아니지만 그렇다고 또한 힘써 행한다고 도달할 수 있는 것도 아니다. 군자는 당연히 해야 할 일을 당연히 실행할 뿐, 좋고 나쁨, 복과 재앙을 따져서는 안 된다. 따지려는 생각을 가지면 자연스런 도가 아니다.

○ 이 장은, 요순의 덕은 본래 태어나면서 아는 존재라는 데서 나왔으며 탕왕·무왕의 행동은 극치에 도달할 수 있었다고 하면서, 성인의 도는 본래 모두 자연스럽지 의도를 가지고 하는 게 아니라고, 총괄해서 배우는 사람이 모범으로 삼기를 바란 것이다.

이상은 제33장이다.

34.

맹자께서 말씀하셨다. "대인大人을 설득할 때는 그를 가볍게 여겨서 그 높은 위세를 보지 마라.

| 조씨가 말했다: "대인은 당시 존귀한 사람들을 말한다. 모藐는 가볍게 본다는 뜻이다. 외외巍巍는 부귀하며 벼슬이 높고 출세한 모습이다. 가볍게 보고 두려워하지 않으면 자신의 뜻과 의도를 서서히 펼쳐서 하고 싶은 말을 다 할 수 있다."

집 높이가 몇 길이 되고 서까래 머리가 몇 자가 되는 것을 나는 뜻을 이루더라도 하지 않을 것이며, 먹을 것이 앞에 열 자나 되고 시중드는 첩을 수백 명 두는 것을 나는 뜻을 이루더라도 하지 않을 것이며, 마음껏 놀고 술을 마시며 말을 몰고 사냥을 하며 따르는 수레가 천 대나 되는 것을 나는 뜻을 이루더라도 하지 않을 것이다.

| 조씨가 말했다: "최제榱題는 집의 처마를 말한다." 진사이는 생각해 본다: "최榱는 서까래며, 제題는 머리다. 집의 네 모퉁이는 서까래 머리에 놓이기 마련이므로 집 처마를 만들어 물을 받는데 그 크기가 몇 자나

된다는 말이다." 식전방장食前方丈은 먹을 것이 앞에 펼쳐진 게 사방 10 자라는 말이다. 여기 열거한 것들은 높은 위세의 구체적인 모습이다.

저들에게 있는 것은 모두 내가 하지 않을 것이며, 내게 있는 것은 모두 옛 법도인데 내가 왜 저들을 두려워하겠는가."

| 나[我]는 배우는 사람을 널리 가리켜 말한 것이지 맹자 자신이 나라고 한 게 아니다. 저들이 누리는 집이며 음식, 많은 수레며 시중드는 사람 은 모두 세상 사람들이 좋아하는 것이지만 내게 있는 것은 옛날 성현 들이 만든 법도로 도가 있는 곳이다. 내가 왜 저들의 높은 위세를 두려 워하겠는가. 역시 "저들이 부자라고 자랑하면 나는 내 인仁으로 상대 한다"(「공손추 하」 제2장)는 뜻이다.

○ 이 장은 도를 가지고 남을 따르면서 마음에 지키는 것이 없는 당시 사士들을 위한 것이다. 그러므로 특별히 이 말을 해서 그들이 자신의 뜻 과 의도를 서서히 펼쳐 두려워하는 것 없이 하고 싶은 말을 다 할 수 있도 록 한 것이다. 군자는 예를 가지고 마음을 보존해 공경을 쓰지 않는 곳이 없는데 어찌 대인에 대해 가볍게 보겠는가. 맹자는, "나는 요순의 도가 아 니면 감히 임금 앞에서 의견을 펴지 않았다. 그러므로 제나라 사람들은 나처럼 왕을 공경하지 않는다"(「공손추 하」 제2장)고 말한 적이 있다. 맹 자가 임금을 공경하는 방식은, 세상 사람들이 왕을 따르고 받들며 순응 하는 것을 공경이라고 생각하는 것과는 다르다.

이상은 제34장이다.

35.

맹자께서 말씀하셨다. "마음을 기르는 데는 욕심을 적게 가지는 것보다 더 좋은 게 없다. 사람 됨됨이가 욕심이 적으면 마음이 보존되지 못한 것이 있더라도 보존되지 못한 것이 적을 것이며, 사람 됨됨이가 욕심이 많으면 마음이 보존된 것이 있더라도 보존된 것이 적을 것이다."

▎욕심은 이목구비耳目口鼻의 욕심을 말한다. 마음은 큰 것이고 이목구비는 작은 것이다. 작은 것을 따르면 반드시 큰 것을 해쳐 인의의 양심을 잃게 된다. 그러므로 마음을 기르는 데는 욕심을 적게 가지는 것보다 더 좋은 게 없다.

이상은 제35장이다.

○ 이목구비의 욕심은 태어날 때 함께 생겨났으니, 모두 하늘이 우리에게 부여한 것이므로 인간의 본성이다. 그러므로 성인들은 이것을 심하게 미워하지 않았다. 다만 의義와 도道를 이것을 통제하는 데 두었다. 그런 이유로 맹자는 욕심을 적게 가지라고 했지 욕심을 없애라고 한 적은 없다. 욕심을 적게 가지면 보는 것과 듣는 것, 행동거지가 절도에 맞을 수 있으며 인의의 양심 역시 잘 기를 수 있다. 욕심을 없애려 하면 인륜을 없애고 은혜와 의를 끊으며 아울러 자기 양심까지 다 깎아 내고 사멸시켜, 자기 모습을 마른 나무처럼 만들고 마음을 죽여 재로 만드는 지경에까지 이르지 않으면 그만두지 못한다. 하지만 이전 시대 유학자 가운데 욕심을 없애고[無欲] 고요함을 핵심으로 해야 한다[主靜]고 주장한 사람이 있어, 욕심을 적게 가지고 또 적게 가져 욕심이 없는 지경에까지 도달해야 한다고 말했는데 이는 맹자의 뜻과는 거의 하늘과 땅 차이다.

○ 진사이는 또 말한다. 맹자는, "큰 것을 먼저 확립하면 작은 것이 (큰 것을) 빼앗을 수 없다"(「고자 상」 제15장)고 말한 적이 있는데, 여기서는 "마음을 기르는 데는 욕심을 적게 가지는 것보다 더 좋은 게 없다"고 말했다. 그 뜻이 다른 것은 어째서인가? 큰 것을 먼저 세운다는 말은 '근본'을 가지고 말한 것으로 마음을 보존하는 것[存心]을 뜻한다. 욕심을 적게 가지는 것보다 더 좋은 게 없다는 말은 '기르는 것'을 가지고 말한 것으로 마음을 기르는 것[養心]을 뜻한다. 이목구비의 욕심이 적으면 큰 것[心] 역시 이 때문에 보존된다. 보존[存]한다는 말은 확고하게 심어 안정되고 견고해진다는 뜻이다. 기른다[養]는 말은 재배하고 보호한다는 뜻이다. 둘 사이에는 완급과 본말의 차이가 있다. 그러므로 맹자는 마음을 보존한다[存心]고 말할 때는 반드시 인의를 위주로 했고, 마음을 기른다[養心]고 말할 때는 반드시 욕심을 적게 가지라는 것을 요체로 했다. 이것이 구별이 생긴 이유다.

36.

증석이 대추를 좋아했으므로 아들 증자는 차마 대추를 먹지 못했다.

| 양조羊棗는 대추의 한 종류이다. 증자는 아버지가 대추를 좋아했기 때문에 아버지가 돌아가신 후로는 먹을 때마다 꼭 아버지를 생각하게 되어 차마 먹지 못했다.

공손추가 물었다. "회 · 불고기와 대추 가운데 어느 것이 더 좋은 음식입니까?"

맹자께서 말씀하셨다. "그야 회·불고기지."

"그렇다면 증자께서는 왜 회·불고기를 드시고 대추는 안 드셨습니까?"

"회·불고기는 누구나 같이 좋아하고 대추는 혼자 좋아했기 때문이다. 이름은 휘諱(피하다)하지만 성은 휘하지 않는 것과 같으니, 성은 같이 쓰지만 이름은 혼자만 쓰기 때문이다."

| 고기를 얇게 작은 조각으로 자르는 것을 회라 한다. 자炙는 고기를 구운 것이다.

이상은 제36장이다.

○ 당시 배우는 사람들은 대부분 성현의 벼슬살이와 은거, 있었던 일을 문제로 삼았다. 중요하다고 보았기 때문이다. 그러므로 맹자가 그들을 위해 엉킨 문제를 풀고 의혹을 분별해, 사리를 상세히 설명해 알려 주었다. 관련된 문제가 아주 크기 때문에 살피지 않으면 안 된다.

37.

만장이 물었다. "공자께서 진陳나라에 계실 때, '왜 돌아가지 않는가. 내 고장의 사士들은 뜻이 크고 일에는 미숙해[狂簡] 고원한 것을 바라지만 처음의 뜻을 잊지 못한다'고 말씀하셨는데, 공자께서는 진나라에 계시면서 왜 노나라의 광사狂士를 생각하셨습니까?"

| 주씨가 말했다: "광간狂簡은 뜻은 크지만 일에는 서툰 것을 말한다. 진취進取는 고원한 것을 구하고 바라는 것이다. 불망기초不忘其初는 자신의 옛것을 고치지 못하는 것을 말한다." 만장은, 노나라에 현명한 사士

들이 많은데 공자께서 다른 사람을 생각하지 않고 왜 유독 광사狂士(뜻이 큰 선비)를 생각했는지 의심한 것이다.

맹자께서 말씀하셨다. "공자께서 '중용의 도에 부합하는 사람을 찾아 함께 할 수 없다면 반드시 광자狂者와 견자獧者여야 한다. 광자는 고원한 것을 바라고 견자는 하지 않는 것이 있다'고 말씀하셨다. 공자께서 왜 중용의 도에 부합하는 사람을 원하지 않으셨겠느냐. 반드시 얻을 수 없었기 때문에 그 다음(광자)을 생각하신 것이다."

│ 주씨가 말했다: "'중용의 도에 부합하는 사람을 찾아'에서 '하지 않는
│ 것이 있다'까지는 『논어』에 의거하건대(「자로」 제21장), 역시 공자의
│ 말이다. 그렇다면 '공자'라는 글자 다음에 '왈'曰이라는 글자가 있어야
│ 한다. 『논어』에는 '중도'의 '도'道라는 글자를 '행'行으로 썼고, '견'獧자
│ 는 '견'狷으로 썼다. '하지 않는 것이 있는' 사람은 부끄러움을 알고 자
│ 신을 아끼며 선하지 않은 행동은 하지 않는 사람이다. '공자께서 왜 중
│ 용의 도에 행동이 부합하는 선비를 원하지 않으셨겠는가'부터 그 이하
│ 는 맹자의 말이다."

"감히 여쭙니다만 어떠해야 광狂이라 할 수 있습니까?"
│ 만장이 물었다.

"금장琴張·증석曾晢·목피牧皮 같은 사람들이 공자께서 말씀하신 광사들
이다."
│ 금장은 이름이 뢰牢, 자가 자장子張이다. 증점曾點이 자신의 뜻을 말하는

것이 『논어』에 보이는데(「선진」 제25장) 광자들의 행동을 볼 수 있다. 목피는 자세하지 않다.

"어찌해서 그들을 광狂이라고 합니까?"

| 만장이 물었다.

"그 뜻이 커서 '옛사람이, 옛사람이' 하고 말하지만, 평소 그들의 행동을 보면 행실이 말을 다 따르지 못하는 사람들이기 때문이다.

| 효효嘐嘐는 뜻이 크고 말이 큰 것이다. '옛사람'이라고 거듭 말한 것은 행동할 때마다 옛사람을 부르는데 한 번 부르고 그치지 않았음을 보여준다. 이夷는 평상시라는 말이다. 엄掩은 덮는다(말을 행동으로 실천하다)는 뜻이다. 그들의 평소 행동을 보면 말대로 다 행동에 옮기지는 못한다는 뜻이다.

광자를 또 찾을 수 없으면, 깨끗하지 않은 것을 달갑게 여기지 않는 사士를 찾아 함께 하고자 하셨다. 이들이 견자로, 이는 또 광자 다음이다.

| 설屑은 깨끗이 본다는 말이다. 광자는 뜻이 있는 사람으로 함께 도에 나아갈 수 있으며, 견자는 굳건히 지키는 게 있는 사람으로 함께 어떤 일을 할 수 있다.

○ 이 부분은 광자와 견자의 행동을 들어, 그들이 중용의 도를 넘었더라도 역시 모두 도에 나아갈 수 있고 일을 함께 할 수 있기 때문에 성인에게 선택되었음을 밝혔다.

공자께서, '내 집 문을 지나면서 내 집에 들어오지 않아도 내가 서운해하지 않는 사람은 오직 향원鄕原일 것이다. 향원은 덕을 해치는 자이다'라고 말씀하셨다."

주씨가 말했다: "향원의 원原자는 원愿과 같은 글자다. 삼가는 사람을 말한다. 그러므로 마을의 소위 원인原人을 향원이라 한다. 공자는, 덕과 비슷하면서도 덕이 아니기 때문에 덕을 해치는 자라고 하였다. 집 앞을 지나면서 들어오지 않았는데도 원망하지 않는 것은 그들이 직접 만나지 않은 것을 다행으로 여겼기 때문이니, 매우 미워해 단호하게 관계를 끊은 것이다."

○ 이 부분은 맹자가 공자의 말을 인용해 향원과 같이 있을 수 없음을 강조하여 공자가 꼭 광자와 견자를 생각했던 뜻을 밝힌 것이다.

"어떻게 해야 향원이라 할 수 있습니까?"

만장이 물었다.

"(광자를 비난하며) '왜 이렇게 말과 뜻을 크게 해서 말은 행동을 돌아보지 않고 행동은 말을 돌아보지 않으며, 옛사람이, 옛사람이, 라고 말하는가'라 하고, (견자를 비난하며) '행동이 왜 이렇게 자기만 있고 각박한가. 이 세상에 태어났으니 이 세상 사람이 되어 선하다는 말을 들으면 되지'라고 하면서, 몰래[閹然] 세상에 아첨하는 자들이 향원이다."

우우踽踽는 홀로 실행하지만 진척되지 않는 모습으로, 자신을 세운 것이 지나치게 엄격한 것을 말한다. 양양凉凉은 각박한 것으로, 세상과 어울리지 못한다는 뜻이다. 주씨가 말했다: "엄閹은 엄인奄人(내시)의 엄

俺과 같은 글자로 가리고 감춘다는 뜻이다. 미媚는 기쁨을 구하는 것이다." 맹자는 향원은 배울 게 없다고 단언하며, 먼저 그들의 말을 거론한다. "저 향원은 광자를 비난하며, 이렇게 말과 뜻을 크게 해 무엇하겠는가, 행동은 말을 따르지 못하면서 매사에 그저 옛사람만 불러 대는가. 또 견자를 비난하며, 하필 이처럼 자기만 있고 각박하게 행동하며 세상과 어울리지 못하는가. 사람이 이미 이 세상에 태어났으니 단지 당연히 이 세상 사람이 되어서 사람들이 모두 착하다고 말하도록 하면 좋은 거지라고 말한다." 이를 통해 그들에 대해 단언한다: "저들은 깊이 자신을 감추고 세상 사람과 친하게 지내며 잘 보이기를 구한다. 이것이 향원의 행동이다".

○ 이 부분은 향원이 광자·견자를 비난하는 말을 들어 그들이 덕을 해치는 자임을 밝혔다.

만장이 물었다. "온 고을 사람들이 모두 후덕한 사람이라 한다면 어딜 가든 후덕한 사람이 아닐 수 없는데, 공자께서 덕을 해치는 자라고 말씀하신 것은 어째서입니까?"

| 만장이, '온 고을 사람들이 모두 행동을 삼가고 후덕한 사람이라고 말한다면 정녕 선하지 않은 건 아닐 텐데 공자께서는 어이해서 덕을 해치는 자라고 말씀하신 겁니까'라고 물었다.

"비판하려 해도 거론할 게 없고 지적하려 해도 지적할 게 없다. 타락한 세상과 함께 하고 더러운 세상에 영합해, 평소 지낼 때는 충실하고 믿음직한 것 같고 행동할 때는 청렴하고 깨끗한 것 같아, 사람들이 모두 기뻐하

고 자신도 옳다고 생각하지만 함께 요순의 도에 들어갈 수는 없다. 그렇기에 덕을 해치는 자라고 한 것이다.

> 잘못을 전체적으로 거론하는 것을 '비판한다'[非] 하고, 잘못을 세세하게 거론하는 것을 '잘못을 지적한다'[刺]고 한다. 자기 잘못을 잘 덮고 가리는 재주를 말한 것이다. 유속流俗은 풍속이 타락해 마치 물이 흘러 아래로 가는 것 같다는 말이다. 오汚는 더럽다는 말이다. 향원들이 교묘하게 세상에 영합해 세상에 받아들여지는 것을 말한 것이다. 충실하고 믿음직하며 청렴하고 깨끗한 것 같다는 말은 선을 가장해 세상의 비판과 잘못에 대한 지적을 피할 길을 찾는다는 뜻이다. 그들의 통제된 행동은 많은 사람들이 좋아하는 것이지만 역시 도에 나아가는 뜻을 가로막을 수 있기 때문에 덕을 해치는 자라고 한 것이다.

공자께서, '비슷해 보이지만 아닌 것[似而非]을 미워한다. 가라지를 미워하는 것은 싹을 어지럽힐까 두려워서이고, 말재주를 미워하는 것은 의義를 어지럽힐까 두려워서이고, 말 잘하는 입을 미워하는 것은 믿음을 어지럽힐까 두려워서이고, 정鄭나라의 음악을 미워하는 것은 음악을 어지럽힐까 두려워서이고, 자주색을 미워하는 것은 붉은색을 어지럽힐까 두려워서이며, 향원을 미워하는 것은 덕을 어지럽힐까 두려워서이다'라고 말씀하셨다.

> 또 공자의 말을 인용해 향원의 해악을 밝힌 것이다. 유莠는 싹과 비슷한 풀이다. 녕佞은 말재주로, 그 말이 의와 비슷해 보이지만 실은 의가 아니다. 이구利口는 말은 잘하지만 진실하지 않은 것이다. 정성鄭聲은 음란한 음악이다. 악樂은 올바른 음악이다. 자주색은 적·황·청·백·흑

다섯 가지 색 중 두 가지 이상을 혼합한 색으로 순수한지 않은 색이다. 붉은색은 올바르고 순수한 색이다. 향원은 광자도 견자도 아니어서 그의 행적은 중도中道의 사士와 비슷해 보이지만 사실은 아니다. 그러므로 그들이 덕을 어지럽힐까 두려운 것이다. 진짜 옳은 것은 분명 더할 게 없고 진짜 잘못된 것도 사람을 헷갈리게 하지 않는다. 오직 옳은 것과 비슷해 보이지만 실상은 아닌 것들이 더욱 쉽게 사람을 헷갈리게 한다. 그렇기 때문에 성인이 깊이 미워하였다.

군자는 상도常道를 회복할 뿐이다. 상도가 바르면 서민들은 선에 분발하고 서민들이 선에 분발하면 사악한 것이 없어질 것이다."

| 반反은 회복한다는 말이다. 경經은 떳떳하다[常]는 말로, 영원히 변치 않을 떳떳한 도를 말한다. 사특邪慝은 향원과 같은 무리들이 그 예이다. 군자는 이단을 분별하고 사설邪說을 종식하는 방법으로 떳떳한 법도를 회복할 따름이다. 떳떳한 법도가 회복된 뒤라면 백성의 마음이 안정되고 옳고 그름이 분명해지기 때문에 백성들은 선에 분발해 사악한 것은 자연히 그 사이에 들어설 곳이 없어진다는 말이다.

○ 이 부분은 향원의 행동을 거론하고 또 공자의 말을 인용해, 상도常道를 회복하는 근본으로 돌아갔다. 사악한 것을 막는 방법으로는 말로 공격하는 것은 말단을 다스리는 것이며 자신이 윤리를 수양하는 일이 근본을 바로잡는 것이다. 군자는 말단을 다스리지 않고 근본을 바로잡기 때문에 상도를 회복한다고 한다.

이상은 제37장이다.

○ 윤돈尹燉이 말했다: "군자가 광자와 견자를 선택한 것은 광자는 뜻이 커서 그와 함께 도에 나아갈 수 있고, 견자는 하지 않는 일이 있기에 그와 함께 일을 할 수 있기 때문이다. 향원에게 싫은 점이 있어 통렬하게 관계를 끊으려 한 것은, 옳은 것과 비슷해 보이지만 실상은 아니어서 사람들을 심하게 헷갈리게 하기 때문이다. 관계를 끊는 방법은 다른 게 없다. 역시 상도를 회복하는 길뿐이라고 말할 따름이다."

38.

맹자께서 말씀하셨다. "요순에서 탕왕까지 오백여 년인데, 우임금과 고요 같은 경우는 보고 도를 알았고 탕왕 같은 경우는 듣고 알았다.

| 안다는 말은 도를 안다는 말이다.

탕왕에서 문왕까지 오백여 년인데, 이윤과 내주萊朱 같은 경우는 도를 보고 알았고 문왕 같은 경우는 듣고 알았다.

| 조씨가 말했다: "내주는 탕왕의 현신賢臣으로, 중훼仲虺라고도 하는 사
| 람이다."

문왕에서 공자까지 오백여 년인데, 태공망太公望과 산의생散宜生 같은 경우는 도를 보고 알았고 공자 같은 경우는 듣고 알았다.

| 산散은 성이고 의생宜生이 이름으로, 문왕의 현신이다. 요순에서 공자
| 까지 반드시 500년으로 말한 것은 행적을 가지고 논한 것일 뿐이다. 순
| 임금과 문왕의 일을 논할 때, 지리상의 거리는 천여 리이고 시간 간격

은 천여 년이라고 말한 것(「이루 하」 제1장)과 같다. 특별히 다른 뜻은 없다. 후세에 정확한 수를 가지고 말하는 것은 틀린 것이다.

공자로부터 지금에 이르기까지 백여 년이니 성인이 살던 시대와 거리가 이처럼 멀지 않고, 성인이 살던 곳과 가깝기가 이처럼 아주 가까운데, 그러나 아무도 없구나. 그렇다고 역시 아무도 없을 것인가."

　공자로부터 지금까지 시간이 오래되지 않았고, 추鄒나라와 노나라의 거리도 지리상 가까우니, 도를 보고 아는 자가 있을 게 당연하다. 그러나 없는 게 이와 같으니 백 년이 지나고 사방의 거리도 멀어지면 아무도 없을 게 또한 이와 같으리라는 것도 알 만하다. 하지만 도를 듣고 아는 일의 오묘함은 천 년이 지나도 하루와 같을 수 있으니 후세에 도를 듣고 아는 자가 없으리라고 어떻게 알겠는가. 후학에게 희망을 거는 뜻이 깊다.

이상은 제38장이다.

○ 이 장에서 맹자는 천 년 후에 도를 듣고 아는 자가 있으리라 깊이 희망했다. 대개 보고 아는 일은 쉽지만 듣고 아는 일은 어렵다. 그러므로 보고 아는 사람은 항상 많지만, 듣고 아는 사람은 천 년 뒤에 신령스레 이해하고 오묘하게 마음에 부합하지 않으면 불가능하다. 그런 까닭에 맹자는 먼저 요순에서 탕왕까지 오백여 년이라 말하고 바로 뒤에 우임금과 고요를 언급했으며, 먼저 탕왕에서 문왕까지 오백여 년이라 말하고 바로 뒤에 이윤과 내주를 언급했으며, 먼저 문왕에서 공자까지 오백여 년이라 말하고 바로 뒤에 태공망과 산의생을 언급했으니 (도를 보고 안 사람들보

다) 듣고 안 사람에게 더욱 무게를 두었음을 알 수 있다.

배우는 사람은 도를 탐구할 때 직접 성인의 문하에서 공부하면서 성인의 모범이 되는 행동을 직접 경험하더라도 바른 재주 아니면 그 도를 맡을 수 없으며 바른 뜻을 갖지 않으면 그 도를 터득할 수 없다. 바른 재주를 갖고 바른 뜻을 두었다면 천 년 뒤에 태어나고 거리가 천 리나 떨어졌더라도 한 집에서 만나는 것처럼 마음과 마음이 서로 통하고 말과 말이 서로 들어맞아, 직접 얼굴을 대하고 말하며 간절하게 알려 주는 가르침을 받는 정도에 그치지 않을 것이다. 도를 듣고 아는 일의 오묘함이란 얼마나 위대한가. 이것이 맹자가 7편의 마지막에서 반복해서 자세히 논하며 거듭거듭 그 뜻을 전달한 이유이다.

맹자고의 원문

원문

刊孟子古義序

周室旣衰, 王化陵夷, 仁義之實, 不復行于天下. 降接戰國, 攻奪爭鬪, 其慘極矣. 世之諸侯大夫士, 日所從事者, 專在功利權謀之間, 而王道之義, 廢而不講焉. 孟子生乎斯時, 擧古先聖王之道, 井田學校, 關梁樹畜, 所以安養斯民之制, 以勸說時君. 其言曰, 王亦曰仁義而已矣. 何必曰利. 風敎頹靡之甚, 其以爲迂者, 固不足言, 而以爲美者, 亦自視甚卑, 以謂不能自行, 而不知夫人自有貴於己者, 而皆可以行焉. 於是指示其本曰, 人皆有所不忍, 達之於其所忍 仁也. 又曰, 先王有不忍人之心. 斯有不忍人之政矣. 蓋安天下國家, 人蒙其澤, 乃仁之大者, 而聖神功化之極, 亦不過此, 而言其本, 則自斯心之良而充之. 故七篇之書, 論田法學制者, 乃孟子之主意, 而性善四端等說, 則明其所以行之之本在乎我, 本不得已之說也. 故論四端, 說其效乃曰, 苟能充之, 足以保四海. 論良知良能, 論其效乃曰, 無他, 達之天下也. 見滕文公道性善乃曰, 猶可以爲善國, 其意不亦彰然矣乎. 而其書之著于世甚晚, 漢之諸儒, 視以爲鄒衍荀況之類, 列之者流. 始而見知於楊雄氏, 繼而見知於韓愈氏, 然未免王充溫公李覯之駁. 及程朱氏興, 表章而推尊之, 配之論語, 其見亦卓矣. 然解仁以爲心之德, 愛之德. 性爲卽理也, 則將以翼之, 適以病之, 無有乎爾, 則亦無有乎爾者, 將何所望耶. 自此而後, 世之學者, 謂孟子之書, 論心論性, 說良知良能諸章, 其蘊奧之所在, 而告齊梁之君者, 不過講制度文爲焉耳. 豈不輕重失序之甚乎. 先君子旣釋論語, 并及此書, 共名以古義, 欲其斥後世虛遠之旨, 而直溯乎古之義也. 蓋謂孟子論語之義疏也. 欲識論語, 不可不由此書焉, 何哉. 夫子之所祖述者, 在堯舜, 而孟子之所願學者, 則在夫子. 故此書之旨, 或約而言之, 或詳而說之, 皆陳王道, 崇仁義, 莫非所以明堯舜孔子之道. 配之論語, 以爲二書, 爲是故也. 予故謂不有夫子, 則堯舜之道不尊, 不有孟子, 則夫子之道不明. 是爲孟子古義序云.

享保五年庚子八月朔旦

伊藤長胤謹敍

孟子古義 卷之一

梁惠王章句上 凡七章

○此篇總論王道之要. 本末兼該, 巨細殫舉, 可謂聖門之要法, 學問之本領也. 蓋王道之學, 儒者之專門. 其說雖散見疊出於七篇之中, 然其提綱挈領, 推本開端, 千變萬化, 使人易曉者, 莫深切明備於此篇. 故以此爲七篇之首, 其意微矣. 予故以此篇斷爲孟子自著. 學者審諸.

1. 孟子見梁惠王.

│ 梁惠王, 魏侯罃. 都大梁, 僭稱王, 諡曰惠. 朱氏曰: 史記惠王二十五年, 卑禮厚幣, 以招賢者, 而孟軻至梁.

王曰: "叟不遠千里而來, 亦將有以利吾國乎?"

│ 叟, 長老之稱. 利, 謂富國强兵之類.

孟子對曰: "王! 何必曰利? 亦有仁義而已矣.

│ 慈愛之心, 內外遠近, 無所不至之謂仁. 爲其所當爲, 而不爲其所不當爲之謂義. 蓋天下之達德, 而聖人立之以爲人道之極也.

王曰, '何以利吾國?' 大夫曰, '何以利吾家?' 士庶人曰, '何以利吾身?' 上下交征利而國危矣.

│ 征, 取也. 上取於下, 下取於上, 故曰交征.

萬乘之國, 弒其君者, 必千乘之家, 千乘之國, 弒其君者, 必百乘之家. 萬取千焉, 千取百焉, 不爲不多矣, 苟爲後義而先利, 不奪不饜.

│ 國, 謂諸侯. 家, 謂大夫. 萬乘之國, 謂當時大國秦楚燕齊之屬. 所謂以萬乘之國, 伐萬乘之國, 是也. 千乘之家, 謂當時大家晉六卿魯三家之屬. 所謂韓魏之家, 是也. 孟子直指當時諸侯大夫强大者言之, 非就先王之制而言之也. 弒, 下殺上也. 饜, 足也. 言以義爲後而以利爲先, 則無所饜足, 不至篡弒不止, 甚言利之害也.

未有仁而遺其親者也. 未有義而後其君者也. 王亦曰仁義而已矣, 何必曰利?"

│ 遺, 猶棄也. 後, 不急也. 言上好仁義, 則下亦化之, 而自無遺親後君之患. 又言仁義之效, 而勸王之行之也.

右第一章.

○仁義二字, 乃王道之體要, 而七篇之旨, 皆莫不自此紬繹焉. 夫上行下傚, 速於影響. 上好利, 則下亦好利, 而必有篡弒之禍. 上好仁義, 則下亦好仁義, 而自成忠孝之俗. 故欲求利, 則未必得利, 而害必隨之. 至於仁義, 則求無不得, 而有益於得. 然人未知其存亡之幾, 較然著明如此, 所以孟子爲惠王發之. 以此章爲一書之首, 有旨哉.

2. 孟子見梁惠王. 王立於沼上, 顧鴻鴈麋鹿曰: "賢者亦樂此乎?"

│ 沼, 池也. 鴻, 鴈之大者. 麋, 鹿之大者.

孟子對曰: "賢者而後樂此, 不賢者雖有此, 不樂也. 詩云, '經始靈臺, 經之營之. 庶民攻之, 不日成之. 經始勿亟, 庶民子來. 王在靈囿, 麀鹿攸伏, 麀鹿濯濯, 白鳥鶴鶴. 王在靈沼, 於牣魚躍.'

│ 詩, 大雅靈臺之篇. 經, 量度也. 靈臺, 文王臺名也. 營, 謀爲也. 攻, 治也. 不日, 不終日也. 亟, 速也. 言文王戒以勿亟也. 子來, 如子來, 趨父事也. 靈囿靈沼, 臺下有囿,囿中有池也. 麀, 牝鹿也. 攸, 所也. 伏, 不驚動也. 濯濯, 肥澤貌. 鶴鶴, 潔白貌. 於, 歎美辭. 牣, 滿也. 引詩以明賢者而後樂此之意也.

文王以民力爲臺爲沼, 而民歡樂之, 謂其臺曰靈臺, 謂其沼曰靈沼, 樂其有麋鹿魚鼈. 古之人與民偕樂, 故能樂也.

│ 偕, 俱也. 言文王雖以民力築臺鑿池, 而民反歡樂之, 謂其沼沼, 爲若神靈之所爲 也. 孟子釋所引之詩如此.

○古之人與民偕樂, 非惟一章之大旨, 乃王道之本原. 蓋有天下則爲天下之父母, 有 一國則爲一國之父母. 天之責任, 實在於玆. 苟爲人之君, 而不與民偕樂, 則違天之 責任, 而自廢其職也. 豈得能保其位乎.

湯誓曰, '時日害喪, 予及女偕亡.' 民欲與之偕亡, 雖有臺池鳥獸, 豈能獨樂."

│ 湯誓, 商書篇名. 時, 是也. 日, 指夏桀. 害, 何也. 桀嘗自言吾有天下, 如天之有日, 日亡吾乃亡耳. 民怨其虐. 故因其自言而目之曰, 此日何時亡乎, 若亡則我寧與之 俱亡. 蓋欲其亡之甚也. 孟子引此以明不賢者雖有此不樂之意也.

右第二章.

○此章詳述王道之明效. 故以此置之首章之次. 蓋與民偕樂則興, 不與民偕樂則亡. 興亡之機, 實決于此. 故孟子言文王能樂民之樂. 故民亦樂其樂, 而文王得永享其樂. 若君獨樂於上, 而不恤其民, 則民必怨之, 而君不得獨保其樂. 故引詩書, 以明文王之 所以興者, 在與民偕樂, 而桀之所以亡者, 在不與民偕樂也. 其所以戒喩惠王者, 至親 切矣. 當與下章爲齊宣王言者參看.

3. 梁惠王曰: "寡人之於國也, 盡心焉耳矣. 河內凶, 則移其民於河東, 移其粟於河內. 河東凶亦然. 察鄰國之政, 無如寡人之用心者. 鄰國之民不加少, 寡人之民不加多, 何 也?"

│ 寡人, 諸侯自稱, 言寡德之人. 河內·河東, 皆魏地. 凶, 歲不熟也. 移民, 謂移貧民之 不能自給者. 移粟, 謂給其老稚之不能移者也.

○惠王之移民移粟, 可謂盡心矣. 然其民不多於鄰國者何也. 蓋徒盡心而不知所以 盡心也. 故曰, 有仁心仁聞, 而民不被其澤, 不可法於後世者, 不行先王之道也. 所 謂先王之道者何. 卽下文所詳者, 是也.

孟子對曰: "王好戰, 請以戰喩. 塡然鼓之, 兵刃旣接, 棄甲曳兵而走, 或百步而後止, 或五十步而後止, 以五十步笑百步, 則何如?"曰: "不可, 直不百步耳, 是亦走也."

│ 塡, 鼓音也. 兵, 以鼓進, 以金退. 直, 猶但也. 惠王之移民移粟, 鄰國之不卹其民, 直 五十步百步之差耳. 較之行王道以養其民者, 亦不免爲走也.

"王如知此, 則無望民之多於鄰國也. 不違農時, 穀不可勝食也, 數罟不入洿池, 魚鼈 不可勝食也, 斧斤以時入山林, 材木不可勝用也. 穀與漁鼈不可勝食, 材木不可勝用, 是使民養生喪死無憾也.

│ 農時, 謂耕耘收斂之時, 不有所妨害而使違其時也. 勝, 盡也. 數罟, 密網也. 洿, 窊 下之地, 水所聚也. 言使民以時, 用物有節, 則斯民生養之具, 無不足之患. 故孟子 以此三者勸惠王也.

養生喪死無憾, 王道之始也.

| 始, 本也. 言王道從此始也.

○此論王道之本. 蓋飲食宮室, 民之所資以生, 而其所以至於困乏者, 常生於上之用之不節. 苟以節用爲心, 則養生之道, 喪死之禮, 皆得以盡之, 而人無所恨矣. 蓋樂民之樂者, 民亦樂其樂. 故王道以此爲始也.

五畝之宅, 樹之以桑, 五十者可以衣帛矣.

| 五畝之宅, 一夫所受在邑, 田中有木, 必妨五穀. 故於邑植桑, 以供蠶事. 舊說謂, 二畝半在田, 二畝半在邑, 恐非也. 五十始衰, 非帛不暖. 故其制若此, 則五十者皆可以衣帛也.

雞豚狗彘之畜, 無失其時, 七十者可以食肉矣.

| 畜, 養也. 時, 謂孕字之時. 七十非肉不飽. 故其制若此, 則七十者皆可以食肉也. ○謂: 五十者皆可以衣帛, 七十者皆可以食肉, 亦言其至足也. 猶言使有菽粟如水火之意. 非謂未五十七十者, 不得衣帛食肉.

百畝之田, 勿奪其時, 數口之家可以無飢矣.

| 百畝之田, 亦一夫所受.

謹庠序之敎, 申之以孝悌之義, 頒白者不負戴於道路矣.

| 庠序, 皆學名也. 申, 重也. 頒, 與斑同. 老人半白黑者也. 負, 任在背. 戴, 任在首. 言人皆知孝悌之義, 則壯者以代其勞, 而頒白者不親重任也.

七十者衣帛食肉, 黎民不飢不寒, 然而不王者, 未之有也.

| 黎, 黑也. 黎民, 黑髮之人, 猶秦言黔首也. 通少壯者而言.

○此論王道之要. 蓋民有恒產, 則有恒心. 故王道以制民之產爲要.

狗彘食人食而不知檢, 塗有餓莩而不知發, 人死則曰, '非我也, 歲也.' 是何異於刺人而殺之, 曰, '非我也, 兵也.'

| 檢, 制也. 莩, 餓死人也. 言人君養狗彘以人之食, 而不知制之. 塗有餓死者, 而不知發倉廩以賑救之. 其見人死, 則曰此非我之罪, 乃凶歲之所致. 何異於自操刃殺人, 而歸罪於刃者哉. 移民移粟者, 其數有限, 而發倉廩, 則所及者薄. 故孟子以不知發而責之.

王無罪歲, 斯天下之民至焉."

| 言王責己而不罪歲, 益修其政, 則天下之民盡至焉, 不但多於鄰國而已.

右第三章.

○此章詳論王道, 本末兼該, 最爲明白. 學者信能熟讀焉, 則其於王道, 猶指諸掌, 而先儒疑孟子者, 以勸諸侯王爲非, 殊不知孟子所謂王者, 本以德稱之, 而不必以居天子位爲王也. 齊梁之君, 苟能行仁政, 而得天下之心焉, 則雖爲諸侯, 皆可以稱爲王者也. 何者. 文王三分天下, 有其二以服事殷, 則實諸侯也, 而孟子論王道, 每必以文王爲法. 又嘗云, 天無二日, 人無二王, 而觀其告宋牼, 秦楚二王各悅仁義, 則皆可以爲王也. 然則是人有二王. 由是觀之, 孟子不必以踐天位爲王, 而苟行仁政, 則秦楚二王, 亦皆可以稱王者也. 其以孟子爲勸諸侯王者, 非也.

4. 梁惠王曰: "寡人願安承敎."

ㅣ惠王悅前章之言, 而言願安意以承敎.

孟子對曰: "殺人以梃與刃, 有以異乎?" 曰: "無以異也."

ㅣ梃, 杖也.

"以刃與政, 有以異乎?" 曰: "無以異也."

ㅣ孟子又問, 而王答也.

曰: "庖有肥肉, 廐有肥馬, 民有飢色, 野有餓莩, 此率獸而食人也.

ㅣ厚養禽獸, 而使民饑餓, 此驅獸而食人也.

獸相食, 且人惡之, 爲民父母, 行政, 不免於率獸而食人, 惡在其爲民父母也.

○君者至尊也, 民者至卑也, 而以民之父母, 爲君之美稱者, 何哉. 蓋子之於父母, 聽
　於無聲, 視於無形, 東西南北, 唯其所命, 而不敢離叛. 苟行仁政, 則民之親上亦如
　此. 以民之父母, 爲君之美稱, 不亦宜乎.

仲尼曰, '始作俑者, 其無後乎!' 爲其象人而用之也. 如之何其使斯民飢而死也."

ㅣ俑, 從葬木偶人, 有面目機發, 而能跳踊. 故曰俑. 以其太似人. 故孔子惡其不仁, 而
　言其必無後也. 孟子引之, 以言使民饑而死之罪甚大也.

右第四章.

○此章承上章說. 蓋君者民之父母也. 一國之君, 爲一國之父母, 天下之君, 爲天下之
　父母. 如何殉一己之欲, 而曾憂恤之不知. 苟知以刃殺人, 與以政殺人, 其罪惟均焉,
　則知孟子之言, 親切著明, 實爲政之龜鑑也.

5. 梁惠王曰: "晉國, 天下莫强焉, 叟之所知也.

ㅣ魏本晉大夫魏斯, 與韓氏趙氏, 共分晉地, 號曰三晉. 惠王猶自稱晉國.

及寡人之身, 東敗於齊, 長子死焉, 西喪地於秦七百里, 南辱於楚. 寡人恥之, 願比死
者一洒之, 如之何則可?"

ㅣ長子, 謂太子申. 朱氏曰: 比, 猶爲也. 言欲爲死者雪其恥也.

孟子對曰: "地方百里而可以王.

ㅣ孟子據文王之事, 而言百里之小國, 亦可以王也.

王如施仁政於民, 省刑罰, 薄稅斂, 深耕易耨, 壯者以暇日修其孝悌忠信, 入以事其父
兄, 出以事其長上, 可使制梃以撻秦楚之堅甲利兵矣.

ㅣ易, 治也. 耨, 耘也. 盡己之謂忠, 以實之謂信. 言君行仁政, 則民得盡力於農畝, 又
　以暇日脩禮義. 是以尊君親上, 而樂於效死. 何恥之不雪.

○省刑罰, 薄稅斂, 二者, 仁政之大目也. 以暇日脩孝悌忠信, 仁政之大要也. 皆孟子
　之常言也.

彼奪其民時, 使不得耕耨以養其父母, 父母凍餓, 兄弟妻子離散.

ㅣ彼, 謂敵國也.

彼陷溺其民, 王往而征之, 夫誰與王敵?

ㅣ朱氏曰: 陷, 陷于阱. 溺, 溺于水. 暴虐之意. 征之言, 正也. 正陷溺其民之罪也.

故曰, '仁者無敵.' 王請勿疑!"

｜孟子引古語以明百里可王之實也.

右第五章.

○成湯之征伐諸國也, 東面而征, 西夷怨, 南面而征, 北狄怨. 武王之伐紂也, 不期而會者八百國. 是孟子之所以自期待也, 而當時諸侯, 務於合從連衡, 以攻伐爲賢, 而不知有王道. 故孟子爲惠王告之, 則曰, 可使制梃以撻秦楚之堅甲利兵矣. 又曰, 彼陷溺其民, 王往而征之, 夫誰與王敵. 皆實論也. 豈區區求與諸侯角衡力爭乎.

6. 孟子見梁襄王,

｜襄王, 惠王子, 名赫.

出語人曰: "望之不似人君, 就之而不見所畏焉. 卒然問曰, '天下惡乎定?' 吾對曰, '定於一.'

｜語, 告也. 不似人君, 無人君之體也. 不見所畏, 無人君之威也. 卒然, 急遽之貌. 王問列國分爭, 天下當何所定, 孟子對以必合于一然後定也.

'孰能一之?'

｜王問也.

對曰, '不嗜殺人者能一之.'

｜嗜, 猶甘也.

'孰能與之?' 對曰, '天下莫不與也.

｜與, 猶歸也.

王知夫苗乎? 七八月之間旱, 則苗槁矣. 天油然作雲, 沛然下雨, 則苗浡然興之矣. 其如是, 孰能禦之?

｜周七八月, 夏五六月. 油然, 雲盛貌. 沛然, 雨盛貌. 浡然, 興起貌. 禦, 止也.

今夫天下之人牧, 未有不嗜殺人者也. 如有不嗜殺人者, 則天下之民皆引領而望之矣. 誠如是也, 民歸之, 由水之就下, 沛然孰能禦之?"

｜人牧, 謂牧民之君也. 領, 頸也. 引頸而望之, 謂仰望之切也.

○不嗜殺人者, 卽好生之人也. 苟好生之德, 洽于民心, 則其德化流行, 有不可量度者矣. 故孟子以苗之興, 喩民之歸, 不亦信乎.

右第六章.

○惜乎襄王之不能悟也. 蘇氏軾曰, 孟子之言, 非苟爲大而已. 然不深原其意而詳究其實, 未有不以爲迂者矣. 予觀孟子以來, 自漢高祖, 及光武, 及唐太宗, 及我宋太祖皇帝, 能一天下者四君, 皆以不嗜殺人致之. 其餘殺人愈多, 而天下愈亂. 秦晉及隋, 力能合之, 而好殺不已. 故或合而復分, 或遂以亡國. 孟子之言, 豈偶然而已哉.

7. 齊宣王問曰: "齊桓晉文之事可得聞乎?"

｜齊宣王, 姓田氏, 名辟疆. 齊桓公·晉文公, 皆覇諸侯者. 事, 猶業也.

孟子對曰: "仲尼之徒無道桓文之事者, 是以後世無傳焉, 臣未之聞也. 無以則王乎?"

｜道, 言也. 無以則王乎, 言王以桓文之事則已, 若無以桓文之事, 則惟有王天下之道歟.

曰: "德何如則可以王矣?" 曰: "保民而王, 莫之能禦也."

│保, 護也. 言齊桓晉文, 皆用戰伐會盟, 纔能濟其事, 固不免勞擾焉. 若王天下之道,
不過能保護其民而已, 亦言其甚易也.

○保民而王, 乃一章之綱領. 蓋霸者以力假仁. 故其事勞而其功小. 王者以德行仁. 故
其事速而其功大. 人以爲霸者之術得效速, 而王者之道得功遲. 豈足以語王道哉.

曰: "若寡人者, 可以保民乎哉?" 曰: "可." 曰: "何由知吾可也?" 曰: "臣聞之胡齕曰, 王
坐於堂上, 有牽牛而過堂下者, 王見之, 曰, '牛何之?' 對曰, '將以釁鐘.' 王曰, '舍之!
吾不忍其觳觫, 若無罪而就死地.' 對曰, '然則廢釁鐘與?' 曰, '何可廢也? 以羊易之!'
不識有諸?"

│胡齕, 王近臣也. 趙氏曰: 釁鐘, 新鑄鐘, 殺牲以血塗其釁鐘因以祭之也. 觳觫, 恐
懼貌. 孟子欲陳王之可以保民, 而先誦所聞胡齕之言, 而問其有無也.

曰: "有之." 曰: "是心足以王矣. 百姓皆以王爲愛也, 臣固知王之不忍也."

│愛, 嗇也, 愛嗇其材也.

○王道者仁而已矣, 惻隱之心, 仁之端也. 齊王亦有此心而不自知. 故告之曰, 是心足
以王矣. 孟子之論王道, 豈不簡而明乎.

王曰: "然, 誠有百姓者. 齊國雖褊小, 吾何愛一牛? 卽不忍其觳觫, 若無罪而就死地,
故以羊易之也."

│言以羊易牛, 其迹似吝, 實有如百姓所譏者. 然我之心則不忍見其死爾.

曰: "王無異於百姓之以王爲愛也. 以小易大, 彼惡知之? 王若隱其無罪而就死地, 則
牛羊何擇焉?"

│異, 怪也. 隱, 痛也. 言牛羊皆無罪, 何忍于羊, 而不忍于牛乎. 孟子故設此難, 欲王
反求而得其本心也.

王笑曰: "是誠何心哉? 我非愛其財而易之以羊也. 宜乎百姓之謂我愛也."

│王不自得其本心, 猶有惑乎百姓之所譏者.

曰: "無傷也, 是乃仁術也, 見牛未見羊也. 君子之於禽獸也, 見其生, 不忍見其死, 聞
其聲, 不忍食其肉. 是以君子遠庖廚也."

│無傷, 言雖有百姓之言, 不爲害也. 仁術, 謂爲仁之良法. 其以羊易牛者, 以見此而
未見彼也. 自合于君子遠庖廚之義. 故曰仁術也. 君子雖曰享肉食. 然遠庖廚者,
恐傷惻隱之心也. 聲, 謂將死而哀鳴也.

○仁愛之心, 難於養, 而易於傷. 一牛之死小也. 愛與不愛, 亦不甚遠. 然養之則可以
保四海, 傷之則至於窮兵黷武. 故君子謹焉.

王說曰: "詩云, '他人有心, 予忖度之.' 夫子之謂也. 夫我乃行之, 反而求之, 不得吾心.
夫子言之, 於我心有戚戚焉. 此心之所以合於王者, 何也?"

│詩, 小雅巧言之篇. 戚戚, 心動貌. 王因孟子之言, 而前日之心復萌. 然不知此心之
果合于王道否乎. 故又問之.

曰: "有復於王者曰, '吾力足以舉百鈞, 而不足以舉一羽, 明足以察秋毫之末, 而不見
輿薪', 則王許之乎?"

│復, 白也. 三十斤曰鈞. 秋毫之末, 毛至秋而末銳. 輿薪, 謂以車載薪. 許, 猶可也.

曰: "否." "今恩足以及禽獸, 而功不至於百姓者, 獨何與? 然則一羽之不舉, 爲不用力焉, 輿薪之不見, 爲不用明焉, 百姓之不見保, 爲不用恩焉. 故王之不王, 不爲也, 非不能也."

| 今恩以下, 孟子之言也. 一羽之舉·輿薪之見, 皆喩保民而王之甚易也. 言今王此心既能及物矣, 則百姓之見保, 亦豈難爲哉. 但不肯爲耳, 非力之不能也.

曰: "不爲者與不能者之形, 何以異?"

| 形, 狀也.

曰: "挾太山以超北海, 語人曰, '我不能', 是誠不能也. 爲長者折枝, 語人曰, '我不能', 是不爲也, 非不能也. 故王之不王, 非挾太山以超北海之類也, 王之不王, 是折枝之類也.

| 太山·北海, 皆近齊之地. 故取以爲喩. 朱氏曰: 爲長者折枝, 以長者之命, 折草木之枝. 言不難也. 是心固有, 不待外求, 擴而充之, 在我而已, 何難之有. 下乃言保民而王之實也.

○齊王能爲其難, 而不肯爲其易. 故孟子因其再問, 取譬如此.

老吾老, 以及人之老, 幼吾幼, 以及人之幼. 天下可運於掌. 詩云, '刑于寡妻, 至于兄弟, 以御于家邦.' 言舉斯心加諸彼而已.

| 朱氏曰: 老, 以老事之也. 幼, 以幼畜之也. 運於掌, 言易也. 詩, 大雅思齊之篇. 寡妻, 寡德之妻, 謙辭也. 御, 治也. 舉斯心加諸彼, 言保民之易如此.

故推恩足以保四海, 不推恩無以保妻子. 古之人所以大過人者, 無他焉, 善推其所爲而已矣.

| 善推其所爲, 卽所謂老吾老以及人之老, 幼吾幼以及人之幼, 是也.

○老吾老, 及人之老, 幼吾幼, 及人之幼, 必在於制民之産, 仰足以事父母, 俯足以畜妻子, 本無難事也. 孟子嘗曰, 道在邇, 而求諸遠, 事在易, 而求諸難. 人人親其親, 長其長, 而天下平. 孟子豈欺我哉. 第能知而信爲難.

今恩足以及禽獸, 而功不至於百姓者, 獨何與?

| 言惻隱之心, 能及物而不及人者, 不推其所爲也. 故再言以通結上文.

權, 然後知輕重, 度, 然後知長短. 物皆然, 心爲甚. 王請度之!

| 權, 稱錘也, 所以稱物. 度, 丈尺也, 所以量物. 以權度稱量物, 則其輕重長短不可欺, 而吾心之自知最明, 爲甚於此. 故孟子請王之自度之, 而下文備言其自知不可欺也.

抑王興甲兵, 危士臣, 構怨於諸侯, 然後快於心與?"

| 抑, 發語辭. 士, 戰士也. 構, 結也. 是三者, 非人心之所欲也. 王亦豈快於心哉. 特蔽於利害, 而不自知耳. 故孟子欲齊王之自求於心, 而反言以問之也.

曰: "否, 吾何快於是? 將以求吾所大欲也." 曰: "王之所大欲可得聞與?" 王笑而不言.

| 難言其事. 故笑而不答.

曰: "爲肥甘不足於口與? 輕煖不足於體與? 抑爲采色不足視於目與? 聲音不足聽於耳與? 便嬖不足使令於前與? 王之諸臣皆足以供之, 而王豈爲是哉?" 曰: "否, 吾不爲是也." 曰: "然則王之所大欲可知已, 欲辟土地, 朝秦楚, 莅中國而撫四夷也. 以若所

爲求若所欲, 猶緣木而求魚也."

| 朱氏曰: 便嬖, 近習嬖幸之人也. 已, 語助辭. 辟, 開廣也. 朝, 致其來朝也. 秦楚, 皆
　大國. 莅, 臨也. 若, 如此也. 所爲, 指興兵結怨之事. 緣木求魚, 言必不可得.

○孟子於是發王之所大欲者, 而明其終不可得.

王曰: "若是其甚與?" 曰: "殆有甚焉. 緣木求魚, 雖不得魚, 無後災. 以若所爲求若所
欲, 盡心力而爲之, 後必有災." 曰: "可得聞與?" 曰: "鄒人與楚人戰, 則王以爲孰勝?"
曰: "楚人勝."

| 鄒小楚大, 故王曰, 楚人勝.

曰: "然則小固不可以敵大, 寡固不可以敵衆, 弱固不可以敵强. 海內之地, 方千里者
九, 齊集有其一. 以一服八, 何以異於鄒敵楚哉? 蓋亦反其本矣.

| 齊集有其一, 言集合齊地, 其方千里, 是有天下九分之一也. 蓋, 按下文, 當作盍, 何
　不也. 齊王徒逐其末, 而不知反其本. 故以此告之.

今王發政施仁, 使天下仕者皆欲立於王之朝, 耕者皆欲耕於王之野, 商賈皆欲藏於
王之市, 行旅皆欲出於王之塗, 天下之欲疾其君者, 皆欲赴愬於王. 其若是, 孰能禦
之?"

| 行貨曰商, 居貨曰賈. 言發政施仁, 則四方之人, 各得其所願, 而天下歸之. 苟如是,
　則其所欲者, 不求而至, 大小强弱, 不暇論矣.

○此言仁政之效驗. 卽所謂反其本之謂也. 蓋聖人以不忍人之心, 而行不忍人之政,
　豈有利天下之心哉! 但齊王不知王道之大. 故孟子以其效驗告之也.

王曰: "吾惛, 不能進於是矣. 願夫子輔吾志, 明以敎我. 我雖不敏, 請嘗試之." 曰: "無
恒産而有恒心者, 惟士爲能. 若民, 則無恒産, 因無恒心. 苟無恒心, 放辟邪侈, 無不爲
已. 及陷於罪, 然後從而刑之, 是罔民也. 焉有仁人在位罔民而可爲也?

| 恒, 常也. 産, 生業也. 恒産, 可常生之業也. 恒心, 人所常有之善心也. 辟, 與僻同.
　罔, 猶羅網, 欺其不見而取之也, 甚言不可不反本也.

是故明君制民之産, 必使仰足以事父母, 俯足以畜妻子, 樂歲終身飽, 凶年免於死亡,
然後驅而之善, 故民之從之也輕.

| 輕, 猶易也. 言民有常産, 則可使爲善也.

今也制民之産, 仰不足以事父母, 俯不足以畜妻子, 樂歲終身苦, 凶年不免於死亡. 此
惟救死而恐不贍, 奚暇治禮義哉? 王欲行之, 則盍反其本矣.

| 贍, 足也. 盍, 何不.

○制民之産, 卽所謂反本之實事也. 故明君之於民也, 養之旣至, 而敎之以善. 時君之
　於民也, 旣不能養之, 豈望其敎之哉. 故孟子擧其得失, 以勸王之反本也.

吾畝之宅, 樹之以桑, 吾十者可以衣帛矣. 雞豚狗彘之畜, 無失其時, 七十者可以食肉
矣. 百畝之田, 勿奪其時, 八口之家可以無飢矣. 謹庠序之敎, 申之以孝悌之義, 頒白
者不負戴於道路矣. 老者衣帛食肉, 黎民不飢不寒, 然而不王者, 未之有也."

| 八口之家, 次上農夫, 餘見前章.

○此言制民之産之法, 卽反本之實効也. 趙氏曰: 此王政之本, 常生之道. 故孟子爲
　齊梁之君, 各陳之也.

右第七章.

○此章論王道本末甚詳矣. 論其大要, 則在於保民而王, 論其所本, 則在於擴充惻隱之心. 所謂老吾老以及人之老, 幼吾幼以及人之幼, 是已. 論其法制, 則在於制民之產, 謹庠序之教, 申之以孝悌之義, 皆莫非保民之事也. 首尾兼擧, 功效竝存, 可以見王道易簡而不待外求, 神速而無所不感矣. 苟非深知德者, 豈識其效之果如此哉.

梁惠王章句下 凡十六章

1. 莊暴見孟子曰: "暴見於王, 王語暴以好樂, 暴未有以對也. 曰, 好樂何如?" 孟子曰: "王之好樂甚, 則齊國其庶幾乎!"

│ 莊暴, 齊臣也. 言王之好樂至甚, 則齊國庶幾其治安乎.

他日見於王曰: "王嘗語莊子以好樂, 有諸?" 王變乎色曰: "寡人非能好先王之樂也, 直好世俗之樂耳."

│ 變色者, 慚其好今樂之不正也.

曰: "王之好樂甚, 則齊其庶幾乎! 今之樂由古之樂也."

│ 古之樂, 卽先王之樂.

曰: "可得聞與?" 曰: "獨樂樂, 與人樂樂, 孰樂?" 曰: "不若與人." 曰: "與少樂樂, 與衆樂樂, 孰樂?" 曰: "不若與衆."

│ 以人之常情告之.

○此孟子將言與民同樂之實, 先設問此二事也.

"臣請爲王言樂.

│ 樂之實, 在於與民同樂, 而不在於古今之分. 故於下文論之.

今王鼓樂於此, 百姓聞王鐘鼓之聲, 管籥之音, 擧疾首蹙頞而相告曰, '吾王之好鼓樂, 夫何使我至於此極也, 父子不相見, 兄弟妻子離散.'

│ 樂以鼓爲節, 故曰鼓樂. 鐘鼓管籥, 皆樂器名. 擧, 皆也. 疾首, 頭痛也. 蹙, 聚也. 頞, 鼻莖也. 人憂戚則蹙其頞. 極, 窮也.

今王田獵於此, 百姓聞王車馬之音, 見羽旄之美, 擧疾首蹙頞而相告曰, '吾王之好田獵, 夫何使我至於此極? 父子不相見, 兄弟妻子離散.' 此無他, 不與民同樂也.

│ 羽旄, 旌屬. 陳氏櫟曰, 因好樂而及田獵, 以王亦好田獵故也.

○此言人君獨享其樂, 而不與民偕樂之害, 卽前所謂獨樂樂之謂也.

今王鼓樂於此, 百姓聞王鐘鼓之聲, 管籥之音, 擧欣欣然有喜色而相告曰, '吾王庶幾無疾病與, 何以能鼓樂也?' 今王田獵於此, 百姓聞王車馬之音, 見羽旄之美, 擧欣欣然有喜色而相告曰, '吾王庶幾無疾病與, 何以能田獵也?' 此無他, 與民同樂也.

○此所謂好樂甚者也. 言與民同樂, 則民亦樂其樂, 而君得永享其樂, 卽前所謂與衆樂樂之謂也.

今王與百姓同樂, 則王矣."

右第一章

○此章因齊王之好樂, 而反覆推言, 以明與百姓同樂, 則可王也. 卽所謂古之人與民偕樂之意. 蓋聖王之治天下也, 君民相安, 上下一體, 而後樂作. 周禮所謂六樂者, 皆先王所以與民同樂之迹也. 後世以鐘律器數論樂, 而不知樂之本實不在於是. 此徒知其末, 而不知其本者也. 故曰, 樂云樂云, 鐘皷云乎哉, 何者. 所以王天下之道, 無他, 與民同樂而已. 故孟子與人君論政, 千條萬緖, 皆歸之於與民同樂. 苟知其義, 則當知王道之易易矣. 先儒以孟子之言, 爲救時之急務, 陋哉.

2. 齊宣王問曰: "文王之囿, 方七十里, 有諸?" 孟子對曰: "於傳有之."
│ 囿者, 蕃育鳥獸之所. 傳, 謂書傳. 蓋後世稗說之類.
曰: "若是其大乎?" 曰: "民猶以爲小也." 曰: "寡人之囿, 方四十里, 民猶以爲大, 何也?" 曰: "文王之囿, 方七十里, 芻蕘者往焉, 雉兔者往焉, 與民同之. 民以爲小, 不亦宜乎.
│ 芻, 草也. 蕘, 薪也.
臣始至於境, 問國之大禁, 然後敢入. 臣聞郊關之內, 有囿方四十里, 殺其麋鹿者, 如殺人之罪. 則是方四十里, 爲阱於國中. 民以爲大, 不亦宜乎."
│ 國外百里爲郊, 郊外有關. 阱, 坎地以陷獸者, 言陷民於死也.
右第二章
○此章孟子欲因宜王之問以明王道. 故於文王之囿, 不論其有無, 唯說芻蕘雉兔之無禁, 而深責宜王之不然也.

3. 齊宣王問曰: "交鄰國有道乎?" 孟子對曰: "有. 惟仁者爲能以大事小, 是故湯事葛, 文王事昆夷.
│ 湯, 事見後篇. 文王, 事見詩大雅. 言仁者忘己, 而知與物同. 故小國雖或不恭, 然事之而不恥.
惟智者爲能以小事大, 故大王事獯鬻, 句踐事吳.
│ 大王, 事見後章. 句踐, 越王名, 退於會稽, 身自宦事吳王夫差. 言智者知時, 而不憚屈人. 故大國雖見侵凌, 而事之而不怠.
以大事小者, 樂天者也, 以小事大者, 畏天者也. 樂天者保天下, 畏天者保其國. 詩云, '畏天之威, 于時保之.'"
│ 仁者安於所値, 以大事小而不以爲慊, 謂之樂天. 樂天者, 天下歸之. 故能保天下. 智者守於其分, 以小事大, 而不敢有失, 謂之畏天. 畏天者, 人莫之侮. 故能保其國. 舊說作以大字小者, 非矣. 詩, 周頌我將之篇. 時, 是也. 孟子引之, 以證智者保國之事.
○此孟子引古昔仁者智者之事, 以勸宜王自體古人交鄰之道也. 事者, 恭而有禮之謂. 蓋當時諸侯, 小大相凌, 以暴易暴, 未有善鄰講睦, 卑身謙讓者. 故孟子於大小, 皆以事而言之, 可謂疢疾之藥石也.
王曰: "大哉言矣! 寡人有疾, 寡人好勇."
│ 王言孟子之言固大矣. 然以好勇, 故不能事大事小.
對曰: "王請無好小勇. 夫撫劍疾視曰, '彼惡敢當我哉!' 此匹夫之勇, 敵一人者也. 王請大之!

│疾視, 怒目而視也.

詩云, '王赫斯怒, 爰整其旅, 以遏徂莒, 以篤周祜, 以對于天下.' 此文王之勇也. 文王一怒而安天下之民.

│詩, 大雅皇矣篇. 赫, 赫然怒貌. 爰, 於也. 旅, 衆也. 遏, 止也. 徂, 往也. 莒, 國名. 祜, 福也. 對, 答也. 言文王整其師旅, 以遏止往伐莒者, 以篤周家之祜, 以答天下仰望之心也.

書曰, '天降下民, 作之君, 作之師, 惟曰其助上帝, 寵之四方, 有罪無罪惟我在, 天下曷敢有越厥志?' 一人衡行於天下, 武王恥之. 此武王之勇也. 而武王亦一怒而安天下之民.

│書語, 今見古文尙書泰誓篇. 朱氏曰: 寵之四方, 寵異之於四方也. 有罪者我得而誅之, 無罪者我得而安之. 我卽在此, 則天下何敢有過越其心志而作亂者乎. 衡行, 謂作亂也.

今王亦一怒而安天下之民, 民惟恐王之不好勇也."

○齊王若能如文武之勇, 一怒以除暴易亂, 拯民於水火之中, 則其勇也, 乃所以爲王道之本, 何以好勇爲病哉.

右第三章

○此章因齊王問交鄰國之道, 遂答以仁者能以大事小, 智者能以小事大, 而抑其强暴侵凌之心. 又因有好勇之言, 遂引詩及書, 以言王亦一怒, 而安天下之民. 皆莫非歸之於與天下同憂樂也.

4. 齊宣王見孟子於雪宮. 王曰: "賢者亦有此樂乎?"

│雪宮, 離宮名.

孟子對曰: "有. 人不得, 則非其上矣. 不得而非其上者, 非也, 爲民上而不與民同樂者, 亦非也.

│言爲人之君者, 當與民同樂. 若不然, 則下之不得其樂者, 必有非其君上之心. 下之非上雖非, 然而上之不與下同樂, 最非也. 故不與民同樂, 則君亦不得永享其樂也.

樂民之樂者, 民亦樂其樂, 憂民之憂者, 民亦憂其憂. 樂以天下, 憂以天下, 然而不王者, 未之有也.

│憂樂以天下者, 言不以己憂樂, 而與天下同其憂樂也.

○樂民之樂, 憂民之憂, 乃王道之實也. 若此則治, 不若此則否. 治亂興亡之機, 實由于此. ○輔氏廣曰, 君以民之樂爲樂, 則民亦以君之樂爲樂. 如是, 則君以民爲體, 民以君爲心, 天下雖大, 兆民雖多, 其懽忻愉怡, 痒疴疾痛, 擧切於吾之身矣. 君能體仁如此, 則天下之民, 其將何往. 雖欲無王, 不可得也.

昔者齊景公問於晏子曰, '吾欲觀於轉附朝儛, 遵海而南, 放於琅邪, 吾何脩而可以比於先王觀也?'

│晏子, 名嬰, 齊相. 觀, 遊也. 轉附·朝儛, 皆山名也. 遵, 循也. 放, 至也. 琅邪, 齊東南境上邑名.

晏子對曰, '善哉問也! 天子適諸侯曰巡狩. 巡狩者, 巡所守也. 諸侯朝於天子曰述職. 述職者, 述所職也. 無非事者. 春省耕而補不足, 秋省斂而助不給.

| 述, 陳也. 省, 視也. 斂, 收穫也. 給, 亦足也. 巡所守, 巡行諸侯所守之土也. 述所職, 陳其所受之職. 巡狩述職, 皆莫非民事, 而亦必春秋巡行郊野, 察民之所不足, 而補助之.

夏諺曰, 吾王不遊, 吾何以休? 吾王不豫, 吾何以助? 一遊一豫, 爲諸侯度.

| 豫, 樂也. 晏子引夏時之諺語而言. 王者一遊一豫, 皆有恩惠以及民, 則皆可以爲諸侯之法. 明非徒事慢遊也.

今也不然, 師行而糧食, 飢者弗食, 勞者弗息. 睊睊胥讒, 民乃作慝. 方命虐民, 飲食若流, 流連荒亡, 爲諸侯憂.

| 今, 謂晏子時也. 師, 衆也. 二千五百人爲師. 春秋傳曰, 君行師從, 是也. 糧, 謂糗糒之屬. 睊睊, 側目貌. 胥, 相也. 讒, 謗也. 慝, 怨惡也. 言民不勝其勞而起謗怨也. 方, 逆也. 命, 謂先王之命也. 若流, 謂縱姿無節, 如水之流無窮極也. 流連荒亡, 義見下文. 師行而糧食以下, 皆流連荒亡之所致. 諸侯互相效尤. 故謂之憂也.

從流下而忘反謂之流, 從流上而忘反謂之連, 從獸無厭謂之荒, 樂酒無厭謂之亡. 先王無流連之樂, 荒亡之行, 惟君所行也.'

| 從獸, 田獵也. 荒, 廢也. 亡, 猶失也. 謂廢時失事也. 言先王之行, 無此四者, 惟君所欲行也. 晏子不欲景公徒遊于琅邪, 而無益于民也.

景公悅, 大戒於國, 出舍於郊, 於是始興發補不足.

| 戒, 告命也. 以責躬罰民之意敷告之也. 出舍, 自責以省民也. 興發, 發倉廩也.

召太師曰, '爲我作君臣相說之樂!' 蓋徵招角招, 是也. 其詩曰, '畜君何尤?' 畜君者, 好君也."

| 太師, 樂官也. 君臣, 己與晏子也. 徵招角招, 其所作樂章名. 尤, 過也. 朱氏曰: 言晏子能畜止其君之欲, 宜爲君之所尤. 然其心則何過哉. 孟子釋之, 以爲臣能畜止其君之欲, 乃是愛其君者也.

○此爲齊王擧其國故事以告之, 而深言君民一體之義.

右第四章

5. 齊宣王問曰: "人皆謂我毀明堂, 毀諸? 已乎?"

| 趙氏曰: 明堂, 泰山明堂, 周天子東巡狩朝諸侯之處. 人勸宣王, 諸侯不可處焉, 當毀壞之. 王問當毀之乎, 且止乎.

孟子對曰: "夫明堂者, 王者之堂也. 王欲行王政, 則勿毀之矣."

| 言齊王能行王政, 則亦可以王矣, 何必毀哉. 亦孔子愛告朔餼羊之意. 蓋明堂存, 則人得以知古昔王者之遺制也.

王曰: "王政可得聞與?" 對曰: "昔者文王之治岐也, 耕者九一, 仕者世祿, 關市譏而不征, 澤梁無禁, 罪人不孥.

| 岐, 周之舊國也. 九一者, 井田之制也. 方一里爲井, 其田九百畝, 中劃井字界爲九

區, 一區之中, 爲田百畝, 中百畝爲公田, 外八百畝爲私田, 八家各受私田百畝, 而同養公田, 是九分而稅其一也. 世祿者, 先王之世, 仕者之子孫, 必有土地, 而不失其祿也. 關, 謂道路之關. 市, 謂都邑之市. 譏, 察也. 征, 稅也. 關市之吏, 察異服異言之人, 而不征商賈之稅也. 澤, 謂瀦水. 梁, 謂魚梁. 與民同利, 不設禁也. 孥, 妻子也. 惡惡止其身, 不及妻子也.

老而無妻曰鰥, 老而無夫曰寡, 老而無子曰獨, 幼而無父曰孤. 此四者, 天下之窮民而無告者. 文王發政施仁, 必先斯四者. 詩云, ‘哿矣富人, 哀此煢獨.’

┃言文王爲政, 必以恤此四者, 居庶政之先. 詩, 小雅正月之篇. 哿, 可也. 煢, 困悴貌. 言其富能賑窮也.

○孟子因宜王問王政, 告之以文王治岐之政. 亦不過前所謂樂民之樂, 憂民之憂之意, 而推至必先鰥寡孤獨四者, 實王政之本也. 視前諸章論王道, 益加其詳, 讀者深致思焉.

王曰: “善哉言乎!” 曰: “王如善之, 則何爲不行?” 王曰: “寡人有疾, 寡人好貨.”

┃王自以爲好貨. 故取民無制, 而不能行王政.

對曰: “昔者公劉好貨, 詩云, ‘乃積乃倉, 乃裹餱糧, 于橐于囊. 思戢用光, 弓矢斯張, 干戈戚揚, 爰方啓行.’

┃公劉, 后稷之曾孫也. 詩, 大雅公劉之篇. 積, 露積也. 餱, 乾糧也. 無底曰橐. 有底曰囊. 皆所以盛餱糧也. 戢, 安集也. 言思安集其人民, 以光大其國家也. 戚, 斧也. 揚, 鉞也. 爰, 於也. 啓行, 言往遷於豳也.

故居者有積倉, 行者有裹囊也, 然後可以爰方啓行.

┃孟子釋詩之義. 言公劉好貨, 而與民同之. 故遂得以與王業也.

王如好貨, 與百姓同之, 於王何有?”

○此孟子因宜王自言有好貨之疾, 而引公劉之詩, 言今王若能好貨, 與民同之, 則於行王道, 何難之有.

王曰: “寡人有疾, 寡人好色.”

┃王又以爲好色. 故心志蠱惑, 而不能行王政.

對曰: “昔者大王好色, 愛厥妃. 詩云, ‘古公亶父, 來朝走馬, 率西水滸, 至于岐下, 爰及姜女, 聿來胥宇.’

┃大王, 公劉九世孫. 詩, 大雅綿之篇也. 古公, 大王之本號. 亶父, 名也. 來朝走馬, 避狄人之難也. 率, 循也. 滸, 水涯也. 岐下, 岐山之下也. 姜女, 大王之妃也. 胥, 相. 宇, 居也.

當是時也, 內無怨女, 外無曠夫.

┃曠, 空也. 孟子因綿之詩, 而言大王好色, 而與民同之. 故其化及民如此.

王如好色, 與百姓同之, 於王何有?”

○此因宜王又言有好色之疾, 而引綿之詩, 言王若能好色, 與民同之, 則於行王道, 何難之有.

右第五章

○樂民之樂, 憂民之憂, 王道之至要也. 故孟子於宜王自謂其有疾, 皆言與民同之, 於王何有. 蓋宜王之好貨好色, 乃一己之私, 而孟子之所謂好貨好色, 實天地之心也. 所謂樂以天下, 是也. 是故聖人通天下之志, 達天下之情, 所欲與之聚之, 所惡勿施, 莫非與民共之也. 苟其好惡不在於己, 而與百姓同之, 則天下之事, 無大無小, 無往而非王道矣. 區區天理人欲之辨, 豈足以論王道之大哉.

6. 孟子謂齊宣王曰: "王之臣, 有託其妻子於其友而之楚遊者, 比其反也, 則凍餒其妻子, 則如之何?" 王曰: "棄之."

│ 託, 寄也. 比, 及也. 棄, 絶也.

曰: "士師不能治士, 則如之何?" 王曰: "已之."

│ 士師, 獄官. 士, 與事通. 指訟獄之事而言. 趙氏所謂不能治獄, 是也. 已, 罷去也.

曰: "四境之內不治, 則如之何?" 王顧左右而言他.

○境內之事, 其責本在於王, 而不在臣下. 故孟子欲以此諷動之, 而先設上二事以發之. 其爲王之意, 誠爲深切, 而王顧左右而言他, 則見孟子不負王, 而王負孟子也.

右第六章

○按前後諸章, 孟子皆對宜王之問, 或因其臣之語告之, 而無自孟子發之者. 唯此章及次二三章, 孟子特爲王發之. 然爲王素無誠意, 不能再問之. 故其論止此, 惜哉.

7. 孟子見齊宣王曰: "所謂故國者, 非謂有喬木之謂也, 有世臣之謂也. 王無親臣矣, 昔者所進, 今日不知其亡也."

│ 喬, 高也. 世臣, 累世勳舊之臣, 民望之所係者也. 言故國人之所重. 然其所以爲故國者, 在世臣, 而不在喬木也. 親臣, 謂忠實可親之臣也. 言今日忠實可親之臣, 卽他日累世勳舊之臣. 今王輕於用人, 雖亡去亦不知之, 則是無親臣, 其不可有世臣也必矣.

王曰: "吾何以識其不才而舍之?"

│ 王言賢否難辨, 我當何以先知其不才而舍之, 而更留其可親之臣也.

曰: "國君進賢, 如不得已, 將使卑踰尊, 疏踰戚, 可不愼與?

│ 如不得已者, 不欲進之, 而不得不進之意. 言所進之賢, 本卑矣, 今將使踰尊, 本疏矣, 今將使踰親. 故愼用之也. 朱氏曰: 尊尊親親, 禮之常也. 然或尊者親者未必賢, 則必進疏遠之賢而用之. 是使卑踰尊, 疏者踰戚, 非禮之常. 故不可不謹也.

左右皆曰賢, 未可也, 諸大夫皆曰賢, 未可也, 國人皆曰賢, 然後察之, 見賢焉, 然後用之. 左右皆曰不可, 勿聽, 諸大夫皆曰不可, 勿聽, 國人皆曰不可, 然後察之, 見不可焉, 然後去之.

│ 承上文進賢如不得已之意而言. 左右諸大夫之言, 或蔽于私, 難必其可信. 至於國民, 則其論公矣. 然衆之好惡, 亦未盡當. 故必親察其賢否之實, 然後從而用捨之, 則賢者得其職, 而不賢者不得以幸進也.

○此言用舍賢否, 皆不可不愼之意.

左右皆曰可殺, 勿聽, 諸大夫皆曰可殺, 勿聽, 國人皆曰可殺, 然後察之, 見可殺焉, 然後殺之. 故曰, 國人殺之也.

｜國人殺之, 言非己殺之也.

○此因用舍人才, 遂言用刑之法.

如此然後可以爲民父母."

｜言此以結上文兩節之意. 言父母以子之心爲心. 故進退賞罰, 必因國人之心而行之, 則是民之父母也.

○民之父母, 人君之美稱也. 蓋爲民之父母, 而後可以王天下矣. 不任一己之好惡, 而能從天下之好惡, 則可以爲民之父母矣.

右第七章

○此爲前章所論未盡, 故又以故國之說進之. 惜乎王不能善問, 其說纔止於此, 而卒不能發其所蘊也.

8. 齊宣王問曰: "湯放桀, 武王伐紂, 有諸?"

｜放, 置也.

孟子對曰: "於傳有之." 曰: "臣弒其君, 可乎?" 曰: "賊仁者謂之'賊', 賊義者謂之'殘'. 殘賊之人謂之'一夫'. 聞誅一夫紂矣, 未聞弒君也."

｜賊, 害也. 殘, 傷也. 言仁義者人道之本. 故賊仁者猶害人之賊, 賊義者猶傷人之殘, 而殘賊之人, 衆之所棄. 故謂之一夫. 言紂爲天下之所棄. 故稱一夫紂也.

右第八章

○孟子論征伐, 每必引湯武明之. 及其疑於弒君也, 乃曰聞誅一夫紂矣, 未聞弒君也. 蓋明湯武之擧, 仁之至, 義之盡, 而非弒也. 然而後世異議之徒, 猶置其喙者何哉. 徒就其迹辨之, 而未有直得孟子之意, 而極論明辯, 是非分明, 歸于至當而止之說也, 何者. 道也者, 天下之公共, 人心之所同然, 衆心之所歸, 道之所存也. 傳曰, 桀放於南巢, 自悔不殺湯於夏臺. 紂誅於牧野, 悔不殺文王於羑里. 夫天下非一湯武也, 向使桀紂自悛其惡, 則湯武不必征誅. 若其惡如故, 則天下皆爲湯武. 不在彼則在此, 不在此必在彼. 縱令彼能於南巢牧野之前, 得殺湯武. 然不改其惡, 則天下必復有如湯武者, 出而誅之, 雖十殺百戮, 而卒無益. 故湯武之放伐, 天下放伐之也, 非湯武放伐之也. 天下之公共, 而人心之所同然, 於是可見矣. 孟子之言, 豈非萬世不易之定論乎. 宋儒以湯武放伐爲權, 亦非也. 天下之同然之謂道, 一時之從宜之謂權. 湯武放伐, 卽道也, 不可謂之權也.

9. 孟子見齊宣王曰: "爲巨室, 則必使工師求大木. 工師得大木, 則王喜, 以爲能勝其任也. 匠人斲而小之, 則王怒, 以爲不勝其任矣.

｜巨室, 大宮也. 工師, 匠人之長. 任, 謂大木之所任也. 匠人, 衆工人也.

夫人幼而學之, 壯而欲行之, 王曰, '姑舍女所學而從我', 則何如?

｜幼而學之, 壯而欲行之, 言其所成之大也. 姑, 且也.

○此喩賢人所學者大, 而王欲小用之.

今有璞玉於此, 雖萬鎰, 必使玉人彫琢之.

｜璞, 玉之在石中者. 鎰, 二十四兩也. 玉人, 玉工也.

至於治國家, 則曰, '姑舍女所學而從我', 則何以異於敎玉人彫琢玉哉?"

｜敎玉人彫琢玉, 謂敎玉人以彫琢之法也.

○此喩欲使賢者舍其所學, 而從己之所欲.

右第九章

○此章深責時君雖用賢者, 而不能盡其道. 蓋賢人所學之大, 猶大木之能勝重任, 而曰從我, 則是斲而小之也. 不付賢人以治國家, 而欲使從我, 猶敎玉人以彫琢玉, 則是廢能者而自用也. 宜其不能致王道也.

10. 齊人伐燕, 勝之.

｜舊註引史記曰: 燕王噲讓國於其相子之, 而國大亂, 齊因伐之, 燕士卒不戰, 城門不閉, 遂大勝燕. 然觀下文曰, 簞食壺漿, 以迎王師, 豈有他哉, 避水火也. 又曰, 王往而征之, 民以爲將拯己於水火之中也, 則知燕民困於虐政齊因伐之. 蓋如宋王偃之屬耳, 非唯爲噲讓國之故也.

宣王問曰: "或謂寡人勿取, 或謂寡人取之. 以萬乘之國伐萬乘之國, 五旬而擧之, 人力不至於此. 不取, 必有天殃. 取之何如?"

｜宣王以勝燕歸之于天, 必其可取.

孟子對曰: "取之而燕民悅, 則取之. 古之人有行之者, 武王是也.

｜武王之伐殷, 順民之心而已, 非利天下也.

取之而燕民不悅, 則勿取. 古之人有行之者, 文王是也.

｜文王之不伐殷, 亦順民之心而已, 非厭天下也.

以萬乘之國伐萬乘之國, 簞食壺漿以迎王師, 豈有他哉? 避水火也. 如水益深, 如火益熱, 亦運而已矣."

｜簞, 竹器. 食, 飯也. 水火, 喻燕之虐政也. 朱氏曰: 運, 轉也. 言齊若更爲暴虐, 則民將轉而望救於他人矣.

右第十章

○陳氏櫟曰: 齊王言天命, 孟子欲其以人心觀天命. 欲知天命, 當觀人心, 欲得人心, 當施仁政. 燕之可取不可取, 決之以此足矣. 惟仁可以易暴, 燕人避燕之虐, 望齊之仁而歸之, 齊苟不施仁而益暴, 得非以暴易暴, 而益甚之乎. 蓋警之也.

11. 齊人伐燕, 取之. 諸侯將謀救燕. 宣王曰: "諸侯多謀伐寡人者, 何以待之?"

｜諸侯不義其事, 將謀救燕伐齊, 宣王懼而問之.

孟子對曰, "臣聞七十里爲政於天下者, 湯是也. 未聞以千里畏人者也.

｜千里畏人, 指齊王也.

書曰, '湯一征, 自葛始. 天下信之, 東面而征, 西夷怨, 南面而征, 北狄怨, 曰, 奚爲後我?' 民望之, 若大旱之望雲霓也. 歸市者不止, 耕者不變, 誅其君而弔其民, 若時雨降. 民大悅.

｜書語, 今見古文尙書仲虺之誥篇. 言湯初征自葛始, 民皆信其志在誅君弔民, 而不以天下爲利. 故怨其不先來征我之國也. 霓, 虹也. 雄, 曰虹, 雌, 曰霓. 色鮮盛者爲雄, 闇者爲雌. 蓋鮮者晴之徵, 闇者雨之候. 國諺云, 晚虹旅行, 朝霓隮笠. 霓恐是言朝虹. 詩曰, 朝隮于西, 崇朝其雨. 周禮註曰: 隮, 虹也. 鄭箋曰: 朝有升氣於西方, 終其朝, 則雨氣應自然. 變, 動也.

書曰, '徯我后, 后來其蘇.'

丨 再引書以明湯德入民之深也. 亦仲虺之誥之文. 徯, 待也. 后, 君也. 蘇, 復生也.

○此引湯之事, 以明齊之伐燕, 與誅其君, 弔其民, 大異.

今燕虐其民, 王往而征之, 民以爲將拯己於水火之中也, 簞食壺漿以迎王師. 若殺其父兄, 係累其子弟, 毀其宗廟, 遷其重器, 如之何其可也?

丨 拯, 救也. 係累, 縶縛也. 重器, 寶器也.

天下固畏齊之强也, 今又倍地而不行仁政, 是動天下之兵也.

丨 倍地, 幷燕而增一倍之地也. 言諸侯素畏齊之强, 今又倍地, 而其所爲如此, 則無以服人之心, 必動天下之兵矣.

○此言湯以七十里爲政於天下, 齊以千里畏人, 在行仁政與否耳.

王速出令, 反其旄倪, 止其重器, 謀於燕衆, 置君而後去之, 則猶可及止也."

丨 反, 還也. 旄, 老人也. 倪, 小兒也. 謂所虜略之老小也. 反止, 及其未發而止之也.

○此答前何以待之之問, 而爲齊王畫弭兵之策.

右第十一章

○范氏曰: 孟子事齊梁之君, 論道德, 則必稱堯舜, 論征伐, 則必稱湯武. 蓋治民不法堯舜, 則是爲暴, 行師不法湯武, 則是爲亂. 豈可謂吾君不能, 而舍所學以徇之哉.

12. 鄒與魯鬨. 穆公問曰: "吾有司死者三十三人, 而民莫之死也. 誅之, 則不可勝誅, 不誅, 則疾視其長上之死而不救, 如之何則可也?"

丨 鬨, 鬭聲也. 穆公, 鄒君也. 不可勝誅, 言人衆不可盡誅也. 長上, 謂有司也. 言民肆其怒憤, 而無所懲也.

孟子對曰: "凶年饑歲, 君之民老弱轉乎溝壑, 壯者散而之四方者, 幾千人矣, 而君之倉廩實, 府庫充, 有司莫以告, 是上慢而殘下也.

丨 轉, 饑餓輾轉而死也. 充, 滿也. 言府庫充實, 而上不知恤民, 坐視其死, 而不救. 是上怠慢, 而致下之傷殘也.

曾子曰, '戒之戒之! 出乎爾者, 反乎爾者也.' 夫民今而後得反之也. 君無尤焉!

丨 引曾子之言而言. 上素無恤下之心, 故下亦不知救上之敗也.

○賈生有言曰: 民者至賤而不可簡也, 至愚而不可欺也. 故自古至今, 與民爲仇者, 有遲有速, 而民必勝之. 此言正得曾子之遺意.

君行仁政, 斯民親其上, 死其長矣."

○觀孟子之論仁政, 其取必於民, 猶執左券取物於人, 無所不得. 蓋見道之明故也.

右第十二章

○穆公欲誅其民以一士心, 而不免民視長上之死而不救. 孟子欲撫其民以施仁政, 而自致斯民親其上, 死其長. 其功效不亦較然乎. ○范氏曰: 書曰, 民惟邦本, 本固邦寧. 有倉廩府庫, 所以爲民也. 豐年則斂之, 凶年則散之, 恤其飢寒, 救其疾苦. 是以民親愛其上, 有危難則赴救之, 如子弟之衛父兄, 手足之捍頭目也. 穆公不能反己, 猶欲歸罪於民, 豈不誤哉.

13. 滕文公問曰: "滕, 小國也, 間於齊楚. 事齊乎? 事楚乎?"
│ 滕文公, 事詳見後篇.
孟子對曰: "是謀非吾所能及也. 無已, 則有一焉,
│ 言不得已, 則有一說.
鑿斯池也, 築斯城也, 與民守之, 效死而民弗去, 則是可爲也."
│ 效, 猶致也. 言民視其上, 猶子弟之視父兄, 致死而不棄去, 則是謀無所不成也. 或
　敵敗而退, 或講和而去, 皆在其中矣.
○孟子嘗曰: 天時不如地利, 地利不如人和. 苟得民和, 則城雖小, 兵雖少, 內不生釁,
　外不被兵. 雖間於齊楚, 而何足爲患. 且鑿池築城, 則民心益固, 無所搖動, 雖大國
　亦莫奈之何. 所謂是可爲也者, 蓋以此也.
右第十三章

14. 滕文公問曰: "齊人將築薛, 吾甚恐, 如之何則可?"
│ 薛, 國名. 近滕, 齊幷其地而城之. 故文公以其偪己而恐也.
孟子對曰: "昔者大王居邠, 狄人侵之, 去之岐山之下居焉. 非擇而取之, 不得已也.
│ 邠, 地名. 言大王非以岐下爲善, 擇取而居之也.
苟爲善, 後世子孫, 必有王者矣. 君子創業垂統, 爲可繼也. 若夫成功, 則天也. 君如彼
何哉? 强爲善而已矣."
│ 王者, 謂有王者之德之人也. 創, 造也. 統, 緖也. 言爲善者必有後, 勸文公苟爲善,
　後世必有王者矣. 然君子造基業於前, 而垂統緖於後, 使子孫可繼此而行也. 若夫
　成功則在天, 豈可必乎. 但强其善而已矣. 他勿恤焉.
右第十四章
○此章有國者之常法. 唐杜牧所謂上策莫若自治, 正得此章之意.

15. 滕文公問曰, "滕, 小國也, 竭力以事大國, 則不得免焉, 如之何則可?"
孟子對曰, "昔者大王居邠, 狄人侵之, 事之以皮幣, 不得免焉, 事之以犬馬, 不得免焉,
事之以珠玉, 不得免焉.
│ 皮, 謂虎豹麋鹿之皮也. 幣, 帛也.
乃屬其耆老而告之曰, '狄人之所欲者, 吾土地也. 吾聞之也, 君子不以其所以養人者
害人. 二三子何患乎無君? 我將去之.'
│ 屬, 會集也. 言土地生物養人, 今爭地而殺人, 是以其所以養人者殺人也.
去邠, 踰梁山, 邑于岐山之下, 居焉. 邠人曰, '仁人也, 不可失也.' 從之者如歸市.
│ 邑, 作邑也. 歸市, 人衆而爭先也. 謂大王仁民之篤也.
○仁者不以其所以養人者害人. 故孟子再以大王之事告文公. 蓋孟子之正意, 而非
　遷國圖存之謂也. 孟子嘗論舜曰, 視棄天下, 猶棄敝蹝也. 又爲文公再舉大王之事

示之. 非孟子, 不能爲此言, 非大德者, 亦不能行此事. 古今儒者, 及諸子百家, 皆道不到處, 嗚呼大哉.

或曰, '世守也, 非身之所能爲也. 效死勿去.'

│又言, 或謂土地乃先人所受, 而世守之者, 非己所能專. 但當致死守之, 不可舍去. 君請擇於斯二者."

○孟子又爲文公畫一策. 蓋爲其謀不能決, 而設此二端以曉之. 大王之事, 大德之至也, 或人之說, 守國之常法. 或人之說, 夫人可能之, 至於大王之事, 則非大德之人, 不能行之. 孟子以此告文公, 其望之可謂深矣.

右第十五章

○滕以蕞爾之邦, 而攝于大國之間, 猶所謂以盤石壓雞卵之勢, 雖孟子亦無奈之何. 蓋民爲重, 社稷次之, 君爲輕. 以所以養人者害人, 仁人之所不爲. 故專以大王之事告之. 後世有行之者, 後漢竇融宋錢鏐是也. 可謂千載之下, 自得孟子之意者也. 若夫以弱小之國, 而抗强大之敵, 任一己之怒, 而隕萬人之命, 積骸爲城, 釃血爲池, 妻子老弱, 盡被孥戮, 猶不知悔者, 亦何心哉.

16. 魯平公將出, 嬖人臧倉者請曰: "他日君出, 則必命有司所之. 今乘輿已駕矣, 有司未知所之, 敢請."

│乘輿, 君車也. 駕, 駕馬也.

公曰: "將見孟子." 曰: "何哉, 君所爲輕身以先於匹夫者, 以爲賢乎? 禮義由賢者出, 而孟子之後喪踰前喪. 君無見焉." 公曰: "諾."

│孟子前喪父, 後喪母. 踰, 過也. 言其厚母而薄父也. 諾, 應辭也.

樂正子入見曰: "君奚爲不見孟軻也?" 曰: "或告寡人曰, '孟子之後喪踰前喪', 是以不往見也." 曰: "何哉, 君所謂踰者? 前以士, 後以大夫, 前以三鼎, 而後以五鼎與?"

│樂正子, 孟子弟子也. 三鼎, 士祭禮. 五鼎, 大夫祭禮.

曰: "否, 謂棺槨衣衾之美也." 曰: "非所謂踰也, 貧富不同也."

│樂正子言孟子喪父時爲士, 喪母時爲大夫, 貧富不同. 故喪具亦異, 非使喪母之禮厚於父也. ○世俗有孟母三遷之說. 然孟子喪父時, 旣爲士, 則其非幼而養于母可知矣.

樂正子見孟子曰: "克告於君, 君爲來見也. 嬖人有臧倉者沮君, 君是以不果來也."

│克, 樂正子名. 沮, 止也.

曰: "行, 或使之, 止, 或尼之. 行止, 非人所能也. 吾之不遇魯侯, 天也. 臧氏之子, 焉能使予不遇哉?"

│尼, 亦止也. 言事之行猶有物使之, 其止亦猶有物止之. 其行其止, 皆天之所命, 而非人之所能爲, 何咎臧氏之子哉.

○聖賢之生, 關係甚大矣. 一出焉, 則雖叔季之世, 可以成唐虞三代之盛. 天苟欲平治天下, 則彼臧氏之徒, 豈得能行其沮乎. 今臧氏之說之行也, 是天未欲平治天下也. 何尤之有. 蓋知命者, 學問之極功, 猶射者之有的也. 故此篇自始至終, 總論王道之要, 而至此特載說天之言者, 猶論語篇末載不知命無以爲君子之語也. 邃哉.

右第十六章

○孟子之書, 一篇各是一部書. 此篇總論王道之要, 唐虞三代之道, 亦盡於玆矣. 昔圯上老人授張良一卷書曰, 讀此可以爲王者師. 苟熟讀此篇有得焉, 則實可以爲王者之師. 其徒修章句而已者, 陋矣.

孟子古義卷之二

公孫丑章句上 凡九章

○此篇記孟子在齊始末, 及去齊以後事甚詳. 疑公孫丑之所記云.

1. 公孫丑問曰: "夫子當路於齊, 管仲晏子之功, 可復許乎?"

｜公孫丑, 孟子弟子, 齊人也. 朱氏曰: 當路, 居要地也. 管仲, 齊大夫, 名夷吾. 相桓公霸諸侯. 許, 猶期也. 孟子未嘗得政, 丑蓋設辭以問也.

孟子曰: "子誠齊人也. 知管仲晏子而已矣.

｜言但知其國有二子而已, 不復知有聖賢之事業. 故曰誠齊人也, 蓋鄙之也.

或問乎曾西曰, '吾子與子路孰賢?' 曾西蹴然曰, '吾先子之所畏也.' 曰, '然則吾子與管仲孰賢?' 曾西艴然不悅曰, '爾何曾比予於管仲? 管仲得君如彼其專也, 行乎國政如彼其久也, 功烈如彼其卑, 爾何曾比予於是?'"

｜孟子引曾西與或人問答, 以明管仲之不足期也. 曾西, 曾子之孫. 或曰, 曾申字子西, 曾子之子. 蹴, 不安貌. 先子, 曾子也. 艴然, 怒色也. 曾之言, 則也. 烈, 猶光也. 桓公獨任管仲, 四十餘年, 是專且久也. 管仲不知王道, 而專行霸術. 故言功烈之卑也.

曰: "管仲, 曾西之所不爲也, 而子爲我願之乎?"

｜孟子言也. 願, 望也.

曰: "管仲以其君霸, 晏子以其君顯. 管仲晏子猶不足爲與?"

｜丑復問也. 顯, 顯名也.

曰: "以齊王, 由反手也."

｜由, 猶通. 孟子言以齊國之大而行王道, 其易若反手耳. 譏管晏不能勉其君以王道也.

○此言管晏之不足法, 因明齊之易王也. 中間引曾西之言, 以袪時俗之惑, 明的當, 無復可疑, 而後世儒者, 猶疑子路之不能爲管仲者何哉. 凡爲政有才有學. 有才而無學, 則不知爲政. 有學而無才, 則不能爲政. 有其才而無其學, 若管仲是已. 若子路卽有政事之才, 而又與聞聖賢之道焉. 設使其得君如管仲之於桓公, 則奚止十倍曹丕. 其得湯武之君, 則在伊呂伯仲之間, 可推知也. 曾西猶艴然於或人之言, 況謂子路而不及乎.

曰: "若是, 則弟子之惑滋甚. 且以文王之德, 百年而後崩, 猶未洽於天下, 武王周公繼之, 然後大行. 今言王若易然, 則文王不足法與?"

｜弟子, 丑自稱也. 滋, 益也. 文王九十七而崩, 言百年, 擧成數也. 武王克殷, 周公相成王, 然後敎化大行.

曰: "文王何可當也? 由湯至於武丁, 賢聖之君六七作, 天下歸殷久矣, 久則難變也. 武丁朝諸侯, 有天下, 猶運之掌也.

｜當, 猶敵也. 殷自成湯至於武丁, 中間大甲·太戊·祖乙·盤庚. 皆賢聖之君. 作, 起也. 紂之去武丁未久也, 其故家遺俗, 流風善政, 猶有存者, 又有微子微仲王子比干箕子膠鬲, 皆賢人也, 相與輔相之, 故久而後失之也. 尺地, 莫非其有也, 一民, 莫非其臣也, 然而文王猶方百里起, 是以難.

｜故家, 勳舊之家也. 微仲·膠鬲, 皆紂時賢臣名.

○此言文王方殷家遺風猶存之時. 故其起之難也.

齊人有言曰, '雖有智慧, 不如乘勢, 雖有鎡基, 不如待時.' 今時則易然也.

｜鎡基, 田器, 耒耜之屬. 時, 謂耕種之時.

夏后殷周之盛, 地未有過千里者也, 而齊有其地矣, 雞鳴狗吠相聞, 而達乎四境, 而齊有其民矣. 地不改辟矣, 民不改聚矣, 行仁政而王, 莫之能禦也.

｜齊地方千里, 雖三代王天下之盛, 亦不過於此. 且民居稠密, 雞犬之聲相聞, 自國都以至四境. 言國廣而民衆也.

且王者之不作, 未有疏於此時者也, 民之憔悴於虐政, 未有甚於此時者也. 飢者易爲食, 渴者易爲飮.

｜憔悴, 困苦貌. 易爲飮食, 言饑渴之甚, 不待甘美也. 又言時之易爲也.

孔子曰, '德之流行, 速於置郵而傳命.' 當今之時, 萬乘之國行仁政, 民之悅之, 猶解倒懸也. 故事半古之人, 功必倍之, 惟此時爲然."

｜置, 驛也. 郵, 馹也, 所以傳命也. 倒懸, 喩困苦也. 所施之事, 半於古人, 而所得之功, 倍於古人, 由時之易爲, 而德之行速也.

○此言齊以大國, 而當衰弊之極, 其勢之易爲, 與文王異也.

右第一章

○人皆以王道爲迂闊難行, 而不知其本甚切實, 萬世易行也. 雖以孟子之論, 著明若此, 而千載之下, 人未有得其肯綮者, 惜哉.

2. 公孫丑問曰: "夫子加齊之卿相, 得行道焉, 雖由此霸王, 不異矣. 如此, 則動心否乎?"

｜承上章, 又起問而言. 齊卿之位, 任大責重, 使夫子得位, 將有所恐懼疑惑, 而動其心乎.

孟子曰: "否, 我四十不動心."

｜孟子言我年到四十, 自不動心. 蓋知言養氣. 故自不恐懼疑惑, 以動其心也.

曰: "若是, 則夫子過孟賁遠矣."

｜孟賁, 古血氣之勇士. 丑借之以贊孟子不動心之難. 丑不知道. 故引孟賁贊之, 不倫之甚也.

曰: "是不難, 告子先我不動心."

｜告子, 名不害. 孟子言不動心, 本非難事, 如告子未爲知道, 且年未四十, 能不動其心, 則可知不動心之不足爲至也.

曰: "不動心有道乎?" 曰: "有.

│道, 猶方也, 術也. 凡不動心, 亦有其方, 或以勇而能, 或以理而勝, 故曰有. 而下文
又引黝舍子襄等事以明之. 若聖賢之不動心, 本道明德立, 不必其動, 而自然不
動, 非術之所能及也. 因丑問有道乎. 故答之如此.

北宮黝之養勇也, 不膚撓, 不目逃, 思以一毫挫於人, 若撻之於市朝, 不受於褐寬博,
亦不受於萬乘之君, 視刺萬乘之君, 若刺褐夫, 無嚴諸侯, 惡聲至, 必反之.

│北宮, 姓, 黝, 名. 膚撓, 肌膚被刺而撓屈也. 目逃, 目被刺而轉睛逃避也. 挫, 猶辱
也. 褐, 毛布. 寬博, 寬大之衣, 賤者之服也. 不受者, 不受其挫也. 刺, 殺也. 嚴, 畏憚
也. 言無可畏憚之諸侯也. 孟子言黝之不動心, 其法專在於勇, 而務敵於人者也.

孟施舍之所養勇也, 曰, '視不勝猶勝也, 量敵而後進, 慮勝而後會, 是畏三軍者也. 舍
豈能爲必勝哉? 能無懼而已矣.'

│孟, 姓. 施, 發語聲. 舍, 名也. 會, 合戰也. 舍自言吾於戰視不可勝者, 亦如可勝者,
初無所懼, 若量敵慮勝, 而後進戰, 則是無勇而畏三軍矣. 孟子言舍之不動心, 其
法亦在於勇, 而專求於己者也. 二子之不動心, 皆以勇而能, 本不足論. 孟子引之
者, 蓋明不動心之非難也.

孟施舍似曾子, 北宮黝似子夏. 夫二子之勇, 未知其孰賢, 然而孟施舍守約也.

│賢, 猶勝也. 約, 要也. 謂所守得其要也. 子夏之勇未聞, 恐當作子路. 曾子之勇, 所
告子襄者是也. 蓋子路務敵於人, 曾子反求諸己. 二子之勇, 各有所似. 然非所以
擬之. 丑嘗學問與聞聖賢之事. 故孟子欲其易曉, 而各配以告之歟.

昔者曾子謂子襄曰, '子好勇乎? 吾嘗聞大勇於夫子矣, 自反而不縮, 雖褐寬博, 吾不
惴焉, 自反而縮, 雖千萬人, 吾往矣.' 孟施舍之守氣, 又不如曾子之守約也."

│子襄, 曾子弟子也. 夫子, 孔子也. 縮, 直也. 惴, 懼也. 往, 往而敵之也. 言以勇能之,
不如以理勝之爲愈也. 舍雖勝於黝. 然其所守專在氣, 而不如曾子自反而直之義
强氣剛, 爲自得其要也. 曾子之事, 雖非黝舍之比, 然以理勝之, 則又不如道明德
立, 自然不動之爲至也. 蓋孟子借之, 以明以理勝之事, 非曾子之極也. 勿以辭害
意可也. ○竊按: 昔者以下至吾往矣. 當在孟施舍似曾子之上. 若此, 則文順而意
明矣.

○右第一節. 明不動心有術以能之, 而非儒者之極致也. 凡天下之事, 以力至者, 似難
而實易, 不可以力至者, 似易而實難. 若聖賢之不動心, 其道德隆盛, 不期不動, 而
自不動, 非用力之所能至. 故似易而實難. 其以力至者, 或有術以能之, 若黝舍不
動心是已. 故以難而實易. 蓋學問之功, 全在居仁由義, 而不動心特其餘事耳. 若能
知言養氣, 則至其年長力强, 不期不動, 而自然不動. 說令或少動, 亦不足爲害. 孟
子曰我四十不動心, 則可見其未四十時, 猶未免於動. 學者苟知此, 則其於道思過
半矣. 而古今學者, 以不動心爲學問之至, 而不知其皆出於俗見, 而非聖學之蘊也.
佛氏之學亦然. 彼蓋以空寂爲道. 故以此爲至, 亦俗見焉耳.

曰: "敢問夫子之不動心與告子之不動心, 可得聞與?"

│丑復問, 夫子之與告子, 其不動心之不同如何.

"告子曰, '不得於言, 勿求於心, 不得於心, 勿求於氣.'

| 孟子之學, 以知言養浩然之氣爲要. 告子之說 與此正相反. 故孟子先擧其言, 而於下文斷之. 不得, 猶不得於君之不得. 不得於言, 謂我心與聖賢之言, 不能相得和順也. 不得於心, 謂雖欲爲善, 而不得如其心之所欲也. 告子意謂言外也. 氣末也, 故不得於言, 而求之於心, 則心固爲之動. 不得於心而求之於氣, 則心亦爲之動. 但當堅制其心, 而不可求助於外, 以致之動也.

不得於心, 勿求於氣, 可, 不得於言, 勿求於心, 不可.

| 孟子旣誦告子之言, 於是斷之而言. 苟於心無所欠闕, 則不可必求助於氣. 故其曰不得於心, 勿求於氣. 雖未爲善, 猶之可也. 爲其急本而緩末也. 至謂不得於言, 勿求於心, 則我心先與道離, 其不可也必矣. 非以不得於心勿求於氣爲是, 蓋以彼善於此.

夫志, 氣之帥也. 氣, 體之充也. 夫志至焉, 氣次焉, 故曰, '持其志, 無暴其氣.'"

| 體, 猶居移氣, 養移體之體. 指耳目四肢而言, 所謂小體是也. 其視聽動作, 名是一事, 而氣爲之總要. 故曰體之充實者也. 與中庸所謂今夫天斯昭昭之多, 語意相類. 暴, 厲也. 言不得於心, 勿求於氣雖可, 然有所未盡. 故又言其本末相因次第以告之. 言志者心之所存主, 而爲氣之將帥, 固不可不持焉. 氣雖不若心之尊, 然志至高者, 其氣必怒, 是於道有害. 蓋志易過高, 而難持久. 故欲持之, 其氣暴厲, 則不能優游饜飫而自成. 故氣欲其無暴焉. 此志之所以爲至極, 而氣之次之也. 告子之言, 不循其理, 欲遽勝人, 皆暴其氣之所致也.

"旣曰, '志至焉, 氣次焉.' 又曰, '持其志, 無暴其氣.' 何也."

| 丑見孟子言志至而氣次. 故問如此, 則專持其志可矣, 而又言無暴其氣何也.

曰: "志壹, 則動氣, 氣壹, 則動志也. 今夫蹶者趨者, 是氣也, 而反動其心."

| 壹, 專一也. 蹶, 顚躓也. 趨, 走也. 孟子言持志專一, 則必不及乎氣. 故不免其動. 守氣專一, 則自不至乎志. 故亦爲之動, 而又申明氣壹動志之害曰, 如人之顚躓疾趨, 專在於氣, 而無所思慮. 故心不免爲之繆亂, 失其指直焉. 由是觀之, 不致養於氣, 而任其自恣, 則心不能不動亦如此. 此氣之所以不可不養也.

○右第二節. 心有主宰, 而氣無主宰. 心因思慮而能動, 氣不因思慮而自動. 當喜怒哀樂, 而能喜怒哀樂者, 心也. 雖喜怒哀樂, 而不自覺其喜怒哀樂者, 氣也. 臨三軍, 而要其不怯者, 心也. 我雖要其不怯, 而自不免其怯者, 氣也. 故志固不可不持, 而氣亦不可不養焉. 何謂持志, 何謂養氣. 亦曰仁義而已矣. 此孟子之本旨也. 學者徒知講文義, 而不知孟子之本旨如何, 是亦不得於言, 勿求於心之類耳.

"敢問夫子惡乎長?"

| 孟子前已論告子不動心之非, 而未明其所以不動心. 故丑復問夫子何所得, 而獨能長.

曰: "我知言, 我善養吾浩然之氣."

| 知言者, 知言之邪正而不惑也. 上自聖賢, 下至於諸子百家之言, 明知其是非邪正, 而成敗得失之所由, 亦無不辨也. 浩然, 盛大之意. 浩然之氣, 卽我氣之盛大而不餒乏者也. 蓋人雖皆知善之當爲, 與惡之當去, 然逡巡畏縮, 不敢爲善者, 是我氣

餒乏而未盛大也: 苟善養之, 則浩然盛大, 不可禦止. 故能知天下之言, 則我心有所主, 善養浩然之氣, 則其心自有主, 故能不動. 此孟子所以不必不動, 而自不動也.

○孟子之學, 其要在存心養性, 而知言卽存心之功, 養氣卽養性之功也. 蓋知言則心存, 心存則智明, 智明則於言之是非邪正, 自無所迷惑. 故知言爲存心之功. 而性本不動, 因氣而動. 苟養其氣, 則性得其養. 故養氣爲養性之功. 讀孟子者, 徒知其言之有殊, 而不知其有所歸宿, 可乎. 可見持志養氣, 亦曰仁義而已矣.

"敢問何謂浩然之氣?" 曰: "難言也.

│ 其盛大流行之體, 有未易以言語形容者. 故曰難言也.

其爲氣也, 至大至剛, 以直養而無害, 則塞於天地之間.

│ 直, 無所助長也. 言欲養浩然之氣者, 自居以至大, 自處以至剛, 而無所助長, 復無所害, 則其氣盛大, 不可限量. 蓋以其難形容. 故以所養成者告之也.

○此言養浩然之氣法也. 至大至剛, 卽養之之法. 乃後篇所謂居天下之廣居, 立天下之正位, 行天下之大道, 富貴不能淫, 貧賤不能移, 威武不能屈是也. 先儒做體段說, 可謂誤矣. 浩然二字, 旣說體段, 不可復言至剛. 所謂浩然者, 亦唯有盛大之義, 而不見至剛之意, 且與前難言者, 自不相合. 旣是至大至剛, 何難言之有. 故知是言養氣之法也. 學者見其名義, 自當知之.

其爲氣也, 配義與道, 無是, 餒也.

│ 配, 對也, 合也. 謂相須而不相離也. 言其氣以道義爲配, 而能盛大無限, 若無道義爲之配焉, 則餒乏而不足有爲也.

是集義所生者, 非義襲而取之也. 行有不慊於心, 則餒矣. 我故曰, 告子未嘗知義, 以其外之也.

│ 集義, 猶言積善也. 謂平生所行, 無一不在義也. 襲, 掩取也. 凡師有鐘鼓曰伐, 無鐘鼓曰襲. 慊, 快也. 言是氣也事事合義, 無所愧怍而所生者, 非可一旦以義掩襲得之也. 其所行一有不合於義, 則心有所不快, 而其氣餒乏, 不足有爲矣. 告子不知義而外之, 其不動心, 何足取哉. 上文兼言道義, 而此獨言義者, 因告子之失而言之也. 外者, 疏之之辭, 謂外而行之, 非棄而不取之謂. 後篇所謂長楚人之長, 亦長吾之長. 故謂之外, 是也.

必有事焉而勿正,

│ 句

心勿忘, 勿助長也.

│ 朱氏曰: 必有事焉, 有所事也. 如有事於顓臾之有事. 正, 預期也. 春秋傳曰: 戰不正勝, 是也.

無若宋人然, 宋人有閔其苗之不長而揠之者, 芒芒然歸, 謂其人曰, '今日病矣! 予助苗長矣!' 其子趨而往視之, 苗則槁矣. 天下之不助苗長者寡矣. 以爲無益而舍之者, 不耘苗者也, 助之長者, 揠苗者也. 非徒無益, 而又害之."

│ 閔, 憂也. 揠, 拔也. 芒芒, 無知之貌. 其人, 家人也. 病, 疲倦也. 此言助長之害也. 言助之長者, 天下之通患, 而其害甚於爲無益而舍之者也.

○右第三節. 孟子之學, 以仁義爲宗, 而所謂浩然之氣, 亦指仁義之功用而言. 蓋有仁義之心, 則有仁義之氣, 仁義之氣, 卽浩然之氣, 非外仁義而別有浩然之氣也. 觀後章所謂彼以其富, 我以吾仁, 彼以其爵, 我以吾義. 吾何慊乎哉, 及曰居仁由義, 大人之事備矣, 則浩然之氣, 卽爲仁義之功用可知矣. 而此章單言義者, 蓋雖爲告子不知義發, 然仁者必有勇, 則固不須言, 而至於行慊於心, 則義之用爲重. 故曰, 是集義所生者, 非義襲而取之也. 學者苟能達孟子之意, 則七篇之中, 說浩然之氣者多, 豈止此章已乎哉.

"何謂知言?" 曰: "詖辭知其所蔽, 淫辭知其所陷, 邪辭知其所離, 遁辭知其所窮. 生於其心, 害於其政, 發於其事, 害於其事. 聖人復起, 必從吾言矣."

│詖, 偏陂也. 蔽, 遮隔也. 詖辭有所偏重, 故聽之則必有所遮蔽, 若楊墨爲我兼愛之敎, 是已. 淫, 放蕩也. 陷, 沈溺也. 淫辭無所拘撿, 故聽之則必有所陷溺, 若莊列虛無荒唐之言, 是已. 邪, 邪橫也. 離, 叛去也. 邪辭不遵其義, 故聽之則必離叛正道, 若蘇張揣摩捭闔之術, 是已. 遁, 逃也. 窮, 困屈也. 遁辭能護其短, 故聽之則必困屈不行, 若佛氏體用色空之說, 是已. 孟子言天下之言不一, 而其弊之所極, 大小淺深, 各以類應焉. 詖淫邪遁, 生於其心, 則蔽陷離窮, 必害其事. 吾言卽萬世不易之說, 雖後有聖人出, 必不約而自合. 故曰必從吾言矣. 又明其非詖淫邪遁之類也.

○按此曰生於其心, 害於其政, 發於其政, 害於其事. 而後篇曰, 生於其心, 害於其事, 發於其事, 害於其政. 前後不同, 必有一誤. 今以事理考之, 大曰政, 小曰事, 而凡事必自微至著, 自小之大, 自然之理也. 當從後篇爲是.

○右第四節. 知言之方, 本非一途. 其於天下之言, 能知其邪正, 復知其流弊之所極, 而後爲能知言也. 然其所重, 不在知其病之所由生, 而專以知流弊之所極爲要. 故孟子論詖淫邪遁之害, 而次之以生於其心, 害於其政, 發於其政, 害於其事. 蓋聽詖淫邪遁之辭, 則其弊各以類, 而不可除也. 先儒謂四者相因. 然觀後篇, 日息邪說, 距詖行, 放淫辭. 又曰距楊墨, 放淫辭, 邪說者不得作. 不必兼擧四者, 而其序亦不同, 則知四者各是一病, 而非相因也.

"宰我子貢, 善爲說辭, 冉牛閔子顔淵善言德行. 孔子兼之曰, '我於辭命, 則不能也.' 然則夫子旣聖矣乎?"

│公孫丑問, 宰我子貢善言語, 冉閔顔子躬有德行. 故善言之, 而孔子兼之, 蓋知天下之言, 則於己之言, 宜無所不能. 然自謂不能于辭命. 今孟子乃自謂我能知言, 又善養浩然之氣, 則是兼數子之所長而有之. 然則豈不旣聖矣乎.

曰: "惡! 是何言也? 昔者子貢問於孔子曰, '夫子聖矣乎?' 孔子曰, '聖則吾不能, 我學不厭而敎不倦也.' 子貢曰, '學不厭, 智也, 敎不倦, 仁也. 仁且智, 夫子旣聖矣.' 夫聖, 孔子不居. 是何言也?"

│孟子引夫子子貢問答之辭, 以拒丑之言也. 惡, 驚歎辭也. 智者知道之無窮. 故學而不厭, 仁者愛人而不已. 故敎而不倦, 仁智合一存於聖. 故子貢因夫子之言, 而知其爲聖也.

"昔者竊聞之, 子夏子游子張皆有聖人之一體, 冉牛閔子顔淵則具體而微, 敢問所安."

│一體, 猶一肢也. 具體而微, 謂有其全體, 但未廣大耳. 安, 處也. 丑復問, 孟子旣不敢比孔子, 則於此數子欲何所處也.

曰: "姑舍是."

│孟子不欲以孔門諸子比擬之, 蓋謙之也.

曰: "伯夷伊尹何如?"

│丑復問, 孟子於二子之地, 欲處否乎.

曰: "不同道. 非其君不事, 非其民不使, 治則進, 亂則退, 伯夷也. 何事非君, 何使非民, 治亦進, 亂亦進, 伊尹也. 可以仕則仕, 可以止則止, 可以久則久, 可以速則速, 孔子也. 皆古聖人也, 吾未能有行焉, 乃所願, 則學孔子也."

│伯夷以淸爲道, 伊尹以任爲道, 是其所道不同也. 因言孔子仕止久速, 各當其可, 以明已之所願學, 獨在孔子, 且以示學者之標準. 三聖人事, 詳見篇末及萬章下篇.

"伯夷伊尹於孔子, 若是班乎?"

│公孫丑問也. 班, 齊等之貌.

曰: "否, 自有生民而來, 未有孔子也."

│孟子斷伯夷伊尹之於孔子, 非所敢望也.

曰: "然則有同與?" 曰: "有. 得百里之地而君之, 皆能以朝諸侯, 有天下, 行一不義, 殺一不辜, 而得天下, 皆不爲也. 是則同."

│孟子前言三聖之不同道, 此言其所同. 蓋以百里而王天下, 卽仁也. 故孟子於後篇, 直以此爲仁也.

○生民以來, 夫有孔子. 此語唯夫子得能當之, 而唯孟子得能言之. 蓋學問之大關鍵, 古今之大疑難, 學者知道與否, 實決於此. 何者. 學以知萬世不易人倫之道爲極, 外此更無至道, 更無妙義. 夫子之所以爲萬世立極者, 乃明此也. 故學者實識此, 而後可以識孟子之意, 識孟子之意, 而後可以知夫子之聖, 生民以來, 夫嘗有之實也.

曰: "敢問其所以異." 曰: "宰我子貢有若, 智足以知聖人, 汙不至阿其所好.

│汙, 卑也. 三子智足以知聖人之德, 假使其識趣卑汙, 必不阿私所好, 而空譽之. 明其言之必可信也.

宰我曰, '以予觀於夫子, 賢於堯舜遠矣.'

│予, 宰我名. 言夫子之德之盛, 遠過於堯舜也.

子貢曰, '見其禮而知其政, 聞其樂而知其德, 由百世之後, 等百世之王, 莫之能違也. 自生民以來, 未有夫子也.'

│等, 差也, 猶言品題也. 言夫子能見禮而知政, 聞樂而知德, 雖百世之王, 差等之而不違, 猶身在堂上, 能辨堂下人曲直. 非有卓越羣聖之識, 豈能然乎. 可知自古至今, 雖有他聖人, 而未有可比夫子者也.

有若曰, '豈惟民哉? 麒麟之於走獸, 鳳凰之於飛鳥, 太山之於邱垤, 河海之於行潦, 類也. 聖人之於民, 亦類也. 出於其類, 拔乎其萃, 自生民以來, 未有盛於孔子也.'"

│麒麟, 毛蟲之長. 鳳凰, 羽蟲之長. 垤, 蟻封也. 行潦, 道上無源之水也. 拔, 抽也. 萃, 聚也. 言聖人之生, 固異於衆人. 然亦不免於爲其類. 若孔子之聖, 則於羣聖人之中, 又出類拔萃, 最極其盛也.

○右第五節. 因公孫丑之問, 論伯夷伊尹之德, 斷之以有生民以來, 未有孔子也. 蓋道大者, 其傳也廣. 德盛者, 其澤也遠. 堯舜天子也, 孔子匹夫也. 然堯舜之治天下, 但見效於當時, 而不見傳於萬世之遠. 若吾夫子, 則其教大被四海, 延及萬世, 凡有生之倫, 莫不涵濡乎其化, 循率乎其教, 猶日月之繫于天, 而萬古不墜也. 雖異端百氏之徒, 亦不得置喙於其間, 豈不盛乎. 故曰, 天之所覆, 地之所載, 日月所照, 霜露所隊, 凡有血氣者, 莫不尊親. 唯孟子能知之. 故斷曰, 自有生民以來, 未有孔子也. 幷引三子之言而證之, 先儒以謂夫子賢於堯舜, 語事功也. 或以萬鎰譬堯舜, 九千鎰譬孔子, 陋哉.

右第二章

○此章今分作五節解之. 其說各詳于前. 大抵世之爲學者, 以不動心爲極功, 以浩然之氣, 爲一段大事, 求之于仁義之外, 可謂大誤矣. 夫道莫大於人倫, 莫尊於仁義. 孟子說浩然之氣者, 亦所以發明夫仁義之旨也. 學者苟能實識此, 則於聖賢之言, 冰解的破, 而古今之所疑, 世儒之所誤, 不復待辨矣. 不知丑能會孟子之旨得到此否乎. 道在邇而求諸遠, 事在易而求諸難. 惜乎學者之不能求之于近也.

3. 孟子曰: "以力假仁者霸, 霸必有大國, 以德行仁者王, 王不待大. 湯以七十里, 文王以百里.

｜力, 謂土地甲兵之力. 以力假仁者, 本無是心, 徒因其力, 而外假仁之名以行之也. 以德行仁者, 躬有其德, 故無適而非仁也.

以力服人者, 非心服也, 力不贍也, 以德服人者, 中心悅而誠服也, 如七十子之服孔子也.

｜贍, 足也. 以力服人者, 有意於服人, 而人不敢不服. 以德服人者, 無意服人, 而人自服者也. 若夏殷之民服湯武, 猶疑於其爲利. 孔子布衣, 初無勢位, 而七十子之服之, 尤可見其心服. 故取以喩之.

詩云, '自西自東, 自南自北, 無思不服.' 此之謂也.'"

｜詩, 大雅文王有聲之篇.

右第三章

○人見王霸之效, 皆能足以服人, 以爲無所輕重. 故孟子擧力不贍, 與中心悅之不同, 以辨假仁與行仁之眞僞邪正也. 鄭氏曰: 從古以來, 論王霸者多矣, 未有若此章之深切而著明者也.

4. 孟子曰: "仁則榮, 不仁則辱, 今惡辱而居不仁, 是猶惡濕而居下也.

｜朱氏曰: 好榮惡辱, 人之常情. 然徒惡之, 而不去其得之之道, 不能免也.

如惡之, 莫如貴德而尊士, 賢者在位, 能者在職,

｜貴德者, 尙其德而不棄也. 尊士者, 敬其人而不遺也. 賢, 有德者. 能, 有才者. 使之在職位, 則公卿睦於上, 庶民親於下, 政治自修, 而德化大行, 此所謂仁也.

國家閒暇, 及是時, 明其政刑, 雖大國, 必畏之矣. 詩云, '迨天之未陰雨, 徹彼桑土, 綢繆牖戶, 今此下民, 或敢侮予?' 子曰, '爲此詩者, 其知道乎! 能治其國家, 誰敢侮之?'

｜國家閒暇, 謂時無王者, 所謂王者之不作, 未有疏於此時者, 是也. 言及此時不可

不預防備禦, 修明其政治也. 詩, 豳風鴟鴞之篇. 迨, 及. 徹, 取也. 桑土, 桑根之皮
也. 綢繆, 纏綿補葺也. 牖戶, 巢之通氣處也. 予, 鳥自謂也. 下民, 謂在巢下之人也.
言鳥之備患如此, 誰敢侮之. 爲, 猶治也. 孔子讀詩以爲治此詩者, 當自知道也.

今國家閒暇, 及是時, 般樂怠敖, 是自求禍也.

│ 般, 旋也. 般樂, 樂而又樂之意.

禍福無不自己求之者. 詩云, '永言配命, 自求多福.' 太甲曰, '天作孽, 猶可違, 自作孽,
不可活.' 此之謂也."

│ 詩, 大雅文王之篇. 永, 長也. 言, 猶念也. 配, 合也. 命, 天命也. 太甲, 商書篇名. 孽,
禍也. 違, 避也. 活, 生也. 孟子又引詩及書, 以結上文之意, 戒禍福之至, 皆己之所
招也.

○孟子嘗曰, 事半古之人, 功必倍之. 唯此時爲然. 又曰, 由周而來, 七百有餘歲矣, 以
其時考之則可矣. 此意亦云今國家閒暇. 又曰, 及是時, 或稱其時, 皆明時之不可
失. 孟子蓋爲當時諸侯, 深歎惜之也.

右第四章

○仁則榮, 不仁則辱, 理之必然也. 而人每去仁而樂不仁, 不實知之過也. 故孟子爲之
反覆曉喩, 可謂詳切矣. 而中間又引孔子讀豳詩之言, 曰爲此詩者, 其知道乎. 則知聖
門所謂道者, 本在於修身齊家治國平天下之間, 而非高遠不可及之謂也.

5. 孟子曰: "尊賢使能, 俊傑在位, 則天下之士皆悅, 而願立於其朝矣.

│ 俊傑, 才德之異於衆者.

市廛而不征, 法而不廛, 則天下之商皆悅, 而願藏於其市矣.

│ 廛, 市宅也. 張子曰: 或賦其市地之廛, 而不征其貨, 或治之以市官之法, 而不賦其
廛. 蓋逐末者多, 則廛以抑之, 少則不必廛也.

關譏而不征, 則天下之旅皆悅, 而願出於其路矣.

│ 解見前篇.

耕者, 助而不稅, 則天下之農皆悅, 而願耕於其野矣.

│ 但使出力以助耕公田, 而不稅其私田也.

廛無夫里之布, 則天下之民皆悅, 而願爲之氓矣.

│ 周禮, 宅不毛者, 有里布, 民無職事者, 出夫家之征. 鄭氏謂: 宅不種桑麻者, 罰之
使出一里二十五家之布. 民無常業者, 罰之使出一夫百畝之稅, 一家力役之征也.
今戰國時, 一切取之, 市宅之民, 已賦其廛, 又令出此夫里之布, 非先王之法也. 氓,
民也.

信能行此五者, 則鄰國之民仰之若父母矣. 率其子弟, 攻其父母, 自生民以來未有能
濟者也. 如此, 則無敵於天下. 無敵於天下者, 天吏也. 然而不王者, 未之有也.

│ 呂氏曰: 奉行天命, 謂之天吏. 廢興存亡, 惟天所命, 不敢不從, 若湯武是也.

右第五章

○此章言王政之要, 如前篇諸章之所云. 無敵於天下, 卽仁道之極功, 必然之明效也.

6. 孟子曰: "人皆有不忍人之心.

｜不忍人之心者, 謂不忍害人之心, 卽所謂無欲害人之心是也. 蓋人之性善, 故皆有
　不忍人之心, 隨觸卽應, 不能自已.

先王有不忍人之心, 斯有不忍人之政矣. 以不忍人之心, 行不忍人之政, 治天下可運
於掌上.

｜不忍人之政, 卽所謂仁政是也. 有不忍人之心, 而無不忍人之政, 謂之徒善. 苟以
　不忍人之心, 行不忍人之政, 則雖治天下, 亦無難爲者矣. 運掌上, 謂甚易也.

○以不忍人之心, 行不忍人之政, 此一章之大旨, 王道之至要. 皆言治天下之本, 不假
　外來, 在擴充不忍人之心耳. 何哉. 王道之學, 儒者之專門, 所謂存心養性, 萬般功
　夫, 皆由是出, 非若異端之外人倫, 遠日用, 而別爲道者也. 以此章徒爲論性情之理
　者, 非也.

所以謂人皆有不忍人之心者, 今人乍見孺子將入於井, 皆有怵惕惻隱之心. 非所以
內交於孺子之父母也, 非所以要譽於鄉黨朋友也, 非惡其聲而然也.

｜乍, 猶忽也. 怵惕, 驚動貌. 惻, 傷之切也. 隱, 痛之深也. 內, 結. 要, 求. 聲, 名也. 言
　乍見之時, 便有此心, 隨見而應, 非由此三者而然. 可見不忍之心, 固有於己, 而可
　以爲仁也.

○此言不忍之心, 人之所必有, 本非有所爲, 以證性之善也.

由是觀之, 無惻隱之心, 非人也, 無羞惡之心, 非人也, 無辭讓之心, 非人也, 無是非之
心, 非人也.

｜朱氏曰: 羞, 恥己之不善也. 惡, 憎人之不善也. 辭, 解使去己也. 讓, 推以與人也.
　是, 知其善而以爲是也. 非, 知其惡而以爲非也. 言由人皆有不忍人之心而觀之,
　此四者之心, 人之所必有者也. 然而世或有無此心者, 此亦禽獸耳. 故曰非人也.
　或有惻隱之心, 而無羞惡之心者有之, 或有辭讓之心, 而無是非之心者有之. 故孟
　子歷言而戒之也.

○孟子以無四端之心者爲非人者, 是以禽獸待之, 而不復以人理論也. 孔子所謂下
　愚是已. 其所謂性善云者, 就凡有四端於我者而言. 蓋人之有是四端也, 猶其有耳
　目口鼻也. 故謂天下之性皆善而可也. 然生而無耳目口鼻者, 世或有之, 人之或有
　無四端之心者, 亦如此. 故曰, 無惻隱羞惡辭讓是非之心者, 非人也. 倘初無之, 則
　其言必不如是也. 其以孟子爲言天下之性, 皆善而一無惡者, 亦不深考焉耳.

惻隱之心, 仁之端也, 羞惡之心, 義之端也, 辭讓之心, 禮之端也, 是非之心, 智之端
也.

｜端, 本也. 言惻隱羞惡辭讓是非之心, 乃仁義禮智之本, 能擴而充之, 則成仁義禮
　智之德. 故謂之端也. 先儒以仁義禮智爲性, 故解端爲緒, 以爲仁義禮智之端緒見
　於外者, 誤矣.

人之有是四端也, 猶其有四體也. 有是四端而自謂不能者, 自賊者也, 謂其君不能者,
賊其君者也.

｜言四端之心, 本己之所固有, 猶四體之具於其身. 故自謂不能而不爲者, 是自戕賊
　其身者也. 謂其君不能, 而不導善者, 是戕賊其君者也. 蓋深戒自棄之罪也.

○仁覆天下, 仁之極也, 而推其本, 則出於不忍之心. 故孟子之敎, 雖通上下而言之, 然此章專爲在位者戒. 故此節旣擧自賊之罪, 而又言賊其君之過, 非泛而言之也.

凡有四端於我者, 知皆擴而充之矣, 若火之始然, 泉之始達. 苟能充之, 足以保四海, 苟不充之, 不足以事父母."

│擴, 推廣之也. 充, 充大之也. 不曰凡爲人者, 而曰凡有四端於我者, 無四端者, 頑冥無智, 敎無所施, 本所不論. 故就其有四端者而言之也. 言凡有四端於我者, 不知擴充, 則無如之何. 苟知擴充之, 則猶火然泉達, 而不可遏也, 而又明其得失之機而言. 人皆有斯心, 擴而充之, 則能成仁義禮智之德, 而四海之遠, 無難保者. 不然, 則父母之至近, 猶相阻隔, 不能事之. 足保四海者, 指擴充之至, 成仁義禮智之德而言, 以結上文治天下可運之掌上之意.

○先儒以爲四端在我, 隨處發見, 卽此推擴而充滿其本然之量, 非也. 人之有是四端也, 猶其有四體也, 有目則能視, 有耳則能聽, 有斯心則能不忍於物, 豈待其發見而擴之乎. 孟子所謂擴充云者, 平日從事於斯, 以其所不忍爲, 而達其所忍所爲之謂, 非必待發見而擴充之也. 若謂待其發見而擴充之, 則是以一心而又察一心也, 且欲以一心而察四者之發, 則知應接無暇, 力不能給, 而四端之心, 有事則發, 無事則否, 間斷之候多, 而用功之日少. 先儒蓋以仁義爲性, 而四端爲已發, 依文解義, 而不知差繆之至此, 不亦疏乎.

右第六章

○此章孟子示人學問用功之端, 莫要於此, 所謂指南之盤, 夜行之燭, 而七篇之旨, 皆從此出, 可謂至親切矣. 蓋孔門之敎, 以仁爲宗. 故孟子首論不忍人之心, 又推言四者之端, 皆有於我也. 嘗試論之, 四端者吾心之固有, 而仁義禮智, 天下之大德也. 四端之心雖微, 然擴而充之, 則能成仁義禮智之德, 而足以保四海, 猶火之始然, 星星焉耳, 扇而熾之, 則可以燎原, 泉之始達, 涓涓焉耳, 疏而導之, 則可以放海. 故苟知擴而充之, 則仁義之心, 日就月將, 其勢自有不可遏者矣. 孟子嘗言, 人皆有所不忍, 達之於其所忍, 仁也. 人皆有所不爲, 達之於其所爲, 義也. 所謂達云者, 卽擴充之謂, 而擴充卽學問之事也. 然觀其曰苟不充之, 不足以事父母, 則知性之善不可恃, 而擴充之功, 最不可廢. 後世儒者, 專知貴性, 而不知擴充之功爲益大, 不實知孟子之旨故也.

7. 孟子曰: "矢人豈不仁於函人哉? 矢人惟恐不傷人, 函人惟恐傷人. 巫匠亦然. 故術不可不愼也.

│函, 甲也. 匠, 梓匠, 作棺賣者. 言矢人與函人, 其性非異, 而仁不仁之不同者, 術使之然. 巫者利人之生, 匠者利人之死, 亦然. 蓋習與性成, 心與業移, 講武者每思亂, 習文者必願治, 術之不可不愼如此.

孔子曰, '里仁爲美. 擇不處仁, 焉得智?'

│引孔子之言, 以明不可不處仁也. 言里有仁厚之俗, 人猶爲美而居之, 至於身之所處, 則不然, 豈非不智之甚乎.

夫仁, 天之尊爵也, 人之安宅也. 莫之禦而不仁, 是不智也.

│非有所錫, 而人自尊之. 故曰天之尊爵. 無所防閑, 而人自不犯. 故曰人之安宅. 而莫之禦而不爲, 是不智之甚也.

不仁不智, 無禮無義, 人役也. 人役而恥爲役, 由弓人而恥爲弓, 矢人而恥爲矢也.

∣人役, 使令奴僕之類. 孟子因論不仁之事, 而遂推及下三者, 猶前章因論惻隱一端,
而歷擧差惡辭讓是非三者也.

如恥之, 莫如爲仁.

∣爲仁則衆德交修, 而無爲人役之恥.

仁者如射, 射者正己而後發, 發而不中, 不怨勝己者, 反求諸己而已矣."

∣反求諸己, 卽不責人而自盡己之謂.

右第七章

○仁天之尊爵, 人之安宅, 而莫之禦者, 乃一章之大旨也. 孟子平生所以敎人之言, 莫
切於此. 蓋仁者無封爵之命, 而人不得而賤之, 豈不尊爵乎. 無藩籬之防, 而人不得而
犯之, 豈不安宅乎. 苟身不仁不智, 無禮無義, 則不期爲人役, 而自不免爲人役, 猶不
知所以反求諸己, 豈非弗思之甚耶.

8. 孟子曰: "子路, 人告之以有過, 則喜.

∣常人之情, 告其過則必不悅. 唯子路勇於遷善. 故聞過而喜其得改也.

禹聞善言, 則拜.

∣禹知善言之甚可重. 故聞之則拜, 則其從善之速, 不唯聞過而喜也.

大舜有大焉, 善與人同, 捨己從人, 樂取於人以爲善.

∣言舜之所爲, 又有大於禹與子路者. 善與人同則我之善猶人之善, 人之善猶我之
善, 初無彼此之別也. 故雖自以爲善, 然人不善之, 則舍己從人. 大要其心之所樂
者, 在於取人之善以行, 不自我爲之也.

自耕稼陶漁以至爲帝, 無非取於人者. 取諸人以爲善, 是與人爲善者也. 故君子莫大
乎與人爲善."

∣耕稼陶漁, 謂側微時. 孟子擧舜之事, 言其樂善之誠, 始終如一, 而不少變也. 而又
釋之曰, 其取人之善, 以行之於己者, 是與人共爲善, 而不獨爲之也. 君子之德, 孰
大於此.

右第八章

○此章蓋明聖賢樂善之誠, 初無彼此之間, 然如禹與子路, 不免猶有人己之別. 至於
大舜, 則不然. 故孟子於章末備論其取善之周, 而結之曰, 君子莫大乎與人爲善. 大抵
人之望聖人, 以爲獨尊其智, 而不待取於人, 殊不知聖人之所以爲聖人者, 本不在自
用其智, 而在廣資衆善, 以成其德. 必也舍己從人如舜, 而後可以爲大智矣. 何者. 道
者天下之公道, 而善者天下之公善. 故知道者不以善私於己, 以必與人同, 其知天下
之善, 非己之所得而私也. 所以雖行人之所難行, 爲人之所難爲, 然不足以盡天下之
善, 唯樂取於人以爲善, 而後可以盡天下之善. 此舜之所以大於禹與子路也.

9. 孟子曰: "伯夷, 非其君, 不事, 非其友, 不友. 不立於惡人之朝, 不與惡人言, 立於惡
人之朝, 與惡人言, 如以朝衣朝冠坐於塗炭. 推惡惡之心, 思與鄕人立, 其冠不正, 望

望然去之, 若將浼焉. 是故諸侯雖有善其辭命而至者, 不受也. 不受也者, 是亦不屑就已.

ㅣ 塗, 泥也. 鄕人, 鄕里之常人也. 望望, 去而不顧之貌. 浼, 汙也. 屑, 潔也. 亦不屑就者, 言伯夷平生不以就爲潔. 故諸侯善辭命而至則當受, 而不受者, 是亦不以就爲潔也.

柳下惠不羞汙君, 不卑小官, 進不隱賢, 必以其道, 遺佚而不怨, 阨窮而不憫. 故曰, '爾爲爾, 我爲我, 雖袒裼裸裎於我側, 爾焉能浼我哉?' 故由由然與之偕而不自失焉, 援而止之而止. 援而止之而止者, 是亦不屑去已."

ㅣ 柳下惠, 魯公族大夫, 姓展, 名禽, 居柳下, 諡惠, 進不隱賢, 直道而行也. 遺佚, 放棄也. 阨, 困也. 憫, 憂也. 爾爲爾至焉能浼我哉, 惠之言也. 袒裼, 露臂也. 裸裎, 露身也. 由由, 自得之貌. 偕, 並處也. 不自失, 不失其正也. 亦不屑去者, 言惠平生不以去爲潔. 故援而止之則當去, 而不去者, 是亦不以去爲潔也.

孟子曰:"伯夷隘, 柳下惠不恭. 隘與不恭, 君子不由也."

ㅣ 朱氏曰: 隘, 狹窄也. 不恭, 簡慢也. 夷惠之行, 固皆造乎至極之地. 然旣有所偏, 則不能無弊. 故不可由也.

○君子以仁存心, 以禮存心. 故能致道德之盛, 而無一偏之弊. 蓋淸則至於絶物, 絶物則隘, 斯遠乎仁矣. 和則至於弄物, 弄物則不恭, 斯遠乎禮矣. 此君子之所以不由也.

右第九章

○孟子嘗以伯夷爲聖之淸, 柳不惠爲聖之和, 而又曰隘與不恭, 君子不由者, 何哉. 蓋人之行, 偏於一則必造其極. 然不能無弊. 故非隘與不恭, 則不足以滿其淸和之量, 而造淸和之極, 則亦不能無隘與不恭之偏. 所以百世之下, 聞其風者, 人人興起, 可見其造乎至極之地, 而亦足以見其不能無偏. 如堯舜孔子, 則自不如此, 蓋以其德全而無迹也.

公孫丑章句下 凡十四章

1. 孟子曰:"天時不如地利, 地利不如人和.

ㅣ 趙氏曰: 天時, 謂時日支干五行旺相孤虛之屬也. 地利, 險阻城池之固也. 人和, 得民心之和也.

三里之城, 七里之郭, 環而攻之而不勝. 夫環而攻之, 必有得天時者矣, 然而不勝者, 是天時不如地利也.

ㅣ 郭, 外城. 環, 圍也. 言三里之城, 七里之郭, 而四面攻圍, 則必有得天時方位之吉者, 而不能勝. 是地利雖小, 而不可廢也.

城非不高也, 池非不深也, 兵革非不堅利也, 米粟非不多也, 委而去之, 是地利不如人和也.

ㅣ 革, 甲也. 粟, 穀也. 言守禦之具雖備, 而不得民心, 則遺棄之, 而不爲守也.

故曰, '域民不以封疆之界, 固國不以山谿之險, 威天下不以兵革之利.'

｜域, 界限也. 言守國之本, 在得民心, 而不在三者也.

得道者多助, 失道者寡助. 寡助之至, 親戚畔之, 多助之至, 天下順之. 以天下之所順, 攻親戚之所畔, 故君子有不戰, 戰必勝矣."

｜言仁者之兵, 本不待戰, 若不得已而戰, 則必勝.

○此言有國者, 高城深池, 不足恃焉, 唯以得人和爲本. 而得人和之道, 亦曰仁而已矣, 所謂得道者多助, 正謂此也.

右第一章

○此章其言簡, 其理明. 若衍而釋之, 則積作一部大書, 亦可矣. 讀者熟翫深思, 勿忽諸.

2. 孟子將朝王, 王使人來曰: "寡人如就見者也, 有寒疾, 不可以風. 朝, 將視朝, 不識可使寡人得見乎?" 對曰: "不幸而有疾, 不能造朝."

｜王, 齊王也. 齊王託疾以召孟子. 故孟子亦託疾辭之也.

明日, 出弔於東郭氏. 公孫丑曰: "昔者辭以病, 今日弔, 或者不可乎?" 曰: "昔者疾, 今日愈, 如之何不弔?"

｜東郭氏, 齊大夫家也. 昔者, 昨日也. 或者, 疑辭.

王使人問疾, 醫來. 孟仲子對曰: "昔者有王命, 有采薪之憂, 不能造朝. 今病小愈, 趨造於朝, 我不識能至否乎?" 使數人要於路, 曰: "請必無歸, 而造於朝!"

｜孟仲子, 趙氏以爲孟子之從昆弟, 或曰, 孟子之子, 未知孰是. 采薪之憂, 謙辭. 言病不能采薪也. 仲子權辭以對使者, 又使人要孟子, 告以造朝.

不得已而之景丑氏宿焉. 景子曰: "內則父子, 外則君臣, 人之大倫也. 父子主恩, 君臣主敬. 丑見王之敬子也, 未見所以敬王也."

｜景丑氏, 齊大夫家也. 景子, 景丑. 景子唯知敬之末, 而未知敬之實也.

曰: "惡! 是何言也! 齊人無以仁義與王言者, 豈以仁義爲不美也? 心曰, '是何足與言仁義也' 云爾, 則不敬莫大乎是. 我非堯舜之道, 不敢以陳於王前, 故齊人莫如我敬王也."

｜惡, 嘆辭. 以仁義勸王, 所謂敬之實也.

景子曰: "否, 非此之謂也. 禮曰, '父召, 無諾, 君命召, 不俟駕.' 固將朝也, 聞王命而遂不果, 宜與夫禮若不相似然."

｜景子言, 非謂不敬王, 但似與此禮不相合.

曰: "豈謂是與? 曾子曰, '晉楚之富, 不可及也, 彼以其富, 我以吾仁, 彼以其爵, 我以吾義, 吾何慊乎哉?' 夫豈不義而曾子言之? 是或一道也.

｜慊, 恨也, 少也. 孟子言我豈謂是君臣呼召之間乎, 因引曾子之言云, 人爵在彼, 天爵在己, 吾何自慊哉, 而又言曾子非以晉楚爲不義而慢之, 是或有一道也.

天下有達尊三, 爵一, 齒一, 德一. 朝廷莫如爵, 鄉黨莫如齒, 輔世長民莫如德. 惡得有其一以慢其二哉?

｜達, 通也. 言天下之所通尊也. 孟子言齊王唯有爵而無齒德, 豈得簡賢者乎. 此所謂一道也.

○論者或謂孟子之於齊王, 禮似甚倨. 蓋不然也. 以湯武望其君者, 必以伊尹周公自任, 以桓文期其君者, 必以管仲趙衰自處. 孟子之於時君, 未嘗不以湯武望之, 則其自待之重固宜然, 非俗士小人之所得而知也. 豈可以爲倨乎.

故將大有爲之君, 必有所不召之臣. 欲有謀焉, 則就之. 其尊德樂道, 不如是, 不足與有爲也.

Ⅰ 大有爲之君, 大有作爲, 非常之君也.

故湯之於伊尹, 學焉而後臣之, 故不勞而王, 桓公之於管仲, 學焉而後臣之, 故不勞而霸.

Ⅰ 湯之於伊尹, 桓公之於管仲, 皆所謂所不召之臣也. 朱氏曰: 先從受學, 師之也. 後以爲臣, 任之也.

今天下地醜德齊, 莫能相尙, 無他, 好臣其所敎, 而不好臣其所受敎.

Ⅰ 醜, 類也. 尙, 過也. 所敎, 謂聽從於己, 可役使者也. 所受敎, 謂己之所從學者也.

湯之於伊尹, 桓公之於管仲, 則不敢召. 管仲且猶不可召, 而況不爲管仲者乎?"

Ⅰ 不爲管仲, 孟子自謂也.

右第二章

○孟子嘗曰, 責難於君謂之恭, 陳善閉邪謂之敬, 吾君不能謂之賊. 此章云, 我非堯舜之道, 不敢以陳於王前. 故齊人莫如我敬王. 皆人臣事君之規範, 固知以趨走承順爲事者之不足以爲忠也.

3. 陳臻問曰: "前日於齊, 王餽兼金一百, 而不受, 於宋, 餽七十鎰而受, 於薛, 餽五十鎰而受. 前日之不受是, 則今日之受非也, 今日之受是, 則前日之不受非也. 夫子必居一於此矣."

Ⅰ 陳臻, 孟子弟子. 兼金, 好金也, 其價兼倍於常者. 一百, 百鎰也.

孟子曰: "皆是也. 當在宋也, 予將有遠行, 行者必以贐, 辭曰, '餽贐.' 予何爲不受?

Ⅰ 贐, 送行者之禮也.

當在薛也, 予有戒心, 辭曰, '聞戒, 故爲兵餽之.' 予何爲不受?

Ⅰ 時人有欲害孟子者. 故孟子有戒備不虞之心.

若於齊, 則未有處也. 無處而餽之, 是貨之也. 焉有君子而可以貨取乎?"

Ⅰ 孟子在齊, 無遠行之事, 亦無戒心, 則未有所處也. 義豈可受其餽乎. 貨取, 謂以貨財見取也.

右第三章

○君子之處事, 無大無小, 一於是而已矣. 但或事同而理異, 事異而理同, 是君子所以貴於精義也. 非孟子之言, 豈能釋陳臻之疑哉.

4. 孟子之平陸, 謂其大夫曰: "子之持戟之士, 一日而三失伍, 則去之否乎?"

Ⅰ 平陸, 齊邑名. 大夫, 邑宰也. 戟, 有枝兵也. 士, 戰士也. 伍, 行列也. 去之, 殺之也.

曰: "不待三."

Ⅰ 言一失之則去, 不待三也.

"然則子之失伍也亦多矣. 凶年饑歲, 子之民, 老羸轉於溝壑, 壯者散而之四方者, 幾千人矣." 曰: "此非距心之所得爲也."

｜子之失伍, 言其失職猶士之失伍也. 距心, 大夫名, 言此乃王之失政使然, 非我所得專爲也.

曰: "今有受人之牛羊而爲之牧之者, 則必爲之求牧與芻矣. 求牧與芻而不得, 則反諸其人乎? 抑亦立而視其死與?" 曰, "此則距心之罪也."

｜牧之, 養也. 牧, 牧地也. 芻, 草也. 孟子言若不得自專, 何不致其事而去.

他日, 見於王曰, "王之爲都者, 臣知五人焉. 知其罪者, 惟孔距心." 爲王誦之. 王曰, "此則寡人之罪也."

｜周禮, 四縣爲都. 又小曰邑, 大曰都. 孔, 大夫姓也. 誦, 言也. 爲王誦言其語, 以諷諫之, 王於此知其罪之在己而謝之.

右第四章

○徐氏常吉曰: 一命之士, 苟存心於愛物, 於人必有所濟, 若一切諉之於不得爲, 則君亦何賴於爾, 民亦何賴於爾哉.

5. 孟子謂蚳鼃曰: "子之辭靈丘而請士師, 似也, 爲其可以言也. 今旣數月矣, 未可以言與?"

｜蚳鼃, 齊大夫也. 靈丘, 齊下邑. 似也, 言所爲近似有理. 可以言, 謂士師近王, 得以諫刑罰之不中者.

蚳鼃諫於王而不用, 致爲臣而去.

｜致猶還也.

齊人曰: "所以爲蚳鼃則善矣, 所以自爲, 則吾不知也."

｜譏孟子道不行而不能去也.

公都子以告.

｜公都子, 孟子弟子也.

曰: "吾聞之也, 有官守者, 不得其職則去, 有言責者, 不得其言則去. 我無官守, 我無言責也, 則吾進退, 豈不綽綽然有餘裕哉?"

｜趙氏曰: 官守, 居官守職者. 言責, 獻言之責, 諫諍之官也. 綽綽, 寬貌. 裕, 寬意也. 孟子居賓師之位, 未嘗受祿. 故其進退之際, 寬裕有餘, 非有官守言責者比.

○齊人所以譏孟子者, 亦猶尹士之見耳. 孟子不欲暴王之惡. 故託言若此.

右第五章

6. 孟子爲卿於齊, 出弔於滕, 王使蓋大夫王驩爲輔行. 王驩朝暮見, 反齊滕之路, 未嘗與之言行事也.

｜蓋, 齊下邑也. 王驩, 王嬖臣也. 輔行, 副使也. 反, 往而還也. 行事, 使事也. 孟子雖同使而行, 未嘗與之言行事, 不願與小人比也.

公孫丑曰: "齊卿之位, 不爲小矣, 齊滕之路, 不爲近矣, 反之而未嘗與言行事, 何也?"

｜孟子爲卿於齊, 故曰齊卿. 丑見驩悉治使事, 而孟子未嘗命之. 故怪齊卿位貴, 齊滕路遠, 然終不與驩議使事者, 若有所畏憚然. 故問之也.

曰: "夫旣或治之, 予何言哉."

｜夫, 指王驩言. 彼旣治行事, 我復何言.

右第六章

○孟子處齊卿之位, 豈畏左右便嬖之人乎. 唯其寬厚有容之風, 不與小人角勝, 而小人自遠, 丑之所能識哉. ○輔氏廣曰: 君子之待小人, 有正己而無屈意, 有容德而無過禮. 惡惡之心, 雖不能無, 然亦不爲已甚之疾也.

7. 孟子自齊葬於魯, 反於齊, 止於嬴. 充虞請曰: "前日不知虞之不肖, 使虞敦匠事, 嚴, 虞不敢請. 今願竊有請也, 木若以美然."

｜孟子仕於齊喪母, 歸葬於魯. 嬴, 齊南邑. 充虞, 孟子弟子. 敦, 治之也. 敦匠事, 董治作棺之事也. 嚴, 急也. 木, 棺木也. 以, 已通. 以美, 太美也.

曰: "古者棺槨無度, 中古棺七寸, 槨稱之. 自天子達於庶人, 非直爲觀美也, 然後盡於人心.

｜度, 厚薄尺寸也. 中古, 周公制禮時也. 槨稱之, 與棺相稱也, 欲其堅厚久遠, 非特爲人觀視之美而已.

不得, 不可以爲悅, 無財, 不可以爲悅. 得之爲有財, 古之人皆用之, 吾何爲獨不然?

｜不得, 謂拘於法制, 而不得用之. 得之爲有財. 言得之而又爲有財也.

且比化者無使土親膚, 於人心獨無恔乎?

｜比, 及也. 形盡曰化. 恔, 快也. 言爲死者不使土親近其肌膚. 於人子之心, 豈不快乎.

吾聞之也, 君子不以天下儉其親."

｜朱氏曰: 送終之禮, 所當得爲, 而不自盡, 是爲天下愛惜此物, 而薄於吾親也.

右第七章

○此章言人子事死之至情, 可謂備盡矣. 蓋葬埋之禮, 出於人心之所不能已, 而非爲人觀視之美已也. 故得之而又有財, 古之人不憚爲之, 孟子之厚葬其親, 亦何不可. 充虞不達此義, 漫爲疑者, 何哉.

8. 沈同以其私問曰: "燕可伐與?"

｜沈同, 齊臣. 自以私情問, 非王命也, 故曰私.

孟子曰: "可, 子噲不得與人燕, 子之不得受燕於子噲.

｜子噲讓之, 事見前篇. 諸侯土地人民, 受之天子, 不得自擅. 子噲不得與之子之, 子之不得受之子噲. 故曰其罪可伐.

有仕於此, 而子悅之, 不告於王而私與之吾子之祿爵, 夫士也, 亦無王命而私受之於子, 則可乎? 何以異於是?"

｜子, 謂沈同也. 孟子設此, 以譬子噲之授, 子之之受, 皆有罪也.

齊人伐燕. 或問曰: "勸齊伐燕, 有諸?" 曰: "未也, 沈同問燕可伐與?' 吾應之曰, '可', 彼然而伐之也. 彼如曰, '孰可以伐之?' 則將應之曰, '爲天吏, 則可以伐之.' 有殺人者,或問之曰, '人可殺與?' 則將應之曰, '可.' 彼如曰, '孰可以殺之?' 則將應之曰, '爲士師, 則可以殺之.' 今以燕伐燕, 何爲勸之哉?"

丨 天吏, 解見上篇. 言齊無道, 與燕無異, 是以燕伐燕也, 豈爲勸之哉.

○ 有罪者刑, 有國之常. 然非士師, 則不可殺也. 況可不以其罪, 而縱私怨罰之哉. 燕
　虐其民, 罪固可伐. 然而齊之伐之, 非有弔民伐罪之意, 而徒貪其土地, 肆之虜掠,
　則是以私怨殺人之類也. 豈王者奉行天命之心乎哉.

右第八章

9. 燕人畔. 王曰: "吾甚慙於孟子."

丨 孟子初告王以順民心, 及再問之, 又告以置君而後去, 皆不用, 以致燕人畔. 故慙.

陳賈曰: "王無患焉. 王自以爲與周公孰仁且智?" 王曰: "惡! 是何言也!" 曰: "周公使
管叔監殷, 管叔以殷畔, 知而使之, 是不仁也, 不知而使之, 是不智也. 仁智, 周公未之
盡也, 而況於王乎? 賈請見而解之."

丨 陳賈, 齊大夫也. 管叔, 名鮮, 周公兄也. 武王勝殷, 立紂子武庚, 而使管叔監其國.
　武王崩, 成王幼, 周公攝政, 管叔與武庚畔, 周公討而誅之.

見孟子問曰: "周公何人也?" 曰: "古聖人也." 曰: "使管叔監殷, 管叔以殷畔也, 有諸?"
曰: "然." 曰: "周公知其將畔而使之與?" 曰: "不知也." "然則聖人且有過與?" 曰: "周公,
弟也, 管叔, 兄也. 周公之過, 不亦宜乎."

○ 兄弟之愛, 天下之至情也. 唯聖人爲能盡之, 若逆探其惡而棄之, 則非聖人也. 其爲
　過也, 不亦宜乎. 所謂觀過斯知仁, 斯之謂也.

且古之君子, 過則改之, 今之君子, 過則順之. 古之君子, 其過也, 如日月之食, 民皆見
之, 及其更也, 民皆仰之. 今之君子, 豈徒順之, 又從而爲之辭."

丨 順, 猶遂也. 更, 改也. 辭, 辯也. 言君子不免有過, 而不憚改也. 故能成其德. 小人之
　過, 非惟遂之而已, 又從爲之辨, 則其過愈深, 而不可得改焉.

○ 孟子言此, 以深責賈不能勉其君以遷善改過, 而敎之以遂非文過也.

右第九章

○ 能知聖人之所以爲聖人, 而後可以論聖人. 孟了曰, 堯舜之道, 孝弟而已矣. 苟識孝
　弟可以盡堯舜之道, 則知周公之過, 亦其所不免, 而其所以爲聖人者, 本在於此. 體聖
　人之心, 以詔之後人, 非孟子不能若此明且盡也.

10. 孟子致爲臣而歸.

丨 孟子久於齊而道不行, 故去也.

王就見孟子曰: "前日願見而不可得, 得侍同朝, 甚喜, 今又棄寡人而歸, 不識可以繼
此而得見乎?" 對曰: "不敢請耳, 固所願也." 他日, 王謂時子曰: "我欲中國而授孟子
室, 養弟子以萬鍾, 使諸大夫國人皆有所矜式. 子盍爲我言之!"

丨 時子, 齊臣也. 中國, 當國之中也. 萬鍾, 穀祿之數也. 鍾, 量名, 受六斛四斗. 矜, 敬
　也. 式, 法也. 盍, 何不也.

時子因陳子而以告孟子, 陳子以時子之言告孟子.

ㅣ陳子, 卽陳臻也.

孟子曰: "然, 夫時子惡知其不可也? 如使予欲富, 辭十萬而受萬, 是爲欲富乎?

ㅣ孟子言道旣不行, 則其義不可復留. 若使予欲富, 旣失於彼, 而又欲得於此, 則是
鄙夫之事耳. 使我欲富, 亦不忍爲, 況非欲富乎.

季孫曰, '異哉子叔疑! 使己爲政, 不用, 則亦已矣, 又使其子弟爲卿. 人亦孰不欲富
貴? 而獨於富貴之中有私龍斷焉.'

ㅣ朱氏曰: 季孫·子叔疑, 不知何時人. 龍斷, 岡壟之斷而高也. 義見下文. 蓋子叔疑者
嘗不用, 而使其子弟爲卿. 季孫譏其旣不得於此, 而又欲求得於彼, 如下文賤丈夫
登龍斷者之所爲也. 孟子引此以明道旣不行, 復受其祿, 則無以異此矣.

古之爲市也, 以其所有易其所無者, 有司者治之耳. 有賤丈夫焉, 必求龍斷而登之, 以
左右望, 而罔市利. 人皆以爲賤, 故從而征之. 征商自此賤丈夫始矣."

ㅣ孟子釋龍斷之說如此. 治之, 謂治其爭訟也. 左右望者, 旣失之於此, 則又欲得之
於彼也. 罔, 謂罔羅取之也.

右第十章

○舊註引程子曰, 齊王所以處孟子者, 未爲不可, 孟子亦非不肯爲國人矜式者. 愚謂
是非知孟子之心者也. 孟子嘗論晉平公之遇亥唐曰, 士之尊賢者也, 非王公之尊賢
也. 以是觀之, 則齊王不任孟子以政, 共修明湯武之道, 而徒欲授之居室, 給之廩祿,
使國人有所矜式, 此非待孟子之道也. 其不留宜矣.

11. 孟子去齊, 宿於晝.

ㅣ晝, 齊西南近邑也.

有欲爲王留行者, 坐而言. 不應, 隱几而臥.

ㅣ隱, 憑也. 客坐而言, 孟子不應而臥也.

客不悅曰: "弟子齊宿而後敢言, 夫子臥而不聽, 請勿復敢見矣."

ㅣ弟子, 客自言. 齊宿, 齊戒越宿也.

曰: "坐! 我明語子. 昔者魯繆公無人乎子思之側, 則不能安子思, 泄柳申詳無人乎繆
公之側, 則不能安其身.

ㅣ朱氏曰: 繆公尊禮子思, 常使人候伺, 道達誠意於其側, 乃能安而留之也. 泄柳, 魯
人. 申詳, 子張之子也. 繆公尊之不如子思, 然二子義不苟容, 非有賢者在其君之
左右, 維持調護之, 則亦不能安其身矣.

子爲長者慮, 而不及子思, 子絶長者乎? 長者絶子乎?"

ㅣ長者, 孟子自稱也. 言齊王不使子來, 而子自欲爲王留我, 是所以爲我慮者, 不及
繆公留子思之事, 則非我絶子, 而子先絶我也.

右第十一章

○齊王卽不得待大賢之道, 客亦不知待大賢之禮, 豈足與有爲哉. 宜孟子之不應也.

12. 孟子去齊. 尹士語人曰: "不識王之不可以爲湯武, 則是不明也, 識其不可, 然且
至, 則是干澤也. 千里而見王, 不遇故去, 三宿而後出晝, 是何濡滯也? 士則玆不悅."

│尹士, 齊人也. 干, 求也. 澤, 恩澤也. 濡滯, 遲留也.

高子以告.

│高子, 亦齊人, 孟子弟子也.

曰: "夫尹士惡知予哉? 千里而見王, 是予所欲也, 不遇故去, 豈予所欲哉? 予不得已也.

│孟子之言一見聽, 則天下之民舉安, 是孟子之所欲. 不遇而去, 豈其本心哉.

予三宿而出晝, 於予心猶以爲速, 王庶幾改之! 王如改諸, 則必反予.

│王之所欲, 在於霸習, 而孟子之所勸, 在於王道. 此所以庶幾乎其改之也.

夫出晝, 而王不予追也, 予然後浩然有歸志. 予雖然, 豈舍王哉! 王由足用爲善, 王如用予, 則豈徒齊民安, 天下之民舉安. 王庶幾改之, 予日望之!

│浩然, 如水之流不可止也.

予豈若是小丈夫然哉? 諫於其君而不受, 則怒, 悻悻然見於其面, 去則窮日之力而後宿哉?"

│悻悻, 怒意也. 窮, 盡也. 言小人本無愛君之心, 又不能忘世之毀譽, 故如此.

尹士聞之曰: "士誠小人也."

│尹士聞孟子之言, 而知君子之道, 非小人之所能度. 故深服其言.

右第十二章

○朱氏曰: 此章見聖賢行道濟時, 汲汲之本心, 愛君澤民, 惓惓之餘意. ○君子之於天下, 未嘗一日有忘世之心. 苟道可以利天下, 則悅而爲之. 觀孟子三宿而出晝, 則其仁天下之心, 固不以區區毀譽, 而有所渝. 尹士以世俗之見, 而疑孟子. 然一聞孟子之言, 而自服其罪. 誠非碌碌者比. 後世事君者, 一有不合, 則奉身速去, 不復顧其君, 亦尹士之罪人也.

13. 孟子去齊, 充虞路問曰: "夫子若有不豫色然. 前日虞聞諸夫子曰, '君子不怨天, 不尤人.'"

│充虞欲解孟子之憂, 兼辨己之惑, 故於路中問也. 豫, 悅也. 尤, 過也. 孟子嘗欲藉齊以興王道, 不遇而去, 於是憂天下之心, 有見顏面者. 故虞不知以爲不豫也.

曰: "彼一時, 此一時也.

│彼, 謂在齊之時. 此, 謂今日之時. 言皆一時之遇不遇, 而非終身之得喪也.

五百年必有王者興, 其間必有名世者.

│自堯舜至湯, 自湯至文武, 皆五百餘年, 而聖人出. 間, 中間也. 言雖不能正五百年, 然其間又必有德業聞望名世者出, 而能致治也.

由周而來, 七百有餘歲矣. 以其數, 則過矣. 以其時考之, 則可矣. 由周而來, 七百有餘世矣. 以其數, 則過矣, 以其時考之, 則可矣.

│數, 謂五百年之期. 以其時考之者, 謂五百年之間, 必有名世者, 而孟子之生, 適當其時.

夫天未欲平治天下也, 如欲平治天下, 當今之世, 舍我其誰也. 吾何爲不豫哉."

│言夫天未欲平治天下, 則固命矣. 若欲平治天下, 便非我則不可, 豈可以一時之不遇爲不豫哉.

○聖賢之於天下, 其憂之也固切, 而於道之廢興存亡, 則安其所値, 未嘗有不豫之心也. 蓋其憂之者, 仁人之本心, 而若不豫之心, 則患得患失者之事. 聖賢豈謂有之乎.

右第十三章

14. 孟子去齊, 居休.

｜休, 地名.

公孫丑問曰: "仕而不受祿, 古之道乎?" 曰: "非也, 於崇, 吾得見王, 退而有去志, 不欲變, 故不受也.

｜崇, 亦地名. 蓋齊王敬孟子, 而郊迎於此也. 孟子始見齊王, 必有所不合. 故有去志. 朱氏曰: 變, 謂變其去志.

繼而有師命, 不可以請, 久於齊, 非我志也."

｜師命, 師旅之命也. 是時齊伐燕. 故難請去也.

○仕而受祿, 禮也. 不受齊祿, 權也. 聖賢之於事, 其不苟如此.

右第十四章

○門人記此, 以終孟子在齊之始末.

孟子古義 卷之三

滕文公章句上 凡五章

○此篇記孟子在滕及宋魯之間之事也. 初論王道之規模, 次辨邪說之害, 末雜記孟子答問之言, 皆學問切要之言.

1. 滕文公爲世子, 將之楚, 過宋而見孟子.

｜世子, 太子也. 孟子是時在宋.

孟子道性善, 言必稱堯舜.

｜道, 言也. 性者人生所稟之質, 雖各有殊, 而其情無不好善惡惡, 乃所謂善也. 必稱性善者, 證堯舜可爲, 而堯舜可爲者, 乃以性善也. 詳見告子上篇.

世子自楚反, 復見孟子. 孟子曰: "世子疑吾言乎? 夫道一而已矣.

｜道者, 仁義而已矣. 堯舜之所以能爲人倫之至者, 亦不過盡仁義而已, 而仁義豈人之所難能乎哉. 亦患不爲耳.

成覸謂齊景公曰, '彼, 丈夫也, 我, 丈夫也, 吾何畏彼哉?' 顔淵曰, '舜, 何人也? 予, 何人也? 有爲者亦若是.' 公明儀曰, '文王, 我師也, 周公豈欺我哉?'

｜成覸, 人姓名. 彼謂聖人也. 有爲者亦若是, 言人能有爲則皆如舜也. 公明, 姓, 儀, 名, 魯賢人也. 文王我師也, 蓋周公之言, 公明儀亦以文王爲必可師. 故誦周公之言, 而歎其不我欺也. 孟子復引三人之言, 以明聖賢之必可學而至, 且勉世子以立志勵力, 不懈所事也.

今滕, 絶長補短, 將五十里也, 猶可以爲善國.

| 絶, 猶截也.

書曰, '若藥不瞑眩, 厥疾不瘳.'"

| 書語, 見古文商書說命篇. 瞑眩, 憒亂也. 言安於卑近, 不能自勉, 則不得爲善國也.

右第一章

○孟子之時, 世衰道微, 而功利之說, 淪人骨髓, 不唯不知仁義之爲美, 而自視甚卑, 以爲不能行仁義. 故特倡性善之說, 亦必稱堯舜以實之, 而曰道一而已矣. 蓋性雖爲善, 而不由道以導之, 則無以成其德. 故孟子之言如此. 若使後儒言之, 必曰性一也, 而不可謂道一而已矣. 苟如其言, 則堯舜與途人, 亦無以殊, 豈有上智不愚之別也哉. 夫雖以人之靈, 然不能爲鳥之飛, 魚之躍, 而於誦堯之言, 行堯之行, 則無不能者, 以其性之善, 聖人與我同類也. 然不能無少不同, 必有道以一之. 故不曰性, 而曰道, 學者審諸.

2. 滕定公薨, 世子謂然友曰: "昔者孟子嘗與我言於宋, 於心終不忘. 今也不幸至於大故, 吾欲使子問於孟子, 然後行事."

| 定公, 文公父也. 然友, 世子之傅也. 大故, 大喪也.

然友之鄒問於孟子.

| 孟子時歸在鄒.

孟子曰: "不亦善乎! 親喪, 固所自盡也. 曾子曰, '生, 事之以禮, 死, 葬之以禮, 祭之以禮, 可謂孝矣.'

| 當時諸侯, 皆不行古禮. 故孟子善其問, 而言父母之喪, 人子之至情, 所不可不自盡者, 且引曾子之語, 而言孝子之道當然也. 曾子之言, 本出於孔子.

諸侯之禮, 吾未之學也, 雖然, 吾嘗聞之矣. 三年之喪, 齊疏之服, 飦粥之食, 自天子達於庶人, 三代共之."

| 三年之喪者, 子生三年, 然後免於父母之懷. 故父母之喪, 必以三年也. 齊, 衣下縫也, 不緝曰斬衰, 緝之曰齊衰. 疏, 麤布也. 飦, 糜也. 喪禮三日始食粥, 旣葬, 乃疏食, 古今貴賤通行之禮也.

○禮有本有末. 本者人之所當行, 而不可須臾去身者也. 末者在所不必行, 當臨時斟酌之. 故孟子特舉其本而告之. 此行禮者之所當識也.

然友反命, 定爲三年之喪, 父兄百官皆不欲曰: "吾宗國魯先君莫之行, 吾先君亦莫之行也. 至於子之身而反之, 不可. 且志曰, '喪祭從先祖.'"

| 父兄, 同姓老臣也. 滕與魯, 俱文王之後, 而魯祖周公爲長, 兄弟宗之, 故滕謂魯爲宗國也. 子, 指文公, 諸侯嗣立未踰年之稱. 志, 記也. 言喪祭之事, 各從其先祖之法, 不可於己身更改之. 蓋志所謂先祖, 謂立法之祖, 非謂後世壞法者, 父兄百官, 不知志之意, 而妄引之也.

曰: "吾有所受之也."

| 趙氏曰: 世子言我受之於孟子也.

謂然友曰: "吾他日未嘗學問, 好馳馬試劍, 今也父兄百官不我足也, 恐其不能盡於大

事, 子爲我問孟子!" 然友復之鄒問孟子. 孟子曰: "然. 不可以他求者也. 孔子曰, '君
薨, 聽於冢宰, 歠粥, 面深墨, 卽位而哭, 百官有司莫敢不哀, 先之也. 上有好者, 下必
有甚焉者矣. 君子之德, 風也, 小人之德, 草也. 草尙之風, 必偃.' 是在世子."

| 不我足, 謂不以我滿足其意也. 不可他求者, 言當責之於己. 冢宰, 六卿之長也. 歠,
飮也. 深墨, 甚黑色也. 卽, 就也. 尙, 加也. 偃, 仆也. 孟子檃括夫子之語以答之, 而
言但在世子自盡其哀而已.

然友反命. 世子曰: "然, 是誠在我." 五月居廬, 未有命戒, 百官族人, 可謂曰知. 及至
葬, 四方來觀之, 顔色之戚, 哭泣之哀, 弔者大悅.

| 諸侯五月而葬, 未葬居倚廬於中門之外, 居喪不言. 故未有命令敎戒也. 朱氏曰:
可謂曰知, 疑有闕誤. 或曰, 皆謂世子之知禮也.

右第二章

○古禮之難復, 人皆歎之. 然非古禮之必難行, 而患無人之能行之者耳. 先王之禮, 至
孟子之時, 破壞蕩盡, 無復知者. 唯文公能感於孟子性善之說, 特擧行之. 卒也父兄百
官, 以爲知禮, 四方弔者, 大大悅焉, 則知有文公之質, 而後能行之. 若不然, 則似終
無可行之時. 然非孟子敎之之法, 能得其要, 簡明條達, 使人易行, 則雖文公之賢, 亦
未必能有行. 可見不唯文公之質爲美, 亦孟子之說, 能得其要故也.

3. 滕文公問爲國.

| 朱氏曰: 文公以禮聘孟子, 故孟子至滕, 而文公問之.

孟子曰: "民事不可緩也. 詩云, '晝爾于茅, 宵爾索綯, 亟其乘屋, 其始播百穀.'

| 詩, 豳風七月之篇. 于, 往取也. 綯, 絞也. 亟, 急也. 乘, 升也. 播, 布也. 孟子引詩, 證
民事不可緩之意. 言治屋之急如此者, 蓋以來春將復始播百穀, 而力不暇給也.

民之爲道也, 有恒産者有恒心, 無恒産者無恒心. 苟無恒心, 放辟邪侈, 無不爲已. 及
陷乎罪, 然後從而刑之, 是罔民也. 焉有仁人在位, 罔民而可爲也?

| 義見前篇.

是故賢君必恭儉禮下, 取於民有制.

| 恭儉則修己有制, 用物有節. 以禮接下, 則無縱己之心, 取民有制, 則下有餘財.

陽虎曰, '爲富不仁也, 爲仁不富矣.'

| 虎之意, 本恐爲仁之害於富. 孟子引之, 以爲君人者, 當與民共之, 而不可專務
爲富也.

夏后氏五十而貢, 殷人七十而助, 周人百畝而徹, 其實皆什一也. 徹者, 徹也, 助者, 藉
也.

| 言三代取民之法制. 夏時, 一夫受田五十畝, 而每夫計其五畝之入以爲貢. 此爲十
分稅其一也. 殷人始爲井田之制, 以六百三十畝之地, 畫爲九區, 區七十畝, 中爲
公田, 其外八家, 各授一區. 周時亦如殷制, 而一夫受田百畝, 其法, 一夫所耕公田,
實計十二畝半, 通私田百畝言之, 則爲以一百十二畝半之地, 取十二畝半之入, 其
實重於什一, 謂之什一者, 蓋擧大數也. 徹, 通也. 周人通貢助二法而用之, 故謂之
徹. 藉, 借也. 取借民力以耕公田之義也. ○舊說謂八家同井, 耕則通力而作, 收則

計畝而分, 故謂之徹. 如此, 則八家所收, 各均平而無多寡也. 然孟子嘗曰, 上農夫食九人, 上次食八人, 中食七人, 中次食六人, 下食五人, 言因用力勤惰, 而有此五等也. 然則謂通力而作, 計畝而收者, 其說不通.

○三代之制, 畝數雖異, 其實皆爲百畝. 蓋夏后氏之五十, 殷人畫爲七十, 殷人之七十, 周人畫爲百畝, 步有長短, 而地無廣狹, 何者. 百畝之糞, 上農夫食九人, 下農夫食五人. 若夏后氏之制, 五十而井, 又貢其十一, 則不及百畝之半, 其所入不過足給夫婦之口. 若上有父母, 下有子弟, 則將何以食之. 故知夏后氏之制, 本不若此, 而二代之法, 亦皆不與周制異也. 班固有以公田二十畝爲廬舍之說, 然孟子無其說, 且觀詩曰同我婦子, 饁彼南畝, 則其無廬舍益明矣.

龍子曰, '治地莫善於助, 莫不善於貢.'

｜龍子, 古賢人. 當時或用貢法, 或用助法, 徒有其名, 而無其實, 而貢法之害尤甚. 故龍子因其事實而言之, 非論夏殷之法也.

貢者, 校數歲之中以爲常. 樂歲, 粒米狼戾, 多取之而不爲虐, 則寡取之, 凶年, 糞其田而不足, 則必取盈焉.

｜孟子解龍子之言如此. 狼戾, 猶狼藉, 言多也. 糞, 壅也. 盈, 滿也. 言豐年多取之民, 不爲暴虐, 則寡取之. 至於饑歲, 則民糞田尙無所得食, 而反取其稅, 必滿其數, 不如助法從歲之饑穰, 以爲登降之爲得也. 然此特後世用法之弊, 夏時貢法, 必不如此不善也.

爲民父母, 使民盼盼然, 將終歲勤動, 不得以養其父母, 又稱貸而益之, 使老稚轉乎溝壑, 惡在其爲民父母也?

｜孟子又言貢法之害. 盼, 恨視也. 勤動, 勞苦也. 稱, 擧也. 貸, 借也. 稱貸, 謂取物於人, 而出息以償之也. 益之, 以足取盈之數也. 稚, 幼子也.

夫世祿, 滕固行之矣.

｜此文疑錯簡. 今以文勢推之, 當在下文請野九一之上.

詩云, '雨我公田, 遂及我私.' 惟助爲有公田. 由此觀之. 雖周亦助也.

｜詩, 小雅大田之篇. 言願天雨於公田, 而遂及我私田也. 當時唯有貢法, 而助法盡廢, 典籍不存, 惟有此詩之可證. 故孟子引之也.

設爲庠序學校以敎之. 庠者, 養也, 校者, 敎也, 序者, 射也. 夏曰校, 殷曰序, 周曰庠, 學則三代共之, 皆所以明人倫也. 人倫明於上, 小民親於下.

｜孫氏奭曰: 言庠者, 養耆老於此, 故謂之庠. 校者, 敎禮義於此, 故謂之校. 序者, 講射於此, 而行尊卑揖遜之禮, 故謂之序. 然而三代皆於此爲學而明人倫之序. ○舊解謂庠以養老爲義, 校以敎民爲義, 序以習射爲義, 皆鄉學也. 學, 國學也. 愚謂古人質實, 不尙虛文, 豈無其實, 而虛加之名哉. 故今從孫氏說. 且前篇曰, 謹庠序之敎, 左氏傳亦曰, 鄭人毁鄉校, 則是通用夏殷之名, 而亦無所謂學者, 舊解泥甚.

有王者起, 必來取法, 是爲王者師也.

｜滕國褊小, 雖不足興王業, 然爲王者師, 而其澤足以及天下, 則與己自爲王者無異矣.

詩云, '周雖舊邦, 其命維新.' 文王之謂也. 子力行之, 亦以新子之國!"

｜詩, 大雅文王之篇. 言周雖后稷以來, 舊爲諸侯, 其受天命而有天下, 則自文王始也.

○此專言井地之可必行, 而次之以謹庠序之敎也. 蓋敎養相兼, 而以養爲本, 實王者治國之常法也.

使畢戰問井地. 孟子曰: "子之君將行仁政, 選擇而使子, 子必勉之!

｜畢戰, 滕臣. 文公因孟子之言, 而使畢戰主爲井地之事. 故又使之來問其詳也. 井地, 卽井田也.

夫仁政, 必自經界始. 經界不正, 井地不均, 穀祿不平, 是故暴君汚吏必慢其經界. 經界旣正, 分田制祿可坐而定也.

｜經界, 井田之區域也. 孟子時井地雖廢, 而尙有其名. 故曰井地不均. 言經界不正, 則民每困於橫斂, 而仁政不得行. 苟正其經界, 則暴君汚吏, 無所容私, 而分田制祿, 亦可不勞而定矣.

夫滕, 壤地褊小, 將爲君子焉, 將爲野人焉. 無君子, 莫治野人, 無野人, 莫養君子.

｜朱氏曰: 言滕地雖小, 然其間亦必有爲君子而仕者, 亦必有爲野人而耕者, 是以分田制祿之法, 不可偏廢也.

請野九一而助, 國中什一使自賦.

｜周禮都鄙用助法, 八家同井, 鄕遂用貢法, 十夫有溝. 故孟子擧周制而告之.

卿以下必有圭田, 圭田五十畝,

｜於世祿常制之外, 又有圭田以厚君子也. 圭, 潔也, 所以奉祭祀也.

餘夫二十五畝,

｜於百畝之外又有餘夫之田, 以厚野人也. 程子曰: 一夫, 上父母, 下妻子, 以五口八口爲率. 受田百畝, 如有弟, 是餘夫也. 年十六, 別受田二十五畝, 俟其壯而有室, 然後更受百畝之田.

○圭田餘夫之制, 蓋於井田百畝之外, 別就空閒之地, 以五十畝, 畫爲圭田, 二十五畝, 畫爲餘夫以授之. 後世講井田, 以爲畫天下之田, 整如某局. 苟如其說, 則九州之中, 無非井地, 圭田餘夫, 將何所授. 可謂誤矣.

死徙無出鄕, 鄕田同井, 出入相友, 守望相助, 疾病相扶持, 則百姓親睦.

｜死, 謂葬也. 徙, 謂徙其居也. 同井者, 八家也. 友, 猶伴也. 守望, 防寇盜也.

方里而井, 井九百畝, 其中爲公田. 八家皆私百畝, 同養公田, 公事畢, 然後敢治私事, 所以別野人也. 此其大略也.

｜當時唯有貢法, 而助法盡廢. 故於是詳言助法而告之. 公田以爲君子之祿, 而私田野人之所受, 先公後私, 所以別君子野人之分也. 井田之法, 不止若上文所言. 故曰此其大略也.

若夫潤澤之, 則在君與子矣."

｜言其要在隨地制宜, 以滋潤惠澤斯民而已耳.

右第三章

○井田之制, 萬世不易之良法也. 然其欲復之者, 或拘於周禮溝遂之法, 或疑於山林川澤之勢, 常苦不能行也. 是皆拘士腐儒, 襲故承舊者之陋見, 不足與有爲焉. 若有聰明疏通, 大過人者, 而得任其事, 則固當自有良法, 不撓一事, 不病一人, 而先王之法, 可立復矣. 而觀孟子曰此其大略也, 則知方其時, 既不可知其詳, 而後世諸儒之說, 皆其所臆度, 而非先王之意也. 學者要當本先王之意, 而不泥先王之迹, 酌古宜今, 使之可行, 斯可矣.

4. 有爲神農之言者許行, 自楚之滕, 踵門而告文公曰: "遠方之人聞君行仁政, 願受一廛而爲氓."

| 神農, 炎帝神農氏, 始爲耒耜, 教民稼穡者也. 爲神農之言, 蓋後世誇大其事, 而託
　之聖人者也. 許, 姓, 行, 名也. 踵, 至也. 廛, 居也. 氓, 野人也.

文公與之處, 其徒數十人, 皆衣褐, 捆屨織席以爲食.

| 褐, 毛布, 賤者之服也. 捆, 扣椓之欲其堅也. 以爲食, 謂賣以供食也.

陳良之徒陳相, 與其弟辛, 負耒耜而自宋之滕曰: "聞君行聖人之政, 是亦聖人也, 願爲聖人氓." 陳相見許行而大悅, 盡棄其學而學焉.

| 陳良, 蓋楚之儒者. 陳相, 良之門徒也. 辛, 相弟. 耜, 所以起土, 耒, 其柄也.

○此敍陳相倍其師, 而從許行之學也.

陳相見孟子, 道許行之言曰: "滕君則誠賢君也, 雖然, 未聞道也. 賢者與民並耕而食, 饔飧而治. 今也滕有倉廩府庫, 則是厲民而以自養也, 惡得賢?"

| 饔飧, 熟食也. 朝曰饔, 夕曰飧. 言當自炊爨以爲食, 而兼治民事也. 厲, 病也. 許行
　此言, 卽所謂神農之言, 而班固所謂農家者流. 蓋此類耳.

孟子曰: "許子必種粟而後食乎?" 曰: "然." "許子必織布而後衣乎?" 曰: "否, 許子衣褐." "許子冠乎?" 曰: "冠." 曰: "奚冠?" 曰: "冠素." 曰: "自織之與?" 曰: "否, 以粟易之." 曰: "許子奚爲不自織?" 曰: "害於耕." 曰: "許子以釜甑爨, 以鐵耕乎?" 曰: "然." "自爲之與?" 曰: "否, 以粟易之."

| 釜, 所以煮. 甑, 所以炊. 爨, 然火也. 鐵, 耜屬也. 朱氏曰: 此語八反, 皆孟子問而陳
　相對也.

"以粟易械器者, 不爲厲陶冶, 陶冶亦以其械器易粟者, 豈爲厲農夫哉? 且許子何不爲陶冶, 舍皆取諸其宮中而用之, 何爲紛紛然與百工交易? 何許子之不憚煩?"

| 孟子復問也. 械器, 釜甑之屬也. 陶, 爲甑者, 冶爲釜鐵者. 趙氏曰: 舍, 止也.

曰: "百工之事, 固不可耕且爲也."

| 陳相自知其說之窮. 故飾辭以拒之.

"然則治天下, 獨可耕且爲與?

| 孟子卽其言直排許行與民幷耕之說. 下文卽皆孟子之言.

有大人之事, 有小人之事. 且一人之身, 而百工之所爲備, 如必自爲而後用之, 是率天下而路也.

| 朱氏曰: 路, 謂奔走道路, 無時休息也.

故曰, 或勞心, 或勞力, 勞心者治人, 勞力者治於人, 治於人者食人, 治人者食於人, 天下之通義也.

| 首四句, 蓋皆古語, 而孟子引之, 復申其意. 言治天下者, 不可耕且爲也.

○此陳相述許行之道, 而孟子反覆辨論, 以明君人者之不可與民幷耕也.

當堯之時, 天下猶未平, 洪水橫流, 氾濫於天下, 草木暢茂, 禽獸繁殖, 五穀不登, 禽獸
偪人, 獸蹄鳥跡之道交於中國. 堯獨憂之, 擧舜而敷治焉.

│朱氏曰: 天下猶未平者, 洪荒之世, 生民之害多矣. 聖人迭興, 漸次除治, 至此尚未
　盡平也. 洪, 大也. 橫流, 不由其道, 而散溢妄行也. 氾濫, 橫流之貌. 暢茂, 長盛也.
　繁殖, 衆多也. 五穀, 稻黍稷麥菽也. 登, 成熟也. 道, 路也. 獸蹄鳥跡交於中國, 言禽
　獸多也. 敷, 布也.

舜使益掌火, 益烈山澤而焚之, 禽獸逃匿.

│益, 舜臣名. 烈, 熾也. 禽獸逃匿, 於是生民之害初除. 蓋堯擧舜而敷治, 舜復擧益等
　四人, 各任其職, 詳見下文.

禹疏九河, 淪濟漯而注諸海, 決汝漢, 排淮泗而注之江, 然後中國可得而食也. 當是時
也, 禹八年於外, 三過其門而不入, 雖欲耕, 得乎?

│疏, 通也. 分也. 九河, 爾雅, 曰徒駭, 曰太史, 曰馬頰, 曰覆釜, 曰胡蘇, 曰簡, 曰潔,
　曰鉤盤, 曰鬲津. 淪, 治也. 濟漯, 二水名. 決排, 皆去其壅塞也. 汝漢淮泗, 亦皆水名.
　蓋至是生民之害大除也. 朱氏曰: 據禹貢及今水路, 惟漢水入江耳. 汝泗則入淮,
　而淮自入海. 此謂四水皆入于江, 記者之誤也.

后稷教民稼穡, 樹藝五穀, 五穀熟而民人育.

│后稷農官, 棄爲之. 樹, 種. 藝, 植也. 言生民之害已除, 而稷得教稼穡, 民人始育.

人之有道也, 飽食煖衣逸居而無教, 則近於禽獸. 聖人有憂之, 使契爲司徒, 教以人
倫, 父子有親, 君臣有義, 夫婦有別, 長幼有序, 朋友有信.

│人之有道者, 言人必有五倫之道也. 契亦舜臣名. 司徒, 教官. 言民害已除, 民生已
　育, 則又教以人倫也.

放勳曰, '勞之來之, 匡之直之, 輔之翼之, 使自得之, 又從而振德之.'

│放勳, 堯號也. 堯總命舜及四臣, 戒之而言. 勞者勞之, 來者來之, 僻者正之, 枉者直
　之, 輔以立之, 翼以扶之, 使自得其所矣. 振德, 卽上所謂教以人倫是也.

聖人之憂民如此, 而暇耕乎?

│言此以總結上文之意.

堯以不得舜爲己憂, 舜以不得禹皐陶爲己憂. 夫以百畝之不易爲己憂者, 農夫也.

│易, 治也. 言大人小人, 各皆有其憂, 而大人固不暇憂小人之憂也.

分人以財謂之惠, 教人以善謂之忠, 爲天下得人者謂之仁. 是故以天下與人易, 爲天
下得人難.

│惠本小矣, 忠亦有限. 爲天下得人, 則德澤廣被, 教化無窮, 而其所及者溥, 此仁之
　所以爲大也. 故以天下與人, 雖惠之大者, 而不比爲天下得人之爲難. 若堯之得舜,
　舜之得禹皐陶, 是也.

孔子曰, '大哉, 堯之爲君! 惟天爲大, 惟堯則之, 蕩蕩乎民無能名焉! 君哉, 舜也! 巍
巍乎有天下而不與焉!' 堯舜之治天下, 豈無所用心哉? 亦不用於耕耳.

│則, 猶準也. 蕩蕩, 廣大之貌. 君哉, 言盡君道也. 巍巍, 高大之貌. 而如, 古通用. 如
　不與, 言舜之有天下, 自其功德隆盛之所致, 雖堯與之, 而猶不與也.

○此歷擧堯舜之事, 而言其憂民之切, 擧賢任能, 各治其事, 不唯不暇耕, 亦不必耕也. 此所以爲仁也.

吾聞用夏變夷者, 未聞變於夷者也.

｜夏, 諸夏, 禮義之國也. 變夷, 變化蠻夷之人也. 變於夷, 反見變化於蠻夷之人也.

陳良, 楚産也, 悦周公仲尼之道, 北學於中國. 北方之學者, 未能或之先也. 彼所謂豪傑之士也. 子之兄弟事之數十年, 師死而遂倍之!

｜産, 生也. 陳良生於楚, 在中國之南. 故北遊而學於中國也. 先, 過也. 豪傑, 才德出衆之稱, 言其能自拔於流俗也. 倍, 與背同, 言背其師之學, 而從許行之學也.

昔者孔子沒, 三年之外, 門人治任將歸, 入揖於子貢, 相嚮而哭, 皆失聲, 然後歸. 子貢反, 築室於場, 獨居三年, 然後歸.

｜三年, 古者爲師心喪三年, 若喪父而無服也. 任, 擔也. 失聲, 謂悲不能成聲也. 場, 冢上之壇場也.

他日, 子夏子張子游以有若似聖人, 欲以所事孔子事之, 强曾子. 曾子曰, '不可, 江漢以濯之, 秋陽以暴之, 皜皜乎不可尚已.'

｜有若之貌似夫子, 三子者, 思見夫子, 而不可復得. 故欲以所事夫子之禮事之, 而自慰其思也. 江漢清冽, 濯之至潔, 秋陽壯日, 暴之善乾. 皜皜, 潔白貌. 尚, 加也. 言夫子之德, 光輝純粹, 不可復加, 非有若所能彷彿也.

今也南蠻鴃舌之人, 非先王之道, 子倍子之師而學之, 亦異於曾子矣. 吾聞出於幽谷遷於喬木者, 未聞下喬木而入於幽谷者.

｜鴃, 博勞也, 惡聲之鳥, 南蠻之聲似之, 指許行也. 小雅伐木之詩云, 伐木丁丁, 鳥鳴嚶嚶, 出自幽谷, 遷于喬木.

魯頌曰, '戎狄是膺, 荆舒是懲.' 周公方且膺之, 子是之學, 亦爲不善變矣."

｜魯頌, 閟宮之篇也. 膺, 擊也. 荆, 楚本號也. 舒, 國名, 近楚者也. 懲, 艾也. 孫氏奭曰: 此詩頌僖公能復周公之宇也. 孟子言陳良以楚産北學於中國, 是善變者也. 今陳相背其師說, 而學許行, 則是不善變矣.

○此責陳相倍其師而學許行也.

"從許子之道, 則市賈不貳, 國中無僞, 雖使五尺之童適市, 莫之或欺. 布帛長短同, 則賈相若, 麻縷絲絮輕重同, 則賈相若, 五穀多寡同, 則賈相若, 屨大小同, 則賈相若."

｜陳相又爲孟子言許子之道如此. 五尺之童, 謂幼小無知也. 言其敎淳朴, 而物不二價, 市中所鬻之物, 唯因其長短輕重, 多寡大小爲價, 而不相欺, 豈不便乎.

曰: "夫物之不齊, 物之情也. 或相倍蓰, 或相什百, 或相千萬. 子比而同之, 是亂天下也. 巨屨小屨同賈, 人豈爲之哉? 從許子之道, 相率而爲僞者也, 惡能治國家?"

｜倍, 一倍也. 蓰, 五倍也. 孟子言物之不齊, 乃其自然, 自倍蓰什佰, 至於千萬, 不可得而齊之. 今子乃爲一切之法, 欲合而同之, 則是亂天下之事也. 物之不能無精粗, 猶其不能無大小. 若大屨小屨同價, 則人豈肯爲其大者哉. 今不論精粗, 槩而一其價, 則人皆競爲濫惡之物以相欺耳.

○此辨許行之道, 不惟不能使人無僞, 而其相率而爲僞, 適足以亂天下也.

右第四章

5. 墨者夷之因徐辟而求見孟子. 孟子曰: "吾固願見, 今吾尙病, 病愈, 我且往見, 夷子不來!"

| 墨者, 治墨翟之道者. 夷, 姓, 之, 名. 徐辟, 孟子弟子. 朱氏曰: 孟子稱疾, 疑亦託辭以觀其意之誠否.

他日, 又求見孟子. 孟子曰: "吾今則可以見矣. 不直, 則道不見, 我且直之.

| 朱氏曰: 又求見, 則其意已誠矣. 故因徐辟以質之如此. 直, 盡言以相正也.

吾聞夷子墨者, 墨之治喪也, 以薄爲其道也, 夷子思以易天下, 豈以爲非是而不貴也, 然而夷子葬其親厚, 則是以所賤事親也."

| 易天下, 謂移易天下之風俗也. 孟子擧墨子之敎, 而言其治喪貴薄而賤厚. 今夷子尊墨子之道, 而厚葬其親者何哉. 蓋其心有不安者, 故就此以曉之也.

○此孟子不遽見夷子, 而姑就其所明以詰之, 欲其自得之也.

徐子以告夷子. 夷子曰, "儒者之道, 古之人若保赤子, 此言何謂也? 之則以爲愛無差等, 施由親始."

| 朱氏曰: 若保赤子, 周書康誥篇文, 夷子引之, 蓋欲援儒而入於墨, 以拒孟子之非己. 又曰施由親始, 則推墨而附於儒, 以釋己所以厚葬其親之意, 皆所謂遁辭也.

徐子以告孟子. 孟子曰: "夫夷子信以爲人之親其兄之子爲若親其隣之赤子乎? 彼有取爾也. 赤子匍匐將入井, 非赤子之罪也.

| 孟子言夷子以書語, 謂爲愛其兄之子, 與愛其鄰之子, 本無差等乎. 蓋書之取譬, 本謂小民無知而犯法, 皆上之失政使然, 猶赤子無知而入井. 故君人者, 必若保赤子可矣, 非愛無差等之謂也.

且天之生物也, 使之一本, 而夷子二本故也.

| 言天之生物 必由一本而出, 有祖而後有父, 有父而後有兄弟, 又推之以及他人. 故其愛之自有差等, 於物亦然. 今夷之二本, 故爲愛無差等, 而又謂施由親始, 其不倫如此. 二本者, 猶言千萬本也.

蓋上世嘗有不葬其親者, 其親死, 則擧而委之於壑. 他日過之, 狐狸食之, 蠅蚋姑嘬之. 其顙有泚, 睨而不視.

| 又爲夷之擧上世之事, 以明孝子之心有不能自已者也. 上世, 謂太古也. 委, 棄也. 壑, 路傍坑壑也. 蚋, 蚊屬. 姑, 語助聲, 或曰, 螻蛄也. 嘬, 相共食之也. 顙, 額也. 泚, 泚然汗出之貌. 睨, 邪視也. 視, 正視也. 朱氏曰: 不能不視, 而又不忍正視, 哀痛迫切, 不能爲心之甚也.

夫泚也, 非爲人泚, 中心達於面目, 蓋歸反虆梩而掩之. 掩之誠是也, 則孝子仁人之掩其親, 亦必有道矣."

| 朱氏曰: 非爲人泚, 言非爲他人見之而然也. 反, 覆也. 虆梩, 籠臿之屬. 言取土而掩之也. 於是歸而掩覆其親之尸. 此人子之至情, 而本不可非, 則孝子仁人, 所以葬其親者, 亦必有其道矣. 但夷之不知焉耳.

○此孟子正夷子之誤, 而且明葬埋之禮, 出於人心之自然, 而非有强之也.

徐子以告夷子. 夷子憮然爲閒曰: "命之矣."

| 憮然, 茫然自失之貌. 爲閒者, 有頃之閒也. 命, 猶敎也. 趙氏曰: 命之, 猶言受敎矣.

右第五章

○厚葬其親, 人子之至情. 蓋因吾心之固有, 而非有強之也. 夷之之厚葬, 其本心之明, 有不可得而泯滅者, 但蔽於所學, 而不自知其非. 故孟子因其開明之端, 納約自牖, 宜乎其言易入, 而彼惑頓解也.

滕文公章句下 凡十章

1. 陳代曰: "不見諸侯, 宜若小然, 今一見之, 大則以王, 小則以霸. 且志曰, '枉尺而直尋.' 宜若可爲也."

| 陳代, 孟子弟子也. 不見諸侯, 謂非其招則不往見也. 小, 謂小節也. 枉, 屈也. 直, 伸也. 八尺曰尋. 枉尺直尋, 言所屈者小, 而所伸者大也. 陳代譏孟子苟守小節, 而不通時宜也. 志之言, 蓋自春秋以來, 風俗習於霸者計較功利之說, 而有是言, 非有道之言也.

孟子曰: "昔齊景公田, 招虞人以旌, 不至, 將殺之.

| 田, 獵也. 虞人, 守苑囿之吏也. 招大夫以旌, 招虞人以皮冠, 景公招之, 當以皮冠而以旌. 故不至也.

'志士不忘在溝壑, 勇士不忘喪其元.' 孔子奚取焉? 取非其招不往也. 如不待其招而往, 何哉?

| 元, 首也. 朱氏曰: 志士固窮, 常念死無棺槨, 棄溝壑而不恨. 勇士輕生, 常念戰鬪而死, 喪其首而不顧也. 此二句, 乃孔子歎美虞人之言. 夫虞人招之不以其物, 尚守死而不往. 況君子豈可不待其招, 而自往見之耶.

○此告之以不可往見之意.

且夫枉尺而直尋者, 以利言也. 如以利, 則枉尋直尺而利, 亦可爲與?

| 言枉尺直尋, 猶似可爲, 至於枉尋直尺, 則不可爲. 苟以利而已, 則亦將爲之而不自愧, 甚言其不可也.

昔者趙簡子使王良與嬖奚乘, 終日而不獲一禽. 嬖奚反命曰, '天下之賤工也.' 或以告王良. 良曰, '請復之.' 彊而後可, 一朝而獲十禽. 嬖奚反命曰, '天下之良工也.'

| 趙簡子, 晉大夫趙鞅也. 王良, 善御者也. 嬖奚, 簡子幸臣. 與之乘, 爲之御也. 復之, 再乘也. 彊而後可, 強嬖奚乃肯行也.

簡子曰, '我使掌與女乘.' 謂王良. 良不可曰, '吾爲之範我馳驅, 終日不獲一, 爲之詭遇, 一朝而獲十. 詩云, '不失其馳, 舍矢如破.' 我不貫與小人乘, 請辭.'

| 掌, 主也. 範, 法度也. 詭遇, 不正而與禽遇也. 言奚不善射, 以法馳驅則不獲, 廢法詭遇而後中也. 詩, 小雅車攻之篇. 言御者不失其馳驅之法, 而射者發矢, 皆中而力. 今良賤嬖奚之不能射, 以爲小人也. 貫, 習也.

御者且羞與射者比, 比而得禽獸, 雖若丘陵, 弗爲也. 如枉道而從彼, 何也?

| 比, 阿黨也. 言御者賤役, 尚且羞枉己相黨, 況可以君子而不知所差乎.

且子過矣, 枉己者, 未有能直人者也."

| 言枉己者不能直人之意, 以斥枉尺直尋之非也.

○此論枉尺直尋之非.

右第一章

○陳代曰: 今一見之, 大則以王, 小則以霸. 淳于髡亦云, 今天下溺矣, 夫子之不援何也. 可見當時旣皆以禹稷伊呂期孟子. 然而其言皆不爲所取, 蓋得規矩, 而後得能成方圓, 舍規矩而能成方圓者, 未之有也. 聞以其昭昭使人昭昭, 未聞以其昏昏使人昭昭. 故孟子曰, 子過矣. 枉己者, 未有能直人者也. 蓋必然之明效, 不易之定理, 萬世莫之能違焉. 學者讀大賢之書, 而不知大賢之旨, 則亦二子之流耳.

2. 景春曰: "公孫衍張儀豈不誠大丈夫哉? 一怒而諸侯懼, 安居而天下熄."

│景春, 人姓名. 公孫衍張儀, 皆魏人. 怒則說諸侯, 使相攻伐. 故諸侯懼也.

孟子曰: "是焉得爲大丈夫乎? 子未學禮乎? 丈夫之冠也, 父命之, 女子之嫁也, 母命之, 往送之門, 戒之曰, '往之女家, 必敬必戒, 無違夫子!' 以順爲正者, 妾婦之道也.

│加冠於首曰冠. 女家, 夫家也. 婦人內夫家, 以嫁爲歸也. 夫子, 夫也. 女子從人, 以順爲正道也. 言二子說諸侯, 必依阿逢迎, 曲從其意, 乃妾婦順從之道, 而非丈夫之事也.

居天下之廣居, 立天下之正位, 行天下之大道, 得志, 與民由之, 不得志, 獨行其道. 富貴不能淫, 貧賤不能移, 威武不能屈, 此之謂大丈夫."

│廣居, 仁也. 正位, 禮也. 大道, 義也. 與民由之, 行道于天下也. 獨行其道, 獨善其身也. 淫, 蕩其心也. 移, 變其節也. 屈, 挫其志也.

右第二章

○何氏鎬曰: 戰國之時, 聖賢道否, 天下不復見其德業之盛. 但見姦巧之徒, 得志橫行, 氣焰可畏, 遂以爲大丈夫, 不知由君子觀之, 是乃妾婦之道耳, 何足道哉.

3. 周霄問曰: "古之君子仕乎?"

│周霄, 魏人也.

孟子曰: "仕. 傳曰, '孔子三月無君, 則皇皇如也, 出疆必載質.' 公明儀曰, '古之人三月無君, 則弔.'"

│皇皇, 如有求而弗得之意. 出疆, 謂失位而去國也. 質, 所執以見人者也. 朱氏曰: 出疆載之者, 將以見所適國之君而事之也.

"三月無君則弔, 不以急乎?"

│周霄問也.

曰: "士之失位也, 猶諸侯之失國家也. 禮曰, '諸侯耕助以供粢盛, 夫人蠶繅, 以爲衣服. 犧牲不成, 粢盛不潔, 衣服不備, 不敢以祭. 惟士無田, 則亦不祭.' 牲殺器皿衣服不備, 不敢以祭, 則不敢以宴, 亦不足弔乎?"

│衣服, 祭服也. 惟士無圭田者不祭. 牲必特殺. 故曰牲殺. 皿, 所以覆器者也.

"出疆必載質, 何也."

│周霄問也.

曰: "士之仕也, 猶農夫之耕也, 農夫豈爲出疆舍其耒耜哉?"

｜趙氏曰: 孟子言仕之爲急, 猶農夫不可不耕也.

曰: "晉國亦仕國也, 未嘗聞仕如此其急. 仕如此其急也, 君子之難仕, 何也?"

｜周霄復問也. 仕國, 謂可仕之國也. 君子, 謂孟子. 朱氏曰: 霄意以孟子不見諸侯爲
　難仕. 故先問古之君子仕否, 然後言此以風切之也.

曰: "丈夫生而願爲之有室, 女子生而願爲之有家, 父母之心, 人皆有之. 不待父母之
命媒妁之言, 鑽穴隙相窺, 踰牆相從, 則父母國人皆賤之. 古之人未嘗不欲仕也, 又惡
不由其道. 不由其道而往者, 與鑽穴隙之類也."

｜男以女爲室, 女以男爲家. 妁, 亦媒也.

○古之人, 未嘗不欲仕, 又惡不由其道, 乃一章之大旨. 當與論語子路丈人問答章參
　看.

右第三章

○論仕進之道, 此章盡之矣. 後世或不論由其道與否, 槩以隱爲高, 以顯爲濁, 以處爲
　崇, 以出爲卑, 大非聖賢之意.

4. 彭更問曰: "後車數十乘, 從者數百人, 以傳食於諸侯, 不以泰乎?"

｜彭更, 孟子弟子也. 傳, 猶乘傳之傳, 蓋諸侯爲孟子供其車徒, 故曰傳食. 泰, 侈也.

孟子曰: "非其道, 則一簞食不可受於人, 如其道, 則舜受堯之天下, 不以爲泰, 子以爲
泰乎?"

｜孟子既答, 又難之也.

曰: "否, 士無事而食, 不可也."

｜更言不以舜爲泰. 但謂士無功而虛食於人者, 不可也.

曰: "子不通功易事, 以羨補不足, 則農有餘粟, 女有餘布, 子如通之, 則梓匠輪輿, 皆
得食於子.

｜通功易事, 謂農出粟以易械器, 工作械器以易粟也. 羨, 餘也. 有餘, 言無所貿易, 而
　積於無用也. 梓人, 匠人, 木工也. 輪人, 輿人, 車工也.

於此有人焉, 入則孝, 出則悌, 守先王之道, 以待後之學者, 而不得食於子, 子何尊梓
匠輪輿而輕爲仁義者哉?"

○入則孝, 出則弟, 足以勸獎世教, 守先王之道, 以待後之學者, 足以維持世道, 其有
　功於天下萬世, 不亦甚大乎, 而彭更曰, 士無事而食, 其未達此義乎.

曰: "梓匠輪輿, 其志將以求食也, 君子之爲道也, 其志亦將以求食與?" 曰: "子何以其
志爲哉? 其有功於子, 可食而食之矣. 且子食志乎? 食功乎?"

｜孟子既答, 又難之也. 言凡有功於子者, 皆當養之, 豈問其志之求食與否哉.

曰: "食志." 曰: "有人於此, 毀瓦畫墁, 其志將以求食也, 則子食之乎?" 曰: "否." 曰: "然
則子非食志也, 食功也."

｜墁, 牆壁之飾也. 毀瓦畫墁, 言無功而有害也. 言無功者, 志雖求食而不得, 則有功
　者之當食明矣.

右第四章

○陳氏櫟曰: 此章當與士不素餐兮章參看. 君子居是國, 君用之則安富尊榮, 子弟從

之則孝弟忠信, 縱未能爲當世開太平, 亦足以繼往聖之絕學, 而爲後世開太平, 其有功於道統者, 爲何如. 更等乃以無事而食議之, 抑何其知如也. 食志, 爲人上者不當言, 食功, 而不審其大小輕重, 則僅有功於器物者, 得以加諸有功於吾道者矣. ○此明爲仁義者之有益於國家也. 君子之在草莽也, 非但繼往聖而開來學, 足以維持世道, 足以檢束人心, 淸議由是不墮, 邪說由是不肆. 雖無赫赫之驗, 而有冥冥之功, 何得謂無事而食哉.

5. 萬章問曰: "宋, 小國也, 今將行王政, 齊楚惡而伐之, 則如之何?"

│ 萬章, 孟子弟子. 蓋設言而問.

孟子曰: "湯居亳, 與葛爲鄰, 葛伯放而不祀. 湯使人問之曰, '何爲不祀?' 曰, '無以供犧牲也.' 湯使遺之牛羊. 葛伯食之, 又不以祀. 湯又使人問之曰, '何爲不祀?' 曰, '無以供粢盛也.' 湯使亳衆往爲之耕, 老弱饋食, 葛伯率其民, 要其有酒食黍稻者奪之, 不授者殺之. 有童子以黍肉餉, 殺而奪之. 書曰, '葛伯仇餉.' 此之謂也.

│ 葛, 國名. 伯, 爵也. 放而不祀, 放縱無道, 不祀先祖也. 亳衆, 湯之民, 其民 葛民也. 授, 與也. 餉, 亦饋也. 書語, 今見古文商書仲虺之誥. 仇餉, 言與餉者爲仇也.

爲其殺是童子而征之, 四海之內皆曰, '非富天下也, 爲匹夫匹婦復讎也.'

│ 言四海之民, 因此而謂湯之心, 非以天下爲富而取之, 乃爲匹夫匹婦之被冤者征之也.

湯始征, 自葛載, 十一征而無敵於天下. 東面而征, 西夷怨, 南面而征, 北狄怨, 曰, '奚爲後我?' 民之望之, 若大旱之望雨也, 歸市者弗止, 芸者不變. 誅其君, 弔其民, 如時雨降, 民大悅. 書曰, '徯我后, 后來其無罰!'

│ 載, 亦始也. 十一征, 所征十一國也. 餘已見前篇.

○此引成湯之事, 以明王者之無敵於天下也.

'有攸不爲臣, 東征, 綏厥士女, 匪厥玄黃, 紹我周王見休, 惟臣附于大邑周.' 其君子實玄黃于匪, 以迎其君子, 其小人簞食壺漿, 以迎其小人, 救民於水火之中, 取其殘而已矣.

│ 孟子檗括古書語, 以說武王之事. 有攸不爲臣, 惡紂虐而不欲爲之臣也. 匪, 與篚同. 玄黃, 幣也. 朱氏曰: 紹, 繼也, 猶言事也. 言其士女以匪盛玄黃之幣, 迎武王而事之也. 休, 美也. 言武王能順天休命, 而事之者皆見休也. 臣附, 歸服也. 商人聞周師之來, 各以其類相迎者, 以武王能救民於水火之中, 取其殘民者誅之, 而不爲暴逆耳.

太誓曰, '我武惟揚, 侵于之疆, 則取于殘, 殺伐用張, 于湯有光.'

│ 太誓, 周書, 今古文尙書有泰誓篇. 朱氏曰: 武王威武奮揚, 侵彼紂之疆界, 取其殘賊, 而殺伐之功, 因以張大, 比於湯之伐桀, 又有光焉. 引此以證上文取其殘之義.

○此又引武王之事, 以明行王政, 則雖以天下之大, 而不能敵之也.

不行王政云爾, 苟行王政, 四海之內, 皆擧首而望之, 欲以爲君, 齊楚雖大, 何畏焉?"

│ 趙氏曰: 萬章憂宋迫于齊楚, 不得行政. 故孟子爲陳殷湯周武之事以喩之. 誠能行之, 天下思以爲君, 何畏齊楚之強哉.

右第五章

○夫力有限而德無窮. 力似強而易衰. 故有限. 德似寬而本剛, 故無窮. 王者之所以能無敵於天下者, 以其任德而不恃力也.

6. 孟子謂戴不勝曰: "子欲子之王之善與? 我明告子.

| 戴不勝, 宋臣. 蓋得政柄, 且有心於爲國者. 孟子欲其旁招賢者, 以成正君之功. 故問以發之.

有楚大夫於此, 欲其子之齊語也, 則使齊人傅諸? 使楚人傅諸?" 曰: "使齊人傅之."

| 齊語, 齊人語也. 傅, 敎也.

曰: "一齊人傅之, 衆楚人咻之, 雖日撻而求其齊也, 不可得矣, 引而置之莊嶽之間數年, 雖日撻而求其楚, 亦不可得矣.

| 咻, 讙也. 莊嶽, 齊街里名也.

○此孟子先設譬以曉之也.

子謂薛居州, 善士也, 使之居於王所. 在於王所者, 長幼卑尊皆薛居州也, 王誰與爲不善? 在王所者, 長幼卑尊皆非薛居州也, 王誰與爲善? 一薛居州, 獨如宋王何?"

| 薛居州, 亦宋臣. 朱氏曰: 小人衆而君子獨, 無以成正君之功.

右第六章

○輔氏廣曰: 古之大臣, 欲正其君者, 豈特取辦於一人而已哉. 必也兼收竝蓄, 旁求廣取, 使忠賢之士, 畢集於朝, 在君之左右前後者, 無非正人端士, 然後可以薰陶漸染, 以變化其氣質, 成就其德性. 是豈獨欲趨事赴功而已哉.

7. 公孫丑問曰: "不見諸侯何義?" 孟子曰: "古者不爲臣不見.

| 朱氏曰: 不爲臣, 謂未仕於其國者也.

○此言不見諸侯之義也.

段干木踰垣而辟之, 泄柳閉門而不內, 是皆已甚. 迫斯可以見矣.

| 段干木, 魏文侯時人. 泄柳, 魯繆公時人. 二君聞其賢, 欲就而見之, 二子以未爲臣, 不肯見之. 迫, 謂求見之切也.

○此言雖未爲臣, 亦有可見之義.

陽貨欲見孔子而惡無禮, 大夫有賜於士, 不得受於其家, 則往拜其門. 陽貨矙孔子之亡也, 而饋孔子蒸豚, 孔子亦矙其亡也, 而往拜之. 當是時, 陽貨先, 豈得不見?

| 欲見孔子, 欲召孔子來見己也. 惡無禮, 畏人以己爲無禮也. 受於其家, 對使人拜受於家也. 矙, 視也. 陽貨欲使孔子由大夫賜士之禮, 來拜而見己也. 孟子言是時陽貨先來加禮, 孔子豈得不見耶. 蓋夫子之於小人, 或不得已時見之. 況二君之賢, 而強求見, 何可辟之哉.

○此引孔子之事, 以斷段干木泄柳之過甚.

曾子曰, '脅肩諂笑, 病于夏畦.'

| 脅肩, 竦體也. 諂笑, 強笑也. 夏畦, 夏月治畦之人也. 言小人好爲諂諛者, 其勞過於夏畦之人也.

子路曰, ‘未同而言, 觀其色赧赧然, 非由之所知也.’
| 未同而言, 與人未合, 而強與之言也. 赧赧, 慙而面赤之貌. 由, 子路名. 言非己所
　知, 甚惡之之辭也.
由是觀之, 則君子之所養, 可知已矣.”
○此引二子之言, 以明有所養者, 必不肯不俟其禮, 而輒往見之也.
右第七章

8. 戴盈之曰: “什一, 去關市之征, 今玆未能. 請輕之, 以待來年, 然後已, 何如?”
| 戴盈之, 宋大夫. 什一, 井田之法也. 關市之征, 商賈之稅也. 今玆, 今年也. 已, 止
　也.
孟子曰: “今有人日攘其鄰之雞者, 或告之曰, ‘是非君子之道.’ 曰, ‘請損之, 月攘一雞,
以待來年, 然後已.’
| 攘, 取也, 取自來之物也.
如知其非義, 斯速已矣, 何待來年?”
| 若知其爲非義, 則當速改, 不可一日遲留焉.
右第八章
○輔氏廣曰: 天下事, 只有義利兩端. 纔出義便以利言也, 焉有兩存之理. 若知義理
之不可, 而猶有吝惜之意, 不肯速改, 則亦終歸於悠悠, 必不能自拔而日新矣. 張氏栻
曰: 士之持身, 於改過遷善之際, 而爲盈之之說, 則將終身汩沒於過失之中. 人臣之
謀國, 於革弊復古之事, 而爲盈之之說, 則終陷於因循苟且之域.

9. 公都子曰: “外人皆稱夫子好辯, 敢問何也?”
| 孟子深拒楊墨, 故稱爲好辯也.
孟子曰: “予豈好辯哉? 予不得已也. 天下之生久矣, 一治一亂.
| 言生民以來, 迭有治亂. 其治必由聖賢之生, 其亂則暴君之所致也. 舊解謂, 氣化
盛衰, 人事得失, 反覆相尋, 此非孟子之意也. 自古治亂之驗, 雖有大小久近之殊,
而考其所從, 則未必不由人事之得失也. 故學者當考人事之得失, 而不可言氣化
之盛衰也. 若專論氣化, 則奚待聖賢之生, 亦奚貴學問爲. 孟子專論, 人事之得失,
而未嘗言氣化, 觀本文可見矣.
當堯之時, 水逆行, 氾濫於中國, 蛇龍居之, 民無所定, 下者爲巢, 上者爲營窟. 書曰,
‘洚水警余.’ 洚水者, 洪水也.
| 水逆行, 下流壅塞也, 而倒流旁溢也. 下, 下地. 上, 高地也. 營窟, 穴處也. 書語, 見
古文尙書大禹謨篇. 洚水, 洚洞無涯之水也. 警, 戒也.
使禹治之. 禹掘地而注之海, 驅蛇龍而放之菹, 水由地中行, 江淮河漢是也. 險阻旣
遠, 鳥獸之害人者消, 然後人得平土而居之.
| 掘地, 掘去壅塞也. 菹, 澤生草者也. 地中, 兩涯之間也. 險阻, 謂水之氾濫也. 遠, 去
也. 消, 除也.
○此言禹抑洪水, 而天下平也.

堯舜旣沒, 聖人之道衰, 暴君代作, 壞宮室以爲汙池, 民無所安息, 棄田以爲園囿, 使民不得衣食. 邪說暴行又作, 園囿汙池沛澤多而禽獸至. 及紂之身, 天下又大亂.

│ 暴君, 謂夏太康履癸, 殷武乙之類也. 宮室, 民居也. 沛, 草木之所生也. 澤, 水所鍾也.

周公相武王誅紂, 伐奄三年討其君, 驅飛廉於海隅而戮之, 滅國者五十, 驅虎豹犀象而遠之, 天下大悅. 書曰, '丕顯哉, 文王謨! 丕承者, 武王烈! 佑啓我後人, 咸以正無缺.'

│ 奄, 東方之國, 助紂爲虐者也. 飛廉, 紂幸臣也. 五十國, 皆紂黨虐民者也. 書語, 見古文尙書君牙之篇. 丕, 大也. 顯, 明也. 謨, 謀也. 承, 繼也. 烈, 光也. 佑, 助也. 啓, 開也. 缺, 壞也.

○此言周公兼夷狄, 驅猛獸, 而百姓寧也.

世衰道微, 邪說暴行有作, 臣弑其君者有之, 子弑其父者有之.

│ 有, 又, 古字通用. 蓋指周室東遷之後.

孔子懼, 作春秋. 春秋, 天子之事也, 是故孔子曰, '知我者其惟春秋乎! 罪我者其惟春秋乎!'

│ 天子之事, 謂禮樂征伐也. 論語曰, 天下有道, 則禮樂征伐, 自天子出, 是也. 蓋春秋所載, 皆禮樂征伐之類. 故曰, 天子之事也. 又曰, 天下有道, 則庶人不議. 孔子之作春秋, 是以庶人議天子之事, 其迹似僭, 而實懼道之永絕於天下. 故曰, 知我罪我者, 其惟春秋乎.

○此言孔子成春秋, 而亂臣賊子懼也. 蓋春秋之書, 專爲禁暴行而作. 然邪說暴行, 兩者相因. 苟能禁暴行, 則邪說亦不得肆. 故孟子先曰, 世衰道微, 邪說暴行有作. 繼之曰, 孔子懼作春秋, 蓋爲此也. 後篇所謂經正則庶民興, 庶民興, 斯無邪慝矣, 亦此意爾.

聖王不作, 諸侯放恣, 處士橫議, 楊朱墨翟之言盈天下. 天下之言不歸楊, 則歸墨. 楊氏爲我, 是無君也, 墨氏兼愛, 是無父也. 無父無君, 是禽獸也.

│ 朱氏曰: 楊朱但知愛身, 而不復知有致身之義, 故無君. 墨子愛無差等, 而視其至親, 無異衆人, 故無父. 無父無君, 則人道滅絕, 是亦禽獸而已.

公明儀曰, '庖有肥肉, 廄有肥馬, 民有飢色, 野有餓莩, 此率獸而食人也.' 楊墨之道不息, 孔子之道不著, 是邪說誣民, 充塞仁義也. 仁義充塞, 則率獸食人, 人將相食.

│ 充塞仁義, 謂邪說塞路, 使仁義不得行也. 公明儀之言, 本言厚斂於民, 以養禽獸之害. 孟子引之, 言揚墨道行, 則人皆無父無君, 以陷於禽獸, 而大亂將起, 非止率獸食人而已, 人將爲禽獸相食, 其害愈甚也.

吾爲此懼, 閑先聖之道, 距楊墨, 放淫辭, 邪說者不得作.

│ 朱氏曰: 閑, 衛也. 放, 驅而遠之也. 孟子自言其除亂反治之功如此.

作於其心, 害於其事, 作於其事, 害於其政. 聖人復起, 不易吾言矣.

│ 前篇作生於其心, 害於其政, 發於其政, 害於其事. 今按: 大曰政, 小曰事, 則不可先後倒置. 且先言生於其心, 有自微至著之意, 則當從此文爲是.

○此孟子自言距楊墨以衛聖道也. 其意以爲自周已來, 暴亂相尋, 生民塗炭, 距楊墨,放淫辭者, 皆不得已之心, 而非好辯也.

昔者禹抑洪水而天下平, 周公兼夷狄, 驅猛獸而百姓寧, 孔子成春秋而亂臣賊子懼.

│ 抑, 止也. 兼, 幷之也. 夷狄猾夏, 爲生民之害. 故取而幷之也. 春秋成, 而亂臣賊子, 不得掩其惡. 故懼.

○上文詳述三聖人之事, 至此又約而言之, 以明有一聖人, 生則易亂爲治, 速於桴鼓, 迅於影響. 將以自任其責, 而繼三聖者之功, 則先儒言氣化盛衰者, 乖孟子之本旨, 於是益可見矣.

詩云: '戎狄是膺, 荊舒是懲, 則莫我敢承.' 無父無君, 是周公所膺也.

│ 說見上篇. 承, 當也. 引詩而言楊墨之說, 亦聖人之所必廢也.

我亦欲正人心, 息邪說, 距詖行, 放淫辭, 以承三聖者, 豈好辯哉? 予不得已也.

│ 詖, 淫, 解見前篇. 辭者, 說之詳也. 承, 繼也. 三聖, 禹周公孔子也.

能言距楊墨者, 聖人之徒也."

│ 言雖不得施澤於當時, 然排斥邪說, 使其不得行, 則仁義行, 人倫正矣. 其功雖不及聖人, 亦聖人之徒.

○此總敍禹周公孔子, 所以有大功於生民, 而卒歸之於己欲正人心, 息邪說, 距詖放淫, 以承三聖者. 故又重言其不得已之心, 以明其非好辯也. 學者當深察孟子所以不得已之心可也.

右第九章

○自古撥亂反正之功, 必賴聖人之生. 然洪水猛獸之禍, 止於人身之被其害, 而楊墨之禍, 則至於人心斲喪, 而無父無君, 人將相食. 故人身之禍易救, 而人心之禍難醫. 此孔孟之所以爲天下萬世慮至深遠也. 先儒以孟子之功, 爲不在禹下, 蓋爲是也. 夫人道之有仁義也, 猶天道之有陰陽, 地道之有剛柔, 不可得而偏廢焉. 故聖人言仁必有義在, 言義必有仁在, 廢一則不可, 正道之與異端, 正判於此. 楊朱爲我, 是廢仁也. 墨氏兼愛, 是廢義也. 若佛老虛無寂滅, 是又倂仁義而無之者也. 其悖於道甚矣. 而如世之爲詞章記誦之學者, 雖假名聖人, 然其所立非仁非義, 適足以充塞仁義, 隳壞人倫焉, 則其害可勝道哉. 後之欲正人心, 息邪說者, 亦當與楊墨一例距之可也.

10. 匡章曰: "陳仲子豈不誠廉士哉? 居於陵, 三日不食, 耳無聞, 目無見也. 井上有李, 螬食實者過半矣, 匍匐往, 將食之, 三咽, 然後耳有聞, 目有見."

│ 匡章, 齊人. 陳仲子, 亦齊廉士. 朱氏曰: 廉, 有分辨不苟取也. 於陵, 地名. 螬, 蠐螬, 蟲也. 匍匐, 言無力不能行也. 將, 取也. 咽, 呑也.

孟子曰: "於齊國之士, 吾必以仲子爲巨擘焉. 雖然仲子惡能廉, 充仲子之操, 則蚓而後可者也.

│ 巨擘, 大指也. 齊之士, 多忘義拘祿, 故以仲子爲指中之大者. 操, 有所守也. 蚓, 蚯蚓也. 言仲子未得爲廉也, 必若滿其所守之志, 則惟如蚯蚓之無求於世, 然後可以爲廉耳.

夫蚓, 上食槁壤, 下飮黃泉. 仲子所居之室, 伯夷之所築與? 抑亦盜跖之所築與? 所食之粟, 伯夷之所樹與? 抑亦盜跖之所樹與? 是未可知也."

｜孟子申言仲子之不能充其操也. 槁壤, 乾土也. 黄泉, 濁水也. 言仲子未免居室食
　粟, 而其所從來之或非義, 亦未可知, 則是亦不能如蚓之無求於人而自足也.
曰: "是何傷哉? 彼身織屨, 妻辟纑, 以易之也.
｜辟, 績麻也. 纑, 練麻也. 匡章言所居所食, 雖或有不義者, 然彼自食其力, 而無求於
　人, 則亦不害其爲廉士也.
曰: "仲子, 齊之世家也, 兄戴, 蓋祿萬鍾, 以兄之祿爲不義之祿而不食也, 以兄之室爲
不義之室而不居也, 辟兄離母, 處於於陵. 他日歸, 則有饋其兄生鵝者, 己頻顣曰, '惡
用是鶃鶃者爲哉.' 他日, 其母殺是鵝也, 與之食之. 其兄自外至曰, '是鶃鶃之肉也.'
出而哇之.
｜世家, 世卿之家. 兄名戴. 食采於蓋, 其入萬鍾也. 鶃鶃, 鵝聲也. 頻顣而言, 以其兄
　受饋爲不義也. 哇, 吐之也.
以母則不食, 以妻則食之, 以兄之室則弗居, 以於陵則居之, 是尙爲能充其類也乎?
若仲子者, 蚓而後充其操者也."
｜言仲子以母之食, 兄之室爲不義, 而不食不居, 則一無所食所居, 而後爲能充其類.
　而今食妻之食, 居於陵之室, 則是其操猶未能盡充. 唯爲蚓而後可能充焉耳.
○此反覆以明仲子之行, 皆非人之所當爲, 而適足以亂人倫.
　右第十章
○夫道通于天下, 達于萬世, 人不待由焉, 而不能不由之者也. 故一人知之, 而天下不
能知者, 非道. 一人行之, 而天下不能行者, 亦非道. 是故聖人立敎必以五倫爲本, 語
道必以仁義爲要, 論德必以中庸爲主, 欲其通于天下, 達于萬世, 而人人可能也. 仲子
之廉一倡, 而好潔者或效之, 其不至於無父無君也者幾希. 此詖行之甚也.

孟子古義 卷之四

離婁章句上 凡二十八章
○此篇詳言治天下專在於仁政, 反覆曉喩, 意至切當矣. 而學問敎法, 凡有益於人倫
日用者, 亦無不論列. 竊謂此篇亦是孟子之所自著. 不然, 其議論命詞, 不能若此之明
白詳悉也. 讀者毋忽焉.

1. 孟子曰: "離婁之明公輸子之巧, 不以規矩, 不能成方圓, 師曠之聰, 不以六律, 不能
正五音,
｜離婁, 古之明目者. 公輸子, 名班, 魯之巧人也. 規, 所以爲員之器也. 矩, 所以爲方
　之器也. 師曠, 晉之樂師, 知音者也. 六律, 截竹爲管, 陰陽各六, 以節五音之上下,
　黄鍾, 太蔟, 姑洗, 蕤賓, 夷則, 無射, 爲陽. 大呂, 夾鍾, 仲呂, 林鍾, 南呂, 應鍾, 爲陰
　也. 五音, 宮, 商, 角, 徵, 羽也.
堯舜之道, 不以仁政, 不能平治天下.
｜言王道之有仁政, 猶爲方員者之必以規矩, 審五音者之必以六律也. 苟不由此, 則
　不能正其事矣. 仁政, 如首篇所敍井田敎養之法, 是也.

今有仁心仁聞而民不被其澤, 不可法於後世者, 不行先王之道也.

| 仁心, 愛人之心也. 仁聞, 愛人之名也. 先王之道, 仁政是也.

故曰, 徒善不足以爲政, 徒法不能以自行.

| 徒, 空也. 善以事顯, 法以德行, 徒善徒法, 豈能有益於治哉.

詩云, '不愆不忘, 率由舊章.' 遵先王之法而過者, 未之有也.

| 詩, 大雅假樂之篇. 愆, 過也. 率, 循也. 章, 典法也. 所行不過差, 不遺忘者, 以其循用舊典故也. 孟子引詩, 言不可不遵先王之法亦如此.

○或曰, 仁心本然之善, 不可添一物, 而孟子何以不專主仁心, 而還以行先王之道爲言耶. 曰, 四端之心雖美, 而不知充之, 則父母至近, 猶不能事之, 況於保四海乎. 明性之善不可恃, 而學問之益, 不可限量也. 故曰, 苟能充之, 足以保四海, 苟不充之, 不足以事父母, 可知雖有愛人之心, 然不行先王之道, 則所謂徒善, 而不可以行也必矣. 其解孟子, 不以王道爲主, 而專倡性善之說者, 不善讀孟子者也.

聖人

| 聖人二字, 衍文.

旣竭目力焉, 繼之以規矩準繩, 以爲方員平直, 不可勝用也, 旣竭耳力焉, 繼之以六律正五音, 不可勝用也, 旣竭心思焉, 繼之以不忍人之政, 而仁覆天下矣.

| 又申明首節設譬之意. 準, 所以爲平之器. 繩, 所以爲直之器. 旣盡心思, 則非徒善也. 繼之以不忍人之政, 則非徒法. 故其效至於吾之德化, 被覆天下矣.

故曰, 爲高必因丘陵, 爲下必因川澤, 爲政不因先王之道, 可謂智乎?

| 爲政而因先王之道, 猶爲高者之因丘陵, 爲下者之因川澤, 言用力少, 而成功多也.

○此言爲政不可不因先王之道, 而因先王之道, 必以仁政也.

是以惟仁者宜在高位. 不仁而在高位, 是播其惡於衆也.

| 仁者而在高位, 則躬享其福, 下亦蒙其澤, 不仁者反之. 播, 揚也.

上無道揆也, 下無法守也, 朝不信道, 工不信度, 君子犯義, 小人犯刑, 國之所存者幸也.

| 擧播其惡於衆之實而言. 揆, 度也. 無道揆, 謂無道德之可揆度也. 無法守, 謂無法度之可循守也. 言道廢於上, 而法斁於下也. 工, 百工也. 若有此六者, 其國必亡, 其不亡者, 僥倖而已.

故曰, 城郭不完, 兵甲不多, 非國之災也. 田野不辟, 貨財不聚, 非國之害也. 上無禮, 下無學, 賊民興, 喪無日矣.

| 禮可以持人倫, 學可以明人倫. 苟無此二者, 則下無以視傚, 上無以禁暴, 賊民起, 而喪亡忽至矣. 治國者徒知上四者之爲患, 而不知無禮無學之害甚大. 故言此以諭之.

○此勸人君治國以先王之道也.

詩曰, '天之方蹶, 無然泄泄.' 泄泄猶沓沓也. 事君無義, 進退無禮, 言則非先王之道者, 猶沓沓也.

| 詩, 大雅板之篇. 朱氏曰: 蹶, 顚覆之意. 泄泄, 怠緩悅從之貌. 言天欲顚覆周室, 羣臣無得泄泄然不急救正也. 沓沓, 卽泄泄之意, 蓋孟子時人語如此. 非, 詆毀也.

故曰, 責難於君謂之恭, 陳善閉邪謂之敬, 吾君不能謂之賊."

| 范氏曰: 人臣以難事責於君, 使其君爲堯舜之君者, 尊君之大也. 開陳善道, 以禁閉君之邪心, 惟恐其君或陷於有過之地者, 敬君之至也. 謂其君不能行善道, 而不以告者, 賊害其君之甚也.

○此勸人臣輔君以先王之道也.

右第一章

○范氏曰: 齊宣王不忍一牛之死, 以羊易之, 可謂有仁心. 梁武帝終日一食蔬素, 宗廟以麪爲犧牲, 斷死刑必爲之涕泣. 天下知其慈仁, 可謂有仁聞. 然而宣王之時, 齊國不治, 武帝之末, 江南大亂, 其故何哉. 有仁心仁聞, 而不行先王之道故也.

2. 孟子曰: "規矩, 方員之至也, 聖人, 人倫之至也.

| 至, 極也. 方員之象, 至規矩而盡. 人倫之道, 至聖人而盡, 正爲萬世人倫之法.

欲爲君, 盡君道, 欲爲臣, 盡臣道. 二者皆法堯舜而已矣.

| 法堯舜以盡君臣之道, 猶用規矩以盡方員之極也.

不以舜之所以事堯事君, 不敬其君者也, 不以堯之所以治民治民, 賊其民者也.

| 堯舜之道, 仁義而已矣. 故不以此事其君者, 謂之不敬. 不以此治其民者, 謂之賊. 盡仁義而後爲能法堯舜也.

孔子曰, '道二, 仁與不仁而已矣.'

| 引孔子之言, 以明上文之意, 且起下文. 言仁所以法堯舜, 不仁所以爲幽厲, 其道亦甚近, 而無多端也.

暴其民甚, 則身弑國亡, 不甚, 則身危國削, 名之曰幽厲, 雖孝子慈孫, 百世不能改也.

| 名, 稱也. 幽, 暗也. 厲, 虐也. 從天下之所稱, 而雖孝子慈孫, 愛其祖考之甚, 不能得而改也.

詩云, '殷鑒不遠, 在夏后之世.' 此之謂也."

| 詩, 大雅蕩之篇. 孟子引之, 欲後人又以幽厲爲鑒也.

右第二章

○規矩之爲器甚近, 而在匠人, 則爲一日不可廢之物. 孟子以此喩堯舜之道, 可謂善譬喩矣. 學者苟能達此義, 則知唯堯舜之道, 不高不卑, 實爲天下萬世之法則也.

3. 孟子曰: "三代之得天下也以仁, 其失天下也以不仁.

| 三代, 謂夏殷周也. 禹湯文武 以仁得之, 桀紂幽厲, 以不仁失之.

國之所以廢興存亡者亦然.

| 國, 謂諸侯之國.

天子不仁, 不保四海, 諸侯不仁, 不保社稷, 卿大夫不仁, 不保宗廟, 士庶人不仁, 不保四體.

| 四海, 擧天下而言. 社稷, 就國而言. 宗廟, 就家而言. 四體, 就身而言.

今惡死亡而樂不仁, 是猶惡醉而强酒."

右第三章

○此章擧仁不仁之驗, 而極言之. 蓋必然之明效, 古今之定理也. 而後之君臣, 徒欲以區區智力, 把持家國天下, 而不知爲仁之效, 其大至此, 哀哉.

4. 孟子曰: "愛人不親, 反其仁, 治人不治, 反其智, 禮人不答, 反其敬.

｜言我愛人而人不親我, 是我仁之未至也. 當不責人, 而反求諸己, 智敬倣此.

行有不得者, 皆反求諸己, 其身正而天下歸之.

｜不得, 謂不得其所欲, 如不親不治不答, 是也. 其身正而天下歸之, 言必然之理, 以示不可不反求之意.

詩云, '永言配命, 自求多福.'"

｜引詩以結反求之意. 言不得於天, 而不可怨天, 惟當自反求於己, 而盡事天之道, 如此則能受多福也.

右第四章

○此章實聖門學問之要. 蓋君子自修之道, 唯當反己, 而不可有責人之意. 纔有責人之意, 則人不我服, 不可不愼焉. 且反身之語, 雖自古有之, 然其爲學問切要之法, 則實自孟子發之, 可謂有功於萬世矣.

5. 孟子曰: "人有恒言, 皆曰, '天下國家.' 天下之本在國, 國之本在家, 家之本在身."

｜恆, 常也. 常言雖淺近之言, 必有至理. 孟子善其言之有序, 而又推言之曰, 家之本在身, 乃恆言之所未及, 蓋欲人之務本也.

右第五章

○以上五章, 皆孟子之常言. 蓋聖賢千言萬語, 雖其旨不一, 而莫不總括於此數言. 讀者詳焉.

6. 孟子曰: "爲政不難, 不得罪於巨室,

｜巨室, 大家. 累世勳舊之臣, 所謂世臣也. 得罪, 言身不正而不爲巨室所服也.

巨室之所慕, 一國慕之, 一國之所慕, 天下慕之, 故沛然德教溢乎四海."

｜慕, 向也. 心悅誠服之謂也. 溢, 充滿也. 言世臣大家, 本以國爲重, 而國人素所取信. 故其身正, 而能保社稷, 則世臣大家, 心悅誠服. 推之一國天下, 人心所向, 亦莫不然. 故巨室旣慕, 則其勢沛然, 德教之及, 無遠而不屆矣.

右第六章

○人皆知爲政之難, 而不知其本無難爲者也. 凡事得其本, 則末自從, 不得其本, 而徒欲治其末, 則不唯不得其本, 而幷其末而失之矣. 蓋身者本也, 政者末也. 爲人君者, 苟能修其身, 則人心之難服者先服, 而天下莫不化矣. 若不然, 而徒欲治其政, 則人心不服, 亡兆自至, 爲人上者, 奈何不敬.

7. 孟子曰: "天下有道, 小德役大德, 小賢役大賢. 天下無道, 小役大, 弱役强. 斯二者, 天也. 順天者存, 逆天者亡.

｜德, 以仁而言. 賢, 以智而言. 小大强弱, 言土地甲兵之類. 言天下有道, 則不仁者

遠, 故道德爲重, 而小德小賢, 爲之役使. 天下無道, 則賢者隱, 故强大者得勢, 而寡弱者爲之奔走, 皆出於自然, 而非人力之所能及也. 故順之則昌, 逆之則亡.

齊景公曰, '旣不能令, 又不受命, 是絶物也.' 涕出而女於吳.

| 朱氏曰: 引此以言小役大弱役强之事也. 令, 出令以使人也. 受命, 聽命於人也. 物, 猶人也. 女, 以女與人也. 吳, 蠻夷之國也. 景公羞與爲昏, 而畏其强. 故涕泣而以女與之.

今也小國師大國而耻受命焉, 是猶弟子而耻受命於先師也.

| 言此以戒今諸侯不知畏天者也. 師大國, 謂倣其驕泰奢侈也. 旣師之, 則固當受其敎命, 而反耻之, 猶弟子耻受師之命也. 其不智甚矣.

○此擧順天逆天二端, 而專戒夫逆天者也.

如耻之, 莫若師文王. 師文王, 大國五年, 小國七年, 必爲政於天下矣.

| 承上文而言. 小國皆耻受命於大國, 而不思所以至於無耻者. 苟師文王, 則不惟免其耻, 不出數年, 必爲政於天下矣. 文王之治岐也, 耕者九一, 仕者世祿, 關市譏而不征, 澤梁無禁, 罪人不孥, 發政施仁, 必先鰥寡孤獨四者. 故能以小國而爲政於天下. 所以孟子特擧文王以爲諸侯之師也. 朱氏曰: 五年七年, 以其所乘之勢不同爲差.

詩云, '商之孫子, 其麗不億, 上帝旣命, 侯于周服. 侯服于周, 天命靡常. 殷士膚敏, 祼將于京.'

| 詩, 大雅文王之篇. 麗, 數也. 十萬曰億. 侯, 維也. 殷士, 商孫子之臣也. 膚, 大. 敏, 達也. 祼, 宗廟之祭, 以鬱鬯之酒, 灌地而降神也. 將, 助也. 言商之孫子, 其數不但十萬, 天旣命之, 令臣服于周, 天命無常, 惟德是視故也. 殷士之膚大敏達, 而可奉祀其宗廟者, 皆執祼獻之禮, 助王祭事于周之京師也. 孟子引之, 以證文王之事.

孔子曰, '仁不可爲衆也.

| 孟子又引孔子之言, 以起下文也. 不可爲衆, 言不可恃衆爲敵也.

夫國君好仁, 天下無敵.' 今也欲無敵於天下而不以仁, 是猶執熱而不以濯也.

| 言國君好仁, 則天下之人, 皆我親戚, 雖欲敵之, 而不可得也. 今之諸侯, 欲無敵於天下, 而不師文王, 是猶執持熱物, 而不以水自濯其手, 言不知其方也.

詩云, '誰能執熱, 逝不以濯?'"

| 詩, 大雅桑柔之篇. 逝, 語辭. 孟子引之以明上文之意.

○此專言治國者之不可不師文王. 蓋脩德行仁, 則道德足以勝勢力, 而天命在我, 何役强大之有.

右第七章

8. 孟子曰: "不仁者可與言哉? 安其危而利其菑, 樂其所以亡者. 不仁而可與言, 則何亡國敗家之有?

| 言不仁之人, 顚倒錯亂之甚, 不可與告以善言. 所以亡者, 謂荒淫暴虐, 所以致亡之道也.

有孺子歌曰, '滄浪之水淸兮, 可以濯我纓, 滄浪之水濁兮, 可以濯我足.'

｜滄浪, 水名. 纓, 冠系也.

孔子曰, '小子聽之! 淸斯濯纓, 濁斯濯足矣. 自取之也.'

｜孔子聽孺子之歌, 因謂門人曰, 水之淸濁, 皆有以自取之, 非自外至也.

夫人必自侮, 然後人侮之, 家必自毁, 而後人毁之, 國必自伐, 而後人伐之.

｜承孔子之言而言. 人之見侮, 家之見毁, 國之見伐, 皆自取之, 而非人之所爲也.

太甲曰, '天作孽, 猶可違, 自作孽, 不可活.' 此之謂也."

｜說見前篇.

○句句的確, 亦孟子之常言.

右第八章

9. 孟子曰: "桀紂之失天下也, 失其民也, 失其民者, 失其心也.

｜仁則得民之心, 不仁則失民之心.

得天下有道, 得其民, 斯得天下矣. 得其民有道, 得其心, 斯得民矣. 得其心有道, 所欲
與之聚之, 所惡勿施爾也.

｜得民心之道, 在於爲之興利除害, 其所願欲者與聚之, 所厭惡者勿施而已, 是所謂
　仁也.

民之歸仁也, 猶水之就下, 獸之走壙也.

｜壙, 廣野也. 言民之不能不歸仁, 其勢亦如此.

故爲淵敺魚者, 獺也, 爲叢敺爵者, 鸇也, 爲湯武敺民者, 桀與紂也.

｜釋名云, 獺, 形如猫, 居水食魚. 鸇, 鶴之屬, 能食鳥雀. 以淵叢喩湯武, 以獺鸇喩桀
　紂也.

今天下之君有好仁者, 則諸侯皆爲之敺矣. 雖欲無王, 不可得已.

｜今之諸侯, 苟施仁政, 則不仁者皆將敺民以歸之. 如湯武之得天下, 是也.

今之欲王者, 猶七年之病求三年之艾也. 苟爲不畜, 終身不得. 苟不志於仁, 終身憂
辱, 以陷於死亡.

｜艾, 草名. 所以灸者, 以陳久爲良. 言七年之病, 其根已深, 而三年之艾, 乾之未久
　者, 不足以愈之. 今之諸侯, 以若所爲, 求若所欲, 亦猶以三年之艾, 灸七年之病, 豈
　可得乎. 然以陳久之艾, 前已不畜, 而今亦不爲畜, 則艾終不可得, 而病亦不可愈
　焉. 以喩向不嘗積德, 而不肯志於仁, 則仁終不可得, 而必陷於死亡. 雖自今而志
　之可矣.

詩云, '其何能淑, 載胥及溺.' 此之謂也."

｜詩, 大雅桑柔之篇. 淑, 善也. 載, 則也. 胥, 相也. 言今之所爲, 其何能善, 則相引以
　陷於亂亡而已.

右第九章

○此王道之至要. 晁錯曰, 人情莫不欲壽, 三王生之而不傷. 人情莫不欲富, 三王厚之
而不困. 人情莫不欲安, 三王扶之而不危. 人情莫不欲逸, 三王節其力而不盡. 深得此
章之意.

10. 孟子曰: "自暴者, 不可與有言也, 自棄者, 不可與有爲也. 言非禮義, 謂之自暴也, 吾身不能居仁由義, 謂之自棄也.

｜暴, 猶害也. 非, 猶毀也. 自害其身者, 不肖也. 自棄其身者, 愚也. 人不知禮義之可尊, 而非毀之, 是自害其身也. 雖知仁義之爲美, 而自謂不能行, 是自棄其身也.

仁, 人之安宅也, 義, 人之正路也.

｜安宅, 說見前篇. 義者人之所由而行, 舍之則不可以行, 故曰正路.

曠安宅而弗居, 舍正路而不由, 哀哉!"

｜曠, 空也. 由, 行也. 朱氏曰: 曠其安宅, 則必放辟奢侈, 而安其所不可安之居矣. 舍其正路, 則必行險僥倖, 而由其所不可由之途矣. 安宅正路, 人皆有之, 而自暴自棄, 以至於此, 是可哀也.

○此孟子言性善之張本.

右第十章

○孟子之學, 以仁義爲其宗旨, 而又倡性善之說者, 蓋爲自暴自棄者而發, 明已性之可以行仁義也. 自暴其身者, 禮義不足行, 自棄其身者, 仁義不能行, 此天下之通患也. 苟實知仁義禮智之良, 固有於已, 而不可須臾離也, 則孰敢不爲之耶. 人知嘉穀之可以爲食, 則不暴殄焉. 知珠玉之可以爲寶, 則不慢棄焉. 況於己之身乎. 故性善之論, 專爲自暴自棄者而發, 非徒論其理也.

11. 孟子曰: "道在邇而求諸遠, 事在易而求諸難, 人人親其親長其長而天下平."

｜邇, 朱氏本作爾. ○邇, 近也. 道者人之道而已, 何遠之有. 事者人之事而已, 何難之有. 但患人之自以爲遠爲難, 而不肯爲而已耳. 若夫平天下雖若遠且難, 然不過彝倫之得敍, 而親親長長, 在彝倫爲最近, 則豈非邇且易乎.

右第十一章

○張氏栻曰: 使人各親其親, 各長其長, 其本在人君親其親. 長其長, 以倡率之而已. 親親仁也, 長長義也. 仁義本之躬, 而達之天下, 豈非道之邇者乎. 天下所以平者, 實係乎此, 豈非事之易者乎. 味此數語, 堯舜三王之治, 可得而推矣.

12. 孟子曰: "居下位而不獲於上, 民不可得而治也. 獲於上有道, 不信於友, 弗獲於上矣. 信於友有道, 事親弗悅, 弗信於友矣. 悅親有道, 反身不誠, 不悅於親矣. 誠身有道, 不明乎善, 不誠其身矣.

｜獲於上, 言爲君上所信任也. 誠, 實也. 反身不誠, 反求諸身 而未能誠實, 猶不免有尤人之意也. 不明於善, 不明知善之所在也.

是故誠者, 天之道也, 思誠者, 人之道也.

｜聖人之德, 自然而實者, 天道之所以行也. 賢者之學, 思而能實之者, 人道之所以立也.

至誠而不動者, 未之有也, 不誠, 未有能動者也."

｜至, 極也. 動, 謂獲於上, 信於友, 悅於親之類也.

右第十二章

○此章亦見中庸及家語哀公問政篇, 乃孔子之言也. 豈孟子嘗誦之以傳門人歟.

13. 孟子曰: "伯夷辟紂, 居北海之濱, 聞文王作, 興曰, '盍歸乎來! 吾聞西伯善養老者.' 太公辟紂, 居東海之濱, 聞文王作, 興曰, '盍歸乎來! 吾聞西伯善養老者.'

┃作, 興, 皆起也. 盍, 何不也. 西伯, 卽文王也. 紂命爲西方諸侯之長, 得專征伐, 故稱 西伯. 太公, 姜姓, 呂氏, 名尙.

二老者, 天下之大老也, 而歸之, 是天下之父歸之也. 天下之父歸之, 其子焉往?

┃天下之大老, 對一鄕一國之老而言. 凡爲子弟者, 皆視父兄之所爲, 以爲向背. 若 二老, 本難致者, 而今來就其養, 則文王得天下之心可知矣.

諸侯有行文王之政者, 七年之內, 必爲政於天下矣."

┃文王之政, 必先鰥寡孤獨, 庶人之老, 無凍餒者. 朱氏曰: 七年, 以小國而言也. 大 國五年, 在其中矣.

右第十三章

○王道以善養老者爲本. 善養老者, 而後足以見仁民之有誠矣. 善養老者, 文王之所 以得天下之心. 播棄犂老, 殷紂之所以失天下之心. 後之人君, 其可不監於玆乎.

14. 孟子曰: "求也爲季氏宰, 無能改於其德, 而賦粟倍他日, 孔子曰, '求非我徒也, 小 子鳴鼓而攻之可也.'

┃求, 孔子弟子冉求. 季氏, 魯卿. 宰, 家臣. 賦, 猶取也. 小子, 弟子也. 鳴鼓而攻之, 聲 其罪而責之也.

由此觀之, 君不行仁政而富之, 皆棄於孔子者也, 況於爲之强戰, 爭地以戰, 殺人盈 野, 爭城以戰, 殺人盈城. 此所謂率土地而食人肉, 罪不容於死.

┃富國者, 害民而未至殺人, 其罪輕. 强戰者, 必多殺人, 其罪重. 故罪不容於死, 死有 餘罪也.

故善戰者服上刑, 連諸侯者次之, 辟草萊任土地者次之."

┃趙氏曰: 天道重生, 戰者殺人. 故善戰者, 服上刑. 上刑, 重刑也. 連諸侯, 合從者也. 辟草萊任土地, 不務脩德而當國者也. 朱氏曰: 辟, 開墾也. 任土地, 謂分土授民, 使任耕稼之責.

右第十四章

○天地之大德曰生, 王者體之, 以治天下. 故其道曰王道, 其政曰仁政. 古帝王傳國皆 數百歲, 子孫血食, 永世不替者, 順天之道也. 後世務强兵, 而不能永其祚者, 豈不以 好殺之甚, 而逆天之故乎. 天道報施, 實不可誣也. ○董氏彝曰: 天子適諸侯曰巡狩, 入其疆, 土地闢, 田野治, 則有慶, 慶以地. 善戰者服上刑, 辟草萊任土地者次之. 孟子 論人臣功罪, 不泥其迹, 原其心. 蓋治地而主於利民, 則守國之功固可論, 治地而主於 利國, 則殃民之罪不可逃.

15. 孟子曰: "存乎人者, 莫良於眸子. 眸子不能掩其惡.

┃良, 猶良知良能之良, 言直而無僞也. 眸子, 目瞳子也.

胸中正, 則眸子瞭焉, 胸中不正, 則眸子眊焉.

｜瞭, 明也. 眊者, 蒙蒙目不明之貌.

聽其言也, 觀其眸子, 人焉廋哉?"

｜廋, 匿也. 言徒聽其言, 不可必知其信否. 旣聽聰其言, 而亦觀其眸子, 則其實不匿也.

右第十五章

16. 孟子曰: "恭者不侮人, 儉者不奪人. 侮奪人之君, 惟恐不順焉, 惡得爲恭儉?

｜順, 猶以順爲正之順也. 言恐人以己爲侮奪, 故務飾其聲音笑貌, 而順從人之意也.

恭儉豈可以聲音笑貌爲哉?"

｜言有恭儉之實, 而後有恭儉之事, 不容以僞爲.

右第十六章

○此章專爲時君假竊恭儉之名者而發. 蓋恭則賢人親, 儉則民生安. 故以恭儉爲人主之美德也. 自漢以來, 唯以漢文帝爲恭儉之主, 難哉.

17. 淳于髡曰: "男女授受不親, 禮與?"

｜淳于, 姓, 髡, 名, 齊之辯士. 授, 與也. 受, 取也. 古禮, 男女不親授受, 以遠別也.

孟子曰: "禮也." 曰: "嫂溺, 則援之以手乎?"

｜援, 救之也.

曰: "嫂溺不援, 是豺狼也. 男女授受不親, 禮也, 嫂溺, 援之以手者, 權也."

｜權, 稱錘也. 所以稱物而知其輕重者也.

曰: "今天下溺矣, 夫子之不援, 何也?"

｜髡言, 今天下大亂, 夫子當從權而援之, 而從守先王之法者何哉.

曰: "天下溺, 援之以道, 嫂溺, 援之以手, 子欲手援天下乎?"

｜言援天下當以道. 苟枉其道, 則失所以援之之具. 今子欲以天下比嫂而同之, 誤矣.

右第十七章

○張氏栻曰: 不授受, 固禮之經, 嫂溺則遭變矣, 援以手者, 遭變而處之之道當然也. 髡因言孟子在今日, 似當少貶其道, 用權以救世. 孟子謂天下之溺, 當援以道. 若道先枉, 則將何以援之. 孟子之不少貶以求濟, 是乃援溺之本, 天下之大經也. ○先儒謂反經合道爲權, 或謂權以濟經之所不及, 俱非也. 據此章, 權與禮對之, 而不可以經對之也. 蓋禮有時而窮, 則權以通之, 及其合于道, 則一也. 豈反經而有道之可言哉.

18. 公孫丑曰: "君子之不敎子, 何也?"

｜君子, 指孔子. 觀君子之戹於陳蔡之間之語, 可見矣. 蓋據陳亢問伯魚之事而言之也. 不敎, 不親敎也.

孟子曰: "勢不行也.

｜父子主恩, 故勢不相行也.

敎者必以正, 以正不行, 繼之以怒. 繼之以怒, 則反夷矣. '夫子敎我以正, 夫子未出於正也.' 則是父子相夷也. 父子相夷, 則惡矣.

│夷, 賊也, 謂賊恩也. 夫子, 指父也. 父責其子, 子亦以此責父, 則父子相離. 故曰相
夷也. 本欲其善而反惡矣.

古者易子而敎之. 父子之間不責善. 責善則離, 離則不祥莫大焉."

│孟子言非惟孔子爲然, 古之人皆易子而敎之也.

右第十八章

○聖賢之重天倫如此. 王氏曰, 父有爭子何也. 所謂爭者, 非責善也. 當不義則爭之而
已矣. 父之於子也, 如何. 曰, 當不義則亦戒之而已矣.

19. 孟子曰: "事孰爲大? 事親爲大. 守孰爲大? 守身爲大.

│言事君事長, 皆所謂事者, 而不如事親之大. 守國守官, 皆所謂守者, 而不如守身
之大.

不失其身而能事其親者, 吾聞之矣, 失其身而能事其親者, 吾未之聞也. 孰不爲事?
事親, 事之本也, 孰不爲守? 守身, 守之本也.

│朱氏曰: 事親孝, 則忠可移於君, 順可移於長. 身正, 則家齊國治, 而天下平.

○此明事親者事之本, 而守身者又其本也. 乃聖賢之常言, 千古不易之確論.

曾子養曾晳, 必有酒肉, 將徹, 必請所與, 問有餘, 必曰, '有.' 曾晳死, 曾元養曾子, 必
有酒肉, 將徹, 不請所與, 問有餘, 曰, '亡矣.' 將以復進也. 此所謂養口體者也. 若曾子,
則可謂養志也. 事親若曾子者, 可也."

│曾晳, 名點, 曾子父也. 徹, 去也. 請所與, 先意承志者也. 必曰有者, 恐違親意也. 曾
元, 曾子子也. 孟子言此但能養父母之口體而已. 若曾子, 則能承順父母之志, 而
不忍傷之. 事親者, 當以曾子之養志爲法也. ○或曰: 曾子養曾晳以下, 與上節, 文
不相蒙, 當別爲一章. 愚謂據此則當有孟子曰三字.

右第十九章

○養口體者, 其事淺, 而養志者, 其意深. 故養志者, 孝之至也. 先儒[慶源輔氏]曰: 子
之於父, 當先意承事, 必能聽於無聲, 視於無形, 然後爲至. 若必待其言而後從, 固已
不可. 況於先立其意, 以拂其親之欲, 唯口體是養, 而不恤其心志之虧乎. 可謂得孟子
之意矣.

20. 孟子曰: "人不足與適也, 政不足與間也, 唯大人爲能格君心之非.

│與間之與, 朱氏本無. ○趙氏曰: 適, 過也. 間, 非也. 格, 正也. 言人君用人之是非,
本不足過責. 政事之得失, 亦不足間非, 唯有大人之德, 則至誠感動, 而君心之非
自正, 善人用, 而政事擧矣.

君仁, 莫不仁, 君義, 莫不義, 君正, 莫不正. 一正君而國正矣."

│正者, 言君之所行, 事皆合仁義也. 言一國之政, 係於君之一心, 君心苟存仁義, 則
其本旣正, 其本旣正, 凡事莫不正而國定矣. 是大人之能事也.

右第二十章

○此章專責事君者, 居仁由義, 以修大人之德, 而明其要專在於己之德望, 足以弼其

邪心, 而不但取辨於煩舌之間, 諫諍之際而已也. 蓋後世爲人臣者, 徒知以言議論說爲事, 而不知苟不修其本, 則更一事一事又生, 革一弊一弊又萌, 將不勝改焉. 故天下之事, 在修其本, 而不在修其末, 在務其大, 而不在務其小. 是以輔相之職, 格君心之非爲本, 而格君心之本, 在於自正其身焉. 然則爲人之臣者, 亦可不自重其身乎.

21. 孟子曰: "有不虞之譽, 有求全之毀."

丨虞, 度也. 無所虞度, 而偶有譽, 是謂不虞之譽. 心求自完, 而反致毀, 是謂求全之毀. 學者不可以是遽爲憂喜也. 故君子之取人, 亦不以毀譽之言, 定人之臧否, 而必觀其實也.

右第二十一章

22. 孟子曰: "人之易其言也, 無責耳矣."

丨朱氏曰: 人之所以輕易其言者, 以其未遭失言之責故耳. 蓋常人之情, 無所懲於前, 則無所警於後. 非以爲君子之學, 必俟有責, 而後不敢易其言也.

右第二十二章

23. 孟子曰: "人之患在好爲人師."

右第二十三章

○學以好問進, 以自滿退. 好爲人師, 則是既自足, 而不肯下人, 豈能有進乎. 此人之通病, 而聖賢之深戒也.

24. 樂正子從於子敖之齊.

丨子敖, 王驩字.

樂正子見孟子. 孟子曰: "子亦來見我乎?" 曰: "先生何爲出此言也?" 曰: "子來幾日矣?" 曰: "昔者." 曰: "昔者, 則我出此言也, 不亦宜乎?" 曰: "舍館未定." 曰: "子聞之也, 舍館定, 然後求見長者乎?"

丨昔者, 前日也. 館, 客舍也. 工驩, 齊倖臣. 樂正子乃從之行, 故舍館定, 而後見孟子. 是非責其不早見長者, 實責從子敖耳.

曰: "克有罪."

丨樂正子自悟失身匪人, 故謝過服罪也.

右第二十四章

○陳氏曰: 樂正子固不能無罪矣. 然其勇於受責如此, 非好善而篤信之, 其能若是乎. 世有强辨飾非, 聞諫愈甚者, 又樂正子之罪人也.

25. 孟子謂樂正子曰: "子之從於子敖來, 徒餔啜也. 我不意子學古之道而以餔啜也."

丨徒, 但也. 餔, 食也. 啜, 飲也. 樂正子旣服其罪, 故孟子復正其罪, 而切責之.

右第二十五章

○樂正子, 孟子高弟也, 而王驩孟子所不與言者. 今乃藉其資糧輿馬, 以見孟子, 亦似乎忘道義之所在, 而未脫世俗之心, 在學者當深罪焉. 此孟子之所以切責之也, 亦可見樂正子之可與言, 而後與之言矣.

26. 孟子曰: "不孝有三, 無後爲大.
　| 趙氏曰: 於禮有不孝者三事, 謂阿意曲從, 陷親不義 一也, 家貧親老, 不爲祿仕, 二也, 不娶無子, 絶先祖祀, 三也. 三者之中, 無後爲大.
舜不告而娶, 爲無後也, 君子以爲猶告也."
　| 舜惟無後, 故不告而娶. 蓋無後之不孝, 其罪大也. 不告而娶, 其罪小也. 故君子曰, 猶告. 與告同也. 孟子不自斷之, 而引君子者, 蓋重其事也.
右第二十六章
○聖人之於事也, 審其輕重大小, 而千變萬化, 莫往而非道焉. 婚姻之道, 人倫之重者也. 故必告父母, 以正其始. 然有時而勢不能, 則寧廢其禮, 而不忍其無後. 此所以舜之不告而娶, 君子以爲猶告也. 豈拘儒曲士之所能窺測也哉.

27. 孟子曰: "仁之實, 事親是也, 義之實, 從兄是也,
　| 仁義之德大矣. 然在人, 則不出於事親從兄之間. 此仁義之實, 在我可見者也. 有子曰, 孝弟其爲仁之本與, 亦此意也.
智之實, 知斯二者弗去是也,
　| 智之道雖廣, 然言其實, 則不過知仁義二者, 爲人道之極, 而守之不去矣.
禮之實, 節文斯二者是也,
　| 節, 品節也. 文, 文章也. 言禮之於事, 非復一端. 然言其實, 則亦不過節文仁義二者, 而爲之差等矣.
樂之實, 樂斯二者, 樂則生矣, 生則惡可已也, 惡可已, 則不知足之蹈之, 手之舞之."
　| 生者, 油然發生之意. 生則惡可已, 謂猶草木之有生意, 暢茂條達, 自有不可遏者也. 不知手舞足蹈, 感動之至也. 言樂之聲容節奏, 雖極其盛, 而其實亦不過樂此二者而已. 蓋仁義二者, 人道之本, 而樂之, 則此心油然, 自不可渴止, 乃仁之至, 義之盡也.
○人道之有仁義, 猶天道之有陰陽, 地道之有剛柔也. 智以知之, 禮以節之, 樂以樂之. 三者, 皆所以維持之也, 而孝弟者吾心固有之善, 而仁義之實也. 苟由此而充之, 則仁立義行, 而盡人之所以爲人之道, 衆善百行, 畢歸于此. 故曰, 堯舜之道, 孝弟而已矣, 孟子之言, 不我欺也.
右第二十七章

28. 孟子曰: "天下大悅而將歸己, 視天下悅而歸己, 猶草芥也, 惟舜爲然.
　| 言舜不以天下將歸己爲樂, 惟以致親之豫爲樂.
不得乎親, 不可以爲人, 不順乎親, 不可以爲子. 舜盡事親之道而瞽瞍底豫,
　| 不得乎親, 謂不爲親所得也. 不順乎親, 謂與親之志, 相悖而不同行也. 不可爲子者, 不能共爲子之職, 至於不可爲人, 則非人也, 不孝之甚也. 瞽瞍, 舜父名. 底, 致

也. 豫, 悅樂也. 瞽瞍至頑, 能厎其豫. 蓋順乎親之至也.

瞽瞍厎豫而天下化, 瞽瞍厎豫而天下之爲父子者定, 此之謂大孝.”

| 瞽瞍厎豫, 而天下之人, 知己之所以事親者, 未盡其道, 莫不勉而爲孝. 故曰天下
化. 於是父子之間, 莫不感化, 務盡其道, 無復異論, 是之謂定也. 大孝者, 謂非止一
身一家之孝而己, 使天下之人, 各盡其孝也.

右第二十八章

○不可爲子, 其罪固大矣. 至於不可爲人, 則其惡不可言也. 何者. 旣不可以爲人, 則
此亦禽獸耳. 雖有他美, 而不可贖焉. 蓋飮食供奉, 左右使令者, 子之職也. 聖人不以
此爲足盡孝, 而必以立身行道, 揚名於後世, 爲孝之終, 可知不可爲人之罪, 其惡最大
矣. 所謂舜盡事親之道者, 亦謂所以爲子之道而己矣, 非謂飮食供奉之類也. 古昔聖
王之治天下, 皆莫不本於此, 而孔孟之論治, 亦莫不以爲要, 學者審焉.

離婁章句下 凡三十三章

1. 孟子曰: “舜生於諸馮, 遷於負夏, 卒於鳴條, 東夷之人也.

| 諸馮負夏鳴條, 皆地名, 在東方夷服之地.

文王生於岐周, 卒於畢郢, 西夷之人也.

| 岐周, 岐山下, 周舊邑. 近畎夷. 畢郢, 近豐鎬.

地之相去也, 千有餘里, 世之相後也, 千有餘歲. 得志行乎中國, 若合符節,

| 朱氏曰: 得志行乎中國, 謂舜爲天子, 文王爲方伯, 得行其道於天下也. 符節, 以玉
爲之, 篆刻文字而中分之, 彼此各藏其半, 有故, 則左右相合以爲信也. 若合符節,
言其同也.

先聖後聖, 其揆一也.”

| 趙氏曰: 揆, 度也. 謂聖人之度量同也. 言聖人之出, 先後雖異, 而其揆無不同也.

右第一章

○當時諸子蠭起, 人人異道, 家家殊說, 莫能相統一焉. 孟子斷之以舜文之事, 言舜與
文王, 地之相去, 若此之遠, 世之相後, 若此之久, 然得志行乎中國, 若合符節, 則諸子
紛紛, 莫能相統一者, 其是非得失, 於是乎定矣, 而所謂其揆一者, 何哉. 蓋聖人之道,
仁而已矣. 舜之命十六相, 文王之治岐, 皆莫非所以仁天下也. 至孟子, 語三王之所以
得天下者, 亦斷以仁, 則先聖後聖, 其揆一也, 從可知矣.

2. 子產聽鄭國之政, 以其乘輿濟人於溱洧.

| 子產, 鄭大夫公孫僑也. 溱洧, 二水名. 子產見人有冬涉此水者, 以其所乘之車載
而渡之.

孟子曰: “惠而不知爲政.

| 孟子譏其有惠民之心, 而不知爲政之體.

歲十一月, 徒杠成, 十二月, 輿梁成, 民未病涉也.

| 杠, 方橋也. 徒杠, 可通徒行者. 梁, 亦橋也. 輿梁, 可通車輿者. 周十一月, 夏九月

也. 周十二月, 夏十月也. 時至此而旣有橋梁, 蓋先其未病涉, 而預爲之備也. 孟子
因乘輿渡人之事, 擧王政之一端, 以明其不待施小惠, 而及于人者廣也.

君子平其政, 行辟人可也, 焉得人人而濟之?

│ 平者, 無不周遍之謂. 朱氏曰: 辟, 辟除也. 如周禮閽人爲之辟之辟. 言能平其政,
則出行之際, 辟除行人, 使之避己, 亦不爲過. 況國中之水, 當涉者衆, 豈能悉以乘
輿濟之哉.

故爲政者, 每人而悅之, 日亦不足矣."

│ 言爲政者不知其體, 徒務行小惠, 欲每人而悅其意, 則煩勞瑣碎, 日不暇給矣.

右第二章

○此爲子産不知爲政之體, 故擧王政之一端以明之耳. 若要其至, 則所謂以不忍人
之心, 行不忍人之政, 是也. 子産固惠人也. 然不知爲政之體, 況王政乎. ○先儒多據
左傳史記, 以解語孟. 故彼此牴牾, 有不相通者. 若子産之事, 據左氏, 則其政固似過
猛. 然孔子亦稱惠人, 則孟子之言, 尤爲可信. 大抵尙論古人者, 當據語孟以爲斷, 而
其他記傳不盡可信從也.

3. 孟子告齊宣王曰: "君之視臣如手足, 則臣視君如腹心, 君之視臣如犬馬, 則臣視君
如國人, 君之視臣如土芥, 則臣視君如寇讎."

│ 國人, 猶言路人, 言無怨無德也. 芥, 草芥也. 言踐踏之也. 宜王之遇臣, 素無恩禮,
故孟子告之以此. 蓋言報施之道自如此.

王曰: "禮, 爲舊君有服, 何如斯可爲服矣?"

│ 王疑孟子之言太甚, 故擧爲舊君服之禮, 問何如則可爲服乎.

曰: "諫行言聽, 膏澤下於民, 有故而去, 則君使人導之出疆, 又先於其所往, 去三年不
反, 然後收其田里. 此之謂三有禮焉. 如此, 則爲之服矣.

│ 朱氏曰: 導之出疆, 防剽掠也. 先於其所往, 稱道其賢, 欲其收用之也. 三年而後收
其田祿里居, 前此猶望其歸也.

今也爲臣, 諫則不行, 言則不聽, 膏澤不下於民, 有故而去, 則君搏執之, 又極之於其
所往, 去之日, 遂收其田里. 此之謂寇讎. 寇讎, 何服之有?"

│ 搏執, 謂拘執其親族也. 極, 窮也. 窮之於其所往之國也.

右第三章

○有納諫之君, 而後有盡諫之臣. 有受善之人, 而後有責善之友. 由此章觀之, 則見齊
宣王亦有可與言之資. 況觀其待孟子以賓師之位, 得侍甚喜, 則亦有爲之君也. 此孟
子所以三宿出晝, 而日望之也. 然不能如湯之於伊尹, 桓公之於管仲, 實信而用之, 不
亦可惜乎. ○張氏栻曰: 孟子此言, 非獨齊宣王所當聞. 爲人君者, 苟知此義, 念夫感
應施報之可畏, 而崇高之勢不可恃, 反己端本之不可一日忘, 待臣下以禮, 養臣下以
恩, 保臣下以忠信, 則上下交通, 而至治可成矣.

4. 孟子曰: "無罪而殺士, 則大夫可以去, 無罪而戮民, 則士可以徙."

│ 無道之君, 爲暴必有其漸, 無罪之戮及民, 則必及士, 及士, 則必及大夫. 故君子見

幾而作. 禍已迫, 則不能去矣.
右第四章

5. 孟子曰: "君仁, 莫不仁, 君義, 莫不義."
｜重出.
右第五章

6. 孟子曰: "非禮之禮, 非義之義, 大人弗爲."
｜似禮而非禮, 似義而非義, 謂之非禮之禮, 非義之義. 世以爲禮義, 而實非禮義. 故
　大人不爲也.
右第六章
○大人道大德邵, 不爲世搖, 不爲俗拘, 確乎有不可拔者也. 若夫內輕者必避嫌, 苟有
避嫌之心, 則雖知其非禮義, 而世俗之人, 以爲禮義, 或不能弗爲, 大人豈爲之乎.

7. 孟子曰: "中也養不中, 才也養不才, 故人樂有賢父兄也.
｜中以質言, 才以能言. 其質中行者, 能得人之信, 其才明敏者, 能遏人之過. 故樂有
　賢父兄也.
如中也棄不中, 才也棄不才, 則賢不肖之相去, 其間不能以寸."
｜言所貴乎賢者, 爲其能使人之不正者正也. 若爲父兄者, 以子弟之不賢難教, 而遂
絶之, 則其所爲賢者何在哉. 言與之等也.
右第七章
○此章專責成賢父兄也. 蓋爲人之父兄者, 未有不欲子弟之賢者也. 然急迫以求其
成, 且夕以責其效, 則子弟多苦於難堪, 反至激成其過. 世之稱中且才者, 大類如此,
而於不中不才, 皆謂之養, 則欲其平生薰陶漸摩, 不覺自入於善也. 苟急之而致敗焉,
則賢不肖之相去, 亦不遠矣.

8. 孟子曰: "人有不爲也, 而後可以有爲."
｜程子: 有不爲, 知所擇也. 惟能有不爲, 是以可以有爲, 無所不爲者, 安能有所爲
　邪.
右第八章
○大凡世之負氣傲才者, 其心自以爲吾能濟天下之大事, 人亦多以此稱之, 殊不知
能濟天下之大事者, 非其平生有守有養, 於義之可否, 雖一小事, 不敢放過者不能. 不
然者, 志旣不堅, 所守亦疏, 適足以壞大事, 豈能得濟哉.

9. 孟子曰: "言人之不善, 當如後患何?"
○不稱人之善, 而好言其不善者, 世之通患也. 如此之人, 必不能無失言之責. 夫子所
謂惡稱人之惡者, 亦此意也.
右第九章

10. 孟子曰: "仲尼不爲已甚者."

┃已, 猶太也.

○此學聖人之常行, 以示學者之則也. 蓋爲過高者發.

右第十章

○伯夷聖之清也, 擧世無一人可者. 柳下惠聖之和也, 擧世無一人不可者. 皆不免流乎一偏, 而爲已甚. 惟夫子之德, 渾然無迹, 隨時而中, 猶天地之化, 四時代序, 而人不見其迹. 此所以爲不爲已甚也. 蓋非敢不爲已甚, 亦自不至於爲已甚. 若謂有意不爲已甚, 則不可也.

11. 孟子曰: "大人者, 言不必信, 行不必果, 惟義所在."

┃必, 猶期也. 大人言行, 不先期於信果. 但義之所在, 故無信果之可名, 而信果自在其中矣.

○義者人之大路也, 信果行之確也. 苟由義而行, 則酬酢萬變, 各適其可, 不期信果, 而自莫不信果焉. 若不由義, 而但期於信果, 則行而不知止, 止而不知行, 亦硜硜然小人而已耳, 大人豈爲之哉.

右第十一章

○此章及非禮之禮非義之義章, 俱文義明白, 無難解者. 但其事甚重, 孟子學問意脉之所在, 學者宜深察諸.

12. 孟子曰: "大人者, 不失其赤子之心者也."

┃赤子之心, 無技倆, 無智計, 詐亦不逆, 不信亦不億. 及乎其長, 俗習物化, 無所不至. 但大人雖年强齡長, 酬酢萬變, 而能不失此心耳.

右第十二章

○孟子嘗稱舜曰, 五十而慕者, 予於大舜見之矣. 此舜之不失赤子之心者也. 其君臨萬邦, 黎民時雍, 亦皆此心之推爾.

13. 孟子曰: "養生者不足以當大事, 惟送死可以當大事."

┃養生者, 謂奉養其生也. 送死, 猶言授命也. 言臣之事君, 務養其生者, 不足以擔當大事, 惟愛君忠國, 自忘其身, 而後足以當之也.

右第十三章

14. 孟子曰: "君子深造之以道, 欲其自得之也.

┃造, 詣也. 道者, 萬世不易之常道. 言君子不求速效, 不騖高遠, 而必造之以道者, 任其自得, 而不催促之也.

自得之, 則居之安, 居之安, 則資之深, 資之深, 則取之左右逢其原, 故君子欲其自得之也."

┃居之安, 謂自安其所, 而無外慕之心也. 資, 猶藉也. 資之深, 謂資用愈足, 而無虛竭之患, 如古人所謂如有神助, 是也. 左右, 身之兩旁, 言其近也. 逢, 猶値也. 原, 與源同, 言道爲己之有, 而不與我相離也. 猶四體不言而喩之意, 非止無虛竭之患而已, 皆由自得所致也.

右第十四章

○程子曰: 學者將以行之也. 深得此章之意. 蓋人之爲學也, 不行不足以爲學. 況其學如捕風捉影, 而無有於己, 豈得能成哉. 此君子之所以深造之以道也.

15. 孟子曰: "博學而詳說之, 將以反說約也."

│言所以博學於文, 而詳說其義者, 將以反說其約, 本非爲誇多而鬪美也.

右第十五章

○天下之言, 至於約而極矣. 蓋欲造道之極者, 非至約不能得之. 然非博學之, 則不能詳說之, 非詳說之, 則不能爲至約之言, 有至約之言, 而後道之極可造矣, 非徒博學詳說之爲至也. 若孟子之論王道, 橫說竪說, 千變萬化, 出之而愈不竭. 然而要其歸, 亦不出於一仁字, 斯之謂說約. 後之學者, 動欲以言論著迹, 益廣其說, 不亦左乎.

16. 孟子曰: "以善服人者, 未有能服人者也, 以善養人, 然後能服天下. 天下不心服而王者, 未之有也."

│以善服人者, 謂行善以致人心之服也. 以善養人者, 若制民之産, 申之以孝悌之義, 是也.

右第十六章

○以善服人者, 覇者之事也. 以善養人者, 王者之德也. 以善服人者, 有意於服人. 故人不服焉. 以善養人者, 欲人皆善, 而無意於服之. 故天下自不得不服焉. 誠僞之所分, 其效有霄壤之異矣.

17. 孟子曰: "言無實不祥, 不祥之實, 蔽賢者當之."

│不祥, 凶惡之謂. 此言死亡喪亂之言, 人之所惡聞, 然皆無其實, 苟聽蔽賢之言, 則敗亡之禍必至, 不祥之實孰甚焉. 深明蔽賢之言, 其害尤大也, 而人徒知諱死亡喪亂之言, 而不知惡蔽賢之言者, 非不知之甚也乎.

右第十七章

18. 徐子曰: "仲尼亟稱於水, 曰, '水哉, 水哉!' 何取於水也?"

│徐子, 徐辟也. 亟, 數也. 水哉水哉, 歎美之辭.

孟子曰: "原泉混混, 不舍晝夜, 盈科而後進, 放乎四海. 有本者如是, 是之取爾.

│混混, 水流貌. 不舍晝夜, 謂流而不竭也. 科, 坎也. 盈科而後進, 謂經歷而進. 又申其不竭之意也. 放, 溢也. 言有源之水, 其勢日長而不已, 自放溢于四海也. 以其有似君子之道. 故夫子取之云爾.

○原泉之水, 至微也, 然進而不已, 必放乎四海. 學者之於志, 至小也. 然積而不倦, 則其道大被于天下. 聖人取之, 其有旨哉.

苟爲無本, 七八月之間雨集, 溝澮皆盈, 其涸也, 可立而待也.

｜集, 聚也. 澮, 田間水道也. 涸, 乾也. 言無本者, 其盛不足恃也.
故聲聞過情, 君子恥之."

｜聲聞, 名譽也. 言名譽過實者, 猶無本之水. 故君子以爲恥.
○此孟子解夫子逝者如斯之言云然, 非因徐辟之病而言之也.
右第十八章
○孟子之言, 每有取於流水, 卽夫子亟稱於水之意也. 或以火之始然, 喩四端之心, 或
以草木萌蘖, 喩良心之生. 嘗曰, 苟得其養, 無物不長, 其論道論德, 論心論學, 皆莫不
由是而出, 而後之諸儒, 或以明鏡止水, 喩聖人之心, 可謂謬矣. 且孟子不曰進放乎
海, 而必曰放乎四海, 與所謂塞于天地之間意同. 蓋言擴充之功, 不可限量, 不徒盡己
之性分而已也, 非後世性理之說之所能盡也.

19. 孟子曰: "人之所以異於禽獸者幾希, 庶民去之, 君子存之.
｜幾希, 少也. 庶, 衆也. 言人之與物, 同生於天地之間, 嗜欲動靜, 本無太異, 唯人也
得仁義之良心以生, 物則不然, 是爲異耳. 衆人不知其爲己有而去之, 君子能知其
主於我身而存之. 蓋存則爲人, 去則禽獸, 可不懼哉.
舜明於庶物, 察於人倫, 由仁義行, 非行仁義也."
｜人倫, 說見前篇. 察, 著也. 言舜能明庶物, 而庶事惟熙, 察人倫, 而百姓昭明, 其所
行自莫非仁義, 非以仁義爲美而行之也. ○或曰: 此節與上文意不相屬, 當作一章.
右第十九章
○上古之聖人, 有以磅礴廣大, 無爲自化爲道, 而不切於人倫, 無益於天下國家之治
者. 故堯以允執其中, 命之於舜, 所謂明於庶物, 察於人倫, 由仁義行, 非行仁義也者,
乃舜之所以能承堯之言也. 與夫專以無爲自化爲道, 不以仁義爲務, 其事夐別, 此所
以爲萬世之法程也.

20. 孟子曰: "禹惡旨酒而好善言.
｜趙氏曰: 旨酒, 美酒也. 儀狄作酒, 禹飮而甘之, 遂疏儀狄而絶旨酒. 此一正一反說,
下文倣此.
湯執中, 立賢無方.
｜方, 猶類也. 無方, 對執中而言, 猶言無類也. 執中, 則兩端兼擧, 而無所捨. 至于用
人, 則惟賢是立, 不問其類也.
文王視民如傷, 望道而未之見.
｜而, 讀爲如, 古字通用. 言周道已至矣, 而望有道之世, 如未之見. 蓋視民如傷, 則用
意似卑, 而望道未見, 則存心太高矣.
武王不泄邇, 不忘遠.
｜泄, 狎. 邇, 近也. 邇者人所易狎, 遠者人所易忘, 而不然者, 是其德之無內外者然
也.
周公思兼三王, 以施四事, 其有不合者, 仰而思之, 夜以繼日, 幸而得之, 坐以待旦."
｜三王, 禹也·湯也·文武也. 言上四條之事, 或有與己之所行, 齟齬不合者, 則思之,

思而得之, 則坐以待旦, 其急於行如此.

○此承上章言舜之事而論之, 歷敍羣聖之盛, 因事而顯者如此.

右第二十章

○先儒謂, 堯舜以來, 聖聖相承, 皆以中而接道統之傳. 然詳此章, 孟子歷敍羣聖之德, 各舉其盛, 而夫嘗言以中接道統之傳. 且觀其於湯獨以執中稱之, 而不以此稱他聖人, 則知以中接道統之傳者, 非孔孟之旨也. 又云, 人謂各舉其盛, 亦非也. 聖人亦無不盛. 愚謂, 此亦非也. 聖人亦人焉耳. 安得人人皆同. 雖天地之化, 有豊年, 有歉歲, 年年不同, 歲歲相異. 雖歷千歲之遠, 不得一日同焉, 奚獨於聖人疑之哉.

21. 孟子曰: "王者之迹熄而詩亡, 詩亡然後春秋作.

│迹, 謂先王之貴澤也. 作, 興也. 先王之世, 人淳俗厚, 其美刺好惡, 率用直道, 言之者不諱, 聽之者不怒, 所以爲厚也. 人亦據以爲傳之. 世逮春秋, 其風遂衰, 美刺之實, 隱於天下. 於是魯之史官, 特舉周公之禮經, 以著其善惡之迹, 此春秋之所以與詩相爲表裏也.

○古者無編年之史. 國有大事, 則史官具其本末, 以爲一篇之書. 若典謨誓誥之類, 是也. 其其時日以著善惡之迹者, 蓋肇於隱公之時. 故曰春秋作. 所謂作云者, 自作與之辭, 與言成春秋自別矣. 或謂感麟而作, 或謂文成致麟, 皆附會之甚也.

晉之乘, 楚之檮杌, 魯之春秋, 一也.

│趙氏曰: 乘者, 興於田賦乘馬之事. 檮杌, 惡獸名. 古者因以爲凶人之號, 取記惡垂戒之義也. 春秋者, 記事者必表年以首事, 年有四時, 故錯舉以爲所記之名. 晉韓宣子所見者, 是也. 雖善惡併書, 其實記亂臣賊子之惡, 而欲示之於萬世. 三國史皆然, 故曰一也.

○或曰: 古列國史皆稱春秋, 獨魯春秋, 由夫子顯焉, 而他春秋不傳. 然據孟子之言, 則知其時唯此三國有史, 而魯獨稱春秋, 他國未必盡然.

其事則齊桓晉文, 其文則史.

│王法已衰, 五霸迭興, 獨桓文爲盛, 故特舉之. 史, 史官也. 言春秋據當時之事實, 而出於史官之所筆, 本非有艱深難明之事.

孔子曰, '其義則丘竊取之矣.'

│其義, 謂春秋記善惡之迹, 以示後世也. 竊取, 謙辭, 言春秋之義, 有合於聖人之意, 故夫子取之, 以列之于經. 今左氏所傳春秋, 是也.

○此亦承上章, 通言王者之事. 蓋春秋之作, 實關係天下萬世之名教, 故特言之.

右第二十一章

○按左氏傳, 晉韓宣子聘魯, 見易象與魯春秋曰, 周禮盡在魯矣. 吾乃今知周公之德, 與周之所以王也. 蓋春秋之書, 其發凡起例, 皆周公之舊法, 而夫子以前, 旣爲魯國之一經, 暨乎夫子取之, 而永爲萬世不刊之典, 猶日月之麗天, 萬古不墜, 嗚呼大哉. 而古今說春秋者, 莫明於此章, 亦莫正於此章, 獨左氏之傳, 自合于孟子之旨. 若公穀諸傳, 可謂誣也.

22. 孟子曰: "君子之澤五世而斬, 小人之澤五世而斬.

│澤, 餘澤也. 言其及子孫後裔者也. 斬, 絶也. 五世而親盡, 故曰斬.

予未得爲孔子徒也, 予私淑諸人也."

│私, 猶竊也. 淑, 善也. 蓋謙辭, 言雖未得親受業於孔子之門, 然聖人之澤尙存, 有能
　傳其學者. 故吾得聞孔子之道, 而私竊以自善其身, 非若世遠言湮, 而不得其眞者
　也.

○此又承上三章, 歷敍舜禹周孔, 以見其承羣聖之後, 以道自任之意.

右第二十二章

○以上四章, 總敍羣聖人之事, 而特於舜首揭仁義二字, 蓋明自舜以至周孔, 皆以是
　爲道也. 而見其平生所論, 皆不出於仁義二字, 則所謂私淑於人者, 最可信也.

23. 孟子曰: "可以取, 可以無取, 取傷廉. 可以與, 可以無與, 與傷惠, 可以死, 可以無
死, 死傷勇."

│可以可以無者, 謂事之兩端, 必有一是也. 取傷廉上, 當有不字. 言不取固廉. 然可
　取而不取, 則害於廉. 若作取傷廉, 何待孟子之言, 亦何容可以取可以無取之疑.

右第二十三章

○此論世俗悅其名而病其實之弊也. 蓋廉之爲廉, 在於可取而取, 不可取而不取. 若
　槩以不取爲廉, 則不得爲廉. 惠之於與, 勇之於死, 皆然. 原思爲之宰, 與之粟九百辭,
　是傷廉也. 冉子爲子華母, 與粟五秉, 是傷惠也. 子路之死於衛, 是傷勇也. 故君子在
　可否之間, 義之不可不精如此.

24. 逢蒙學射於羿, 盡羿之道, 思天下惟羿爲愈己, 於是殺羿.

│逢蒙, 人姓名. 羿, 有窮之君. 左氏稱滅夏后相, 而篡其位. 寒浞又殺羿而代之, 則與
　此異矣. 或曰古者名善射者爲羿. 堯時亦有羿善射, 則此與左氏所載, 各是一事也.
　愈, 猶勝也.

孟子曰: "是亦羿有罪焉. 公明儀曰, '宜若無罪焉.' 曰, 薄乎云爾, 惡得無罪?

│孟子引公明儀之言, 而言不可謂無罪. 但可謂其罪差薄耳.

鄭人使子濯孺子侵衛, 衛使庾公之斯追之. 子濯孺子曰, '今日我疾作, 不可以執弓,
吾死矣夫!' 問其僕曰, '追我者誰也?' 其僕曰, '庾公之斯也.' 曰, '吾生矣.' 其僕曰, '庾
公之斯, 衛之善射者也, 夫子曰吾生, 何謂也?' 曰, '庾公之斯學射於尹公之他, 尹公
之他學射於我. 夫尹公之他, 端人也, 其取友必端矣.' 庾公之斯至, 曰, '夫子何爲不執
弓?' 曰, '今日我疾作, 不可以執弓.' 曰, '小人學射於尹公之他, 尹公之他學射於夫子.
我不忍以夫子之道反害夫子. 雖然, 今日之事, 君事也, 我不敢廢.' 抽矢扣輪, 去其金,
發乘矢而後反."

│之, 語助也. 僕, 御也. 尹公他, 亦衛人也. 端, 正也. 孺子以尹公正人, 知其取友必
　正. 故度庾公必不害己. 小人, 庾公自稱也. 金, 鏃也. 扣輪出鏃, 令不害人乃以射
　也. 乘矢, 四矢也. 孟子言使羿果如此, 則必無逢蒙之禍.

右第二十四章

○子濯孺子之於尹公之他, 知人之明也. 尹公之他之於庾公之斯, 取友之正也. 庾公之斯之於子濯孺子, 不負其師之厚也. 俱可謂奇士矣. 宜孟子之取之也, 而先儒(朱子)以謂庾斯雖全私恩, 亦廢公義, 其事無足論者, 孟子蓋特以取友而言耳. 愚謂不然. 古者民生於三, 事之如一. 父生之, 師敎之, 君養之. 蓋古者道重而祿輕. 故尊師與君同. 孟子取庾斯之義, 豈可爲無足論者哉. 觀鄭人使子濯孺子侵衛, 衛使庾公之斯追之, 則其事固非係國之存亡者, 追之可也, 發乘矢而後反, 可也. 後儒者不惟捨庾斯之義, 亦議孟子之言, 太刻矣哉. 至若國之安危, 在此一擧, 亦當別論.

25. 孟子曰: "西子蒙不潔, 則人皆掩鼻而過之,
｜西子, 美婦人. 蒙, 猶冒也. 不潔, 汙穢之物也. 掩鼻, 惡其臭. 喩形美而行汚者也.
雖有惡人, 齊戒沐浴, 則可以祀上帝."
｜惡人, 醜貌者也. 喩形醜而行潔者也.
○此章猶詩六義之比. 凡取人之法, 唯其德之求, 而族姓之貴賤, 世類之美惡, 固所不論也.
右第二十五章

26. 孟子曰: "天下之言性也, 則故而已矣. 故者以利爲本.
｜故, 猶莊周所謂去其故與智之故. 蓋故常相因之義, 謂有所因循而然也. 利, 便利也. 孟子言見天下論人之性者, 皆故常相因之說而已矣. 本甚淺近, 無足取者. 然故常相因之言, 皆以便利爲本, 雖若出於其私, 然實出於自然而不可易者. 然則天下之言, 豈可忽哉.
所惡於智者, 爲其鑿也. 如智者若禹之行水也, 則無惡於智矣. 禹之行水也, 行其所無事也. 如智者亦行其所無事也, 則智亦大矣.
｜言有所惡於智者, 以其務爲穿鑿而不知因自然之爲不可易也. 如禹之治水, 皆隨水勢之所趨導之, 而未嘗以私知造作, 是謂行其所無事也. 聖人之於智亦如此. 孟子取於天下之言, 爲是故也.
天之高也, 星辰之遠也, 苟求其故, 千歲之日至, 可坐而致也."
｜日至者, 謂冬至之日. 造曆者, 必以上古十一月甲子朔夜半冬至爲曆元也. 言天雖高, 星辰雖遠, 然求之於故常造曆之法, 則雖千歲以後之日至, 亦可坐而得. 言其易也. 此故常相因之說, 所以爲可尙也.
○此專譏當時論性者, 務爲穿鑿, 而不知求之於故常相因之說也. 夫上棟下宇, 以待風雨, 夏葛冬裘, 以趨時宜, 皆故常相因之事, 而莫不以便利爲本. 然此乃萬世不易之常, 豈可穿鑿而得哉.
右第二十六章
○孟子之論性曰, 人性之善也, 猶水之就下也. 又曰, 乃若其情, 則可以爲善矣. 皆莫非其故, 而傳之萬世, 莫之能易也. 至如告子論性, 渺茫迂怪, 愈鶩愈遠, 求之於人心之故, 一無所合, 所惡於智者, 爲其鑿也, 正謂此耳. 苟能行其所無事, 則智之爲道亦大矣. 然智者多失於鑿. 此孟子所以取於故也.

27. 公行子有子之喪. 右師往弔, 入門, 有進而與右師言者, 有就右師之位而與右師言者.

| 公行子, 齊大夫. 右師, 王驩也. 言弔者多不知禮, 右師初入門, 有更歷衆人之位次, 進而與右師言者, 旣就位, 又有就右師之位, 與之言者也.

孟子不與右師言, 右師不悅曰: "諸君子皆與驩言, 孟子獨不與驩言, 是簡驩也." 孟子聞之曰: "禮, 朝廷不歷位而相與言, 不踰階而相揖也. 我欲行禮, 子放以我爲簡, 不亦異乎?"

| 歷, 更涉也. 位, 他人之位次也. 階, 位也. 言惟得與其左右相揖, 而不得踰位相揖也. 禮由朝廷出, 故孟子引之如此.

○驩固小人也. 然孟子亦不深拒之. 但不阿諛而已. 因驩之不悅, 亦以禮答之. 其言直, 其道順, 此聖賢待小人之常法也.

右第二十七章

28. 孟子曰: "君子所以異於人者, 以其存心也. 君子以仁存心, 以禮存心.

| 仁者存心之本, 禮者存心之防, 謂修仁禮之德, 以存其心也. 以此存心, 是君子之所以異於衆人也.

仁者愛人, 有禮者敬人. 愛人者, 人恒愛之, 敬人者, 人恒敬之. 有人於此, 其待我以橫逆, 則君子必自反也, 我必不仁也, 必無禮也, 此物奚宜至哉?

| 橫逆, 謂强暴不順理也. 物, 事也.

其自反而仁矣, 自反而有禮矣, 其橫逆由是也, 君子必自反也, 我必不忠.

| 自盡己心之謂忠. 我必不忠, 恐所以愛敬人者, 有所未盡也.

自反而忠矣, 其橫逆由是也, 君子曰, '此亦妄人也已矣. 如此, 則與禽獸奚擇哉? 於禽獸又何難焉?'

| 奚擇, 言我與此齊, 而無用揀擇也. 又何難焉, 言不足與之校也.

是故君子有終身之憂, 無一朝之患也.

| 自反故無一朝之患也. 終身之憂見下文.

乃若所憂則有之, 舜, 人也, 我, 亦人也. 舜爲法於天下, 可傳於後世, 我由未免爲鄉人也, 是則可憂也. 憂之如何? 如舜而已矣.

| 鄉人, 鄉里之常人也. 舜盡事親之道, 而瞽瞍底豫. 天下之爲父子者定. 故曰爲法於天下, 又引舜之事, 以明反求之法也.

若夫君子所患則亡矣. 非仁無爲也, 非禮無行也. 如有一朝之患, 則君子不患矣."

| 言君子之行, 必由仁禮. 故不以一朝之患爲患也.

右第二十八章

○存心二字, 孟子之常言. 蓋仁義禮智, 天下之道. 故曰以仁存心, 以禮存心者, 謂以仁禮存此心而不失也. 若宋儒以仁義禮智爲性, 則是以心存心, 猶言以目觀目, 不可爲言. 於是强加一於字, 遷就其說曰, 以仁禮存於心而不忘也. 可謂牽强不通, 繆乎孟子之旨甚矣

29. 禹稷當平世, 三過其門而不入, 孔子賢之. 顏子當難世, 居於陋巷, 一簞食, 一瓢飲, 人不堪其憂, 顏子不改其樂, 孔子賢之.

│ 禹稷當治平之世, 不可如此之急. 顏子當極亂之世, 當出拯其溺而不出. 兩者皆嫌於不賢. 故引孔子之言而斷之.

孟子曰: "禹稷顏回同道. 禹思天下有溺者, 由己溺之也, 稷思天下有餓者, 由己餓之也, 是以如是其急也. 禹稷顏子易地則皆然.

│ 言聖賢之出處, 其迹雖異, 其道則同也.

今有同室之人鬪者, 救之, 雖被髮纓冠而救之, 可也.

│ 喻禹稷也. 不暇束髮, 而結纓往救, 言急也.

鄕鄰有鬪者, 被髮纓冠而往救之, 則惑也, 雖閉戶可也."

│ 喻顏子也.

○此專爲顏子而發之. 蓋禹稷得堯舜爲君, 而其澤施於天下, 人信其德. 顏子窮居陋巷, 而其迹未顯, 不免人之有疑. 故孟子與禹稷幷論, 因斷之曰, 易地則皆然.

右第二十九章

○夫道一而已矣. 然有陰則有陽, 有剛必有柔, 並行而不相悖也. 譬諸器焉, 其大小長短, 雖爲不同, 然至合規矩則一也. 禹稷之憂世, 顏子之陋巷, 其迹雖異, 然皆各隨其時, 而盡其道, 非有二致也. 學者能達此義, 然後知聖人之道無窮, 而天下之理, 不可執一而論也. 苟取其一而捨其二, 泥其迹而昧其義, 則不爲楊氏, 必爲墨氏, 可不審哉.

30. 公都子曰: "匡章, 通國皆稱不孝焉, 夫子與之遊, 又從而禮貌之, 敢問何也?"

│ 匡章, 齊人. 通國, 盡一國之人也. 禮貌, 敬之也.

孟子曰: "世俗所謂不孝者五, 惰其四支, 不顧父母之養, 一不孝也. 博奕好飲酒, 不顧父母之養, 二不孝也. 好貨財, 私妻子, 不顧父母之養, 三不孝也. 從耳目之欲, 以爲父母戮, 四不孝也. 好勇鬪狠, 以危父母, 五不孝也. 章子有一於是乎?

│ 從, 與縱同. 戮, 羞辱也. 狠, 忿戾也.

夫章子, 子父責善而不相遇也.

│ 遇, 合也. 言章子本非不孝, 但其平生父子責善, 而不相合. 故爲父所逐也.

責善, 朋友之道也, 父子責善, 賊恩之大者.

│ 賊, 害也. 言責善而不入, 則繼之以怒. 故在朋友則可, 在父子則不可.

夫章子, 豈不欲有夫妻子母之屬哉. 爲得罪於父, 不得近, 出妻屛子, 終身不養焉. 其設心以爲不若是, 是則罪之大者, 是則章子已矣."

│ 朱氏曰: 言章子非不欲身有夫妻之配, 子有子母之屬. 但爲身不得近於父. 故不敢受妻子之養, 以自責罰, 其心以爲不如此, 則其罪益大也.

右第三十章

○孟子於匡章, 解其非不孝, 可謂衆惡之必察焉. 於陳仲子, 辨其非廉, 可謂衆好之必察焉. 可見聖賢之論人, 瑜瑕不掩, 唯取其當, 自與世俗偏見者異矣. 凡論人者當以此爲準. ○唐氏順之曰: 其責善於父, 失幾諫之道, 固章子不是處. 然志在欲父爲善也,而得罪之後, 又知自罪, 則又與恝然忘親者不侔.

31. 曾子居武城, 有越寇. 或曰: "寇至, 盍去諸?" 曰: "無寓人於我室, 毀傷其薪木." 寇
退, 則曰: "修我牆屋, 我將反."

ㅣ武城, 魯邑名. 盍, 何不也. 寓, 寄也. 曾子欲去, 戒其守舍人曰, 無寄人於我室, 恐其
　傷我薪草樹木也.

寇退, 曾子反. 左右曰: "待先生如此其忠且敬也, 寇至, 則先去以爲民望, 寇退, 則反,
殆於不可." 沈猶行曰: "是非汝所知也. 昔沈猶有負芻之禍, 從先生者七十人, 未有與
焉."

ㅣ左右, 曾子之門人也. 忠且敬, 言武城之大夫, 事曾子忠誠恭敬也. 爲民望, 言使民
　望而效之. 沈猶行, 弟子姓名也. 言曾子嘗舍於沈猶氏, 時有負芻者, 作亂來攻, 曾
　子率其弟子去之, 不與其難, 以居師賓之位故也.

子思居於衛, 有齊寇. 或曰: "寇至, 盍去諸?" 子思曰: "如伋去, 君誰與守."

ㅣ子思時仕于衛. 言其所以不去之意如此.

孟子曰: "曾子子思同道. 曾子, 師也, 父兄也. 子思, 臣也, 微也. 曾子子思易地則皆
然."

ㅣ微, 猶賤也. 尹氏曰: 或遠害, 或死難, 其事不同者, 所處之地不同也. 君子之心, 不
　繫於利害, 惟其是而已. 故易地則皆能爲之.

ㅇ此亦專爲曾子而發之, 子思之在衛, 於義盡矣, 固無可疑者也. 若曾子之在魯, 嫌於
　無勇. 故與子思幷論以明之. 蓋聖賢之於事, 義雖或殊, 而道則未始不同也.

右第三十一章

32. 儲子曰: "王使人瞷夫子, 果有以異於人乎?"

ㅣ儲子, 齊人也. 瞷, 竊視也.

孟子曰: "何以異於人哉. 堯舜與人同耳."

ㅣ言我亦何以異於人哉. 且堯舜之聖, 亦與人不異. 苟異於人, 則非人之道矣.

右第三十二章

ㅇ不知道者, 視聖人猶天之高, 進道若登天然. 齊王使人瞷孟子, 亦不知道故耳. 夫道
一而已矣, 外仁義, 別無所謂道者也. 雖堯舜豈有異於人哉. 若以異於人求人, 則妄自
尊大者得進, 而必失有德之人, 以異於人自求, 則反常自尤之心生, 而必反君子之道.
故曰, 人之爲道而遠人, 不可以爲道.

33. 齊人有一妻一妾而處室者, 其良人出, 則必饜酒肉而後反. 其妻問所與飮食者,
則盡富貴也. 其妻告其妾曰: "良人出, 則必饜酒肉而後反, 問其與飮食者, 盡富貴也,
而未嘗有顯者來, 吾將瞷良人之所之也." 蚤起, 施從良人之所之, 徧國中無與立談
者. 卒之東郭墦間之祭者, 乞其餘, 不足, 又顧而之他. 此其爲饜足之道也. 其妻歸, 告
其妾曰: "良人者, 所仰望而終身也, 今若此." 與其妾訕其良人, 而相泣於中庭, 而良
人未之知也, 施施從外來, 驕其妻妾.

｜良人, 夫也. 黶, 飽也. 顯者, 富貴人也. 施, 邪施而行, 不使良人知也. 墦, 冢也. 顧望, 訕, 怨詈也. 施施, 喜悅自得之貌. 蓋謂有妻妾而處室, 則亦非乞丐之類, 而其所爲如此. 故妻妾訕之而相泣也.

由君子觀之, 則人之所以求富貴利達者, 其妻妾不羞也, 而不相泣者, 幾希矣.

｜孟子言今之諮求富貴利達者, 自君子而觀之, 皆如此人之所爲, 亦可鄙也. 朱氏曰: 章首當有孟子曰字, 闕文也.

右第三十三章

○趙氏曰: 言今之求富貴者, 皆以枉曲之道. 昏夜乞哀以求之, 而以驕人於白日, 與斯人何以異哉. 薛氏曰: 乞墦之事, 人皆恥之而不爲. 乞墦之心, 則學者或有之而未察. 無是事, 未足言也. 無是心則善矣.

孟子古義 卷之五

萬章章句上 凡十章

○此篇專論聖賢之事實, 旁及出處進退之辨. 非後世驚虛遠, 尙空理者之類. 蓋戰國之時, 聖遠道湮, 橫議之徒, 厚誣聖賢. 幸以此篇之存, 而後世得知聖賢之爲聖賢, 則其有功於學者, 最大矣. 蓋萬章之所記云.

1. 萬章問曰: "舜往于田, 號泣于旻天, 何爲其號泣也?"

｜仁覆憫下, 謂之旻天. 言舜嘗耕歷山呼天而號泣也.

孟子曰: "怨慕也."

｜親之過大, 則不能不怨. 愛親之深者必慕, 皆孝子之至情也.

萬章曰: "'父母愛之, 喜而不忘, 父母惡之, 勞而不怨.' 然則舜怨乎?"

｜勞而不怨者, 謂親之過小者. 若夫親之過大而不怨, 則所謂愈疏者, 而非孝子之心. 萬章不達其義. 故疑於舜之怨也. 此四句今見戴記, 蓋古語也.

曰: "長息問於公明高曰, '舜往于田, 則吾旣得聞命矣, 號泣于旻天于父母, 則吾不知也.' 公明高曰, '是非爾所知也.'

｜孟子引公明高答長息語以對也. 長息, 公明高弟子. 公明高, 曾子弟子. 號泣于旻天于父母, 乃孝子之至情, 唯聖人能存此心. 故公明高爲非爾所知也.

夫公明高以孝子之心, 爲不若是恝, 我竭力耕田, 共爲子職而已矣, 父母之不我愛, 於我何哉?

｜恝, 無愁之貌. 孟子解公明高之言如此. 孝子之心不若是恝然, 曰吾事已畢. 若父母之不我愛, 於我且奈之何. 愚謂, 恝字下, 疑當有曰字.

○夫子論詩曰, 可以怨. 後篇亦曰, 親之過大而不怨, 是愈疏也. 蓋怨者人情之所不免, 而親愛之未絶也者. 若當怨, 而不怨是以途人視其親, 而不與己相關, 孝子之心安在哉. 宋儒以無情視聖人之心, 而以明鏡止水, 爲其本體. 故疑乎舜之怨其親, 因釋怨慕二字, 以爲怨己之不得其親而思慕也. 可謂鑿矣.

帝使其子九男二女, 百官牛羊倉廩備, 以事舜於畎畝之中. 天下之士多就之者, 帝將胥天下而遷之焉, 爲不順於父母, 如窮人無所歸.

│前言舜怨父母, 此以下乃言其慕父母之甚也. 胥, 相視也. 遷之, 移以與之也. 如窮
　人之無所歸, 言其怨慕迫切之狀也. 孟子言舜慕親之心, 豈特歷山耕田之時爲然,
　及堯將以天下與之. 極人情之所願欲, 宜如無憂, 而猶且如此, 言終身慕父母之深
　也.

天下之士悅之, 人之所欲也, 而不足以解憂. 好色, 人之所欲, 妻帝之二女, 而不足以
解憂. 富, 人之所欲, 富有天下, 而不足以解憂. 貴, 人之所欲, 貴爲天子, 而不足以解
憂. 人悅之好色富貴, 無足以解憂者, 惟順於父母可以解憂.

│孟子推述舜之心, 以解上文之意如此.

人少, 則慕父母, 知好色, 則慕少艾, 有妻子, 則慕妻子, 仕則慕君, 不得於君則熱中.
大孝終身慕父母. 五十而慕者, 予於大舜見之矣."

│艾, 美好也. 不得, 不爲君得也. 熱中, 躁急心熱也. 言五十者, 舜喪父母時, 蓋年
　五十也. 五十而慕, 則其終身慕可知矣.

右第一章

○能盡人道之極, 而永立萬世之法, 唯聖人爲然. 如舜盡事親之道, 天下無復加是也.
夫孝者天下之至德, 終身慕父母, 孝之至也. 孟子論舜曰, 爲不順於父母, 如窮人無所
歸. 又曰, 惟順於父母, 可以解憂, 可謂誠知舜之心, 而能發明得盡矣.

2. 萬章問曰: "詩云, '娶妻如之何? 必告父母.' 信斯言也, 宜莫如舜, 舜之不告而娶, 何
也?"

│詩, 齊風南山之篇. 信, 誠也. 誠如此詩之言也.

孟子曰: "告則不得娶. 男女居室, 人之大倫也. 如告, 則廢人之大倫, 以懟父母, 是以
不告也."

│懟, 怨也. 言廢人之大倫, 則雖子亦不能無怨父母之心, 故不告也. 此舜之所以善
　處人倫之變也.

萬章曰: "舜之不告而娶, 則吾旣得聞命矣, 帝之妻舜而不告, 何也?" 曰: "帝亦知告焉
則不得妻也."

│趙氏曰: 帝堯知舜大孝, 父母止之, 舜不敢違, 則不得妻之, 故亦不告也.

○此言堯舜處人倫之變, 而能盡其道也,

右第二章

○此章舊本連下文爲一章. 今詳文勢, 與上章同意, 而下文別起端. 故分爲別章. 使與
前後諸章, 各以類相從, 而不相混云.

3. 萬章曰: "父母使舜完廩, 捐階, 瞽瞍焚廩. 使浚井, 出, 從而揜之. 象曰, '謨蓋都君,
咸我績, 牛羊父母, 倉廩父母, 干戈朕, 琴朕, 弤朕, 二嫂使治朕棲.' 象往入舜宮, 舜在
牀琴. 象曰, '鬱陶思君爾.' 忸怩. 舜曰, '惟玆臣庶, 汝其于予治.' 不識舜不知象之將殺
己與?"

│完, 治. 捐, 去. 階, 梯. 揜, 蓋也. 按史記曰, 使舜上塗廩, 瞽瞍從下縱火焚廩, 舜乃以

兩笠自捍而下去, 得不死. 後又使舜穿井, 舜穿井爲匿空旁出, 舜旣入深, 瞽瞍與象共下土實井, 舜從匿空中出去, 卽其事也. 象, 舜異母弟也. 謨, 謀也. 蓋, 蓋井也. 舜所居三年成都, 故謂之都君. 咸, 皆. 績, 功也. 干, 盾也. 戈, 戟也. 弤, 琱弓也. 象欲以舜之牛羊倉廩與父母, 而自取此物也. 二嫂, 堯二女也. 棲, 牀也. 象欲使爲己妻也. 鬱陶, 思之甚而氣不得伸也. 忸怩, 慙色也.

曰: "奚而不知也? 象憂亦憂, 象喜亦喜."

｜孟子言舜非不知其將殺己, 但親愛之深, 故隨其憂喜而憂喜之, 無所容心, 蓋仁之至也.

曰: "然則舜僞喜者與?" 曰: "否. 昔者有饋生魚於鄭子産, 子産使校人畜之池. 校人烹之, 反命曰, '始舍之, 圉圉焉, 少則洋洋焉, 攸然而逝.' 子産曰, '得其所哉! 得其所哉!' 校人出曰, '孰謂子産智? 予旣烹而食之, 曰, 得其所哉, 得其所哉.' 故君子可欺以其方, 難罔以非其道. 彼以愛兄之道來, 故誠信而喜之, 奚僞焉?"

｜朱氏曰: 校人, 主池沼小吏也. 圉圉, 困而未紓之貌. 洋洋, 則稍縱矣. 攸然而逝者, 自得而遠去也. 方, 亦道也. 罔, 蒙蔽也. 欺以其方, 謂誑之以理之所有. 罔以非其道, 謂昧之以理之所無. 象以愛兄之道來, 所謂欺之以其方也. 故舜實喜之, 何僞之有.

○帝使九男二女百官, 事舜於畎畝之中, 瞽瞍豈得使舜完廩浚井乎. 象亦豈得有欲殺兄而使二嫂治其棲之志乎. 其事之必無, 斷而可知矣. 若區區與之論其有無, 則是迄無了期. 故孟子之答之, 直隨其詞, 以論其理, 竟不辨其事之有無也. 答告子杞柳湍水之說, 亦此類耳. 若下文堯北面朝舜, 及伊尹以割烹要湯, 則是其僞妄雖易知, 而或啓後世之惑. 故直明其誣, 不在此例.

右第三章

○宋儒說仁, 專以理論之. 其論舜之心, 曰人情天理, 於是爲至. 乖孟子之意最甚矣. 夫仁人之於弟也, 不藏怒焉, 不宿怨焉, 親愛之而已矣. 舜之於象, 蓋仁之至, 義之盡, 而人倫之極也. 人情天理之說, 豈足盡舜之心哉.

4. 萬章問曰: "象日以殺舜爲事, 立爲天子則放之, 何也?"

｜放, 猶置也. 置之於此, 使不得去也. 萬章疑舜何不誅之.

孟子曰: "封之也, 或曰, 放焉."

｜孟子言舜實封之, 而或以似有罪而放之, 故謂之放也.

萬章曰: "舜流共工于幽州, 放驩兜于崇山, 殺三苗于三危, 殛鯀於羽山, 四罪而天下咸服, 誅不仁也. 象至不仁, 封之有庳. 有庳之人奚罪焉? 仁人固如是乎? 在他人則誅之, 在弟則封之."

｜流, 徙也. 共工, 官名. 驩兜, 人名. 三苗, 國名. 殛, 誅也. 鯀, 禹父名. 幽州崇山三危羽山有庳, 皆地名也. 萬章疑舜欲誅不仁而除民害, 則象至不仁, 當先誅之, 今封之於有庳之地虐其民, 何用心之不公耶.

曰: "仁人之於弟也, 不藏怒焉, 不宿怨焉, 親愛之而已矣. 親之, 欲其貴也, 愛之, 欲其富也. 封之有庳, 富貴之也. 身爲天子, 弟爲匹夫, 可謂親愛之乎?"

┃宿, 留也. 不藏怒, 不宿怨, 形容其親愛之深也.

"敢問或曰放者, 何謂也?" 曰: "象不得有爲於其國, 天子使吏治其國而納其貢稅焉, 故謂之放. 豈得暴彼民哉?

┃言象雖封爲有庳之君, 然不得治其國. 天子使吏代之治, 而納其所收之貢稅於象, 有似於放. 故或者以爲放也. 象雖至不仁, 亦不得虐其民也.

雖然, 欲常常而見之, 故源源而來,

┃源源, 若水之相繼. 言來之不絶也. 以見舜親愛象之深而非放也.

'不及貢, 以政接于有庳.' 此之謂也."

┃有庳, 謂象封爲有庳之君. 古者諸侯五年一朝, 敷奏以言, 明試以功, 舜之接象, 不待諸侯朝貢之期, 亦不必以政事之述, 而時接見之也. 此古尚書逸篇之辭. 孟子引之, 以證源源而來之意.

○萬章所問, 皆人之所必致疑於聖人, 而非孟子之辨, 孰能知聖人之仁, 與天地同其量, 而非常人之所能窺測也.

右第四章

5. 咸丘蒙問曰: "語云, '盛德之士, 君不得而臣, 父不得而子. 舜南面而立, 堯帥諸侯北面而朝之, 瞽瞍亦北面而朝之. 舜見瞽瞍, 其容有蹙.' 孔子曰, '於斯時也, 天下殆哉, 岌岌乎!' 不識此語誠然乎哉?"

┃咸丘蒙, 孟子弟子. 語者, 古語也. 蹙, 顰蹙不自安也. 岌岌, 不安貌也. 言人倫乖亂, 天下將危也. 古語及孔子之言, 皆當時無父無君者, 假之以行其私耳.

孟子曰: "否, 此非君子之言, 齊東野人之語也. 齊東, 齊國之東鄙也. 堯老而舜攝也. 堯典曰, '二十有八載, 放勳乃徂落, 百姓如喪考妣, 三年四海遏密八音.' 孔子曰, '天無二日, 民無二王.' 舜旣爲天子矣, 又帥天下諸侯以爲堯三年喪, 是二天子矣."

┃堯典, 虞書篇名. 此語今見於舜典. 蓋以古文尚書, 分堯典爲二篇故也. 言舜攝位二十八年而堯死也. 徂落, 死也. 遏, 止. 密, 靜也. 八音, 謂金石絲竹匏土革木也. 孟子引書及孔子之言, 以證堯在時舜末嘗卽天子位, 但攝行天子之事也.

咸丘蒙曰: "舜之不臣堯, 則吾旣得聞命矣. 詩云, '普天之下, 莫非王土, 率土之濱, 莫非王臣.' 而舜旣爲天子矣, 敢問瞽瞍之非臣, 如何?"

┃不臣堯, 不以堯爲臣也. 詩, 小雅北山之篇也. 普, 徧. 率, 循也.

曰: "是詩也, 非是之謂也, 勞於王事而不得養父母也. 曰, '此莫非王事, 我獨賢勞也.'

┃蒙不曉詩之意. 故孟子就下文所云, 大夫不均, 我從事獨賢, 釋其意言, 天下皆王臣, 何爲獨使我以賢才而勞苦之, 而不得養父母乎. 非天子可臣其父之謂也.

故說詩者, 不以文害辭, 不以辭害志. 以意逆志, 是爲得之. 如以辭而已矣, 雲漢之詩曰, '周餘黎民, 靡有孑遺.' 信斯言也, 是周無遺民也.

┃文, 字也. 辭, 語也. 逆, 迎也. 雲漢, 大雅篇名, 周宣王憂旱之詩也. 孑, 獨立之貌. 遺, 脫也. 言說詩之法, 不可以一字而害一句之義, 不可以一句而害設辭之意, 當以己意迎取作者之志, 乃可得之. 若但以其辭而已, 則如雲漢所言, 是周之黎民, 眞無遺種矣.

孝子之至, 莫大乎尊親, 尊親之至, 莫大乎以天下養. 爲天子父, 尊之至也, 以天下養, 養之至也.

｜言瞽瞍旣爲天子之父, 則當享天下之養. 此舜之所以爲尊親養親之至也. 豈有使之北面而朝之理乎.

詩曰, '永言孝思, 孝思維則.' 此之謂也.

｜詩, 大雅下武之篇. 言人能長言孝思而不忘, 則可以爲天下法則. 此舜之謂也.

書曰, '祗載見瞽瞍, 夔夔齊栗, 瞽瞍亦允若.' 是爲父不得而子也."

｜書語, 今見古文尙書大禹謨篇. 祗, 敬. 載, 事也. 夔夔齊栗, 敬謹恐懼之貌. 允, 信也. 若, 順也. 言信而順之也. 朱氏曰: 孟子引此而言, 瞽瞍不能以不善及其子, 而反見化於其子, 則是所謂父不得而子者, 而非如咸丘蒙之說也.

○此明舜不臣瞽瞍之事.

右第五章

○萬章咸丘蒙之所問, 皆當時世間傳播之俗說. 不知者, 或因是致疑於聖人. 故孟子皆據詩書而力辨之. 由是觀之, 則知除詩書論孟所載外, 國策史記等所記, 事之可疑者, 皆出於傅會之說, 不必可信, 學者闕之可也.

6. 萬章曰: "堯以天下與舜, 有諸?" 孟子曰: "否, 天子不能以天下與人."

｜言德合天心, 然後能得有天下. 雖天子不得私以天下與無天命者.

"然則舜有天下也, 孰與之?" 曰: "天與之."

｜萬章問, 而孟子答也.

"天與之者, 諄諄然命之乎?"

｜萬章問也. 諄諄, 詳語之貌.

曰: "否, 天不言, 以行與事示之而已矣."

｜行, 以天之所受而言. 事, 以民之所受而言, 天之視聽, 自民之視聽, 故倂言之.

曰: "以行與事示之者, 如之何?" 曰: "天子能薦人於天, 不能使天與之天下, 諸侯能薦人於天子, 不能使天子與之諸侯, 大夫能薦人於諸侯, 不能使諸侯與之大夫. 昔者, 堯薦舜於天, 而天受之, 暴之於民, 而民受之, 故曰, 天不言, 以行與事示之而已矣."

｜暴, 顯也. 言下能薦人於上, 不能令上必用之. 惟若舜爲天人所受, 是堯如其意之所欲, 而天實受之也.

曰: "敢問薦之於天, 而天受之, 暴之於民, 而民受之, 如何?" 曰: "使之主祭, 而百神享之, 是天受之, 使之主事, 而事治, 百姓安之, 是民受之也. 天與之, 人與之, 故曰, 天子不能以天下與人.

○此明天與之之意.

舜相堯二十有八載, 非人之所能爲也, 天也. 堯崩, 三年之喪畢, 舜避堯之子於南河之南, 天下諸侯朝覲者, 不之堯之子而之舜, 訟獄者, 不之堯之子而之舜, 謳歌者, 不謳歌堯之子而謳歌舜, 故曰, 天也. 夫然後之中國, 踐天子位焉. 而居堯之宮, 逼堯之子, 是篡也, 非天與也.

｜南河, 在冀州之南. 訟獄, 謂獄不決而訟之也. 謳歌, 歌其德也.

○此又備言其攝政之久, 與朝覲訟獄之歸, 以申明爲天人所受之實.

泰誓曰, '天視自我民視, 天聽自我民聽.' 此之謂也."

│自, 從也. 言天以民心爲心, 故視聽皆自民.

○此引書以證民心歸舜, 卽天心與舜之意.

右第六章

○堯雖欲以天下與舜, 然民心不歸之, 則亦無奈之何. 天下之民歸之, 卽天與之也, 非堯之與之也. 故於終引泰誓以明之, 其有旨大.

7. 萬章問: "人有言, '至於禹而德衰, 不傳於賢, 而傳於子.' 有諸?" 孟子曰: "否, 不然也. 天與賢, 則與賢, 天與子, 則與子.

│言聖人視天命之所在, 而不加一毫私意於其間也.

昔者, 舜薦禹於天, 十有七年, 舜崩, 三年之喪畢, 禹避舜之子於陽城, 天下之民從之, 若堯崩之後不從堯之子而從舜. 禹薦益於天, 七年, 禹崩, 三年之喪畢, 益避禹之子於箕山之陰. 朝覲訟獄者不之益而之啓, 曰, '吾君之子也.' 謳歌者不謳歌益而謳歌啓, 曰, '吾君之子也.'

│陽城, 今之穎川也. 箕山, 嵩高之北也.

丹朱之不肖, 舜之子亦不肖. 舜之相堯, 禹之相舜也, 歷年多, 施澤於民久. 啓賢, 能敬承繼禹之道. 益之相禹也, 歷年少, 施澤於民未久. 舜禹益相去久遠, 其子之賢不肖, 皆天也, 非人之所能爲也. 莫之爲而爲者, 天也, 莫之致而至者, 命也.

│堯舜之子皆不肖, 而舜禹之爲相久. 故堯舜之子, 不有天下, 而舜禹得有之. 禹之子賢, 而益相不久. 故啓有天下, 而益不得有之. 莫之爲而爲者, 謂專出於自然, 而非人力之所能爲也. 莫之致而至者, 謂似出於人力, 而實非人力之所能及也.

○此孟子解舜禹益之事如此. 蓋禹之薦益於天, 猶堯之薦舜, 舜之薦禹. 三聖之心, 豈有異乎哉. 唯禹崩後, 民心不歸於益, 而歸于啓. 此啓之所以繼世而王, 而非禹之有意與子明矣. 大凡謂之天者, 對人而言, 非人事之所與, 而自然而然. 故謂之爲也. 謂之命者, 天之所命, 臨時而至. 故謂之至也. 孟子於舜禹與啓之所以有天下, 而益之不有天下, 皆言天而不言命, 蓋重其事爾, 非臨時而至之類也.

匹夫而有天下者, 德必若舜禹, 而又有天子薦之者, 故仲尼不有天下.

│言仲尼之德, 雖賢於舜禹, 而無天子薦之者, 故不有天下.

繼世以有天下, 天之所廢, 必若桀紂者也, 故益伊尹周公不有天下.

│繼世, 謂繼父而王也. 如桀紂, 雖亦繼父而王, 然其德不能以保天下. 故天乃廢之. 如啓及太甲成王, 雖不及益伊尹周公之賢聖. 但能嗣守先業, 則天亦不廢之. 故益伊尹周公, 雖有舜禹之德, 而亦不有天下.

伊尹相湯以王於天下, 湯崩, 太丁未立, 外丙二年, 仲壬四年, 太甲顚覆湯之典刑, 伊尹放之於桐三年, 太甲悔過, 自怨自艾, 於桐處仁遷義三年, 以聽伊尹之訓己也, 復歸于亳.

│益之不有天下, 事詳於上文. 故此特言伊尹之事, 以起下文周公所以不有天下之由. 趙氏曰: 太丁, 湯之太子, 未立而死. 外丙立二年, 仲壬立四年, 皆太丁弟也. 太

甲, 太丁子也. 先儒不察古文尚書之僞撰, 以太甲接湯, 非也. 顛覆, 壞亂也. 典刑,
常法也. 桐, 湯墓所在. 艾, 治也. 亳, 商所都也.

周公之不有天下, 猶益之於夏, 伊尹之於殷也.

│ 言周公之不有天下, 亦以遇繼世賢君故也.

孔子曰, '唐虞禪, 夏后殷周繼, 其義一也.'"

│ 禪, 授也. 或禪或繼, 皆出於天命之正, 而合於人心之宜. 故曰其義一也.

右第七章

○堯舜傳賢, 禹傳子, 先儒所說不一. 由孟子之言觀之, 則禹繼堯舜之德, 薦益於天,
而初無與子之心. 但啓賢而益相禹不久. 故啓嗣禹而有天下, 而益不與焉. 非禹之棄
賢而與子也. 後儒者或謂爲天下與子者, 亦非也. 其後上無堯舜之君, 下無舜禹之臣.
故不復有讓賢之舉, 而遂家天下. 蓋時也, 勢也, 是卽天也. 故曰, 禪繼其義一也.

8. 萬章問曰: "人有言, '伊尹以割烹要湯.' 有諸?"

│ 朱氏曰: 要, 求也. 按史記, 伊尹欲行道以致君而無由, 乃爲有莘氏之媵臣, 負鼎俎
　　以滋味說湯, 致於王道. 蓋戰國時, 有爲此說者.

孟子曰: "否, 不然. 伊尹耕於有莘之野, 而樂堯舜之道焉. 非其義也, 非其道也, 祿之
以天下, 弗顧也, 繫馬千駟, 弗視也. 非其義也, 非其道也, 一介不以與人, 一介不以取
諸人.

│ 莘, 國名. 堯舜之道者, 謂堯舜治天下之道, 卽仁義而已矣. 駟, 四匹也. 介 與草芥
　　之芥同. 一介千駟, 極其大小而焉, 言其辭受取與皆以道義而不苟也.

湯使人以幣聘之, 囂囂然曰, '我何以湯之聘幣爲哉? 我豈若處畎畝之中, 由是以樂堯
舜之道哉?'

│ 囂囂, 無欲自得之貌.

湯三使往聘之, 旣而幡然改曰, '與我處畎畝之中, 由是以樂堯舜之道, 吾豈若使是君
爲堯舜之君哉? 吾豈若使是民爲堯舜之民哉? 吾豈若於吾身親見之哉?

│ 幡然, 反也, 與翻同.

天之生此民也, 使先知覺後知, 使先覺覺後覺. 予, 天民之先覺者也, 予將以斯道覺
斯民也. 非予覺之, 而誰也?'

│ 知者, 知有道也. 覺, 悟也. 言知道之明且徹也. 覺斯民者, 言使道明於天下也. 聖賢
　　之於斯世, 皆負天之責任而生, 故曰天使之也.

○此引伊尹之言, 以明其無以割烹要湯之事.

思天下之民, 匹夫匹婦有不被堯舜之澤者, 若己推而內之溝中. 其自任以天下之重
如此, 故就湯而說之以伐夏救民.

│ 內, 與納同. 夏桀無道, 暴虐其民. 故欲使湯伐夏以救之.

吾未聞枉己而正人者也, 況辱己以正天下者乎.

│ 朱氏曰: 辱己, 甚於枉己, 正天下, 難於正人. 若伊尹以割烹要湯, 辱己甚矣. 何以
　　正天下乎.

聖人之行不同也. 或遠, 或近, 或去, 或不去, 歸潔其身而已矣.

丨遠, 謂隱遁也. 近, 謂仕近君也. 言聖人之行, 雖不必同, 然其要歸, 則在潔身而已. 伊尹豈肯以割烹要湯哉.

吾聞其以堯舜之道要湯, 未聞以割烹也.

丨林氏曰: 以堯舜之道要湯者, 非實以是要之也. 道在此而湯之聘自來耳, 猶子貢言夫子之求之, 異乎人之求之也.

○此推伊尹之心, 以斷其決無割烹要湯之事.

伊訓曰, '天誅造攻自牧宮, 朕載自亳.'"

丨伊訓, 商書篇名. 天誅, 猶言天討, 謂順天心而討之也. 造, 作也. 牧宮, 桀宮也. 朕, 我也, 謂湯也. 載, 始也. 亳, 殷都也. 言湯之誅伐無道, 以除桀爲先. 故言我始與伊尹謀之於亳也.

○此推伊尹之心, 以明其志在伐夏救民, 而不在富貴利達也.

右第八章

○聖賢之心, 雖如難知, 然要其實, 則亦易知. 何者. 非仁不爲, 非義不由. 行一不義, 殺一不辜, 而得天下, 而不爲. 此其所以易知也. 孟子明伊尹之心於千歲之下, 其言確然而不可易. 蓋爲其本易知也. 後二章倣此.

9. 萬章問曰: "或謂孔子於衛主癰疽, 於齊主侍人瘠環, 有諸乎?"

丨癰疽, 瘍醫也. 侍人, 奄人也. 瘠, 姓. 環, 名. 皆時君所近狎之人. 或謂孔子主之以求進也.

孟子曰: "否, 不然也. 好事者爲之也.

丨好事, 謂喜造言生事之人也.

於衛主顏讎由. 彌子之妻與子路之妻, 兄弟也. 彌子謂子路曰, '孔子主我, 衛卿可得也.' 子路以告. 孔子曰, '有命.' 孔子進以禮, 退以義, 得之不得曰'有命', 而主癰疽與侍人瘠環, 是無義無命也.

丨顏讎由, 衛之賢大夫也. 彌子, 衛靈公幸臣彌子瑕也. 言孔子平生處己, 禮可就而進, 義不可則退, 至於其得與否, 則專委之于天. 豈因癰疽侍人以要君哉. 蓋禮在君而義在己. 故下專言無義也.

○此舉夫子平日言行, 以明其無主癰疽侍人之事. 蓋禮義在人, 而命係乎天. 故有義而無命者有矣. 有命而不須言義者有矣. 如使夫子階匪人以求進, 則是不知義. 又不知命也. 故旣曰無義, 而又曰無命. 先儒謂人事盡處卽是命. 此義命混合, 非聖賢之意矣. 且曰: 中人以上, 不消言命. 孔子言命, 爲彌子景伯等而發, 亦非矣. 據此章, 則知夫子平生於進退得失之間, 每必以命斷之. 非但爲彌子而言也. 卽不知命無以爲君子之意, 乃學問之極功, 聖人之能事. 中人以上, 何得謂不言命.

孔子不悅於魯衛, 遭宋桓司馬將要而殺之, 微服而過宋. 是時孔子當阨, 主司城貞子, 爲陳侯周臣.

丨孔子以道不合, 而不見悅於魯衛之君而去. 桓司馬, 宋大夫向魋也. 司城貞子, 亦宋大夫之賢者也. 陳侯名周, 懷公子也. 爲楚所滅, 故無謚, 孟子言孔子雖當阨難, 然猶擇所主. 況在齊衛無事之時, 豈有主癰疽侍人之事乎.

吾聞觀近臣, 以其所爲主, 觀遠臣, 以其所主. 若孔子主癰疽與侍人瘠環, 何以爲孔子."

│ 朱氏曰: 近臣, 在朝之臣. 遠臣, 遠方來仕者. 君子小人, 各從其類. 故觀其所爲主, 與其所主者, 而其人可知.

○此舉夫子之事君, 必擇所主, 以重明其無主癰疽侍人之事. 或曰, 桓魋之難,. 夫子嘗曰, 天生德於予, 桓魋其如予何, 而又微服而過宋者何也. 朱氏曰, 聖人雖知其不能害己, 然避患未嘗不深, 避患雖深, 而處之未嘗不間暇, 所謂道竝行而不悖也. 其說得之矣.

右第九章

10. 萬章問曰: "或曰, '百里奚自鬻於秦養牲者五羊之皮, 食牛以要秦穆公.' 信乎?" 孟子曰: "否, 不然. 好事者爲之也.

│ 百里奚, 虞之賢臣. 人言其自賣於秦養牲者之家, 得五羊之皮, 而爲之食牛, 因以干秦穆公也. 莊周云, 百里奚爵祿不入於心. 故飯牛而牛肥, 所謂好事者, 若周之徒是也.

百里奚, 虞人也. 晉人以垂棘之璧, 與屈産之乘假道於虞以伐虢. 宮之奇諫, 百里奚不諫.

│ 虞虢, 皆國名. 垂棘, 地名, 出美玉. 屈, 亦地名, 産良馬. 乘, 四匹也. 晉欲伐虢, 道經於虞. 故以此物借道, 實欲幷取之也. 宮之奇, 亦虞之賢臣, 諫虞公令勿許, 虞公不用, 遂爲晉所滅. 百里奚知其不可諫, 故不諫而去之秦.

知虞公之不可諫而去之秦, 年已七十矣, 曾不知以食牛干秦穆公之爲汙也, 可謂智乎? 不可諫而不諫, 可謂不智乎? 知虞公之將亡而先去之, 不可謂不智也. 時舉於秦, 知穆公之可與有行也而相之, 可謂不智乎? 相秦而顯其君於天下, 可傳於後世, 不賢而能之乎?

│ 反覆而言奚之智能擇君, 賢能顯君, 將以辨好事者之說也.

自鬻以成其君, 鄉黨自好者不爲, 而謂賢者爲之乎."

│ 趙氏曰: 鄉黨邑里, 自喜好名者, 尙不肯爲也. 況賢人肯辱身而爲之乎.

右第十章

○甚乎漢儒之不知道也. 孟子論伊尹百里奚之事, 直據事理以斷之, 明白的確, 無復可疑. 好事者之說, 不辨自破, 而司馬遷作史記, 猶襲用俗說者, 何哉. 若莊周所謂, 亦是虛無之繆談, 袪之可矣. 儒者猶稱道之, 陋哉. ○徐氏常吉曰: 孟子序百里奚于列聖之後, 則知奚在當時, 必有可觀. 今之所傳者, 皆食牛之故說, 而或非其眞也.

萬章章句下 凡九章

1. 孟子曰: "伯夷, 目不視惡色, 耳不聽惡聲. 非其君不事, 非其民不使. 治則進, 亂則退. 橫政之所出, 橫民之所止, 不忍居也. 思與鄉人處, 如以朝衣朝冠坐於塗炭也. 當紂之時, 居北海之濱, 以待天下之清也. 故聞伯夷之風者, 頑夫廉, 懦夫有立志.

┃橫, 謂不循法度. 頑者, 貪昧無覺之意. 廉者, 有分辨. 懦, 柔弱也. 餘並見前篇.

伊尹曰, '何事非君, 何使非民' 治亦進, 亂亦進, 曰, '天之生斯民也, 使先知覺後知, 使先覺覺後覺. 予, 天民之先覺者也. 予將以此道覺此民也.' 思天下之民, 匹夫匹婦有不與被堯舜之澤者, 若己推而內之溝中, 其自任以天下之重也.

┃何事非君, 何使非民, 言無不可事之君, 無不可使之民也. 伊尹以天下之重自任, 而無所擇於治亂也. 餘見前篇.

柳下惠不羞汙君, 不辭小官. 進不隱賢, 必以其道. 遺佚而不怨, 阨窮而不憫. 與鄕人處, 由由然不忍去也. '爾爲爾, 我爲我, 雖袒裼裸裎於我側, 爾焉能浼我哉' 故聞柳下惠之風者, 鄙夫寬, 薄夫敦.

┃鄙者, 褊急瑣細之意. 薄者, 苟刻寡恩之謂. 餘見前篇.

孔子之去齊, 接淅而行, 去魯, 曰, '遲遲吾行也.' 去父母國之道也. 可以速則速, 可以久則久, 可以處則處, 可以仕則仕, 孔子也."

┃朱氏曰: 接, 猶承也. 淅, 漬米水也. 漬米將炊, 而欲去之速. 故以手承水取米而行, 不及炊也. 擧此一端, 以見其久速仕止各當其可也.

孟子曰: "伯夷, 聖之淸者也, 伊尹, 聖之任者也, 柳下惠, 聖之和者也, 孔子, 聖之時者也.

┃聖者, 行造其極之名. 任, 謂以天下爲己責也. 當其可謂之時. 蓋天有四時, 日有十二時, 推移有度, 終而復始. 故以聖人變通不滯之妙, 謂之時. 非若三子之各偏乎一而不相通也.

○此擧三子之行, 折衷以孔子之事, 而言其去就進退, 獨得聖之時也.

孔子之謂集大成. 集大成也者, 金聲而玉振之也. 金聲也者, 始條理也, 玉振之也者, 終條理也.

┃取樂之有始終, 以喩夫子之德. 成者, 樂之一變, 如簫韶九成, 武六成, 是也. 集大成, 謂積衆小成而大成也. 金, 鐘屬. 聲, 宣也. 玉, 磬也. 振, 收也. 條理, 猶言脈絡. 指衆音而言也. 蓋奏樂者, 於其未作, 而先擊鎛鐘, 以宣其聲, 謂之始條理. 俟其旣闋, 而後擊特磬, 以收其韻, 謂之終條理. 二者之間, 脈絡通貫, 不相奪倫, 積衆小成, 而爲一大成, 猶孔子之德, 兼始終而有之. 故謂之集大成.

始條理者, 智之事也, 終條理者, 聖之事也.

┃知始而始之者, 智之明也, 知終而終之者, 聖之德也, 而孔子兼之.

智, 譬則巧也, 聖, 譬則力也. 由射於百步之外也, 其至, 爾力也, 其中, 非爾力也."

┃復以射之巧力, 發明智聖二字之義而言. 射之至固在力, 其中專在巧, 而非力之所能及. 蓋智以始之, 則自有聖以終之之力. 徒有聖以終之之力, 而無智以始之之巧, 則必不能得其中. 明孔子之巧力兼備, 非若三子各專其一, 而不能全體也.

○智能始之, 而知其所弊, 聖能終之, 而極其所至, 德之全也. 三子者知終而不知始. 譬諸樂焉, 有玉振之終條理, 而無金聲之始條理. 譬諸射焉, 力有餘而巧不足. 故雖得爲聖, 而不得爲智, 所以不免有淸和任之偏. 唯孔子旣知其終, 而復知其始. 譬諸樂焉, 始而金聲, 終而玉振, 條理兼備. 集其大成. 譬諸射焉, 兼巧力而有之. 故旣得爲聖, 而復得爲智, 所以爲聖之時. 此孔子之所以全其德, 而三子之不及也.

右第一章

○孟子每對擧伯夷柳下惠爲說者, 欲學者兼取二子之長, 而到此又倂論伊尹, 而斷之以夫子. 蓋伯夷之淸, 柳下惠之和, 猶陰陽之相反, 各專其氣, 而不能同. 伊尹之任, 又在其間, 而能兼全之者, 孔子也. 故以其平生所願學者, 而勸之學者也. 凡讀孟子論羣聖諸章, 皆當以此意求之.

2. 北宮錡問曰: "周室班爵祿也, 如之何?"

│北宮, 姓, 錡, 名, 衛人. 班, 列也.

孟子曰: "其詳不可得而聞也, 諸侯惡其害己也, 而皆去其籍, 然而軻也嘗聞其略也.

│籍, 典籍也. 當時諸侯, 兼幷僭竊. 故惡周制妨害己之所爲也.

天子一位, 公一位, 侯一位, 伯一位, 子男同一位, 凡五等也.

│自天子以下爲君者之爵, 凡有此五等也. 公, 謂上公九命, 及二王後也.

君一位, 卿一位, 大夫一位, 上士一位, 中士一位, 下士一位, 凡六等.

│言通天子諸侯, 其君臣之爵, 各有六等也.

○此言班爵之制.

天子之制, 地方千里, 公侯皆方百里, 伯七十里, 子男五十里, 凡四等. 不能五十里, 不達於天子, 附於諸侯, 曰附庸.

│言土地之差, 凡有此四等. 小國之地, 不足五十里者, 不能自達於天子, 因大國以姓名通, 謂之附庸也.

天子之卿受地視侯, 大夫受地視伯, 元士受地視子男.

│視, 比也. 元士, 上士也. 畿內授祿多少, 以外諸侯爲差. 不言中下士者, 視附庸也.

大國地方百里, 君十卿祿, 卿祿四大夫, 大夫倍上士, 上士倍中士, 中士倍下士, 下士與庶人在官者同祿, 祿足以代其耕也.

│十, 十倍之也. 四, 四倍之也. 倍, 加一倍也. 庶人在官者, 謂府史胥徒之屬. 祿以代耕者, 士與庶人受祿於官, 如田百畝之入, 可食九人至五人也.

次國地方七十里, 君十卿祿, 卿祿三大夫, 大夫倍上士, 上士倍中士, 中士倍下士, 下士與庶人在官者同祿, 祿足以代其耕也.

│三, 謂三倍之也.

小國地方五十里, 君十卿祿, 卿祿二大夫, 大夫倍上士, 上士倍中士, 中士倍下士, 下士與庶人在官者同祿, 祿足以代其耕也.

│二, 卽倍也.

耕者之所獲, 一夫百畝, 百畝之糞, 上農夫食九人, 上次食八人, 中食七人, 中次食六人, 下食五人. 庶人在官者, 其祿以是爲差."

│獲, 得也. 一夫一婦, 佃田百畝, 加之以糞. 按周禮, 草人掌土地之法, 以物地相其宜而爲之種. 蓋家有貧富, 加糞不齊. 故有上農夫以下五等也. 庶人在官者, 其受祿不同, 亦有此五等也.

○此言班祿之制.

右第二章

○孟子嘗曰, 徒善不足以爲政, 徒法不能以自行. 此以人之不可不擇, 而法之不可恃也. 然而國無城郭, 不能以衛其人民. 田無隄防, 則不能以保其稼穡. 周家之制, 皆文武周公成王業致太平之良法, 而斯民之城郭隄防也. 設使孟子得位行道, 其復之也必矣. 蓋法廢則貪汚之吏, 得行其私, 而民先被其害, 法存則不肖子孫, 尚得能保其籍, 而民亦受其福. 此孟子之所以諄諄爲當時人君言之也.

3. 萬章問曰: "敢問友." 孟子曰: "不挾長, 不挾貴, 不挾兄弟而友. 友也者, 友其德也, 不可以有挾也.
| 挾者, 有所恃之謂.
孟獻子, 百乘之家也, 有友五人焉, 樂正裘, 牧仲, 其三人, 則予忘之矣. 獻子之與此五人者友也, 無獻子之家者也. 此五人者, 亦有獻子之家, 則不與之友矣.
| 孟獻子, 魯之賢大夫仲孫蔑也. 言獻子好賢, 自無其 家. 若五人者有獻子之家, 則反爲獻子所賤, 亦不與之友. 其不挾貴可知矣.
非惟百乘之家爲然也, 雖小國之君亦有之. 費惠公曰, '吾於子思, 則師之矣, 吾於顔般, 則友之矣, 王順長息則事我者也.'
| 惠公, 費邑之君也. 言惠公之於子思顔般, 亦不挾其貴, 而師友之也. 王順長息, 皆臣之名.
非惟小國之君爲然也, 雖大國之君亦有之. 晉平公之於亥唐也, 入云則入, 坐云則坐, 食云則食, 雖疏食菜羹, 未嘗不飽, 蓋不敢不飽也. 然終於此而已矣.
| 亥唐, 晉賢人也. 平公造之, 唐言入, 公乃入, 言坐乃坐, 言食乃食. 疏食, 糲飯也. 不敢不飽, 敬賢者之命也.
弗與共天位也, 弗與治天職也, 弗與食天祿也, 士之尊賢者也, 非王公之尊賢也.
| 位職祿, 皆天之所以待賢者, 而平公不與亥唐共之, 但卑身下之. 此乃匹夫尊賢之禮而已. 若王公尊賢, 當實用之, 非徒以敬爲至也.
舜尙見帝, 帝館甥于貳室, 亦饗舜, 迭爲賓主, 是天子而友匹夫也.
| 尙, 上也. 舜上而見於帝堯也. 館, 舍也. 禮妻父曰外舅, 謂我舅者, 吾謂之甥. 堯以女妻舜, 故謂之甥. 貳室, 副宮也. 堯舍舜於副宮, 而就饗其食, 卽是王公之尊賢者, 而友德之極也.
用下敬上, 謂之貴貴, 用上敬下, 謂之尊賢. 貴貴尊賢, 其義一也."
| 言名分, 則用下敬上. 言道德, 則用上敬下. 當時但知貴貴之爲義, 而不知尊賢之爲義. 故曰其義一也.
右第三章
○天下有達尊三. 爵尊於朝廷, 齒尊於鄕黨, 輔世長民, 莫德爲尊, 古之道也. 故有忘王公之貴, 而友匹夫之賤. 若堯之於舜, 晉平公之於亥唐, 是也. 及乎後世道德下衰, 唯知以下敬上之爲禮, 而不知以上敬下之爲義最重也. 故古之賢君必有友, 友其德故也. 後世人君無友, 不知尊賢也. 雖欲望治而可得乎.

4. 萬章問曰: "敢問交際何心也?"

｜際, 接也. 交際, 謂人以禮儀幣帛相交接也. 問交際之道, 當以何爲心.

孟子曰: "恭也."

｜言所以表見其恭敬也.

曰: "卻之卻之爲不恭, 何哉?"

｜萬章疑, 交際之間, 有所卻而不受者, 人便以爲不恭, 何哉. 下卻之二字衍文.

曰: "尊者賜之, 曰, '其所取之者, 義乎, 不義乎?' 而後受之, 以是爲不恭, 故弗卻也."

｜言於尊者所賜之物, 不當問其初所得之合義與否. 若有此心, 則是非敬尊者之道. 故於禮不卻也.

曰: "請無以辭卻之, 以心卻之, 曰, '其取諸民之不義也', 而以他辭無受, 不可乎?"

｜萬章以爲彼旣得之不義, 則其餽不當受. 若以言辭卻之, 則旣涉不恭. 但心雖惡其不義, 而於言辭, 則托之他事卻之, 如此可否乎.

曰: "其交也以道, 其接也以禮, 斯孔子受之矣."

｜孔子於交接之間, 有道有禮, 則雖不必賢諸侯卿大夫而受之, 可見聖人待人之厚, 處物之寬矣. 朱氏曰: 交以道, 如餽賻聞戒, 周其飢餓之類. 接以禮, 謂辭命恭敬之節. 孔子受之, 如受陽貨烝豚之類也.

萬章曰: "今有禦人於國門之外者, 其交也以道, 其餽也以禮, 斯可受禦與?"

｜禦, 止也. 以兵禦人, 而奪之貨也. 言如此而以禮餽我, 則可受其禦得之貨乎.

曰: "不可. 康誥曰, '殺越人于貨, 閔不畏死, 凡民罔不譈.' 是不待教而誅者也, (殷受夏, 周受殷, 所不辭也, 於今爲烈.) 如之何其受之?"

｜康誥, 周書篇名. 越, 顚越也. 閔, 强暴貌. 譈, 殺也. 言殺人而顚越之, 因取其貨, 閔然不知畏死, 凡民莫不惡而殺之. 孟子言此乃不待教戒而當卽誅者也, 如何而可受之乎. 朱氏曰: 殷受至爲烈十四字, 語意不倫. 李氏以爲此必有斷簡或闕文者, 近之.

曰: "今之諸侯取之於民也, 猶禦也. 苟善其禮際矣, 斯君子受之, 敢問何說也?" 曰: "子以爲有王者作, 將比今之諸侯而誅之乎? 其教之不改, 而後誅之乎? 夫謂非其有而取之者盜也, 充類至義之盡也.

｜比, 連也. 言連合諸侯而盡誅之也. 夫謂非其有而取爲盜者, 推其類至於義之極之名耳. 非便以爲眞盜也. 況今諸侯之取於民, 固多不義. 然此非其有而取者, 則又異矣. 不可與禦人之盜同論也.

孔子之仕於魯也, 魯人獵較, 孔子亦獵較. 獵較猶可, 而況受其賜乎."

｜又引孔子之事, 以明世俗所尙, 猶或可從. 況受其賜, 何爲不可乎. 獵較, 趙氏曰, 田獵相較奪禽獸以祭, 孔子不違, 所以小同於俗也.

○聖人之所行, 乃道之所在. 若獵較, 本鄙事也. 然聖人猶且爲之, 蓋聖人不枉道以徇人, 亦不違俗以爲高, 乃中庸之至極, 萬世之法則也. 史遷贊禹云, 聲爲律, 身爲度. 是也.

曰: "然則孔子之仕也, 非事道與?" 曰: "事道也."

｜事道者, 以行道爲事也.

"事道奚獵較也?" 曰: "孔子先簿正祭器, 不以四方之食供簿正."

│ 趙氏曰: 孔子仕於衰世, 不可卒暴改戾. 故以漸正之. 先爲簿書, 以正其宗廟祭祀
　　之器, 卽其舊禮, 取備於國中. 不以四方珍食, 供其所簿正之器, 度珍食難常有, 乏
　　絶則爲不敬. 故獵較以祭也. 愚謂經文欠明暢, 姑從趙註.

曰: "奚不去也?" 曰: "爲之兆也. 兆足以行矣, 而不行, 而後去, 是以未嘗有所終三年
淹也.

│ 兆, 卜之兆也. 言夫子之所以不去者, 姑卜道之可行與否也. 兆足以行矣, 而諸侯
　　無果行之者. 故暫留便去, 未嘗有所終三年留也.

孔子有見行可之仕, 有際可之仕, 有公養之仕. 於季桓子, 見行可之仕也, 於衛靈公,
際可之仕也, 於衛孝公, 公養之仕也."

│ 朱氏曰: 見行可, 見其道之可行也. 際可, 接遇以禮也. 公養, 國君養賢之禮也. 季
　　桓子, 魯卿季孫斯也. 衛靈公, 衛侯元也. 孝公, 春秋史記皆無之, 疑出公輒也. 孟子
　　引此三事, 以見夫子本不違俗, 其仕亦莫非爲道也.

右第四章

○一人能從之, 而天下不能從, 則非道也. 一人能行之, 而天下不能行, 則非道也. 故
聖人不以天下之所不能從者, 求之於人, 亦不以天下之所不能行者, 强之於人, 以其
非通乎天下達乎萬世之道也. 交際之禮, 人情之所不能廢者. 若必計其物所從來之
合義與否, 而必欲擇其合義者而取之, 則天下之室, 非皆伯夷之所築, 天下之粟, 非皆
伯夷之所樹, 其不至絶人離物, 與禽獸同羣者幾希. 此聖人所以深斥之也.

5. 孟子曰: "仕非爲貧也, 而有時乎爲貧, 娶妻非爲養也, 而有時乎爲養.

│ 君臣之義, 夫婦之禮, 人之大倫, 不可廢也. 故士之仕, 亦有其道, 而非爲貧也. 然道
　　與時違, 至於不免饑餓, 則不得不祿仕. 如娶妻本以承宗廟廣繼嗣爲本. 然不能親
　　操井臼, 而欲資其饋養者, 亦當娶妻.

爲貧者, 辭尊居卑, 辭富居貧. 解爲貧之義. 辭尊居卑, 辭富居貧, 惡乎宜乎? 抱關擊
柝.

│ 柝, 夜行所擊之木也. 抱關擊柝, 監門之吏, 位卑祿貧者也. 言仕不爲道, 則其所居
　　但當如此. 若不然, 則是貪位竊祿也.

孔子嘗爲委吏矣, 曰, '會計當而已矣.' 嘗爲乘田矣, 曰, '牛羊茁壯長而已矣.'

│ 引孔子之事, 以示貧仕之法也. 委吏, 主委積之吏也. 乘田, 主苑囿芻牧之吏也. 茁,
　　肥貌. 言以孔子之聖, 而其言止如此. 蓋取祿薄職易稱而已.

位卑而言高, 罪也, 立乎人之本朝, 而道不行, 恥也."

│ 言居卑者不可以言朝廷之事, 居尊者不可不以行道.

右第五章

○此章爲當時之仕者, 不行其道而徒求尊富, 藉口貧仕者而發. 蓋欲爲貧仕, 則當辭
尊富. 若居尊富, 則當必行道. 豈可以爲貧而仕自諉, 不事行其道耶.

6. 萬章曰: "士之不託諸侯, 何也?"

│ 託, 寄也. 謂不仕而食其祿也.

孟子曰: "不敢也. 諸侯失國, 而後託於諸侯, 禮也, 士之託於諸侯, 非禮也."

│ 古者諸侯出奔他國, 食其廩餼, 謂之寄公. 士本位卑, 不得與諸侯敵體, 故非禮也.

萬章曰: "君餽之粟, 則受之乎?" 曰: "受之."

│ 受餽與託諸侯, 其義自別, 固當受之.

"受之何義也?" 曰: "君之於氓也, 固周之."

│ 周, 救也. 君之於民, 固有救其窮乏之道.

曰: "周之則受, 賜之則不受, 何也?" 曰: "不敢也."

│ 周之則爲民, 賜之則爲賓.

曰: "敢問其不敢何也?" 曰: "抱關擊柝者, 皆有常職以食於上, 無常職而賜於上者, 以爲不恭也."

│ 言賜有常數, 惟有常職者可受之. 士無常職, 而受有常數之賜, 則是不知爲民之分, 而以寄公自處, 故爲不恭也.

○此明士之於諸侯, 可受其餽, 而不可受其賜.

曰: "君餽之, 則受之, 不識可常繼乎?" 曰: "繆公之於子思也, 亟問, 亟餽鼎肉. 子思不悅. 於卒也, 摽使者出諸大門之外, 北面稽首再拜而不受, 曰, '今而後知君之犬馬畜伋.' 蓋自是臺無餽也.

│ 孟子引魯繆公之事, 以明其餽可常繼之. 但不可將君命亟餽也. 鼎肉, 熟肉也. 卒, 末也. 摽, 麾也. 數以君命來餽, 則使賢者有亟拜之勞, 而非養賢之禮. 故不悅. 於其末後復來餽時, 麾使者出, 拜而辭之. 犬馬畜伋, 言如養犬馬者, 亟呼之而使食然也. 臺, 賤官, 主使令者. 蓋繆公愧悟, 自此不復令臺來致餽也.

悅賢不能擧, 又不能養, 可謂悅賢乎?"

│ 擧, 用也. 孟子譏繆公不惟不能擧用, 且不能終養, 安可謂悅賢乎.

曰: "敢問國君欲養君子, 如何斯可謂養矣?" 曰: "以君命將之, 再拜稽首而受. 其後廩人繼粟, 庖人繼肉, 不以君命將之. 子思以爲鼎肉使己僕僕爾亟拜也, 非養君子之道也.

│ 孟子言國君養賢之禮, 其初以君命來餽, 後有司各以其職, 繼續所無, 不復以君命來餽, 不使賢者有亟拜之勞也. 子思辭繆公之餽, 爲此故也. 僕僕, 煩猥貌.

堯之於舜也, 使其子九男事之, 二女女焉, 百官牛羊倉廩備, 以養舜於畎畝之中, 後擧而加諸上位, 故曰, 王公之尊賢者也."

│ 言堯之於舜, 始而養, 後而擧, 是悅賢之至也.

○此明王公養賢之道.

右第六章

○天下之善, 莫大於悅賢, 而尊賢者悅賢之至也. 然徒悅之非悅賢也, 徒尊之非尊賢也. 養之以厚 而後見其悅賢之實. 崇之以位, 而後見其尊賢之實. 堯之於舜也, 以其所愛之男女, 其所置之百官, 其所資之牛羊倉廩, 悉擧以附之, 可謂實悅賢矣. 然後與共天位, 與治天職, 與食天祿, 則可謂實尊賢矣. 雖唐虞之治, 必由尊賢而致, 則後之人君, 其可弗思乎.

7. 萬章曰: "敢問不見諸侯, 何義也?" 孟子曰: "在國曰市井之臣, 在野曰草莽之臣, 皆謂庶人. 庶人不傳質爲臣, 不敢見於諸侯, 禮也."

│ 朱氏曰: 傳, 通也. 質者, 士執雉, 庶人執鶩, 相見以自通者也. 國內莫非君臣. 但未仕者, 與執贄在位之臣不同. 故不敢見也.

萬章曰: "庶人, 召之役, 則往役, 君欲見之, 召之, 則不往見之, 何也?" 曰: "往役, 義也, 往見, 不義也.

│ 往役, 庶人之分也. 往見者, 則以庶人當爲臣之禮. 故曰不義也.

且君之欲見之也, 何爲也哉?"

│ 孟子以爲庶人之往見, 不徒非其分, 且不可應非其招之招. 故復以此返問萬章也.

曰: "爲其多聞也, 爲其賢也."

│ 萬章答也.

曰: "爲其多聞也, 則天子不召師, 而況諸侯乎. 爲其賢也, 則吾未聞欲見賢而召之也.

│ 孟子又言. 召者, 君呼臣之詞. 天子猶不施之於師, 況諸侯而施之於賢者邪.

繆公亟見於子思曰, '古千乘之國以友士, 何如?' 子思不悅曰, '古之人有言曰, 事之云乎, 豈曰友之云乎.' 子思之不悅, 豈不曰, '以位, 則子君也, 我臣也, 何敢與君友? 以德, 則子事我者也, 奚可以與我友?' 千乘之君求與之友而不可得也, 而況可召與.

│ 孟子引子思之言, 以申明不可召之意.

齊景公田, 招虞人以旌, 不至, 將殺之. 志士不忘在溝壑, 勇士不忘喪其元. 孔子奚取焉? 取非其招不往也."

│ 又以分而言.

曰: "敢問招虞人何以?" 曰: "以皮冠. 庶人以旃, 士以旂, 大夫以旌. 以大夫之招招虞人, 虞人死不敢往, 以士之招招庶人, 庶人豈敢往哉. 況乎以不賢人之招招賢人乎.

│ 皮冠, 田獵之冠也. 通帛曰旃, 交龍爲旂, 析羽而注於旂干之首曰旌. 不賢人之招, 謂召之也. 以士之招招庶人, 則失禮. 以不賢人招招賢人, 則失義. 孟子言以兩者觀之, 皆不可往見也.

欲見賢人而不以其道, 猶欲其入而閉之門也. 夫義路也, 禮門也. 惟君子能由是路, 出入是門也. 詩云, '周道如底, 其直如矢, 君子所履, 小人所視.'"

│ 義在於己, 故曰路. 言由此而行也. 禮在於君, 故曰門. 言開之而待賢者也. 詩, 小雅大東之篇. 底, 與砥同, 礪石也. 言其平也. 矢, 言其直也. 視, 視以爲法也. 引此以證上文能由是路之義.

萬章曰: "孔子, 君命召, 不俟駕而行, 然則孔子非與?" 曰: "孔子當仕有官職, 而以其官召之也."

│ 孔子方仕而任職, 君以其官名召之, 故不俟駕而行. 蓋士以不赴召爲義, 當官以赴召爲禮, 其義一也.

右第七章

○輔氏廣曰: 觀答陳代章, 知不枉道從人之義. 觀答公孫丑章, 又知不爲臣不見之禮. 觀此章, 又知賢者有不可召之義. 蓋君子之出處進退, 一惟禮與義而已, 初無適莫也.

8. 孟子謂萬章曰: "一鄉之善士, 斯友一鄉之善士, 一國之善士, 斯友一國之善士, 天下之善士, 斯友天下之善士.

| 言其有人, 則必有其友. 一鄉之善士, 則有一鄉之善士而友之, 進而至於一國天下亦然. 天下之善士, 斯友天下之善士, 言聖賢相遇也.

以友天下之善士爲未足, 又尙論古之人. 頌其詩, 讀其書, 不知其人, 可乎. 是以論其世也, 是尙友也."

| 尙, 上也. 頌, 誦通. 言學者之於業, 必誦詩讀書者, 是以友天下之善士爲未足, 又上論古之人也. 論其世者, 謂審當時之事勢, 而論其得失. 能如此, 則知古人自有所不可及, 而不可漫議也. 是謂能上友古昔之人, 非徒誦其詩讀其書之謂也.

右第八章

○此章專爲學者不知讀書之方者而發. 蓋誦詩讀書, 學者之通法. 然多據今日之事勢, 而評古人之長短, 是誦其詩, 讀其書, 不知其人也. 故讀古人之書者, 當如身處其時, 親履其事, 精神意氣, 與我合併, 然後可. 豈泥紙上陳言者之所能得乎. 故曰, 神而明之, 存乎其人夫.

9. 齊宣王問卿. 孟子曰: "王何卿之問也?" 王曰: "卿不同乎?" 曰: "不同, 有貴戚之卿, 有異姓之卿." 王曰: "請問貴戚之卿." 曰: "君有大過則諫, 反覆之而不聽, 則易位."

| 朱氏曰: 大過, 謂足以亡其國者. 易位, 易君之位, 更立親戚之賢者. 蓋與君有親親之恩, 無可去之義. 以宗廟爲重, 不忍坐視其亡. 故不得已而至於此也.

王勃然變乎色.

| 勃然, 變色貌.

曰: "王勿異也. 王問臣, 臣不敢不以正對."

| 孟子言也.

王色定, 然後請問異姓之卿. 曰: "君有過則諫, 反覆之而不聽, 則去."

| 朱氏曰: 君臣義合, 不合則去.

右第九章

○眞氏德秀曰: 貴戚易位之說, 非後世所得行. 君有大過, 惟當反覆極言, 如屈平劉向之爲爾. 同姓之卿, 雖無可去之義, 若其君有大惡而不可諫, 易位之事, 又不得行. 宗社將危, 豈容坐待. 則微子去之, 亦有明義存焉. 其惡雖未如紂, 然非可事之君, 義不當食其祿, 則魯之叔肸. 可以爲法. 因時制義, 初無定法也.

孟子古義 卷之六

告子章句上 凡二十章

○此篇專明性善之義, 而旁及禮樂王霸之事. 蓋當時邪說爭起, 言人人異, 或謂性無善無不善, 或謂仁義爲矯揉之具, 而不知仁義者人道之極, 而人性之善, 皆可以行之, 猶火之就燥, 水之就溼也. 故孟子丁寧反覆, 諄諄告之, 無復餘蘊. 先儒見道過高, 遂以仁義爲具性之理, 則亦矯枉過直之言, 大乖孟子之旨. 學者宜辨焉.

1. 告子曰: "性猶杞柳也, 義猶桮棬也, 以人性爲仁義, 猶以杞柳爲桮棬."

│ 杞柳, 柜柳. 桮棬, 屈木所爲, 若巵匜之屬. 告子言人之行仁義, 必待矯揉, 猶揉杞柳
以爲桮棬, 本非性之自然也. 其意蓋謂仁義雖美, 而非性之所有, 但爲人人當行之
具耳.

孟子曰: "子能順杞柳之性而以爲桮棬乎? 將戕賊杞柳而後以爲桮棬也.

│ 孟子據告子之言而詰之. 言以杞柳爲桮棬, 是爲順其性乎, 將逆其性乎. 杞柳之性
柔韌, 故能順之, 而可以爲桮棬. 若使如梗枏之剛堅, 則亦不堪用. 子之意, 必謂戕
賊杞柳, 以成桮棬, 而不知本順其性. 若致戕賊, 則必生釁隙, 材不中用, 何可以戕
賊而言哉.

如將戕賊杞柳而以爲桮棬, 則亦將戕賊人以爲仁義與. 率天下之人而禍仁義者, 必
子之言夫!"

│ 言若謂戕賊杞柳以爲桮棬, 則亦必謂戕賊人以爲仁義. 然則雖未全以仁義爲惡,
然實爲仁義之禍者也.

○孟子提出仁義二字, 以詔萬世. 故告子欲搯提之以折其說, 非專欲破性善之說也.
然告子曰仁內義外, 則亦非全棄仁義而不取, 徒以爲應事接物之具, 而不爲其至.
故孟子以禍仁義責之. 彼若棄而不取, 則何恤禍仁義之言. 孟子亦必不以此責之.

右第一章

○告子以杞柳喻性, 桮棬喻仁義, 其說非全不當也. 然戕賊爲言則過矣. 其意蓋謂性
無善無不善, 而以仁義爲應事接物之具. 後數章雖屢變其說, 然其意則一也. 夫仁義
者天下之德, 而人性則善, 以人之性而爲仁義, 乃順其性而行, 何可以戕賊而言. 孟子
以仁義爲固有者, 爲是故也. 蓋以仁義稱性也, 非爲性之名也. 故謂人以仁義爲性則
可矣, 謂仁義卽性之名則不可也. 先儒不得孟子之言, 遂以仁義爲具於性之理, 使孟
子之言, 前後扞挌, 殆不相入. 且使異學之人, 多啙窳孟子之言, 哀哉.

2. 告子曰: "性猶湍水也, 決諸東方則東流, 決諸西方則西流. 人性之無分於善不善
也, 猶水之無分於東西也."

│ 湍, 波流瀠回之貌也. 告子言性本無善無不善, 其有善惡, 皆出於習, 而非性之本
體. 上章孟子旣因杞柳桮棬之言, 而明仁義之順其性. 故告子又取喻湍水而言, 仁
義本出於修爲, 而非其性也.

孟子曰: "水信無分於東西, 無分於上下乎? 人性之善也, 猶水之就下也. 人無有不善,
水無有不下.

│ 據告子之言辨之而言. 水固不分東西, 然皆莫不就下, 則豈不分於上下乎. 人之爲
善, 乃其性之自然, 猶水無有不下也.

今夫水, 搏而躍之, 可使過顙, 激而行之, 可使在山. 是豈水之性哉. 其勢則然也. 人之
可使爲不善, 其性亦猶是也."

│ 搏, 擊也. 躍, 跳也. 顙, 額也. 言人之爲不善, 猶水之過額在山, 本勢之所致, 而非其
性之本然也.

○水之在地中, 固無上下之可言. 及其發而出源, 而後可以辨上下. 孟子以水之就下,

喩人性之善, 則可知其就已發見善, 而非以未發而言之也.

右第二章

○夫子曰性相近, 而孟子以爲善者, 何也. 蓋水雖有淸濁甘苦之別, 而其就下則一也. 性雖有昏明强弱之差, 而其爲善則一也. 故見孺子之將入於井, 而皆有怵惕惻隱之心作, 甘食而不受嘑來之食, 好色而不摟東家之處子. 凡爲人者, 莫不皆然. 此孟子所以論性善之本旨, 而發明夫子之意者也. 蓋皆就氣質見善, 而非離氣質而爲言也. 先儒謂孟子謂性善者, 指本然之性, 而夫子之語, 兼氣質而言. 此說一出, 而後不能易其言. 非惟孟子之旨, 不明于後世, 且使孔孟一家同脈之學, 支離滅裂, 殆不相入焉. 可勝歎哉.

3. 告子曰: "生之謂性."

| 告子以爲人生之所稟, 卽是爲性, 本無善惡之可言也.

孟子曰: "生之謂性也, 猶白之謂白與?" 曰: "然."

| 孟子言生之謂性, 猶以物之白者, 同謂之白, 更無差別歟, 而告子答之曰然.

"白羽之白也, 猶白雪之白, 白雪之白, 猶白玉之白與?" 曰: "然."

| 人物同有所稟之性, 而唯人爲善, 不可槩而言生之謂性. 故復以此詰之, 而告子又曰然.

"然則犬之性, 猶牛之性, 牛之性, 猶人之性與?"

| 犬牛與人, 皆有其性. 然犬知守而不知耕, 牛知耕而不知守. 人則禮義之心, 自然完具, 非犬牛之可比. 若告子之說, 則謂犬牛與人, 其性亦不異, 可乎. 故又以此詰之. 於是告子之說窮, 而不能對焉.

○孟子以人之性與犬牛對說, 則所謂性善者, 乃以氣質言, 而非本然之性, 益可見矣. 先儒立本然氣質之說, 於是牴牾殊甚, 遂不滿于孟子之言, 噫.

右第三章

○告子以杞柳湍水, 皆無情之物, 不足以喩性. 故又發生之謂性之說, 而言性之不可以爲善也. 孟子於是以犬牛比人, 而明其性之特善, 明白端的, 無復可疑者. 惜乎告子之不自知省也. ○告子本謂性無善無不善, 而又曰生之爲性者, 何哉. 告子蓋以不動心爲主. 故徒認生稟爲性, 而不肯問其善惡如何. 與佛氏之旨, 其說雖異, 而其意相符. 大抵異端之敎, 雖復不一, 要之不出二塗, 高則空虛, 卑則法術, 異世殊域, 如出一律. 此告子莊老之學, 所以暗合於佛氏, 而後世儒者, 自以爲孔孟宗旨, 而其實出於佛老之緒餘者, 亦坐此耳.

4. 告子曰: "食色, 性也. 仁, 內也, 非外也, 義, 外也, 非內也."

| 內者, 親之之辭. 外者, 疏之之辭. 猶大學所謂外本內末, 及莊周所謂內聖外王之意. 言親者當務以行之. 疏者惟可待其來而應之也. 告子之意, 以爲人之甘食悅色, 皆不待學問而自然, 則其爲性也明矣. 但仁雖非性, 然仁愛皆由吾身所屬而發, 則人當內而行之. 義從物於外, 則不徒非其性, 亦非若仁之可內, 惟當從物而應之耳. 蓋其所謂外云者, 非棄而不用之謂, 但以此爲應事接物之具而已.

○從前諸儒, 多錯認內外二字義, 直以性爲內, 以物爲外, 殊非古人之意. 蓋內者, 與己相連屬之意, 所謂吾弟則愛之, 秦人之弟則不愛, 是也. 外者, 不與己相連屬之謂. 所謂長楚人之長, 亦長吾之長, 是也. 孟子雖以仁義爲內, 亦非直以爲性也. 觀此可見矣.

孟子曰: "何以謂仁內義外也?" 曰: "彼長而我長之, 非有長於我也, 猶彼白而我白之, 從其白於外也, 故謂之外也."

｜告子以爲從彼年之長, 而我長之, 猶從彼面之白而我白之, 是長長屬彼而不屬我, 所以義在外也.

曰: "(異於)白馬之白也, 無以異於白人之白也, 不識長馬之長也, 無以異於長人之長與? 且謂長者義乎? 長之者義乎?"

｜張氏曰: 上異於二字疑衍. 李氏曰: 或有闕文焉. 孟子言白馬與白人固不異, 而長馬與長人 則大不同, 何可以相比而言耶. 且義不在長者, 而在長之者, 則義之非在外, 亦明矣.

曰: "吾弟則愛之, 秦人之弟則不愛也, 是以我爲悅者也, 故謂之內. 長楚人之長, 亦長吾之長, 是以長爲悅者也, 故謂之外也."

｜告子又言愛自我而出. 故屬我則愛, 不屬我則不愛, 所以仁爲內也. 長由彼而起, 故屬我固長之, 不屬我亦長之, 所以義爲外也.

○先儒專以內爲性. 然詳味此語, 則內外二字之義, 益明而無疑. 唯以其屬彼者謂之外, 屬我者謂之內也. 且觀其曰長楚人之長, 則以義外而行之, 非棄而不取, 亦明矣.

曰: "耆秦人之炙, 無以異於耆吾炙, 夫物則亦有然者也, 然則耆炙亦有外歟?"

｜孟子以爲若子之說, 則吾炙則嗜, 而秦人之炙, 則不嗜可矣. 然炙苟美, 則秦人之炙, 猶吾炙也. 豈可以此爲有外乎. 然則長楚人之長, 亦長吾之長, 何可謂之外. 義之非在外可知矣.

右第四章

○告子以食色爲性, 而曰仁內義外, 而孟子不辨食色之說, 而獨排義外之言者, 何哉. 孟子嘗曰, 口之於味也, 目之於色也, 耳之於聲也, 鼻之於臭也, 四肢之於安佚也, 性也. 故甘食悅色, 固可謂之性, 而其不食嗟來之食, 不摟東家之處子. 此性之所以爲善也. 是知告子之失, 不在於食色性也, 而在不知食色性中, 亦有理義之心, 不能自已也. 告子蓋不能推而至於其極, 故知其小而不知其大, 知其末而不知其本. 此孟子所以於食色性也之說, 置而不辨也.

5. 孟季子問公都子曰: "何以謂義內也?"

｜孟季子, 疑孟仲子之弟也. 蓋聞孟子之言而未達, 故私問之.

曰: "行吾敬, 故謂之內也."

｜因上文長楚人之長而言. 敬長者由我, 而非由人, 故曰義內也.

"鄕人長於伯兄一歲, 則誰敬?" 曰: "敬兄." "酌則誰先?" 曰: "先酌鄕人."

｜皆孟季子問, 而公都子答也. 酌, 酌酒也.

"所敬在此, 所長在彼, 果在外, 非由內也."

ㅣ季子言敬兄則固在我, 而長長則不必在兄, 唯從其長於外, 則是義果屬彼, 而不屬我.

公都子不能答, 以告孟子. 孟子曰: "敬叔父乎? 敬弟乎? 彼將曰, '敬叔父.' 曰, '弟爲尸, 則誰敬?' 彼將曰, '敬弟.' 子亦, '惡在其敬叔父也?' 彼將曰, '在位故也.' 子亦曰, '在位故也. 庸敬在兄, 斯須之敬在鄉人.'"

ㅣ孟子爲公都子, 設所以答季子之語如此. 尸, 祭祀所主以象神. 雖子弟爲之, 然敬之當如祖考也. 在位, 弟在尸位, 鄉人在賓客之位也. 庸, 常也. 斯須, 暫時也. 言敬雖因時異施, 而敬之由己, 而不由彼, 何可以此爲外哉.

季子聞之曰: "敬叔父則敬, 敬弟則敬, 果在外, 非由內也." 公都子曰: "冬日則飮湯, 夏日則飮水, 然則飮食亦在外也."

ㅣ朱氏曰: 此亦上章耆炙之意.

右第五章

6. 公都子曰: "告子曰, '性無善無不善也.'

ㅣ此言乃告子論性之本, 故公都子特引之. 言性本無定體. 故無善惡之可言. 前章杞柳湍水之喩, 皆出於此.

或曰, '性可以爲善, 可以爲不善, 是故文武興, 則民好善, 幽厲興, 則民好暴.'

ㅣ後世楊子善惡混之說近之. 但楊子以爲善惡皆性之所有, 而成於修爲. 此言性無善惡, 因習而分也.

或曰, '有性善, 有性不善, 是故以堯爲君而有象, 以瞽瞍爲父而有舜, 以紂爲兄之子, 且以爲君, 而有微子啓 王子比干.'

ㅣ後世韓子性有三品之說與此同. 言以堯之聖, 不能化象之惡, 以瞽瞍與紂之惡, 不能移舜與微子比干之善, 則性之善惡, 各有其類, 明矣.

今曰性善, 然則彼皆非與?"

ㅣ公都子不得孟子意, 以爲孟子謂天下之人, 盡善而無惡. 故問然則彼三說, 皆爲非歟.

孟子曰: "乃若其情, 則可以爲善矣, 乃所謂善也. 若夫爲不善, 非才之罪也.

ㅣ情者, 性之欲也. 才者, 性之所能. 孟子言人之情, 好善而惡惡, 則必可以爲善, 而不可以爲不善. 此我所謂性善者, 而非謂天下之人, 其性皆一而不異也. 其情旣如此, 則才亦宜然. 今其爲不善, 乃陷溺而然, 非才之罪也.

○公都子擧三說, 其問甚詳, 而孟子答之, 似乎甚疎, 殆如爲公都子所窮者, 何哉. 曰: 此以宋儒之說解之, 而不知孟子之旨故也. 其所謂乃若其情則可以爲善者, 卽前章人性之善, 猶水之就下之意, 本就人情之所好而言, 非敢爲一切之說, 以辯禦人也. 蓋人譽我則悅, 毁我則怒, 此人之情也. 纔知善善惡惡, 則可以爲善, 非若鷄犬之頑然無知, 雖告之以善以不入也. 此孟子所以曰性善也, 若使公都子得其意, 則三說之罪, 不辨而自破矣. 但後之說者, 不得其意, 强立理氣體用之說, 使孟子之旨, 不明乎萬世, 可勝歎哉.

惻隱之心, 人皆有之, 羞惡之心, 人皆有之, 恭敬之心, 人皆有之, 是非之心, 人皆有之. 惻隱之心, 仁也, 羞惡之心, 義也, 恭敬之心, 禮也, 是非之心, 智也. 仁義禮智, 非由外鑠我也, 我固有之也, 弗思耳矣. 故曰, '求則得之, 舍則失之.' 或相倍蓰而無算者, 不能盡其才者也.

│ 自此以下, 申非才之罪之說. 恭者, 致敬也. 鑠字, 諸解不明. 竊謂鑠者以火銷金之名. 故以所鑠之金飾物, 亦謂之鑠, 猶以消白金灌塗物爲鋈, 如後世以所消金飾帳稱銷金帳, 是也. 蓋取自外飾之之義. 算, 數也. 固有者, 言人必有四端之心, 便是以仁義禮智之德, 爲己之所有也. 但人自不思而求之耳. 求舍得失, 言求其在我者, 而有益於得也. 若夫善惡相去之遠, 倍蓰不一者, 皆由不能盡其才, 而非性不善故也.

○前篇以此四者爲仁義禮智之端, 而至此直以爲仁義禮智者, 何哉. 蓋仁義禮智者, 天下之達德, 而言其所本, 則在此四者. 前篇所言欲使學者擴充之以成其德, 故謂之端. 此章則爲公都子疑性善之說發. 故以四者配之仁義, 而曰仁也義也禮也智也, 非直以爲性之名也. 在學者善理會之焉耳, 而先儒以固有二字便當性字者非也. 仁義禮智, 天下之達德, 本不可謂之固有. 以人之性, 成天下之德, 推其所本, 故謂之固有, 與直謂之性, 大不同矣.

詩曰, '天生蒸民, 有物有則. 民之秉夷, 好是懿德.' 孔子曰, '爲此詩者, 其知道乎!' 故有物必有則, 民之秉彝也, 故好是懿德."

│ 詩, 大雅蒸民之篇. 蒸, 詩作烝, 衆也. 物, 事也. 則, 法也. 夷, 詩作彝, 常也. 人所常有之善心也. 懿, 美也. 孔子讀此詩, 以爲治此詩者, 其知道乎. 孟子引之, 因釋詩, 言民秉此心, 常而不易, 故無不好仁義禮智之德者, 以證人性之爲善也. 以文勢推之, 故有之上, 當有天生蒸民也一句.

○此引詩及孔子之言, 以證性善之義. 蓋實知道者, 而後能知善之可以養, 而惡之不足以爲害, 不知者反是. 人性之善, 四心完具. 故見當惻隱者, 則自惻隱, 當羞惡者, 則自羞惡. 當恭敬者, 則自恭敬, 當是非者, 則自是非. 此乃所謂有物有則者, 而秉夷之良心也. 故能治此詩者, 其必知道也. 孟子說性善, 說良知良能, 豈出於此乎.

右第六章

○性者生之本, 以所存而言. 情者生之欲, 以好惡而言, 而才者所以行之者也. 三者皆由氣質而得名. 蓋人之爲性, 剛柔昏明, 有萬不同, 非惟堯舜不能一之, 雖天地亦不能一之. 故易曰, 乾道變化, 各正性命. 中庸曰, 天之生物, 必因其材而篤焉. 觀其曰各正因材, 則性之不能無殊可知矣. 人但知性之各殊, 而不知亦有所同然. 見孺子將入於井, 必有怵惕惻隱之心, 猶火之必炎上, 水之必潤下, 無古今, 無聖愚, 一也. 是則同, 孟子所謂性善者, 是也. 蓋就氣質明其善, 而非離氣質而論之. 先儒不得其意, 徒以性爲理, 亦無奈氣質之不同. 於是性有本然氣質二端, 支離紛紜, 至於一性而有二名. 集註又引程子曰, 論性不論氣不備, 論氣不論性不明. 朱氏斷之曰, 以事理考之, 程子爲密. 夫旣以程子謂密, 則是不免於孟子爲疏, 而其所謂論性不論氣者, 亦指孟子而言, 則孔子所謂性相近者, 亦非論氣不論性者邪. 嗚呼, 程子獨得密, 而孔孟皆不免疏漏可乎. 宋儒之學, 以性爲宗, 於是不合, 則其他鑿於孔孟之旨, 槩而可知矣.

7. 孟子曰: "富歲, 子弟多賴, 凶歲, 子弟多暴, 非天之降才爾殊也, 其所以陷溺其心者然也.

│富歲, 豐年也. 賴, 藉也. 豐年衣食饒足, 故有所賴藉而爲善. 凶年衣食不足, 故有以陷溺其心以爲暴.

今夫麰麥, 播種而耰之, 其地同, 樹之時又同, 浡然而生, 至於日至之時, 皆熟矣. 雖有不同, 則地有肥磽, 雨露之養, 人事之不齊也.

│麰, 大麥也. 耰, 覆種也. 日至之時, 謂當成熟之期也. 磽, 瘠薄也.

○孟子以麰麥喻性. 言麰麥之生, 至成熟之日而有不同者, 乃由致養之不均, 非種有異也. 以明天之降才非殊, 而由教與否, 而美惡大懸, 乃夫子所謂性相近也, 習相遠也之意. 可見孔孟之旨, 本無二致也.

故凡同類者, 舉相似也, 何獨至於人而疑之? 聖人, 與我同類者.

│言天下之物同類, 則必莫不相似. 人之與聖人亦類耳, 何不可至之有.

○聖人與我同類, 此一章之大旨. 所以戒夫自暴自棄者也. 何者? 犬馬至賤也. 然與我不同類, 則人不能作其所爲. 其性異也. 至於聖人, 則其服可服, 其言可誦, 其行可行者, 其性同也.

故龍子曰, '不知足而爲屨, 我知其不爲蕢也.' 屨之相似, 天下之足同也.

│蕢, 草器也. 不知人足之大小而爲之屨, 雖未必適中, 然必似足形, 不至成蕢也.

口之於味, 有同耆也, 易牙先得我口之所耆者也. 如使口之於味也, 其性與人殊, 若犬馬之與我不類也, 則天下何耆皆從易牙之於味也. 至於味, 天下期於易牙, 是天下之口相似也.

│易牙, 古之知味者. 人之於飲食, 雖嗜好各殊, 然至於易牙所調之味, 則天下皆莫不以爲美. 此天下之口相似, 而同其嗜也. 口之於味, 人之所最易曉, 故首言之.

○上章答告子, 嘗以犬牛之性, 與人對說. 至此又以犬馬相比, 則孟子所謂性善者, 皆就氣質認善, 而非離氣質而言之, 亦益明矣.

惟耳亦然. 至於聲, 天下期於師曠, 是天下之耳相似也.

│師曠, 能審音.

惟目亦然. 至於子都, 天下莫不知其姣也. 不知子都之姣者, 無目者也.

│子都, 古之美人. 姣, 好也.

故曰, 口之於味也, 有同耆焉, 耳之於聲, 有同聽焉, 目之於色也, 有同美焉. 至於心, 獨無所同然乎?

│然, 猶可也. 言心之所同可者, 亦猶口之於味, 耳之於聲, 目之於色也. 明天下之性皆善也.

心之所同然者何也? 謂理也, 義也. 聖人先得我心之所同然耳. 故理義之悅我心, 猶芻豢之悅我口."

│有條而不紊之謂理. 分別而不差之謂義. 草食曰芻, 牛羊是也. 穀食曰豢, 犬豕是也. 言善者天下皆善之, 惡者天下皆惡之. 此人心之所同然. 聖人之德, 不過先得之耳, 何遠之有. 上文兼舉聲色, 而此獨言芻豢者, 亦以人之所易曉也.

○孟子開口, 每必舉仁義, 而至此特言義者, 章首言凶歲子弟, 陷溺其心而爲暴, 此爲不義之事. 故終以理義言之. 且理義之悅人心, 比仁爲甚也.

右第七章

○此章擧物之同類者, 以明聖人之與我同類. 將以證人性之善, 皆可以進于道也. 蓋以人之靈, 而不能爲物之能者, 其性異也. 雖堯舜之聖, 亦不過盡人之所以爲人之道, 則人豈有不可能者哉. 其性同也. 人以爲聖人不可學而至. 故孟子備盡其理如此, 而以易牙之味, 師曠之音, 子都之姣, 相比況. 至於以心之悅理義, 比口之悅芻豢, 則知仁義天下之美德, 而我之心, 則悅之耳. 我心之與仁義, 本自有別. 若夫直以仁義爲我之性, 則是師曠之音, 不在聲而在我耳. 子都之姣, 不在色而在我目. 易牙之味, 芻豢之美, 亦皆不在彼而在我. 何成道理, 弗思之甚也.

8. 孟子曰: "牛山之木嘗美矣, 以其郊於大國也, 斧斤伐之, 可以爲美乎. 是其日夜之所息, 雨露之所潤, 非無萌蘖之生焉, 牛羊又從而牧之, 是以若彼濯濯也. 人見其濯濯也, 以爲未嘗有材焉, 此豈山之性也哉.

│牛山, 齊之東南山也. 邑外謂之郊. 息, 生長也. 朱氏曰: 日夜之所息, 謂氣化流行, 未嘗間斷. 故日夜之間, 凡物皆有所生長也. 萌, 芽也. 蘖, 芽之旁出者也. 濯濯, 光潔之貌. 材, 材木也. 言山木雖伐, 猶有萌蘖, 而牛羊又從而害之, 是以至於光潔而無草木也.

雖存乎人者, 豈無仁義之心哉. 其所以放其良心者, 亦猶斧斤之於木也, 旦旦而伐之, 可以爲美乎.

│良心者, 本然之善心, 卽仁義之心也. 言人莫不有良心, 而殘忍貪冒之爲害, 猶斧斤之伐木, 不可以爲美也.

其日夜之所息, 平旦之氣, 其好惡與人相近也者幾希, 則其旦晝之所爲, 有梏亡之矣.

│日夜之所息, 言仁義之心, 火燃泉達, 生生不已也. 幾希, 不多也. 梏, 械也. 言人之良心, 雖已放失, 然其日夜之間, 猶有所生長, 而平旦之時, 其好惡與人相近者幾希, 則旦晝所爲之不善, 又隨而梏亡之也.

梏之反覆, 則其夜氣不足以存,

│反覆, 展轉也. 言晝間所爲之不善, 展轉相害, 是以纔有夜氣之息, 而無晝間之息. 故夜氣之力寢薄, 而不足以存仁義之良心也. 其專言夜者, 蓋以旦晝之間, 有梏亡之害也. 存, 謂存仁義之良心, 非夜氣之存也.

夜氣不足以存, 則其違禽獸不遠矣. 人見其禽獸也, 而以爲未嘗有才焉者, 是豈人之情也哉.

│言夜氣不足以存仁義之心, 則其所好惡, 終與人相遠矣. 人見其如此, 以爲不有行仁義之才者, 此豈其情也哉. 以無操存之功也. 此變性而曰情者, 性者以所存而言, 情者以好惡言.

○此以山木之生, 喩人之良心. 前後照應, 句句比對, 無復可疑者. 蓋仁義之心存乎人, 猶山之有草木也. 放其良心者, 猶斧斤之伐木也. 日夜之息, 萌蘖之生也. 旦晝之梏亡, 牛羊之牧食也. 但草木日夜之所息, 自得其養, 而人心則旦晝梏亡之害, 無時休歇. 所以人免於禽獸, 難於山之免濯濯. 故孟子反覆曉喩, 欲使人擴充其良心,而先以梏亡爲戒也. 而諸家皆解平旦之氣, 作淸明氣象. 其說出於老莊虛無之旨, 害道尤甚.

故苟得其養, 無物不長, 苟失其養, 無物不消.

│亦泛就物而言, 以證性之不可不養也.

○此節最緊要, 乃一章之大旨也. 觀其曰苟得其養, 無物不長, 則知學問之功, 不可廢也. 觀其曰苟失其養, 無物不消, 則知性之善, 不可恃也. 既說性善, 而又以敎爲要, 孟子之學, 性敎兼備, 無一偏之弊, 可見矣. 此學者之所當潛翫者也.

孔子曰, '操則存, 舍則亡, 出入無時, 莫知其鄕, 惟心之謂與'"

│操舍, 以方法而言. 存亡, 以良心而言. 出入猶小德出入之出入也. 違仁爲出, 依仁爲入. 鄕, 與嚮同, 莫知其鄕, 言心之所嚮無定方也. 蓋人心之不可恃, 而不可不操存也如此. 故引夫子之語以終之.

右第八章

○此章論操存之義, 而其要專在於養之一字, 而後世儒者, 有復性之說, 欲使人變氣質, 除物欲, 以復其性之初. 此其說本於老莊, 而與孟子之旨, 有進反生死之異矣. 蓋老氏之道, 主乎無, 欲滅絶情欲, 以復其本. 故有復性復初之說, 而孟子之旨則不然, 欲擴充善心, 以成仁義禮智之德, 猶導涓涓之泉, 而放于四海, 養萌蘖之生, 而至于合抱, 所以有存養之方, 而無復初之說. 養者欲其長而大, 復者欲其反于本. 養以進爲言, 復以反爲功, 其效不啻霄壤. 若夫聖門所謂復者, 反復踐行之意, 反者反躬自修之事, 皆非復初之謂也.

9. 孟子曰: "無或乎王之不智也.

│或, 與惑同, 疑怪也. 王, 指齊王也. 趙氏曰: 時人有怪王不智, 而孟子不輔之, 故言此也.

雖有天下易生之物也, 一日暴之, 十日寒之, 未有能生者也. 吾見亦罕矣, 吾退而寒之者至矣, 吾如有萌焉何哉.

│暴, 溫之也. 凡物遇陽則生, 遇陰則悴. 人親賢者, 則自進高明, 狎小人, 則必習汚賤. 孟子言我見王之時少, 而諂諛雜進之日多, 是一日暴之, 十日寒之也. 焉能使其生萌耶.

○此言人主之賢否, 專係左右近習之人也.

今夫奕之爲數, 小數也, 不專心致志, 則不得也.

│奕, 圍棋也. 數, 技也. 致, 極也.

奕秋, 通國之善奕者也. 使奕秋誨二人奕, 其一人專心致志, 惟奕秋之爲聽. 一人雖聽之, 一心以爲有鴻鵠將至, 思援弓繳而射之, 雖與之俱學, 弗若之矣. 爲是其智弗若與. 曰, 非然也."

│弈秋, 善弈者名秋也. 繳, 以繩繫矢而射也.

○此言雖親賢者, 而不專心致志, 則亦不得爲智也.

右第九章

○范氏曰: 人君之心, 惟在所養. 君子養之以善則智, 小人養之以惡則愚. 然賢人易疎, 小人易親. 是以寡不能勝衆, 正不能勝邪. 自古國家治日常少, 而亂日常多, 蓋以此也.

10. 孟子曰: "魚我所欲也, 熊掌亦我所欲也, 二者不可得兼, 舍魚而取熊掌者也. 生亦我所欲也, 義亦我所欲也, 二者不可得兼, 舍生而取義者也.

ㅣ魚與熊掌皆美味, 而熊掌尤美. 故以魚喩生, 熊掌喩義.

生亦我所欲, 所欲有甚於生者, 故不爲苟得也, 死亦我所惡, 所惡有甚於死者, 故患有所不辟也.

ㅣ甚於生者, 謂義也. 甚於死者, 謂無義也. 言人之常情, 莫不欲生惡死, 而義理之重, 甚於生死. 故不爲苟得生, 亦不苟辟患也.

如使人之所欲莫甚於生, 則凡可以得生者, 何不用也? 使人之所惡莫甚於死者, 則凡可以辟患者, 何不爲也? 由是則生而有不用也, 由是則可以辟患而有不爲也.

ㅣ言設使人無秉彝之良心, 而但有利害之念, 則凡可以偸生免死者, 何所憚不爲. 然可生之道, 有時而不用, 辟患之道, 有時而不爲. 豈非義理之重於生死乎.

是故所欲有甚於生者, 所惡有甚於死者. 非獨賢者有是心也, 人皆有之, 賢者能勿喪耳. 一簞食, 一豆羹, 得之則生, 弗得則死, 嘑爾而與之, 行道之人弗受, 蹴爾而與之, 乞人不屑也.

ㅣ明欲惡有甚於生死者之實也. 言義理之心, 人皆有之, 豈獨賢者爲然, 唯能存而不喪耳. 豆, 木器也. 嘑, 咄啐之貌. 行道之人, 路中凡人也. 蹴, 踐踏也. 乞人, 丐乞之人也. 言雖欲食之急, 而猶惡無禮, 有寧死而不食者, 明是義理之本心, 人皆有之也.

萬鍾則不辯禮義而受之, 萬鍾於我何加焉? 爲宮室之美, 妻妾之奉, 所識窮乏者得我與?

ㅣ朱氏曰: 萬鍾於我何加, 言於我身無所增益也. 所識窮乏者得我, 謂所知識之窮乏者, 感我之惠也. 上言人皆有羞惡之心, 此言衆人所以喪之, 由此三者.

鄕爲身死而不受, 今爲宮室之美爲之, 鄕爲身死而不受, 今爲妻妾之奉爲之, 鄕爲身死而不受, 今爲所識窮乏者得我而爲之, 是亦不可以已乎? 此之謂失其本心."

ㅣ覆解上文兩節之意, 而言鄕爲身死, 猶不肯受嘑蹴之食, 今乃爲此三者, 而受無禮義之萬鍾, 可謂失其本心矣.

右第十章

○孟子以義爲人之本, 而說到舍生取義, 可謂詳明矣. 蓋人之所愛者, 至於其身而極, 而所重於身者, 至於欲生惡死而極. 然則大凡可得生避死者, 何所憚不爲. 然嘑爾而與之, 行道之人弗受, 蹴爾而與之, 乞人不屑, 則義之重於生, 而本心之不泯, 亦不可誣也. 當時告子之徒, 以義爲外. 故孟子不厭其言之繁如此.

11. 孟子曰: "仁, 人心也, 義, 人路也. 舍其路而弗由, 放其心而不知求, 哀哉!

ㅣ惻隱之心, 人皆有之. 故曰仁人心也. 義者, 萬事之裁制, 人之不可不由者. 故曰人路也. 仁曰人心而義則曰人路者, 蓋以仁人之本心, 而義著於行事也.

人有雞犬放, 則知求之, 有放心而不知求. 學問之道無他, 求其放心而已矣."

｜言雞犬之微, 人尙知求之, 而不知自求放心. 蓋學問之道, 本無他術, 其要不過求
　吾所失之仁心而已矣. 仁心旣放, 則倂義而失之. 故上倂舉仁義, 而此獨言仁也,
　而已矣者, 似有所未盡, 而實竭盡無餘之辭.

右第十一章

○人之所以爲人者, 仁義而已矣. 苟忍刻貪暴, 莫之知省, 則是放其心而不自知, 舍其
路而不自由. 故爲學者, 在知其放心而求之, 旣求其放心, 則義自在其中矣, 而堯舜之
治天下, 亦不過由此二者而行, 則非於學問之方, 無復餘功乎. 故曰, 學問之道無他,
求其放心而已矣. 所謂放心者, 謂放失仁義之心, 非謂昏昧放逸之心也. 觀上文曰仁
人心也, 而繼之曰放其心可見矣. 後世之學, 騖於虛遠, 以收斂此心, 使不散逸, 爲求
放心. 此出於佛老之餘說, 而大乖孟子之旨, 不可不辨焉.

12. 孟子曰: "今有無名之指屈而不信, 非疾痛害事也, 如有能信之者, 則不遠秦楚之
路, 爲指之不若人也.

｜無名指, 手之第四指也.

指不若人, 則知惡之, 心不若人, 則不知惡, 此之謂不知類也."

｜指不若人, 與心不若人, 皆可惡之類也. 人知惡此, 而不知惡彼, 是不知類也. 心不
　若人, 謂不仁之人也.

右第十二章

○此就人之所易喩, 而示其所不能喩者也. 凡事之相類, 人之所易察, 而今如此, 弗思
之甚也.

13. 孟子曰: "拱把之桐梓, 人苟欲生之, 皆知所以養之者. 至於身, 而不知所以養之
者, 豈愛身不若桐梓哉. 弗思甚也."

｜拱, 兩手所圍也. 把, 一手所握也. 桐梓, 二木名.

右第十三章

○引喩正當, 令人省悟, 亦所以警策夫自暴自棄者也.

14. 孟子曰: "人之於身也, 兼所愛. 兼所愛, 則兼所養. 無尺寸之膚不愛焉, 則無尺
寸之膚不養也. 所以考其善不善者, 豈有他哉? 於己取之而已矣.

｜朱氏曰: 人於一身, 固當兼養. 然欲考其所養之善否者, 惟在反之於身, 以審其輕
　重而已矣.

體有貴賤, 有大小. 無以小害大, 無以賤害貴. 養其小者爲小人, 養其大者爲大人.

｜賤而小者, 耳目口鼻之屬也. 貴而大者, 心也.

今有場師, 舍其梧檟, 養其樲棘, 則爲賤場師焉.

｜場師, 治場圃者. 梧, 桐也. 檟, 梓也. 皆美材也. 樲棘, 小棗, 非美材也.

養其一指而失其肩背, 而不知, 則爲狼疾人也.

｜狼疾人, 趙岐以爲狼藉亂不知治疾之人也.

飲食之人, 則人賤之矣, 爲其養小以失大也. 飲食之人, 無有失也, 則口腹豈適爲尺寸
之膚哉."

│ 言人皆賤養口腹者, 爲其必養小而失大也. 口腹本不過爲尺寸之膚, 然使飲食之
　人, 能無有失也, 則口腹非徒爲尺寸之膚, 乃大人焉耳. 然飲食之人, 必不能不失
　大也. 語勢正與管氏而知禮, 孰不知禮. 及不仁而可與言, 何亡國敗家之有相類.

右第十四章

15. 公都子問曰:"鈞是人也, 或爲大人, 或爲小人, 何也."

│ 因上章問也. 鈞, 同也.

孟子曰:"從其大體爲大人, 從其小體爲小人."

│ 從, 隨也. 大體, 心也. 小體, 耳目之類也.

曰:"鈞是人也, 或從其大體, 或從其小體, 何也?"

│ 公都子復問其所以從之異.

曰:"耳目之官不思, 而蔽於物. 物交物, 則引之而已矣.

│ 言從其小體之事. 官之爲言, 司也. 耳司聽, 目司視. 交物之物, 指耳目而言, 蓋以其
　不能思而賤之也. 言耳目各有所職, 而不能思以度其是非. 是以能蔽於外物, 而外
　物又亦交此物, 則必引之而去矣. 或曰: 物交物, 上物字衍文.

心之官則思, 思則得之, 不思則不得. 此天之所與我者. 先立乎其大者, 則其小者不
能奪也. 此爲大人而已矣."

│ 言從其大體之事. 言心以思爲職. 思則得之者, 得仁義也. 不思則不得者, 不得仁
　義也. 蓋耳目與心, 皆天之所與我者, 而心爲大. 若有能以立之, 則居仁由義, 大人
　之事備矣. 耳目之欲, 惡得奪之哉. 此所以爲大人也.

右第十五章

○孔孟之敎人, 每由仁義禮智之德而修其身, 而言心者甚罕, 何者. 仁義禮智, 天下之
達德, 而心者人之所思慮運用, 從其所欲, 必至違道. 故聖人每言德而不言心, 而孟
子以心爲大體者, 何也. 蓋孟子所謂心者, 指良心而言. 其曰思則得之, 不思則不得
者, 亦言得仁義與否耳, 非徒言心也. 後世儒者不知由仁義禮智之德而修之, 亦無奈
心之出入起滅, 變現萬端何. 故以收攝精神爲存心, 而無欲主靜持敬靜坐等說興, 其
說枯燥而無味, 其法危殆而不安, 遂使聖人之敎, 與佛老之說, 混爲一途, 其害可勝言
哉.

16. 孟子曰:"有天爵者, 有人爵者. 仁義忠信, 樂善不倦, 此天爵也, 公卿大夫, 此人爵
也.

│ 天爵者, 無所受而自貴. 人爵者, 有所受而後貴.

古之人修其天爵, 而人爵從之. 今之人修其天爵, 以要人爵, 旣得人爵, 而棄其天爵,
則惑之甚者也, 終亦必亡而已矣."

│ 要, 求也. 古之人, 自修其德, 而爵祿自至. 今之人, 有意求祿, 而務修其德. 故旣得
　祿, 則棄其德而不修, 其爲惑也甚矣. 若此者, 必至於失其祿. 孟子蓋嘆其愚也.

右第十六章

○議論的當, 意義明白. 尤足袪學者之惑, 豈可不尊信而佩服之乎.

17. 孟子曰: "欲貴者, 人之同心也. 人人有貴於己者, 弗思耳矣.

｜貴於己者, 謂仁義之心也.

人之所貴者, 非良貴也. 趙孟之所貴, 趙孟能賤之.

｜良貴, 謂自然之貴也. 趙孟, 晉卿也. 言爵位待人而後貴, 故趙孟能與之而使貴, 亦
　能奪之而使賤, 非若德有於己身, 而自然貴也.

詩云, '旣醉以酒, 旣飽以德.' 言飽乎仁義也, 所以不願人之膏粱之味也, 令聞廣譽施
於身, 所以不願人之文繡也."

｜詩, 大雅旣醉之篇. 飽, 充足也. 願, 欲也. 膏, 肥肉. 粱, 美穀. 令, 善也. 聞, 亦譽也.
　文繡, 衣之美者也. 仁義充足, 而自致聞譽, 非有待乎人, 所謂良貴也.

右第十七章

○此章亦與前章意同. 引詩以下, 推言君子之樂, 充實盛大, 萬物皆備於我, 而非有慕
乎外也. 固非後世尙虛靜者之所得而知也. 且其解飽德爲飽仁義, 則仁義爲德之名,
亦可證矣.

18. 孟子曰: "仁之勝不仁也, 猶水勝火. 今之爲仁者, 猶以一杯水救一車薪之火也. 不
熄, 則謂之水不勝火. 此又與於不仁之甚者也, 亦終必亡而已矣."

｜與, 猶助也. 仁之能勝不仁, 必然之理也. 但爲之不力, 則無以勝不仁, 而人遂以爲
　眞不能勝. 是其所爲, 有以深助於不仁者也, 終幷與其所爲而亡之.

右第十八章

○此章爲志於仁而未力者言. 人苟知仁之勝不仁, 猶水之勝火, 孰敢不爲仁. 又孰敢
不勉仁. 其不爲不勉者, 皆不知其理如此之較然也. 故仁智相須, 而其功始全. 引喩明
白, 使人警省, 最確言也.

19. 孟子曰: "五穀者, 種之美者也, 苟爲不熟, 不如荑稗. 夫仁, 亦在乎熟之而已矣."

｜荑稗, 草名, 其實可食. 熟, 成也. 言五穀雖美, 苟不熟, 則不如荑稗之可食, 爲仁而
　不成, 亦猶是也. 甚言其不可不熟也, 非謂不如爲他道之有成也.

右第十九章

○此章主意, 專在乎熟之一字. 蓋仁者天下之美德也. 然不熟, 則亦不適用. 故孟子吃
緊以熟言之, 欲人之學問修爲, 以至其極也. 若以仁爲性, 則奚問其生熟爲, 且當其未
熟, 謂之非性可乎.

20. 孟子曰: "羿之敎人射, 必志於彀, 學者亦必志於彀.

｜羿, 善射者. 彀, 弓滿也. 滿而後發, 射之法也.

大匠誨人必以規矩, 學者亦必以規矩."

｜大匠, 工師也.

右第二十章

○此章言羿之敎射, 大匠之敎工, 必不能舍法而使之巧, 學者之於道亦然. 所謂彀, 所謂規矩者何. 亦曰仁義而已矣. 孟子嘗曰, 堯舜之道, 不以仁政, 不能平治天下. 卽此意爾.

告子章句下 凡十六章

1. 任人有問屋廬子曰: "禮與食孰重?" 曰: "禮重."
ㅣ任, 國名. 屋廬子, 名連, 孟子弟子也.
"色與禮孰重?" 曰: "禮重."
ㅣ任人復問也, 而屋廬子答也.
曰: "以禮食, 則飢而死, 不以禮食, 則得食, 必以禮乎? 親迎, 則不得妻, 不親迎, 則得妻, 必親迎乎?" 屋廬子不能對, 明日之鄒以告孟子.
ㅣ當時聖遠道塞, 邪說遠起, 任人欲以此破壞正道, 亦前篇枉尺直尋之意.
孟子曰: "於答是也, 何有? 不揣其本, 而齊其末, 方寸之木, 可使高於岑樓.
ㅣ何有, 不難也. 本, 謂下. 末, 謂上. 岑樓, 樓之高銳似山者. 寸木本卑, 岑樓本高, 言若不取其下之平, 而徒使其上齊, 則寸木之卑, 或高於岑樓矣. 與所謂龜長於蛇輪不輾地, 語意相類, 世之以辭言變亂是非, 不從正理, 皆此類也. 故孟子以此喩之.
金重於羽者, 豈謂一鉤金與一輿羽之謂哉?
ㅣ鉤, 帶鉤也. 言謂金重而羽輕者, 本就其質而言. 若以一鉤之金, 與一輿之羽, 較其輕重, 則金輕而羽重. 然謂金重羽輕者, 非此之謂也. 此欲斥任人之說, 復言此以曉之.
取食之重者與禮之輕者而比之, 奚翅食重? 取色之重者與禮之輕者而比之, 奚翅色重?
ㅣ奚翅, 猶言何但, 言飢而死與不得妻, 食色之重者, 而禮食親迎, 則禮之輕者. 以此相比, 則食色固重. 然如此相較, 豈止食色而已哉. 禮亦有時而重於食色矣.
往應之曰, '紾兄之臂而奪之食, 則得食, 不紾, 則不得食, 則將紾之乎? 踰東家牆而摟其處子, 則得妻, 不摟, 則不得妻, 則將摟之乎?'"
ㅣ紾, 戾也. 摟, 牽也. 處子, 處女也. 任人本取禮之輕者, 比食色之重者. 故今取禮與食色之重者比之, 而明兩重相比, 則食色可廢, 而禮不可去也.
右第一章

○嘑爾而與之, 行道之人弗受, 蹴爾而與之, 乞人不屑也. 不待父母之命, 媒妁之言, 鑽穴隙相窺, 踰牆相從, 則父母國人皆賤之. 故飮食男女, 人之大欲存焉, 而亦不可不辨禮義, 而徒狥其情, 其輕者固有時而從權, 而至其重者, 則決有不可越者矣. 所以君子寧滅其身, 而不爲紾兄臂而求食, 寧亡其室, 而不爲踰東家而得妻, 所以別人道於禽獸也. 任人蓋滅弃禮法之流, 故孟子以此折之, 其義精矣.

2. 曹交問曰: "人皆可以爲堯舜, 有諸?" 孟子曰: "然."

│趙氏曰: 曹交, 曹君之弟也. 人皆可以爲堯舜, 蓋孟子所嘗言也.

"交聞文王十尺, 湯九尺, 今交九尺四寸以長, 食粟而已, 何如則可?"

│曹交問也. 食粟而已, 言無他材能也.

曰: "奚有於是? 亦爲之而已矣. 有人於此, 力不能勝一匹雛, 則爲無力人矣, 今日擧百鈞, 則爲有力人矣. 然則擧烏獲之任, 是亦爲烏獲而已矣. 夫人豈以不勝爲患哉? 弗爲耳.

│朱氏曰: 匹字, 本作鴄, 鴨也. 從省作匹, 禮記讀匹作鶩, 是也. 烏獲, 古之有力人也.
　言人皆可以爲堯舜者, 不徒以其形之似, 能爲堯舜之事, 則是亦爲堯舜也.

徐行後長者謂之弟, 疾行先長者謂之不弟. 夫徐行者, 豈人所不能哉? 所不爲也. 堯舜之道, 弟孝而已矣.

│而已矣者, 似有所未盡, 而實竭盡無餘之辭. 孝弟而已矣者, 言聖人之道, 不過人倫也. 所謂聖人人倫之至也, 是也. 特擧其近而易行者而言耳.

子服堯之服, 誦堯之言, 行堯之行, 是堯而已矣. 子服桀之服, 誦桀之言, 行桀之行, 是桀而已矣."

│言爲堯之爲, 則是堯而已. 爲桀之爲, 則是桀而已. 明善惡之機, 爲之甚易, 而非有難爲也.

曰: "交得見於鄒君, 可以假館, 願留而受業於門."

│孟子時在於鄒.

曰: "夫道若大路然, 豈難知哉? 人病不求耳. 子歸而求之, 有餘師."

│言道非難知, 而人自不求, 子若歸而求之於近, 則當有餘師, 不必留此而受業也.

右第二章

○此章亦孟子之常言, 而聖學之極致, 非唯爲曹交而發也, 何者. 世之人求道過高, 視聖人之道, 爲不可企及, 殊不知聖人之道, 不過人倫日用之間. 堯之敬敷五敎, 敷此也. 舜之愼徽五典, 徽此也. 無外此而別有可以爲道者也. 故所以貴於學者, 不在於能人之所難能, 而乃在於能人之所易能焉. 孟子一言以斷之曰, 堯舜之道, 孝弟而已矣. 又曰, 徐行後長者謂之弟, 疾行先長者謂之不弟. 益見其不難爲也. 先儒視道甚高, 嫌乎其不盡于孝弟, 遂謂爲曹交而言, 可謂謬矣.

3. 公孫丑問曰: "高子曰, '小弁, 小人之詩也.'" 孟子曰: "何以言之?" 曰: "怨."

│高子, 齊人也. 小弁, 小雅篇名. 周幽王娶申后, 生太子宜臼, 又得褒姒, 生伯服, 而黜申后, 廢宜臼. 於是宜臼之傅, 爲作此詩, 述其情也. 怨親之過, 而作此詩, 故高子以爲小人之詩.

曰: "固哉! 高叟之爲詩也! 有人於此, 越人關弓而射之, 則己談笑而道之, 無他, 疏之也. 其兄關弓而射之, 則己垂涕泣而道之, 無他, 戚之也. 小弁之怨, 親親也. 親親, 仁也. 固矣夫, 高叟之爲詩也!"

│固, 陋也. 爲, 猶治也. 越, 蠻夷國名. 道, 語也. 小弁之怨, 不遠於仁, 豈可謂之小人之詩哉.

曰: "凱風何以不怨?"

┃凱風, 邶風篇名. 衛有七子之母, 不能安其室, 七子作此以自責也. 丑謂凱風亦孝
　子之詩, 何以獨不怨.

曰: "凱風, 親之過小者也, 小弁, 親之過大者也. 親之過大而不怨, 是愈疏也, 親之過
小而怨, 是不可磯. 愈疏, 不孝也, 不可磯, 亦不孝也.

┃磯, 說文曰, 石激水也. 不可磯, 猶言不可激觸也. 蓋以水比子, 以石比母, 言其親少
　激觸之, 則子遽怨怒也.

孔子曰, '舜其至孝矣, 五十而慕.'"

┃孟子引孔子之言曰, 舜所以爲至孝者, 年至五十, 而猶怨慕其親. 然則小弁之怨,
　亦得親親之道也.

右第三章

○此章當與上篇舜往于田章參看. 蓋怨者, 人之至情, 不生於疏, 而生於親. 故夫子稱
詩云, 可以怨. 何者. 親戚故舊之間, 情義迫切, 而至於怨慕, 人倫之道也. 然爭小故而
至於怨, 亦非也. 故子之於父母, 小過不可怨. 小過而怨, 此仇讐其親也. 是謂不可磯.
大過不可不怨, 大過而不怨, 此路人其親也. 是謂愈疏. 此所以小弁之怨, 與凱風之不
怨, 俱不失親親之道也.

4. 宋牼將至楚, 孟子遇於石丘, 曰: "先生將何之?"

┃趙氏曰: 宋牼, 宋人, 名牼. 學士年長者, 故謂之先生. 石丘, 地名也.

曰: "吾聞秦楚搆兵, 我將見楚王, 說而罷之. 楚王不悅, 我將見秦王, 說而罷之. 二王
我將有所遇焉." 曰: "軻也請無問其詳, 願聞其指. 說之將如何?" 曰: "我將言其不利
也."

┃牼言我將爲二王言興兵之不利也.

曰: "先生之志則大矣, 先生之號則不可. 先生以利說秦楚之王, 秦楚之王悅於利, 以
罷三軍之師, 是三軍之士, 樂罷而悅於利也. 爲人臣者, 懷利以事其君, 爲人子者, 懷
利以事其父, 爲人弟者, 懷利以事其兄, 是君臣父子兄弟終去仁義, 懷利以相接. 然而
不亡者, 未之有也.

┃孟子言牼欲以罷兵息民爲說, 其志大矣. 然以利爲名, 則不可也. 何則一旦雖悅利
　以罷兵, 然利端一開, 則君臣上下, 皆懷利以相接, 篡弑攘奪, 不亡不已, 其害大矣.

先生以仁義說秦楚之王, 秦楚之王悅於仁義, 而罷三軍之師, 是三軍之士, 樂罷而悅
於仁義也. 爲人臣者, 懷仁義以事其君, 爲人子者, 懷仁義以事其父, 爲人弟者, 懷仁
義以事其兄, 是君臣父子兄弟去利, 懷仁義以相接也, 然而不王者, 未之有也. 何必曰
利?"

┃言仁者必愛親, 義者必急君. 若以仁義說二王以罷兵, 則上下皆懷仁義以相接, 而
　家國天下, 自莫不心服焉.

右第四章

○或曰, 秦楚之王, 若俱聽孟子而悅於仁義, 則二國皆可以王矣. 然則是人有二王也,
如何. 曰所謂可以王者, 本指德而言. 人人心服, 實歸其德, 則可以謂之王矣. 非必踐
天子之位, 而後謂之王也. 孟子語王者, 必以文王爲法. 然當其身, 三分天下, 有其二

以服事殷, 則實諸侯也. 然稱之曰王, 則可知孟子所謂王者, 本非踐天子之位, 而後謂之王也. 先儒不察, 妄以天命之改否言之者, 非矣.

5. 孟子居鄒, 季任爲任處守, 以幣交, 受之而不報. 處於平陸, 儲子爲相, 以幣交, 受之而不報.

| 趙氏曰: 季任, 任君之弟. 任君朝會於鄰國, 季任爲之居守其國也. 儲子, 齊相也. 不報者, 來見當報之. 但以幣交則不必報也.

他日, 由鄒之任, 見季子, 由平陸之齊, 不見儲子. 屋廬子喜曰: "連得間矣."

| 連, 屋廬子名. 知孟子之處此, 必有義理. 故喜得其間隙而問也.

問曰: "夫子之任, 見季子, 之齊, 不見儲子, 爲其爲相與?"

| 言儲子但爲齊相, 不若季子攝守君位. 故輕之邪.

曰: "非也, 書曰, '享多儀, 儀不及物曰不享, 惟不役志于享.'

| 書, 周書洛誥之篇. 享, 奉上也. 儀, 禮也. 多儀, 言禮意之厚也. 物, 幣也. 役, 用也. 言雖享, 而禮意不及其幣, 則是不享矣. 以其不用志於享故也.

爲其不成享也."

| 孟子言我所以不見儲子者, 爲其雖有享之名, 而不成享之禮也. 蓋儲子得來見而不來. 此簡于禮者也.

屋廬子悅. 或問之. 屋廬子曰: "季子不得之鄒, 儲子得之平陸."

| 徐氏曰: 季子爲君居守, 不得往他國以見孟子, 則以幣交, 而禮意已備. 儲子爲齊相, 可以至齊之境內, 而不來見, 則雖以幣交, 而禮意不及其物也.

右第五章

○蔡氏模曰: 此章見孟子於禮意之間, 是否之際, 權衡輕重, 各稱其宜如此. 然皆以幣交而皆受之, 豈當時亦有幣交之禮, 而季子儲子, 皆非惡人, 亦有可受之理歟.

6. 淳于髠曰: "先名實者, 爲人也, 後名實者, 自爲也. 夫子在三卿之中, 名實未加於上下而去之, 仁者固如此乎?"

| 名, 稱也. 實, 事功也. 髠謂以名實爲先而爲之者, 是有志於救民者也. 以名實爲後而不爲者, 是欲獨善其身者也. 夫子向已在三卿之中, 則是非後名實者也. 然上未能正其君, 下未能濟其民, 而遽去之, 則似非仁者之心也.

孟子曰: "居下位, 不以賢事不肖者, 伯夷也, 五就湯, 五就桀者, 伊尹也, 不惡汙君, 不辭小官者, 柳下惠也. 三者不同道, 其趨一也. 一者何也? 曰, 仁也. 君子亦仁而已矣. 何必同?"

| 言伯夷不肯枉己, 伊尹志在濟人, 柳下惠不恥其辱. 其所爲道者, 皆不同, 然至於其趨則一也. 仁, 卽前篇所謂得百里之地而君之. 皆能以朝諸侯有天下, 行一不義, 殺一不辜, 而得天下, 皆不爲也, 是也. 卽是仁者之事.

○此言君子之行, 或爲人, 或自爲, 各有其時, 不可必執一而論. 然其自爲者乃爲人之本, 爲人者乃自爲之成, 亦豈可截然以爲兩事哉.

曰: "魯繆公之時, 公儀子爲政, 子柳子思爲臣, 魯之削也滋甚, 若是乎, 賢者之無益於國也!"

┃公儀子, 名休, 爲魯相. 子柳, 泄柳也. 削, 地見侵奪也. 朱氏曰: 髡譏孟子雖不去, 亦
未必能有爲也.

曰: "虞不用百里奚而亡, 秦穆公用之而霸. 不用賢則亡, 削何可得與?"

┃陳氏櫟曰: 亡則何止乎削. 故曰削何可得. 魯之不亡, 尙以三賢在也. 否則如虞之
亡, 求削而不可得矣.

○此言賢者之有益于國也. 雖用之不盡, 而尙救其亡, 苟爲不用, 則必至於亡. 國之不
可不用賢也, 如此.

曰: "昔者王豹處於淇, 而河西善謳, 緜駒處於高唐, 而齊右善歌, 華周杞梁之妻善哭
其夫而變國俗. 有諸內, 必形諸外. 爲其事而無其功者, 髡未嘗覩之也. 是故無賢者
也, 有則髡必識之."

┃王豹, 衛人, 善謳. 淇, 水名. 緜駒, 齊人, 善歌. 高唐, 齊西邑. 華周杞梁二人, 皆齊
臣, 戰死於莒. 其妻哭之哀, 國俗化之皆善哭. 髡以此譏孟子仕齊無功, 未足爲賢
也.

曰: "孔子爲魯司寇, 不用, 從而祭, 燔肉不至, 不稅冕而行. 不知者以爲爲肉也, 其知
者以爲爲無禮也. 乃孔子則欲以微罪行, 不欲爲苟去. 君子之所爲, 衆人固不識也."

┃燔, 與膰同, 祭肉腥曰脤, 熟曰膰. 稅, 與脫同. 孟子言孔子爲司寇, 魯不能用其道,
欲去久矣. 適從魯君而祭, 例當賜大夫以胙, 而燔肉不至, 故去之也. 當時之人, 或
以爲爲肉者, 固不足言. 或以爲爲無禮則似矣. 然亦未爲實知孔子者也. 蓋聖人於
父母之國, 不欲顯其君相之失, 又不欲爲無故而苟去. 故以燔肉不至, 爲己之微罪
而去. 其用意忠厚, 眷眷不忘之心, 非衆人之所能識.

○此擧孔子之事, 明君子之出處進退, 不可遽言, 以曉髡也.

右第六章

○此章髡三問, 而孟子三答. 皆不顯言其故, 以髡數問而不已. 故至終乃曰君子之所
爲, 衆人固不識也. 觀其引孔子去魯之事, 則孟子之去齊, 亦必有故, 但不欲顯言之也
耳. 學者於此當知聖賢忠厚之意, 非淺之丈夫之所能識也.

7. 孟子曰: "五霸者, 三王之罪人也, 今之諸侯, 五霸之罪人也, 今之大夫, 今之諸侯之
罪人也.

┃趙氏曰: 五霸, 齊桓·晉文·秦穆·宋襄·楚莊也. 三王, 夏禹·商湯·周文式也. 五伯之於
三王, 今之諸侯之於五伯, 今之大夫之於今之諸侯, 皆外似尊之, 而其實深害之.
故曰罪人也.

天子適諸侯曰巡狩, 諸侯朝於天子曰述職. 春省耕而補不足, 秋省斂而助不給. 入其
疆, 土地辟, 田野治, 養老尊賢, 俊傑在位, 則有慶, 慶以地. 入其疆, 土地荒蕪, 遺老失
賢, 掊克在位, 則有讓. 一不朝, 則貶其爵, 再不朝, 則削其地, 三不朝, 則六師移之.

┃慶, 賞也. 益其地以賞之也. 掊克, 聚斂也. 讓, 責也. 六師移之者, 蓋使命卿爲元帥
行之也.

○此敍三王之法, 而明禮樂征伐, 一出天子, 而諸侯不得專之也.

是故天子討而不伐, 諸侯伐而不討. 五霸者, 摟諸侯以伐諸侯者也, 故曰, 五霸者, 三王之罪人也.

| 唐孔氏曰: 彼有罪, 而布令陳辭以責之, 是謂討也. 彼有罪, 而用兵行師以加之, 是謂伐也. 言天子不自伐, 使命卿出其命, 而諸侯奉天子之命以伐之也. 摟, 牽也. 五伯旣無王命之受, 亦無六師之移, 自相牽諸侯以伐之. 故曰三王之罪人也.

○此言五伯之所以得罪於三王也. 蓋王降而伯, 不復知有王道, 一變也.

五霸, 桓公為盛. 葵丘之會, 諸侯束牲載書而不歃血. 初命曰, 誅不孝, 無易樹子, 無以妾為妻. 再命曰, 尊賢育才, 以彰有德. 三命曰, 敬老慈幼, 無忘賓旅. 四命曰, 士無世官, 官事無攝, 取士必得, 無專殺大夫. 五命曰, 無曲防, 無遏糴, 無有封而不告. 曰, 凡我同盟之人, 旣盟之後, 言歸于好. 今之諸侯皆犯此五禁, 故曰, 今之諸侯, 五霸之罪人也.

| 束牲不殺, 蓋桓公自恃威信足以服人, 不事盟誓. 此其所以為盛也. 樹, 立也. 已立世子, 不得擅易也. 賓, 賓客也. 旅, 行旅也. 皆當有以待之, 不可忽忘也. 士世祿而不世官, 恐其未必賢也. 官事無攝, 當廣求賢才以充之, 不可以闕人廢事也. 取士必得, 必得其人也. 無專殺大夫, 有罪則請命于天子, 而後殺之也. 無曲防, 不得曲為隄防, 壅泉激水, 以專小利, 病鄰國也. 無遏糴, 鄰國凶荒, 不得遏糴也. 無有封而不告者, 不得專封國邑, 而不告天子也.

○此言今之諸侯, 所以得罪於五霸也. 霸降而今之諸侯, 則五霸之法, 亦不復行, 二變也.

長君之惡其罪小, 逢君之惡其罪大. 今之大夫皆逢君之惡, 故曰, 今之大夫, 今之諸侯之罪人也."

| 逢, 迎也. 言君之過未萌而先意導之也.

○此言今之大夫, 所以得罪於今之諸侯也. 至今之大夫, 則變之又變也. ○張氏栻曰: 君萌不善之念, 其始必有未安於心, 未敢遽達也. 己迎而安之, 則其發也必果. 君以為己意未形於事, 而彼能先之, 則其愛也必篤. 故長君惡於外者, 其罪易見, 逢君惡於內者, 其慝難知, 易見者害猶淺, 難知者害不可言也. 自古姦臣之得君, 未有不自逆探君意, 以成其惡. 故君臣之相愛不可解, 卒至於俱亡而後已.

右第七章

○此章孟子傷世道之益降而言. 蓋王降而伯, 人旣不知王道之大. 伯降而今, 則人直以今之諸侯大夫, 為明君良臣, 而不知復有五霸, 況王道之大乎. 殊不知五霸三王之罪人. 今之諸侯, 五霸之罪人, 而今之大夫, 則亦今之諸侯之罪人也. 孟子之言, 亦非徒歎時之益降而已. 蓋述夫子作春秋之意云爾.

8. 魯欲使愼子, 為將軍.

| 愼子, 魯臣.

孟子曰: "不教民而用之, 謂之殃民. 殃民者, 不容於堯舜之世.

| 教民者, 教之禮義, 使知孝弟之義, 又於農隙講武也. 用之, 使之戰也. 堯舜之世, 上下和睦, 人懷仁義, 故好鬪殃民者, 不能自容于世也.

一戰勝齊, 遂有南陽, 然且不可."

│山南曰陽, 故岱山之南, 謂之南陽也. 是時魯蓋欲使愼子伐齊取南陽也. 故言就使
　愼子善戰有功. 然且不可, 況其違王度賊生民, 而亦未必可勝乎.

愼子勃然不悅曰: "此則滑釐所不識也."

│滑釐, 愼子名.

曰: "吾明告子. 天子之地方千里, 不千里, 不足以待諸侯. 諸侯之地方百里, 不百里,
不足以守宗廟之典籍.

│待諸侯, 謂待其朝覲聘問之禮也. 趙氏曰: 宗廟典籍, 謂先祖典籍也.

周公之封於魯, 爲方百里也, 地非不足, 而儉於百里. 太公之封於齊也, 亦爲方百里
也, 地非不足也, 而儉於百里.

│二公有大勳勞於周家, 而其封國不過百里. 朱氏曰: 儉, 止而不過之意也.

今魯方百里者五, 子以爲有王者作, 則魯在所損乎, 在所益乎?

│朱氏曰: 魯地之大, 皆幷呑小國而得之, 有王者作, 則必在所損矣.

○周禮, 諸公之地, 封疆方五百里, 諸侯方四百里, 伯三百里, 子男百里, 與孟子之說
　不同. 先儒多信周禮而疑孟子. 然孟子之書, 直據當時之所見而言之, 則周禮不可
　必信.

徒取諸彼以與此, 然且仁者不爲, 況於殺人以求之乎.

│徒, 空也. 言不殺人而取之也.

君子之事君也, 務引其君以當道, 志於仁而已."

│當道, 言循理守法也. 志仁, 言不忍干天子之法, 戕生民之命也.

右第八章

○觀此章所言, 可以見孟子所以自立者矣. 倘使當時人君試之, 則不用攻伐, 不戮一
人, 皆能以朝諸侯, 有天下, 不知其度越于流俗幾千萬, 惜哉. 學者於此不能深識篤信
焉, 則是不讀孟子也.

9. 孟子曰: "今之事君者曰, '我能爲君辟土地, 充府庫.' 今之所謂良臣, 古之所謂民賊
也. 君不鄉道, 不志於仁, 而求富之, 是富桀也.

│辟, 開墾也.

'我能爲君約與國, 戰必克.' 今之所謂良臣, 古之所謂民賊也. 君不鄉道, 不志於仁, 而
求爲之强戰, 是輔桀也.

│約, 要結也. 與國, 和好相與之國也.

由今之道, 無變今之俗, 雖與之天下, 不能一朝居也."

│言虐民黷兵, 則雖得天下, 而不能暫保, 而況侵掠鄰邑, 豈得永爲已之有哉.

右第九章

○陳氏櫟曰: 自當時觀之, 孟子此論, 若迂且激. 旣而六國呑, 暴秦亡. 此論豈不深中
大驗. 此章與上章, 意實相類, 其因譏切愼子而繼發歟.

10. 白圭曰: "吾欲二十而取一, 何如?"

｜白圭, 名丹, 周人也. 按史記, 圭能薄飲食, 忍嗜欲, 與童僕同苦樂. 樂觀時變, 人棄我取, 人取我與, 以此居積致富. 其意以爲苟以我術施之天下, 則上足下給, 無所往而不可. 故欲更稅法, 二十分而取其一也.

孟子曰: "子之道, 貉道也.

｜貉, 北方夷狄之國名也.

萬室之國, 一人陶, 則可乎?" 曰: "不可, 器不足用也."

｜孟子謂無君子則不可以治國. 故先設此以詰之, 而圭亦知其不可也.

曰: "夫貉, 五穀不生, 惟黍生之, 無城郭宮室宗廟祭祀之禮, 無諸侯幣帛饔飧, 無百官有司, 故二十取一而足也.

｜北方地寒, 不生五穀, 黍早熟, 故生之. 饔飧, 言以飲食爲禮也. 言五穀不生, 則不可以多取. 無城郭宮室等費, 則不必多取也.

今居中國, 去人倫, 無君子, 如之何其可也? 陶以寡, 且不可以爲國, 況無君子乎?

｜朱氏曰: 無君臣祭祀交際之禮, 是去人倫, 無百官有司, 是無君子. 愚謂城郭宮室人倫, 皆由君子而立. 故下文獨以君子言.

欲輕之於堯舜之道者, 大貉小貉也, 欲重之於堯舜之道者, 大桀小桀也."

｜什一, 中正之制也. 故以爲堯舜之道, 多則桀, 少則貉, 但對彼則爲小貉小桀耳.

右第十章

○白圭之論, 亦許行之說也. 雖憤當時橫賦暴斂, 姑爲寬大之論, 而其不可以治天下明矣. 淳于髡白圭之徒, 皆以其術鳴于天下, 然二子周旋于孟子之門, 質其所疑, 則孟子之在當時亦盛矣.

11. 白圭曰: "丹之治水也, 愈於禹."

｜丹, 白圭名. 當時諸侯有小水, 白圭爲之築隄, 壅而注之他國.

孟子曰: "子過矣. 禹之治水, 水之道也,

｜水之性本就下, 禹順之而已.

是故禹以四海爲壑. 今吾子以鄰國爲壑.

｜壑, 受水處也.

水逆行謂之洚水, 洚水者, 洪水也, 仁人之所惡也. 吾子過矣."

｜朱氏曰: 水逆行者, 下流壅塞, 故逆流. 今乃壅水以害人, 則與洪水之災無異矣.

右第十一章

○爲天下除害謂之仁, 專一己之利謂之不仁. 仁則人已俱成, 不仁則人已俱亡. 不仁哉圭之治水也. 其始雖如於己有利, 後必有禍.

12. 孟子曰: "君子不亮, 惡乎執."

｜亮, 與諒同, 必信也. 與貞而不諒之諒同. 張子曰: 君子不必於信者, 惡其執一而不通也.

右第十二章

○孔子曰, 非敢爲佞也, 疾固也. 孟子曰, 所惡執一者, 爲其賊道也. 舉一而廢百也. 聖

賢之旨可知矣. 若夫不知道之實, 而專事把促者, 多失乎亮, 學者審焉.

13. 魯欲使樂正子爲政. 孟子曰: "吾聞之, 喜而不寐."
│ 喜其有益於國家.
公孫丑曰: "樂正子強乎?" 曰: "否." "有知慮乎?" 曰: "否." "多聞識乎?" 曰: "否."
│ 丑以此三者爲至, 故歷問之. 孟子言其所以喜之者, 不在此三者, 本非以樂正子之
　短長而言也.
"然則奚爲喜而不寐?"
│ 丑問也.
曰: "其爲人也好善." 句 "好善足乎?"
│ 丑問也.
曰: "好善優於天下, 而況魯國乎?
│ 優, 有餘裕也. 言雖治天下尙有餘力也.
夫苟好善, 則四海之內皆將輕千里而來, 告之以善, 輕, 易也. 言誠好善, 則應之速如
此. 夫苟不好善, 則人將曰, '訑訑, 予旣已知之矣.' 訑訑之聲音顔色, 距人於千里之
外. 士止於千里之外, 則讒諂面諛之人至矣. 與讒諂面諛之人居, 國欲治, 可得乎?"
│ 訑訑, 自足其智, 不嗜善言之貌. 言不好善, 則小人日進, 而國不可治矣.
右第十三章
○古之聖人, 不自用其智, 而能從人之善. 蓋不謂其智之有餘, 而謂能用人之善也. 夫
國不與治期, 而與君子居則治, 不與亂期, 而與小人居則亂. 所謂好善優於天下, 亦言
治國之不可不親賢也.

14. 陳子曰: "古之君子, 何如則仕?" 孟子曰: "所就三, 所去三.
│ 目見下文.
迎之致敬以有禮, 言將行其言也, 則就之. 禮貌未衰, 言弗行也, 則去之.
│ 禮衰, 不敬也. 貌衰, 不悅也.
○此所謂見行可之仕. 若孔子於季桓子是也.
其次, 雖未行其言也, 迎之致敬以有禮, 則就之. 禮貌衰, 則去之.
○此所謂際可之仕. 若孔子於衛靈公是也.
其下, 朝不食, 夕不食, 飢餓不能出門戶, 君聞之曰, '吾大者不能行其道, 又不能從其
言也, 使飢餓於我土地, 吾恥之.' 周之, 亦可受也, 免死而已矣."
│ 免死而已矣, 雖不去, 而亦與去同, 只是免死耳.
右第十四章
○三者本非有高下, 乃所遇不同焉耳. 或去或就, 其迹雖異, 而君子之出處進退, 未嘗
不爲道, 於是乎可見矣.

15. 孟子曰: "舜發於畎畝之中, 傅說擧於版築之間, 膠鬲擧於魚鹽之中, 管夷吾擧於
士, 孫叔敖擧於海, 百里奚擧於市.

｜舜耕歷山, 三十登庸. 說築傅巖, 武丁舉之. 膠鬲遭亂鬻販魚鹽, 文王舉之. 管仲囚
　於士官, 桓公舉以相國. 孫叔敖隱處海濱, 楚莊王舉之爲令尹. 百里奚事, 見前篇.
　舜君也, 故曰發. 傅說以下皆臣也, 故曰舉.

故天將降大任於是人也, 必先苦其心志, 勞其筋骨, 餓其體膚, 空乏其身, 行拂亂其所
爲, 所以動心忍性, 曾益其所不能.

｜降大任, 謂天付是人以行大事之任也. 空, 窮也. 乏, 絶也. 空乏其身, 謂奉身之物,
　空匱不繼也. 拂, 戾也. 言使之所爲不遂, 多背戾也. 動心忍性, 趙氏曰: 悚動其心,
　堅忍其性也. 曾, 與增同.

人恒過, 然後能改, 困於心, 衡於慮, 而後作, 徵於色, 發於聲, 而後喩.

｜恒, 常也. 困於心, 抑鬱不能自舒也. 衡, 與橫同. 衡於慮, 思索不能自通也. 作, 奮起
　也. 徵, 驗也. 喩, 曉也. 驗於人之色, 發於人之聲, 然後能警悟而通曉也.

入則無法家拂士, 出則無敵國外患者, 國恒亡.

｜言不處困之害也. 法家, 法度之世臣也. 拂, 與弼同, 拂士, 輔弼之賢士也.

然後知生於憂患, 而死於安樂也."

｜言生長於憂患之中者, 踏危積慮, 故後必得安樂而死也.

右第十五章

○此章前言嘗變故多, 則閱義理熟, 而後言生於憂患, 死於安樂, 以勉勵人, 實千古
之格言也.

16. 孟子曰: "敎亦多術矣, 予不屑之敎誨也者, 是亦敎誨之而已矣."

｜多術, 言非一端. 屑, 潔也. 言不潔其人而爲之敎誨者, 非我不爲之敎誨, 欲其人悔
　過深愧, 退自脩省也.

右第十六章

○君子之一言一行, 皆莫非敎也. 人唯知敎之爲敎, 而不知不敎之敎. 其仁太深. 故孟
子言之如此.

孟子古義 卷之七

盡心章句上 凡四十六章

○此篇議論大抵與離婁篇相似. 始之以知天立命之言, 終則望聞知於千載之後, 其
間旁及修身齊家之事, 而聖賢之蘊, 王霸之辨亦備, 尤多切要之語. 予謂七篇之書, 各
是一部之書. 苟得一兩篇而有得焉, 則其於聖賢之事業, 綽有餘裕矣. 如此篇, 最學者
之所不可不潛翫焉者也.

1. 孟子曰: "盡其心者, 知其性也. 知其性, 則知天矣.

｜盡心者, 謂擴充四端之心, 而至於其極也. 知性者, 謂自知己性之善而無惡也. 言
　自能盡其心者, 知其性之善可以擴充也. 苟能知其性之善, 則知天亦自在其中矣.
　蓋性則天之所命, 善而無惡. 故曰知性則知天矣.

存其心, 養其性, 所以事天也.

丨 存心, 謂存四端之心而不失也. 養性, 謂養其性之善而充之也. 事, 則奉承而不違
之謂. 承上文而言, 知性知天, 則自能存心養性, 而不容梏亡. 故曰所以事天也.

殀壽不貳, 修身以俟之, 所以立命也."

丨 殀, 命之短也. 壽, 命之長也. 貳, 疑也. 又承上文而言, 知性知天者, 自能順天之所
賦, 而不貳其心. 惟知脩其身, 而不自我害之. 故保其所受之命而不亡. 故曰, 所以
立命也.

右第一章

○世之安於暴棄者, 皆不知其性之善故也. 人苟能知性之善, 則修身從道, 不自暴自
棄, 而天道之善而無惡, 亦可推知也. 故存心養性, 則可以事天矣. 殀壽不貳, 修身以
俟之, 則可以立命矣. 先曰盡心知性, 而終則曰事天, 曰立命, 皆所以發明夫知性之
至, 能修其身, 自有不與天違之妙也. ○或曰: 性卽理也. 非窮理, 則無以盡乎心之量,
如何. 曰: 孟子之書, 自首至終, 通貫一意, 別無他說. 所謂知性者謂知性之善, 養性者
謂養性之善, 皆以性之善而言, 一無知性之理之說. 所謂心者, 皆指仁義之良心而言,
又無以心之量而言者也. 大凡欲讀孟子之書者, 當以孟子之言相證, 不可以己之意
解之. 若舊解所說者, 皆臆度之見, 非孟子之本旨也.

2. 孟子曰: "莫非命也, 順受其正,

丨 吉凶禍福, 皆天之所命. 然有正有不正, 唯君子每恐懼脩省, 不違天道. 故自能受
天之正命, 德優身全, 雖亂世不能加害, 謂之正命. 若文王不死於羑里, 孔子不害
於桓魋, 是也.

是故知命者不立乎巖牆之下.

丨 巖牆, 牆之將覆者, 言危地也. 苟立其下, 則爲犯天命 故君子不一置身危地者, 欲
無自失之悔也. 古稱奔車之上無孔子, 覆舟之下無伯夷, 亦其意也.

盡其道而死者, 正命也, 桎梏死者, 非正命也."

丨 盡其道者, 如曾子所謂戰戰兢兢, 如臨深淵, 如履薄氷, 是也. 桎, 足械也. 梏, 手械
也. 不幸被枉寃, 以非罪死者, 雖亦命之所致, 然盡其道者自無之. 故曰桎梏死者,
非正命也. 若夫犯罪而死者, 便己之所自爲, 固不可謂命也.

右第二章

3. 孟子曰: "求則得之, 舍則失之, 是求有益於得也, 求在我者也.

丨 首二句, 又見前篇, 蓋古語. 言人之求仁義禮智, 得之甚易也. 孟子引之而言, 其求
也旣得之, 則必有益於我. 且求之在我, 而不由外也.

求之有道, 得之有命, 是求無益於得也, 求在外者也."

丨 以上文例之, 首二句, 亦是古語. 有道則不可妄求, 有命則不可必得. 孟子引之而
言, 其求也雖得之, 而無益於我, 且求之在外, 而不由我也.

右第三章

○人徒知富貴利達之可求, 而不知仁義禮智之不可求. 故孟子屢屢彼此相較, 以

曉其得失, 此其最切要者也. 蓋在彼者求之旣難, 而求而無益, 在此者求之旣易, 而求則有益, 人其可不知所擇焉哉.

4. 孟子曰: "萬物皆備於我矣.

｜言苟知德性之尊, 則凡世之富貴爵祿, 皆我所有, 而無所欠闕也.

反身而誠, 樂莫大焉.

｜誠, 實也. 言反身而自盡其誠, 則德性之尊, 自爲己有, 而無外慕之念, 其爲樂孰大焉.

强恕而行, 求仁莫近焉."

｜承上文而言求仁之方. 强, 勉强也. 恕者, 忖人之心而寬宥之也. 言寬宥溫柔, 足以有容. 故於求仁爲近也.

右第四章

○此亦與上章一意, 人徒知富貴爵祿之爲可樂, 逐逐焉求之于外, 而不知反身而樂, 俯仰無所愧怍, 則其樂實在乎我, 而富貴爵祿之不足以羨也. 此豈非萬物皆備于我乎, 而其求之之要, 則在於强恕而行焉耳. 又嘗曰, 飽乎仁義, 所以不願人之膏粱之味也. 令聞廣譽施於身, 所以不願人之文繡也, 卽此章之意云.

5. 孟子曰: "行之而不著焉, 習矣而不察焉, 終身由之而不知其道者, 衆也."

｜著 · 察, 皆明也. 言行道而不能形著, 習善而不至明察, 亦不足貴也. 況終身由之, 而不知其道者, 凡人耳. 所謂百姓日用而不知者也.

○行, 有意行之者也. 習, 無意行之而徒善者也. 習比行則輕, 由比習則又輕. 此三等之人, 雖有淺深之不同, 然其爲不知道則一也.

右第五章

6. 孟子曰: "人不可以無恥, 無恥之恥, 無恥矣."

｜無羞惡之心者非人, 若無恥其可恥之事, 則便是無羞惡之心者, 違禽獸不遠矣.

右第六章

○恥者羞惡之心也. 恥吾未能進於善, 則善可遷也. 恥吾未能遠於過, 則過可改也. 苟其心漠然, 無所用恥, 則無所忌憚而已耳. 諺云, 不以恥爲恥無恥. 正合于孟子之意.

7. 孟子曰: "恥之於人大矣,

｜恥者, 遷善改過之機. 恥善不若人, 則可以進善. 恥惡在其身, 則可以去惡. 人之於恥, 所關係甚大矣.

爲機變之巧者, 無所用恥焉.

｜朱氏曰: 爲機械變詐之巧者, 所爲之事, 皆人所深恥, 而彼方且自以爲得計. 故無所用其愧恥之心也.

不恥不若人, 何若人有?"

｜不恥己之不若人, 則是自暴自棄之人, 何能若人之有. 言其必陷于不善也.

右第七章

8. 孟子曰: "古之賢王好善而忘勢, 古之賢士何獨不然? 樂其道而忘人之勢, 故王公不致敬盡禮, 則不得亟見之. 見且猶不得亟, 而況得而臣之乎."
右第八章
○此專稱古之賢士守義之高, 以勸今之賢士也. 蓋古之賢王, 崇道下賢, 其德表表, 世之所瞻仰. 但賢士之心, 人未必知. 故孟子假古之賢王, 以著賢士之心也.

9. 孟子謂宋句踐曰: "子好遊乎? 吾語子遊. 人知之, 亦囂囂, 人不知, 亦囂囂."
丨宋, 姓, 句踐, 名. 遊, 遊說也. 囂囂, 自得無欲之貌.
曰: "何如斯可以囂囂矣?"
曰: "尊德樂義, 則可以囂囂矣.
丨尊德則不見人爵之榮, 樂義則能得素位而行. 故不以人之知不知爲欣戚也.
故士窮不失義, 達不離道.
丨貧賤不能移. 故窮不失義, 富貴不能淫. 故達不離道. 上曰尊德樂義, 以平生所守而言, 此據窮達之時而言. 故不曰德而曰道.
窮不失義, 故士得己焉, 達不離道, 故民不失望焉.
丨士, 對民而言. 得己, 猶得我之得, 言人之服己也. 窮不失義, 故澤雖未及民; 而其爲士者服其行也. 達不離道, 故人素望其興道致治, 而今果如所望. 皆言其及人之效.
古之人, 得志, 澤加於民, 不得志, 修身見於世. 窮則獨善其身, 達則兼善天下."
丨脩身者, 對人之稱. 言知脩其身, 而不求于人也. 見者, 不泯然汩沒之謂. 承上文申言窮不失義, 達不離道之實.
右第九章
○此章雖爲宋勾踐發, 然學者終身之受用, 盡於是矣. 觀其何如可以囂囂之問, 其人必是尊賢謙己, 而非淳于髡之儔. 故孟子以此告之也.

10. 孟子曰: "待文王而後興者, 凡民也. 若夫豪傑之士, 雖無文王獨興."
丨羣聖人獨舉文王稱之者, 以其壽考而能作人材, 而致濟濟之盛也. 凡民, 衆庸之人也. 豪傑, 才智過人者也. 言凡庸之人, 固有所待于人, 而後能興起, 若夫豪傑之士, 則獨自奮發, 能成其德, 何待人之有.
右第十章
○此章勸學者, 有所奮發興起, 以自立也. 夫以豪傑之士自許者, 學者之常也. 然省其所爲, 亦不免爲凡庸之人, 豈足稱豪傑之名哉. 其所以勸之者至矣.

11. 孟子曰: "附之以韓魏之家, 如其自視欿然, 則過人遠矣."
丨附, 益也. 韓魏, 晉卿, 富家也. 欿然, 不自滿之意. 言道德隆, 則不以當貴而動心也.
右第十一章

○知道義之大, 則見富貴之小, 自然之符也. 故益以韓魏之家, 如其自視欿然, 則其所志所期之遠且大, 可知矣.

12. 孟子曰: "以佚道使民, 雖勞不怨. 以生道殺民, 雖死不怨殺者."

｜程子曰: 以佚道使民, 謂本欲佚之也. 以生道殺民, 謂本欲生之也. 蓋不得已而爲其所當爲, 則雖咈民之欲, 而民不怨, 其不然者反是.

右第十二章

○勞之而民怨, 則勿勞可也. 殺之而民怨, 則勿殺可也. 人君之使民也, 大類出於縱欲, 其殺之也, 亦出於肆怒, 謂之造怨府, 可戒哉.

13. 孟子曰: "霸者之民驩虞如也, 王者之民皞皞如也.

｜驩虞, 與歡娛同. 皞皞, 廣大自得之貌. 霸者之政, 有所造爲, 而其功易見. 故其民驩虞也. 王者之德, 猶天地之化, 萬物莫不各得其所. 故其民皞皞也.

殺之而不怨, 利之而不庸, 民日遷善而不知爲之者.

｜庸, 功也. 王者之於民, 猶父母之於子, 本欲生之, 故不以殺之爲怨. 與民相忘, 故不以利之爲功. 於變時雍, 而不知其誰所爲也.

夫君子所過者化, 所存者神, 上下與天地同流, 豈曰小補之哉?"

｜朱氏曰: 君子, 聖人之通稱也. 所過者化, 身所經歷之處, 卽人無不化. 所存者神, 心所存主處, 便神妙不測, 莫知其所以然而然也. 是其德業之盛, 乃與天地之化, 同運並行, 舉一世而甄陶之, 非如霸者但小小補塞其罅漏而已. 此則王道之所以爲大, 而學者所當盡心也. 愚謂所存者神, 中庸引詩曰, 不顯惟德, 百辟其刑之, 卽其意.

右第十三章

○先儒曰, 王者之民, 雨露之草木也. 霸者之民, 桔槹之夏畦也. 又曰, 可使天下被聖人之仁, 不可使天下知聖人之仁. 被聖人之仁, 而知有聖人之仁, 仁之小者, 有功之可議也. 被聖人之仁, 而不知有聖人之仁, 仁之大者, 無迹之可尋也. 此言皆善得孟子之意, 故幷按之.

14. 孟子曰: "仁言不如仁聲之入人深也.

｜程子曰: 仁言, 謂以仁厚之言加於民. 仁聲, 謂仁聞. 謂有仁之實, 而爲衆所稱道者也. 此尤見仁德之昭著, 故其感人尤深也.

善政不如善教之得民也.

｜善政, 如桓公葵丘之會所命諸侯之事是也. 善教, 如設爲庠序學校, 申之以孝悌之義, 是也.

善政, 民畏之, 善教, 民愛之. 善政得民財, 善教得民心."

｜善政, 則人畏而財聚. 善教, 則民親而心服.

右第十四章

○此章專論善政之不如善教也. 蓋善政民畏之, 如訟者之對明吏, 不得欺也. 善教民愛之, 如子之視父母, 不忍欺也. 故善政, 則得民財, 而未必得民心. 善教, 則民心悅服, 雖無財而無害. 國祚脩短之驗, 實判於此. 此善政之所以不如善教也.

15. 孟子曰: "人之所不學而能者, 其良能也, 所不慮而知者, 其良知也.
｜ 良, 自然之善也. 良知良能, 謂凡事出於性之自然, 而無所勉强也.
孩提之童無不知愛其親者, 及其長也, 無不知敬其兄也.
｜ 通下節, 就良知良能, 而明孝弟爲仁義之本也. 孩提, 二三歲之間, 知孩笑可提抱者也. 知親知兄, 良知也, 愛親敬兄, 良能也.
親親, 仁也, 敬長, 義也, 無他, 達之天下也."
｜ 言仁義者非他, 乃推親親兄之心, 達之天下, 無所不至者, 卽此也. 達, 猶達之於其所忍之達, 卽擴充之謂也.
右第十五章
○此章非徒論良知良能, 乃明仁義卽吾心之固有, 而欲使人擴而充之也. 與前篇論性善說四端諸章同意. 蓋當孟子之時, 聖遠道湮, 人徒以仁義爲外, 而不肯用力, 不知所謂仁義者非他, 乃孝弟之心, 人之良知良能, 而本出於所不學不慮, 達之天下, 是爲仁義而已. 然則仁義人心之固有, 而不可不力而行之, 於是可見矣. 近世陽明王氏, 專講良知, 而不知爲仁義之本, 其亦盭于孟子之旨矣.

16. 孟子曰: "舜之居深山之中, 與木石居, 與鹿豕遊, 其所以異於深山之野人者幾希, 及其聞一善言, 見一善行, 若決江河沛然, 莫之能禦也."
｜ 居深山, 謂耕歷山時也, 言舜之在側微也. 如深山野人, 無所知識, 而及其從善, 其速如此. 蓋其智愈大, 則取人之善愈速, 其德愈高, 則與人之善愈深. 此舜之所以爲舜也.
右第十六章
○天下之善, 非一人之所能盡, 而舍己從人, 最人之所難也. 故聖人廣取衆善, 以資其知. 樂正子魯國一儒生耳, 而孟子尚稱其好善優於天下. 舜之聞一善言, 見一善行, 若決江河沛然, 莫之能禦, 則其取善之厚, 爲如何哉. 此其所以能成其聖, 而大于拜昌言也. 故中庸孟子, 屢屢稱其取善之周, 特多於羣聖. 此學者之所當仰望者也.

17. 孟子曰: "無爲其所不爲, 無欲其所不欲, 如此而已矣."
｜ 行不爲其不可爲之事, 心不欲其不可欲之事, 則義不可勝用也. 謂之如此而已矣者, 明爲之甚易, 而無復他方也.
右第十七章
○義理之心, 人皆有之, 一計較利害, 則不辨禮義而受之. 此之謂失其本心. 故學問之方無他, 在充斯心而已矣.

18. 孟子曰: "人之有德慧術知者, 恒存乎疢疾.
｜ 朱氏曰: 德慧者, 德之慧. 術知者, 術之知. 疢疾, 猶災患也. 言人必有疢疾, 則能動心忍性, 增益其所不能也.

獨孤臣孽子, 其操心也危, 其慮患也深, 故達."

│ 孤臣, 遠臣, 不得於其君者也. 孽子, 庶子, 不得於其親者也. 言其惕厲憂慮, 故能通
　 達事理.

○此言困之進人也. 所謂生於憂患而死於安樂, 亦此意.

右第十八章

19. 孟子曰: "有事君人者, 事是君則爲容悅者也.

│ 朱氏曰: 阿徇以爲容, 逢迎以爲悅, 此鄙夫之事, 妾婦之道也.

有安社稷臣者, 以安社稷爲悅者也.

│ 安者, 扶顚克亂之謂. 爲悅, 謂自爲己之功而悅也. 安社稷爲悅者, 唯知有國, 而不
　 私所事, 不可以富貴爵祿拘之, 若汲黯霍光是也.

有天民者, 達可行於天下而後行之者也.

│ 天, 對人而言, 如天爵天吏天職天祿之類. 不爲人之所制, 謂之天民. 可行而行, 可
　 止而止, 以安天下爲己任, 而不可復以君臣之義責之, 若伊尹之在莘野是也.

有大人者, 正己而物正者也."

│ 大人者其德至盛, 不可限量. 唯能正己, 而物自正, 乃篤恭而天下平者也.

右第十九章

○此章欲論大人之事, 先自其下者, 次第言之. 蓋爲容悅者, 佞幸之小人, 唯知事是
君, 而不知爲國, 固不足論也. 安社稷爲悅者, 唯知爲社稷, 而不知爲天下, 志雖可尚,
亦未爲至也. 天民以道義自持, 志安天下, 而不苟出也. 然尚有其迹, 其唯大人乎. 唯
其所在, 而物無不化, 非至誠之德, 不足以與此.

20. 孟子曰: "君子有三樂, 而王天下不與存焉.

│ 王天下, 樂之極也. 君子有三樂, 而不以世俗之樂爲樂也.

父母俱存, 兄弟無故, 一樂也,

│ 舜視棄天下, 猶敝蹝也. 竊負而逃, 遵海濱而處, 終身訢然, 樂而忘天下, 則父母俱
　 存, 兄弟無故之爲樂, 可知矣. 是君子之所大欲. 故以置諸三者之首.

仰不愧於天, 俯不怍於人, 二樂也,

│ 君子所性, 仁義禮智根於心, 見面盎背, 四體不言而喩, 則仰不愧, 俯不怍之爲樂,
　 可知矣.

得天下英才而教育之, 三樂也.

│ 閔子侍側誾誾如也, 子路行行如也, 冉有子貢侃侃如也, 子樂. 則教育英才之爲樂,
　 可知矣.

君子有三樂, 而王天下不與存焉."

│ 申言之, 以深明君子之三樂, 有甚於王天下之樂也.

右第二十章

○此章謂人苟有一樂, 則雖王天下之樂, 不能以易之, 非謂必倂三樂而後可也. 周公

有兄弟之難, 孔子幼而喪父母, 則雖聖人猶不能兼全其樂. 況他人乎. 必謂併三者而樂, 則是孟子之言, 有名而無實也.

21. 孟子曰: "廣土衆民, 君子欲之, 所樂不存焉,
　｜廣土衆民, 君子亦非不欲. 然其所爲樂, 則不在此也.
中天下而立, 定四海之民, 君子樂之, 所性不存焉.
　｜敎化遠及, 君子樂之. 然至其所性之異於人者, 則不在此也.
君子所性, 雖大行不加焉, 雖窮居不損焉, 分定故也.
　｜分, 猶言分量, 謂不加不損也. 言君子之所性, 分量本自定, 不以窮達而有所加損
　　也.
君子所性, 仁義禮智根於心, 其生色也, 睟然見於面, 盎於背, 施於四體, 四體不言而
喩."
　｜根, 本也. 言仁義禮智之德, 實本於其心也. 生, 發見也. 睟然, 潤澤之貌. 盎, 豐厚盈
　　溢之意. 喩, 曉也. 四體不言而喩, 言四體不待吾言, 而自能曉吾意也. 言君子之所
　　性, 仁義禮智之德, 實根於心. 故其美由乎內而達乎外, 光輝充實, 旁溢流通, 自有
　　莫知其所以然而然者矣. 此其所以異於衆人, 而非若覇者之假之乎外, 以濟其私
　　也.
右第二十一章
○此章專論君子之行仁義禮智, 皆根於心, 而非若五覇假之乎外也. 蓋富與貴者人
之所欲, 君子亦無與衆人異也, 而所樂則不在此. 志得道行, 禮樂被天下是其所樂
也. 然至所性, 則和順積乎中, 而英華發乎外, 不以窮達而有所加損焉. 此君子所大異
於衆人也. 舊說據此, 以仁義禮智爲性之名者, 誤矣.

22. 孟子曰: "伯夷辟紂, 居北海之濱, 聞文王作, 興曰, '盍歸乎來, 吾聞西伯善養老
者.' 太公辟紂, 居東海之濱, 聞文王作, 興曰, '盍歸乎來, 吾聞西伯善養老者.' 天下有
善養老, 則仁人以爲己歸矣.
　｜朱氏曰: 己歸, 謂己之所歸. 餘見前篇.
○此引伯夷太公之事, 以明養老卽王政之本.
五畝之宅, 樹牆下以桑, 匹婦蠶之, 則老者足以衣帛矣. 五母雞, 二母彘, 無失其時, 老
者足以無失肉矣. 百畝之田, 匹夫耕之, 八口之家可以無飢矣.
　｜一家養母雞五, 母彘二也. 餘見前篇.
○此言非制民産, 則亦不能養老也.
所謂西伯善養老者, 制其田里, 敎之樹畜, 導其妻子, 使養其老. 五十非帛不煖, 七十
非肉不飽, 不煖不飽, 謂之凍餒. 文王之民無凍餒之老者, 此之謂也."
　｜樹, 謂耕桑. 畜, 謂雞彘也. 趙氏曰: 善養老者, 敎導之使可以養其老耳, 非家賜而
　　人益之也.
○此引文王之政, 以明善養老者之實.
右第二十二章

○王道以善養老者爲本. 善養老者, 而後足以見仁民之有誠矣. 故善養老者, 文王之所以得天下之心, 播棄犂老, 殷紂之所以失天下之心. 後之人君, 其可不監於玆乎.

23. 孟子曰: "易其田疇, 薄其稅斂, 民可使富也.
│ 易, 治也. 疇, 耕治之田也. 民有恒産, 則有恒心. 故治田薄稅, 爲王政之本.
食之以時, 用之以禮, 財不可勝也.
│ 用財時而且有禮, 則不窮.
民非水火不生活, 昏暮叩人之門戶, 求水火, 無弗與者, 至足矣. 聖人治天下, 使有菽粟如水火. 菽粟如水火, 而民焉有不仁者乎."
│ 朱氏曰: 水火民之所急, 宜其愛之, 而反不愛者, 多故也.
右第二十三章
○此與前章意, 大要相同. 皆孟子論王道之本旨, 當與首篇論王政諸章參看. ○范氏祖禹曰: 聖人之治天下, 旣庶而後富之, 旣富而後敎之, 倉廩實而知禮節, 衣食足而知榮辱, 所謂菽粟如水火, 則民無有不仁. 堯舜三王之盛, 皆由此道也.

24. 孟子曰: "孔子登東山而小魯, 登太山而小天下, 故觀於海者難爲水, 遊於聖人之門者難爲言.
│ 假孔子之事, 而言聖人之道, 愈進愈無窮也. 東山, 魯城東山. 太山, 卽岱宗. 朱氏曰: 所處益高, 則其視下益小, 所見旣大, 則其小者不足觀也. 難爲水, 難爲言, 猶仁不可爲衆之意.
觀水有術, 必觀其瀾. 日月有明, 容光必照焉.
│ 水本流行不止之物. 波瀾, 謂其流行也. 容光, 小郤也. 言海水極大, 日月極遠, 人皆失其形容. 但觀水於波瀾, 則知其流行之體, 無所不至. 觀日月於容光, 則知其至明之體, 無所不照. 皆觀之於其近也. 聖人之道亦然, 唯當求之於至近. 初不求之廣大而可得也, 如良知良能之說, 是也.
流水之爲物也, 不盈科不行, 君子之志於道也, 不成章不達."
│ 考工記曰: 畫繢之事, 靑與赤謂之文, 赤與白謂之章. 成章, 謂積之久, 而文章著見也. 若曾子之孝, 晏嬰之儉, 是也. 達者, 德孚於人, 而行無不得之謂. 言君子之學, 以誠爲本, 進不躐等. 故能成其章, 而通達無礙也.
右第二十四章
○此章首言聖人之道, 極大而不可量也, 次言道雖大, 然求之有要也. 蓋聖人之道一也. 然有易得而識者矣, 有難得而識者矣. 欲求其難識者, 必先求之於易識者可也. 若忽其易得而識者, 則非善求之者矣. 終言君子之學, 必不可不求之於躬行之實也. 孟子爲人之意, 至親切矣.

25. 孟子曰: "雞鳴而起, 孳孳爲善者, 舜之徒也. 雞鳴而起, 孳孳爲利者, 蹠之徒也.
│ 孳孳, 勤而不已之意. 蹠, 盜蹠也. 爲善則利及于人, 爲利則必害於人.
欲知舜與蹠之分, 無他, 利與善之間也."

｜言舜蹠之相去雖遠, 然其分, 則不出善利之外而已. 欲學者愼所從也.

右第二十五章

○道二, 善與利而已矣. 爲善則自不至利, 其勢然也. 爲利而能至於善者, 未之有也. 故苟雖一小善, 爲之不已, 則上可進於聖人. 雖一小利, 爲之不已, 則其爲盜蹠也不遠矣. 可不愼哉.

26. 孟子曰: "楊子取爲我, 拔一毛而利天卜, 不爲也.

｜楊子, 名朱. 朱氏曰: 取爲我者, 僅足於爲我, 而不及於爲人也.

墨子兼愛, 摩頂放踵, 利天下, 爲之.

｜墨子, 名翟. 兼愛, 兼親疏而愛之也. 摩頂, 摩突其頂也. 放, 至也. 忘其身而殉天下者也.

子莫執中. 執中爲近之. 執中無權, 猶執一也.

｜子莫, 魯之賢人也. 權, 稱錘也, 所以稱物之輕重, 而求其當也. 楊子專爲己, 墨子專爲人. 子莫執兩者之中, 比二子爲稍近於道. 然所貴乎執中者, 以其有權也. 故過而可, 則當從過, 不及而可, 則當從不及. 若徒貴執中, 而不權以通之, 則亦猶楊墨之各執其一也.

所惡執一者, 爲其賊道也, 擧一而廢百也."

｜賊, 害也. 道本萬變不窮. 若但執其一, 則其他盡廢, 自以爲道, 而實足害道, 所以君子深惡之也.

右第二十六章

○子莫執中, 堯舜湯武亦執中, 而其所以異者, 蓋在權而不在中也. 子莫之執中, 執中而無權. 堯舜湯武執中, 而自有權存. 先儒不察, 專說執中, 而不知有權以處之者, 非也. 若聖人固無可議者, 自非聖人. 唯知執中, 而無權以處之, 則必有執一之病. 孟子以權爲執中之節度, 至矣盡矣. 蓋示學者以不可執一而廢百也. 後世儒者, 必立一家宗旨, 以爲學問準則. 人亦以爲簡徑直截, 而不知賊道之甚. 此亦執一之類也.

27. 孟子曰: "饑者甘食, 渴者甘飮, 是未得飮食之正也, 飢渴害之也.

｜言饑渴之人, 雖飮食之不美者, 亦以爲甘. 此爲饑渴所害, 而失其正味也.

豈惟口腹有飢渴之害. 人心亦皆有害. 人能無以飢渴之害爲心害, 則不及人不爲憂矣."

｜饑渴之害口腹, 不過失其正味, 而至於轉爲心害, 則人心亡. 故雖貧賤之極, 至饑渴之甚, 而不失其本心, 則非識量過人者不能.

右第二十七章

28. 孟子曰: "柳下惠不以三公易其介."

｜介, 有分辨之意. 言和者易流, 柳下惠雖三公之榮, 不少貶其介以從之. 此學柳下惠者之所當知也.

右第二十八章

○人皆見古人之迹, 而不知古人之所以爲古人, 此吾學之未至也. 伯夷之淸, 而不念舊惡, 柳下惠之和, 而不易其介. 不有孔孟爲之微其顯, 闡其幽, 則學者何由知夷惠之不可及也.

29. 孟子曰: "有爲者, 辟若掘井. 掘井九軔, 而不及泉, 猶爲棄井也."

│八尺曰仞, 言君子之學, 不爲則已, 爲之則必要其成. 鑿井本欲得水, 若未及泉而止, 猶爲自棄其井也.

右第二十九章

○此章戒士君子之於業, 不盡其極, 則不濟其用, 猶不及泉之井, 功向成而自隳, 可不勉焉以要其成乎. ○呂氏希哲曰: 仁不如堯, 孝不如舜, 學不如孔子, 終未入於聖人之域, 終未至於天道, 未免爲半塗而廢, 自棄前功也.

30. 孟子曰: "堯舜, 性之也, 湯武, 身之也, 五覇, 假之也.

│性之者, 出於其性, 不假勉强也. 身之者, 及身以得之也. 然皆其實有, 而非外假也. 五覇則假其事以濟其私, 豈實有其德哉.

久假而不歸, 惡知其非有也."

│歸, 還也. 言雖久假而不還, 然非眞有, 故孟子斷之曰, 自以爲是, 人亦以是稱之, 莫識其非眞有也.

右第三十章

○仁義一也. 性之者, 生而得之也. 身之者, 修身以得之也. 假之者, 外假其事, 而內無其實. 性之者, 無以加焉. 身之者, 與性同功. 假之者僞焉耳. 王覇之所判, 其在於此乎.

31. 公孫丑曰: "伊尹曰, '予不狎于不順', 放太甲于桐, 民大悅. 太甲賢, 又反之, 民大悅. 賢者之爲臣也, 其君不賢, 則固可放與?"

│伊尹之語, 今見于古文尙書太甲篇. 狎, 習見也. 言予不欲其君習見于不順義理之人. 故放之于桐也. 丑問後之人臣, 亦當傚伊尹之所爲否.

孟子曰: "有伊尹之志, 則可, 無伊尹之志, 則簒也."

│伊尹之志, 全在堯舜其君, 而無有一毫自利之心.

右第三十一章

○蔡氏曰: 孟子此兩語, 不惟見伊尹之心, 如靑天白日, 而百世之下, 姦臣亂賊, 亦無所逃其罪矣. 味則可之辭, 亦見處變僅可之意, 而非正法也.

32. 公孫丑曰: "詩曰, '不素餐兮'. 君子之不耕而食, 何也?"

│詩, 魏國風伐檀之篇. 素, 空也. 無功而食祿, 謂之素餐. 丑之所問, 卽彭更所謂傳食諸侯, 不以泰乎之意.

孟子曰: "君子居是國也, 其君用之, 則安富尊榮, 其子弟從之, 則孝弟忠信. '不素餐兮', 孰大於是?"

│安當尊榮, 則君享其利, 孝弟忠信, 則子弟被其化. 君子有功於世, 其大如此.

右第三十二章

○君子之在世, 上有功於其君, 下有益於其子弟, 不素餐, 孰大於是. 豈可謂無功而食乎.

33. 王子墊問曰: "士何事?"

│墊, 齊王之子也. 士則上不能爲公卿大夫之事, 下不敢爲農工商賈之事. 故問士何所爲事. 蓋亦無事而食不可之意.

孟子曰: "尙志."

│尙, 高尙也. 言士當爲公卿大夫, 而未能爲公卿大夫之事, 唯當高尙其志而已.

曰: "何謂尙志?" 曰: "仁義而已矣. 殺一無罪, 非仁也, 非其有而取之, 非義也.

│殺一無辜, 得天下不爲, 仁者之心也. 非其有, 一介不以取諸人, 義者之事也. 士當以此爲志, 故曰尙志也.

居惡在, 仁是也, 路惡在, 義是也. 居仁由義, 大人之事備矣."

│居, 猶身之居其宅, 謂常不可離也. 路, 猶足之行道. 謂不能不由也. 言雖未爲大人, 然大人之事, 備於其身矣. 進而公卿, 退而士庶, 無所不可也.

右第三十三章

○天下有道, 則賢者見貴, 天下無道, 則賢者見賤. 公孫丑王子墊之不能無疑於士何事者, 其慣衰世之陋, 而不知有道之隆故也.

34. 孟子曰: "仲子, 不義與之齊國而弗受, 人皆信之, 是舍簞食豆羹之義也.

│仲子, 陳仲子也. 言仲子設若非義而與之齊國, 必不肯受. 齊人皆信其賢, 然由君子之道觀之, 則是舍簞食豆羹之小義耳, 何足取也.

人莫大焉亡親戚君臣上下. 以其小者信其大者, 奚可哉."

│焉, 猶於也. 言人莫大於無親戚君臣上下之罪焉. 今仲子辟兄離母, 不食君祿, 則旣失人倫之大者, 豈可以其小者, 信其大者哉.

右第三十四章

○或曰: 仲子不受齊國, 義亦高矣. 孟子何以爲舍簞食豆羹之義乎. 曰: 孟子嘗云, 非其義也, 非其道也, 祿之以天下不顧也, 繫馬千駟弗視也. 非其義也, 非其道也, 一介不以與人, 一介不以取諸人. 故事當問其合義與否, 而不可較其大小. 苟合其義, 則事豈有大小哉. 蓋彛倫之道, 人之大本也. 苟一失之, 則雖有大功偉節, 皆不足取也. 仲子之義雖似高, 然視之亡人倫之罪, 則固舍簞食豆羹之小義焉耳. 豈足償其罪哉. 舜爲瞽瞍視棄天下, 猶棄敝蹝也. 況齊國乎. 若老佛之徒, 廢名敎, 蔑彛倫, 不自知其爲罪, 而誇大其敎, 人亦致欽仰, 亦舍簞食豆羹之類焉耳.

35. 桃應問曰, "舜爲天子, 皐陶爲士, 瞽瞍殺人, 則如之何?"

│桃應, 孟子弟子也. 朱氏曰: 其意以爲舜雖愛父, 而不可以私害公, 皐陶雖執法, 而不可以刑天子之父. 故設此問, 以觀聖賢用心之所極也.

孟子曰: "執之而已矣."

| 言在皋陶當執縛之也.

"然則舜不禁與?"

| 桃應問也.

曰: "夫舜惡得而禁之. 夫有所受之也."

| 皋陶之爲法官, 自堯時已然. 故曰有所受也.

"然則舜如之何?"

| 桃應問也.

曰: "舜視棄天下猶棄敝蹝也, 竊負而逃, 遵海濱而處, 終身訢然, 樂而忘天下."

| 蹝, 草履也. 遵, 循也. 言舜之心唯知有親, 而不知有天下也.

右第三十五章

○此章孟子直據義理, 以發聖人用心之極. 一以見雖以天子之尊, 不敢枉天下之法.
一以見雖以天下之富, 不敢易父子之親. 仁之至, 義之盡, 非孟子莫能言也.

36. 孟子自范之齊, 望見齊王之子, 喟然嘆曰: "居移氣, 養移體, 大哉居乎! 夫非盡人
之子與?"

| 范, 齊邑. 朱氏曰: 居, 謂所處之位. 養, 奉養也. 言人之居處, 所繫甚大. 王子亦人子
耳, 特以所居不同, 故所養不同, 而其氣體有異也.

孟子曰:

| 羨文也.

"王子宮室車馬衣服多與人同, 而王子若彼者, 其居使之然也, 況居天下之廣居者乎?

| 王子服御, 與人不異, 而居能移氣, 尙能如此, 況居天下之廣居者, 本非常人之所
與能, 而一有所歉於其心哉. 明人之不可不居仁也.

魯君之宋, 呼於垤澤之門. 守者曰, '此非吾君也, 何其聲之似我君也.' 此無他, 居相似
也."

| 垤澤, 宋城門名也. 孟子又引此, 以證居能移氣.

○此孟子因見王子之事, 有感而發.

右第三十六章

37. 孟子曰: "食而弗愛, 豕交之也, 愛而不敬, 獸畜之也.

| 交, 接也. 畜, 養也. 獸, 謂犬馬之屬.

恭敬者, 幣之未將者也.

| 將, 猶奉也. 言與人相交, 必以幣帛爲禮. 然苟有恭敬之實, 則雖無幣帛之贈, 於接
人之禮盡矣. 故曰幣之未將者也.

恭敬而無實, 君子不可虛拘."

| 徒有恭敬之貌, 而無其實, 則君子不可虛拘其禮而受之.

右第三十七章

38. 孟子曰: "形色, 天性也.

| 耳目四體爲形, 視聽運動爲色. 性, 猶生也. 與孝經所謂父子之道天性同意. 言形色皆天之所與我者, 故謂之天性也.

惟聖人然後可以踐形."

| 踐, 如踐言之踐, 謂形色皆能循其則, 而不過差也. 言形色雖賤, 然唯聖人, 而能踐其形. 學者當恭敬脩省, 不可忽焉.

○此言形色雖輕, 而本天之賦與, 不可不重之也.

右第三十八章

39. 齊宣王欲短喪. 公孫丑曰: "爲朞之喪, 猶愈於已乎?"

| 已, 猶止也.

孟子曰: "是猶或紾其兄之臂, 子謂之姑徐徐云爾, 亦敎之孝弟而已矣."

| 紾, 戾也. 言見戾兄之臂者, 而勸其緩之, 不如告之以其不可也. 不戒短喪, 而勸期之喪, 何以異此. 亦敎之以三年之喪, 人之至情, 不可已之故耳.

王子有其母死者, 其傅爲之請數月之喪. 公孫丑曰: "若此者何如也?"

| 陳氏曰: 王子所生之母死, 厭於嫡母, 而不敢終喪. 其傅爲請於王, 欲使得行數月之喪也. 時又適有此事, 丑問此者, 是非何如.

曰: "是欲終之而不可得也. 雖加一日愈於已, 謂夫莫之禁而弗爲者也."

| 朱氏曰: 言王子欲終喪而不可得, 其傅爲請, 雖止得加一日, 猶勝不加. 我前所譏, 乃謂夫莫之禁而自不爲者耳.

右第三十九章

○短喪之說, 自古有之. 宰我公孫丑雖親遊于聖賢之門, 猶不免有其疑. 蓋以三年之喪, 爲出於聖人之制, 而不知子生三年, 免於父母之懷, 其恩爲至重故也. 苟知其義, 則至情迫切, 不容自已, 豈忍出之於口乎.

40. 孟子曰: "君子之所以敎者五,

| 言君子之於人, 雖不親敎之, 然澤之及物, 其品有五.

有如時雨化之者,

| 君子之化, 廣被天下, 猶時雨之澤, 普及草木也. 若周公制禮樂以化天下, 是也.

有成德者, 有達材者,

| 材, 朱氏本作財. ○專言及門之士也. 言同被君子之化, 而其所成各異, 成德者, 或仁或智, 各得其性之所近也. 達材者, 或從政, 或行軍, 各達其質之所長也.

有答問者,

| 若孔子之於懿子武伯, 孟子之於曹交王子墊, 是也. 及門之士, 不在此限.

有私淑艾者.

| 私, 竊也, 淑, 善也. 艾, 治也. 謂不及門受業, 但聞君子之道於人, 而竊以善治其身也. 若孟子之於孔子, 是也.

此五者, 君子之所以敎也."

｜此五者或自敎之, 或其化及人. 然同歸于敎育之中, 故申言以結之. 言此五者君子
　之所以爲敎也.

右第四十章

○此章明君子雖未必設科施敎, 然其澤自然被覆於天下. 謂之不敎之敎也, 廣矣大
哉.

41. 公孫丑曰: "道則高矣美矣, 宜若似登天然, 似不可及也, 何不使彼爲可幾及而日
　孳孳也?"

｜丑蓋不知道之在近, 且將欲以私意造爲而得之也.

孟子曰: "大匠不爲拙工改廢繩墨, 羿不爲拙射變其彀率.

｜彀, 彎弓之限也. 言精其道者, 善知敎人. 然其法一定, 不隨人變.

君子引而不發, 躍如也, 中道而立, 能者從之."

｜引, 引弓也. 發, 發矢也. 引而不發, 謂持滿之法. 卽上文所謂彀率是也. 躍如, 謂自
　然動搖, 不遺餘力也. 言君子之敎人, 其未言之前, 全體呈露, 能使人自然感發興
　起也. 中道而立, 故不高不卑, 使智愚賢不肖, 皆能跂而望之, 其專心致志者, 得從
　而至之也.

右第四十一章

○道如大路然, 亦如菽粟, 若使其知道之在乎邇, 則理義之悅我心, 猶芻豢之悅我口,
豈有似不可及之患哉. 而丑視之以爲高爲美, 爲若登天, 此其所以不知道也. 舊解曰,
君子敎人, 但授以學之之法, 而不告以得之之妙. 又曰, 其所不告者已如踊躍而見於
前, 是皆禪家手段, 非儒者之學也. 夫子曰, 吾無隱乎爾. 又曰, 叩其兩端而竭焉. 聖人
之敎人, 明白簡易乃如此. 宋儒素熟禪機. 故不覺觸處發露. 學者明辨之可矣.

42. 孟子曰: "天下有道, 以道殉身, 天下無道, 以身殉道.

｜殉, 從也, 如殉死之殉. 蓋以卑從尊之稱. 言天下有道, 則賢者見用. 故道自我而行,
　我尊而道卑. 天下無道, 則賢者見黜. 故惟得守身而善其道, 道尊而我卑. 蓋隱見
　雖異, 蓋道與我相從, 而不得相離也.

未聞以道殉乎人者也."

｜若以道殉乎人, 則是曲學阿世, 身與道離, 道焉在哉.

右第四十二章

○此章專爲以道殉人者發. 蓋道外無身, 身外無道, 故非以道殉身, 則以身殉道, 雖時
有治否, 而身之與道, 未嘗相離也. 故曰, 君子之於天下也, 無適無莫, 義之與比. 若身
與道相離, 豈所謂道者乎哉.

43. 公都子曰: "滕更之在門也, 若在所禮而不答, 何也?"

｜趙氏曰: 滕更, 滕君之弟 來學者也.

孟子曰: "挾貴而問, 挾賢而問, 挾長而問, 挾有勳勞而問, 挾故而問, 皆所不答也. 滕
更有二焉."

｜趙氏曰: 二, 謂挾貴挾賢也. 尹氏曰: 有所挾, 則受道之心不專, 所以不答也.
右第四十三章
○此章戒受道者必以誠意爲本. 若有所挾, 則其意不誠, 雖告之必無益. 此君子所以
不告也.

44. 孟子曰: "於不可已而已者, 無所不已. 於所厚者薄, 無所不薄也.
｜朱氏曰: 已, 止也. 不可止, 謂所不得不爲者也. 所厚, 所當厚者也.
其進銳者, 其退速."
｜人之所行, 以始終不衰爲貴. 其進甚銳者, 其力易衰. 故其退必速.
右第四十四章
○朱氏曰: 三者之弊, 理勢必然. 雖過不及之不同, 然卒同歸於廢弛.

45. 孟子曰: "君子之於物也, 愛之而弗仁, 於民也, 仁之而弗親. 親親而仁民, 仁民而
愛物."
｜物, 謂禽獸草木. 愛, 愛物而不妄用也. 弗仁, 則當用而用. 仁民, 用意而施救也. 弗
　親, 則當罰而罰, 至於親親, 則以恩相親, 而不怨不惡. 蓋君子無所不用恩, 而其中
　亦自有輕重厚薄之等也.
右第四十五章
○君子之於天下也, 仁而已矣, 而有義自存于其中, 何者. 愛欲其周, 而分則必有差
等, 愛欲其周者, 仁也, 必有差等者, 義也. 故君子言仁自有義在, 言義自有仁在. 有仁
而無義, 非道也. 有義而無仁, 非德也, 若楊墨之徒是已.

46. 孟子曰: "知者無不知也, 當務之爲急, 仁者無不愛也, 急親賢之爲務.
｜親賢, 謂親戚及賢者也. 無不知無不愛, 指仁知之極而言. 急此二者, 先其大者也.
堯舜之知而不徧物, 急先務也, 堯舜之仁不徧愛人, 急親賢也.
｜擧堯舜之事以證之.
不能三年之喪, 而緦小功之察, 放飯流歠, 而問無齒決, 是之謂不知務."
｜三年之喪, 服之重者也. 緦麻三月, 小功五月, 服之輕者也. 放飯, 大飯. 流歠, 長歠,
　不敬之大者也. 齒決, 齧斷乾肉, 不敬之小者也. 又就禮以喩務小而遺大之弊.
右第四十六章
○夫子嘗曰, 知之爲知之, 不知爲不知, 是知也. 蓋天下之事, 有可得而知者矣, 有不
可得而知者矣, 而其可知者, 亦有緩急先後之別. 故堯舜之知, 不徧物也, 必急其先務
焉. 然則其不可急者, 姑置而不講可知也. 若後世學者, 不唯務知其不可急者, 必欲窮
盡不可得而知者, 格物窮理之學是已, 其乖聖賢之旨甚矣.

盡心章句下 凡三十八章

1. 孟子曰: "不仁哉梁惠王也! 仁者以其所愛及其所不愛, 不仁者以其所不愛及其所

愛."

｜及, 卽達之之意. 所謂老吾老以及人之老, 幼吾幼以及人之幼, 是也.

公孫丑問曰: "何謂也?" "梁惠王以土地之故, 糜爛其民而戰之, 大敗, 將復之, 恐不能勝, 故驅其所愛子弟以殉之, 是之謂以其所不愛, 及其所愛也."

｜梁惠王以下, 孟子答辭也. 糜爛其民, 使之戰鬪, 糜爛其血肉也. 復之, 復戰也. 子, 謂太子申. 言子弟其所最愛, 而民次之, 土地爲輕. 今以土地之故, 而殺其民, 又及其子弟, 不仁者之情狀每如此.

○此言不仁者之失其本心也. 孟子又嘗曰, 不仁而可與言, 則何亡國敗家之有, 可不戒乎.

右第一章

2. 孟子曰: "春秋無義戰. 彼善於此, 則有之矣.

｜春秋之書, 記二百四十四年事, 其戰一無以義動者, 但以彼比此, 則其中或有稍近義者矣.

征者, 上伐下也, 敵國不相征也."

｜征者所以正人也. 諸侯有罪, 則天子討而正之. 春秋之時, 諸侯相征, 所以無義戰也.

右第二章

○春秋聖人之史也. 當時載籍未備, 善惡淑慝, 與時俱沒, 而不傳於後世. 故亂臣賊子, 恣其貪心, 而無所忌憚. 於是孔子因魯史以筆之, 所以暴著善惡淑慝於天下萬世也. 孟子就征伐一事, 以明當時諸侯, 蔑如王法, 自相征誅, 皆先王之罪人也. 卽孔子作春秋之意.

3. 孟子曰: "盡信書, 則不如無書.

｜言讀書者, 當論其合道與否, 若不然, 而盡信書以爲證, 則或致害道, 不如無書之爲愈也.

吾於武成, 取二三策而已矣.

｜武成, 周書篇名. 策, 竹簡也. 言武成篇其言誇大, 多不可信, 可取者僅二三策而已. 孟子蓋擧此一篇, 以例其餘也.

仁人無敵於天下, 以至仁伐至不仁, 而何其血之流杵也?"

｜杵, 春杵也, 或作鹵, 楯也. 古武成有血流漂杵之言, 蓋誇武王殺敵之多也. 孟子言仁者無敵, 何有如此之事, 此不可信者. ○按今古文書武成篇云, 前徒倒戈攻于後以北, 血流漂杵. 此因孟子之言, 遷就其文, 爲紂之徒自相殺之詞. 若如其說, 則孟子何以特擧之爲不可信之證乎. 古文書假託可疑, 此類可見矣.

○此據武王之事, 以明王者之師, 本不待戰. 因上章而類記之, 下章倣此.

右第三章

○夫書所以明道也. 然非識道者, 亦不能讀書. 孟子所引武成, 當時眞書也. 然纔取其二三策而已. 況今之古文書, 及晉隋之間, 而始顯於世, 則其假託僞撰之可疑, 何可盡信哉. 及左氏公穀戴記等書, 亦皆成於秦漢諸儒之手, 不可必據信焉. 蓋天下之書, 眞者少, 而僞者多. 故務黜其僞, 而後眞者顯焉. 若不辨眞僞, 而雜取旁引, 以成其說, 則僞者勝, 而眞者負, 貽害斯道, 不可勝言. 故知道者, 不患其寡, 而患其不眞. 不知者反之, 不可不審擇焉.

4. 孟子曰: "有人曰, '我善爲陳, 我善爲戰.' 大罪也.

│制行伍曰陳, 交兵曰戰, 戰陳殺人之道也. 其自言善之者, 先王之大罪人也.

國君好仁, 天下無敵焉. 南面而征, 北狄怨, 東面而征, 西夷怨, 曰, '奚爲後我?'

│引湯之事, 以明仁者無敵, 而不必戰也.

武王之伐殷也, 革車三百兩, 虎賁三千人. 王曰, '無畏! 寧爾也, 非敵百姓也.' 若崩厥角稽首.

│又引武王之事, 而言亦不假兵威, 而天下自服也. 革車, 兵車. 三百兩, 三百乘也. 虎賁, 兵士, 言猛如虎也. 武王謂殷人曰, 無畏我也, 我來罰紂. 本爲安寧汝, 非敵殷之百姓也. 於是殷人稽首至地, 如角之崩也.

征之爲言正也, 各欲正己也, 焉用戰."

│言暴國之民, 皆欲仁者來征己國. 如此則不待殺人, 而敵國自服也.

右第四章

○此章戒當時以善兵自負者, 因明湯武之戰, 自不假兵威也. 蓋王者之戰, 非不用兵, 所謂周司馬法是也. 然秦楚之輕剽, 不能當齊晉之節制, 齊晉之節制, 不能當湯武之仁義. 故湯武之兵, 皆以德勝, 以不至於殺人之甚也. 然而嘉穀之不熟, 不如荑稗. 故爲仁亦必在乎熟之而已耳.

5. 孟子曰: "梓匠輪輿能與人規矩, 不能使人巧."

│尹氏曰: 規矩, 法度, 可告者也. 巧則在其人, 雖大匠亦末如之何也已.

右第五章

○此章戒學者徒執法度, 而不能神而明之者. 蓋法度之可告者, 師能傳之于弟子, 而至其巧則存于人. 故能得其分數, 而多失其竗, 爲學者可不深思熟講, 自盡其心哉.

6. 孟子曰: "舜之飯糗茹草也, 若將終身焉, 及其爲天子也, 被袗衣, 鼓琴, 二女果, 若固有之."

│飯, 食也. 糗, 乾糒也. 茹, 亦食也. 袗, 畫衣也. 二女, 堯二女也. 果, 女侍也. 言舜之德廣大周遍, 不以貧賤而損, 不以富貴而加. 故其爲匹夫, 若不復知有當貴者, 及立爲天子, 則猶身生於王家, 自無卑賤之態, 其德之大, 爲如何哉.

右第六章

○飯糗茹草, 若將終身, 安命所値也. 袗衣鼓琴, 二女果, 若固有之, 不爲利動也. 安命所値者, 智之至也, 不爲利動者, 仁之盛也. 子貢稱夫子曰, 仁且智, 夫子旣聖矣. 子貢之所以稱夫子, 卽舜之所以爲聖也. 學者徒知智之名, 而不知智之所以爲智, 知仁之名, 而不知仁之所以爲仁, 可乎哉.

7. 孟子曰: "吾今而後知殺人親之重也. 殺人之父, 人亦殺其父, 殺人之兄, 人亦殺其
兄. 然則非自殺之也, 一間耳."

│ 朱氏曰: 言吾今而後知者, 必有所爲而感發也. 一間者, 我往彼來, 間一人耳, 其實
　與自害其親無異.

右第七章

○此章專戒不仁之禍也. 若齊宣王伐燕, 殺其父兄, 係累其子弟, 非惟燕人畔之, 卒至
於動天下之兵, 其禍之所及, 殆不可救. 孟子之言, 亦明鑒哉.

8. 孟子曰: "古之爲關也, 將以禦暴, 今之爲關也, 將以爲暴."

│ 古之爲關, 以譏察非常, 今之爲關, 以征稅出入. 孟子姑擧一事, 以歎世風之日渝.

右第八章

○范氏曰: 古之耕者什一, 後世或收大半之稅. 此以賦斂爲暴也. 文王之囿, 與民同
之, 齊宣王之囿, 爲阱國中. 此以園囿爲暴也. 後世爲暴, 不止於關. 若使孟子用於諸
侯, 必行文王之政, 凡此之類, 皆不終日而改也.

9. 孟子曰: "身不行道, 不行於妻子, 使人不以道, 不能行於妻子."

│ 身不行道, 觀化之原塞矣. 使人不以道, 心服之途梗矣. 雖妻子不能使之從焉, 況
　他人乎.

右第九章

○聖賢之言, 皆先其本而後其末. 能治其本, 則其末自從. 身者服人之本也, 其身不
正, 則妻子至近, 猶不能服, 況其遠者乎. 孟子之言, 蓋正其本也.

10. 孟子曰: "周于利者, 凶年不能殺, 周于德者, 邪世不能亂."

│ 周, 足也. 言人處邪世, 則多易失其守. 足于德者則不然.

○德以仁成, 仁以誠至. 周于德者, 卽謂仁者也.

右第十章

11. 孟子曰: "好名之人, 能讓千乘之國, 苟非其人, 簞食豆羹見於色."

│ 言好名之人, 能讓千乘之國. 然苟無其德, 則於得失之小者, 反不免露其眞情也.

○此亦美實德之不可及也.

右第十一章

12. 孟子曰: "不信仁賢, 則國空虛,

│ 國以人爲體, 故不信仁賢, 則國猶無人.

無禮義, 則上下亂,

│ 上好禮義, 則民敬而自服, 故無禮義, 則上下失序.

無政事, 則財用不足."

│ 用之無度, 則財竭國弊.

右第十二章

○此章實治國之龜鏡, 當作一部經濟之典看. 學者熟讀翫味之可矣. ○張氏曰: 信仁賢, 則君有所輔, 民有所庇, 社稷有所託, 奸宄有所憚, 國本植立而堅固矣. 有禮義, 則自身以及國, 君君臣臣, 父父子子, 而上下序, 所謂治也. 有政事, 則先後綱目, 粲然具擧, 百姓足而君無不足焉. 此三者, 爲國之大要. 然信仁賢其本也.

13. 孟子曰: "不仁而得國者, 有之矣, 不仁而得天下, 未之有也."

|得者, 不求而自得之辭. 得乎天子爲諸侯. 故不仁而或得國. 得乎丘民爲天子. 故不仁則不能得天下.

右第十三章

○天下大物也, 非國之可比. 故可得之而不可取之也. 得云者, 無利天下之心, 而天下自歸之. 若唐虞三代是也. 故其於天下也, 傳之子孫, 奕世無替. 取云者, 兵爭簒弑, 奪人之有而取之. 若秦魏晉脩及五代是也. 故其於天下也, 常恐爲人所奪, 而亂亡相尋, 不滅不已, 豈可謂得哉. 治亂安危之機, 不亦彰然著明乎.

14. 孟子曰: "民爲貴, 社稷次之, 君爲輕.

|朱氏曰: 社, 土神. 稷, 穀神. 建國則立壇壝以祀之. 蓋國以民爲本, 社稷亦爲民而立, 而君之尊, 又係於二者之存亡. 故其輕重如此.

是故得乎丘民而爲天子, 得乎天子爲諸侯, 得乎諸侯爲大夫.

|十六井曰丘, 丘民, 田野之民也. 爲丘民所得而爲天子, 則民爲貴之實可見矣.

諸侯危社稷, 則變置.

|諸侯爲社稷而立. 若諸侯無道, 而危及社稷, 則更立賢君. 是君輕於社稷也.

犧牲旣成, 粢盛旣絜, 祭祀以時, 然而旱乾水溢, 則變置社稷."

|社稷爲民而建. 若祭祀不失禮, 而土穀之神, 不能爲民禦災捍患, 則毀其壇壝而更置之. 是社稷輕於民也.

右第十四章

○輔氏廣曰: 天生民, 而立之君以司牧之, 是君爲民而立也. 世衰道微, 至戰國時, 爲君者不知其職, 視民如草芥, 而不知恤也. 故孟子發此輕重之論, 而幷及夫社稷焉. 蓋社稷亦爲民立故也. 於是反復明辨之, 其丁寧警切之意, 可謂仁矣. ○民爲重, 君爲輕, 知王者之心, 而後可爲此論. 朱氏曰, 以理言之則民貴, 以分言之則君貴. 蓋不然也. 君貴民輕, 天之所叙, 雖以理言之, 然民未必重於君. 惟王者之心, 以民爲天, 而不以崇高爲樂, 凡其所行, 一無非爲民. 故知王者之心, 而後可爲此論也.

15. 孟子曰: "聖人, 百世之師也, 伯夷柳下惠是也. 故聞伯夷之風者, 頑夫廉, 懦夫有立志, 聞柳下惠之風者, 薄夫敦, 鄙夫寬. 奮乎百世之上, 百世之下, 聞者莫不興起也. 非聖人而能若是乎. 而況於親炙之者乎."

|興起, 感動奮發也. 親炙, 親近而薰炙之也.

右第十五章

○此章贊聖人爲百世之師, 而以伯夷柳下惠證之. 若孔子之聖, 渾然純粹, 道大德宏, 無迹可見. 譬猶人在於天地之間, 而不知天地之大. 所謂聖而不可知之之謂神者也. 如伯夷之淸, 柳下惠之和, 其迹易見, 其風易感. 故孟子每互舉而論之, 亦欲學者合二子之長而一之也. 卽集大成之意.

16. 孟子曰: "仁者人也. 合而言之道也."

│仁者, 人之所以爲人之理也. 然分而言之, 仁者天下之德, 而人自人焉耳. 故言仁而不言人, 則無以見道. 言人而不言仁, 則無以明道, 必合仁與人, 而後可以謂之道矣.

右第十六章

○仁者天下之達德, 而人性本善, 以性之善求仁, 猶硝之於火, 樹之於土, 彼此相須, 以成其用. 故曰合而言之道也. 若惻隱之心仁也, 及仁義禮智我固有之等語, 皆合仁與人而言之者也. 學者審諸.

17. 孟子曰: "孔子之去魯, 曰, '遲遲吾行也', 去父母國之道也. 去齊, 接淅而行, 去他國之道也."

○重出. 凡聖人之一言一動, 皆萬世之典刑, 不可以其屢見而忽諸.

右第十七章

18. 孟子曰: "君子之戹於陳蔡之間, 無上下之交也."

│言聖人之盛德, 本非違世戾俗, 以自取戹. 但陳蔡君臣皆惡, 無所共交而已.

右第十八章

○按史記孔子將適楚, 陳蔡大夫懼, 而發徒圍之. 然據此章觀之, 蓋陳蔡君臣, 無智暴慢, 嫉夫子禮容之盛而爲之而已. 但以旅人待之, 而初非識孔子而圍之也.

19. 貉稽曰: "稽大不理於口."

│趙氏曰: 貉, 姓, 稽, 名. 爲衆口所訕. 理, 賴也.

孟子曰: "無傷也. 士憎玆多口.

│陳氏櫟曰: 爲士者, 往往見憎於此多口, 如語之屢憎於人.

詩云, '憂心悄悄, 慍于羣小.' 孔子也. '肆不殄厥慍, 亦不隕厥問.' 文王也."

│詩, 邶風柏舟, 及大雅緜之篇也. 悄悄, 憂貌. 慍, 怒也. 隕, 墜也. 問, 聲問也. 言雖不能殄絶其慍怒, 亦不自隕其聲問之美. 蓋君子當以道之不明, 德之不修爲憂. 若夫訕謗之自外至者, 雖聖人所不免, 學者豈可以此芥蔕於其懷乎哉.

右第十九章

○柏舟之詩, 本言衛之仁人見怒於羣小, 緜之詩, 本言太王之事昆夷. 孟子直以爲文王孔子之事, 蓋引詩之活法也.

20. 孟子曰: "賢者以其昭昭, 使人昭昭, 今以其昏昏, 使人昭昭."

｜昭昭, 明也. 昏昏, 闇也. 古之賢者, 無乎己而非乎人, 故人自從. 今也不先修其身, 而必責於人, 豈能化人乎.

右第二十章

○唯賢者爲能敎人, 唯智者爲能治人. 皆始於自正其身, 未有不自正其身, 而能敎人治人者也. 此必然之理也.

21. 孟子謂高子曰: “山徑之蹊間, 介然用之而成路, 爲間不用, 則茅塞之矣. 今茅塞子之心矣.”

｜徑, 小路也. 蹊, 人行處也. 介然, 分別之意. 用, 由也. 路, 大路也. 爲間, 有間也. 茅塞, 茅草生而塞之也. 孟子戒高子而言, 凡爲學者常用其心, 無有間斷, 則是非分明, 必有所進. 不然, 則理義之心, 昏塞不通. 今子之病, 正坐此耳.

右第二十一章

○學者之於業也, 從事於學問, 則其智開發, 日就高明. 苟就陋因簡, 不用其心, 則其智敝蒙, 日就昏塞, 必也至於回護遷就, 不肯辨別. 張子曰, 心中有所開, 卽便箚記, 不思則還塞之矣. 可不戒哉.

22. 高子曰: “禹之聲尙文王之聲.”

｜尙, 加尙也. 言禹之樂過於文王之樂.

孟子曰: “何以言之.” 曰: “以追蠡.”

｜豐氏稷曰: 追, 鐘紐也. 周禮所謂旋蟲是也. 蠡者, 齧木蟲也. 言禹時鐘在者, 鐘紐如蟲齧而欲絶, 蓋用之者多, 而文王之鐘不然. 是以知禹之樂過於文王之樂也. 焦氏竑曰: 追, 猶槌也. 高子以禹之樂用之者多, 故凡槌擊之處, 率皆摧殘欲絶, 有如蠡齧之形. 二說未知孰是, 姑倂序焉.

曰: “是奚足哉? 城門之軌, 兩馬之力與.”

｜豐氏曰: 奚足, 言此何足以知之也. 軌, 車轍跡也. 兩馬, 一車所駕也. 城中之途容九軌, 車可散行. 故其轍跡淺, 城門惟容一車, 車皆由之. 故其轍跡深. 蓋日久車多所致, 非一車兩馬之力, 能使之然也. 言禹在文王前千餘年, 故鐘久而紐絶, 文王之鐘, 則未久而紐全, 不可以此而議優劣也.

○此蓋門人錄之, 以證上章茅塞之言, 猶論語記雍也可使南面之語, 而次引仲弓問子桑伯子之言而證之也.

右第二十二章

23. 齊饑. 陳臻曰: “國人皆以夫子將復爲發棠, 殆不可復.”

｜棠, 齊邑也. 先時齊國嘗饑, 孟子勸王發棠邑之倉, 以賑貧窮. 至此又饑, 陳臻問言, 齊人望孟子復勸王發棠, 而又自言恐其不可也.

孟子曰: “是爲馮婦也. 晉人有馮婦者, 善搏虎, 卒爲善,

｜句

士則之.

｜句

野有衆逐虎, 虎負嵎, 莫之敢攖. 望見馮婦, 趨而迎之, 馮婦攘臂下車. 衆皆悅之, 其爲士者笑之."

｜手執曰搏. 則, 法也. 婦勉爲善, 爲士之所則也. 負, 依也. 山曲曰嵎. 攖, 觸也. 笑之, 笑其不知止而復爲之也. 朱氏曰: 疑此時齊王已不能用孟子, 而孟子亦將去矣. 故其言如此.

右第二十三章

○陳氏櫟曰: 勸王發倉賑饑, 仁也. 知其不可言而不言, 智也.

24. 孟子曰: "口之於味也, 目之於色也, 耳之於聲也, 鼻之於臭也, 四肢於安佚也, 性也, 有命焉, 君子不謂性也.

｜五者之欲, 性也. 然貧富有命, 不能皆如其所欲. 故君子不以此五者爲性而從之, 必安於所值, 而不妄求之也.

仁之於父子也, 義之於君臣也, 禮之於賓主也, 智之於賢者也, 聖人之於天道也, 命也, 有性焉, 君子不謂命也."

｜言仁之於父子當相愛, 義之於君臣當相得, 禮之於賓主當相答, 智之於賢者當相知, 聖人之於天道當相合, 而或不然者皆命也. 然己性之善, 可學而盡之矣. 故君子不以此五者委之於命, 而必盡其在我者, 以冀其感動之也. 延平李氏曰: 世之人, 以前五者爲性, 雖有不得, 而必欲求之, 以後五者爲命, 一有不至, 則不復致力. 故孟子各就其重處言之, 以伸此而抑彼也.

右第二十四章

○先儒說性命, 各有理氣之別, 解此章則謂性命二者, 前後錯綜. 皆以理御氣, 殊不知聖賢說性說命, 皆就氣爲言, 而未嘗涉理, 如此章最其章章者也. 蓋耳目口鼻之欲, 與生俱生, 固是性也, 而其可以爲善, 亦以性之善故也. 貧富貴賤之分, 所禀不同, 固是命也, 而人倫之間, 或正或變, 亦命之所值也. 然君子於聲色臭味之欲, 則不以爲性, 制之以命. 人倫之變, 則不以爲命, 務盡其性, 其伸此而抑彼, 皆莫非所以脩身也.

25. 浩生不害問曰: "樂正子何人也?"

｜趙氏曰: 浩生, 姓, 不害, 名, 齊人也.

孟子曰: "善人也, 信人也." "何謂善? 何謂信?" 曰: "可欲之謂善,

｜天下之理, 善者人必慕之, 惡者人必惡之. 其爲人也, 善則非惟君子欲之而已, 雖小人亦必善之. 故謂之善人也.

有諸己之謂信,

｜凡所謂善, 身實有之, 猶四體之有於其身, 不可得而離. 故謂之信人也.

充實之謂美,

｜美者, 善之實乎中也. 言善充滿于其身, 而清和純懿, 無不善之雜.

充實而有光輝之謂大,

｜大者, 實乎中而著於外也. 言其善充實不已, 光輝發於外, 則自然有接于人而不可

禦者矣.

大而化之之謂聖,

｜聖者, 德造其極之名. 言善極其大, 而人自化之, 則非德造其極, 確乎不可拔者不能, 如聞伯夷柳下惠之風者, 百世之下, 莫不興起, 是也.

聖而不可知之之謂神.

｜神者, 聖而又不可測識之謂. 言過化存神之妙, 有非人之思智所能測者矣, 如堯舜孔子, 是也.

樂正子, 二之中, 四之下也."

｜明樂正子雖在二者之間, 其可企望之地, 猶多有也.

○此孟子因論樂正子, 推至於美大聖神之極. 蓋明雖聖而不可知之神, 亦在因吾性之善而充大之也.

右第二十五章

○此章蓋孟子就樂正子中年所造而言之. 觀曰其爲人也好善, 則知後來所進, 自美而至大, 必不止於二之中矣. ○程子曰: 士之所難者, 在有諸己而已, 能有諸己, 則居之安, 資之深, 而美且大可以馴致矣.

26. 孟子曰: "逃墨必歸於楊, 逃楊必歸於儒. 歸斯受之而已矣.

｜當時墨敎特盛, 而楊氏甚微. 故旣知墨之非, 則雖歸于楊, 亦不自安, 必來歸于我. 蓋當時儒者, 有惡其嘗陷於邪說, 拒而不受者. 故曰歸斯受之而已矣.

今之與楊墨辯者, 如追放豚, 旣入其苙, 又從而招之."

｜苙, 闌也. 招, 罥也, 羈其足也. 言君子之於人, 往者不追, 來者不拒, 苟以是心至, 斯受之而已矣. 今之與楊墨辯者, 若追求放豚, 旣入其苙, 則斯已, 又恐其放逸, 而拘留羈絆之, 其立心甚隘, 設道甚狹, 何以得與天下共由大中至正之道哉.

右第二十六章

○君子之於異端, 務明其道, 而不强彼之歸于我. 惟從彼自知其非, 而歸於我而已. 苟不知此, 而强欲辯之, 則非惟不能使彼歸於我, 且天下之異端, 亦不堪其多, 奈何得盡收拾之, 以入於我道耶.

27. 孟子曰: "有布縷之征, 粟米之征, 力役之征. 君子用其一, 緩其二. 用其二而民有殍, 用其三而父子離."

｜用者, 謂用之於己. 緩者, 存其餘而不取盈之謂. 征賦之法, 上取之有定制, 下供之有常數. 然至於用之, 則當存寬恤於其間, 否則傷民損財, 必至於父子離散, 國之亡無日矣.

右第二十七章

○舊註以爲布縷取之於夏, 粟米取之於秋, 力役取之於冬, 當各以其時, 若幷取之, 則民力有所不堪矣. 非也. 布縷成乎夏, 粟米成乎秋, 力役固可通四時. 然古者作土功, 必在乎冬, 蓋於農隙也. 然則三者用各有其時, 固不可先而取之, 亦可後而取之哉. 可謂謬矣.

28. 孟子曰: "諸侯之寶三, 土地, 人民, 政事. 寶珠玉者, 殃必及身."

｜言土地産物, 人民養物, 政事理財, 皆有生殖之道. 能重此三者, 而盡心殫慮, 不使
　其傷損破壞, 則身安國豐, 長享其福, 寶珠玉者反之.

右第二十八章

29. 盆成括仕於齊, 孟子曰: "死矣盆成括!" 盆成括見殺. 門人問曰: "夫子何以知其將
見殺?" 曰: "其爲人也, 小有才, 未聞君子之大道也, 則足以殺其軀而已矣."

｜盆成, 姓, 括, 名也. 意括之爲人, 恃才傲狠, 無忠厚之意. 故孟子知其必見殺也.

右第二十九章

○孟子謂君子之大道, 而未斥言如何爲大道. 蓋君子以忠愛存心, 以遜讓接物, 心和
氣平, 無行而不得. 故曰, 君子所以異於人者, 以其存心也, 君子以仁存心, 以禮存心.
又曰, 行有不得者, 皆反求諸己, 其身正而天下歸之. 詩云, 永言配命, 自求多福. 斯謂
之大道也. 若夫小有才, 而未聞君子之大道, 則必誇己以狹人, 便己而害人, 唯利是
務, 無忠愛遜讓之心, 其見殺也宜矣. ○徐氏曰: 君子道其常而已, 括有死之道焉. 設
使幸而獲免, 孟子之言猶信也.

30. 孟子之滕, 館於上宮.

｜館, 舍也. 上宮, 別宮也.

有業屨於牖上, 館人求之弗得. 或問之曰: "若是乎從者之廋也."

｜業屨, 織之有次業而未成者, 館人置之牖上而失之也. 廋, 匿也. 或人問於孟子云,
　子之從者, 乃匿人之物如此乎.

曰: "子以是爲竊屨來與?"

｜孟子言子以是從者爲竊屨來邪.

曰: "殆非也. 夫子之設科也, 往者不追, 來者不拒. 苟以是心至, 斯受之而已矣."

｜夫子舊作夫予. 趙註亦作予解之, 朱氏改作夫子. 今詳文勢, 朱氏爲是. 故今從之.
　或人自悟其非而謝之, 又因言夫子設置科條, 以待學者也, 其去者不追還, 來者不
　拒逆. 苟以向道之心來, 則受之耳. 蓋言聖賢道宏如此, 門人以其言合於聖賢之道.
　故記之也.

右第三十章

○此章見聖賢待人之廣, 猶天地之大, 萬物自生死榮枯於其中, 而生生之理, 無所不
至也. ○輔氏廣曰: 近世好議論者, 往往以學者之失, 而議先生長者, 是其識量又不
逮於當時織屨者矣. 苟以是心至斯受之者, 與人爲善之公也. 至於孺悲欲見, 則辭以
疾, 滕更在門, 則不見答, 是又義之所當然也. 然敎亦固在其中矣.

31. 孟子曰: "人皆有所不忍, 達之於其所忍, 仁也, 人皆有所不爲, 達之於其所爲, 義
也.

｜有所不忍, 惻隱之心也. 有所不爲, 羞惡之心也. 達者, 擴充之意, 卽上文所謂仁者
　以其所愛, 及其所不愛. 是也. 言擴充此心, 而無所不至, 是爲仁義也.

○此當與前篇四端章參看. 蓋所不忍所不爲者, 卽惻隱羞惡之心也. 達之於其所忍所爲, 卽擴充之事, 而仁義其所擴充者也. 此孟子論仁義之本旨. 凡讀孟子者, 當依此意解之, 則義理順妥, 自不至失本旨之甚矣. 宋儒解端字爲端緒之義, 其謬於是益可見矣.

人能充無欲害人之心, 而仁不可勝用也, 人能充無穿窬之心, 而義不可勝用也.

｜無欲害人之心, 卽有所不忍也. 穿, 穿穴, 窬, 踰牆, 皆爲盜之事. 無穿窬之心, 卽有所不爲也. 充, 充大之而無所不達也. 言人皆有斯心, 充之則事皆莫不仁義矣.

人能充無受爾汝之實, 無所往而不爲義也.

｜特擧義之一端而言之. 爾汝, 輕賤之稱. 無受爾汝之實, 不肯受辱之心, 卽羞惡之心也. 苟充斯心, 則事皆合義矣.

士未可以言而言, 是以言餂之也, 可以言而不言, 是以不言餂之也. 是皆穿踰之類也."

｜因上文穿窬之義, 斥當時辯士以術致人之罪. 餂, 探取之也. 未可以言而言, 與可而言而不言, 皆有意探取於人而爲之者. 故曰穿窬之類也.

右第三十一章

○此章前竝論仁義, 而後特論義者, 蓋仁之於人雖大, 而義理之間, 最人之所易致失. 故特致其詳也.

32. 孟子曰: "言近而指遠者, 善言也, 守約而施博者, 善道也.

｜言以近爲至, 然指不遠, 則淺露無味. 故言近而指遠者爲善言. 守以約爲要, 然施不博, 則泥而不行. 故守約而施博者爲善道.

君子之言也, 不下帶而道存焉, 君子之守修其身, 而天下平.

｜古人視不下於帶, 則帶之上, 乃目前常見之處. 不下帶, 言其近也. 申上文之意而言, 君子之言, 皆在於日用常行之間, 而天下之理盡矣. 所守者在於其身, 而天下自平矣. 言甚易簡而不勞攘也.

人病舍其田而芸人之田. 所求於人者重, 而所以自任輕."

｜言不脩其身, 而求于人之病.

○此又言道在邇而求諸遠, 事在易而求諸難之意. 學者能於此等語有得焉, 其於孔孟之旨, 瞭然無疑矣.

右第三十二章

33. 孟子曰: "堯舜, 性者也, 湯武, 反之也.

｜性者, 不待勉强, 而從容中道也. 反, 猶反躬之反, 謂反之於己, 而後能得也.

動容周旋中禮者, 盛德之至也.

｜動容周旋中禮, 卽從容不迫之謂. 人視之以爲非難事, 故曰盛德之至也.

哭死而哀, 非爲生者也. 經德不回, 非以干祿也. 言語必信, 非以正行也.

｜經, 常也. 回, 曲也. 言聖人之德, 自然而然, 本非有所爲也.

君子行法以俟命而已矣."

︱君子, 泛指學者而言. 法者, 事之所當然. 言堯舜之事, 雖非有甚高難行之事. 然亦不可以力而至也. 君子唯當行其所當行, 而不可計吉凶禍福. 若有計之之念, 則非自然之道也.

○此言堯舜之德, 本出於生知, 而湯武之行, 能造其極. 總論聖人之道, 本皆自然, 而非有所爲, 欲學者之有所法也.

右第三十三章

34. 孟子曰: "說大人, 則藐之, 勿視其巍巍然.

︱趙氏曰: 大人, 當時尊貴者也. 藐, 輕之也. 巍巍, 富貴高顯之貌. 藐焉而不畏之, 則志意舒展, 言語得盡也.

堂高數仞, 榱題數尺, 我得志, 弗爲也. 食前方丈, 侍妾數百人, 我得志, 弗爲也. 般樂飲酒, 驅騁田獵, 後車千乘, 我得志, 弗爲也.

︱趙氏曰: 榱題, 屋霤也. 按榱, 椽也. 題, 頭也. 屋上四角當椽頭, 作屋霤以承水, 其大數尺也. 食前方丈, 饌食列於前者, 方一丈也. 此所謂巍巍然者也.

在彼者, 皆我所不爲也, 在我者, 皆古之制也, 吾何畏彼哉?"

︱我, 泛斥學者而言, 非孟子自我之也. 言彼宮室飲食之奉, 車與僕從之盛, 皆世俗之所好, 而在我者, 則古聖賢之制法, 道之所在也. 吾何畏彼巍巍然哉. 亦彼以其富, 我以吾仁之意.

○此爲當世之士, 以道殉人, 內無所守者. 故特言此以欲使其志意舒展, 無所愧懼, 而得盡其所言也. 若夫君子以禮存心, 無所不用其敬, 豈於大人而藐之哉. 孟子嘗曰, 我非堯舜之道, 不敢以陳於王前. 故齊人莫如我敬王也. 孟子之敬君, 與世之以趨走承順爲敬者異矣.

右第三十四章

35. 孟子曰: "養心莫善於寡欲. 其爲人也寡欲, 雖有不存焉者, 寡矣, 其爲人也多欲, 雖有存焉者, 寡矣."

︱欲者, 謂耳目口鼻之欲. 蓋心爲大體, 耳目口鼻爲小體, 從其小體, 則必害大體, 而失仁義之良心. 故養心莫善於寡欲也.

右第三十五章

○耳目口鼻之欲, 與生俱生, 皆天之所與我者, 而人之性也. 故聖人不甚惡之. 但在以義與道裁之焉耳. 所以孟子曰寡欲, 而未嘗曰無欲. 蓋寡其欲焉, 則視聽動作, 能合其節, 而仁義之良, 亦得其養焉. 若欲無之, 則廢人倫, 絶恩義, 倂其良心, 斲喪漸滅, 不至槁木其形, 死灰其心則不已, 而先儒有無欲主靜之說, 曰寡之又寡, 以至於無, 與孟子之意, 殆有霄壤之異矣. 又曰: 孟子嘗曰, 先立其大者, 則其小者不得奪. 此曰養心莫善於寡欲, 其旨不同者何哉. 蓋先立其大者, 就其本而言, 存心之謂也. 莫善於寡欲, 就其養而言, 養心之謂也. 耳目口鼻之欲寡, 則大體亦爲之存. 存者, 植立安固之謂. 養者, 栽培保護之謂. 有緩急本末之異. 故孟子語存心, 必以仁義爲主. 語養心, 必以寡欲爲要. 此其所以有別也.

36. 曾晳嗜羊棗, 而曾子不忍食羊棗.

ㅣ羊棗, 棗名. 曾子以父嗜之故, 父沒之後, 食必思親, 不忍食也.

公孫丑問曰: "膾炙與羊棗孰美?" 孟子曰: "膾炙哉!" 公孫丑曰: "然則曾子何爲食膾炙而不食羊棗?" 曰: "膾炙所同也, 羊棗所獨也. 諱名不諱姓, 姓所同也, 名所獨也."

ㅣ肉聶而切之爲膾. 炙, 炙肉也.

右第三十六章

○當時學者, 多以聖賢出處行事爲問, 蓋重之也. 故孟子爲之解紛辨惑, 詳悉事理以告之. 關涉甚大, 不可不察.

37. 萬章問曰: "孔子在陳曰, '盍歸乎來! 吾黨之小子狂簡, 進取, 不忘其初.' 孔子在陳, 何思魯之狂士?"

ㅣ朱氏曰: 狂簡, 謂志大而略於事. 進取, 謂求望高遠. 不忘其初, 謂不能改其舊也. 萬章疑魯多賢士, 夫子不思其他, 何獨思狂士乎.

孟子曰: "孔子'不得中道而與之, 必也狂獧乎! 狂者進取, 獧者有所不爲也.' 孔子豈不欲中道哉? 不可必得, 故思其次也."

ㅣ朱氏曰: 不得中道, 至有所不爲, 據論語亦孔子之言. 然則孔子字下, 當有曰字. 論語道作行, 獧作狷. 有所不爲者, 知恥自好, 不爲不善之人也. 孔子豈不欲中道以下. 孟子言也.

"敢問何如斯可謂狂矣?"

ㅣ萬章問.

曰: "如琴張曾晳牧皮者, 孔子之所謂狂矣."

ㅣ琴張, 名牢, 字子張. 曾點言志, 見論語, 可見狂者之態. 牧皮, 未詳.

"何以謂之狂也?"

ㅣ萬章問.

曰: "其志嘐嘐然, 曰, '古之人, 古之人.' 夷考其行, 而不掩焉者也."

ㅣ嘐嘐, 志大言大也. 重言古之人, 見其動輒稱之, 不一稱而已也. 夷, 平也. 掩, 覆也. 言平考其行, 則不能覆其言也.

狂者又不可得, 欲得不屑不潔之士而與之, 是獧也, 是又其次也.

ㅣ屑, 潔也. 狂有志者, 足與進於道也. 獧有守者, 足與有爲也.

○此擧狂獧之行, 以明其雖過中行, 亦皆可以進道而有爲. 故爲聖人之所取也.

孔子曰, '過我門而不入我室, 我不憾焉者, 其惟鄕原乎! 鄕原, 德之賊也.'"

ㅣ朱氏曰: 原, 與愿同, 謂謹愿之人也. 故鄕里所謂原人, 謂之鄕愿. 孔子以其似德而非德, 故以爲德之賊. 過門不入而不恨之, 以其不見親就爲幸, 深惡而痛絶之也.

○此孟子引夫子之言, 而深言鄕原之不可與, 以明其所以必思狂獧之意也.

曰: "何如斯可謂之鄕原矣?"

ㅣ萬章問.

曰: "何以是嘐嘐也, 言不顧行, 行不顧言, 則曰, 古之人, 古之人. 行何爲踽踽凉凉, 生斯世也, 爲斯世也, 善斯可矣.' 閹然媚於世也者, 是鄕原也."

｜踽踽, 獨行不進之貌. 言立己太嚴峻也. 凉凉, 薄也, 不諧世之意也. 朱氏曰: 閹, 如
　奄人之奄, 閉藏之意也. 媚, 求悅也. 孟子欲斷鄉原之無可取, 先舉其言曰, 彼譏狂
　者曰, 何用如此嘐嘐然, 行不掩其言, 而徒每事必稱古人耶. 又譏獧者曰, 何必如
　此踽踽凉凉, 不與俗相諧哉, 人旣生於此世, 則但當爲此世之人, 苟使人皆以爲善
　則可矣. 因斷之曰, 彼深自閉藏, 以求親媚於世, 是鄉原之行也.
○此舉鄉原譏狂獧之言, 以明其爲德之賊也.

萬章曰: "一鄉皆稱原人焉, 無所往而不爲原人, 孔子以爲德之賊, 何哉?"
｜萬章問一鄉之人, 皆以爲謹厚之人, 則固非不善, 孔子何以爲德之賊乎.

曰: "非之無舉也, 刺之無刺也. 同乎流俗, 合乎汙世, 居之似忠信, 行之似廉絜, 衆皆
悅之, 自以爲是, 而不可與入堯舜之道, 故曰德之賊也.
｜槪舉其失曰非, 細數其失曰刺. 言其掩護之工也. 流俗者, 謂風俗頹靡, 如水之流
　而趨下也. 汙, 濁也. 言其巧爲迎合, 以取容於世也. 似忠信廉潔, 言其假善以求免
　非刺於世也. 蓋其制行衆人所悅, 而亦足以沮進道之志. 故曰德之賊也.

孔子曰, 惡似而非者, 惡莠, 恐其亂苗也, 惡佞, 恐其亂義也, 惡利口, 恐其亂信也, 惡
鄭聲, 恐其亂樂也, 惡紫, 恐其亂朱也, 惡鄉原, 恐其亂德也.
｜又引孔子之言, 以明鄉原之害也. 莠, 草之似苗者. 佞, 口才也, 其言似義而非義也.
　利口, 多言而不實者也. 鄭聲, 淫樂也. 樂, 正樂也. 紫, 間色也. 朱, 正色也. 鄉原不狂
　不獧, 其迹有似於中道, 而實非也. 故恐其亂德. 蓋眞是固莫加焉, 眞非亦不能以
　惑人. 惟其似是而非者, 尤易惑人. 故聖人深惡之.

君子反經而已矣. 經正, 則庶民興, 庶民興, 斯無邪慝矣."
｜反, 復也. 經, 常也, 謂萬世不易之常道也. 邪慝, 如鄉原之屬, 是也. 言君子辨異端
　息邪說之術, 反常法而已矣. 常法旣復, 則民志定而邪正分. 故民有興起於善, 而
　邪慝自無所容於其間矣.
○此舉鄉原之行, 且引孔子之言, 以歸其本于反經也. 蓋距邪慝之法, 以言語攻之, 治
　其末者也. 身修倫理, 正其本者也. 君子不治其末而正其本, 故曰反經.

右第三十七章
○尹氏焞曰: 君子取夫狂獧者, 蓋以狂者志大, 而可與進道, 獧者有所不爲, 而可與
　有爲也. 所惡於鄉原, 而欲痛絶之者, 爲其似是而非, 惑人之深也. 絶之之術無他焉,
　亦曰反經而已矣.

38. 孟子曰: "由堯舜至於湯, 五百有餘歲, 若禹皐陶, 則見而知之, 若湯, 則聞而知之.
｜知, 謂知其道也.

由湯至於文王, 五百有餘歲, 若伊尹萊朱, 則見而知之, 若文王, 則聞而知之.
｜趙氏曰: 萊朱, 湯賢臣也, 一曰, 仲虺, 是也.

由文王至於孔子, 五百有餘歲, 若太公望散宜生, 則見而知之, 若孔子, 則聞而知之.
｜散, 姓, 宜生, 名, 文王賢臣也. 其自堯舜至於孔子, 必以五百歲言之者, 蓋以其迹論
　之而已. 猶論舜文之事, 而言地之相去也, 千有餘里, 世之相後也, 千有餘歲, 別無
　異義, 後世以數言之者, 非也.

由孔子而來至於今, 百有餘歲, 去聖人之世若此其未遠也, 近聖人之居若此其甚也, 然而無有乎爾, 則亦無有乎爾."

│ 言孔子至今時未遠, 鄒魯相去地亦近, 其宜有見而知之者. 然其無有如此, 則百歲之後, 四方之遠, 其無有亦如此可知矣. 然聞知之妙, 雖隔千歲, 猶一日也, 則焉知後世無聞而知之者乎. 其所以屬望後學之意深矣.

右第三十八章

○此章孟子深望聞知者於千載之後也. 蓋見知之功易, 而聞知之功難. 故見而知之者常多, 而聞而知之者, 則非神會妙契於千歲之下者不能. 所以孟子先曰自堯舜至於湯五百有餘歲, 而後及禹皐陶, 先曰自湯至於文王五百有餘歲, 而後及伊尹萊朱, 先曰自文王至於孔子五百有餘歲, 而後及太公望散宜生, 則其偏重聞知者可知矣. 蓋學者之於道, 雖親遊乎聖人之門, 而接其儀刑, 然非其才, 則不能任其道, 無其志, 則不能得其道. 苟有其才, 亦有其志, 則雖生隔千歲, 地阻千里, 猶相會於一堂, 心心相照, 言言相合, 不止受其耳提面命而已, 聞知之妙, 豈不大哉. 此孟子所以於七篇之末, 反覆詳論, 三致其意也.

옮긴이 해제

이상주의에서 현실주의로
—『논어』의 의소로 읽는 『맹자』

1.

『맹자고의』는『논어고의』와 쌍벽雙璧을 이루는 이토 진사이의 주요 저작이다. 진사이는 이 두 저술을 바탕으로 성리학에 대한 비판을 집약하면서『논어』와『맹자』의 중요 개념어를 설명한『어맹자의』語孟字義를, 만년에는 유학을 총결산하는 뛰어난 개론서『동자문』童子問을 쓰게 된다.『맹자고의』와『논어고의』는 진사이학學의 고갱이에 해당한다고 하겠다.『맹자고의』의 저술 시기는『논어고의』와 마찬가지로 확정할 수 없다. 은둔을 마친 30대 후반부터 저술을 시작해 초고 완성 후에도 계속 수정·가필했기 때문이다. 실제로 진사이는『맹자고의』에서는『논어』를 자주 인용하고『논어고의』에서는 빈번히『맹자』를 가져와서 두 경전을 자유롭게 저술에 끌어들이고 있다.『논어고의』를 완성하고『맹자고의』로 순차적으로 나아간 것이 아니라 두 저술을 하나로 묶어 생각했음을 알 수 있다. 두 책에 저술을 꿰는 한 가지 컨셉이 명확히 존재한다는 사실을 인지할 필요가 있겠다.

『맹자고의』는 1705년 진사이가 세상을 떠난 후 15년이 지난 1720년 (교호享保 5년)에 세상에 나온다. 간행이 늦은 셈인데 1713년에 처음 발간된 『논어고의』에 문제가 있었기 때문에 『맹자고의』는 치밀한 작업을 거쳐서 발행하게 된다. 간행기에, 필사하고 판각할 때마다 매번 8,9회씩 교열·검토하고 서체書體와 구두句讀, 자획字劃에까지 신경을 써서 잘못된 점을 없앴다고 하였다. 제자들이 꼼꼼하게 검토해서 간행했음을 알 수 있다. 제자들이 가지고 있는 필사본도 모두 이 판본을 정본으로 삼아야 한다는 말도 보인다. 후에 다시 간행하는 『논어고의』가 이 판본을 모델로했던 것을 보면 간행기에 보이는 자부심은 빈말이 아니었던 것 같다. 『논어고의』의 간행기와 마찬가지로 조선의 통신사들이 진사이의 책을 원했다는 말을 기록한 것도 흥미로운 점이다.

번역의 저본은 1720년에 간행한 초간본을 영인한 것이다.

2.

진사이는 『맹자』를 "『논어』의 의소義疏"라고 하였데. 『논어』의 의미[義]를 보충설명[疏]한 저작으로 보았다는 말이다. 『맹자』를 『논어』에 대한 주석으로 보는 견해는 특별하지 않다. 맹자를 공자의 충실한 계승자(혹은 적통嫡統)로 보는 견해는 일반적으로 인정되는바, 맹자 자신도 자부하는 사실이었다. 『맹자』에 공자의 언행에 대한 해설이 많은 것도 읽어 본 사람이라면 누구도 부정하지 않는다. 맹자가 『논어』의 한 구절을 해석한 곳도 눈에 띈다. 예컨대 「이루 하」 18장.

서자徐子가 말했다. "공자께서는 자주 물에 대해 말씀하시면서 '물이여,

물이여'라고 하셨는데, 물에서 어떤 의미를 가져오신 겁니까?"

맹자께서 말씀하셨다. "근원이 있는 샘물은 넘실넘실 흘러 밤낮을 쉬지 않고[不舍晝夜] 구덩이를 채운 뒤에 계속 나아가 온 바다에서 넘실거린다. 근본이 있는 것은 이와 같으니 여기서 의미를 가져오셨다. 근본이 없으면 7, 8월 사이에 빗물이 모여 도랑과 물길이 모두 가득 차지만 물이 마르는 것은 서서도 기다릴 수 있을 정도다. 그러므로 군자는 명성이 실제보다 큰 것을 부끄러워한다."

"이 부분은 공자가, '흘러가는 것이 이와 같구나'[逝者如斯夫. 不舍晝夜] (『논어』 「자한」子罕 제16장)라고 한 말을 맹자가 해석한 것"이라고 진사이는 단언한다. "不舍晝夜"라는 말이 일치하기 때문이다. 반론의 여지가 없는 것은 아니지만 널리 인정되는 통설이다. 진사이의 『맹자』 읽기가 『논어』에 충실하다는 사실은 자구 해석에 그치지 않는다. 「고자」 2장 논평부분의 다음 말을 보자.

공자는 "본성은 서로 비슷하다"[性相近](『논어』 「양화」 2장)고 말했는데, 맹자는 선하다고 말한 것은 어째서인가? 물에 맑다 탁하다 달다 쓰다는 구별이 있더라도 아래로 흐르는 것은 똑같다. 인성에 어리석다 총명하다 강하다 약하다는 구별이 있더라도 선하다는 것은 똑같다. 그러므로 어린아이가 우물에 들어가려는 것을 보면 모두 가여워하고 놀라며 측은해하는 마음이 생기며, 아무리 먹을 것을 좋아해도, 야 와서 먹어하며 무례하게 주는 음식은 받지 않고, 아무리 여색을 좋아해도 이웃의 처자를 유혹하지는 않는다. 사람이라면 모두 그렇지 않은 이가 없다.

이 점이 맹자가 인성의 선함을 논한 본래 의도이며 공자의 뜻을 명확히 밝힌 것이다. 모두 기질을 통해 선을 본 것이지 기질을 떠나서 말한 게 아니다.

"성상근"性相近이라는 말에 대해 진사이는 맹자가 한 여러 말을 인용하면서 풀이한 것이다. 수긍할 수 있는 견해다. '의소'義疏라는 말은 이런 방식을 가리킨다고 봐야 할 것이다. 『맹자』와 『논어』의 관계가 이러한데 진사이가 굳이 "『논어』의 의소義疏"라고 강조한 까닭은 무엇인가. 『맹자』를 『논어』의 주석으로 읽는 것이 보통 인정되기는 하지만 좀더 유력한 견해는 『논어』를 계승하되 맹자 자신만의 사상이 있다는 주장이다. 공자가 인仁을 말했지만 맹자는 인의仁義를 말하면서 사상을 확대했고, 사단四端으로 인간의 심성론心性論을 전개했으며, 특히 양지양능良知良能을 제기하고 호연지기浩然之氣를 설명한 것은 누구도 말하지 않은 설說이라는 것이다. 송나라의 성리학자들이 제기한 의견으로 맹자의 독창성을 드러내고 공자와 차별화한 것이다. 『맹자』가 제시한 비전이 송대 성리학 형성에 끼친 영향은 적지 않다. 성리학의 인성론은 인간은 선하다는 명제에서 출발한다. 이 기반을 맹자가 제공한 것이다. 송대에 와서 『맹자』가 사서四書로 숭상된 연유는 주자학의 철학적 토대가 되었기 때문이다. 진사이는 이 점을 명확히 인지하고 있었다. 때문에 '주자학이 된 『맹자』'를 본래의 모습으로 해석하고자 그 모토로서 "『논어』의 의소"라고 한 것이다.

3.
『논어』와 『맹자』를 비교해 읽어 보면 『논어』보다 『맹자』가 수월하게 읽힌다는 인상을 받는다. 『논어』가 함축적인 데 비해 『맹자』는 설명이 많기 때문이다. 『논어』에 논리의 비약과 생략이 많은 데 비해 『맹자』는 논리가 체계적이고 조직적이기 때문이다. 한 사안을 두고 맹자는 반복해 설명하고 다른 측면에서 조명하며 비유로 깨우치고 예를 들어 해명하고 역사의 전례를 가져오기도 하며 어조를 바꿔 감정을 드러내기도 한다. 당대에 맹자의 언설을 들었던 사람들이 느꼈을 법한 반응까지 독자들이 느낄 수 있을 만큼 상세하고 친절하다. 인간의 본성에 대한 견해가 그러하다. 하지만 뒤집어 생각해 보면 맹자의 이러한 설득 방식은 그만큼 맹자의 당혹스러움을 반증한다고 읽을 수도 있다. 맹자가 주장하는 인성의 문제는 맹자 당시 낯선 테마였다. 왜 하필 그 시대에 인성이 중요한 테마가 되었는가 하는 점은 다른 연구 과제이므로 그런 근본적인 문제제기는 일단 놓아두자. 맹자가 사람들에게, 임금에게 인간 본성의 선함을 반복했던 저변에는 이해시키기 어렵다는 경험과 당혹이 있다. 본성의 선함이 정치의 본질과 연결된다는 점이 당시의 위정자들에겐 이상한 접근 방식이었던 것이다. 성선설은 따로 따져 보아야 할 독립된 철학적 테마가 아니라 인간 본질의 문제로서 정치와 연결된다는 지점에 맹자의 탁견이 있다. 진사이는 이 점을 간파한 것이다. 그가 볼 때 인간의 본질과 정치성의 연결은 해명하고 강조해야 할 핵심 주제였다. 하지만 송대 성리학은 인간의 본성 문제에 더 관심을 기울였다. 진사이가 성리학을 비판하는 계기가 여기에서 마련된다. 성리학을 전면적으로 비판하는 관점은 무엇이었을까. 진사이는 그것을 실實이라고 했다. 『논어고의』는 『논어』를 실實의 관점에서 읽고 현실에 도움이 되는 실용을 학문의 중심으로 삼아 자기 사상을 개진한 저작이다(졸문, 『논어고의』 해제 참고). 『맹자』 읽기는 실實의 관점이 더욱 강화된다.

『맹자』란 책은 따져 읽으면 읽을수록 맹자가 구사한 논리가 선명해지기보다는 까다로운 문제를 담고 있음을 알게 된다. 맹자의 논리는 첫인상만큼 체계적이고 조직적이지 않은 것이다. 논리의 비약이 예상보다 심하다. 논리의 비약이라는 표현을 맹자의 논의가 체계적이 아니라는 비판적인 말로 받아들여서는 안 된다. 여기에는 논리로는 감당할 수 없는 심각한 윤리적 딜레마가 담겨 있기 때문이다. 맹자도 자신의 논리적 비약을 충분히 인식하고 있었다. 맹자의 논리는 '유類 논리'라고 명명할 수 있다. 유類(유추類推/유비類比)를 빈번히 사용한다. 유명한 사단장四端章을 보자. 어린아이가 우물에 빠지는 것을 어른이 갑자기 보게 되면 자기도 모르게 측은한 마음이 발휘된다고 맹자는 주장한다. 이어서 말한다.

측은해하는 마음은 인仁의 근본이요, 부끄러워하고 미워하는 마음은 의義의 근본이요, 사양하는 마음은 예禮의 근본이요, 옳고 그름을 아는 마음은 지智의 근본이다. 사람이 이 사단四端을 가진 것은 사지를 가진 것과 같다. (「공손추 상」 6장)

어린아이가 우물에 빠진다는 예로 설득하는 방식은 놀랍다. 맹자는 글자 한 자도 허투루 쓰지 않는다. "갑자기"라는 말을 써서 마음의 준비가 안 된 상태에서 무방비로 일에 맞닥트리는 상황을 보여 준다. 자기도 모르게 순수한 마음이 발휘되는 사태를 적확하게 거론했다. 예시가 얼마나 파워풀한지 아무 이의 없이 설득될 뿐만 아니라 측은지심에서 다른 마음으로 점프하는 것도 눈치 채지 못할 정도다. 냉정하게 보자. 측은지심의 발휘는 어린아이를 보고 일어나는 당연한 반응임에 동의한다. 하지만 수오지심, 사양지심, 시비지심이 측은지심과 동일한가. 측은지심이라는 본능적 반응이 인간 누구나 갖는 마음이라고 인정한다 해도 시비지심의 경우 판단의 영역이라 측은지심과 엄연히 범주가 다르지 않은가. 다른 마음도 마찬가지다. 맹자는 이 차이에 대해 다시 논의하지 않는다. 어린아이의 비유가 통했으므로 한 가지 설명의 성공으로 사단지심은 한 묶음으로 용인되어 통용된다. 맹자는 사단의 존재를 한 세트로 확신하고 있었으므로 하나만 충분히 설명하면 나머지는 이러한 설명을 통해 유추해서 알 수 있다고 생각한 것이다. 이를 "유"類라고 불렀고, "유를 안다"[知類]는 말은 맹자를 이해하는 중요한 키워드가 된다. 사단을 유 논리로 설명하고 바로 뒤에 또 사단을 사지四肢와 같다고 재차 같은 맥락에서 유 논리를 구사한다. 이런 식의 문제제기에는, 이미 사단을 한 세트로 전제했으므로 전제 가운데 하나만 선택적으로 수용할 수는 없다는 맹자에 대한 옹호가 가능할 것이다. 마음의 기능을 폭넓게 인정한다면 맹자의 논리를 범주라는 잣대로 나눠 볼 필요가 없다는 옹호 역시 가능하다. 맹자가 말하고자 하는 바는 인간의 본능이 아니므로 마음이 가진 좋은 기능을 발휘하게 만들려는 의도를 감안해야 한다는 말이겠다. 또 현대의 눈으로 혹은 서구의 논리로 판단할 문제는 아니라는 뜻이기도 하겠다. 인정할 수 있는 반론들이다. 그렇다고 맹자의 비약을 용인할 수 있는가는 분명 따져 볼 문제이다. 이 속에는 근본적인 윤리적 문제가 잠겨 있다. 우물에 빠지는 어린아이를 보고 누구에게나 측은지심이 일어나겠지만 상황이 종료되고 나면 측은지심은 어떻게 될까. 사라질까, 아니면 계속 남아서 사람을 변화시킬까. 선한 마음은 계기만 주어지면 쉽게 일어나는 것도 사실이지만 닥친 상황이 변하면 쉽게 사라지는 것도 사실이다. 선을 행하려는 마음을 누구나 지니고 있는 것도 사실이지만 여러 상황 때문에 제대로 발휘하지 못하는 것 또한 사실이다. 발휘되어야 할 선심善心이 현실적인 여러 제약 때문에 막히고 가려진다. 순자荀子는 선심을 가로막는 인간 마음의 움직임에 더 주목한 사람이다. 맹자는 인간은 본래 선하다고 했지만 순자는 선한 사실을 부정한 것이 아니라 선함을 가로막는 근본적인 인간의 마음 상태에 더 주의를 기울였고 이 사고가 결국 성악설性惡說이라는 주장으로 귀결된다. 맹자의 논의는 잘못된 것이 아니라 현실보다 이상 쪽에 더 무게를 두고 있는 것 같다. 맹자도 이런 선한 마음의 취약성을 잘 알고 있었다. 우산牛山장의 비유는 그 점을 지적한 것이다. 마음을 싹에 비유하는 맹자의 논점은 취약성을 지적하면서 확충擴充으로 나아간다. 싹튼 것을 키워 나가라, 솟아나는 샘물이 계속 흘러가도록 하라. 확충의 논리는 선한 마음의 취약성을 극복하는 데 반드시 필요한 일이다. 쉽게 생겨나기도 하지만 금방 사라지고 마는 선심. 이것을 어떻게 보존하고 유지할 것인가. 확충의 논리는 이에 대한 적극적인 보충 논리였지만 현실에선 논리대로 적용되지 않았다. 여기에 윤리적 딜레마가 있다. 현실과 논리 사이의 간극뿐만이 아니다. 삽시간에 휘발되는 선심을 어떻게 붙잡을 것인가. 사라진 선심을 선양하고 확충으로 보강해도 실천되지 않는.

유類 논리는 제나라 선왕宣王에게 권할 때 전형적으로 쓰였다. 「양혜왕 상」7장 곡속觳觫장에서 맹자는 선왕에게 소를 죽이지 않은 인자한 마음을 확충해서 백성에게 적용하면 왕도정치를 실행하는 것이라고 말한다. 부들부들 떨며 죽을 곳으로 가는 소를 보고 선왕은 돌연 인자한 마음이 생겨났다. 맹자는 이 사실은 중요하다고 지적한다. 측은지심이 싹텄으니까. 백성에게 이 마음을 그대로 옮기면 그것이 왕도정치라고 하였다. 확충을 말한 것이다. 왕이 실제 경험한 만큼 설득력이 컸다. 하지만 맹자의 '논리'대로 되지 않았음을 독자들은 알고 있다. 왜 그렇게 되지 않았을까. 단순히 논리와 현실 관계의 문제에 그치지 않는다. 윤리는 논의의 테마이기보다 실천의 문제이다. 실천은 인간 심리의 명료한 제시, 혹은 좋은 의도에 따른 이상적인 결과로 이끈다고 해서 바로 실행되지 않는 미묘한 점이 맞물려 있는 것이다. 뛰어난 설득력에도 실행이 성공적이지 못했다는 맹자의 경험은 실행을 위한 다른 사유와 방식을 찾게 만들었다. 맹자의 진정한 고민은 여기 있었다. 선심이라는 윤리적 핵심을 놓치지 않고 인간을 실천으로 이끌어야 한다는 난제. 인간 심리는 더 섬세하게 이해해야 했으며 실천으로 이끄는 방식은 확고해야 했다. 맹자가 되풀이한 윤리 문제는 맹자의 모색이 쉽지 않았음을 보여 준다.

다시 맹자의 '유類 논리'로 돌아가 보자. '유 논리'는 제자도 잘 알고 있는 것이어서 쉽게 익힐 수 있는 것이기도 했다. 「만장 하」 4장에서 맹자의 제자 만장은 교제[交]에 대해 묻는다.

"지금 제후들이 백성에게서 가져오는 것은 강도짓과 같습니다. 예를 지키는 교제를 잘 실행하면 이는 군자도 받는다고 하셨는데 무슨 말씀이신지 감히 여쭙겠습니다."
　"자네는 진정한 왕이 나타나면 지금의 제후들을 연이어 죽이리라 생각하는가, 그들을 가르쳤는데도 고치지 않으면 그 뒤에 죽이리라 생각하는가. 자기 소유가 아닌데 자기 것으로 갖는 자를 도둑이라 부르는 것은, 비슷한 것을 유추·확대해 의미의 극단에 이른 것이네[充類至義之盡也]."

만장은 맹자가 못된 제후들에게 예물을 받는 것이 못내 마음에 걸려 어려운 질문을 꺼냈다. 이때 만장이 구사한 방법이 맹자한테 배운 유類 논리였다. 강도짓=제후짓. 논리 자체는 수긍할 만한 것이었지만 맹자에게는 받아들일 수 없는 언사였다. 맹자는 만장의 논리가 자신의 것과 유사한 것(스승에게 배운 것?)을 알고 "충류"充類라는 말까지 쓰고 있다. 맹자가 수용하지 (못한 게 아니라) 않은 이유는? 유 논리는 단순히 형식논리가 아니기 때문이다. 윤리적인 측면이 개입하기 때문이었다. 사단을 논할 때 유 논리를 구사한 것은 인간의 윤리적 본질을 확립하기 위해서였음은 쉽게 간파할 수 있다. 만장의 논리를 물리친 것은 제후라는 존재를 강도 나부랭이와 동렬에 놓는 언명 자체가 과격할 뿐 아니라 임금의 잘못은 함부로 비판해서는 안 된다는 판단이 있었기 때문이다. 이런 태도는 공자에게서 배운 것이다(봉건시대의 윤리라고 할 수 있다. 현대의 민주주의에서도 지도자 비판을 자제하는 이런 태도가 가능할까? 아마 경우에 따라 다를 것이다). 유 논리는 배웠다고 끝난 게 아니니 쓸 때 주의하라는 맹자의 언명이다. 맹자는 남용될 위험을 인지하고 있었던 것이다.

『맹자』 읽기의 까다로움은 단장취의斷章取義에서도 유 논리와 마찬가지의 딜레마를 내장하고 있다. 「만장 상」 5장에서 맹자의 제자 함구몽이 질문한다.

"『시경』에, '온 하늘 아래가 왕의 땅 아닌 곳이 없으며, 온 땅 끝까지 왕의 신하 아닌 사람이 없다'고 하였습니다. 그런데 순이 천자가 된 후에, 감히 여쭙니다만, 고수를 신하로 삼지 않은 것은 어째서입니까?"

맹자께서 말씀하셨다. "이 시는 그 일을 말한 게 아니다. 왕의 일을 하며 애를 쓰느라 부모를 봉양할 수 없어, '이것이 왕의 일이 아닌 게 없지만, 나 홀로 현명하다고 애를 쓰는구나' 하고 탄식한 것이다. 그러므로 시를 설명하는 사람들은 글자를 가지고 구절을 해치지 않아야 하고, 구절을 가지고 전체의 뜻을 해치지 않아야 하며, 내 뜻을 가지고 시의 의미를 헤아려야 시를 이해할 수 있다. 만약 구절로만 볼 뿐이라면, 「운한」雲漢이라는 시에 '주나라에 나머지 백성이, 하나도 남은 사람이 없네'라고 하였는데, 정말 이 말대로라면 주나라에는 남은 백성이 없었을 것이다."

단장취의는 『논어』에서 공자가 간간히 그 예를 보여 주었고 탁월한 해설방법임을 증명하였다. 『시경』의 시구를 자유롭게 인용해 사용하는 이 방법은 공자만의 특별한 방식은 아니었다. 『춘추좌씨전』에는 국가 간의 외교에서 빈번히 시의 구절을 인용해 자신의 마음을 드러내고 상대방의 의도를 읽는 이야기가 보인다. 공자는 단장취의를 수업에서 활용했고 맹자는 더 발전시켰다고 보아야 할 것이다. 시의 원래 의미를 알아야 하고 윤리적 함축을 파악해야 하는 일은 기본이었다. 위정자와 지식인들은 시가 자체의 의미를 넘어/벗어나 융통성 있게 활용된다는 점을 늘 염두에 두어야 했다. 이는 시의 함축성과 은유를 극대화한 형태이다. 사상과 감정을 부치는 시의 기능을 간접화해서 정치와 윤리에까지 확대한 방식이라고 해석할 수 있겠다. 함구몽은 이를 잘 알고 유명한 시구를 인용해 물은 것이었다. 함구몽이 인용한 구절은 맹자의 답변과는 다르게 후대에 올수록 폭넓게 해석돼 '왕토사상'王土思想이라고 명명되기까지 한다. 해석의 폭이 넓은 구절이었다. 맹자는 오히려 원뜻을 강조하면서 단장취의를 경계한다.『맹자』전반에서 자유롭게 인용하며 해석하던 태도가 여기서는 엄격한 원문 해석에서 멈춘다. 맹자는 제자들의 공부를 독려하기 위해 아직은 아니라고 주의를 준 것일까. 함구몽의 질문이 순임금의 처신과 관련돼 있으므로 맹자는 순임금에 대한 여러 말들을 엄격하게 판단하고 싶었을 것이다. 유학에서 순임금을 높이는 문제는 유학의 핵심 교의와 밀접하게 연관되기 때문이다. 다양한 의견을 검토하고 토론하기보다는 정론 하나만을 정착시키고 싶었던 것이 아닐까. 논리보다 더 중요한 유학의 윤리와 관련이 되었던 것이다.

『맹자』를 이해하는 데 중요한 논리 문제를 제시했지만 논리에서 빠뜨릴 수 없는 존재가 묵자墨子다. 묵가墨家의 연구자들과 추종자들을 합쳐 반드시 복수로 사용해야 할 만큼 세력이 큰 존재들이었다. 무엇보다 이들은 뛰어난 논리학자들이었다. 맹자가 빼어난 논리를 구사할 수 있었던 이면에는 묵자들을 연구한 공이 컸다.『맹자』에는 묵가의 중요 인물, 고자告子(「고자」)와 이지夷之(「등문공 상」5장)가 등장한다. 맹자가 제자백가와의 논쟁을 통해 학문이 발전했음을 농가農家와 가진 흥미로운 논쟁을 보여 주는 한 장(「등문공 상」4장)에서 목격할 수 있다.「고자」편에 보이는 묵가와의 논쟁은 냉정하게 읽어 보면 맹자가 이긴 것으로 해석할 수 있을지 의문이다. 한나라의 조기趙岐는『맹자』를 편집하면서 고자와 논쟁을 벌였던 부분을「고자 상」에서 4개의 장으로 나누었다. 맹자의 반격에 대한 고자의 반응이 보이지 않아 독자들의 상상력을 자극하는 논쟁이다. 독자들은 대부분 읽기 까다로운 이곳에 관심을 기울이는 경향이 있는데 묵가와 맹자의 관계는 이지夷之와의 논쟁이 더 흥미롭다. 이지는 유가의 논리를 구사해 묵가의 교리를 방어하고 맹자는 능란하게 이지의 논리를 격파하고 그를 깨우쳐 준다. 어디서 이런 능숙함이 나오는 걸까. 맹자가 묵가의 논리를 잘 소화하고 있음은 다른 곳에서 예를 찾을 수 있다. 「양혜왕 상」 7장에서 제나라 선왕에게 하지 않는 것과 하지 못하는 것의 차이를 설명하면서 맹자는, "태산을 옆에 끼고 북해를 뛰어넘는 일"은 하지 못하는 것이라고 비유해 설명한다. "태산을 옆에 끼고 북해를 뛰어넘는다"[挾太山以超北海]는 유명한 비유는 『묵자』 「겸애兼愛 하」에 보인다. 어떤 사람이 묵자의 겸애(보편적 사랑)를 비판한다.

"보편적 사랑을 인의라고 할 것입니다. 그렇다고는 해도 어떻게 실천할 수 있겠습니까. 보편적 사랑을 실천할 수 없음은 태산을 들고 황하·장강을 뛰어넘는 일과 같다고 하겠습니다. 그러므로 보편적 사랑은 소망일 뿐, 어떻게 실천할 수 있는 일이라 하겠습니까?"

묵자께서 말씀하셨다. "태산을 끌고 황하·장강을 뛰어넘는 일은 과거에서 현재에 이르기까지 백성이 있은 이래 있은 적이 없다. 하지만 보편적으로 사랑하고 서로 이익을 나누는 일은 옛날의 네 성왕(우禹·탕湯·문文·무武)이 직접 실천한 일에서부터 시작된 것이다."

"兼卽仁矣義. 雖然豈可爲哉? 吾譬兼之不可爲也, 猶挈泰山以超江河也. 故兼者直願之也, 夫豈可爲之物哉?" 子墨子曰: "挈泰山以超江河也, 自古之及今, 生民而來未嘗有也. 今若夫兼相愛, 交相利, 此自先聖六王者親行之."

—『유학의 갈림길』(데이비드 니비슨 저, 김민철 역, 철학과현실사. 2006)의 제7장 '맹자에서의 동기 부여와 도덕적 행동'에서 지적. 六은 四의 오기誤記임. 번역 문도 필자가 수정함.

묵자는 "挈泰山以超江河"라고 했는데 맹자는 제나라에 맞게 대상물을 바꿔 "挾太山以超北海"라고 하였다. 맹자가 묵가를 잘 알고 있음은 이 뿐만이 아니다. 고자의 유명한 명제, "不得於言, 勿求於心, 不得於心, 勿求於氣"(「공손추 상」 2장)를 맹자는 인용한다. 고자의 이 말은 『맹자』를 통틀어 가장 어려운 말일 것이다. 맹자는 부동심不動心과 관련된 전체적 윤곽만을 제시했지 어떤 의미인지 제시하지 않는다. 이 말은 맹자가 비판적으로 언급했다고 해서 무시할 말도 아니고, 문장이 쉽게 해석된다고 해서 의미도 쉽게 이해되는 말도 절대 아니다. 맹자는 묵가를 공부했고 그 논리를 숙지하고 있었다. 묵가와 맹자의 관계는 맹자 쪽의 안경을 쓴 일방적인 관점에서 벗어나 더 깊은 연구가 필요한 부분이다.

4.

『맹자』를 정독하면 이런 까다로운 문제들이 속출한다. 논리가 정연한 게 사실이지만 단순 형식논리가 아니어서 여러 다른 문제를 파생시킨다는 점, 예상보다 훨씬 어려운 윤리적 문제점들이 깔려 있다는 점, 해석 자체의 어려움 등등 『맹자』는 『논어』를 이해하기 위한 좋은 해설서임에도 해명되지 않은 문제가 여전히 도사리고 있다. 그런 점에서도 『논어』와 쌍벽을 이룬다고 하겠다. 『맹자』의 난제는 주로 윤리적 문제의 복합성에서 온다. 이 부분을 깊이 사고한 사람들이 성리학자들이다. 고전 읽기란 많은 경우 당대의 관심사를 고전에서 발견하고 재해석하는 것이다. 송대 철학자들의 관심사 가운데 하나가 인성론이었고 그 비중은 컸다. 『맹자』에서 초석을 놓은 인성론이 중요 테마로 등장한 것이다. 인간의 본성을 해명하는 것을 우선으로 하면서 다른 문제는 부차적이 되었다. 인간의 본성을 해명하게 되면 근본적인 문제가 풀리게 되고 그럼으로써 사회나 국가의 문제가 해결될 수 있으리라는 전망이 자리 잡고 있었던 것이다. 『맹자』에서 가리킨 방향대로 성선설을 정통에 두고 인간을 선하게 만드는 프로젝트를 실행한다. 그 교육의 구체적 결과물 가운데 하나가 『소학』. 인간의 행동을 어려서부터 선하게 만드는 훈련 프로그램이 『소학』을 구성한다. 다음 단계에 『대학』을 두고 추상화 교육이 시작된다. 『소학』의 소당연所當然(당위)에서 『대학』의 소이연所以然(근본 원인)으로. 탐구가 심화되면서 추상도는 높아졌고 심오한 설명은 많은 공부를 요구했으며 형이상학적 사고는 고원했다. 『맹자』의 현실성은 구체적이었으나 주자학의 『집주』는 이론적 정합성이 강조되었다. 의도하던 바대로 인간에 대한 근본적인 이해 쪽으로 학문의 방향은 변했으나 원저가 지녔던 당대적 구체성은 약화되었다. 성리학은 논리적 추상화에 지나치게 경도되었다. 인성론에 대한 『맹자』의 독특성이 강조되었고 양지양능과 호연지기는 누구도 말하지 않았던 맹자만의 주장이라는 설이 제기되었다. 결과적으로 『맹자』의 사변적 성격이 강화되었다.

진사이가 비판적으로 『맹자』를 읽은 것은 성리학의 추상화가 『맹자』의 원 모습을 벗어났다는 인식에서였다. 그의 성리학 비판은 『맹자』를 성리학에서 구출하는 일이었고 인성론 등 맹자의 주장을 살리면서 원저 전체를 다시 읽는 작업이었다. 진사이는 숱하게 놓여 있는 암초들을 어떻게 돌파했을까. 그가 이 과제를 수행하면서 견지한 것은 앞서 언급한 '실'實의 관점이었다. 실實의 관점은 윤리적 관점과 정치의 조화라는 명제로 요약할 수 있다. 윤리적 관점은 인성론을 가리키고 정치는 백성의 삶을 윤택하게 하는 것을 말한다. 윤리와 정치는 실용이어야 한다. 실천이어야 하는 것이다. 진사이가 확충擴充의 논리를 강조한 것은 이 대목에서다. 선심善心을 선정善政으로 확대하는 과정(「진심 하」 제31장)을 확충의 논리로 설명한다.

이 장에서 맹자가 사람들에게 보여 준 학문과 공부의 근본은 이보다 더 긴요한 것이 없으니 소위 방향을 알려 주는 지침이자 밤길에 도움 주는 등불이라 하겠다. 그리고 7편의 뜻이 모두 여기서 나오니 가장 친절한 가르침이라 할 수 있다.…… 사단의 마음이 미약하기는 하지만 이를 확충한다면 인의예지의 덕을 성취할 수 있고 온 천하를 보존할 수 있다. 마치 불이 막 타오를 때 빛나기만 하지만 부채질해서 기세 좋게 타오르도록 하면 들판도 태울 수 있으며, 샘이 막 솟아날 때 졸졸 흐르기만 하지만 물길을 터주고 이끌어 주면 바다에 도달할 수 있는 것과 같다. 이 마음을 확충할 줄 알면 인의의 마음은 날마다 자라고 달마다 커져서 그 기세에는 자연히 막을 수 없는 게 생긴다. 맹자는, "사람에겐 누구나 차마 해치지 못하는 것이 있는데 이를 기꺼이 하는 것에까지 도달하도록 하는 것이 인仁이다. 사람에겐 누구나 하지 않는 것이 있는데 이를 마음껏 하는 데까지 도달하도록 하는 것이 의義이다"(「진심 하」 제31장)라고 하였다. 이른바 도달한다[達]는 말은 확충한다는 말이며 확충이 바로 학문의 일이다. 하지만 "확충하지 못하면 부모조차 섬길 수 없다"고 한 말을 보면 본성이 선함은 믿을 만하지 않고 확충 공부는 결코 없애서는 안 된다는 사실을 알겠다. 후세의 유학자들은 오로지 성性을 귀하게 여길 줄만 알지 확충 공부가 더 큰 줄은 모른다. 맹자의 뜻을 실제로 알지 못하기 때문이다. (「공손추 상」6장)

선심(윤리)에 치우친 성리학에 대한 비판은 필수적이었다. 우산장으로 알려진 「고자 상」 8장에서 '마음을 보존한다는 의미'로 쓴 '양養'이라는 말을 설명하면서 '복성復性(하늘이 인간에게 준 근본적인 본성을 회복한다. 원래 이 용어는 당나라의 문인 이고李翺가 쓴 글 「복성서」復性書에서 왔다. 「복성서」는 성리학의 청사진이라고 할 수 있는 선구적인 글이다)으로 해석했던 성리학을 비판했던 것도 같은 맥락에서였다. '돌본다/기른다'[養]는 맹자의 말은 확충한다는 말의 다른 표현으로 '실질적으로' 해석해야 한다는 판단에서였다. 맹자는 "선한 마음을 확충해 인의예지의 덕을 성취하려는 것으로, 쉼 없이 졸졸 흐르는 샘물을 이끌어 바다에 이르게 하고, 싹이 돋아난 생명을 잘 돌봐 우람한 나무가 되도록 하는 것과 같은 일이다"라고 분명히 말한다. "마음을 돌본다"[養心]는 말의 새로운 해석은 성리학 비판에서 그치는 게 아니라 "선정"善政으로 확대되어야 하는 것이며 마음 공부는 실제 정치에 쓰이기 위해서라는 통합적 사고에 진사이의 통찰력이 있다.

진사이의 실용 강조는 성리학의 공리성空理性을 주장하면서 논리상에서 자연스럽게 구성된 것이 아니라는 사실은 지적할 필요가 있다.

세상에서 문장이나 짓고 글귀나 외우는 공부를 하는 무리 같은 자들은 성인이라는 이름을 빌려 오지만 그(들이) 선 자리는 인仁도 아니고 의義도 아니어서 바로 인의를 막고 인륜을 무너뜨리기에 족하니, 그 해악은 말로 다 표현할 수 없다. 후대에 인심을 바로잡고 사악한 말을 종식시키려는 사람은 역시 양주·묵적과 함께 이런 무리도 똑같이 거부해야 옳다. (「등문공 하」9장)

이단異端의 무리로 양주와 묵적을 지목하면서 그들과 똑같은 부류로 "문장이나 짓고 글귀나 외우는 공부를 하는 무리"[詞章記誦之學者]를 거론한다. 진사이는 분명 무용無用한 공부를 하는 동시대의 지식인 집단을 거부한 것이다. 진사이의 언명은 수사적 치장이 아니다. 상투적으로 하는 말이라고 가벼이 넘겨서는 안 된다. 맹자가 양주·묵적을 경계하고 비판한 행동에 담긴 절박함이 진사이의 언급에 있다. 진사이가 글 깨나 읽는다는 동류 지식인 집단을 통렬하게 비판하며 그들을 양주·묵적과 하나로 묶은 데는 이유가 있다.

『맹자』를 읽는 재미 가운데 하나는, 『맹자』를 당대의 역사적 맥락에 놓으면 맹자가 동시대의 제자백가들과 논쟁을 벌이며 유학을 정착시키려 애쓰는 장면이 살아난다는 사실이다. 『맹자』가 유가의 사서四書 가운데 하나로 존숭되기 이전, 경전經典으로 권위의 옷을 입기 이전의 날것의 모습으로 선입견 없이 고대 텍스트로서 『맹자』를 읽으면 예상치 않게 고투하는 맹자의 모습이 생생하게 잡힌다. 「만장 상·하」편은 대부분 제자들과의 문답 기록이지만 맹자의 대답보다 제자들의 질문에 방점을 두면 당시 유학의 담론이 정착되기 이전 수많은 이질적 언설들이 교차하는 현장 중계를 보는 것 같다. 맹자의 제자들은 지금으로서는 이상한, 당시로서는 당연한 질문을 던진다. 요임금·순임금·우임금·백이·이윤·공자 등 유학에서 성인·현자의 이상적 모델로 존경하는 인물들에 대한 전혀 다른 버전의 전승이 제시된다. 맹자의 대답은 유학의 공식 의견으로 채택되어 후대에 정통 언어로 정착한다. 하지만 제자들의 질문이 더 흥미로운 것이다. 우리가 지금 알고 있는 성인·현자는 맹자 당시만 해도 다른 이미지로 전승되고 있었다. 제자들은 유학화되지 않은 성인·현자의 모습에 대해 계속 질문한다. 맹자는 그들을 계속 유학화한다. 유학의 담론이 형성되는 최초의 현장은 제자와 스승의 엇갈리는 의견 교환으로 현장감이 넘치고 독자는 우리가 익히 아는 유학의 담론이 어떻게 형성되는가 목격하면서 흥분하지 않을 수 없다. 맹자의 능숙한 대답은 예상할 수 있는 모습이지만 권위에 호소하고 스승의 자리에서 강하게 대답하고 타이르고 어르고 부정하고 비판하는 다양한 반응은 거꾸로 유학화되지 않은 담론의 위력을 실감하게 한다. 맹자가 이단이란 격한 언어로 비판한 이면에는 유학의 자장 안에 포섭되지 않는, 유학화를 끊임없이 방해하며 기이한 담론을 유포시키는 다른 학문에 대한 경계가 담겨 있다. 맹자가 이단이라고 한 대상은 실상 기이한 담론을 유포시키는 다른 학문에 대한 경멸적인 딱지였고 묵가와 양주가 그 대표였다. 맹자는 이들과 고투를 벌이고 있었다. 담론의 적이었기에 경쟁하는 그들보다 우위에 서기 위해 여러 가지 방법을 동원해 그들을 막아야 했다. 맹자가 "양주와 묵적을 거부한다고 말할 수 있는 사람은 성인의 무리이다"(「등문공 하」9장)라고 한 말에는 그의 절박한 심정이 담겨 있다. 아직 정통 혹은 주류가 아니었던 맹자/유학의 어려움이 여기 보인다. 그들이 유학에 얼마나 위협이 되고 해를 끼치는지, 특히 묵자를 공부한 맹자로서는 주의를 기울이지 않을 수 없었다. 외부의 적이 그만큼 강력했던 것이다. 진사이가 맹자의 이단 배격에 동의했던 것은 맹자의 동시대 현실인식이 그대로 진사이의 현실인식이었기 때문이다. 진사이 당대의 유학자들은 진사이에게 "문장이나 짓고 글귀나 외우는 공부를 하는 무리"는 이단과 다름없었다. 그들의 학문은 공허한 주장이나 일삼는 쓸모없는 공부였다. 진사이는 이단을 경계한 맹자를 정확히 이해한 것이다. 맹자의 마음이 바로 진사이의 마음이었다. 실용[實]을 주장한 진사이의 진지함이자 절박함이었다. 나는 지금 진사이가 실實을 주장하게 된 역사적 배경을 말하고 있다.

비판하는 사람에겐 용기가 필요하다. 결기와 기개 없이, 자신의 학문에 대한 자부심 없이 어떻게 일가一家를 세우겠는가. 진사이는 유학자로서, 사士로서의 자각도 맹자에게서 배웠을 것이다. 『맹자』에는 군주에 대한 과격한 비판으로 아슬아슬하게 읽히는 곳이 있다. 걸주桀紂를 일개 지아비라고 칭하면서 임금에 대한 위험한 비유를 한 장(「양혜왕 하」 8장)이나 임금에게 큰 잘못이 있으면 간언하고, 반복해 간언했는데도 듣지 않으면 임금 자리를 바꿔 버린다고 직설적으로 말하는 장(「만장 하」 9장)을 대표적인 예로 들 수 있을 것이다. 『맹자』에는 이런 글이 적지 않다. 명明나라 태조 주원장이 군주를 비판하는 이런 종류의 글 85조목을 모두 삭제하고 『맹자절문』孟子節文을 만든 것을 보면 맹자의 군주 비판이 얼마나 신랄한가를 알 수 있다. 맹자가 이런 결기를 보여 준 데에는 춘추시대 말기 사士 계급의 위상이 변했기 때문이었다. 맹자 시대에는 법가들이 두각을 나타내면서 각국의 부국강병책을 성공시켜 사 계급의 비중과 역할이 커지고 있었다. 장의張儀의 연횡책連衡策과 소진蘇秦의 합종책合從策은 군주들을 두렵게 만들 정도여서 맹자도 장의를 언급하고 있다. 국가에서 행하는 정책에 사 계급의 영향력이 커지면서 그들의 지위가 상승하는 상황이었다. 『논어』에서 공자는 "궁궐문에 들어가실 때는 몸을 굽히셨으며, 용납받지 못하는 것처럼 하셨다"(「향당」)고 하였다. 『맹자』에서는, "대인大人을 설득할 때는 그를 가볍게 여겨서 그 높은 위세를 보지 마라"(「진심하」34장)고 말한다. 이러한 변화는 춘추시기 말기로 진행되면서 변한 사의 위상을 반영한다. 맹자가 보인 꼿꼿한 사의 모습은 자부심이기도 했고 자기 역할에 대한 자각이기도 했다. 진사이가 보기에 "문장이나 짓고 글귀나 외우는 공부를 하는 무리"들은 사士답지 않은 사들이었다. 후세 사람들이 선비/사라고 떠올리는 이미지의 대부분은 맹자의 태도를 기반으로 송나라 때 확립된 것이다. 현실과 대립각을 세우고 권력과 부딪치면서 자신의 지조를 지켰던 존재. 글귀나 외우는 무리들은 사士의 실제 [實] 모습과 멀었던 것이다.

하지만 진사이의 새로운 『맹자』 읽기는 현대의 독자들에게 고개를 갸우뚱하게 하는 해석이 있다. 앞서 인용한, "대인大人을 설득할 때는 그를 가볍게 여겨서 그 높은 위세를 보지 마라"(「진심 하」34장)는 공자와 맹자 사이의 역사적 변화라는 맥락에서 읽을 때 의미가 선명한데 이에 대해 진사이는,

군자는 예를 가지고 마음을 보존해 공경을 쓰지 않는 곳이 없는데 어찌 대인에 대해 가볍게 보겠는가.

라고 한 걸음 물러선다. 이 문장을 이어 뒤에서,

맹자는, "나는 요순堯舜의 도가 아니면 감히 임금 앞에서 의견을 펴지 않았다. 그러므로 제나라 사람들은 나처럼 왕을 공경하지 않는다"(「공손추 하」 2장)고 말한 적이 있다. 맹자가 임금을 공경하는 방식은 세상 사람들이 왕을 따르고 받들며 순응하는 것을 공경이라고 생각하는 것과는 다르다.

라고 말하면서 진사이는 공경으로 해석한다. 공경의 태도 변화보다는 공경을 포괄적으로 풀이한 것이다. 맹자가 군주를 공경하는 태도만은 최종적으로 유보한 것일까. 군주에 대한 공경을 말한 것으로 보기는 어려울 것 같다. 그러나 군주를 공경하는 태도라고 해석할 때 여기에는 '최고의 존재'라는 어떤 불가침의 영역을 진사이는 염두에 둔 것이 아닌가 의구심이 든다. 다른 구절의 해석에 보이는 미묘한 부분을 참조하면 의구심은 커진다. 「이루 하」 13장을 보자.

맹자께서 말씀하셨다. "살아 있는 분을 봉양하는 일은 큰일에 해당할 수 없다. 목숨을 바치는 일[送死]만이 큰일에 해당할 수 있다."

맹자의 이 말은 제사와 관련된 언급으로 이해하는 게 일반적이다. 진사이가 "목숨을 바치는 일"이라고 풀이한 원문 "送死"는 보통 죽은 이를 보내주는 일, 장례를 가리킨다고 보는 것이다. 진사이는 이 구절을 두고,

신하가 임금을 섬길 때 사는 동안 봉양에 힘쓰는 일은 큰일을 담당한다 할 수 없고, 임금을 사랑하고 나라에 충성을 바치며 자신을 잊은 뒤에

야 큰일을 담당한다 할 수 있다.

라고 하였다. 유교의 효孝의 논리가 충忠의 논리로 해석되었고 충을 바치는 대상으로 국가와 임금이 명시된다. 진사이의 해석을 두고 국가주의 혹은 천황주의가 어른거린다고 단언하기에는 주저된다. 도道라고 언급되는 대상을 구체화하면서 한 사회를 이끄는 구심점으로 국가 혹은 천황을 구상해 본 것이리라. 진사이가 살던 시대의 요구에 대한 저자의 시험적인 응답으로 해석할 수 있겠다. 이 부분엔 더 많은 공부와 작업이 필요할 것이다. 그럼에도 진사이의 작업을 아들 도가이가 충실히 계승하였고 도가이가 모토오리 노리나가本居宣長와 밀접한 관련을 맺으면서 서신 왕래를 하여 일본의 국학國學과 진사이학學의 접점이 논의되는 지점에 이르게 되면 의구심은 짙어진다. 내 공부 범위를 넘어서는 곳이고 일본 사상사를 공부하는 분들의 지도가 필요한 부분일 것이다.

5.

『맹자』의 새로운 독법을 시도한 진사이의 방식을 일별해 보았다. 요약하자면, 성리학의 사변화 경향과 당대 유학자들의 무용함에 맞서 유학의 실제화[實]를 목표로 진사이의 『맹자고의』가 성립했다고 할 수 있다. 성리학이 목표로 했던 사士의 이상적인 모습이 진사이 당대 유학자들의 무력한 모습으로 타락해 입으로만 공부하는 폐단으로 흘렀다. 유학을 현실화하고 실제화하는 방향으로 이끈 원인이다. 진사이의 주장에 대한 시비판단보다 그의 문제의식과 탐구가 유학 연구의 새 장을 열었다는 점은 아무리 강조해도 지나치지 않을 것이다. 실實로 일관한 그의 학문은 『논어』와 마찬가지로 『맹자』를 새롭게 해석하는 데 성공했다. 이 두 책을 온전히 한 몸으로 묶어 읽고 해석한 작업은 실의 의미를 풍부하게 하고 서로에게 되먹이면서 논리가 다져지고 실학實學이라는 새 지평을 열었다. 진사이의 전면적 작업이 실학의 선구로 높이 평가받는 이유가 여기에 있다.

*　*　*

『맹자고의』가 완성되기까지 여러 사람의 도움이 있었다. 그 분들을 기록해 두고 싶다. 중국의 고전을 읽는 모임이 진행되는 가운데 한 분의 호의로 대안교육공동체 '파이데이아'에서 『맹자』를 강의할 수 있었다. 8개월 동안 『맹자』를 정독할 기회가 되었다. 매주 자리를 함께 하며 처음부터 끝까지 읽은 세 분, 그린비출판사의 박순기 편집장님, 박사학위 논문을 쓰고 있는 장유정 선생님, 고전번역원에서 한문을 공부하는 정유경 선생님이 아니었다면 『맹자고의』가 현재와는 많이 달라진 모습이었을 것이다. 교학상장敎學相長이라는 옛말이 틀린 말이 아니었음을 실감할 수 있었다. 세 분께 진심으로 감사드린다. 특히 장유정 선생님은 『논어고의』에 이어 『맹자고의』의 원문을 타이핑해 주셔서 작업의 수고를 줄여 주셨다. 일이 쉽게 진행될 수 있도록 도와 주셔서 재삼 감사드린다. 작업이 진행되는 동안 몇 번 지체된 적이 있었다. 『논어고의』와 『맹자고의』를 편집해 주신 주승일 편집자님의 독려가 없었으면 생각보다 일이 더 늦어졌을 것이다. 서둘러 해야 한다고 자신을 채찍질하면서 밤새 작업을 한 뒤 새벽의 상쾌한 바람을 맞으며 카페를 나서던 여름날의 기억이 떠오른다.

『맹자고의』의 번역이 한참 진행되고 있을 때 세월호 참사가 일어났다. 어쩌면 그건 사고였다. 하지만 그 이후의 진행은 우리 사회가 얼마나 끔찍한 지옥인지 국가라는 공동체가 얼마나 사악한 얼굴을 하고 있는지 적나라하게 증명하는 과정이었다. 이 소중한 지면은 세월호 사태를 성토하는 기회도 아니고 기억해야 한다고 외치는 자리도 아니다. 숱한 사람들이 많은 글을 썼으므로 어줍지 않은 글로 혼란만 더할 필요는 없을 것이다. 다만 나태하지 않기 위해 내 다짐만은 적어 두고 싶다. 일이 벌어진 후 소위 고전을 공부한다는 사람들이 내뱉는 언사와 글을 보았다. 그때 고전을 공부하는 일이 가장 안이한 작업일 수 있음을 내 눈으로 똑똑히 보고 경악했다. 고전에 의지해 선현의 말 몇 마디로 참혹한 현실을 간단하게 요약하고 간편하게 판정하며 세상에 외치는 그 태도. 고전의 그늘은 넓고 아늑하다! 그 안에 있으면 만사가 다 해결된다. 고전이란 그렇게 안온한 곳이고 극우와 극좌가 왜 그리 고전을 사랑하는지 이제야 진실을 알게 되었다. 그것은 고전의 권위에 숨어 세상에 대해 함부로 떠들던 내 모습이기도 했다. 혐오스러웠다. 안일하게 살아서는 안 된다. 고전을 절대 그런 식으로 소비하지 않으리라, 그게 내가 생각하는 고전의 실[實]이다.

방향 없는 분노가 부디 정곡을 맞추도록, 흐트러진 글을 만들지 않았는지 식견을 가진 독자의 비판을 기다린다.

2016년 3월
서강西江의 서재에서
역자 삼가 쓰다

찾아보기